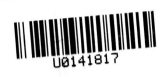

霧峰林家文書集

補遺

黃富三◎解讀

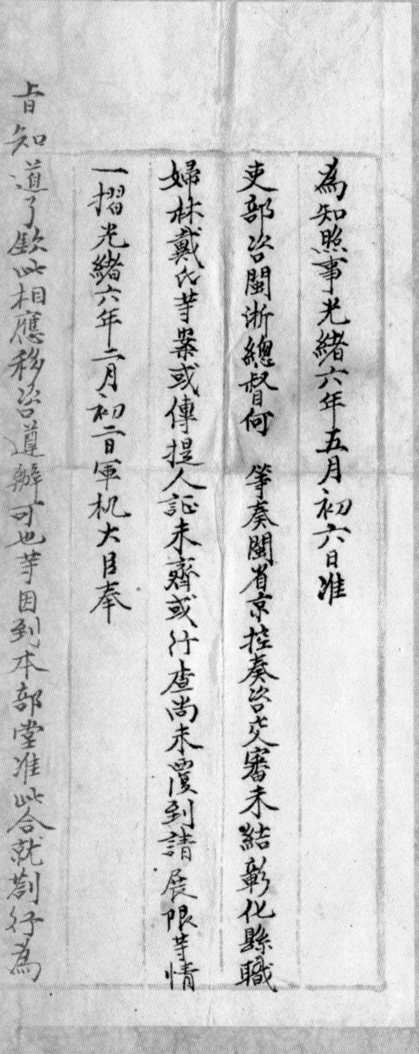
為知照事光緒六年五月初六日准
吏部咨閩浙總督何　等奏閩省京控奏咨交審未結彰化縣職
婦林戴氏等案或傳提人証未齊或行查尚未覆到請展限等情
一摺光緒六年二月初二日軍机大臣奉
旨知道了欽此相應移咨遵辦可也等因到本部堂准此合就劄行為

國史館 Academia Historica

本書由財團法人林本源中華文化教育基金會贊助出版

目錄

內容索引表

編輯凡例

一、本書所編文書共一九四件，分爲「清代文書」與「日治文書」二大單元。各單元下以類相從，參考時間與內容關連性編排文書順序。

二、文書標題由編者所加。各件文書標題，原則上以往復對象爲題，附帶文書已有之時間。

三、每件文書皆有圖版與文字參照兩部分。文書原件過長時，編排時將作分割，並於圖版下方以縮圖表示分割範圍。文字參照部分依圖版樣式加以排版爲原則，惟有若干文書每行字數過多時，囿於版面，略作調整。

四、文書中之專用詞彙，特別是人名、地名或易生疑義之處，儘可能加以註釋說明。

五、文書中之人名、地名、商號等均添加專名號，以利閱讀和理解。

六、文書中原有刪改之處，僅保留刪改後之內容，原刪文字從略。

七、文書中之錯字、缺漏等，以忠於原文爲原則，儘可能不加修改。並以〔〕表錯別字訂正；□表缺字，缺漏字數不明則以……表示；[某]表解讀出的字；[某?]表存疑；疊字，如「切々」，改爲「切切」。

八、本書中蘇州碼字均直接改爲現行阿拉伯數字，對照如下：〡（一或1）、〢（二或2）、〣（三或3）、〤（四或4）、〥（五或5）、〦（六或6）、〧（七或7）、〨（八或8）、〩（九或9）。

九、本書所收地圖、平面圖等，以原樣呈現，或以「（附圖）」表示，不另作文字參照。

十、文書中出現之印記，以註釋說明印文內容。

十一、爲方便讀者查閱、檢索，書末附有內容索引表，對本書收錄文書之編號、題名、類別、時間、相關地點、相關人物、商號、原編號、掃描號等，皆予標示。

十二、本書名爲補遺，文書類別駁雜，編輯時已盡力查考，倘有舛錯或分類不妥之處，尚祈不吝指正。

解讀導言*

黃富三

一九八四年，素貞興慈會林正方先生忽來電邀宴，他感慨一般人對霧峰林家只知頂厝的林獻堂，卻不知下厝的林文察、林朝棟，而在清代，下厝才是林家的骨幹。

他又說，林家在臺灣史上如此重要，但卻長期受忽視，反而有一美國學者已出版一本霧峰林家歷史[1]，因此決定推動一項計畫，撰寫一本由國人所撰寫的霧峰林家史，並調查測繪林宅。此計畫包括委託臺大土木研究所王鴻楷教授負責林家建築之調查、測繪工作，及筆者負責之歷史研究，而二者相互呼應。

霧峰林家是一長期影響臺灣歷史發展的大家族，撰寫工作相當艱鉅，而林家亦未能提供具體資料。未料在蒐集資料與研究過程中，意外發現數量龐大而珍貴之原始資料，包括地契、相片、文書、文物，以及部分林獻堂日記（以往欠缺之年份者）等。筆者乃依據這些新史料結合相關研究，撰成出版《霧峰林家的興起》、《霧峰林家的中挫》、《林獻堂傳》三書。其中《林獻堂傳》是論述日治後之歷史，在此暫且不論。《霧峰林家的興起》係介紹林家如何由一介貧民致富，進而在太平天國興起後，清朝須藉助地方士紳的力量，在此時代環境下乃獲得立功機會，躋身官僚與士紳階級。《霧峰林家的中挫》則論述林家在巔峰時期卻突遭重挫成為官府壓制的對象，家道中衰。清代是一皇權、官權、紳權上下有序之社會，因此林家欲生存、發展，必須重建其與皇權、官權的關係。十九世紀後半葉，臺灣內憂外患頻傳，外患有羅發號、牡丹社事件、中法北臺之役等，內憂有番變、施九緞事件等。林家在此時代環境中，再度獲得為清廷效勞良機，進而在一八八五年臺灣建省後，協助劉銘傳推動新政，終於東山再起，而成為清代可與北部板橋林家相比擬的二大家族之一。

霧峰林家如何復興呢？主因是一八八四至一八八五年中法北臺之役時林朝棟之立功及其建省後之扮演執行新政要角。然而有關此段歷史，以往的研究並不多，且僅能引用零散的官方資料，

*感謝當時之助理翁佳音、黃福得以及林高岳等人之協助，蒐集到下厝林家之重要文書。又，感謝行政院國家科學委員會之資助，耗時多年之林家文書解讀工作方能進行，成爲本書最重要之史料。

1 Johanna Menzel Meskill, *A Chinese Pioneer Family, The Lins of Wu-feng, Taiwan. 1729-1895* (Princeton: Princeton University Press,1979).

如清宮宮中奏摺、軍機處月摺包檔案、《劉壯肅公奏議》、《淡新檔案》等，難以窺見全貌、真相。幸運的是，筆者團隊在研究初期即在林家古厝發現林朝棟在開山撫番時期之珍貴文書，真可說是天上掉下來的重禮。

然而，此批文書破損嚴重，狀況不佳，而且解讀困難，幸而筆者獲得解讀團隊之協助，經數年之煎熬，終於完成解讀工作。為使此批資料廣為流傳，為各界利用，乃設法出版。經霧峰林家成員林光輝、林正方之同意，並蒙國史館呂芳上館長之協助，決定予以出版，迄今已有五冊，本書即為第六冊，並由林本源中華文化教育基金會贊助出版經費。付梓前夕，爰將文書發現、解讀經過及其內容簡述如下。

一、發現與整理

一九八四年，林高岳先生通知在下厝發現二箱文書，不知何物？我回稱請助理翁佳音、黃福得趕緊押回臺北。二隻古老皮箱在客廳打開時，首先冒出各種臺北未見過之蟲子，相當可怕。再看裡面，全是文書，積滿厚厚的灰塵。又試圖打開文書，大多黏在一起，依過去經驗，強折必會損壞。而且蛀蝕嚴重，有的從上至下蛀空成為碎片。怎麼辦？筆者在此之前已經處理過林家地契，瞭解必須經專業處理，因此告知林先生。他要我估價，故宮修復專家估計，包括受損的地契，大約要二十萬元以上。我回覆林先生，他說：「好的撿起來，壞的就丟掉。」我當然無法這麼做，乃回說：「那麼給我好了。」他說：「好啊！」

既然如此，除助理們外，我還動員內人，以客廳做為工作坊，進行修復與整理工作：

（一）修復：泡水鬆紙、陰乾、購紙黏補等，相當費時、費力，工作人員有翁佳音、黃福得、李季樺、劉曉芬以及內人嚴芳等。

（二）影印：影印一份彩色版供解讀用，由臺大歷史系助理吳玉芳負責。

（三）編流水號：由於文書雜亂無章，又係手寫體，難以判讀，因此由吳玉芳小姐編流水號，以便查核。

二、解讀工作

筆者接著展開解讀工作，未料竟是段艱辛、漫長的過程。首先，解讀遇到不少難題：

（一）破損者嚴重，缺漏字甚多；

（二）文字難以辨認，尤其是草書；

（三）錯字、白字亦不少；

（四）用詞極為難解，有些過於古典，有些最後才發現是臺灣方言；

（五）人名複雜，因林家族人與相關人士多，名號亦多；

（六）地名亦複雜，舊地名或小地名必須考證；

（七）函件缺完整日期，有的缺月日，至於年代，有的只列干支年，甚至欠缺，難以排出時序。

面對以上難題，著實苦惱，尤其是無法解決文書之時間順序與文字解讀問題，對研究是無助的。筆者數度想放棄，因勢必要耗費極多時間與心力，我的年紀與時間許可嗎？而以同樣的功夫做其它研究，成果更大。然而，每回翻閱資料，深感其內容之希罕珍貴，放棄不做將是終生憾事，最後決定嘗試一種做法，即向國科會申請專題計畫，撰寫《霧峰林家之重振（復興）》一書，而以解讀文書做為重點工作。感謝國科會的贊助，終於可進行此一艱鉅工程的起步工作。

然而，筆者進行計畫時，卻面臨執行上之實際難題。由於林家文書多而難讀，不易找到有能力與意願的助理，最後想到一個雙贏策略。筆者因仍在臺大歷史研究所執教，乃嘗試召集研究生，開文書解讀課，以上課方式解讀文書，一方面發揮集體合作的力量，一方面培養學生解讀古文書的能力。

早期參加的，主要有臺大歷史研究所陳中禹、陳志豪、陳冠妃、王雲洲等人。起初進展相當緩慢，常常二個小時下來，無法辨認讀完一封函件。由於解讀不做，無法寫出具有突破性的新書，因此耐著性子，持續進行數年，並擴大規模，由臺大擴展至政大臺灣史研究所、中研院臺灣史研究所。果然，人多好辦事，而且集眾智成大智，許多難題逐步化解。

歷年參與解讀的人員，除了臺大歷史所研究生外，二〇〇八年後又有政大臺灣史研究所研究生，另外中央研究院臺灣史研究所助理亦加入，主要是檔案館同仁，甚至有研究人員協助、指導，如林玉茹、鍾淑敏、曾品滄等。此期主要參與者有陳中禹、陳志豪、楊森豪、許雅玲、詹憬佳等，以及不同時間加入之臺大與政大研究生，以及臺史所的助理們。

如何克服解讀難題呢？我們決定一個原則：先解決簡單容易的文書，以此為基礎，再推敲難解的文書與文字；完成一輪之後，重來一次，進行修正、補充，並予以註解。流程大致如下：

（一）訂出格式：依照流水號，並訂出欄位。

（二）辨識文字：草書、印章等，予以鍵入，並註出主要內容。

（三）解讀名詞：有不少難解之用詞，包括今人罕用字、錯字、白字、土話、不通文句等。

（四）人名：追出人物之出身，並將同一人使用多種名號者，予以註明還原。
（五）地名：追出舊地名之今址，並核對地圖，確認其位置。
（六）文書時間：無時間或不全者很多，造成極大困擾。解決辦法是以年月日整齊者為基礎，再依據內容之相關性，以已知者推出未知者之可能時間。至於完全無救者，列為其它類。
（七）內容摘要：供提示之用。

如此，經過多年的努力，解讀工作終於露出曙光，其中最重要的結論是：這批文書是林朝棟開山撫番時期的文書，因此其涵蓋時間應該在一八八六年至一八九五年間，而且可能終於一八九三年。據此，團隊用各種方法嘗試確定文書產生之時間。如以干支紀年者即有解，標「壬」者，應該是「壬辰」年，即一八九二年。又如文書中出現官員名號，可根據其任官時間及所發生之歷史事件判讀年代。如此，經抽絲剝繭，居然解決了不少文書的時間問題，團隊甚至有種猜對謎語的樂趣與成就感。筆者笑稱，我們好比做「埃及 Rosetta Stone」的工作。按，法國學者商博良（Jean-François Champollion，一七九〇—一八三二）依據拿破崙從埃及帶回的石碑，解讀出埃及象形文字，為重建古埃及歷史奠定基礎。

三、文書之主要內容

經筆者團隊之綜合判斷，此批文書應為林朝棟開山撫番時期之相關文書，其特色是：一者文書內容彼此相關；二者數量甚多，共計九百多號，一千多頁，因此具有極高的研究價值，即它是主角史料，而非充當輔助史料，可大幅重寫開山撫番歷史。簡略說明如下：

（一）時間：以光緒十二年至十八年為主，尤其是十六至十八年。
（二）性質：多為來往函件、報告、帳單等。
（三）內容：多為開山撫番之相關文書，亦有林家族人之事項。

此為前所未見之珍貴文書，對歷史研究之創新具有極大意義，至少對以下之研究主題有極大助益：

第一，重建清末霧峰林家歷史：筆者新著《霧峰林家的復興》之原始資料即以此為主。
第二，清季之官紳關係：由於林家乃具有官方身分之臺灣士紳，可藉以瞭解此期之變遷。
第三，山區之開發：劉銘傳開山撫番政策實施後，官府與漢人勢力向臺灣內山地區擴張，進行土地拓墾與山區產業之開發，特別是樟腦業，而林家正是其中要角。

第四，山區原住民之漢、番關係：包括漢、番之交往貿易、山區之防務、戰爭等。

第五，社會經濟史：出現不少洋行、商號資料，裨益商業史與出口貿易之研究。此外，文書中也出現不少新商品名稱，包括中國貨，如各地之絲綢、布料、食品等；舶來品，如番仔火（火柴）、木蘭池（白蘭地）等。另外，亦有婚喪喜慶送禮、演戲等習俗之資料。這些可反映清末臺灣社會經濟變遷。

第六，其它：如林家宅第、林文察專祠、臺灣省城之興建等。

四、感想

坦白說，筆者當年在林家力邀之下，放下原定進行之洋行研究，改為霧峰林家研究，心中並非甚為樂意，未料今日竟以霧峰林家之專家博得虛名，人生際遇真是難料。其次，當年霧峰林家少有人知道，如今已經聲名遠播，林家古宅更成為觀光景點，深感欣慰。再者，現在此批可能消失的文書竟能復活、出版，個人除有解脱之感外，更有難產兒竟能誕生之興奮。

林家是臺灣重要家族，但當時所知者不多。原因是臺灣史不是學術研究主流，資料少是另一大問題。社會流通的相關作品不少是輾轉抄襲與傳聞的，可靠性不足。拙著《霧峰林家的興起》、《霧峰林家的中挫》即以甚多原始資料重建其早期歷史，然而林朝棟的官方資料相當有限，此一大批資料的發現，大大補充此一欠缺，修正或確認以往所知之歷史，對《霧峰林家的復興》一書之完成裨益極大。同時，深信未來後起之秀，當可利用它做更多的研究。

當年開始研究時，臺灣少有人重視或蒐集古文書，我在林宅看到散落一地的各類文書、資料，乃費心費力蒐集整理，終於出版林家歷史之著作。然而，其後由於臺灣史研究日盛，文書價格大漲，開始出現霸占文書的傳聞。如當時曾簽下承諾之類的文字，當可避免不少麻煩。另外，林家族人意見不一，對拙著讚賞者固然較多，但苛評、誤傳者亦有，頗感遺憾，但願族人本著大家族之寬宏胸襟，尊重學術研究，開創良好範例。

誌謝

本書之能出版，首先應感謝林光輝、林正方先生提供林家文書。其次，國史館呂芳上館長之積極推動並贊助出版，功不可沒。第三，國史館何鳳嬌、林正慧、吳俊瑩三人組成之小組，進行史料之選取、整理、編排，甚至補充史料，在最後定稿上貢獻極大。第四，初期翁佳音、黃福得、李季樺及內人嚴芳擔任修補、整理工作，奠定解讀之重要基礎。第五，臺大歷史研究所博士生陳中禹、陳志豪在起步時全力協助處理各種解讀難題，勞苦功高。其後，陳志豪長期協助解讀之主要工作，臺大地理研究所博士生楊森豪則協助解決地名判讀與地圖蒐集繪製等問題，貢獻特大。另外，許雅玲、詹憬佳二人亦出力甚多。

再者，國科會提供三年之研究經費以組成團隊，方能進行長期解讀工作，中研院臺史所則提供設備與空間，在此謹申謝忱。

事實上，眾志成城，本書之完成是許多人長期共同努力之結果，在此無法一一細談，僅能列出一覽表，略抒心中之深切謝意。

歷年參與解讀者之名單

一、臺大歷史系：翁佳音、黃福得、李季樺、劉曉芬、吳玉芳，及內人嚴芳（早期修補整理工作）。

二、臺大歷史研究所：陳中禹、鄭博文、黃照明、陳冠妃、陳志豪、王雲洲、邱柏翔、王偉筑。

三、臺大地理研究所：楊森豪。

四、政大臺灣史研究所：鄭螢憶、蔡思薇、李冠廷、蕭世偉、李虹薇、許雅玲、莊景雅、黃仁姿、洪偉傑、陳慶立、許雅婷、曾獻緯、葉銘勳。

五、東吳大學歷史研究所黃頌文。

六、中研院臺史所助理：詹憬佳、歐怡涵、林廷叡。

七、其他師長等：林玉茹、鍾淑敏、曾品滄、吳玲青、周兆良（銘傳大學廣電系）、楊承淑、黃紹恆、郭文夫（臺大哲學系教授、書法家）。

八、國史館：何鳳嬌、林正慧、吳俊瑩三位在六書之出版竭盡心力，完成選文編目、增補註釋、修正錯誤等艱辛工作，堪稱勞苦功高。

另外，可能仍有遺珠者，謹在此均致上深深謝意。

最後，感謝吳密察館長之協助與林本源中華文化教育基金會林瀚東董事長、詹雲驄執行長之慷慨贊助，完成出版此批重要文書之最後工作，解除個人長年受困之心理負擔。

壹、清代文書

統領天人廿
廣
　　　　胡月廿四日

玖初曾經用代理爹所□神佛用
護廿百大恭老用代理爹所□神佛比元
黃神□元

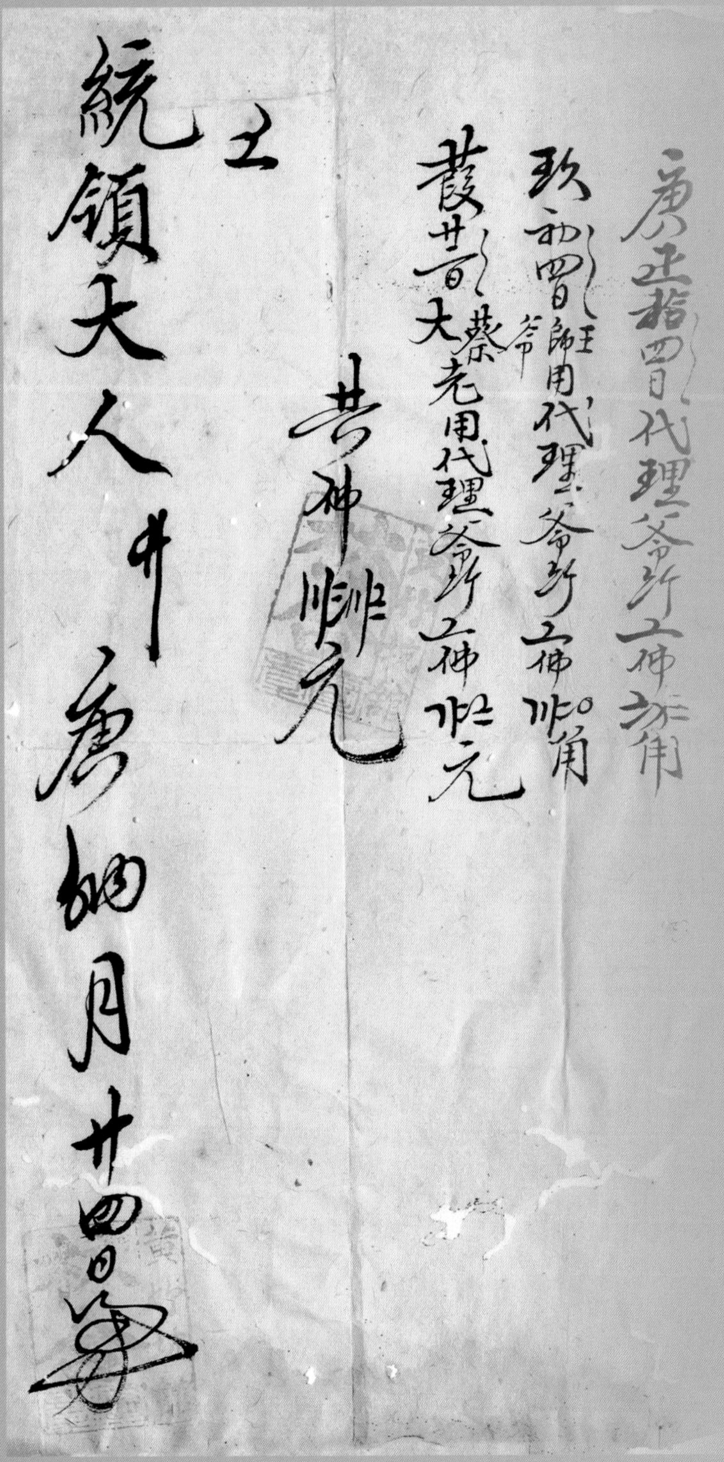

壹、清代文書

（一）信函

（二）公文、稟文

（三）電報

（四）借領收條

（五）對賬單

（六）買物單

（七）兌貨單

（八）支銀單

（九）其他

（一）信函

1．小春十六早鄭以金致林拱辰信函

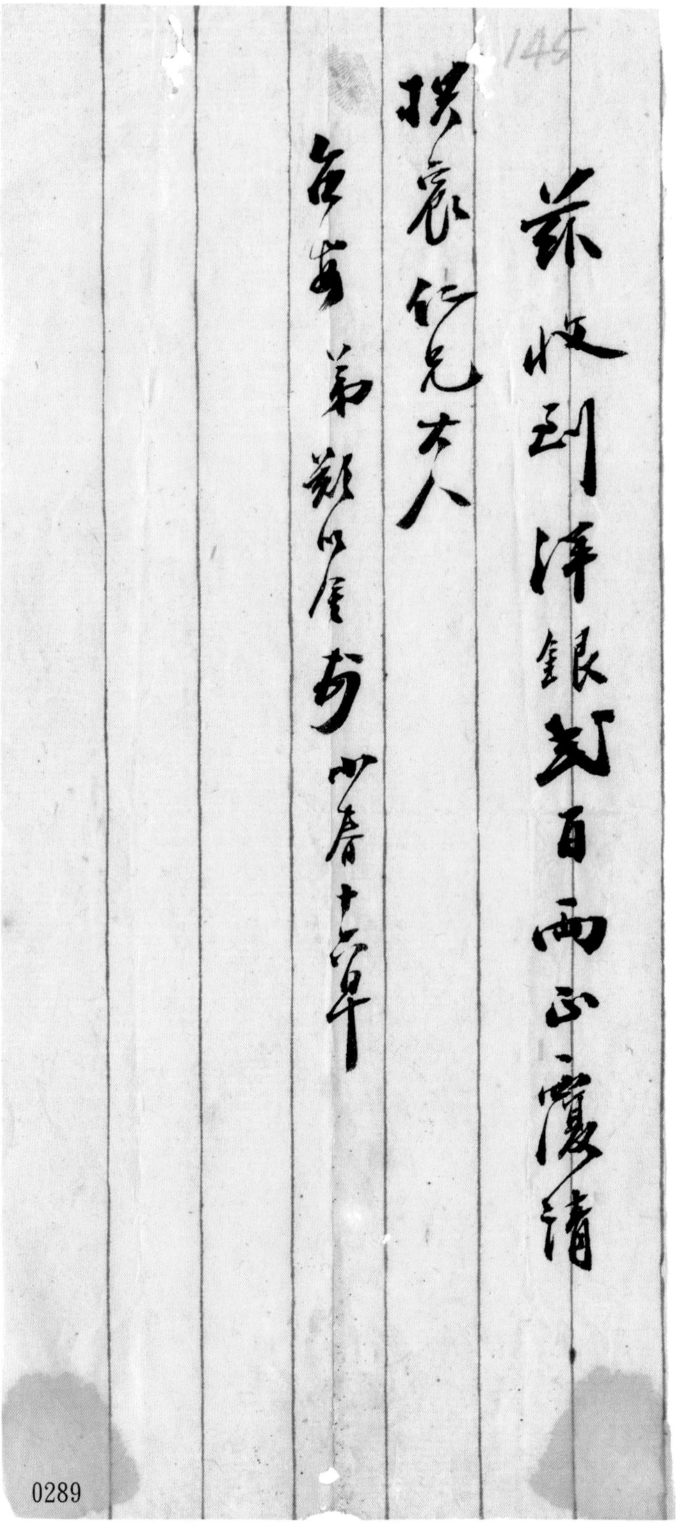
145

茲收到洋銀弍百両正，覆請

拱宸仁兄大人

台安　弟鄭以金頓　小春十六早

0289

茲收到洋銀弍百両正，覆請

拱宸仁兄大人

台安。弟鄭以金[1]頓　小春[2]十六早

1 鄭以金：即鄭汝秋，新竹人，棟字隘勇營把總，協助剿平大嵙崁番亂而獲都司銜，光緒十六年二月後專防大湖一帶，光緒十八年胡傳巡閱全臺營伍時，為管帶中路棟字隘勇正營把總。

2 小春：農曆十月。

（一）信函

2．癸貳月拾壹日林本堂致林拱辰信函

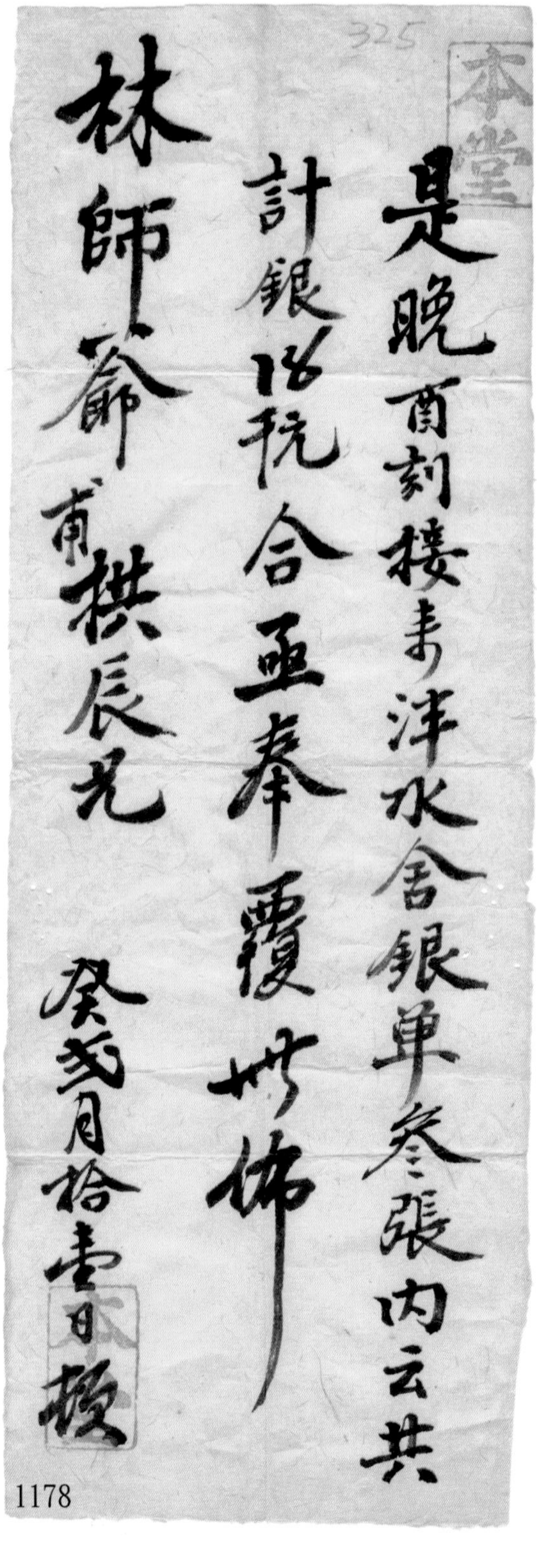

是晚酉刻樓夫洋水舍銀單叁張內云共
計銀18抗合亟奉覆 此佈
林師爺 甫 拱辰兄
癸貳月拾壹日 椷

1178

【印】[3]

是晚酉刻[4]接來泮水舍銀单叁張，內云共
計銀1,500元，合亟奉覆。此佈。

林師爺 甫 拱辰兄 癸[5]弍月拾壹日頓【印】[6]

3 印記內文：「本堂」。
4 酉刻：下午五至七時。
5 癸：癸巳年，光緒十九年（一八九三）。
6 印記內文：「本堂」。

（一）信函

3．癸巳五月初十日蔡燦雲致林拱辰信函

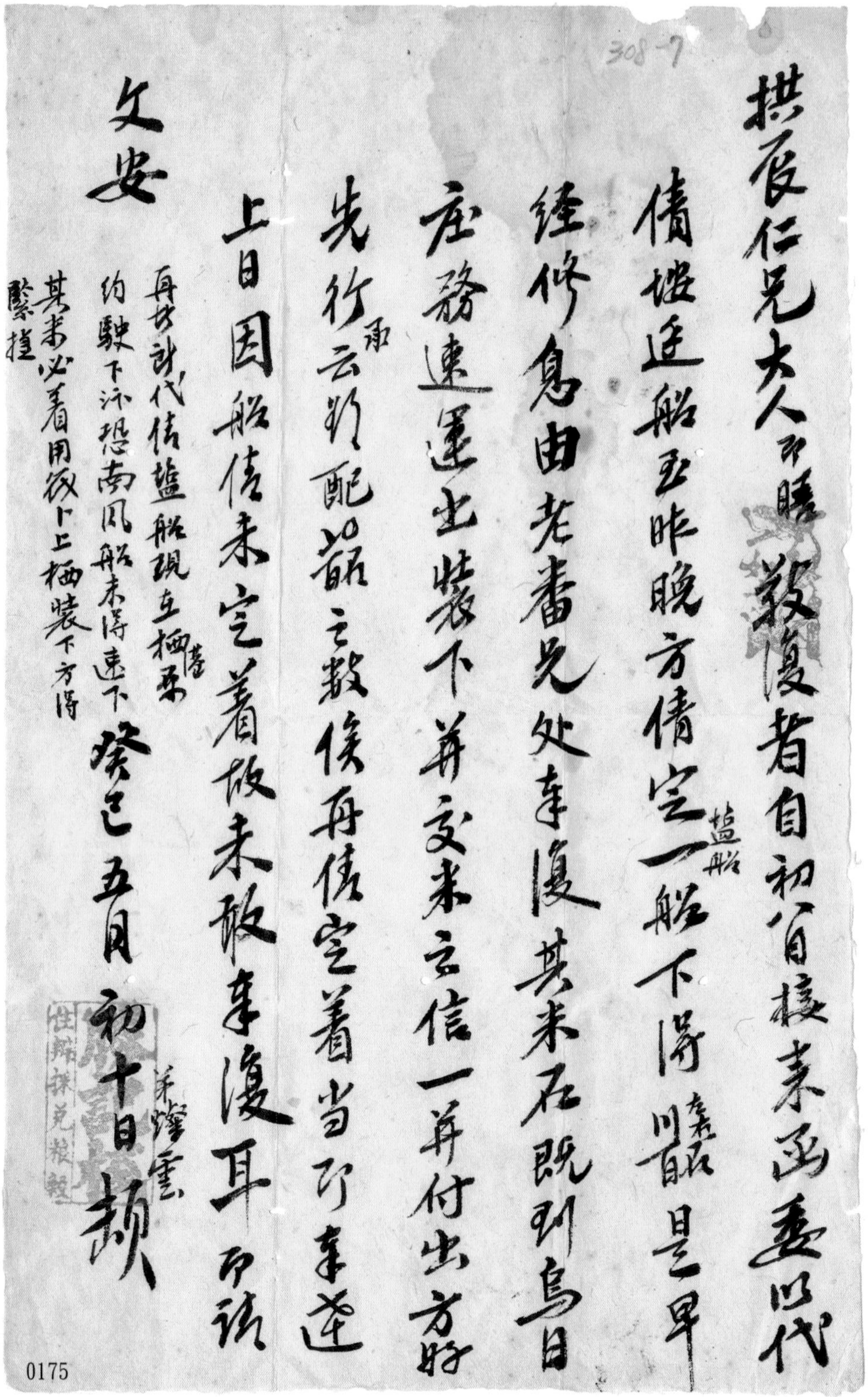

308-7

拱辰仁兄大人台鑒 敬復者自初八日接來函垂以代
倩搭廷船至昨晚方倩定一船鹽船下得蔡石川目是早
經修息由老番兄处奉復 其米石既到烏日
座務速運出裝下 并交米之信一并付出方好
先行承云對配八籠之數俟再倩定着當即奉達
上日因船信未定着故未敢奉復耳 即請
文安

再者托代倩鹽船現在梧棲采
約駛下沂恐南風船未得速下
其米必着用筏下上梧棲裝下方得
繫搥

癸巳五月初十日 弟燦雲頓

0175

拱辰仁兄大人 即晤【印】[7] 敬復者：自初八日接來函委以代倩垵邊船[8]，至昨晚方倩定塩船一船，下淂300石左右，是早経修息由老畨兄処奉復。其米石既到烏日庄，務速運出裝下，并交米之信，一并付出方好。先行承云欲配600石之数，俟再倩定着，当即奉達。上日因船倩未定着，故未敢奉復耳。即請

文安。

再者：所代倩塩船現在栖港[9]，原約駛下汴[10]，恐南風船未淂速下，其米必着用筏卜，上栖裝下，方淂緊捷。

癸巳[11] 五月初十日 弟 燦雲[12] 頓【印】[13]

7 印記內文：「如意」。

8 按邊船：又作按邊船，臺灣南部也有稱為倚邊船。此種船隻，底肚較寬，入水較深，行駛相對平穩，載重約二百至五百餘石不等，主要行駛於南北沿岸，水道沙汕間錯的港口之間。參見林玉茹，《清代臺灣港口的空間結構》（臺北：知書房，一九九六年），頁八七。

9 栖港：梧棲港。

10 汴：汴仔頭。

11 癸巳：光緒十九年（一八九三）。

12 燦雲：蔡燦雲，名振聲，乳名鐵牛，字燦雲，臺中葫蘆墩人，於汴仔頭開設勝記號，為中部之樟腦巨商，亦常為林家採買米穀等物。

13 印記內文：「勝記棧／住辨採兑粮穀」。

（一）信函

4・致林拱辰信函

0309

……老……

拱辰仁兄大人：晚……

林超拔

□勇送至大墩……

□抵大營前……

……

（一）信函

5・信函

……□褲布已買

……俟　李君查

……問，就是　弟

……□銀先交

……撥附　弟　面対

……請

……

……□亦有此高意

……不少

……借二十元故耳。

……□又台灣縣找

……散用并磧年外

……處之腦早

……刻

……拜謁甚然

……其砲破開碎了

……廖漢元右足受傷折断，至初五日故

……掛俱被破砲之碎鉄傷破成空

……血流越日而愈

（一）信函

6・致林拱辰信函封套

……處

林師老爺拱辰 琭 台啓

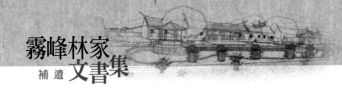

（一）信函

7・封套

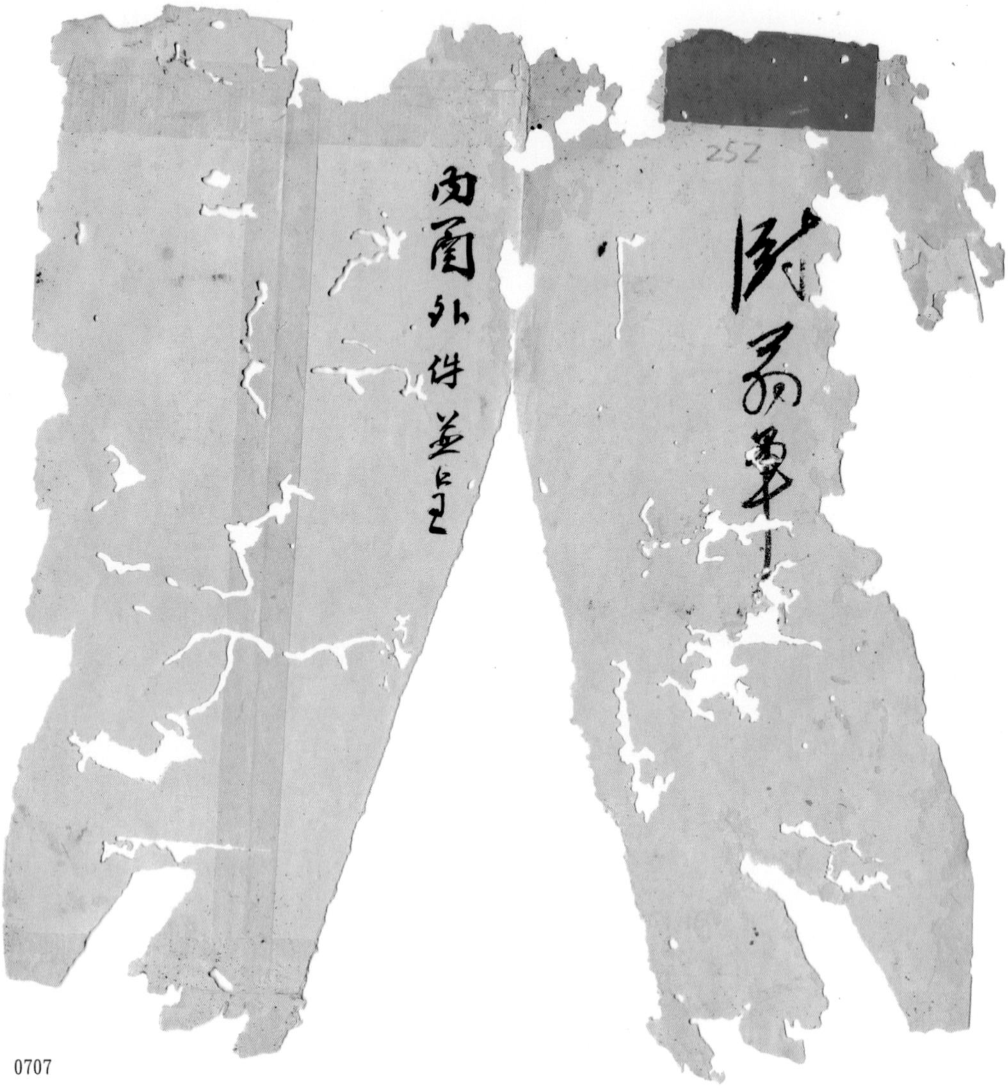
內閣外件並呈

252

0707

澍翁[14]单

內函外件並呈

[14] 澍翁：謝壽昌，字澍泉，湖南人，光緒十七年出任雲林縣知縣，光緒十九年調署安平知縣。鄭喜夫，《臺灣地理及歷史卷九官師志》，第一冊文職表，頁一七六。

（二）公文、稟文

8．嘉慶拾柒年陸月十六日彰化縣正堂楊桂森給陳繼色執照

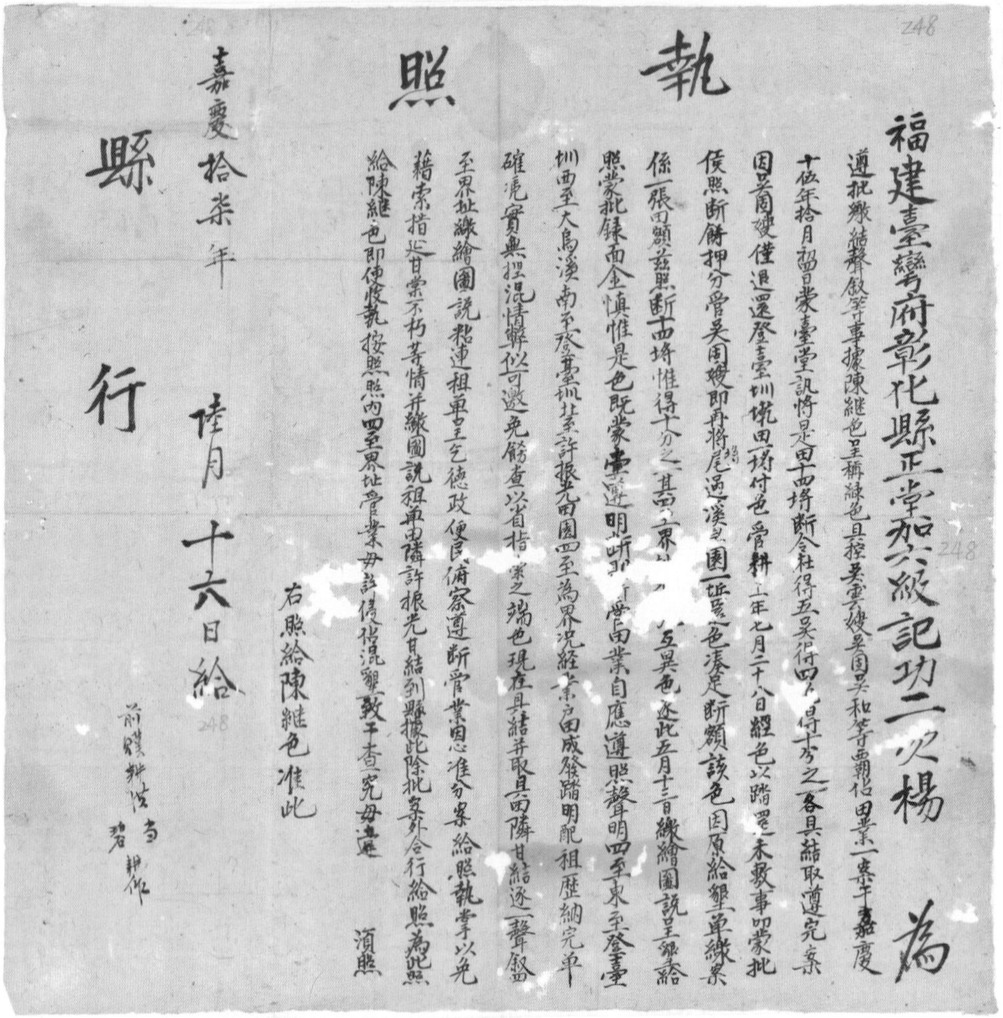

執照

福建臺灣府彰化縣正堂加六級記功二次楊　為

遵批覈結聲敘等事。據陳繼色呈稱：緣色具控吳雲嫂、吳國、吳和等覇佔田業一案，于嘉慶

十伍年拾月初旬蒙臺堂訊，將是田十四埒斷令杜得五，吳得四[illegible]、得十分之一，各具結取遵完案。

因吳國嫂僅退還登臺圳坵田一埒付色管耕，上年七月二十八日經色以踏界未敷事叩，蒙批

候照斷飭押分管。吳國嫂即再將尾過溪之園一坵[illegible]色湊足斷額。該色因原給墾單繳案，

係一張田額，茲照斷十四埒，惟得十分之一，其四至界址[illegible]互異，色遂於五月十三日繳繪圖說呈驗，蒙

照蒙批錄面全慎，惟是色既蒙重遵明斷[illegible]管田業，自應遵照聲明四至：東至登臺

圳，西至大烏溪，南至登臺圳，北至許振光田園，四至為界。况經本案户田成發踏明，配祖歷納完單

確憑，實無捏混情弊，似可邀免飭查，以省指[illegible]之端。色現在具結，并取具田隣甘結，遂一聲盤

至界址，繳繪圖說，粘連祖單，乞德政便民，俯察遵斷管業由，准分案給照執業，以免

藉索指延，甘棠不朽等情。并繳圖說、祖單、田隣許振光甘結到縣。據此，除批案外，合行給照。為此照

給陳繼色，即便收執，按照照內四至界址管業，毋許傍人[illegible]混爭，致干查究，毋違。須照

右照給陳繼色　准此

嘉慶拾柒年陸月十六日給

縣　行

執照

福建臺灣府彰化縣正堂加六級記功二次楊[15] 為

遵批繳結聲敘等事。據陳繼色呈稱：緣色具控吳雲嫂、吳固、吳和等霸佔田業一案，于嘉慶十伍年拾月初四日蒙臺堂訊，將是田十四坵斷令杜得五，吳得四，色得十分之一，各具結取遵完案。因吳固嫂僅退還登臺圳墘田一坵付色管耕，上年七月二十八日經色以踏還未敷事，叨蒙批候照断飭押分管，吳固嫂即將坵尾過溪旱園一坵還色湊足断額。該色因原給墾单繳案，係一張田額。茲照断十四坵惟得十分之一，其四至界址□□□互異，色遂此五月十三日繳繪圖說，呈墾給照。蒙批錄：面金慎惟。是色既蒙堂遵明断，則所管田業自應遵照聲明四至，東至登臺圳，西至大烏溪，南至登臺圳，北至許振光田園四至為界。況経業戶田成發踏明配租，歷納完单確憑，實無捏混情弊，似可邀免飭查，以省指索之端。色現在具結并取具田隣甘結，逐一聲敘四至界址，繳繪圖說，粘連租单，呈乞德政便民，俯察遵断管業，恩准分案給照執掌，以免藉索指延甘棠不朽等情，并繳圖說、租单、田隣許振光甘結到縣。據此，除批案外，合行給照。為此照給陳繼色即便收執，按照照內四至界址管業，毋許侵佔混墾，致干查究，毋違。　須照

右照給陳繼色。准此

前牒耕洪碧　当耕作

嘉慶拾柒年　陸月十六日給

縣　行

15 楊：楊桂森，雲南石屏州人，原任南平知縣，嘉慶十五年一月到任彰化縣知縣，十七年離任。許雪姬總策劃，《臺灣歷史辭典【附錄】》（臺北：行政院文化建設委員會，二〇〇四年），頁A一三四。

（二）公文、稟文

9．林安呈彰化知縣稟文(1)

具稟家丁林安為稟請詳咨事切家主兵部郎中武
庫司兼武選司行走林朝棟係本縣轄下寄籍原
籍浙江鎮海縣前緣　素在福建平和貿易於道
光　年間由浙携眷移居平和嗣因戚友多在臺
地經商住籍同治　年間復由平和携眷移籍彰化
同治九年遵例報捐郎中赴
部驗到簽分兵部武庫司兼武選司行走十年八月由
京告假措資十三年　月　日在　接信聞訃
生母曾氏于十三年四月十九日在彰化家中病故家主
係親生長子並無過繼例應丁憂即于是年　月
日到籍見喪守制隨將丁憂緣由稟由彰化縣轉報詳

具稟家丁林 安為稟請詳咨事。切家主兵部郎中武
庫司兼武選司行走林朝棟，係本縣轄下寄籍，原
籍浙江 鎮海縣。前緣 素在福建 平和貿易，於道
光 年間由浙携眷移居平和，嗣因戚友多在臺
地經商住籍，同治 年間復由平和携眷移籍彰化，
同治九年遵例報捐郎中，赴
部[16]驗到，簽分兵部武庫司兼武選司行走。十年八月由
京告假措資。十三年 月 日在 接信聞訃，
生母曾氏[17]于十三年四月十九日在彰化家中病故，家主
係親生長子，並無過繼，例應丁憂[18]，即于是年 月
日到籍見喪守制，隨将丁憂緣由稟由彰化縣轉報詳

16 部：兵部。

17 曾氏：林文察妻，林朝棟生母，閨名琴娘，道光十三年生，卒於同治十三年四月十九日，得年四十二歲。王世慶、陳漢光、王詩琅撰，《霧峯林家之調查與研究》（臺北：林本源中華文化教育基金會，一九九一年），頁一一七。

18 丁憂：官員居喪。

（二）公文、稟文

9・林安呈彰化知縣稟文(2)

253-2

咨在案茲奉
吏部行查以家主移居不得作為寄籍並查明在何
處聞訃何時到閩見喪飭令扶柩回浙江原籍守制
將給咨起程日期報部等因伏查家主此次丁母憂係
於同治十三年　月　日在　　按信聞訃　月
日到家見喪守制前報丁憂案內漏未聲叙今應
補行聲復但家主前于同治〇年由平和攜眷移籍
彰化之後所有田廬產業俱在台地即父母棺柩
亦均安葬彰化地處一時未便起扶回浙籌思之
下惟有瀝情遣稟轉請詳咨
大部俯念家主移籍後田廬產業及父母墳塋

咨在案。茲奉

吏部行查，以家主移居，不得作為寄籍，並查明在何

處聞訃，何時到閩見喪，飭令扶柩回浙江原籍守制，

將給咨啓程日期報部等因。伏查家主此次丁母憂，係

於同治十三年　月　日在　接信聞訃，　月

日到家見喪守制，前報丁憂案內漏未聲敘，今應

補行聲復。但家主前由平和携眷移籍

彰化之後，所有田廬產業俱在台地，即父母棺柩

亦均安葬彰化地處，一時未便起扶回浙。籌思之

下，惟有瀝情遺稟，轉請詳咨

大部，俯念家主移籍後田廬、產業及父母墳塋

9・林安呈彰化知縣稟文(3)

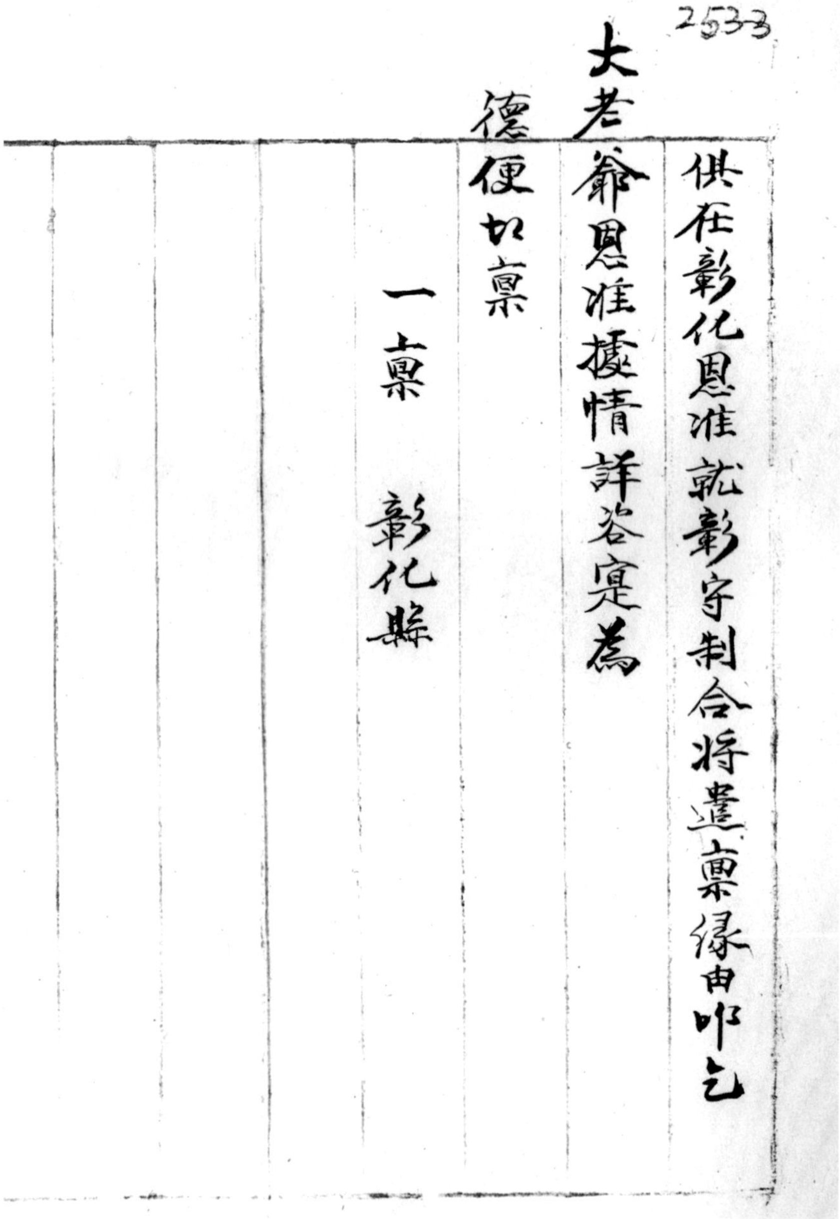
2533
供在彰化恩准就彰守制合將遣稟緣由叩乞
大老爺恩准據情詳咨寔為
德便切稟
一稟　彰化縣

俱在彰化，恩准就彰守制。合将遺稟緣由叩乞
大老爺恩准，據情詳咨，寔為
德便。切稟。
一稟　彰化縣

（二）公文、稟文

10・閩浙總督何璟致福建按察司札文

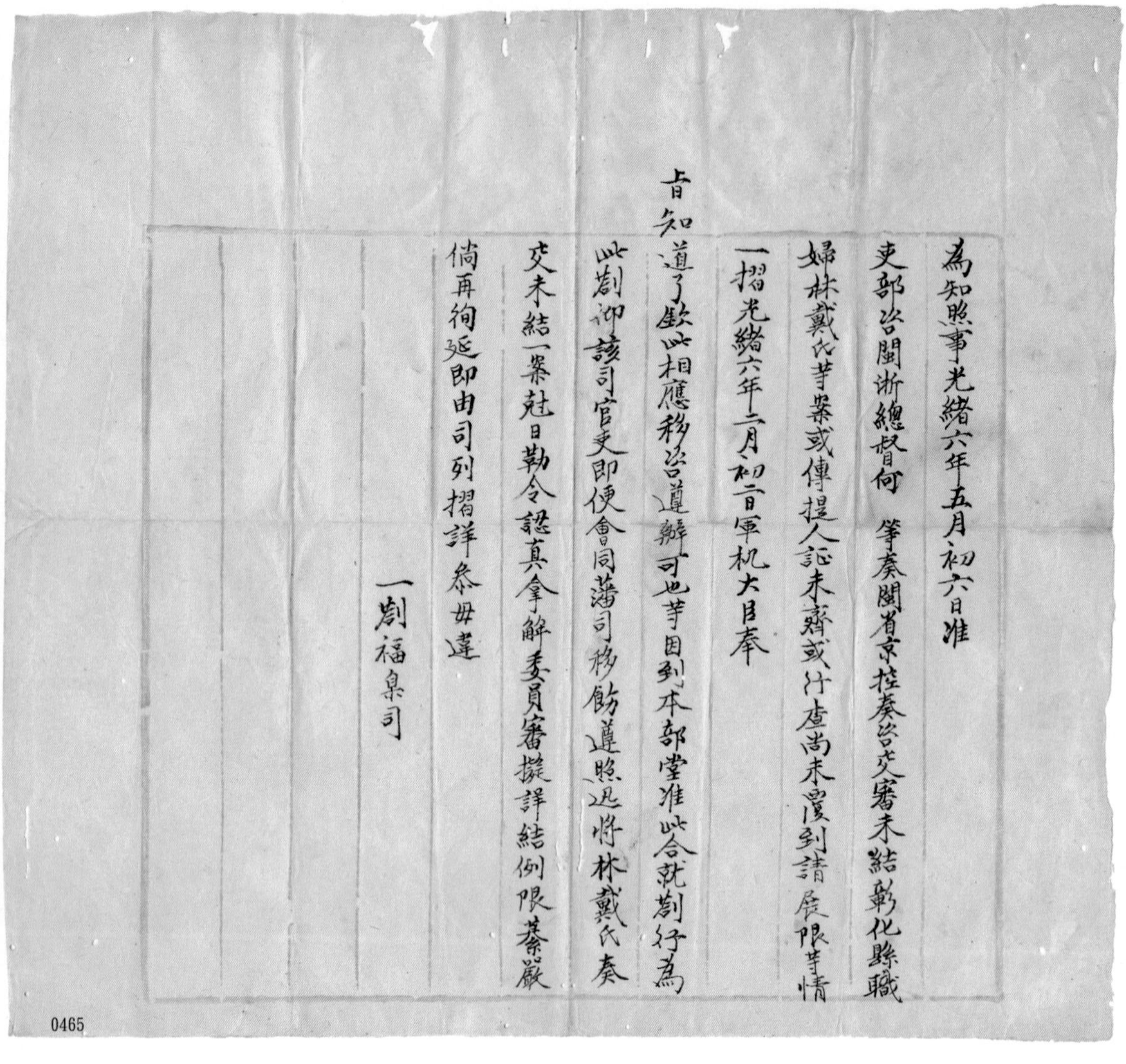

為知照事光緒六年五月初六日准
吏部咨閩浙總督何　等奏閩省京控奏咨交審未結彰化縣職
婦林戴氏等案或傳提人証未齊或行查尚未覆到請展限等情
一摺光緒六年二月初三日軍机大臣奉
旨知道了欽此相應移咨遵辦可也等因到本部堂准此合就劄行為
此劄仰該司官吏即便會同藩司移飭遵照迅將林戴氏奏
交未結一案尅日勒令認真拿解委員審擬詳結例限綦嚴
倘再徇延即由司列摺詳參毋違
一劄福臬司

0465

為知照事。光緒六年五月初六日准
吏部咨閩浙總督何[19]等奏閩省京控奏咨交審未結，彰化縣職
婦林戴氏等案，或傳提人証未齊，或行查尚未覆到，請展限等情
一摺。光緒六年二月初二日軍机大臣奉
旨：「知道了。欽此」，相應移咨遵辦可也等因到本部堂。准此，合就劄行，為
此劄仰該司官吏，即便會同藩司[20]移飭遵照，迅將林戴氏奏
交未結一案，尅日勒令認真拿解，委員審擬[21]詳結，例限[22]綦嚴，
倘再徇延，即由司列摺詳參毋違。

一劄福臬司[23]

19 何：閩浙總督何璟。
20 藩司：省布政使司。
21 審擬：審問擬罪。
22 例限：清代對地方廳縣衙門審理之案件，依照類型不同，例如命案、盜案、竊盜、竊賊等訂有不同的完結時限。廳縣以上衙門亦訂有解勘時限。
23 福臬司：福建按察使司，疑為鹿傳霖。黃富三，《霧峰家的中挫（一八六一～一八八五）》，頁三七四。

（二）公文、稟文

11・閩浙總督批文 (1)

此案情節關重，亟須將案內要証傳訊明確，則委員被控各節虛
實無難立判。本部堂檄司會訊，飭令謝、石委員隨同推鞫，無非不厭
詳慎，期於迅結之意。茲查涂壬厚、黃進蒲等，均係案中應行提質之人，而
林啟時尤係當日在場要証，與他案事外牽連者有別，今該氏於糾纏抵制
呈，豈不欲此案完結，模糊了事耶？該氏年逾六十，又屬朝廷命婦，倘用親
屬代訴，毋庸傳對公堂。今閱該氏每於司訊輒到該衙門吵鬧，求與謝委員
對質，殊屬非是。該氏如恐抱告事有隔膜，不能訴說詳盡，查林文明
之子林丁山年已及歲，正可令其隨案赴質，子訴父冤，尤其職也。本

0463

此案情節関重，必須將案內要証傳訊明確，則委員被控各証虛實無难立判，本部堂檄司会訊，飭令讞局委員隨仝推鞫，無非不厭詳慎，期於迅結之意。卷查洪壬厚[24]、黃連蒲等均係案中应行提質之人，而林应时[25]尤係当日在埸要証，與他案事外牽連者有別。今該氏[26]仍糾纏抵制，是豈不欲此案完結，模糊了事耶。該氏年逾八十，又屬朝廷命婦[27]，例用親屬代訢〔訴〕，毋庸簿对公堂。今聞該氏每於司訊，輒到該衙門吵鬧，求與凌委員[28]對質，殊屬非是。該氏如恐抱告事有隔膜，不能訢〔訴〕說詳盡。查林文明之子林丁山[29]年已及歲，正可令其隨案赴質，子訢〔訴〕父冤，尤其職也。本

24 洪壬厚：萬斗六庄人。與霧峰林家有田產糾紛，捲入京控案。黃富三，《霧峰家的中挫（一八六一～一八八五）》，頁六二。

25 林应时：瓦瑶庄人。與林文明發生田園糾紛，捲入京控案。黃富三，《霧峰家的中挫（一八六一～一八八五）》，頁六一。

26 氏：林戴氏，林文察、林文明之母。

27 命婦：受有封號的婦人。

28 凌委員：凌定國。

29 林丁山：或寫作登山，即林文明長子林壽堂。

（二）公文、稟文

11．閩浙總督批文 (2)

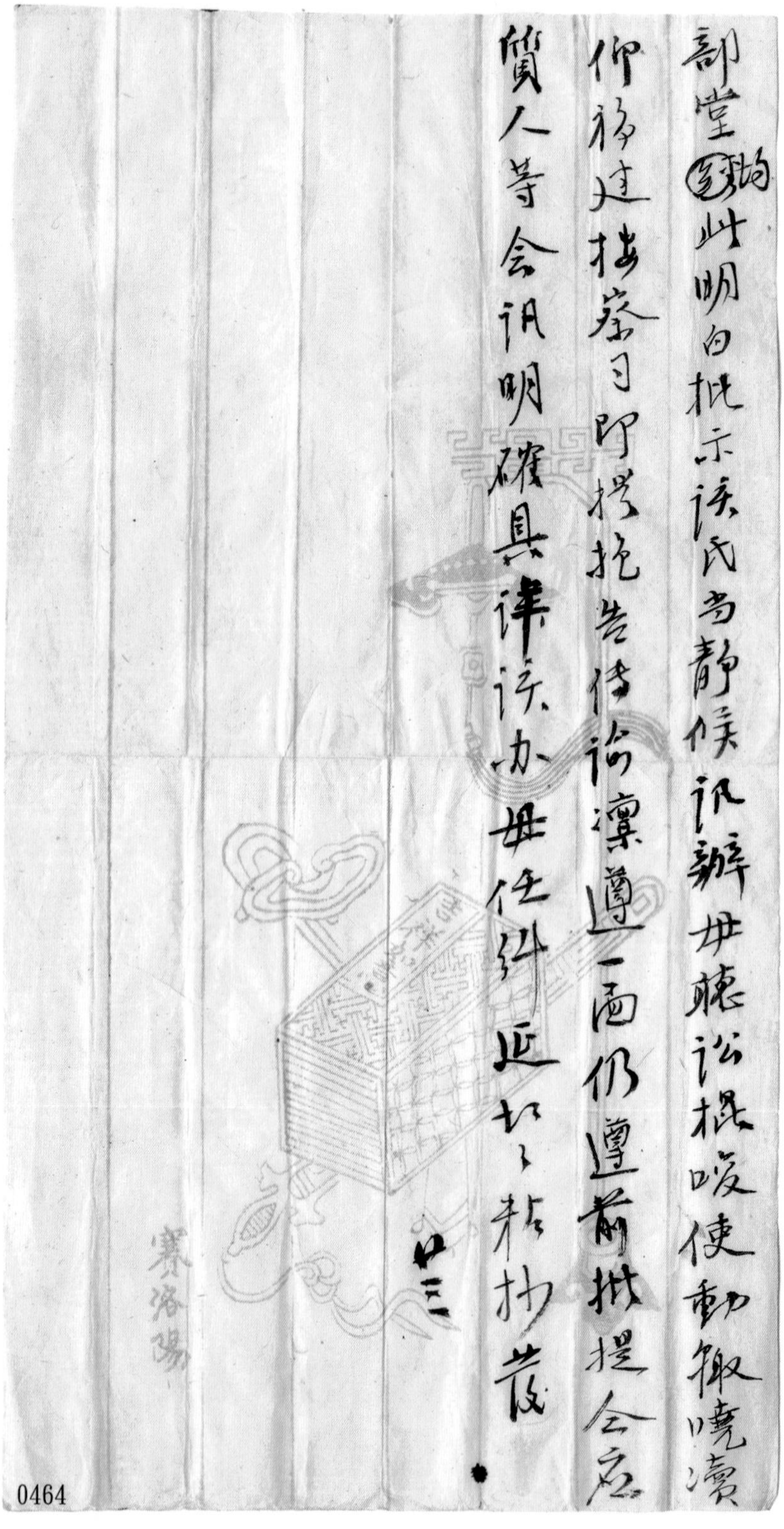
部堂鈞此明白批示該氏尚靜候訊辦毋聽訟棍唆使動輒嘵瀆
仰福建按察司即將抱告侍論稟遵一面仍遵前批提全店
質人等會訊明確具詳該辦毋任糾延切切特抄發
廿三
賽洛陽
0464

部堂均此明白，批示該氏当靜候訊辦，毋聽訟棍唆使，動輙嘵瀆。仰福建按察司即提抱告[30]傳諭凜遵，一面仍遵前批，提仝应質人等会訊明確具詳。該办毋任糾延。切切。粘抄發。

卅三。

30 抱告：清代稱事主遣他人赴衙門為抱告。清刑律規定官吏、生員、紳衿及老幼，有殘疾者，准派遣親屬或家丁代赴衙門。林文明為凌定國誘殺後，林戴氏付省、京控告，因係年長婦女，官府准其遣抱告為之。許雪姬總策劃，《臺灣歷史辭典》（臺北：行政院文化建設委員會，二〇〇四年），頁四五二。

（二）公文、稟文

12・光緒□年十一月三十日戌時頭品頂戴兵部侍郎福建臺灣巡撫部院兼管海關學政封

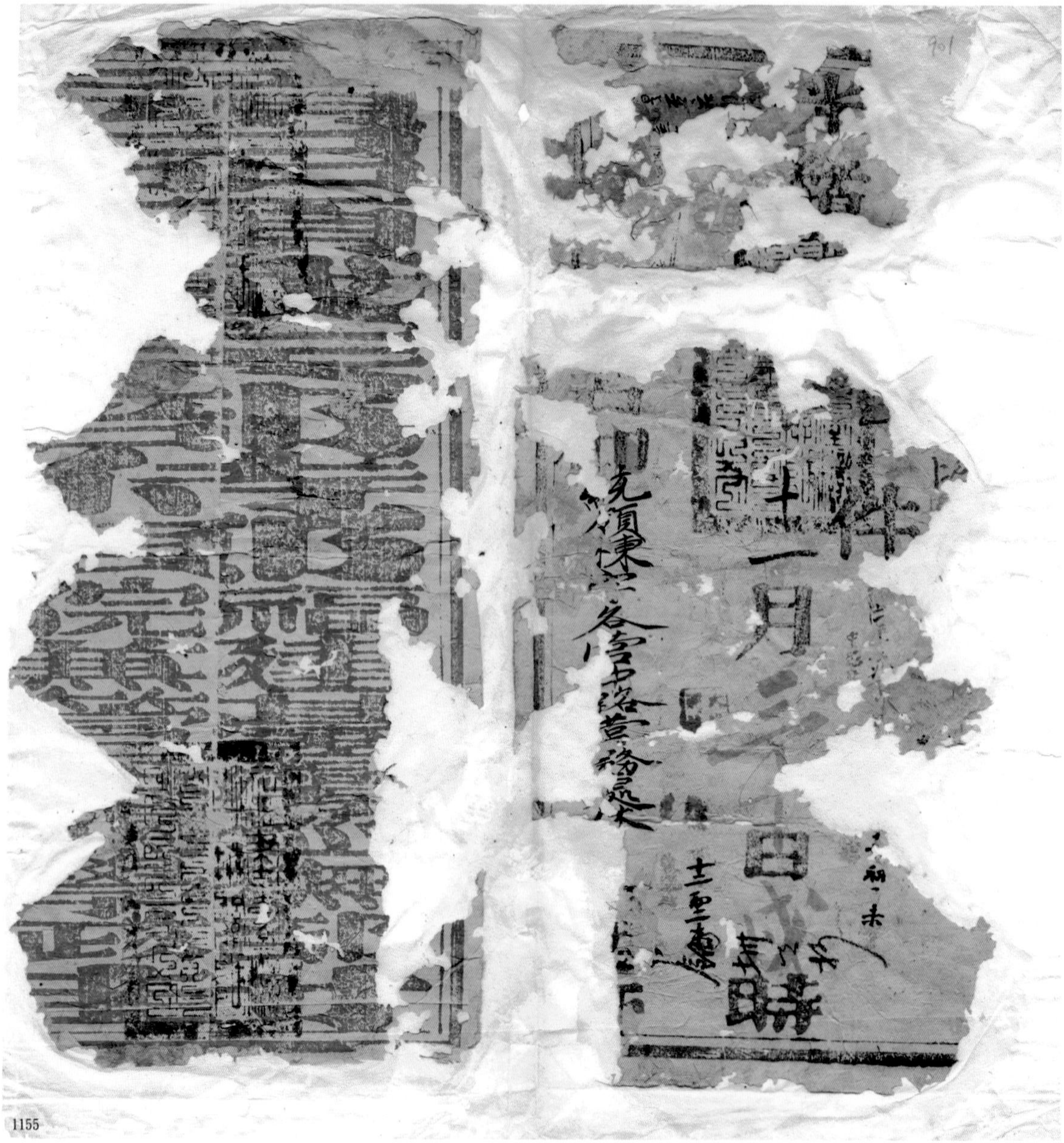

□

內□件……十二月初一未

中□□

光緒□年十一月【印】[31]三十日戌時[32]

十二月初二□

右仰統領棟字各營中路營務處林開拆

11月30抄

頭品頂戴兵部侍郎福建臺灣巡撫部院兼管海關學政[33]封

31 印記內文不詳。

32 戌時：下午七至九時。

33 頭品頂戴兵部侍郎福建臺灣巡撫部院兼管海關學政：應指劉銘傳。

（二）公文、稟文

13．光緒拾陸年柒月十九日林超拔致林朝棟公文封

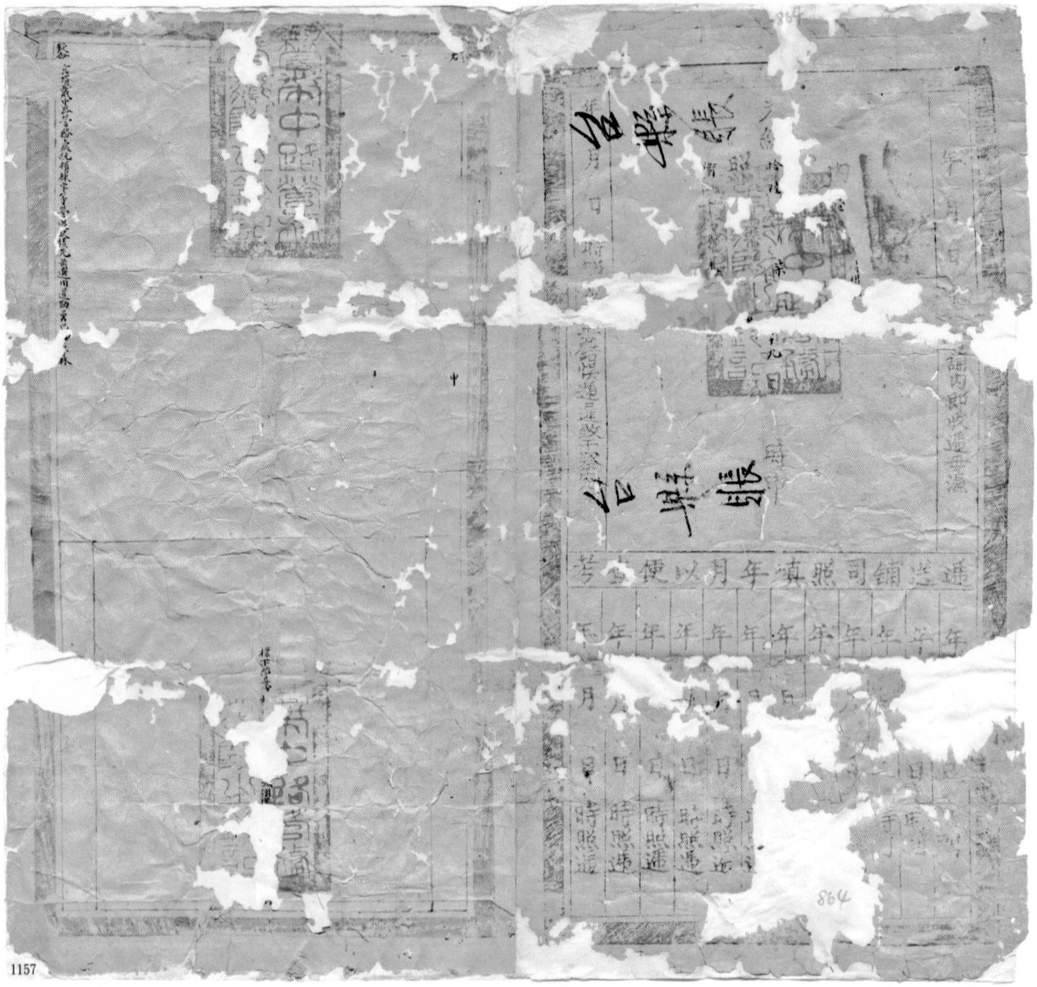

1157

年　月　日　時發前鋪內即收遞毋濕

清摺……
台縣賬

內
壹　件

光緒拾陸年柒月十九日【印】[34] 時申

照　驗

衛字第壹號

台縣賬

年　月　日　時照鋪投遞毋錯悞遞遲致干察究

【印】[35]

欽命二品頂戴中路營務處統領棟字等營遇缺儘先前選用道勁勇巴圖魯林[36]

遞送鋪司[37]照塡年月以便查考

年　月　日　時到

年　月　日　時到

年　月　日　時到

年　月　日　時到

年　月　日　時到

年　月　日　時到

年　月　日　時照遞

年　月　日　時照遞

年　月　日　時照遞

年　月　日　時照遞

年　月　日　時照遞

年　月　日　時照遞

標下管帶衛隊藍翎儘先拔補把總林謹封【印】[38]

34 印記內文：「管帶中路營務處衛隊之鈐記」。

35 印記內文：「管帶中路營務處衛隊之鈐記」。

36 欽命二品頂戴中路營務處統領棟字等營遇缺儘先前選用道勁勇巴圖魯林：林朝棟。

37 鋪司：清代各省設有鋪遞制度，傳遞公文，在廳縣轄內各鋪，各有一名主管，稱鋪司，負責收發登記等事，其下配有鋪兵若干。陳怡芹，〈日治時期臺灣郵政事業之研究（一八九五—一九四五）〉（桃園：中央大學歷史學研究所碩士論文，二〇〇八年），頁一三。

38 印記內文：「管帶中路營務處衛隊之鈐記」。

（二）公文、稟文

14・光緒十七年八月致林朝棟公文封

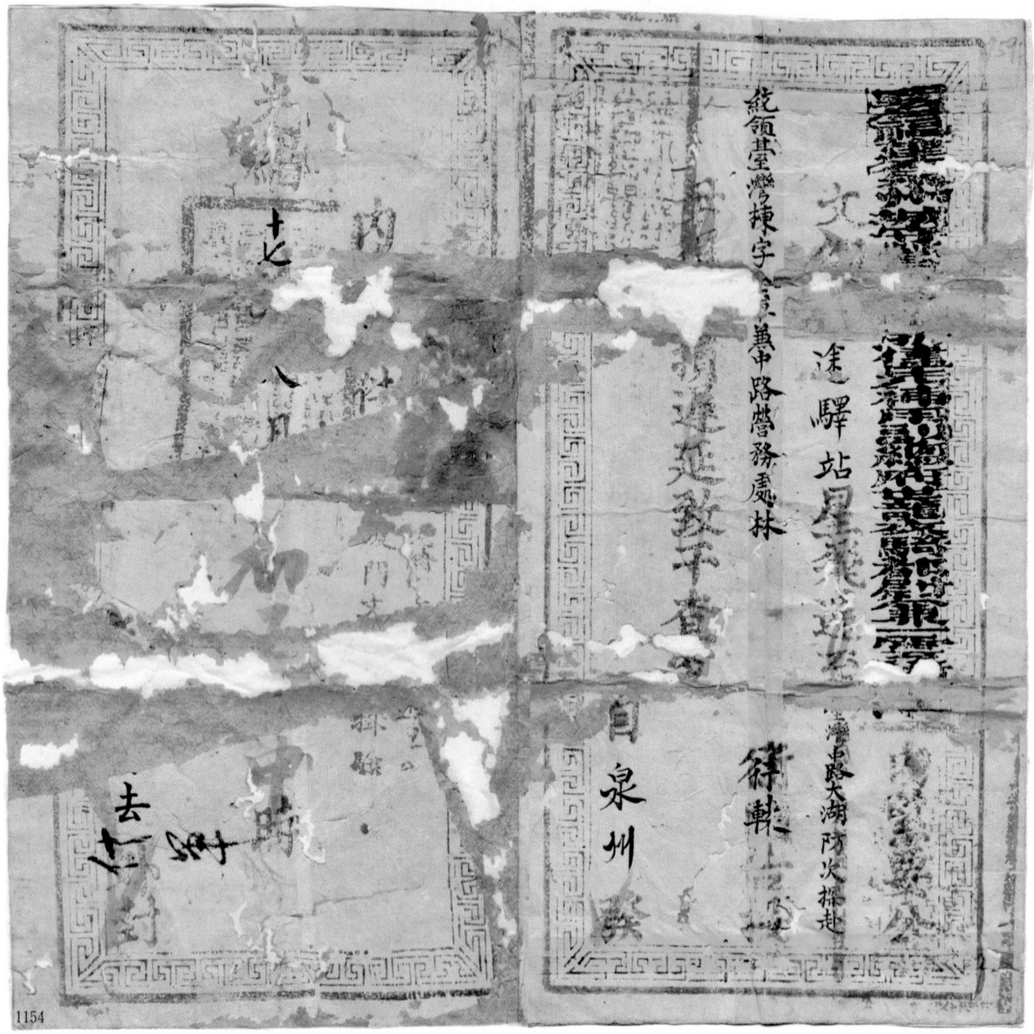

署福建泉州城□□□□儘先補用副總府[39]世襲騎都尉兼一雲□□內緊要公【印】[40]

文仰沿？途驛站星飛遞至臺灣中路大湖防次[41]探赴

統領臺灣棟字各軍兼中路營務處林　行轅[42]告投

毋得擦？損遲延致干查究

【印】[43]　自泉州發

內件　……廈門文……掛驗

光緒十七年八月初□日申[44]時【印】[45]

□去　外封　付单

39 副總府：指「游擊」，清朝綠營的中高階軍官。

40 印記內文不詳。

41 防次：防地。

42 行轅：指官員暫時駐紮地點的辦事處所。

43 印記內文不詳。

44 申時：下午三至五時。

45 印記內文不詳。

（二）公文、稟文

15・光緒拾柒年拾貳月中路營務處統領棟字等營封

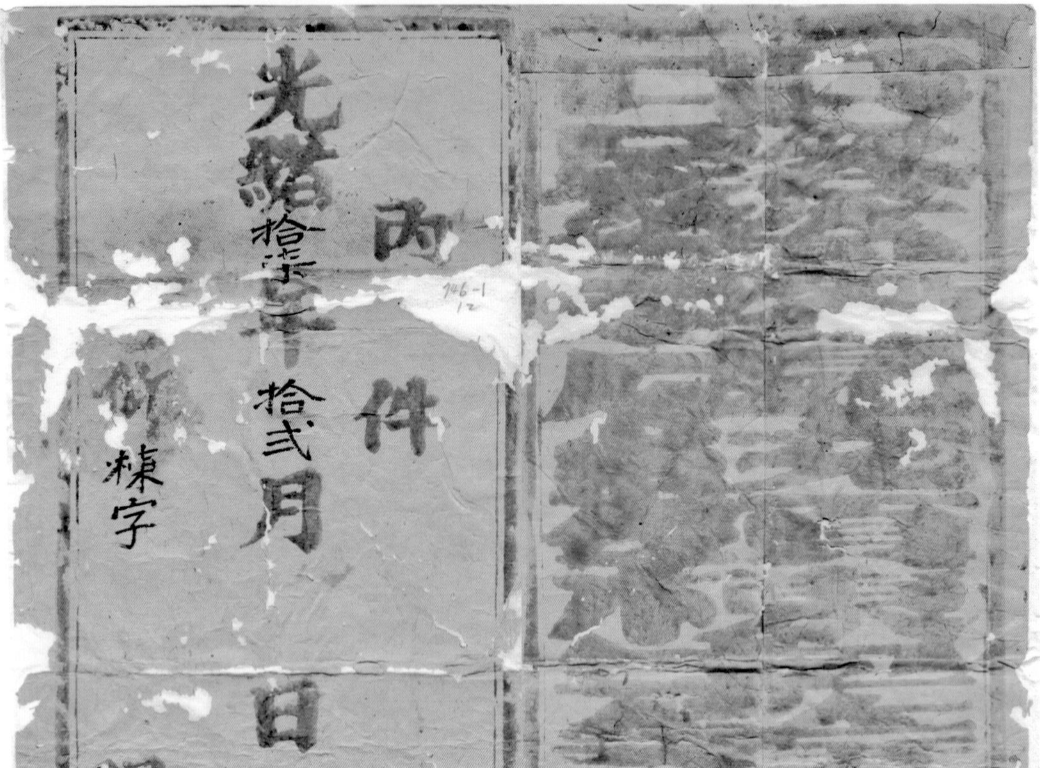

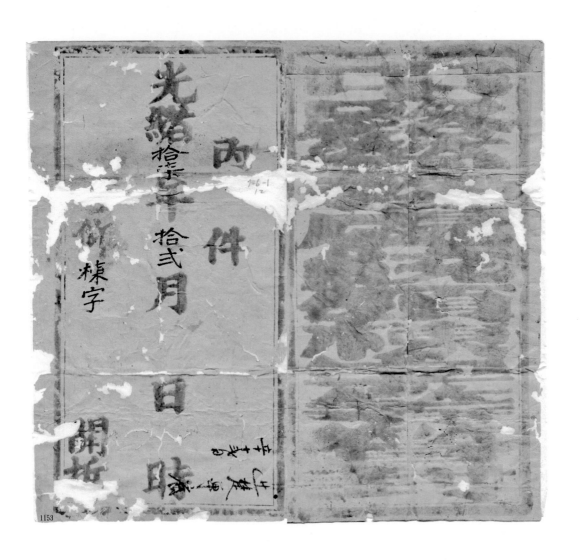

中路營務處統領棟字等營封

內件

光緒拾柒年拾弍月　日　時

右仰　棟字　開拆

过楚单底

辛[46]十弍月

46 辛：疑為辛卯年，光緒十七年（一八九一）。

（二）公文、稟文

16・光緒拾柒年拾貳月林超拔致林朝棟公文封

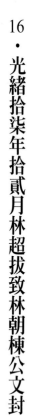

1158

年　月　日　時發前舖內即收遞毋濕

清摺一扣

內　壹　件

印領一紙

光緒拾柒年拾貳月貳□日時申【印】[47]

照驗

字第　號

遵用空白[48]

年　月　日　時照舖□□毋錯悞遞遲致干察究

遞送舖司照塡年月以便查考

年月日時到	年月日時到	年月日時到	年月日時到	年月日時到	年月日時到	年月日時照遞	年月日時照遞	年月日時照遞	年月日時照遞	年月日時照遞	年月日時照遞

欽命二品頂戴中路營務處統領棟字等營選用道兼襲騎都尉兼一雲騎尉勁勇巴圖魯林

【印】[49]

標下管帶衛隊藍翎儘先拔補把總林[50]謹封

【印】[51]

47 印記內文：「管帶中路營務處衛隊之鈐記」。

48 遵用空白：在呈文內容結束後，留有若干空白頁，供收文者批復用。

49 印記內文：「管帶中路營務處衛隊之鈐記」。

50 林：林超拔。

51 印記內文：「管帶中路營務處衛隊之鈐記」。

（二）公文、稟文

17・光緒拾柒年拾貳月參拾日林超拔致林朝棟公文封

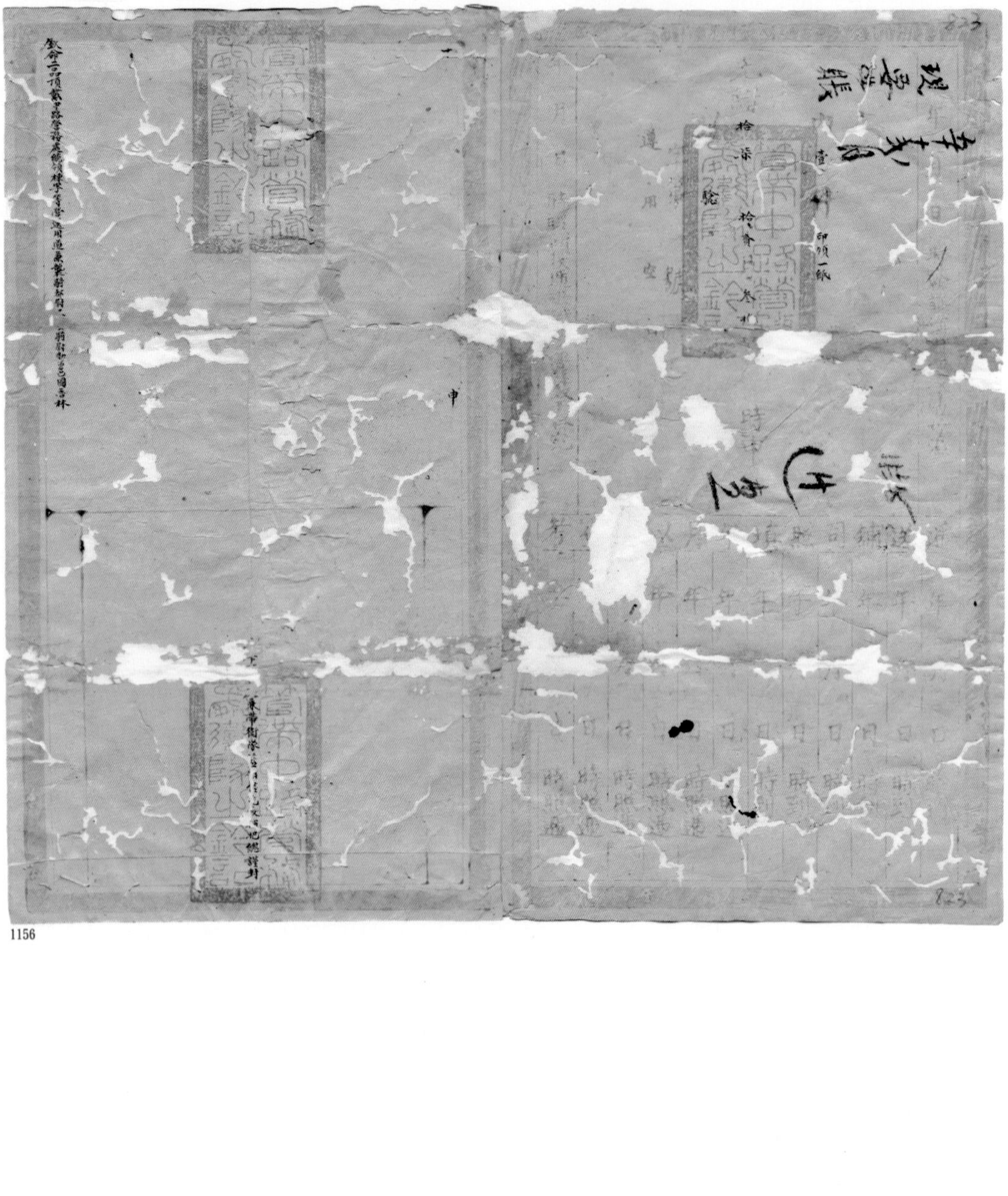

1156

年　月　日　時發前舖內即收遞毋濕

辛十弍月
現要登賬
內　壹　件　印領一紙
光緒拾柒年拾貳月叁拾　日申【印】52
照　驗
字第　號
遵用空白
285 过查

年　月　日　時照舖投遞毋錯悞遞遲致干察究

右
申
【印】53
欽命二品頂戴中路營務處統領棟字等營選用道兼襲騎都尉兼一
雲騎尉勁勇巴圖魯林

遞送舖司照塡年月以便查考

年　月　日　時到
年　月　日　時到
年　月　日　時到
年　月　日　時到
年　月　日　時到
年　月　日　時到
年　月　日　時照遞
年　月　日　時照遞
年　月　日　時照遞
年　月　日　時照遞
年　月　日　時照遞
年　月　日　時照遞

標下□□兼帶衛隊藍翎儘先拔補把總謹封【印】54

52 印記內文：「管帶中路營務處衛隊之鈐記」。
53 印記內文：「管帶中路營務處衛隊之鈐記」。
54 印記內文：「管帶中路營務處衛隊之鈐記」。

（二）公文、稟文

18・中路營務處統領棟字等營兼統臺北隘勇封一

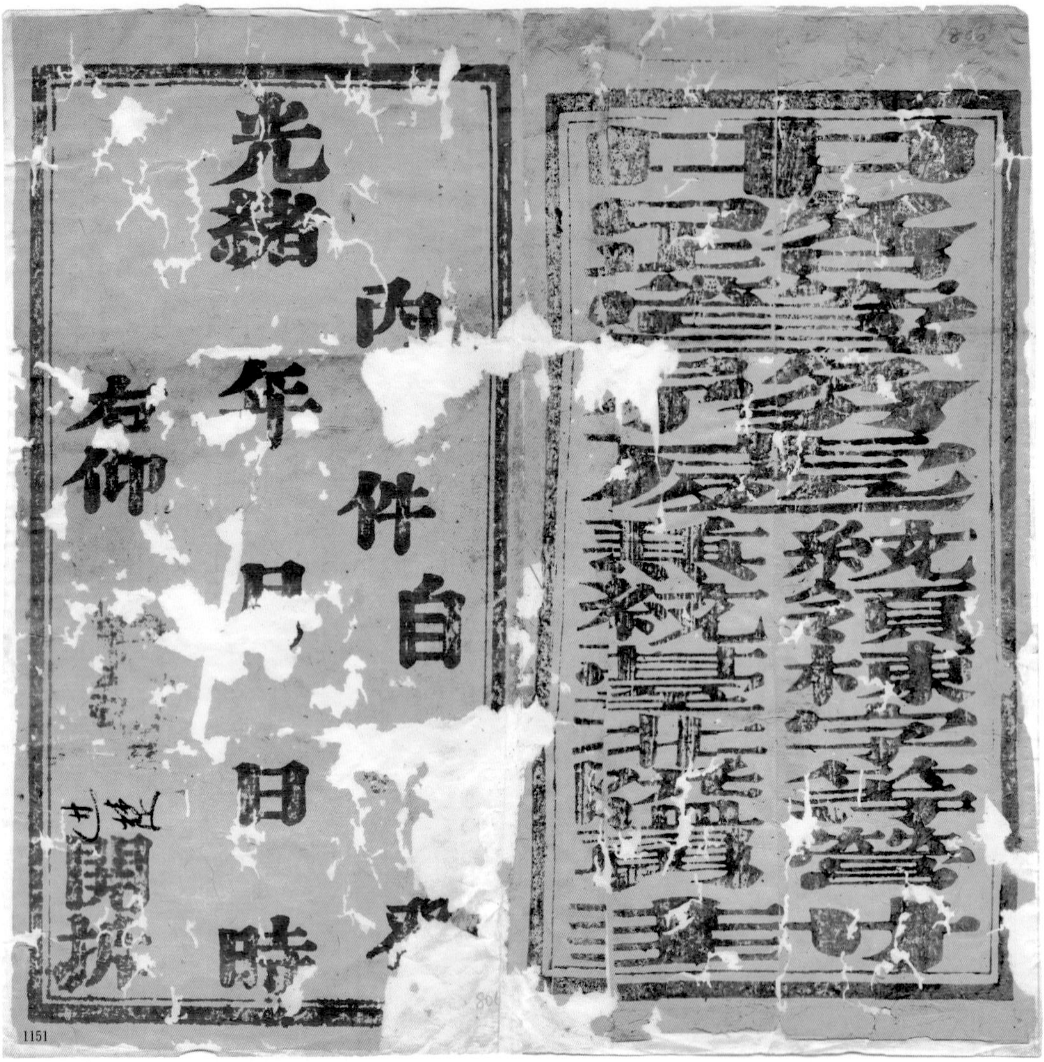

中路營務處
統領棟字等營
兼統臺北隘勇
封

內件自發
光緒　年　月　日　時
右仰　開拆
过楚

（二）公文、稟文

19・中路營務處統領棟字等營兼統臺北隘勇封二

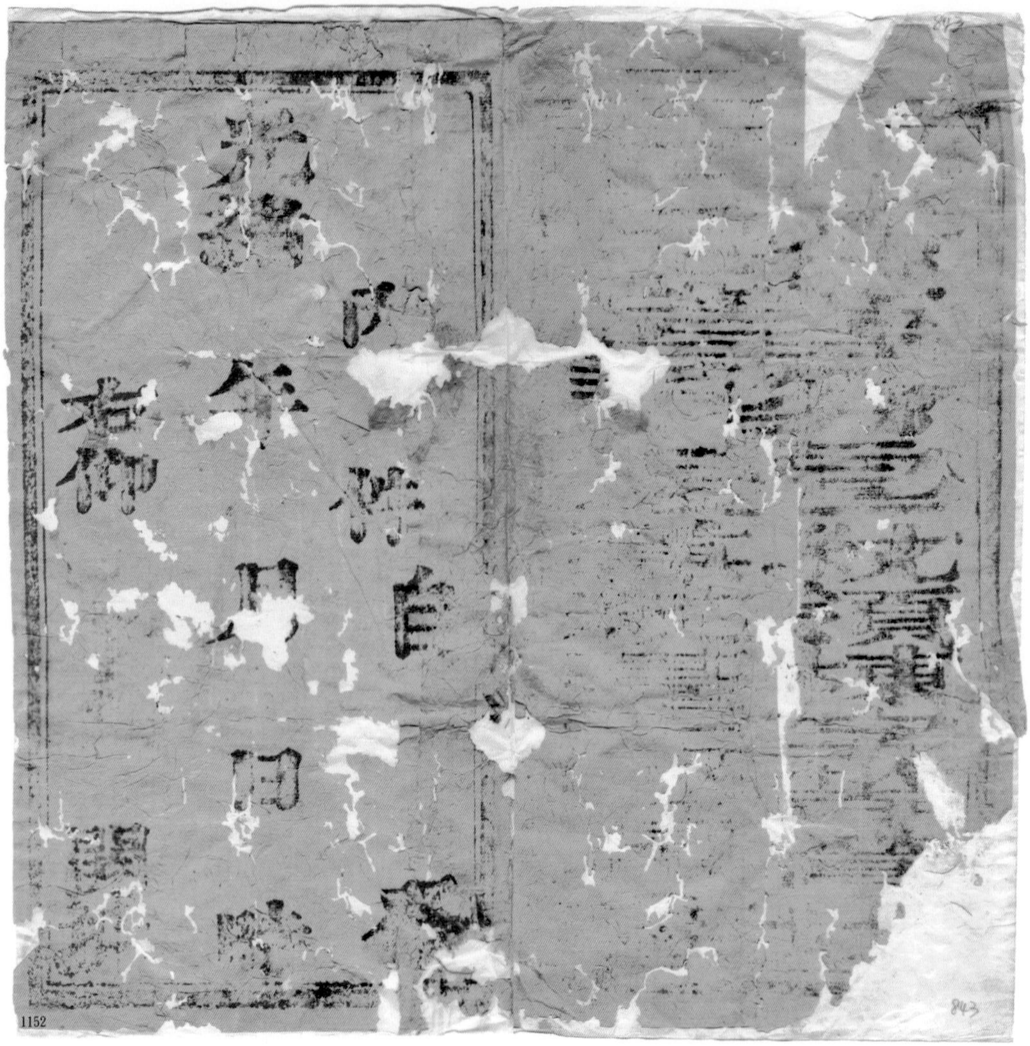

1152

中路營務處統領棟字等營
兼統臺北隘勇 封

內件自發
光緒 年 月 日 時
右仰 開拆

（二）公文、稟文

20・光緒十八年八月初四日臺北隘勇左營補用協鎮陳尚志給盛在祿手照

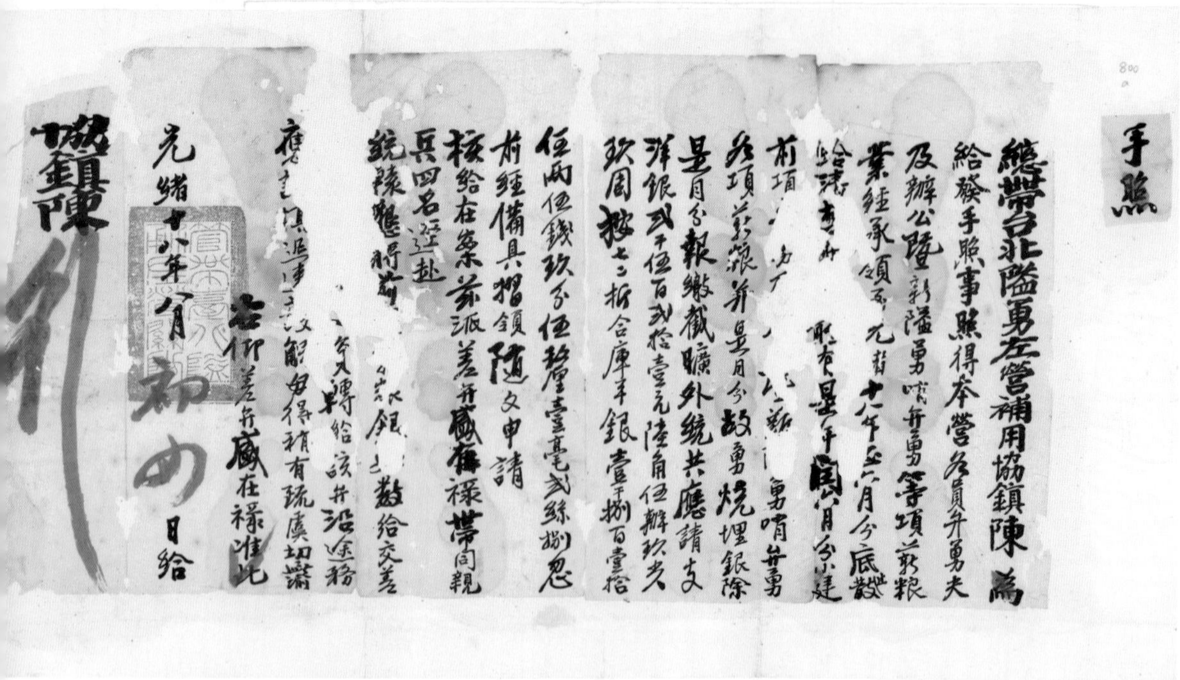

手照

總帶台北隘勇左營補用協鎮陳[55] 為
給發手照事。照得本營各員弁、勇夫
及辦公暨新隘勇哨弁勇等項薪粮，
業經承領，至光緒十八年正六月分底止，散
給清楚，……有是年閏六月分小建[56]，
前項……新隘勇哨弁勇
各項薪粮，并是月分故勇燒埋銀，除
是月分報繳截曠[57]外，統共應請支
洋銀弍千伍百弍拾壹元陸角伍辦玖尖
玖周，按七二折，合庫平銀壹千捌百壹拾
伍两伍錢玖分伍釐壹毫弍絲捌忽。
前經備具摺領，隨文申請
核給在案。茲派差弁盛在祿帶同親
兵四名，逕赴
統轄，懇將前□□粮銀如数給交差
……資轉給該弁，沿途務
應謹慎，迅速護解，毋得稍有疏虞。切切。此諭。
右仰差弁盛在祿，准此。
光緒十八年八月初四日【印】[58]給
協鎮陳 行

---

55 陳：陳尚志，光緒十八年時為管帶隘勇右營參將，駐防北路新竹縣東境沿山一帶。臺灣改隸前，官至侯補副將後，以總兵補用，乙未之役戰歿。胡傳，《臺灣日記與稟啟》，頁五六；《軍機處檔摺件》，國立臺灣大學，《臺灣歷史數位圖書館》，檔名：〈ntu-GCA0051-0004700052-0130980-a001.txt〉。

56 小建：陰曆小月，只有二十九天。

57 截曠：官員因開調、離任等因素所遺空缺日內所應支領薪俸等項銀兩，照例扣存解庫。

58 印記內文：「管帶臺北隘勇左營關防」。

（二）公文、稟文

21・壬辰十月十六日公文收條

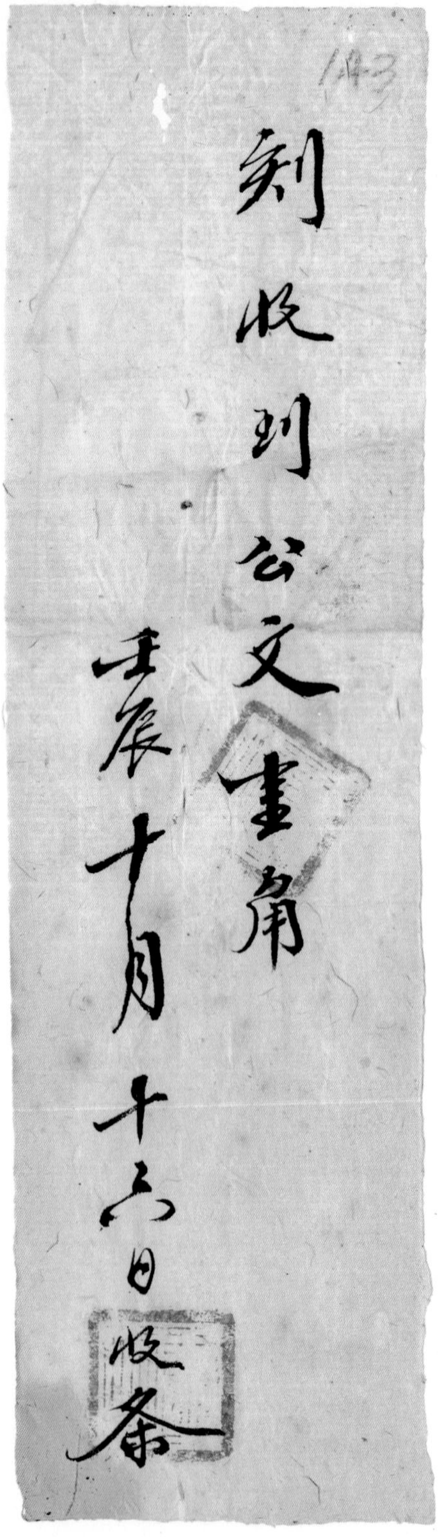

刻收到公文壹角。【印】59
壬辰十月十六日收条【印】60

59 印記內文：「護封」。
60 印記內文：「護封」。

（二）公文、稟文

22・光緒拾玖年伍月陶在輿領據

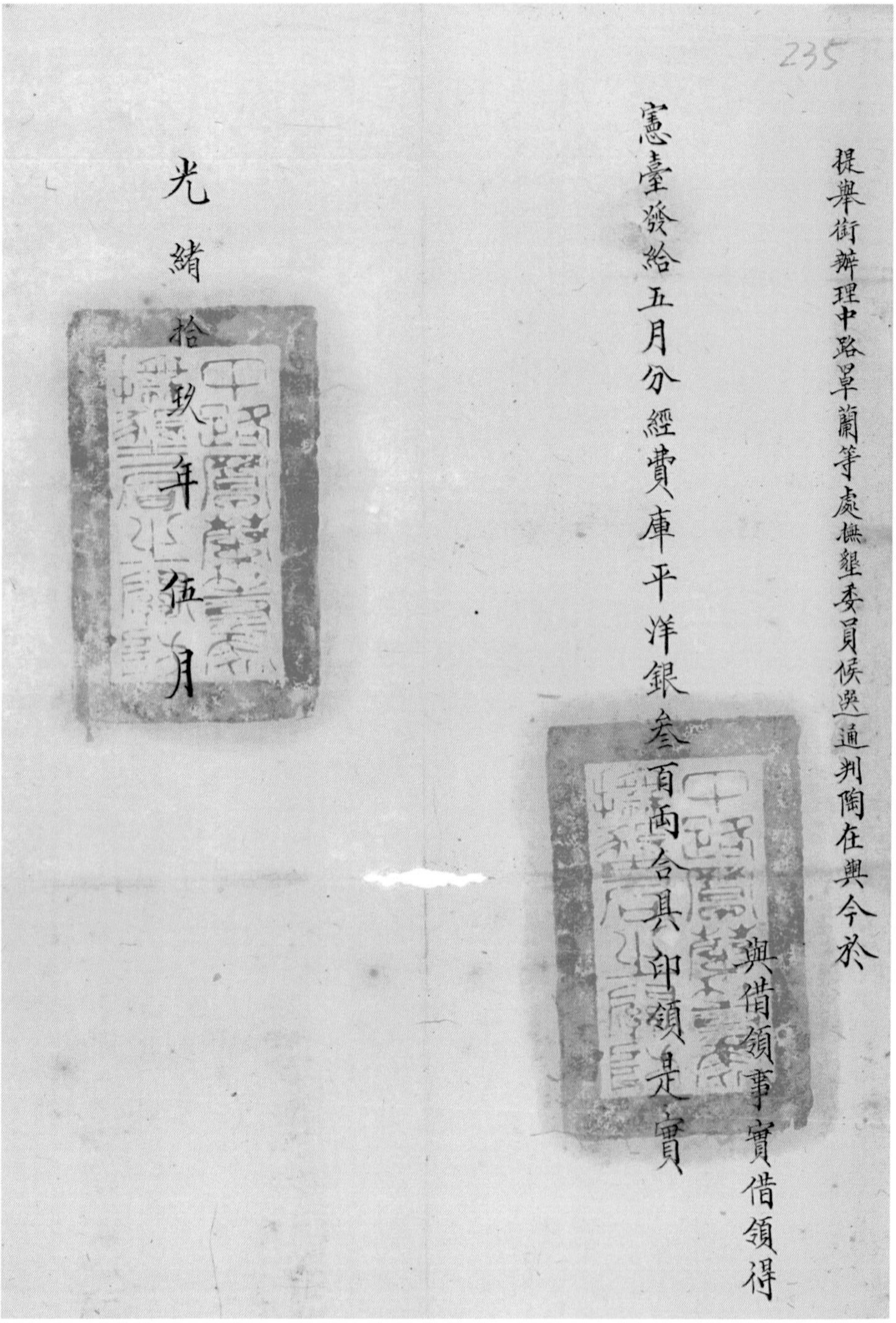
235

提舉銜辦理中路罩蘭等處撫墾委員候選通判陶在輿今於

與借領事實借領得

憲臺發給五月分經費庫平洋銀叁百兩合具印領是實

光緒拾玖年伍月

提舉[61]銜辦理中路罩蘭等處撫墾委員候選通判[62]陶在輿今於

與借領事。實借領得

憲臺發給五月分經費庫平洋銀叁百両。合具印領是實。【印】[63]

光緒拾玖年伍月【印】[64]

---

61 提舉：職官名，專門主管特種事務之職。

62 通判：明清設於各府，為知府佐官，與同知分掌糧鹽、緝捕、水利、撫邊等事，秩正六品，亦稱別駕、通守。清代另有州通判，稱州判。臺灣通判有二，一是府的佐貳官，如設立於臺北府的臺北府分防通判，一是廳下所設的通判，如澎湖廳的臺灣府糧捕海防通判，噶瑪蘭廳的臺灣府撫民理番海防糧捕通判，埔裏社廳的臺灣府埔里社撫民通判。參見許雪姬，《北京的辮子：清代臺灣官僚體系》（臺北：自立晚報社，一九九三年）。

63 印記內文：「中路罩蘭等處撫墾局之關防」。

64 印記內文：「中路罩蘭等處撫墾局之關防」。

（二）公文、稟文

23・光緒十九年六月初七日陶在輿致林朝棟申文(1)

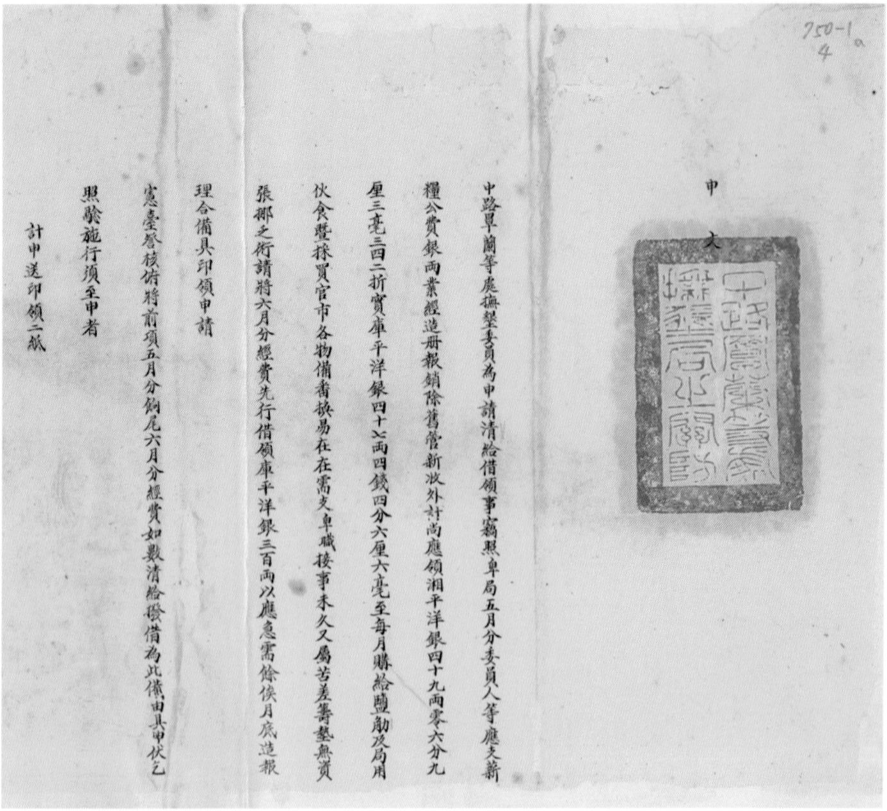
750-1 a
4
申文
中路罩蘭等處撫墾委員為申請清給借領事竊照卑局五月分委員人等應支薪
糧公費銀兩業經造冊報銷除舊管新收外計尚應領湘平洋銀四十九兩零六分九
厘三毫三四二折實庫平洋銀四十七兩四錢四分六厘六毫至每月購給鹽觔及局用
伙食暨採買官市各物備番換易在在需支卑職接事未久又屬苦差籌墊無資
張挪乏術請將六月分經費先行借領庫平洋銀三百兩以應急需餘俟月底造報
理合備具印領申請
憲臺督核俯將前項五月分餉尾六月分經費如數清給撥借為此備由具申伏乞
照驗施行須至申者
計申送印領二紙

申文[65]【印】[66]

中路罩蘭等處撫墾委員為申請清給借領事。竊照 卑 局五月分委員人等，應支薪糧、公費銀両，業經造冊報銷，除舊管新收外，計尚應領湘平洋銀四十九両零六分九厘三毫，三四二折，實庫平洋銀四十七両四錢四分六厘六毫。至每月購給鹽觔及局用伙食暨採買官市各物，備番換易，在在需支。卑職 接事未久，又屬苦差，籌墊無資，張挪乏術。[67] 請將六月分經費先行借領庫平洋銀三百両，以應急需，餘俟月底造報，

理合備具印領申請

憲臺督核，俯將前項五月分餉尾、六月分經費如數清給撥借。為此，備由具申，伏乞

照驗施行，須至申者。

計申送印領二紙。

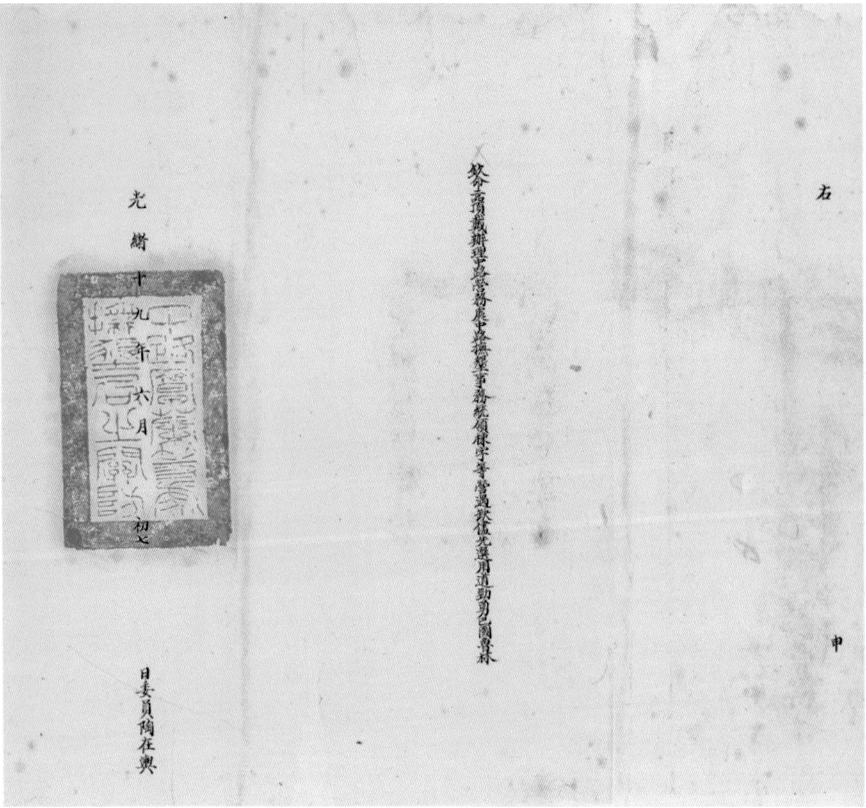

右　申

欽命二品頂戴辦理中路營務處中路撫墾事務統領棟字等營遇缺儘先選用道勁勇巴圖魯林

光緒十九年六月初七日【印】[68] 委員陶在輿

65 申文：清代明文規定的上行文書，一般多用於向上級報告、說明情況或是報送有關物品，有申報、申復、申明、申送、申解等名目。另一種同屬上行文書的「詳文」，是比申文相對慎重而正規的文書，一旦上呈，受文衙門必須有所批示或回覆，不能輕率使用。由於申文一般都不需上級批還或回復，使用上顯得寬鬆有彈性，不過到了清末，地方衙門對於申文與詳文未有嚴格區分，常見混用。黃卓權，《進出客鄉：鄉土史田野與研究》（臺北：南天書局有限公司，二〇〇八年），頁一七四—一七五。

66 印記內文：「中路罩蘭等處撫墾局之關防」。

67 一般而言，局費多是下月請領上月數額，然陶在輿於光緒十九年五至十月間，常於接近該月月底時，便具文先行借領同月三百兩局費應急，未領之六十餘兩餉尾，則於下月具領。

68 印記內文：「中路罩蘭等處撫墾局之關防」。

（二）公文、稟文

23・光緒十九年六月初七日陶在興致林朝棟申文(2)

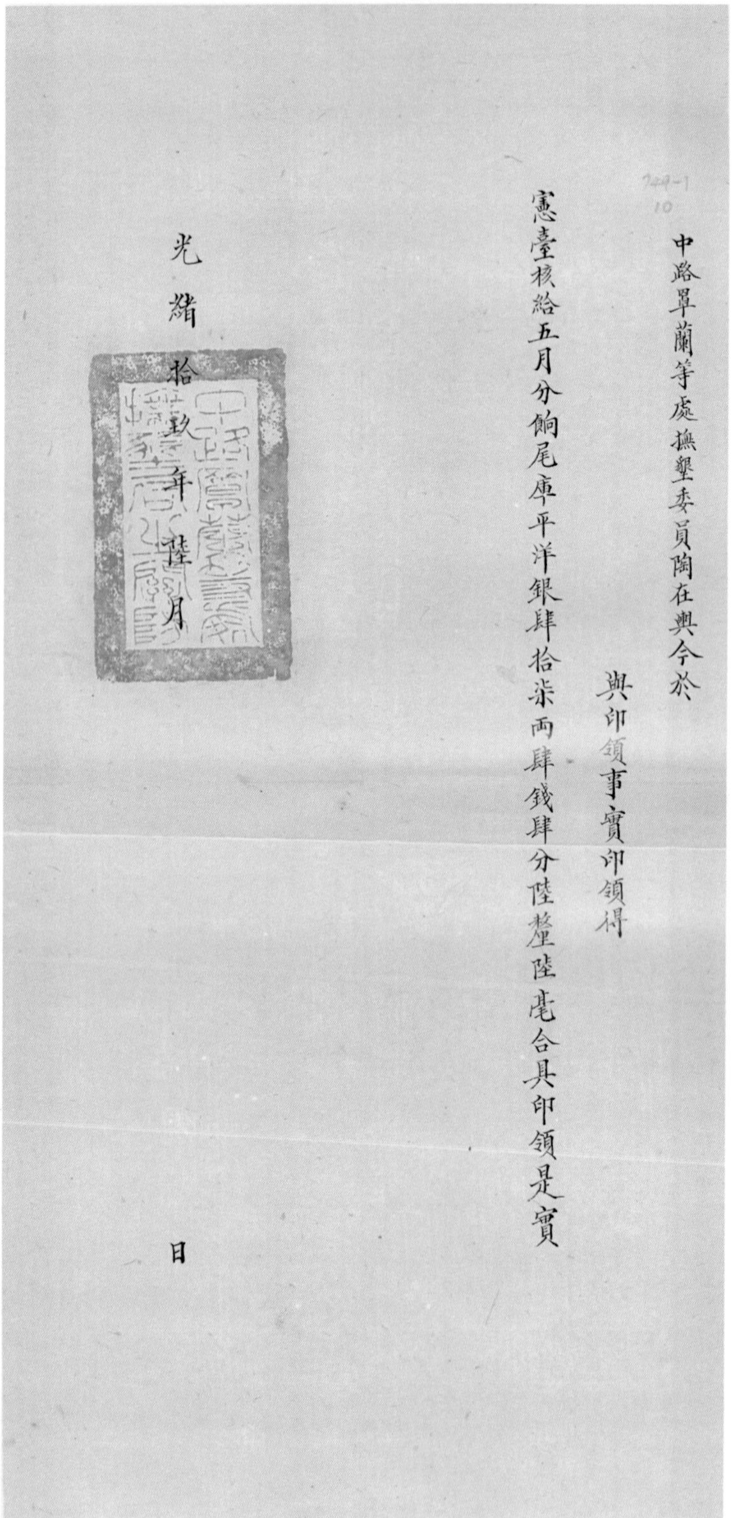
中路罩蘭等處撫墾委員陶在興今於
與印領事實印領得
憲臺核給五月分餉尾庫平洋銀肆拾柒兩肆錢肆分陸釐陸毫合具印領是實
光緒拾玖年陸月　日

中路罩蘭等處撫墾委員陶在輿今於
與印領事。實印領得
憲臺核給五月分餉尾庫平洋銀肆拾柒両肆錢肆分陸釐陸毫。合具印領是實。
光緒拾玖年陸月【印】69 日

69 印記內文：「中路罩蘭等處撫墾局之關防」。

（二）公文、稟文

23．光緒十九年六月初七日陶在輿致林朝棟申文(3)

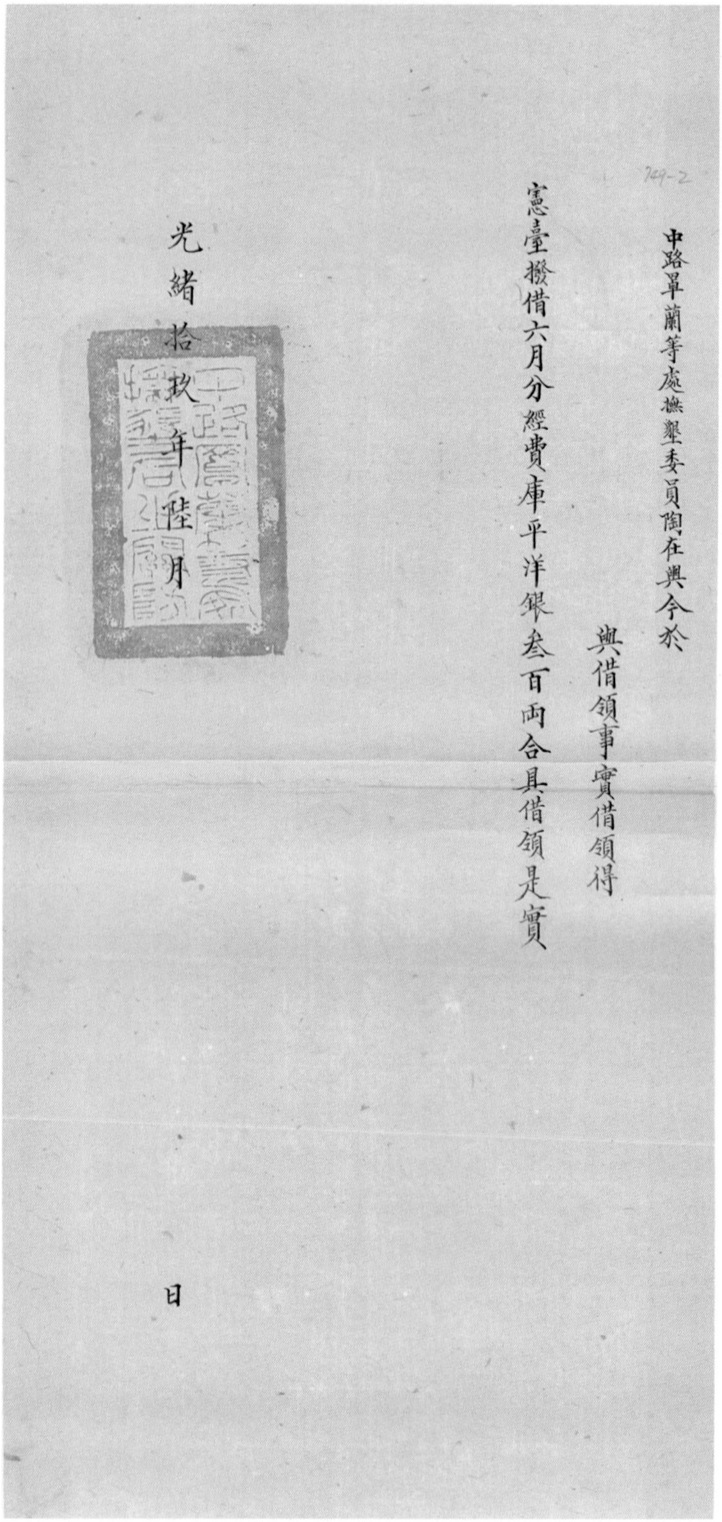
749-2
中路罩蘭等處撫墾委員陶在輿今於
與借領事實借領得
憲臺撥借六月分經費庫平洋銀叁百兩合具借領是實
光緒拾玖年陸月　日

中路罩蘭等處撫墾委員陶在輿今於

憲臺撥借六月分經費庫平洋銀叁百両。合具借領是實。

與借領事。實借領得

光緒拾玖年陸月【印】[70] 日

70 印記內文：「中路罩蘭等處撫墾局之關防」。

（二）公文、稟文

24．光緒拾九年柒月貳拾日陶在輿致林朝棟申文(1)

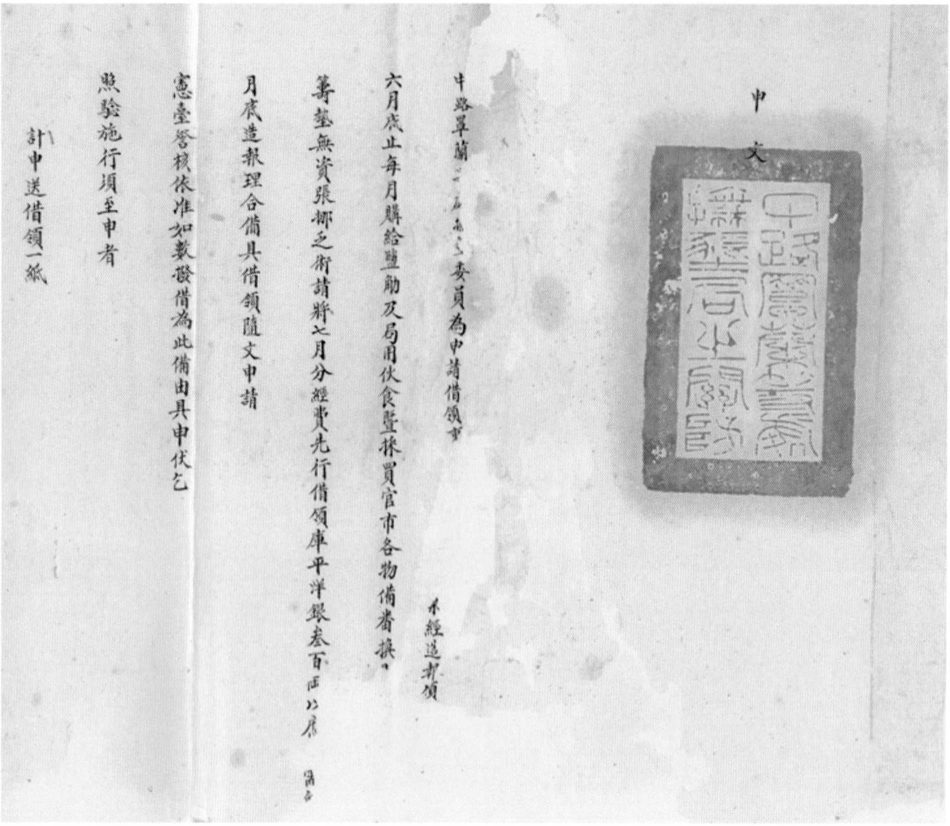

申　文【印】[71]

中路罩蘭等處撫墾委員為申請借領事，竊照卑局經費業經造報
領光緒十九年
六月底止，每月購給鹽觔及局用伙食暨採買官市各物，備凿換
易，在在需支，卑職
籌墊無資，張挪乏術，請將七月分經費先行借領庫平洋銀叁百
両，以應急需，餘俟
月底造報，理合備具借領隨文申請
憲臺詧核，依准如數撥借。為此，備由具申，伏乞
照驗施行。須至申者。

計申送借領一紙

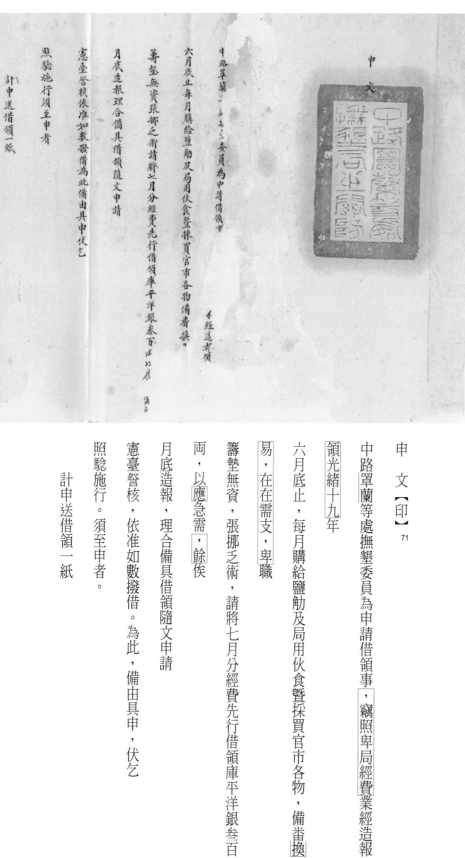

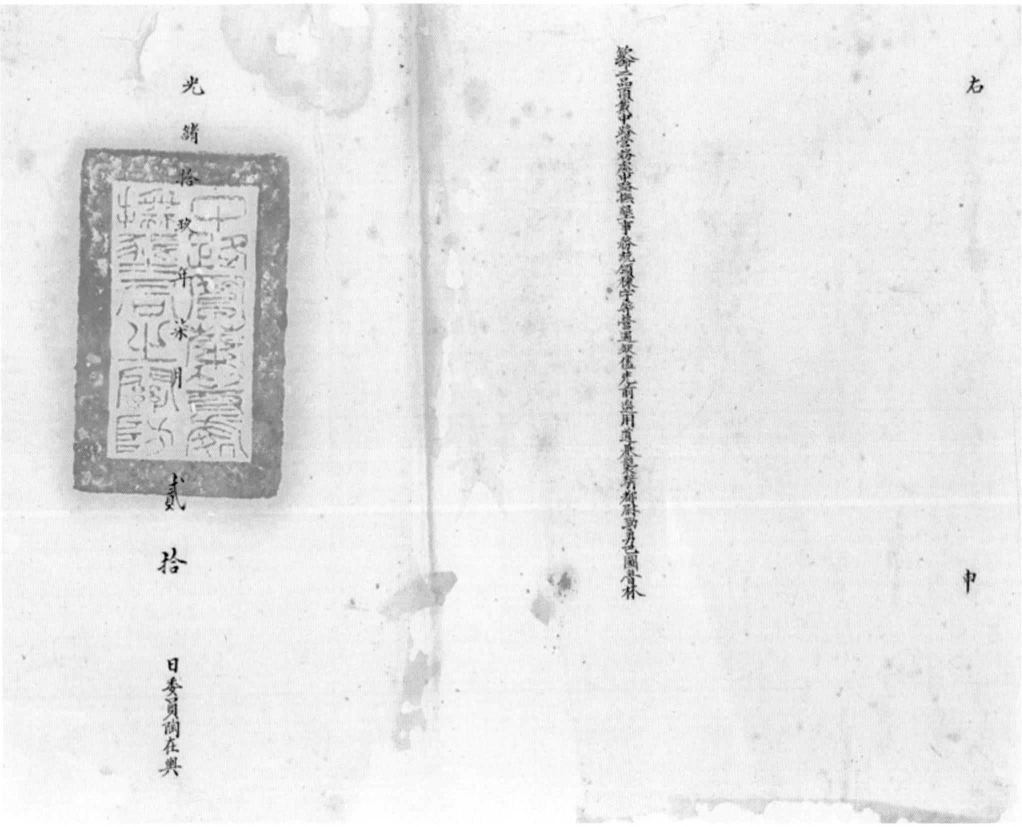

右　　中

欽命二品頂戴中路營務處中路撫墾事務統領棟字等營遇缺儘先

前選用道兼襲騎都尉勁勇巴圖魯林

光緒拾玖年柒月貳拾日【印】72 委員陶在興

71印記內文：「中路罩蘭等處撫墾局之關防」。

72印記內文：「中路罩蘭等處撫墾局之關防」。

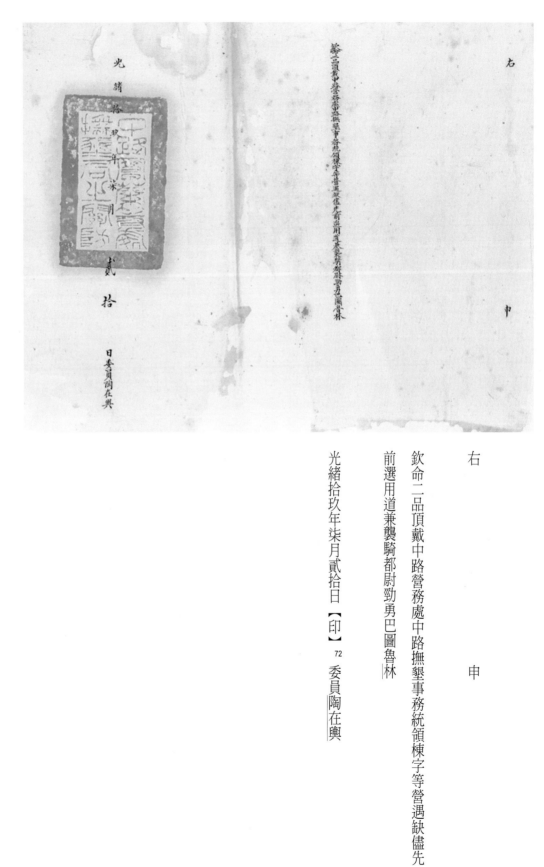

（二）公文、稟文

24．光緒拾九年柒月貳拾日陶在輿致林朝棟申文(2)

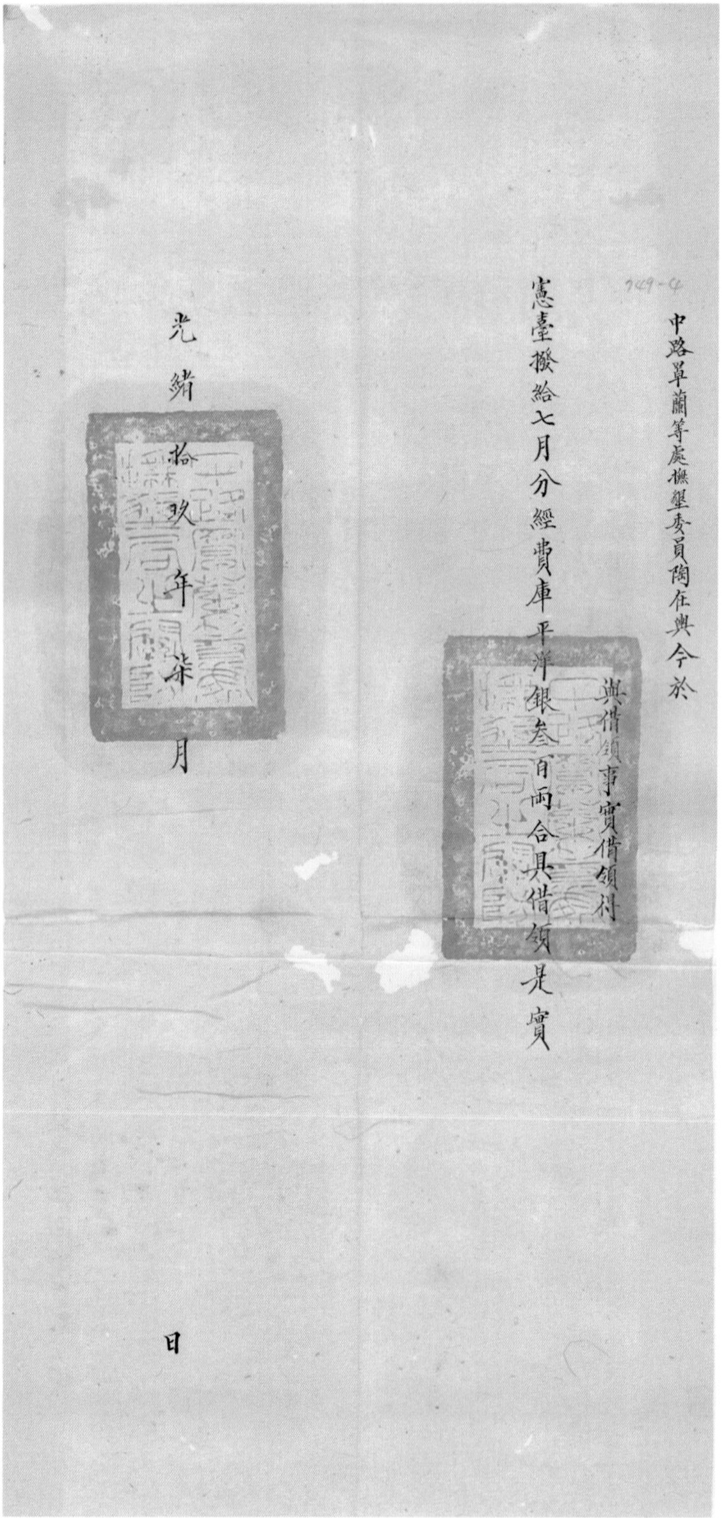

中路草蘭等處撫墾委員陶在輿今於

與借領事實借領得

憲臺撥給七月分經費庫平洋銀叁百兩合具借領是實

光緒拾玖年柒月 日

中路罩蘭等處撫墾委員陶在輿今於

與借領事。實借領得

憲臺撥給七月分經費庫平洋銀叁百両。【印】[73]合具借領是實。

光緒拾玖年柒月【印】[74]日

73 印記內文：「中路罩蘭等處撫墾局之關防」。
74 印記內文：「中路罩蘭等處撫墾局之關防」。

（二）公文、稟文

25・光緒拾玖年柒月陶在輿領據

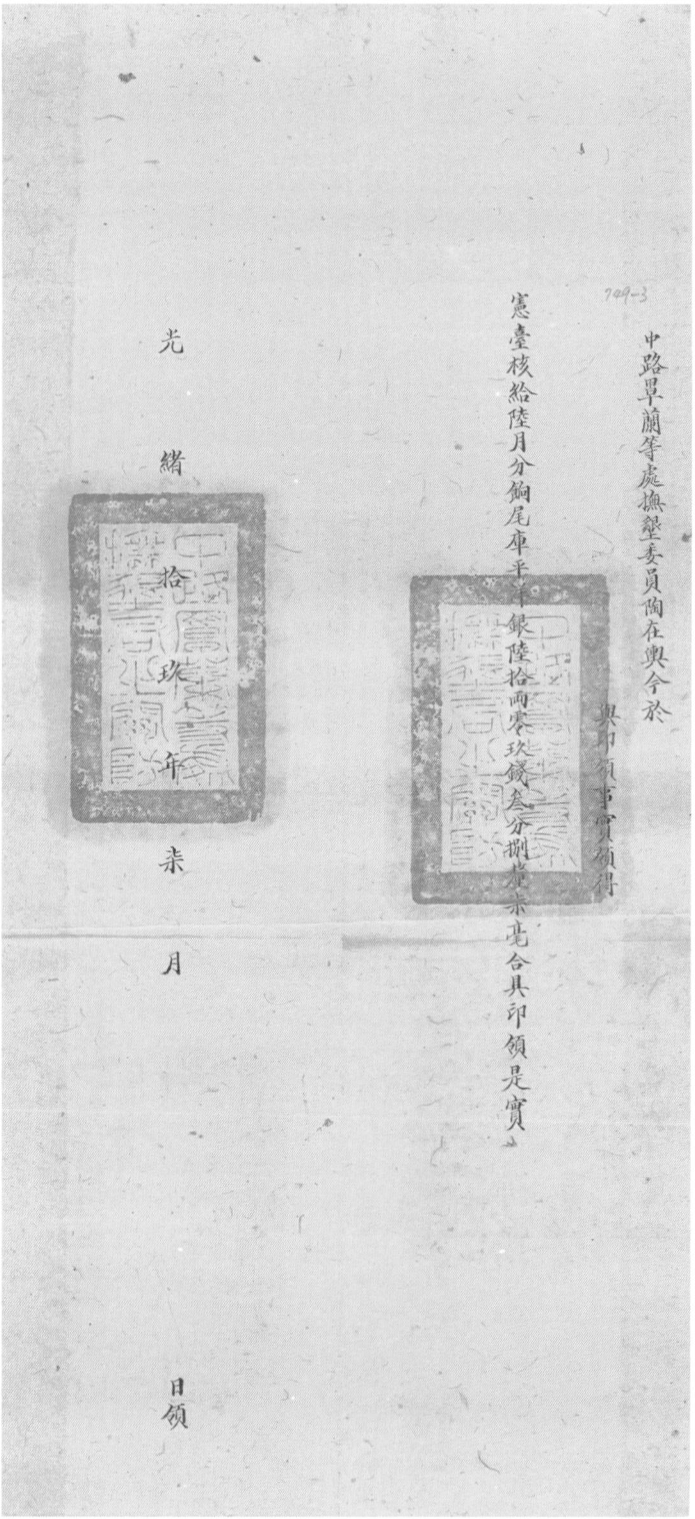

709-3

中路罩蘭等處撫墾委員陶在輿今於
與印領事實領得
憲臺核給陸月分餉尾庫平[illegible]銀陸拾兩零玖錢叁分捌釐柒毫合具印領是實
光緒拾玖年柒月 日領

中路罩蘭等處撫墾委員陶在輿今於
　與印領事。實印領得
憲臺核給陸月分餉尾庫平洋銀陸拾両零玖錢叁分捌釐柒毫。【印】[75] 合具印領是實。

光緒拾玖年柒月【印】[76] 日領

75 印記內文：「中路罩蘭等處撫墾局之關防」。
76 印記內文：「中路罩蘭等處撫墾局之關防」。

（二）公文、稟文

26・光緒拾玖年捌月中路罩蘭等處撫墾委員致林朝棟公文封

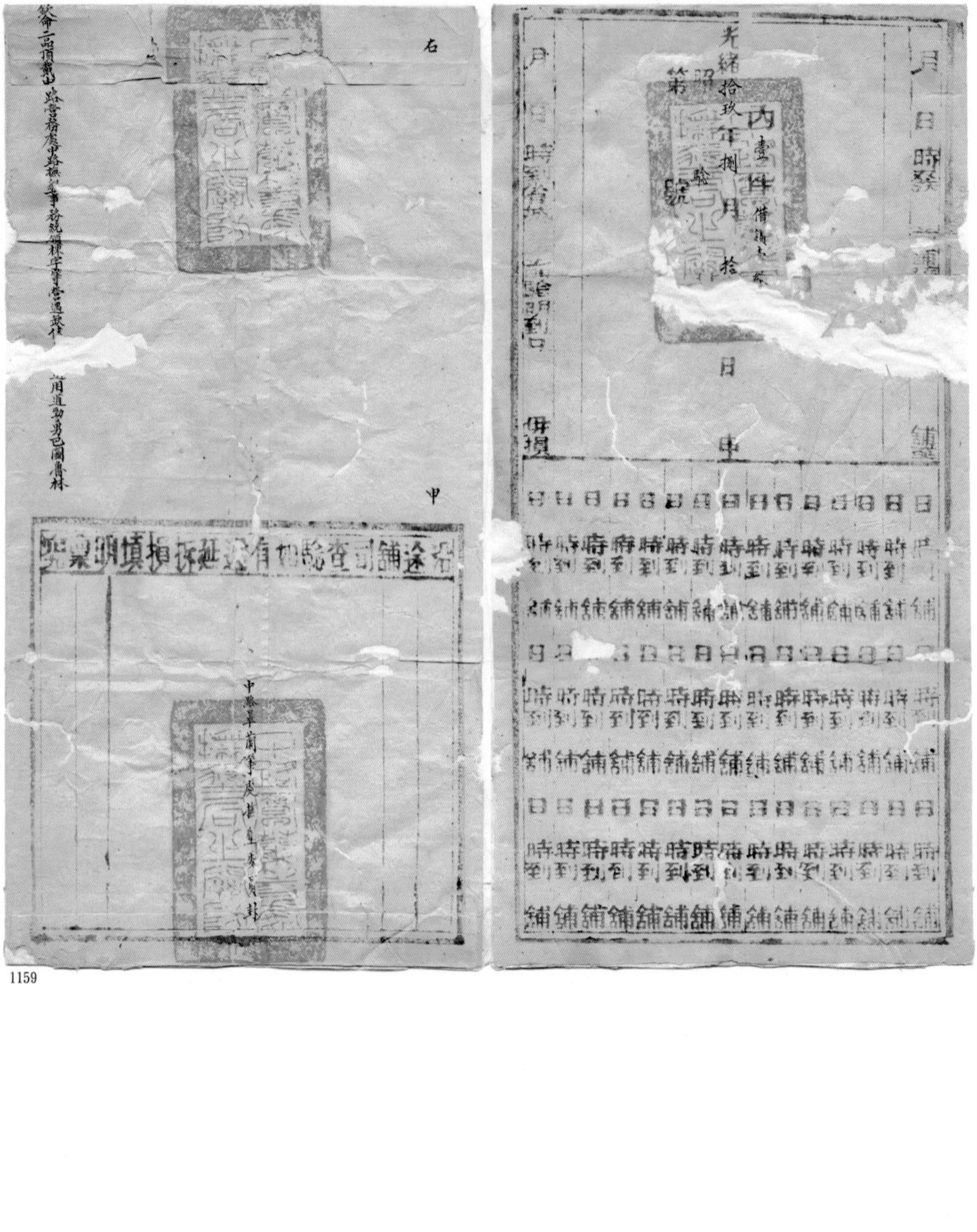

1159

77印記內文：「中路罩蘭等處撫墾局之關防」。
78印記內文：「中路罩蘭等處撫墾局之關防」。
79印記內文：「中路罩蘭等處撫墾局之關防」。

月日時發 前舖……舖至

內壹件 借領壹紙

光緒拾玖年捌月拾□日 申【印】77

照驗

第 號

月日時到省城 前驗明到口 毋損

日時到舖日時到舖	日時到舖日時到舖	日時到舖日時到舖	日時到舖日時到舖	日時到舖日時到舖	日時到舖日時到舖	日時到舖日時到舖	日時到舖日時到舖	日時到舖日時到舖	日時到舖日時到舖	日時到舖日時到舖	日時到舖日時到舖

右

【印】78

欽命二品頂戴中路營務處中路撫墾事務統領棟字等營遇缺儘先前選用道勁勇巴圖魯林

申

沿途舖司查驗如有遲延拆損塡明稟究

中路罩蘭等處撫墾委員封【印】79

（二）公文、稟文

27・光緒拾玖年捌月陶在興領據

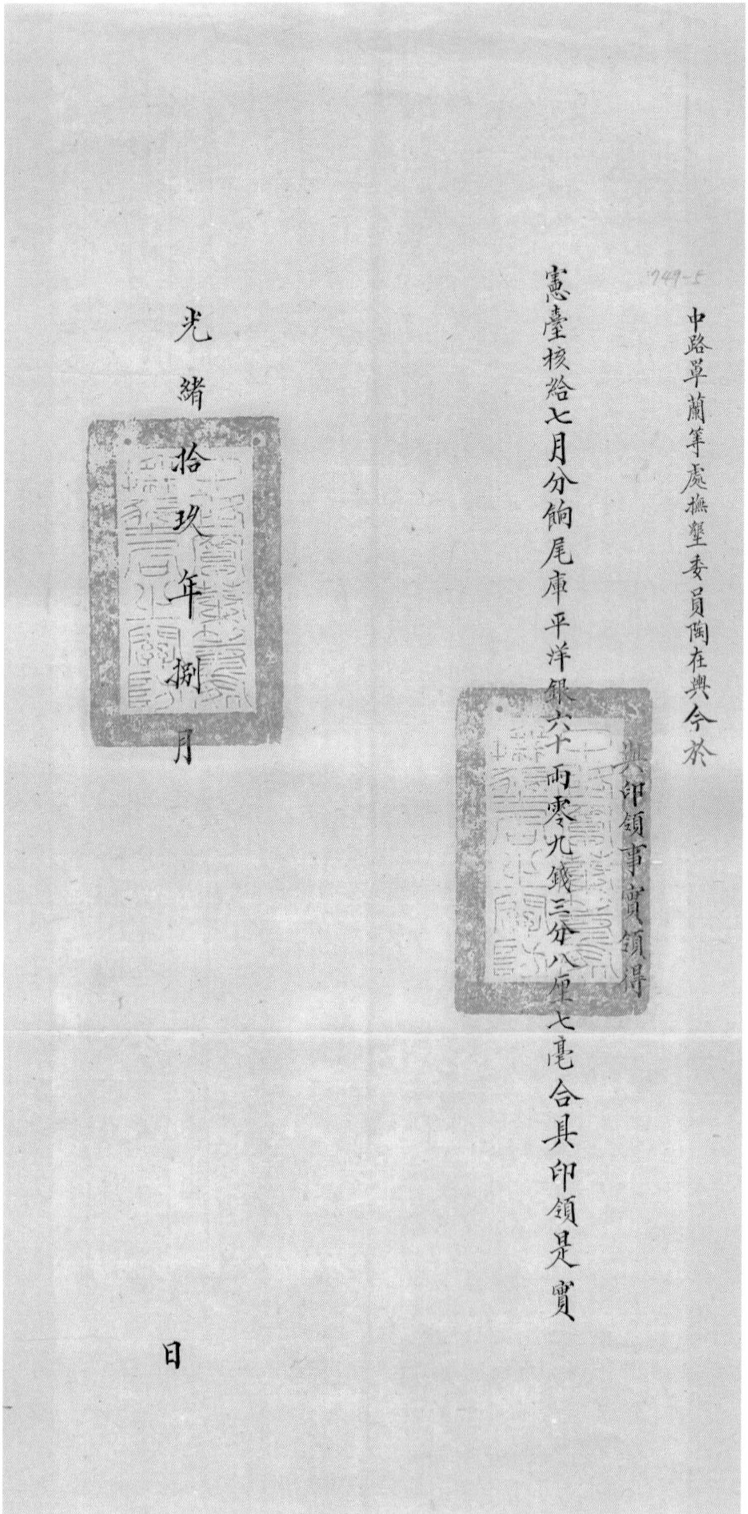
749-5

中路罩蘭等處撫墾委員陶在興今於
具印領事實領得
憲臺核給七月分餉尾庫平洋銀六十兩零九錢三分八厘七毫合具印領是實

光緒拾玖年捌月　日

中路罩蘭等處撫墾委員陶在輿今於

憲臺核給七月分餉尾庫平洋銀六十両零九錢三分八厘七毫。【印】[80]合具印領是實。

與印領事。實領得

光緒拾玖年捌月【印】[81]日

80 印記內文：「中路罩蘭等處撫墾局之關防」。

81 印記內文：「中路罩蘭等處撫墾局之關防」。

（二）公文、稟文

28・光緒拾九年捌月拾柒日陶在輿致林朝棟申文(1)

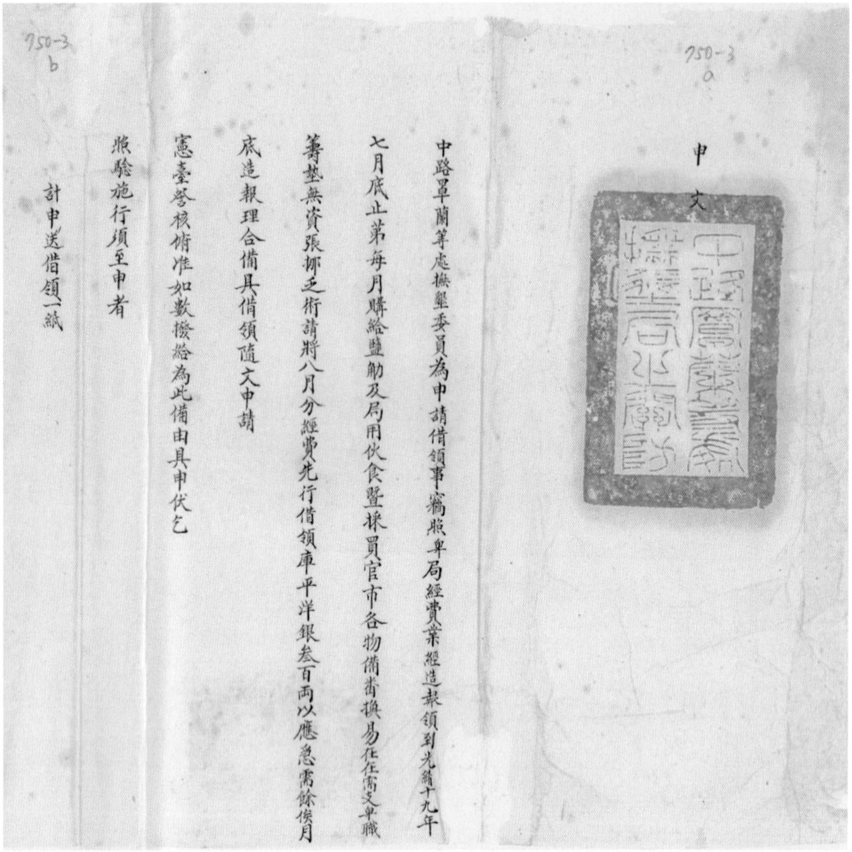
750-3 a

申文

中路罩蘭等處撫墾委員為申請借領事竊照卑局經費業經造報領到光緒十九年
七月底止第每月購給鹽觔及局用伙食暨採買官市各物備甾換易在在需支卑職
籌墊無資張挪乏術請將八月分經費先行借領庫平洋銀叁百兩以應急需餘俟月
底造報理合備具借領隨文申請
憲臺誓核俯准如數撥給為此備由具申伏乞
照驗施行須至申者
計申送借領一紙

750-3 b

申　文【印】[82]

中路罩蘭等處撫墾委員為申請借領事。竊照卑局經費業經造報

領到光緒十九年

七月底止，第每月購給鹽觔及局用伙食暨採買官市各物，備甾

換易，在在需支，卑職

籌墊無資，張挪乏術，請將八月分經費先行借領庫平洋銀叁百

兩，以應急需，餘俟月

底造報，理合備具借領隨文申請

憲臺誓核，俯准如數撥借。為此，備由具申，伏乞

照驗施行，須至申者。

計申送借領一紙

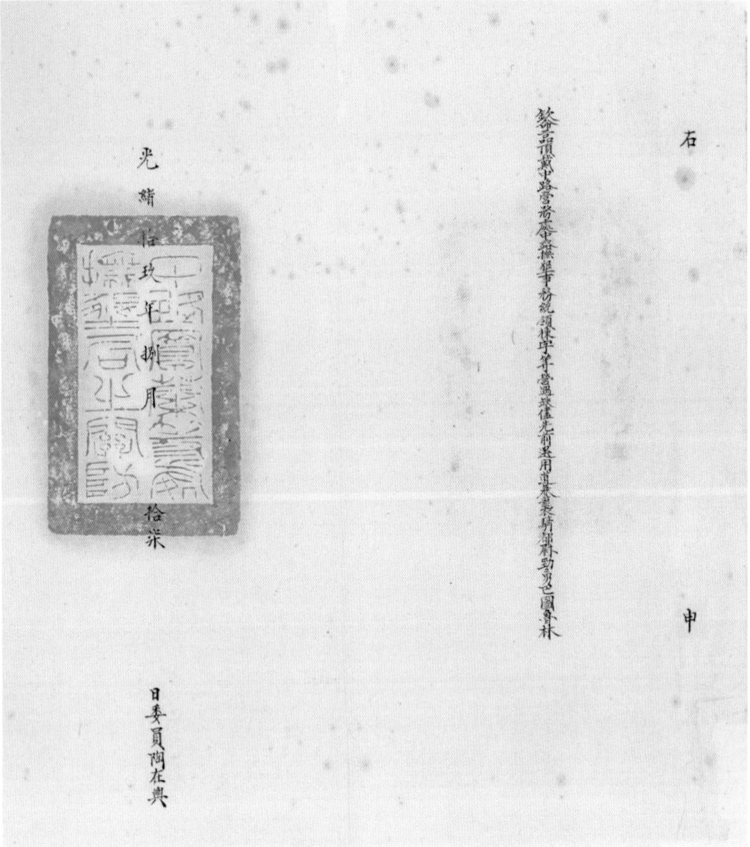

右　　申

欽命二品頂戴中路營務處中路撫墾事務統領棟字等營遇缺儘先

前選用道兼襲騎都尉勁勇巴圖魯林

光緒拾玖年捌月拾柒日【印】[83]　委員陶在興

82 印記內文：「中路罩蘭等處撫墾局之關防」。

83 印記內文：「中路罩蘭等處撫墾局之關防」。

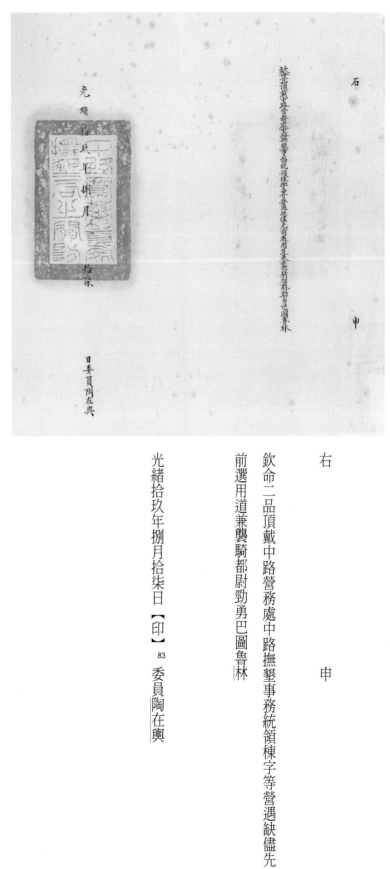

（二）公文、稟文

28・光緒拾九年捌月拾柒日陶在輿致林朝棟申文(2)

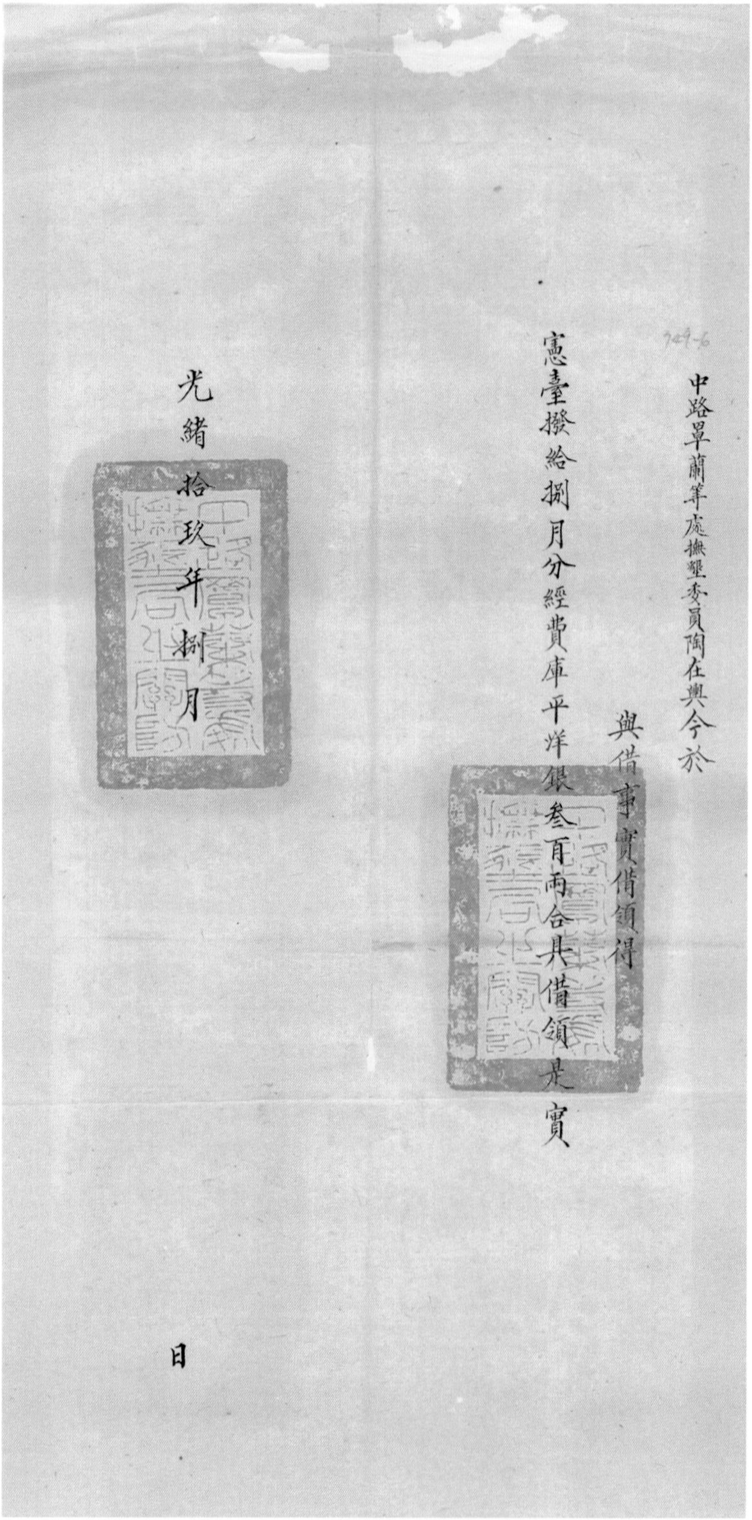

949-6

中路旱蘭等處撫墾委員陶在輿今於

與借事實借領得

憲臺撥給捌月分經費庫平洋銀叁百兩合具借領是實

光緒拾玖年捌月　日

中路罩蘭等處撫墾委員陶在輿今於
與借事。實借領得
憲臺撥給捌月分經費庫平洋銀叁百両。【印】[84]合具借領是實。

光緒拾玖年捌月【印】[85]日

84 印記內文：「中路罩蘭等處撫墾局之關防」。

85 印記內文：「中路罩蘭等處撫墾局之關防」。

（二）公文、稟文

29・光緒拾玖年玖月貳拾日陶在輿致林朝棟申文(1)

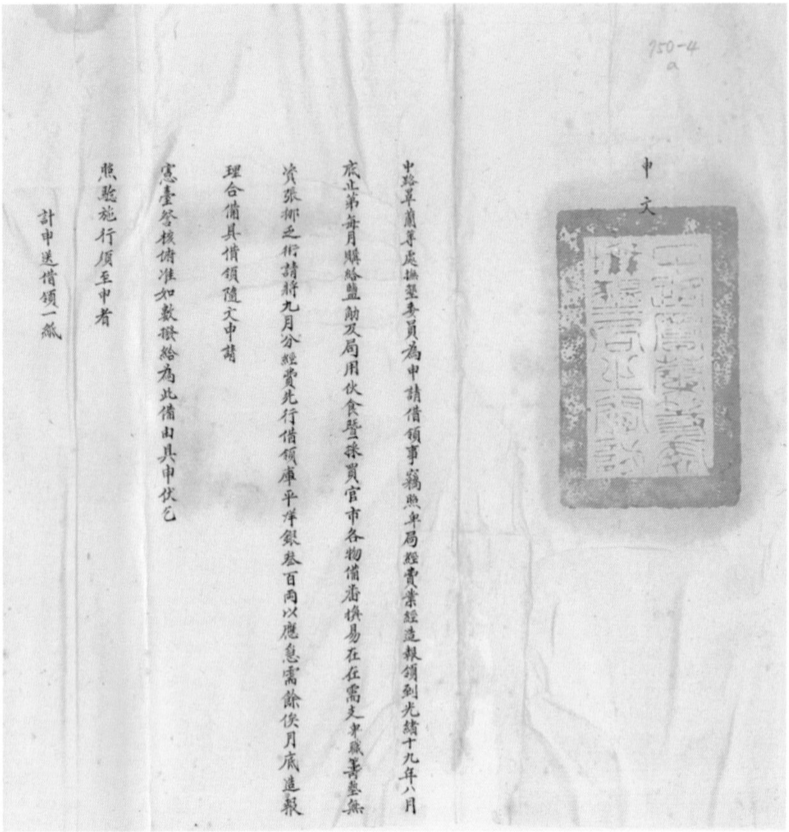

申　文【印】[86]

中路罩蘭等處撫墾委員為申請借領事。竊照 卑 局經費業經造報
領到光緒十九年八月
底止，苐每月購給鹽觔及局用伙食暨採買官市各物備凿換易，
在在需支，卑職 籌墊無
資，張挪乏術，請將九月分經費先行借領庫平洋銀叁百兩，以
應急需，餘俟月底造報，
理合備具借領，隨文申請
憲臺詧核，俯准如數撥給。為此，備由具申，伏乞
照驗施行，須至申者。

計申送借領一紙

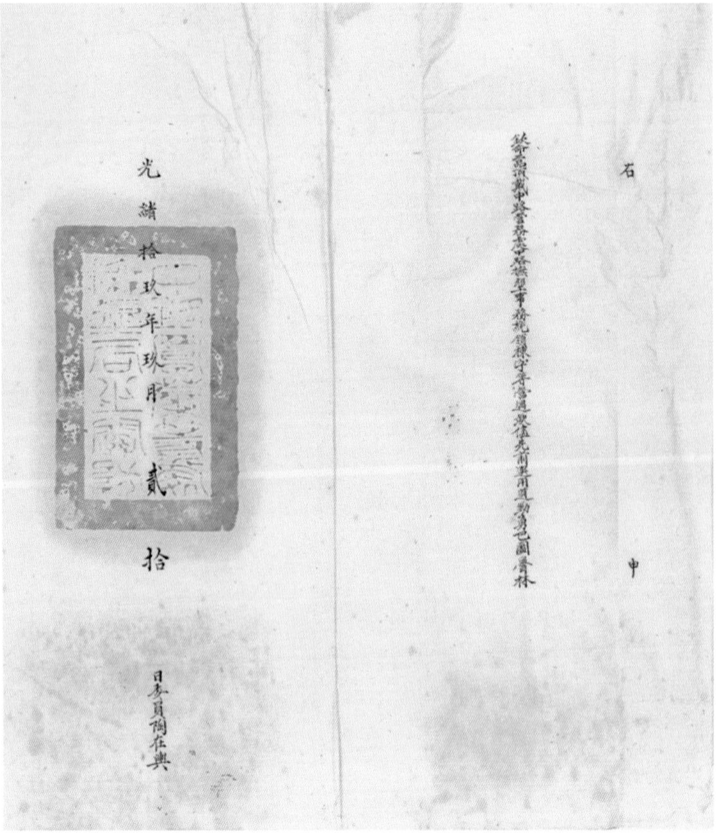

右　　中

欽命二品頂戴中路營務處中路撫墾事務統領棟字等營遇缺儘先

前選用道勁勇巴圖魯林

光緒拾玖年玖月貳拾【印】[87]日委員陶在輿

86 印記內文：「中路罩蘭等處撫墾局之關防」。

87 印記內文：「中路罩蘭等處撫墾局之關防」。

（二）公文、稟文

29．光緒拾九年玖月貳拾日陶在輿致林朝棟申文(2)

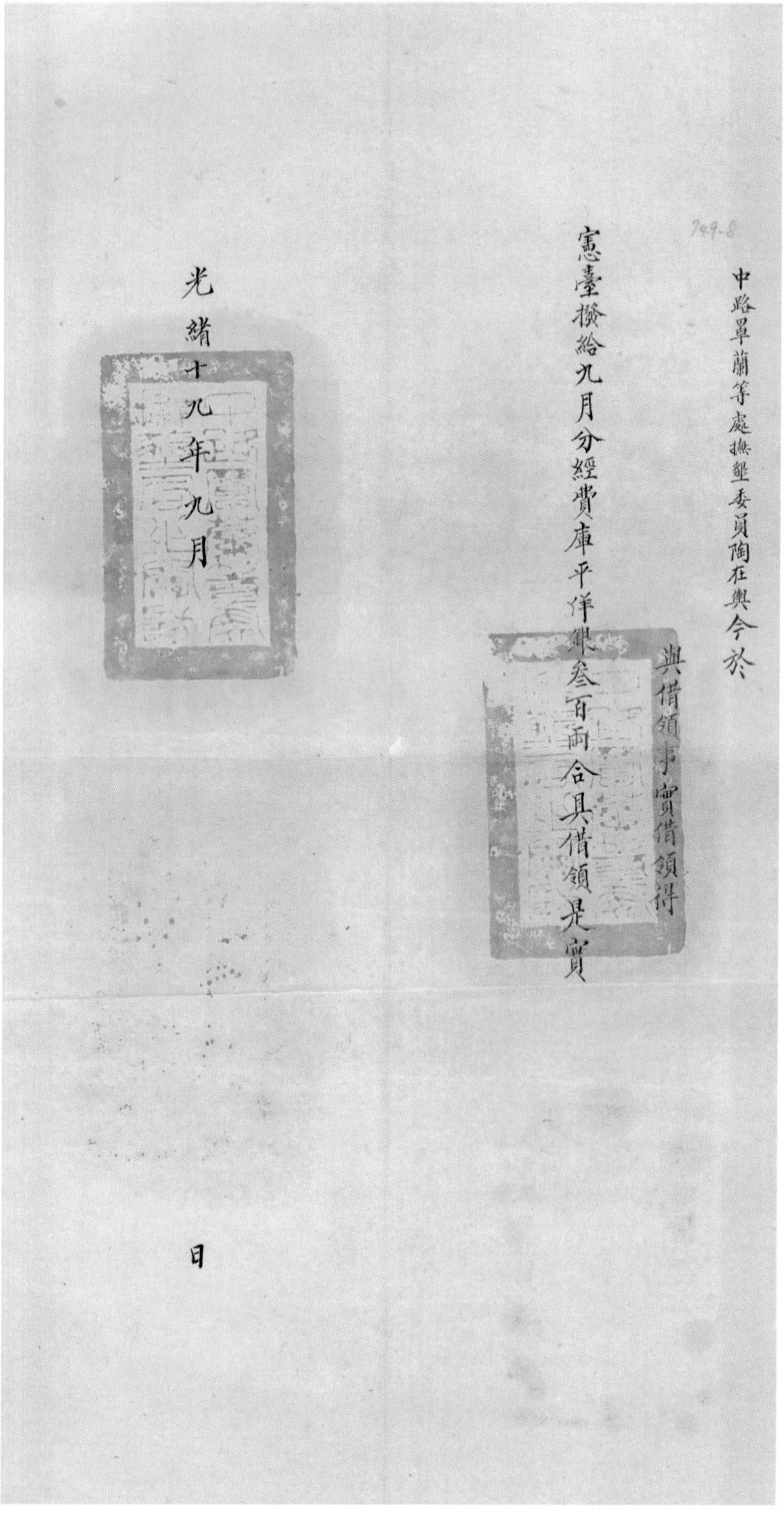

中路罩蘭等處撫墾委員陶在輿今於
與借領事實借領得
憲臺撥給九月分經費庫平洋銀叁百兩合具借領是實

光緒十九年九月　　日

中路罩蘭等處撫墾委員陶在輿今於
與借領事。實借領得
憲臺撥給九月分經費庫平洋銀叁百兩。【印】[88]合具借領是實。
光緒十九年九月【印】[89]日

88 印記內文：「中路罩蘭等處撫墾局之關防」。
89 印記內文：「中路罩蘭等處撫墾局之關防」。

（二）公文、稟文

30・光緒十九年九月陶在興領據

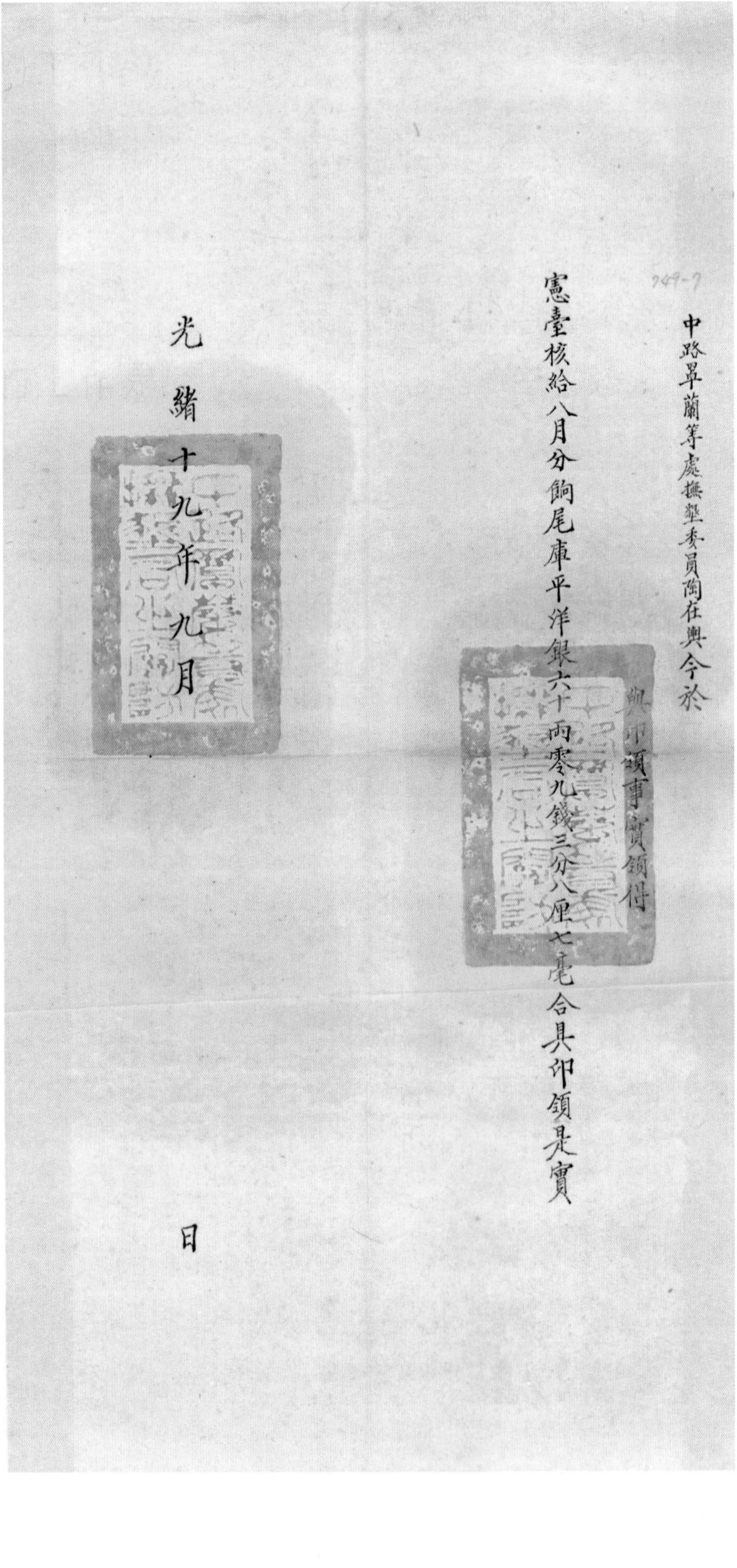

中路罩蘭等處撫墾委員陶在興今於
與印領事實領得
憲臺核給八月分餉尾庫平洋銀六十兩零九錢三分八厘七毫合具印領是實
光緒十九年九月　日

中路罩蘭等處撫墾委員陶在輿今於

與印領事。實領得

憲臺核給八月分餉尾庫平洋銀六十両零九錢三分八厘七毫。【印】[90]合具印領是實。

光緒十九年九月【印】[91]日

90 印記內文：「中路罩蘭等處撫墾局之關防」。

91 印記內文：「中路罩蘭等處撫墾局之關防」。

（二）公文、稟文

31・光緒十九年十月陶在輿領據

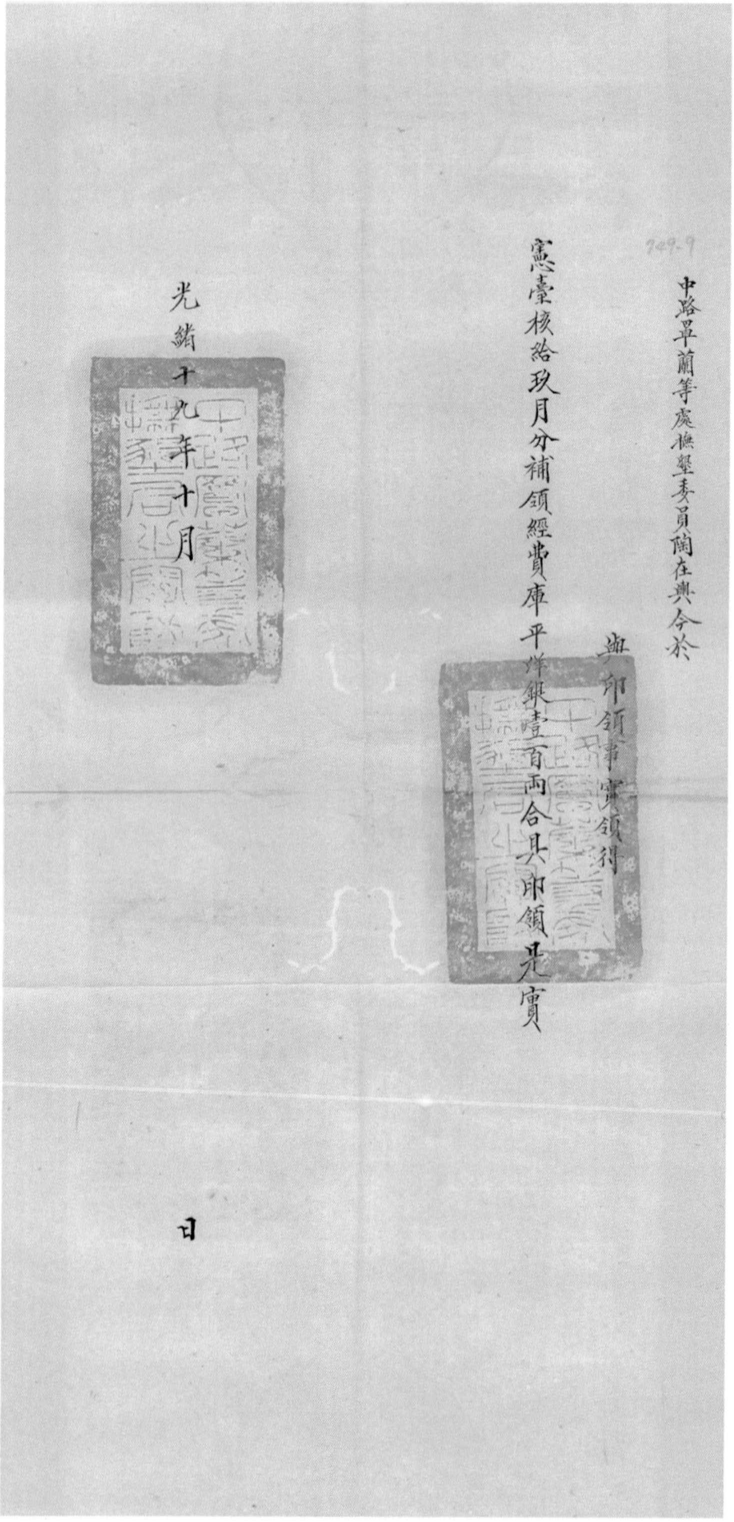

249-9

中路旱蘭等處撫墾委員陶在輿今於

與印領事實領得

憲臺核給玖月分補領經費庫平洋銀壹百兩合具印領是實

光緒十九年十月　　日

中路罩蘭等處撫墾委員陶在輿今於

與印領事。實領得

憲臺核給玖月分補領經費庫平洋銀壹百両。【印】[92] 合具印領是實。

光緒十九年十月【印】[93] 日

---

92 印記內文：「中路罩蘭等處撫墾局之關防」。

93 印記內文：「中路罩蘭等處撫墾局之關防」。

（二）公文、稟文

32．光緒拾玖年拾月陶在輿領據

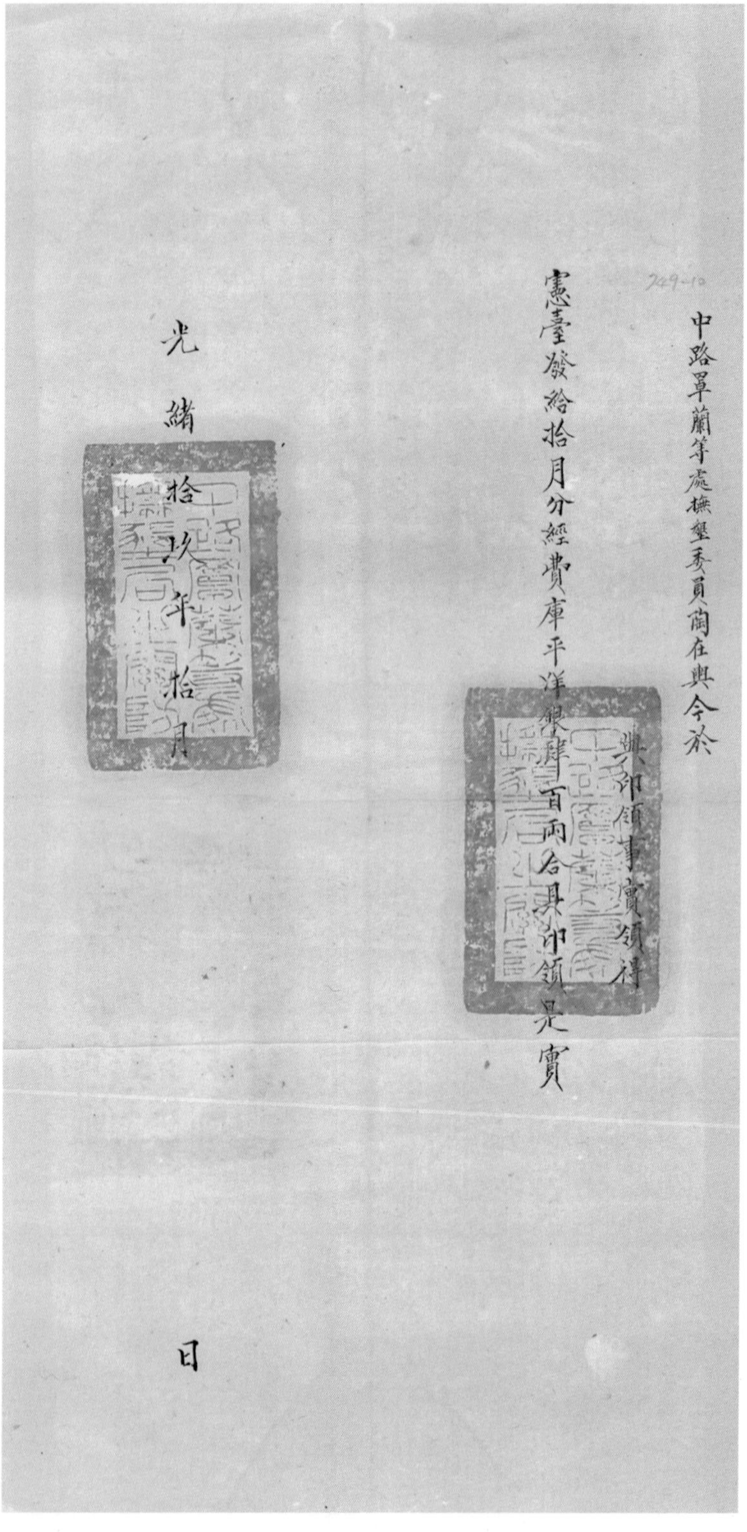
249-10

中路罩蘭等處撫墾委員陶在輿今於

與印領事實領得

憲臺發給拾月分經費庫平洋銀肆百兩合具印領是實

光緒拾玖年拾月　　日

中路罩蘭等處撫墾委員陶在興今於
與印領事。實領得
憲臺發給拾月分經費庫平洋銀肆百両。【印】[94] 合具印領是實。
光緒拾玖年拾月【印】[95] 日

94 印記內文：「中路罩蘭等處撫墾局之關防」。
95 印記內文：「中路罩蘭等處撫墾局之關防」。

（二）公文、稟文

33・十二月十五酉刻水長流本局蔡佐皋等稟文

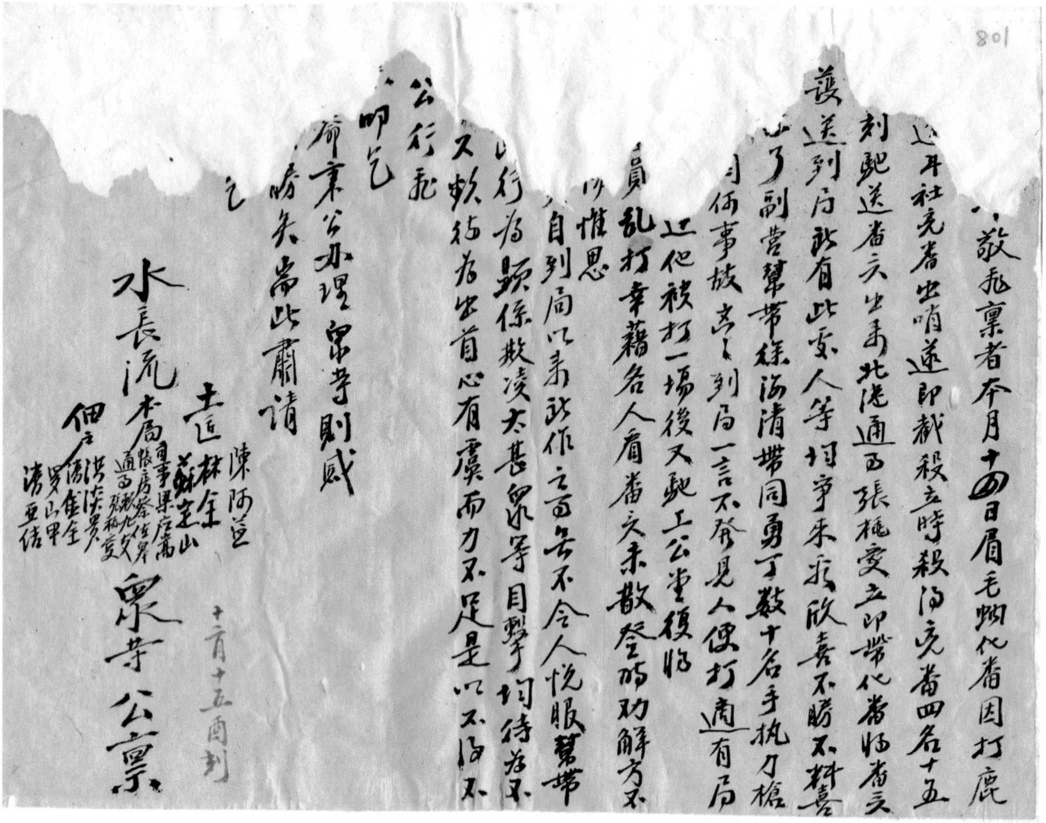

敬禀者本月十四日眉毛蚋化番因打鹿
社番者出哨遂即截殺立時殺傷番四名十五
刻馳送番六出手北港通事張梅安立即帶化番歸番六
護送到局就有此要人等均爭來我欣喜不料喜
了副營幫帶徐海清帶同勇丁數十名手執刀槍
何事故亡亡到局一言不發見人便打通有局
他被打一場後又馳上公堂復將
員亂打幸藉各人看番文未散登時劝解方不
惟思
自到局以來政作之事無不令人悅服幫帶
行為顯係欺凌太甚衆等目擊均待在不
又敢往為出首心有憤而力不足是以不得不
公行禀
叩乞
俯察公辦理衆等則感
恩矣為此肅請

土匠 林全 蘇定山 陳阿筐
水長流本局 司事梁應高 張房蔡佐皋 通事張九文 張和變
佃丁 洪漢貴 洪金全 吳山甲 涂亞結
衆等 公禀
十二月十五酉刻

……敬飛稟者：本月十四日，眉毛蚋[96]化番因打鹿
……年社兇番出哨，遂即截殺，立時殺淂兇番四名，十五
□刻馳送番头出來，北港通事張桃愛立即帶化番將番头
護送到局[97]，所有此處人等均爭來看，欣喜不勝。不料喜
……了，副营幫帶徐海清帶同勇丁数十名，手执刀槍
……因何事故，凶凶到局，一言不発，見人便打。適有局
……他被打一塲後，又馳上公堂，復将
……員乱打，幸藉各人看番头未散，登时劝鮮，方不
……。惟思
……自到局以來，所作之事，無不令人悅服。幫帶
……此行為顯係欺凌太甚，衆等目擊，均待為不
……又欲待為出首，心有慮〔餘〕而力不足，是以不淂不
公行飛
□叩乞
□□爺秉公办理，衆等則感
□□□勝矣。耑此。肅請
……

陳阿益
土匠林全
蘇定山
通事梁庭嵩

十二月十五酉刻[99]

水長流[98]本局帳房蔡佐皋　衆等公稟
賴九支
通事張橋复
洪淡貴
佃戶潘佳全
罗山甲
潘亞結

---

96 眉毛蚋：番社名，位於今日南投縣仁愛鄉一帶。眉毛蚋番與官兵相對友好，官方不時「以番制番」，以化番截殺生番。黃富三等解讀，何鳳嬌、林正慧、吳俊瑩編輯，《霧峰林家文書：棟軍相關信函》，頁六八—七一。

97 局：應指中路罩蘭等處撫墾局水長流分局。

98 水長流：位於今南投縣國姓鄉大旗村、長豐村、長流村、長福村，即水長流溪流域。施添福總編纂，陳國川編纂，羅美娥撰述，《臺灣地名辭書》，卷十南投縣（南投：臺灣省文獻委員會，二〇〇一年），頁四五四—四五五。

99 酉刻：下午五至七時。

（三）電報

34・光緒十七年十一月十三日林朝棟致萬鎰電報 (1)

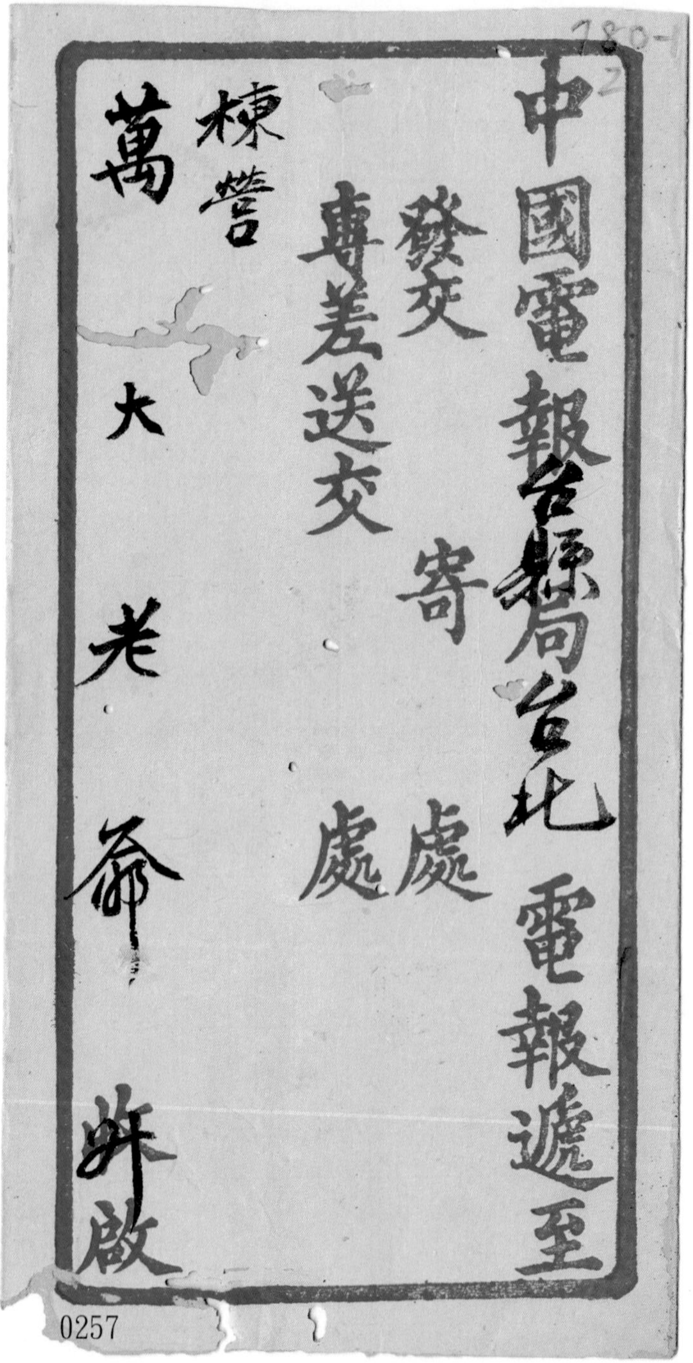
中國電報台縣局台北電報遞至
發交　寄處
專差送交　處
棟營
萬　大老爺　升啟
0257

中國電報台縣局台北電報遞至

發交　寄　處

專差送交　處

棟營

萬大老爺[100]　升啟

[100] 萬大老爺：萬鎰。

（三）電報

34・光緒十七年十一月十三日林朝棟致萬鎰電報 (2)

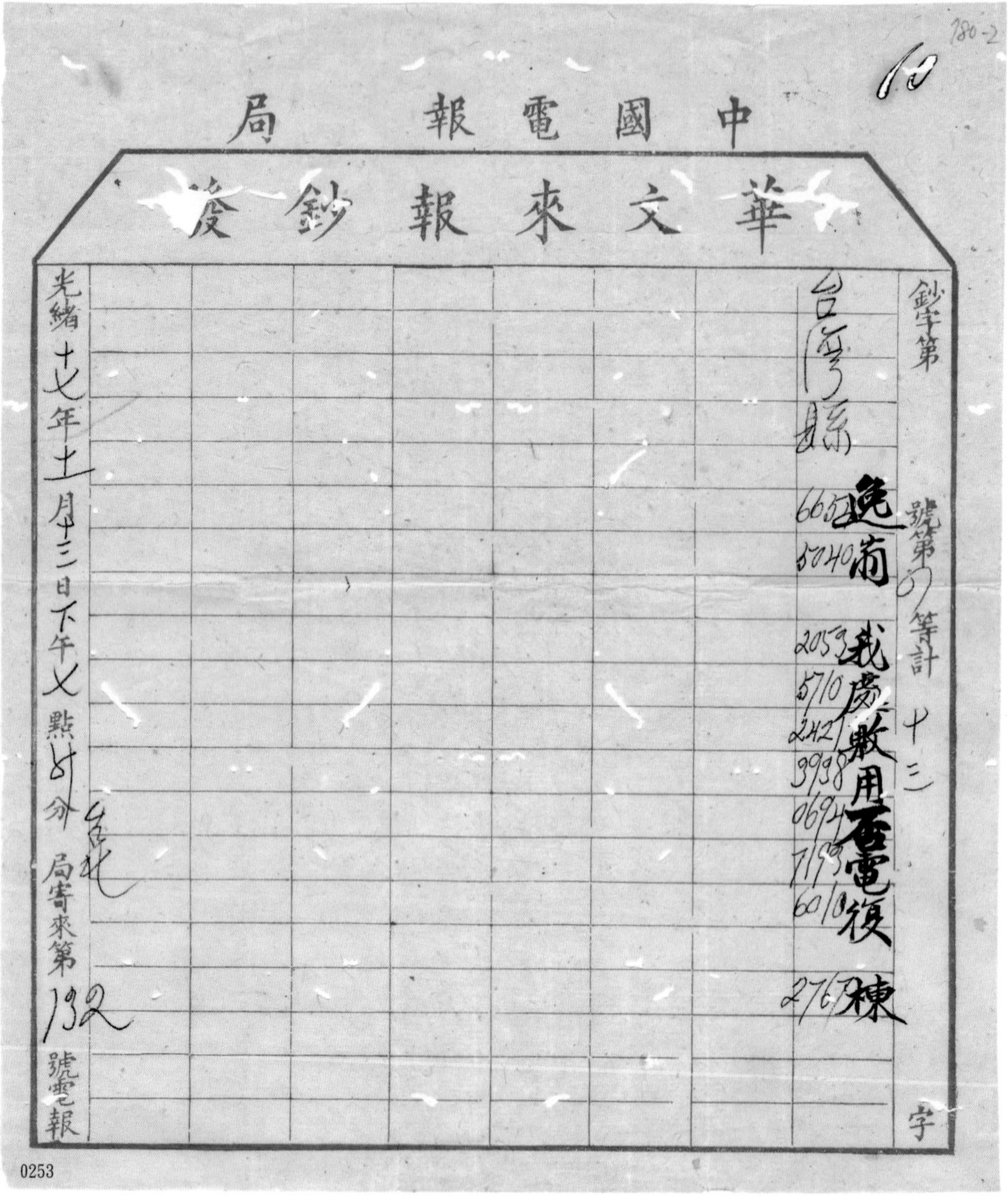

280-2

10

中國電報局

華文來報鈔發

鈔字第　號第 7 等計十三字

台灣縣

6652 逸 5040 甫

2059 我 5710 處 2421 款 3998 用 0694 否 7193 電 6010 復

2767 棟

光緒十七年十一月十三日下午七點廿分

台北局寄來第 132 號電報

0253

中國電報局

華文來報鈔發

鈔字第　號第四[101]等計十三字

台灣縣　逸翁　我處敷用否電復　棟[102]

光緒十七年十一月十三日下午七點五十分台北局寄來第132號電報

101 第四等：電報文書分四等，第一等：撫臺衙門所發電報，隨到隨發；第二等：其他官衙所發電報；第三等：急電電報；第四等：平常電報。藤井恭敬，《臺灣郵政史》（臺北：臺灣總督府民政部通信局，一九一八年），頁二〇一

102 棟：林朝棟。

（三）電報

35・光緒十七年十一月十三日亥刻萬鎰致林朝棟電報稿

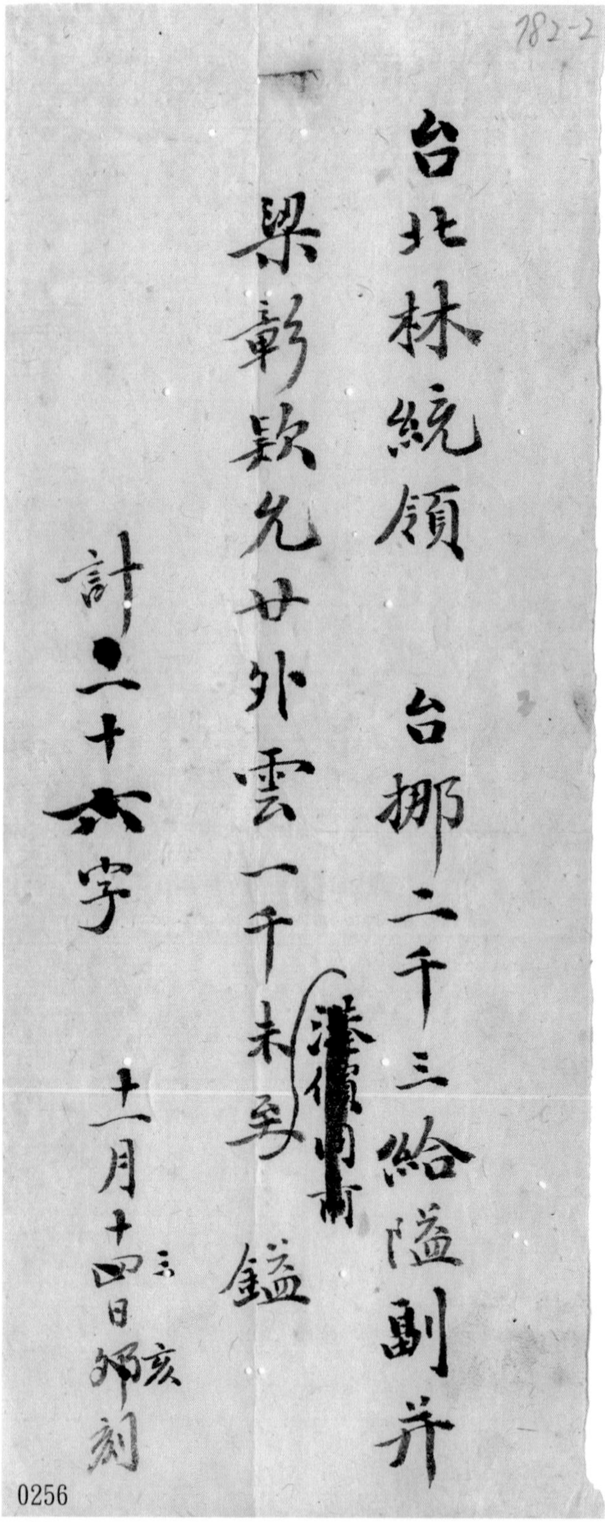

台北 林統領 台[103]挪二千三給隘副[104]，并梁[105]、彰欵允廿外。雲[106]一千未至。鎰

計二十六字　十一月十三日亥刻[107]

103 台：臺灣縣。
104 隘副：棟字隘勇副營。
105 梁：疑為梁成柟。
106 雲：雲林縣。
107 亥刻：下午九至十一時。

（三）電報

36・光緒十七年十一月十八日林朝棟萬鎰電報(1)

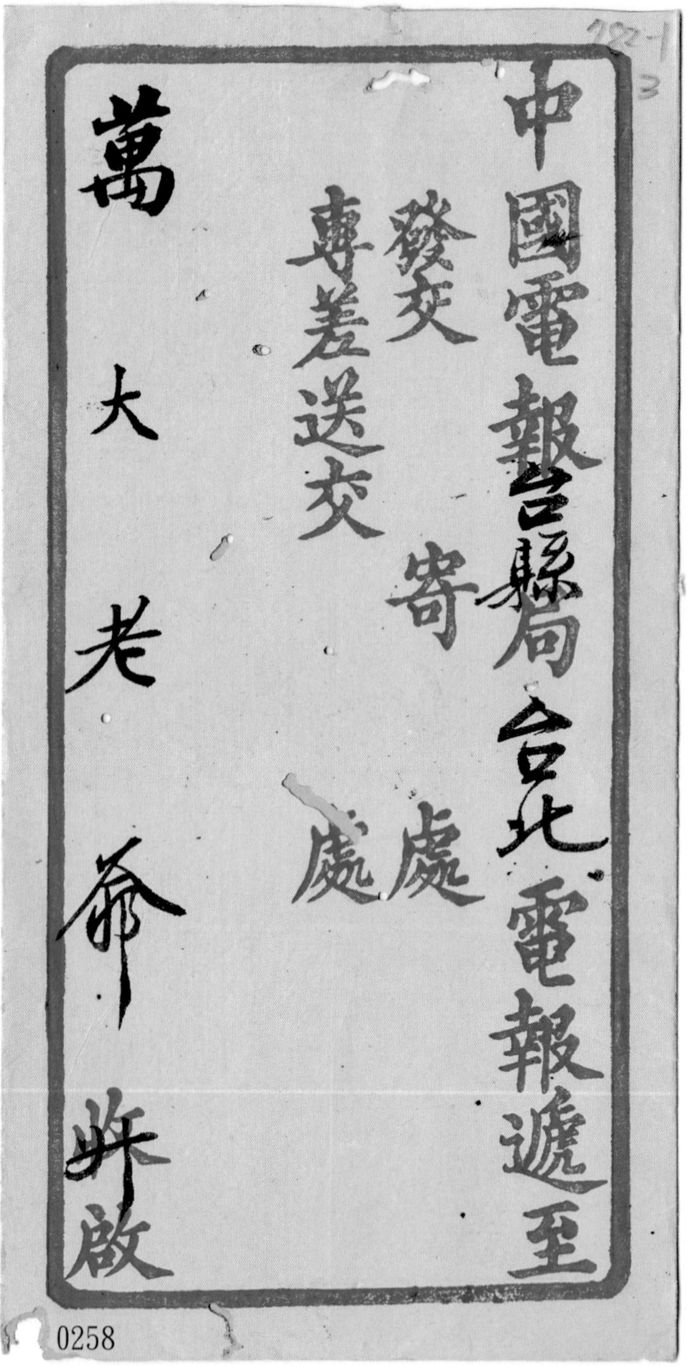
中國電報台縣局台北電報遞至
發交　寄處
專差送交　處
萬大老爺升啟
0258

中國電報台縣局台北電報遞至
發交寄處
專差送交處

萬大老爺升啟

（三）電報

36・光緒十七年十一月十八日林朝棟萬鎰電報 (2)

中國電報局

華文來報鈔發

鈔字第 號第二等計四十一字

萬逸甫
邢續領一營及正營衛隊
預備聽候調用並將勝軼弁輩調正後情回墩子住處
速給三百十九西大科嵌回棟

光緒十七年十一月十八日下午七點 分
局寄來第11號電報

0251

中國電報局

華文來報鈔發

鈔字第　號第二等[108]計　四十六　字

臺灣縣　萬逸翁邢統領[109]一營[110]及正營衛隊
預備聽候調用[111]並飭賴弁輩調正後哨回墩[112]子佳[113]處
速給三百十九由大科嵌回棟[114]

光緒十七年十一月十八日下午七點五十五分台北局寄來第118號電報

108 第二等：指由其他官衙所發之電報。
109 邢統領：儘先補用副將邢長春。
110 據胡傳光緒十八年五月二十八日之營伍巡閱紀錄，副將邢長春原統定海後、右二營駐紮彰化，「其後營後哨及右營奉調赴崁勦番未回」。胡傳，《臺灣日記與稟啓》，頁三七。
111 林朝棟調用營伍應係為大嵙崁之役。
112 墩：大墩。
113 子佳：梁成枏。
114 棟：林朝棟。

（二）電報

37・光緒十七年十一月十九日陳鴻英致萬鎰電報(1)

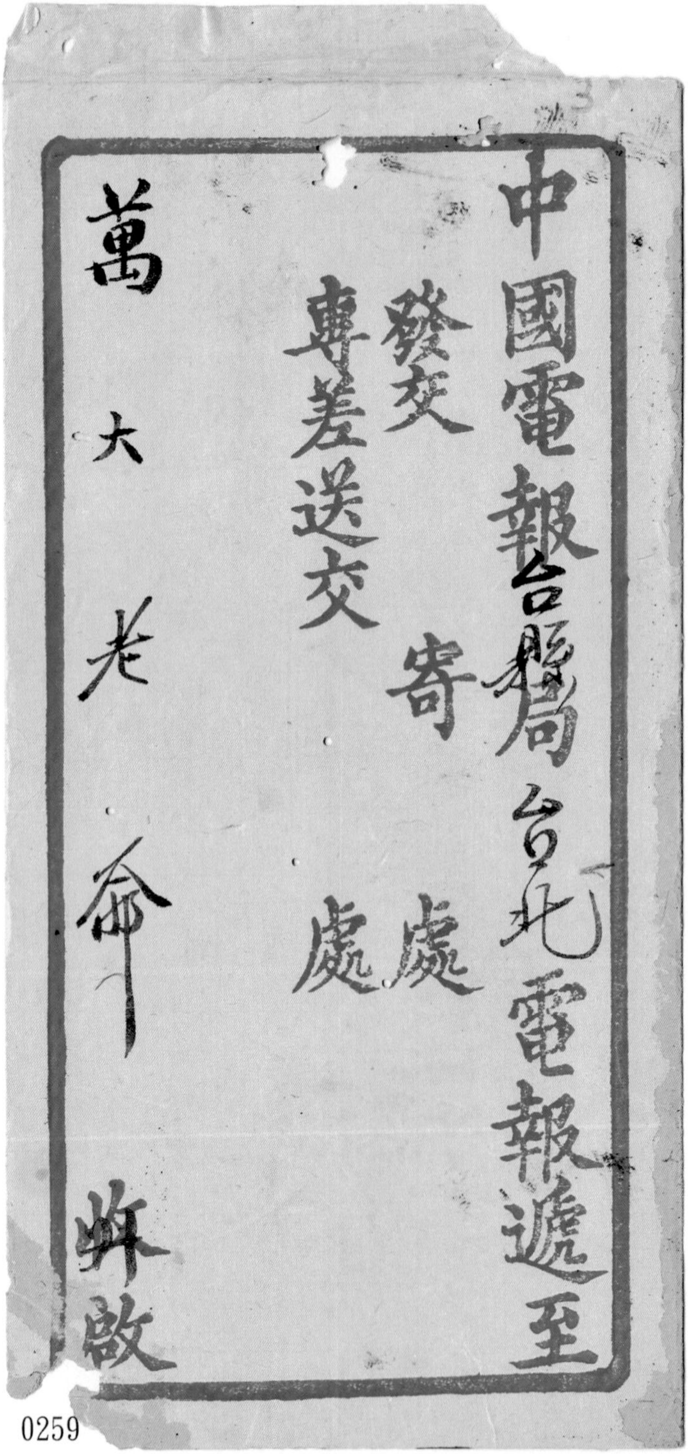

中國電報台縣局台北電報遞至

發交　寄　處

專差送交　處

萬大老爺　升啟

0259

中國電報台縣局台北電報遞至
發交　寄　處
專差送交　處
萬大老爺　升啟

（三）電報

37・光緒十七年十一月十九日陳鴻英致萬鎰電報(2)

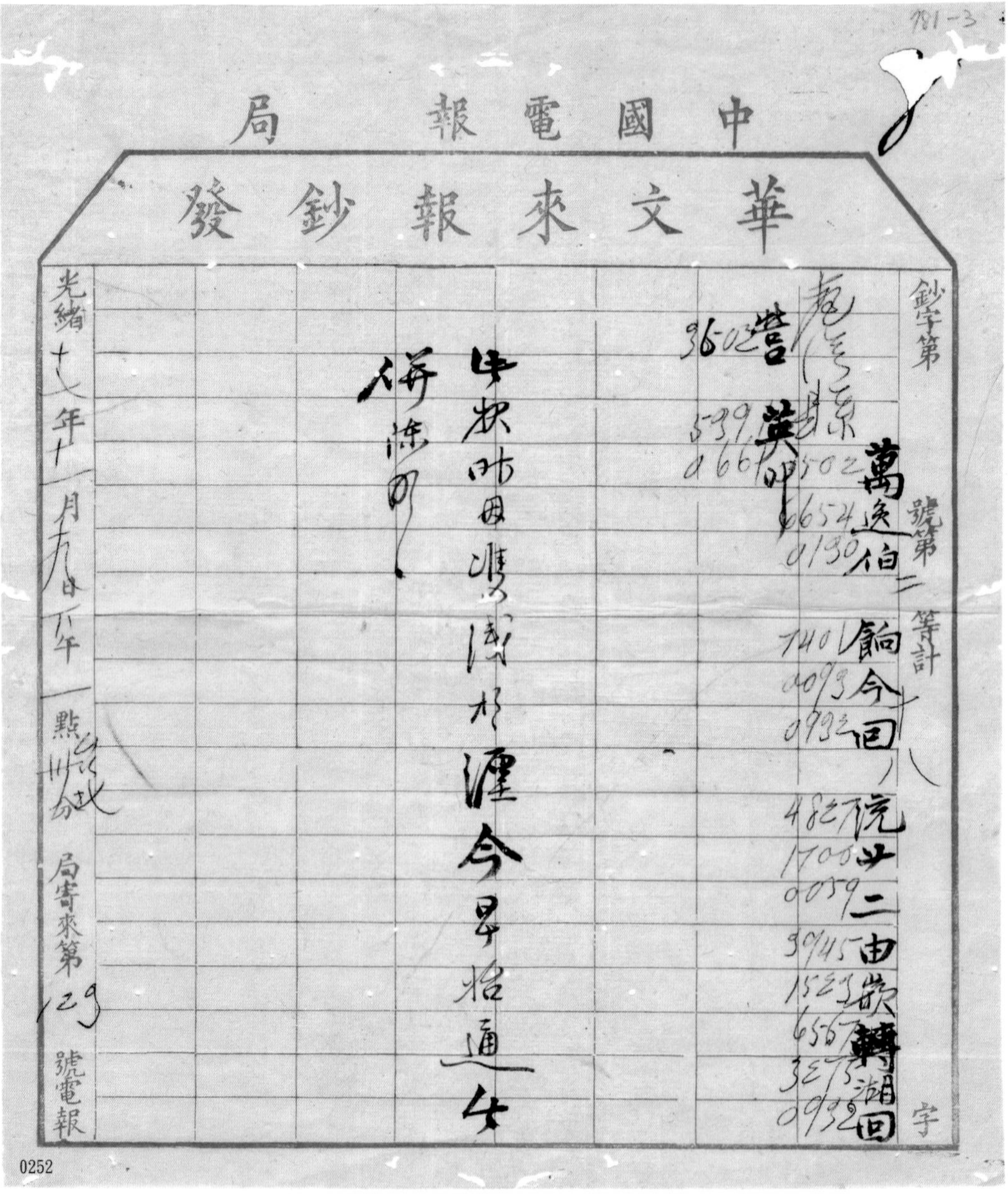

中國電報局

華文來報鈔發

鈔字第 號第二等計十八字

萬逸伯

餉今回

院廿二由欽轉湖回

營

英叩

光緒十七年十一月十九日下午一點卅分

局寄來第129號電報

0252

中國電報局

華文來報鈔發

鈔字第　號第二等計十八字

臺灣縣　營　萬逸伯　餉今回　統[115]廿二由嵌[116]轉湖[117]回

英[118]叩

此报昨因雙綫相纏今早始通此

併陳明

光緒十七年十一月十九日下午一點卅分台北局寄來第129號電報

115 統：林朝棟。
116 嵌：大嵙嵌。
117 湖：大湖。
118 英：陳鴻英。

（三）電報

38・光緒十八年二月十五日萬鎰致陳傑夫電報

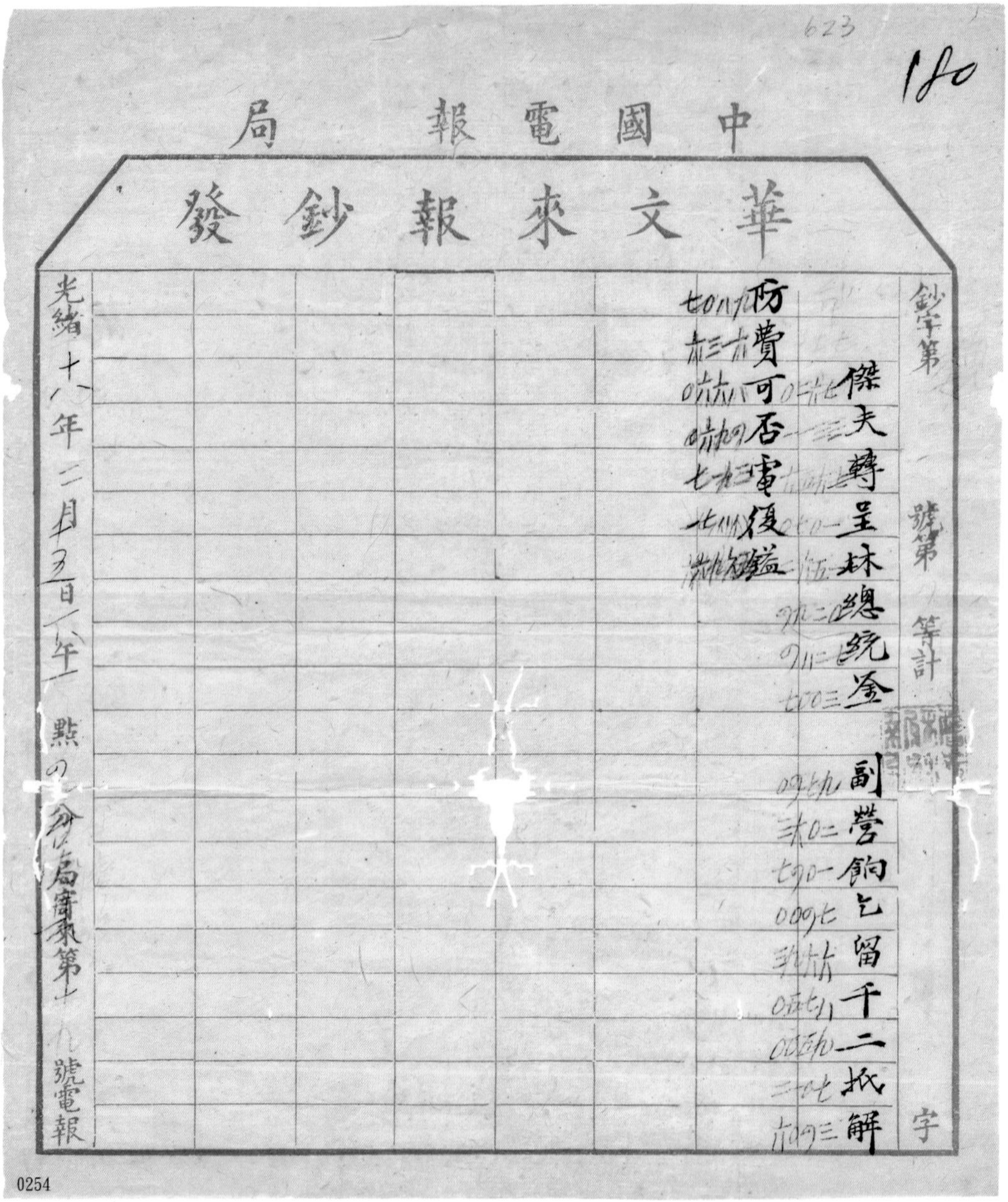

623

180

中國電報局

華文來報鈔發

鈔字第　號第　等計　字

傑夫轉呈林總統鑒

副營餉已留千二抵解

防費可否電復鎰

光緒十八年二月十五日午　點　分　局寄來第十　號電報

0254

中國電報局

華文來報鈔發

鈔字第　號第□等計【印】[119]字

傑夫[120]轉呈林總統[121]鑒　副營[122]餉乞留千二抵解

防費[123]可否電復　鎰

光緒十八年二月十五日下午一點四分台灣县局寄來第十九號電報

119 印記內文：「□□報□」。
120 傑夫：陳傑夫，即陳鴻英。
121 林總統：林朝棟。
122 副營：疑為棟字隘勇副營。
123 防費：樟腦自光緒十七年後改腦戶自行發賣，每一腦灶由官府徵收八角防費作為隘勇經費。故由本電報可知，霧峰林家的腦業經營，有將餉費先挪抵防費的情況。

（三）電報

39．萬鎰致陳鴻英電報稿

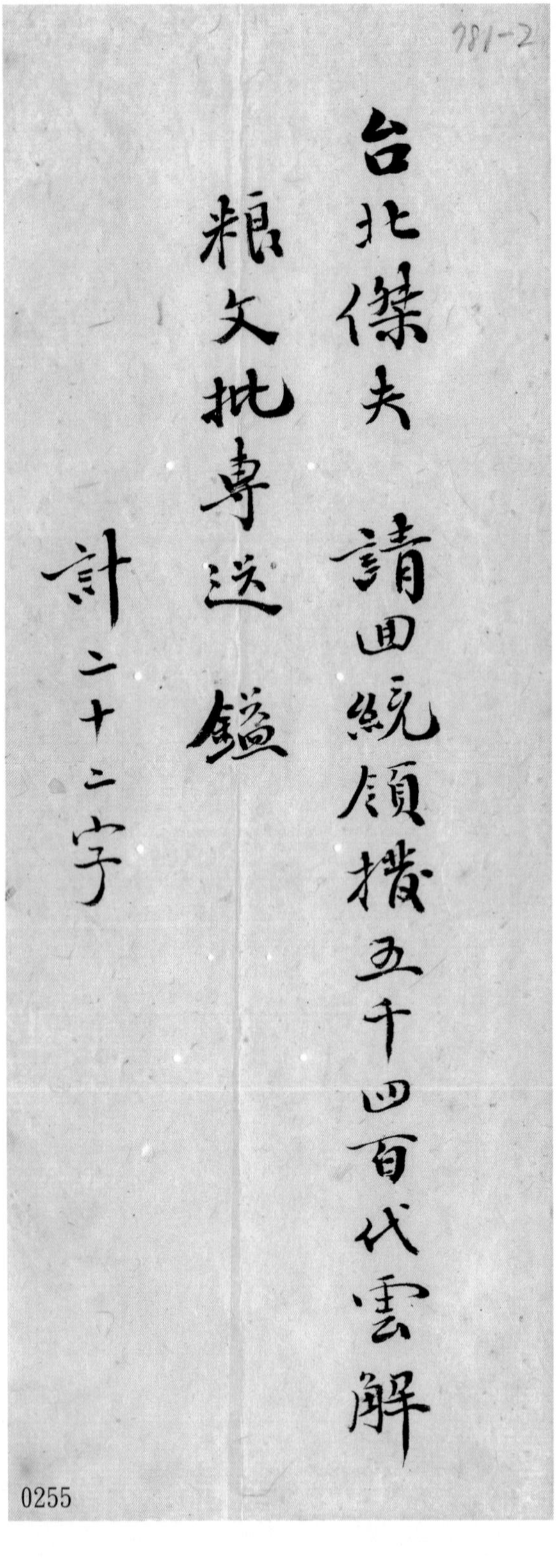
781-2

台北傑夫　請回統領撥五千四百代雲解
粮文批專送　鎰
計二十二字

0255

台北傑夫請囬統領撥五千四百代雲[124]解粮，文批專送。鎰[125]

計二十二字

124 雲：雲林縣。
125 鎰：萬鎰。

（三）電報

40・電報

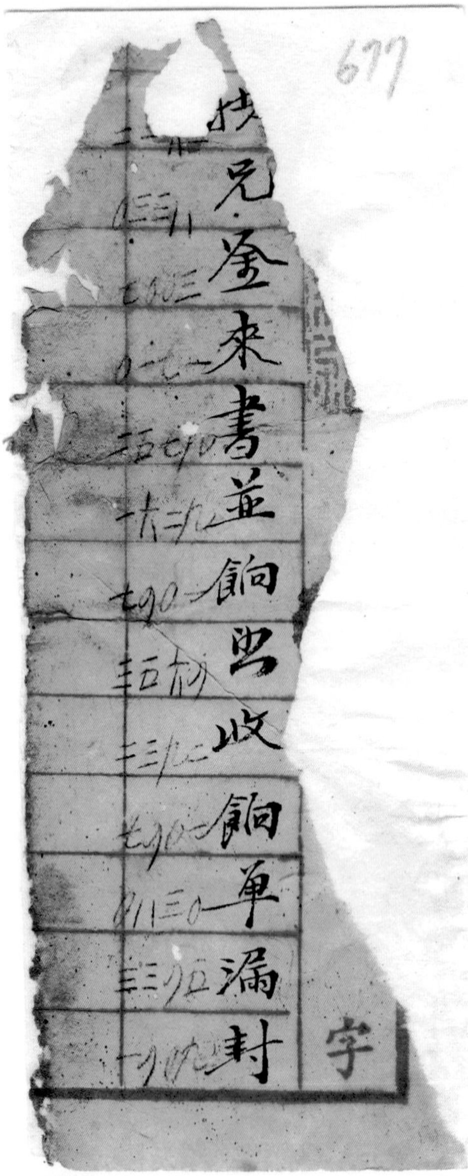
677
扶兄鑒來書並餉出收餉單漏封
字

0889

【印】[126] 字

……拱兄[127]鑒：來書並餉望收，餉单漏封。

126 印記內文不詳。

127 拱兄：林拱辰。

（四）借領收條

41．致齊錫璋、齊錫琳兌銀單

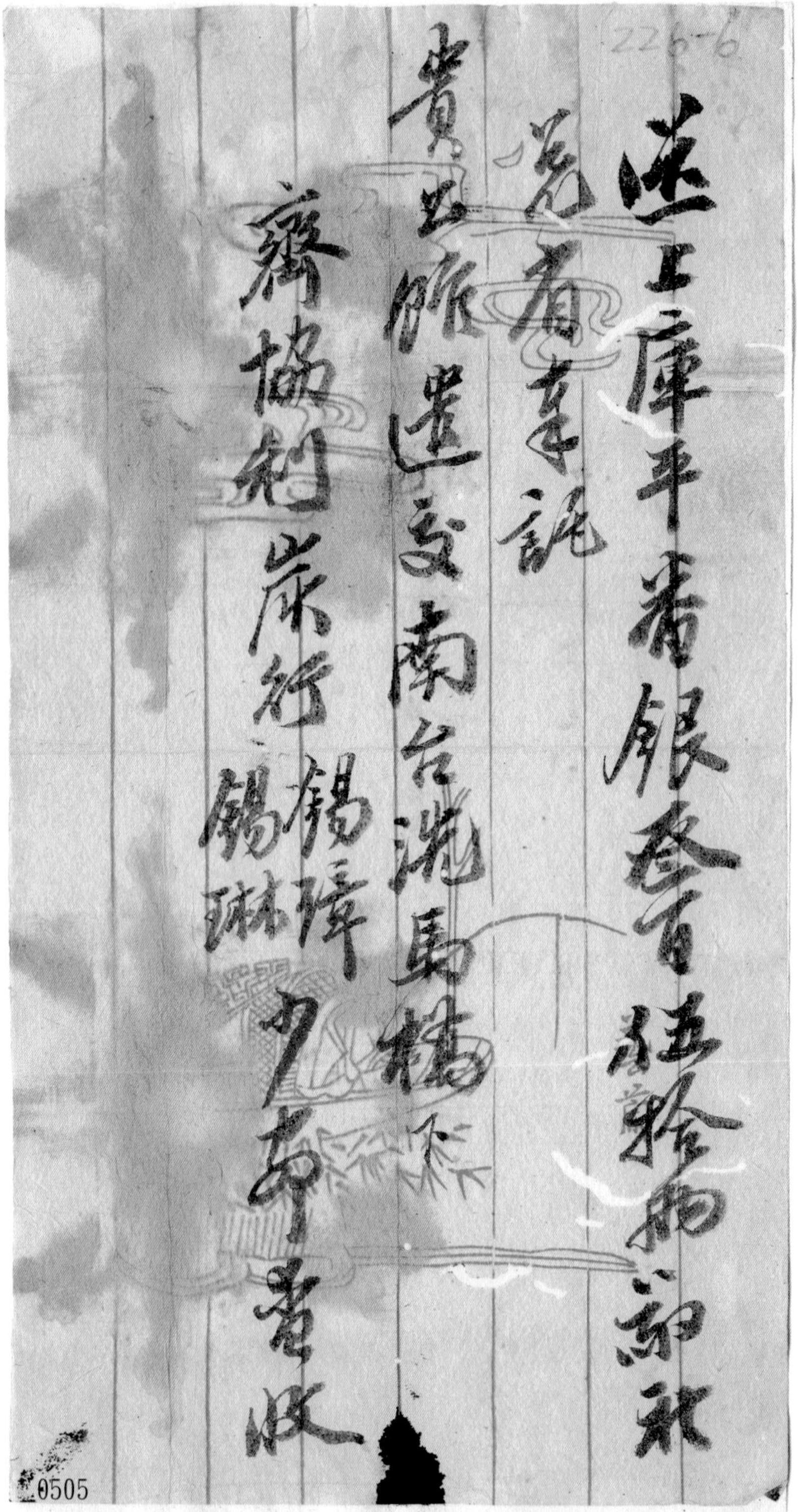
226-6

送上庫平番銀叁百伍拾兩節秋

乞為查記

貴出條還交南台洗馬橋下

齊協利崇行 錫璋 錫琳 力布黃收

0505

送上庫平番銀叁百伍拾兩，敬祈
兄省[128]。奉託
貴公館遺交南台洗馬橋[129]下
齊協利炭行 錫璋 錫琳 少爺查收。

128 省：指福州。
129 南台洗馬橋：位在福州。

（四）借領收條

42・光緒六年正月二十日齊錫璋立收字

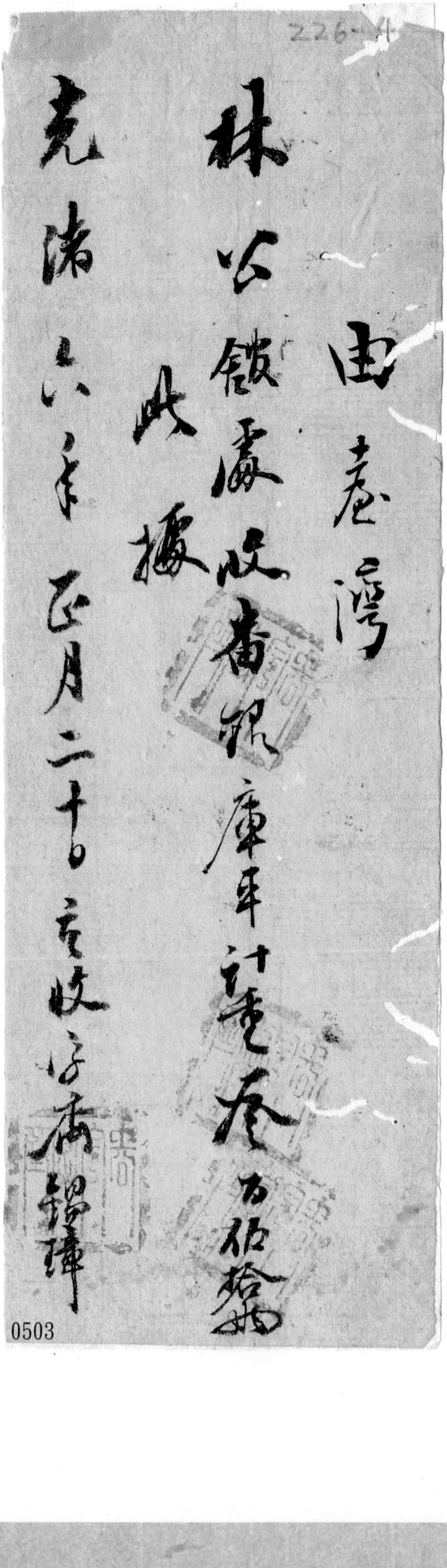
由崙灣
林公館處收番銀庫平計重叁百伍拾兩
此據
光緒六年正月二十日立收字齊錫璋

0503

由臺灣
林公館處收凿銀【印】[130]庫平計重叁百伍拾兩。【印】[131]【印】[132]
此據
光緒六年正月二十日立收字齊錫璋【印】[133]

130 印記內文不詳。
131 印記內文不詳。
132 印記內文不詳。
133 印記內文不詳。

（四）借領收條

43・光緒十三年十一月十六日林拱辰立借艮單

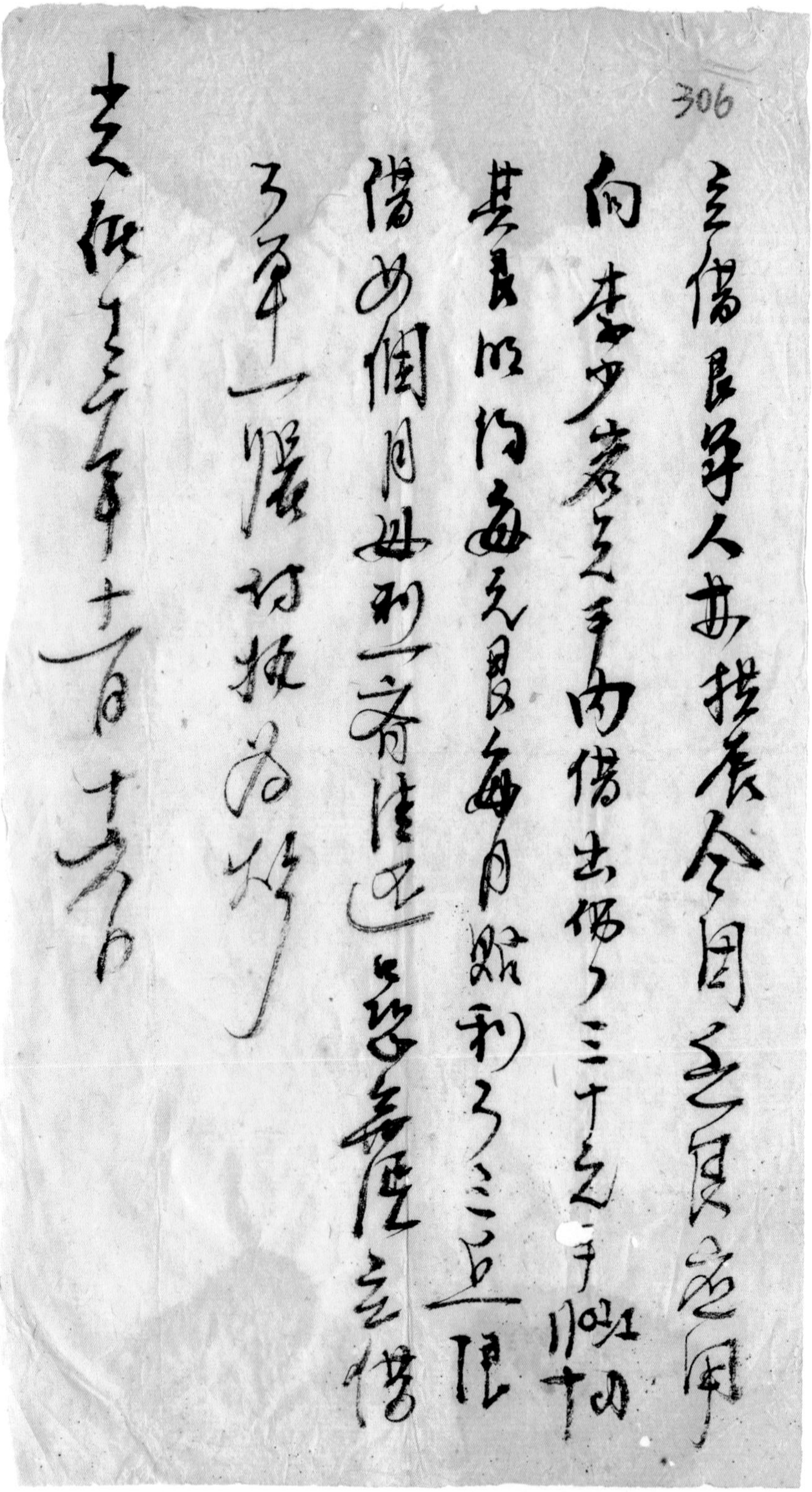

立借艮字人林拱辰，今因乏艮應用，
向李少春之手內借出佛艮三十元正[illegible]，
其艮明約每元艮每月貼利艮三厘，足限
借六個月，母利一齊清還，不敢違誤。立借
艮字一紙付執為炤。
光緒十三年十一月十六日

立借艮单人林 拱辰，今因乏艮应用，
向李少岩兄手內借出佛艮三十元，平20.76兩。
其艮明約每元艮每月貼利艮三点，限
借四個月，母利一斉清还。口恐無憑，立借
艮单一湶，付执爲炤。
光緒十三年十一月十六日

（四）借領收條

44．梁袞夫致林拱辰領銀單

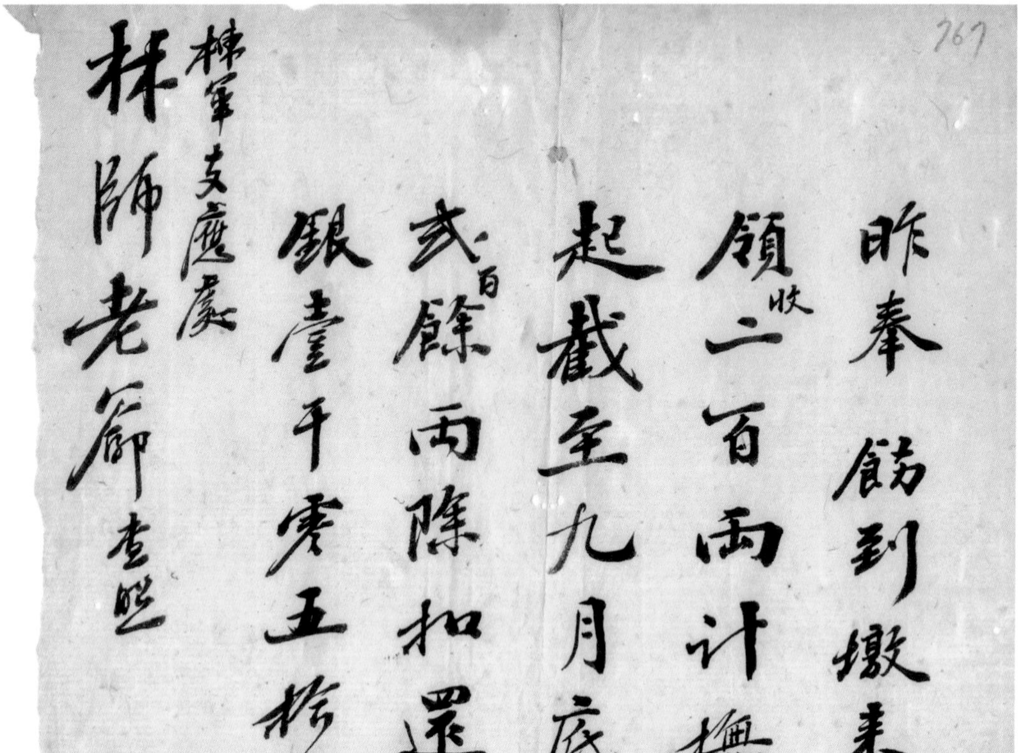

267

昨奉　飭到墩来對賬閏月少記
領收二百兩計撫局自本年正月
起截至九月底止共應領配壹千
貳百餘兩除扣還貳百外實應領
銀壹千零五拾兩此據
棟軍支應處
林師老爺　查照
撫局梁袞夫的筆

0206

昨奉　飭到墩[134]来對賬，閏月少記領收二百両。計撫局自本年正月起截至九月底止，共應領銀壹千弍百餘両，除扣還弍百外，实應領銀壹千零五拾両，此據。

棟軍支應處
林師老爺　查照

撫局[135]梁袞夫[136]的筆

---

134 墩：大墩。

135 撫局：指光緒十四年三月裁併大湖撫墾局與罩蘭東勢角撫墾局後的「中路罩蘭等處撫墾局」。

136 梁袞夫：光緒十七年六月奉硃批以福建試用巡檢，請俟補缺後以縣主簿用。〈臺灣清賦全功告竣尤為出力文武員紳派請獎清單〉，《光緒朝月摺檔》，國立臺灣大學，《臺灣歷史數位圖書館》，檔名：〈ntu-GCM0030-0002200043-001137-a001.txt〉。

（四）借領收條

45．廿八夕薩致支應處收條

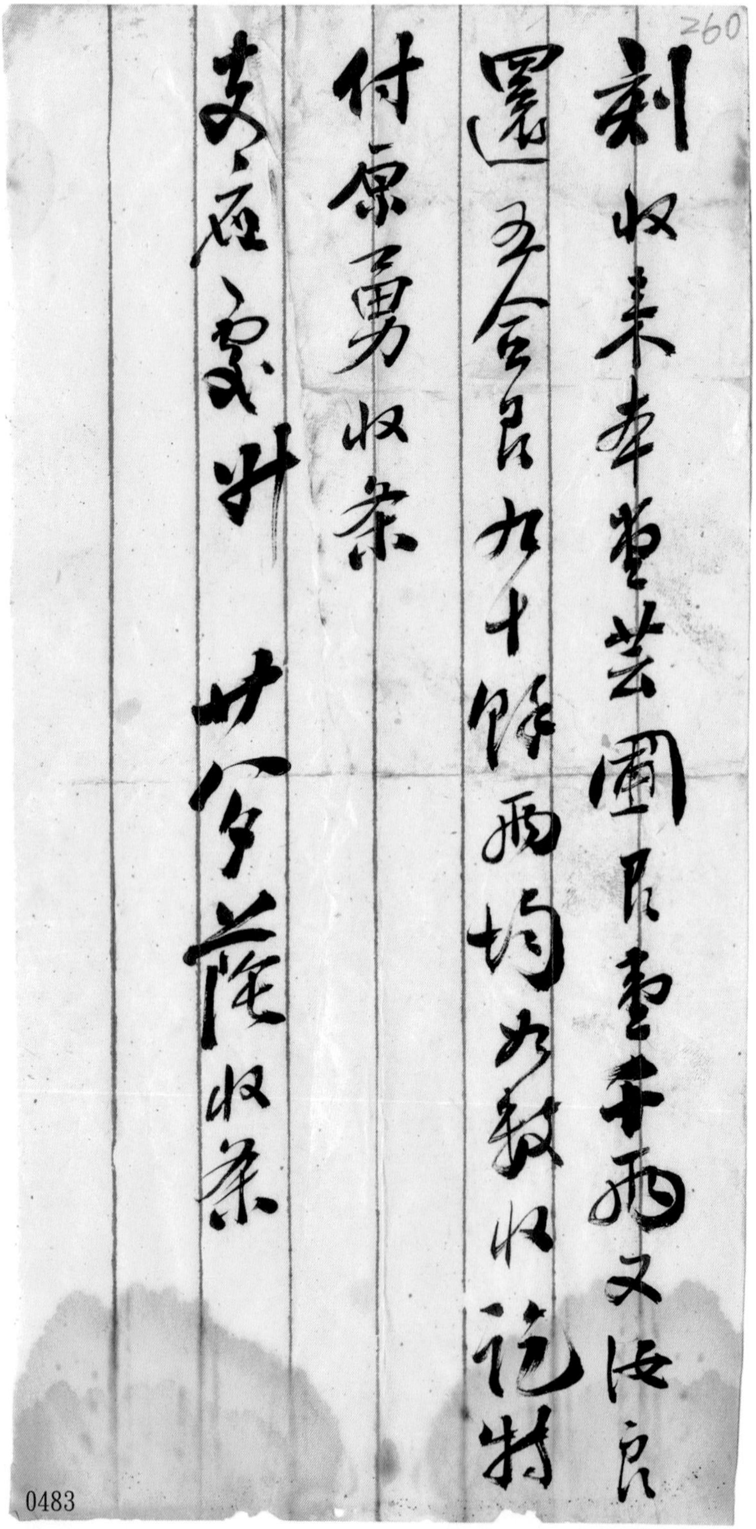
剋收來本堂芸圃銀壹千兩，又洋銀
還子金銀九十餘兩，均如數收訖，對
付原勇收条。
支應處對　廿八夕薩收条

0483

刻收來本堂、芸圃艮壹千兩，又汝良還五合艮九十餘兩，均如数收訖，特付原勇收条。

支应處升　廿八夕薩[137]收条

137 薩：疑為薩臚芳，辦大嵙崁後路糧械所。

46・光緒拾捌年捌月徐寶璐借據

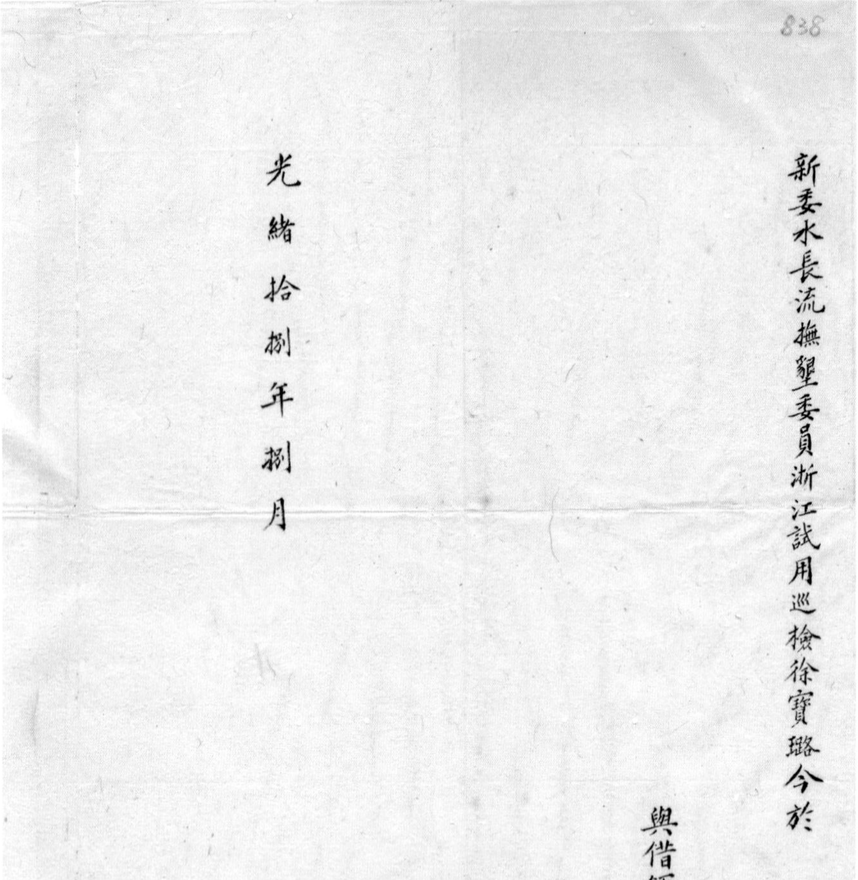
838

新委水長流撫墾委員浙江試用巡檢徐寶璐今於

與借領事實領得番銀貳拾元合具借領是實

庫平[illegible]

光緒拾捌年捌月

日試用巡檢徐寶璐

0202

新委水長流撫墾委員浙江試用巡檢徐寶璐[138]今於

與借領事。實領得峃銀貳拾元。（庫平14.6兩）合具借領是實。

光緒拾捌年捌月　　日試用巡檢徐寶璐（花押）

138 徐寶璐：浙江人，浙江試用巡檢，光緒十八年時為中路罩蘭等處撫墾局水長流地方之撫墾委員。光緒十八年十二月由於罩局經費支絀，未能如期發下經費，其薪水因公墊用一空，加上修繕所需灰土、木匠開支、寄家之款均無著落，曾向林拱辰求助籌撥局費。黃富三等解讀；何鳳嬌、林正慧、吳俊瑩編輯，《霧峰林家文書集：棟軍等相關信函》（臺北：國史館，二〇一四年），頁四九六。

（四）借領收條

47．壬辰拾月十四日致支應處領據

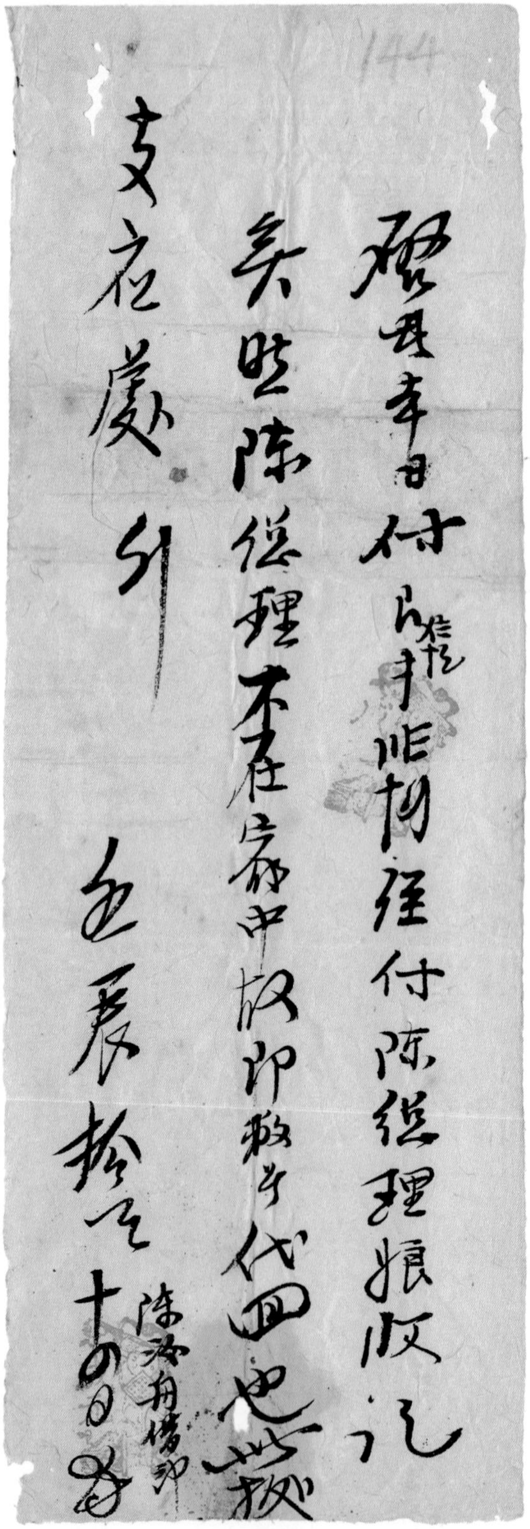
[illegible]付[illegible]手收[illegible]經付陳從理[illegible]收訖
吳姓陳從理不在家中故即取字代回也據
支應處 外
壬辰拾月十四日[illegible]
陳從理[illegible]

啓者：本日付艮48元，平33兩【印】[139]，經付陳総理娘收訖矣。然陳総理不在家中，故即敝号代囬也。此拠。

陳汝舟[140]借印

支应處 升

壬辰[141]拾月十四日单【印】[142]

---

139 印記內文：「成元」。

140 陳汝舟：即陳澄波，設籍葫蘆墩，富紳，為棟軍參贊，與黃南球、姜紹基等同為廣泰成號合股人，有腦棧裕豐號。

141 壬辰：光緒十八年（一八九二）。

142 印記內文：「成元」。

（五）對賬單

48．戊子年納月念九日聯興號致林本堂對賬單

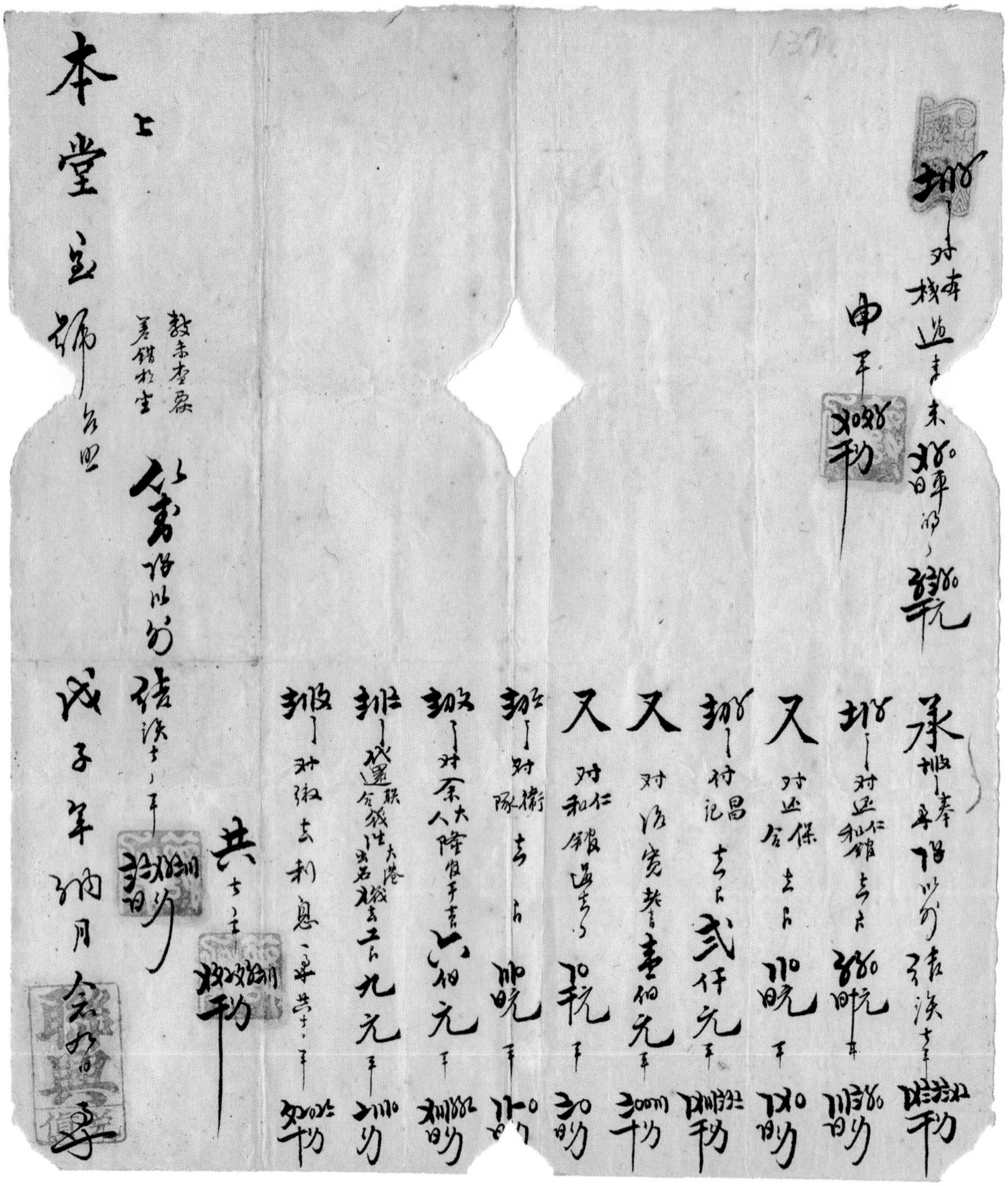

【印】[143]11月25対本棧過來米450車，的艮5,850元。

申平4,095兩。【印】[144]

承10月29奉単除以外結，該去平1,487.846兩。

11月15対还仁和館，去艮550元，平385.0兩。

又対还保合，去艮200元，平140兩。

12月5付昌記，去艮弍仟元，平1,438.77兩。

又対治寛老，去艮壹伯〔佰〕元，平70.03兩。

又対仁和館過去艮1,000元，平700兩。

12月初7対衛隊去艮300元，平210兩。

12月初9対余大人隆官手去艮六伯〔佰〕元，平435.56兩。

12月27代還联合筏往大港出石，4筏去工艮九元，平6.30兩。

12月29対繳去利息一单，共去艮平96.067兩。

共去艮平4,969.573兩。【印】[145]

数未查覈
差錯相坐

籌除以外結該去艮平874.573兩。【印】[146]

戊子年[147]納月念九日单【印】[148]

上

本堂 宝號 台照

143 印記內文：「聯興」。
144 印記內文：「護封」。
145 印記內文：「護封」。
146 印記內文：「護封」。
147 戊子年：光緒十四年。
148 印記內文：「聯興／兑貨」。

（五）對賬單

49．庚寅四月念柒日致本順號對賬單

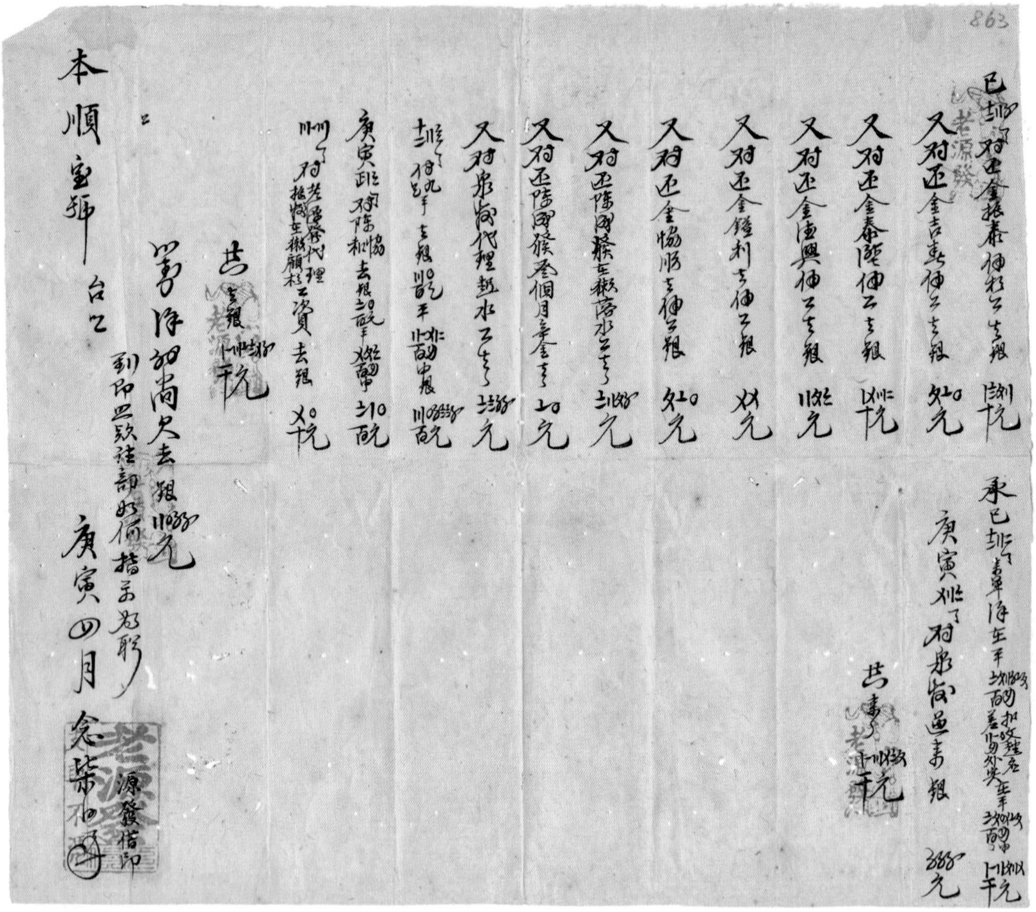

0953

己[149]12月25【印】[150]对还金振泰伸杉工去銀18.92元。

又对还金吉春伸工去銀9.60元。

又对还金泰陞伸工去銀14.32元。

又对还金德興伸工去銀2.97元。

又对还金鎰利去伸工銀4.4元。

又对还金協勝去伸工銀9.60元。

又对还陳成發在獺[152]落水工，去艮7.295元。

又对还陸成發叁個月辛金，去艮6.0元。

又对泉發代理起水工，去艮7.855元。

12月28付九兄手，去銀300元，平214.12兩，申銀305.885元。

庚寅[153]正月17对陳協和去銀700元，平497兩，申710元。

3月13对老源發代理振發在獺顧杉工資，去銀40元。

共去銀1,136.845元。【印】[154]

籌除外尚欠去銀2.055元。【印】[155]

到即照欵註部，如何？指示為盼。

源發借印【印】[156]

上

本順宝號 台照 庚寅四月念柒日单

承己12月22來单洋在平792.569兩，扣文趆应差2.10兩外实在平790.469兩，申1,129.24元。

庚寅4月27对泉發過來銀5.55元。

共來艮1,134.79元。【印】[151]

---

149 己：己丑年，光緒十五年（一八八九）。
150 印記內文：「老源發」。
151 印記內文：「老源發」。
152 獺：獺窟。
153 庚寅：光緒十六年（一八九〇）。
154 印記內文：「老源發」。
155 印記內文：「老源發」。
156 印記內文：「老源發／支取不凴」。

（五）對賬單

50．庚葭月初八日本順號致林本堂對賬單(1)

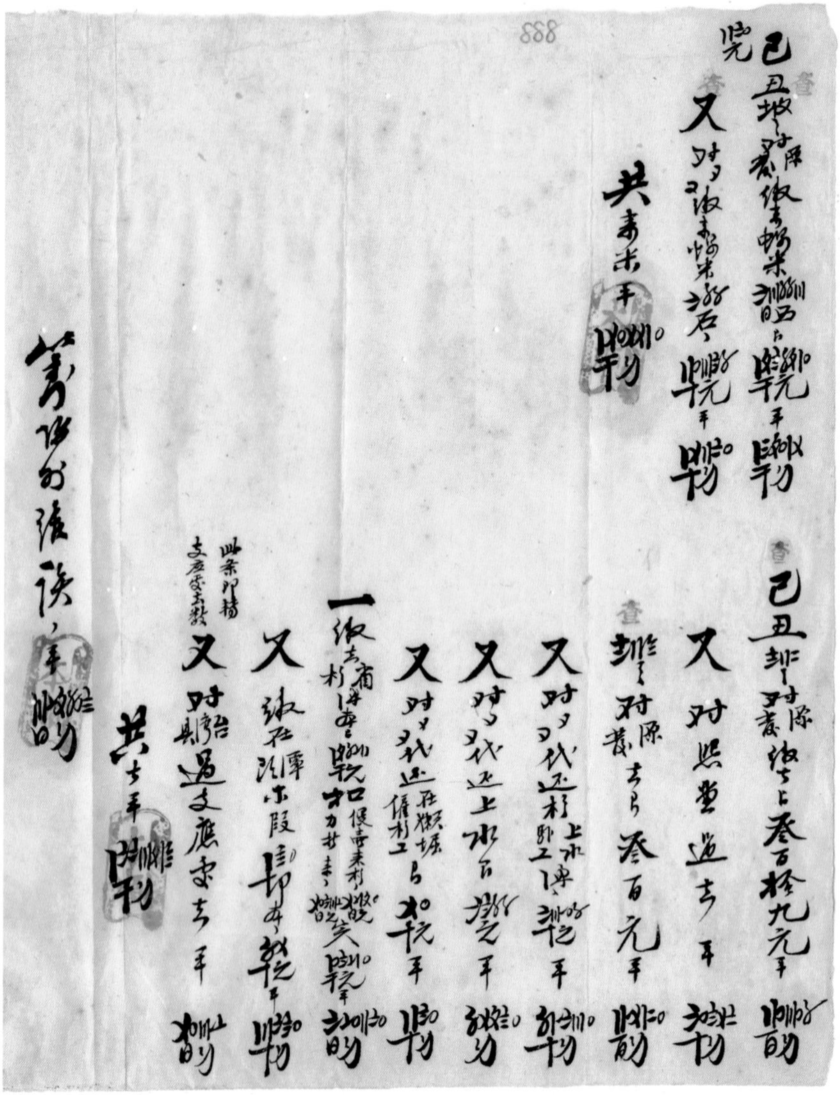

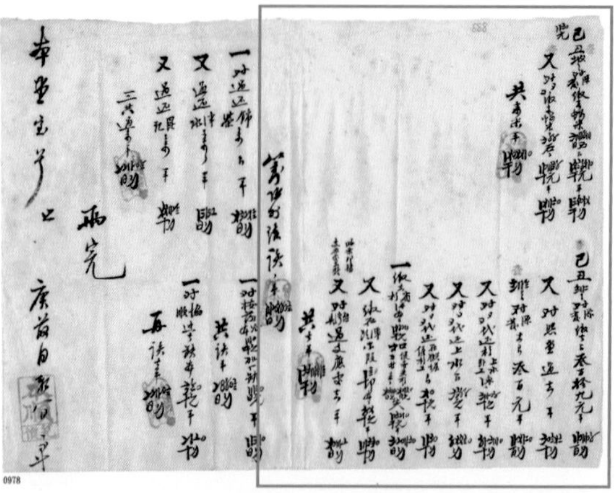

查 己丑[157]11月19対|發|陳 繳去螺米735.53石，艮1,985.910元，平1,390.14兩。

2.70元[158]

查 又対|發|陳 繳去螺米7.55石，艮20.385元，平14.270兩。

共來米平1,404.410兩。【印】[159]

籌除外結該艮平369.508兩。【印】[161]

查 己丑12月22対|發|源 繳去艮叁百拾九元，平203.05兩。

又対熙堂過去，平70.847兩。

查 12月28対|發|源 去艮叁百元，平214.120兩。

又対源發代还杉（上水駐工1車）艮73.105元，平51.1730兩。

又対源發代还上水艮7.855元，平5.4980兩。

又対源發代还（在獺掘僱杉工）艮4千元，平28.0兩。

一繳去（省单杉1）本艮1,956.2元，扣（侵賣來杉艮461.90元　力折來艮408.36元）实1,086.10元，平760.270元。

又繳在（潭頭）木叚18.0丫，本艮54元，平37.80兩。

（此条即轉支应處去数）又対（台灣县）過支應處去平403.6兩。

共去平1,773.918兩。【印】[160]

---

157 己丑：光緒十五年（一八八九）。
158 指每石螺米價二．七元。
159 印記內文：「本順」。
160 印記內文：「本順」。
161 印記內文：「本順」。

（五）對賬單

50．庚葭月初八日本順號致林本堂對賬單(2)

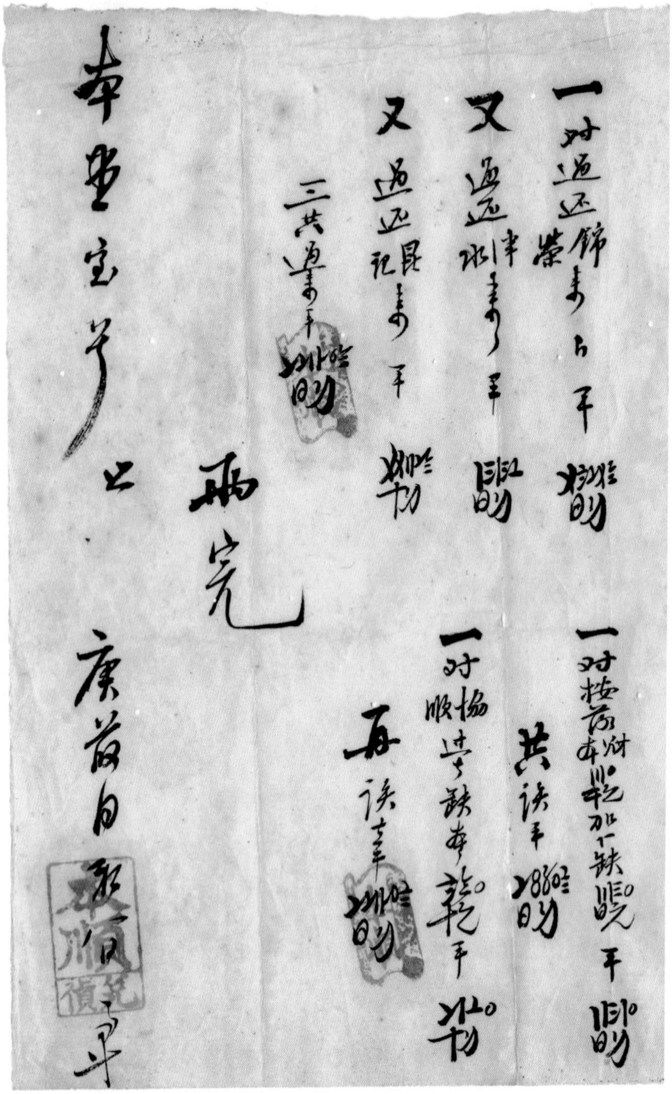

0978

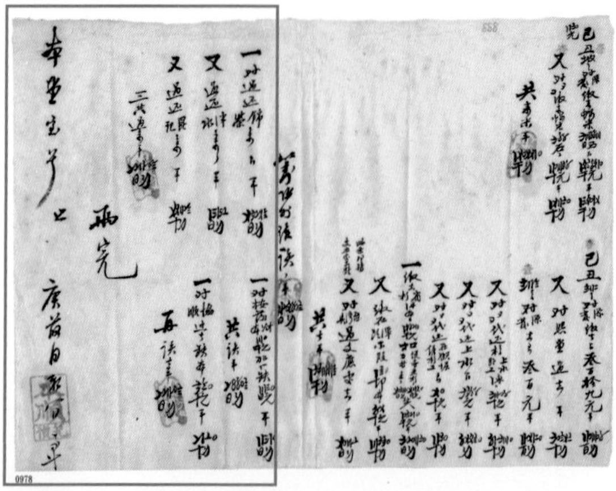

一対過还榮錦來艮，平486.48兩。

又過还水津來艮平131.36兩。

又過还記昆來平44.268兩。

三共過來平662.108兩。【印】[162]

本堂宝号照兩完

一対按落本財3千元，加□缺330元，平231.0兩。

共該平600.508兩。

一対順協过去缺本88.0元，平61.60兩。

再該去平662.108兩。【印】[163]

庚[164]葭月初八日单【印】[165]

---

162 印記內文：「本順」。

163 印記內文：「本順」。

164 庚：庚寅年，光緒十六年（一八九〇）。

165 印記內文：「本順／兑貨」。

（五）對賬單

51．庚葭月廿六日扁生致林拱辰對賬單

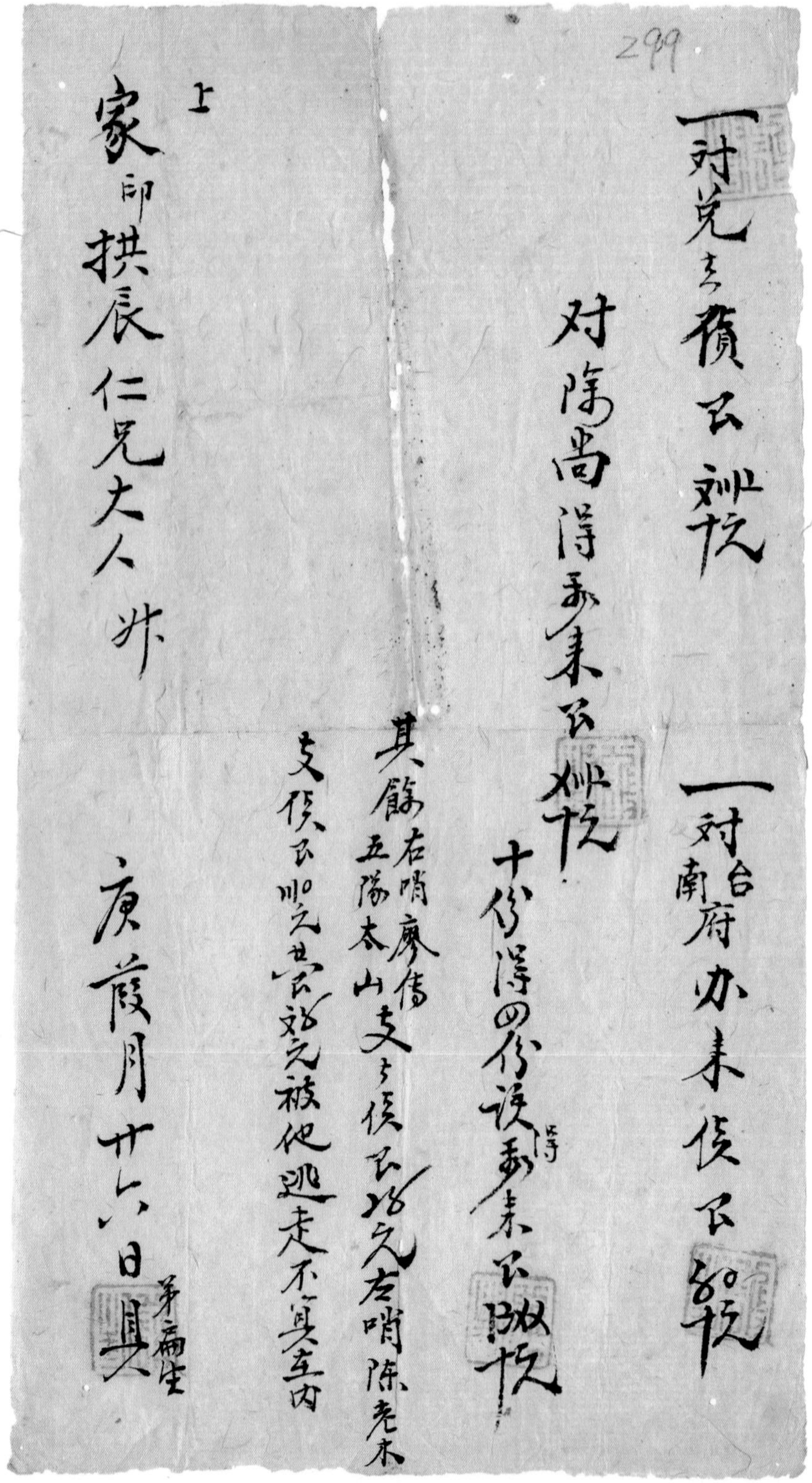

一対兄去債[illegible]銀

対陳尚得番来[illegible]銀

一対台南府办来債[illegible]銀

十份得四份该得番来[illegible]銀

其餘右哨廖信 五隊太山支去債[illegible]銀 左哨陳老木 支債[illegible]被他逃走不算在內

上

家印拱辰仁兄大人 升

庚葭月廿六日 弟扁生具

【印】166一対兑去貨艮93.6元　一対南台府办來貨艮50元。【印】167

對除尚淂和來艮43.6元。【印】168

十份淂四份，該淂和來艮17.44元。【印】169

其餘右哨廖傳五隊太山，支去貨艮6.5元，左哨陳老木

支貨艮3.0元，共艮9.5元，被他逃走不算在內。

上

家印拱辰仁兄大人升

庚葭月廿六日　弟扁生　具【印】170

166 印記內文：「護封」。
167 印記內文：「護封」。
168 印記內文：「護封」。
169 印記內文：「護封」。
170 印記內文：「護封」。

（五）對賬單

52．辛卯三月廿七日省垣工程支應處致林朝棟對賬單

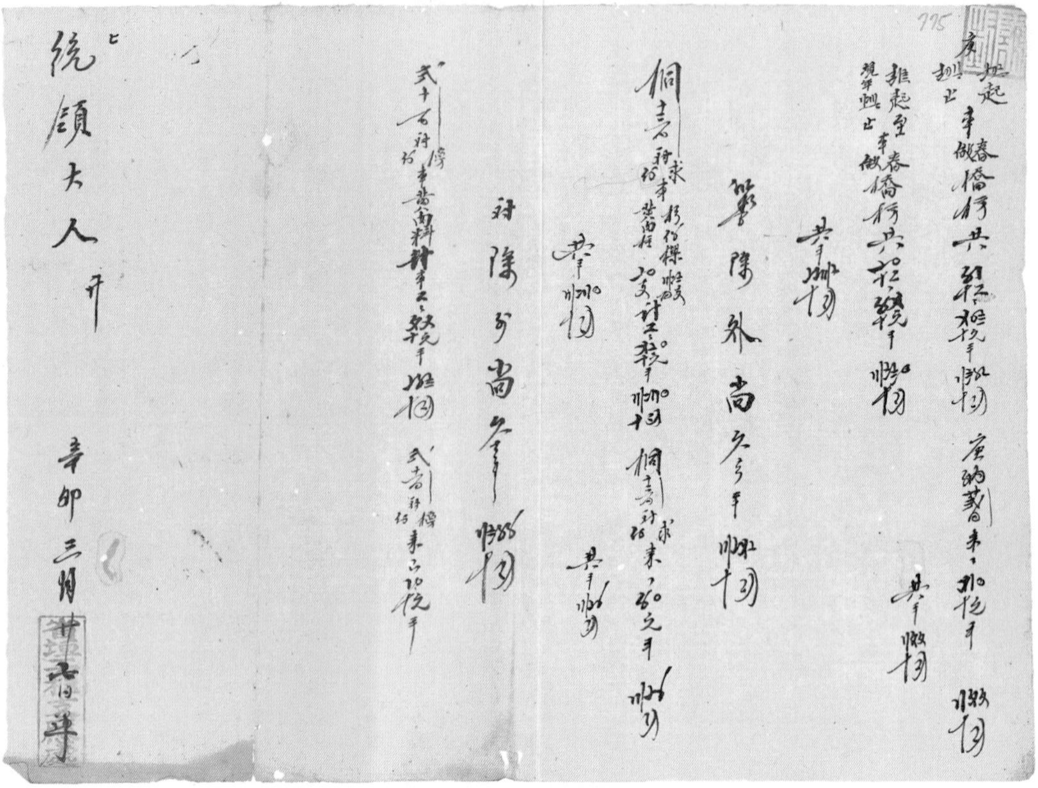

【印】[171]

庚11月初6起 12月初2止 車春做橋枋共51工，艮40.8元，平28.56兩。

12月18起至 現年2月23止 車春做橋枋共60工，艮54元，平37.80兩。

共平66.36兩。

籌除外，尚欠去平36.46兩。

桐月[172]十三日対求仔車枋仔櫟327支 黃肉柱6.0支，計工艮46.0元，平32.20兩。

共平32.20兩。

対除外，尚欠去平28.55兩。

弍月十一日対榜仔車黃肉料計車工艮94元，平65.8兩。

上

統領大人 升

辛卯三月廿七日单【印】[173]

庚納月廿弍日來艮41.0元，平29.9兩。

共平29.9兩。

桐月十三日対求仔來艮5.0元，平3.65兩。

共平3.65兩。

弍月十一日対榜仔來艮10元，平

---

171 印記內文：「護封」。
172 桐月：農曆三月。
173 印記內文：「省垣工程支應處」。

（五）對賬單

53・辛陸月十五日林本堂致棟字營對賬單 (1)

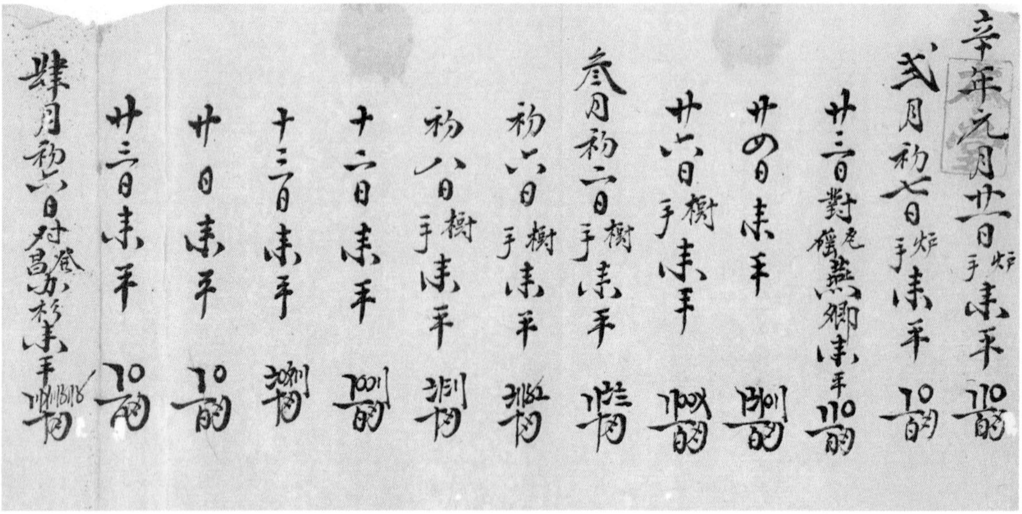

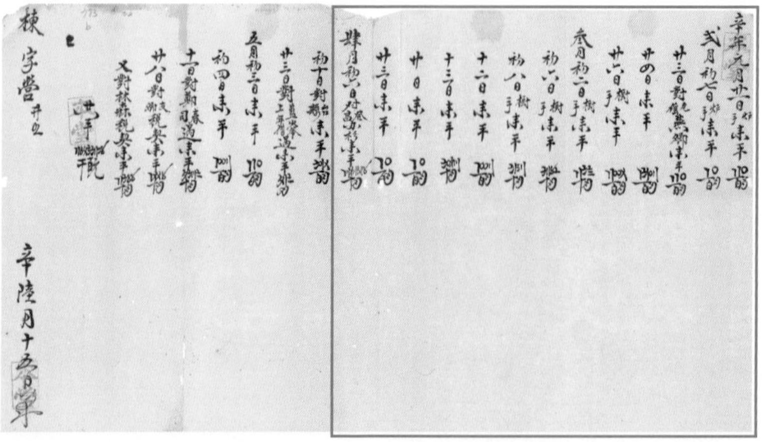

辛年[174]元月廿一日【印】[175]手炉來平200兩。

弍月初七日手炉來平100兩。

廿三日對瓦磘[176]燕卿[177]來平200兩。

廿四日來平171.02兩。

廿六日手樹來平200.4兩。

叁月初二日手樹來平27.8兩。

初六日手樹來平72.56兩。

初八日手樹來平71.32兩。

十二日來平100.2兩。

十三日來平70.93兩。

廿日來平100兩。

廿三日來平100兩。

肆月初六日対昌発办杉來平34.3525兩。

---

174 辛年：辛卯年，光緒十七年（一八九一）。

175 印記內文：「本堂」。

176 瓦磘：今臺中市潭子區瓦磘里。

177 燕卿：林文榮，長子林梅堂。光緒十五年曾率領棟字後營，參與平定彰化縣施九緞事件。

（五）對賬單

53．辛陸月十五日林本堂致棟字營對賬單(2)

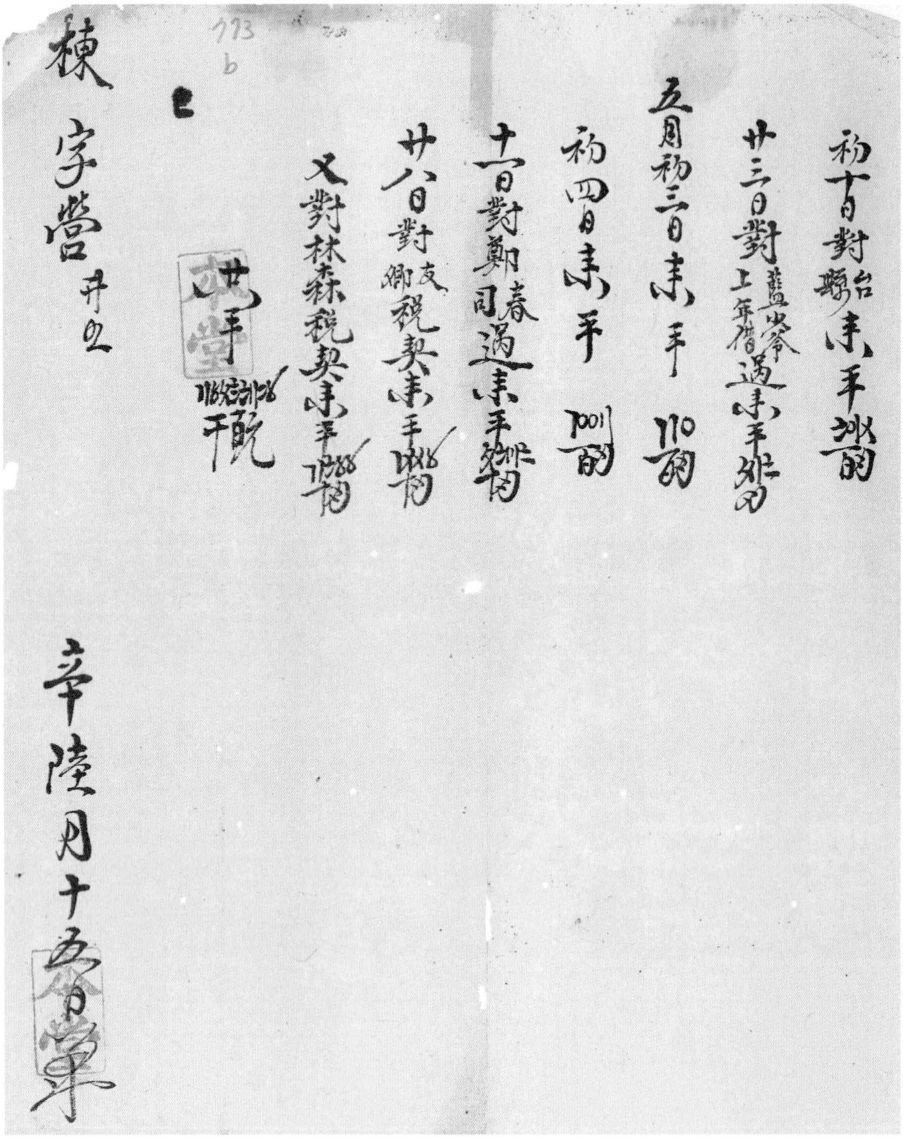
初十日對台聯來平 [illegible]
廿三日對藍此?參 上年借過來平 [illegible]
五月初三日來平 [illegible]
初四日來平 [illegible]
十一日對鄭司春過來平 [illegible]
廿八日對友卿?稅契來平 [illegible]
又對林森稅契來平 [illegible]
共平 [illegible]
棟字營 開上
辛陸月十五日 本堂 單

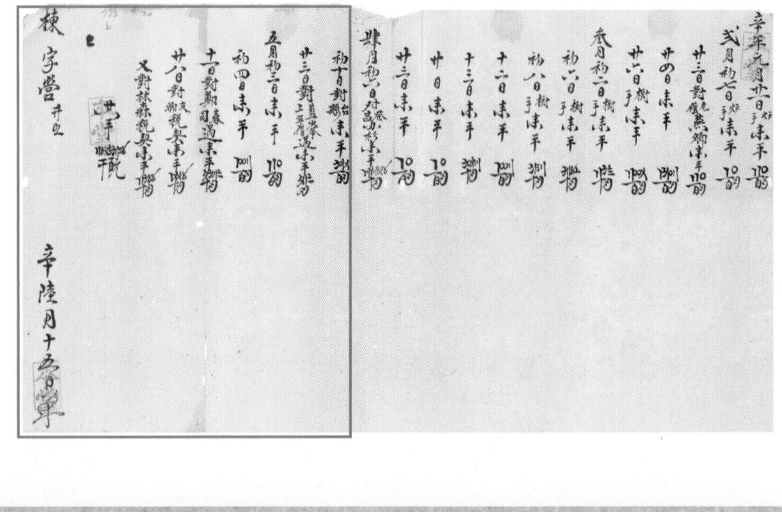

初十日對台縣[178]來平701.4兩。

廿三日對藍少爷上年借過來平9.17兩。

五月初三日來平200兩。

初四日來平100.2兩。

十一日對鄭春司過來平97.37兩。

廿八日對友卿税契[179]來平14.45兩。

又對林森税契來平27.55兩。

共平2,598.7225元。【印】[180]

上

棟字營升照

辛陸月十五日单【印】[181]

---

178 台縣：臺灣縣。

179 税契：買賣田宅等成交後，新業主持白契向官府納税並加蓋官印，經税契後，白契即成紅契。由於契約上蓋有官印，可作為買賣合法的憑證。李放主編，《經濟法學辭典》（瀋陽：遼寧人民出版社，一九八六年），頁五七七；高潮、馬建石主編，《中國古代法學辭典》（天津：南開大學出版社，一九八九年），頁三一一。

180 印記內文：「本堂」。

181 印記內文：「本堂」。

（五）對賬單

54・辛桂月初九日新隆號致林本堂對賬單

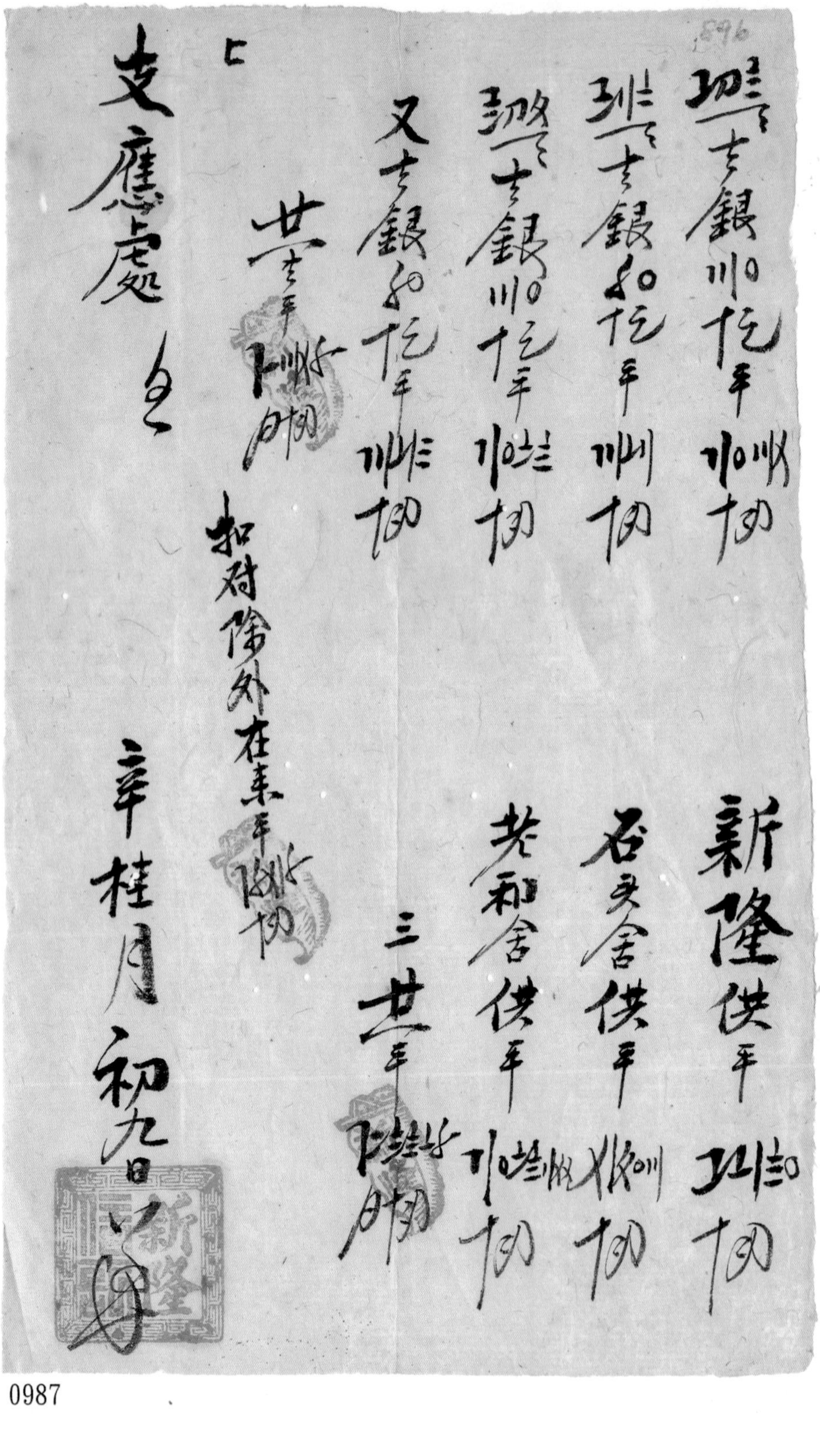
新隆
老和舍
三
扣存除外在來平
又
支應處
辛桂月初九日

0987

6月初8去銀30元，平20.34兩。新隆供平66.180兩。

7月27去銀50元，平36.2兩。石头舍供平41.903兩。

8月初9去銀30元，平20.78兩。老和舍供平20.78244兩。

又去銀50元，平36.13兩。三共平128.865兩。【印】182

共去平113.45兩。【印】183

扣对除外在來平15.415兩。【印】184

上

支應處 照 辛[185]桂月初九日单【印】186

---

182 記內文：「新隆」。

183 印記內文：「新隆」。

184 印記內文：「新隆」。

185 辛：辛卯年，光緒十七年（一八九一）。

186 印記內文：「新隆／□□」。

（五）對賬單

55．辛十一月廿日對賬單

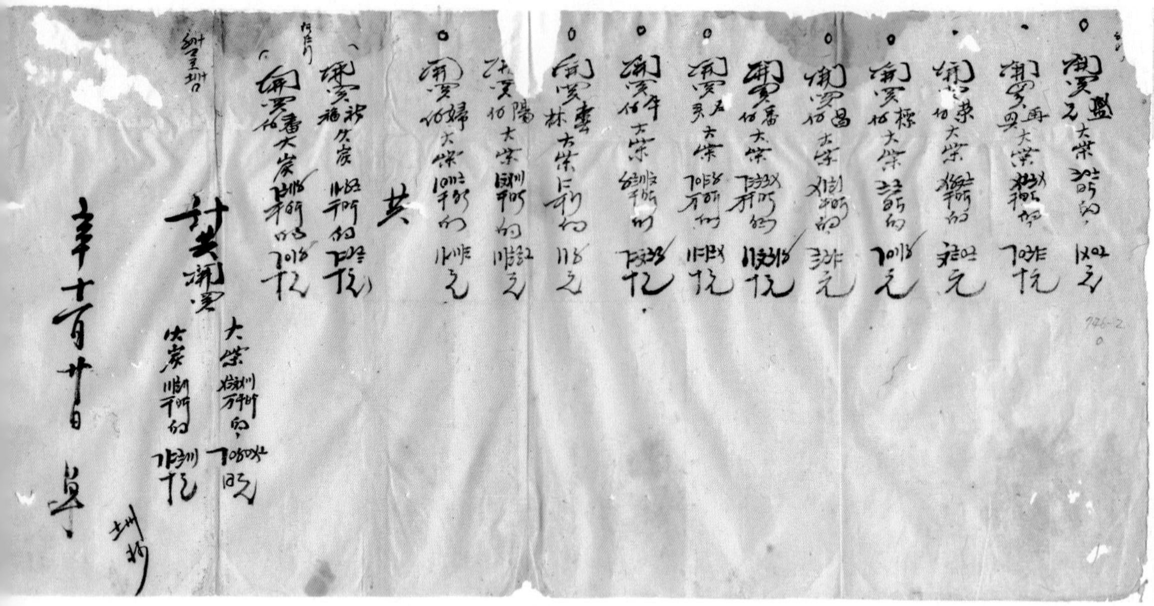

開買盛兄大柴707斤，的艮1.406元。
開買再興大柴4,674斤，的艮10.713元。
開買榮仔大柴4,597斤，的9.807元。
開買標仔大柴770斤，的1.025元。
開買昌仔大柴4,181斤，的8.712元。
開買番仔大柴1,3874斤，的29.715元。
開買石头大柴10,135斤，的22.174元。
開買庫仔大柴5,839斤，的12.978元。
開買春林大柴1,200斤，的2.5元。
開買陽仔大柴1,943斤，的3.886元。
開買婦仔大柴1,027斤，的2.133元。
共
（価170）
開買新福火炭2,157斤，的12.68元。
開買畨仔火炭1,725斤，的10.15元。
5月初10至11月20　計共開買
大柴48,943斤，的艮105.046元。
火炭3,820斤，的22.83元。
辛[187]十一月廿日単
11月30日抄

---

187 辛：辛卯年，光緒十七年（一八九一）。

（五）對賬單

56・辛卯年收支單 (1)

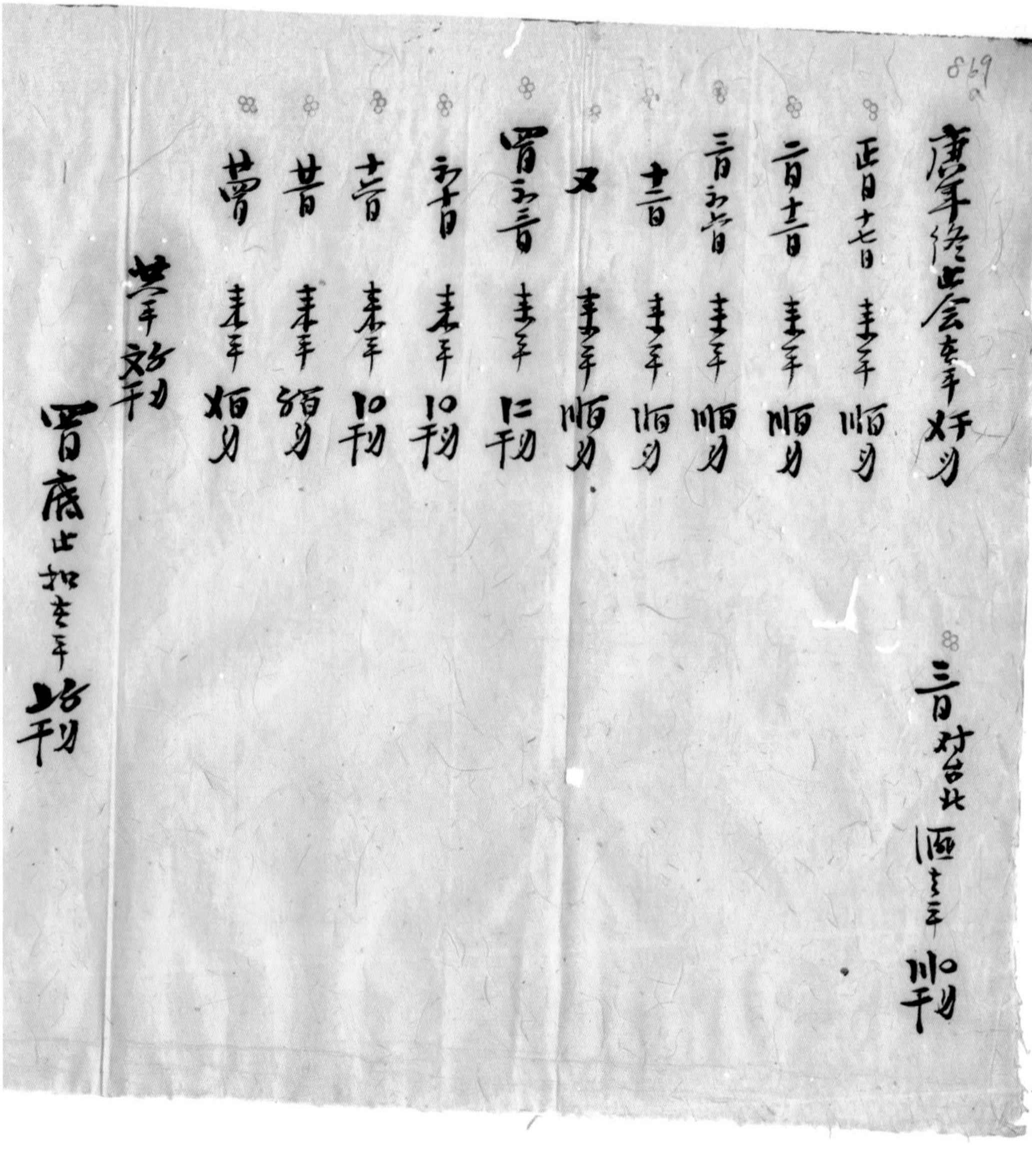

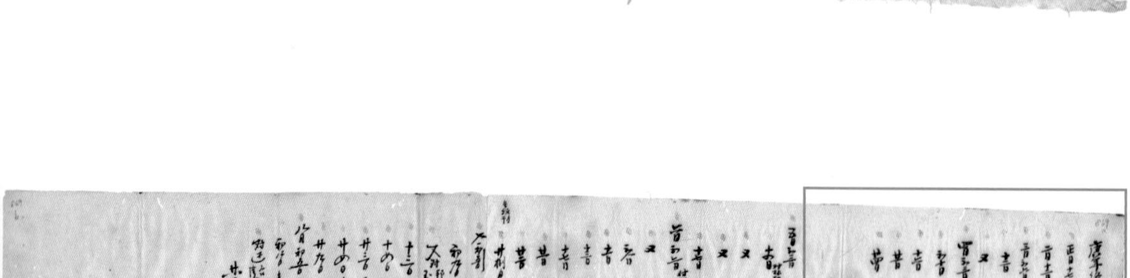

庚[188]年終止会在平4千兩。　三月对台北滙去平3,000兩。

正月十七日　來平3百兩。

二月十二日　來平3百兩。

三月初六日　來平3百兩。

十二日　來平2百兩。

又　來平3百兩。

四月初三日　來平1,200兩。

初十日　來平1,000兩。

十六日　來平1,000兩。

廿一日　來平5百兩。

廿四日　來平4百兩。

共平9,500兩。

四月底止扣在平6,500兩。

---

188 庚：庚寅年，光緒十六年（一八九〇）。

（五）對賬單

56・辛卯年收支單 (2)

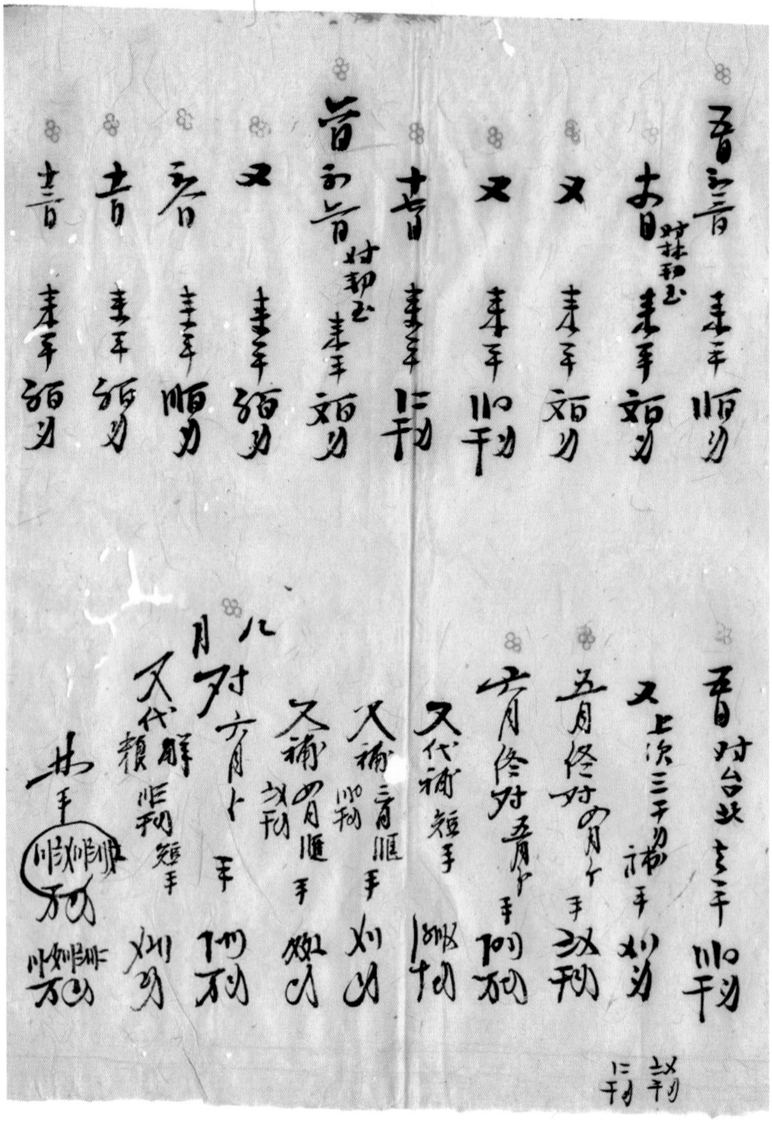

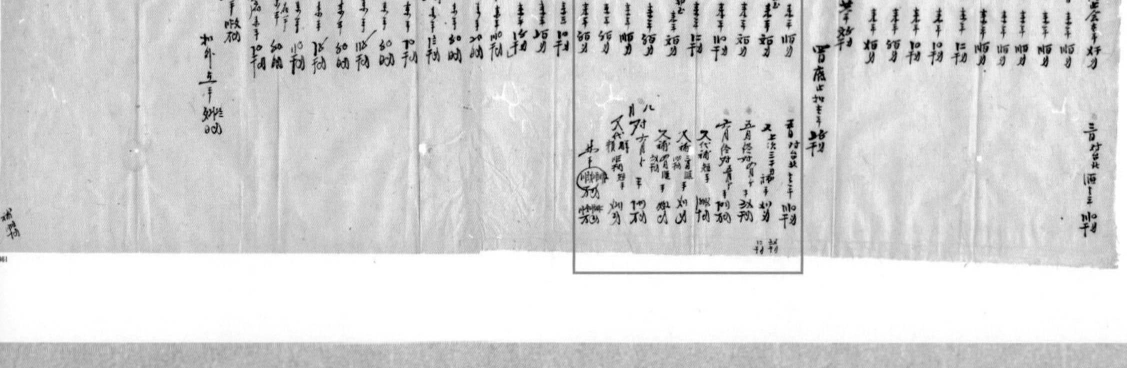

五月初三日來平2百兩。

十四日对林邦玉來平9百兩。

又來平9百兩。

又來平2,000兩。

十七日來平1,200兩。

六月初六日对邦玉來平9百兩。

又來平5百兩。

初八日來平3百兩。

十一日來平5百兩。

十三日來平5百兩。

五月 对台北 去平3,000兩。

又 上次三千兩 補平4.2兩。 7,400兩。

五月終对 四月□ 平7,400兩。 1,200兩。

六月終对 五月□ 平10,200兩。

又代補 短平 15.34兩。

又補三月滙3,000兩，平4.2兩。

又補四月滙7,400兩，平9.96兩。

八月 对 六月□ 平11,300兩。

又代 粮解 3,300兩，短平4.62兩。

共平31,938.32兩。

（五）對賬單

56・辛卯年收支單 (3)

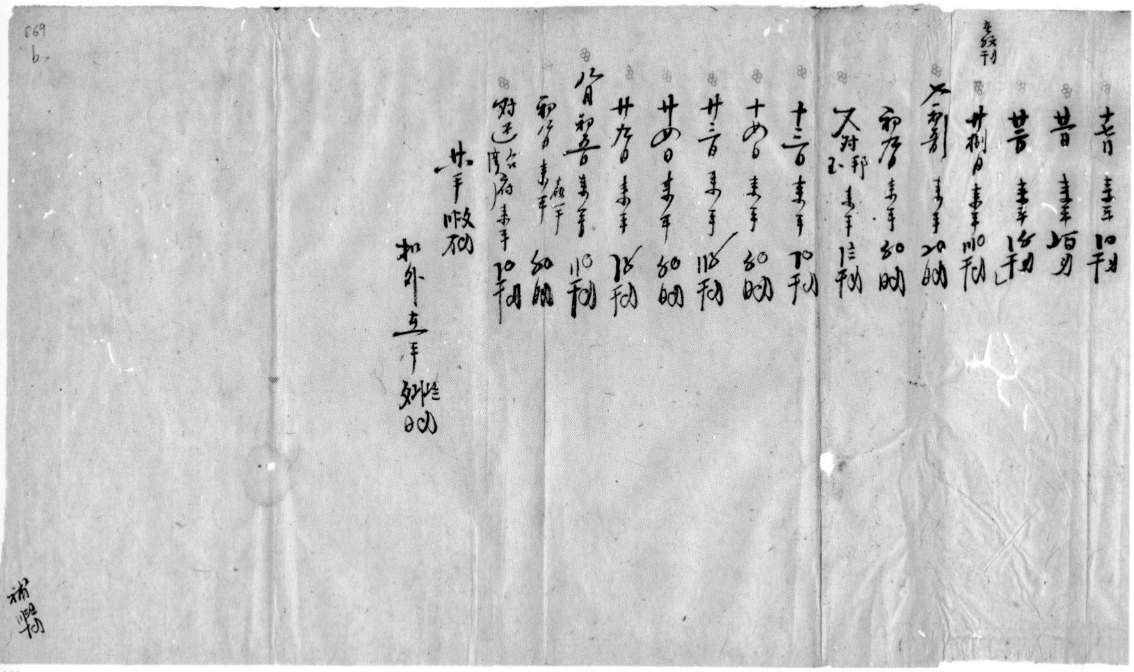

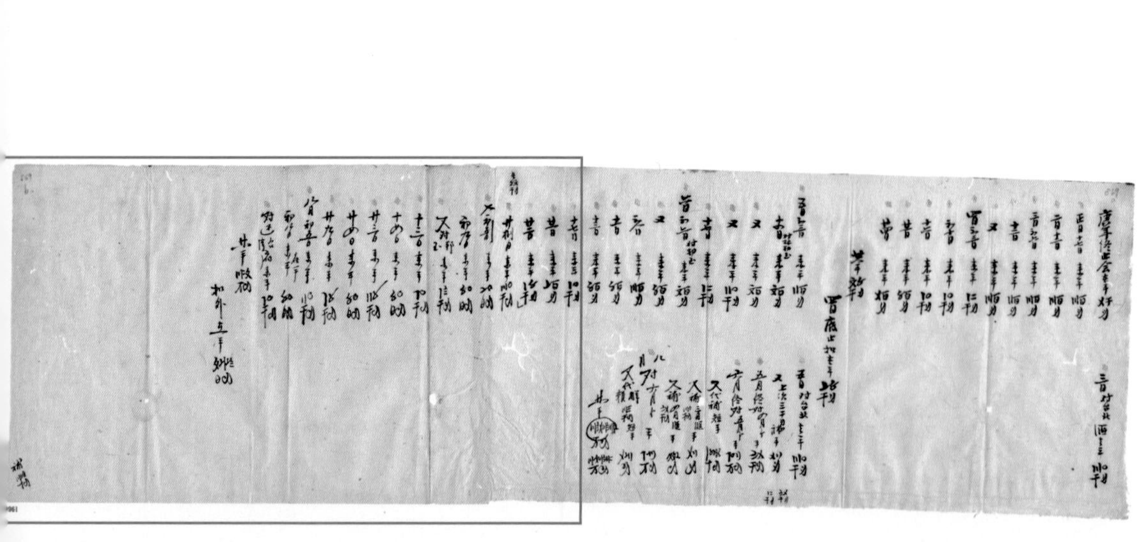

十七日來平1,000兩。
廿一日來平600兩。
廿二日來平1,500兩。
廿捌日來平3,000兩。（在5,900兩）
七月初五日來平600兩。
初九日來平500兩。
又対邦玉來平1,800兩。
十三日來平1,000兩。
十四日來平500兩。
廿三日來平2,500兩。
廿四日來平500兩。
廿九日來平1,500兩。
八月初五日來平2,000兩。（去舘一千）
初八日來平500兩。
対还台灣府來平1,000兩。
共平32,900兩。
扣外在平961.68兩。
補33.7兩。

（五）對賬單

57．收支單

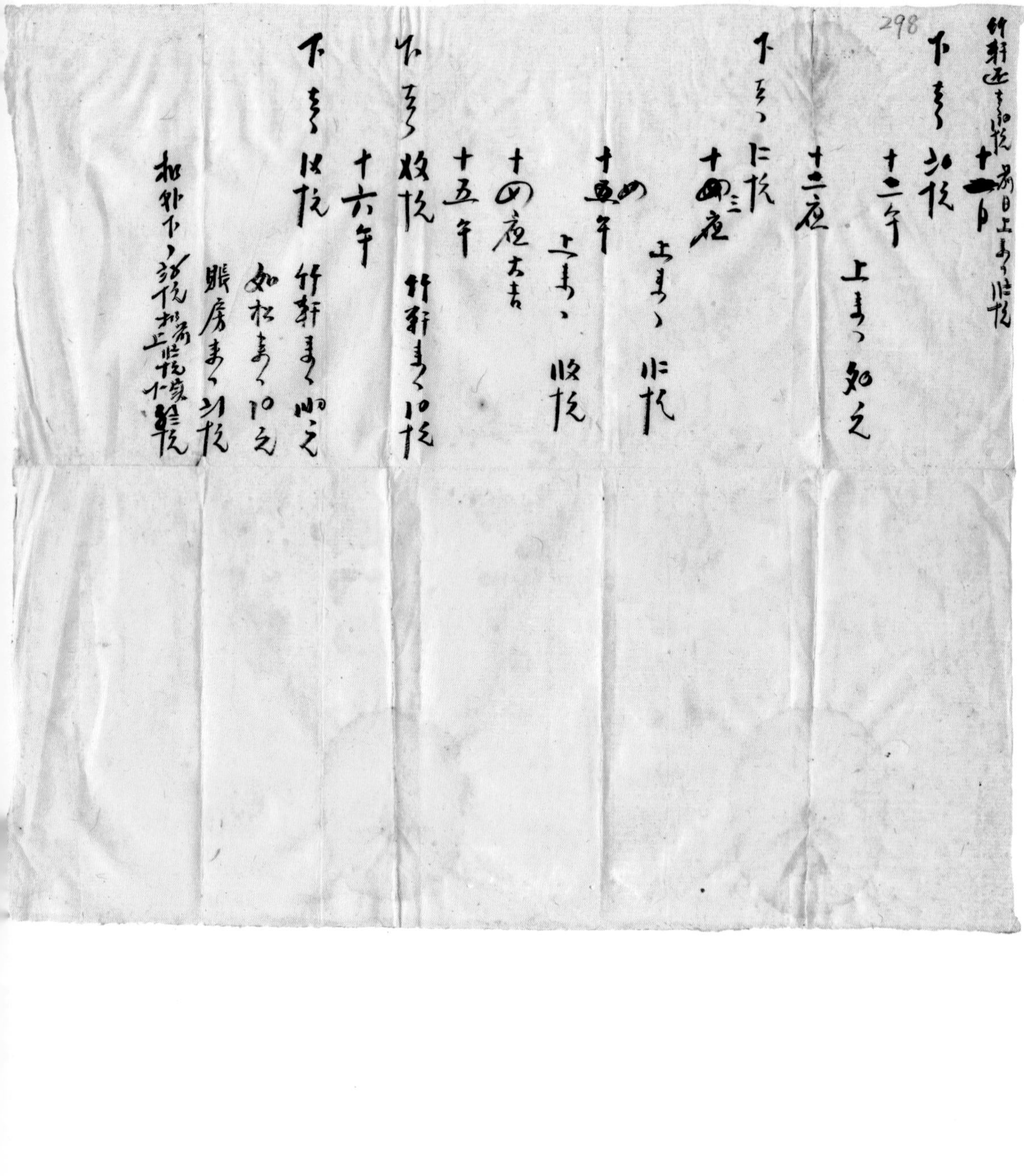

竹軒还去艮20元，前日上來艮27元。
十一日
下去艮70元。
十二午
上來艮9.0元。
十二夜
下去艮12元。
十三夜
上來艮22元。
十四午
上來艮29元。
十四夜大吉
十五午
下去艮49元　竹軒來艮10元。
十六午
下去艮14元　竹軒來艮3.0元。
如松來艮1.0元。
賬房來艮71元。
扣外下艮85元，扣前上27元，实下58元。

（五）對賬單

58・和丁報對賬單

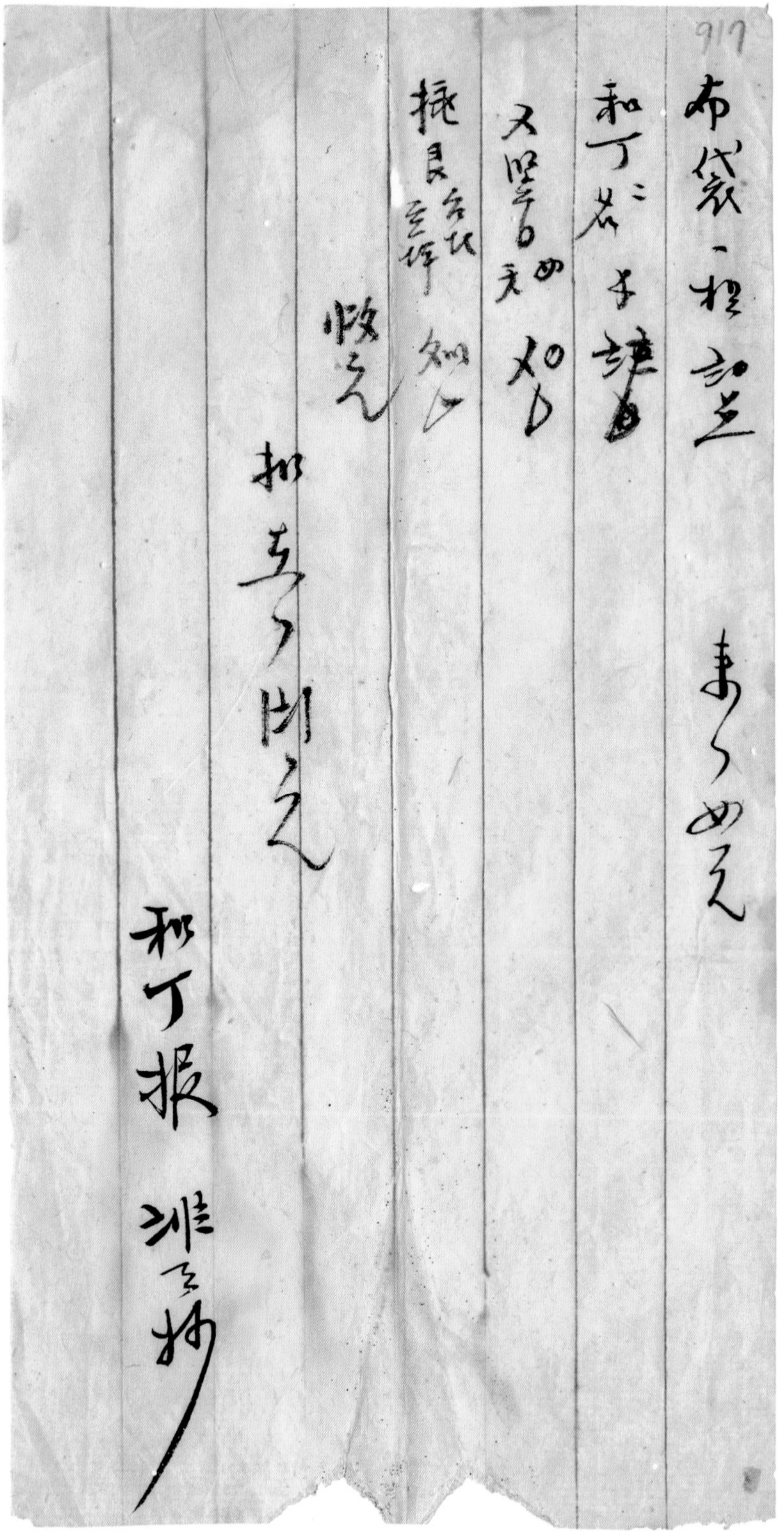

布袋一担　8.0点　來艮四元。

和丁二名8.8角。

又翌日四天4.0角。

挑艮台北至坪[189]9.3角。

2.29元。

扣去艮1.71元。

和丁报　7月28日抄

---

189 坪：阿母坪。

（五）對賬單

59・致葛竹軒對賬單

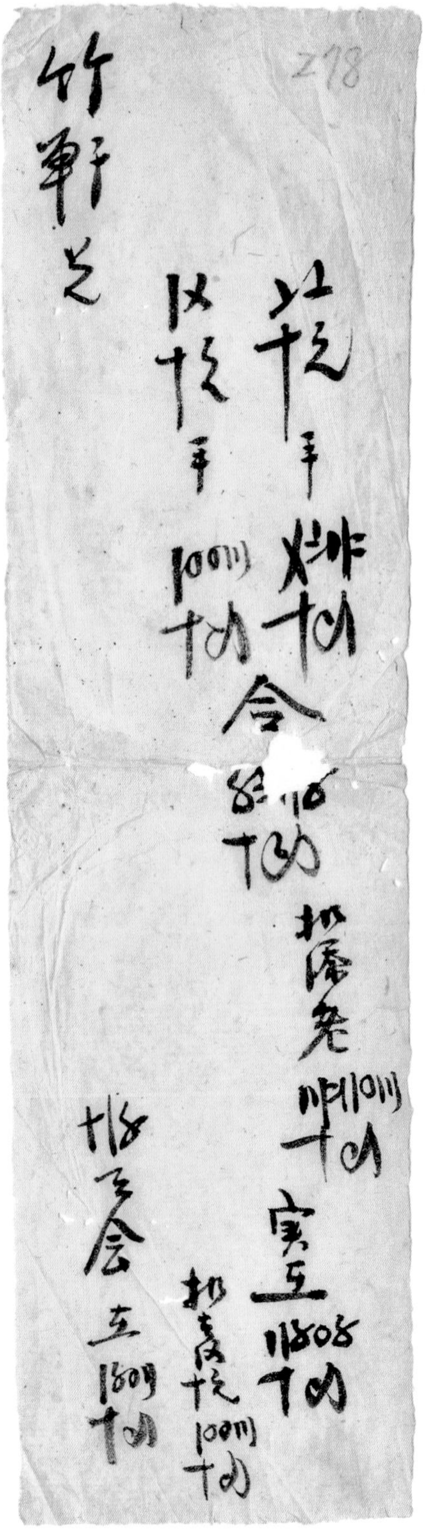

66元，平47.22兩

14元，平10.03兩

合57.25兩，扣添老32.203兩，実在25.05兩。

扣去14元，10.03兩。

10月15会在15.02兩。

竹軒兄

（五）對賬單

60・葛竹軒致萬桂兄對賬單 (1)

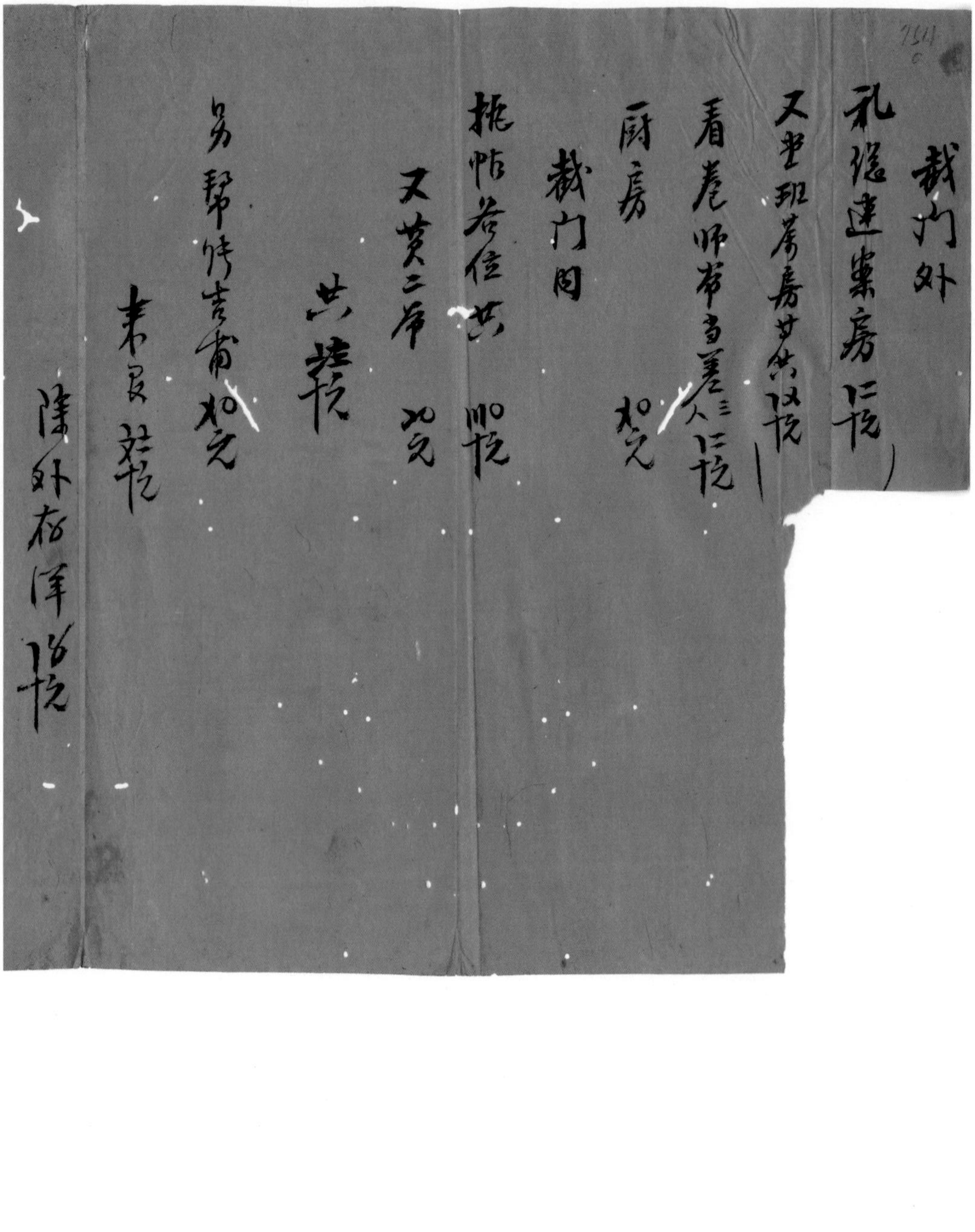

截門外

礼総連案房 12元。

又堂班、茶房[190]等共14元。

看卷师爷、当差三人 12元。

厨房 4.0元。

截門內

执帖各位共 30元。

又黃二爷 6.0元。

共78元。

另帮倀吉甫 4.0元。

來艮97元。

除外存洋15元。

190 茶房：供應茶湯的衙門雜役，有時亦擔任公務。戴炎輝，《清代臺灣之鄉治》（臺北：聯經出版事業股份有限公司，一九七九年），頁六六四。

（五）對賬單

60・葛竹軒致萬桂兄對賬單(2)

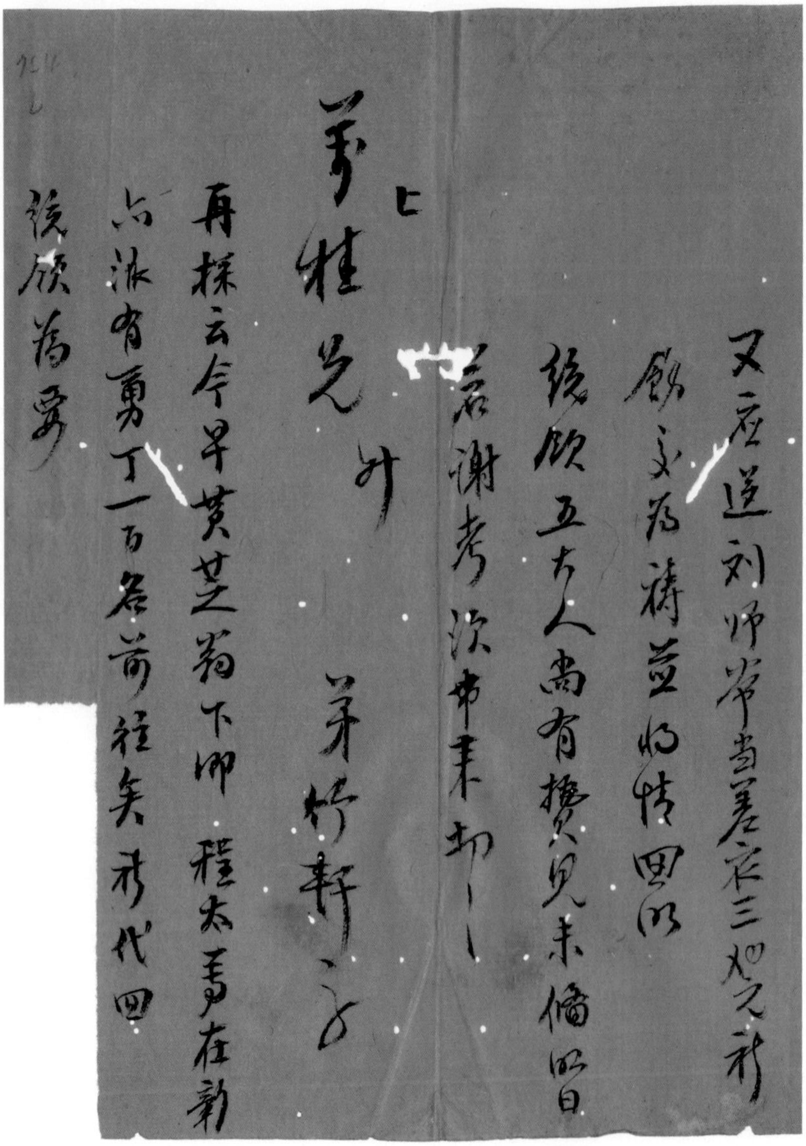
又在道刘师爷当差衣三如之新
领衣为祷並将情回明
德欣五太人遇有携见来偏昭日
启谢孝诚带来办之
弟竹轩 顿
萬桂兄 上 升
再探云今早黄芝翁下卿 程太亲在新
六派有勇丁一百名前往矣祈代回
德欣为要

又应送刘师爷[191]当差衣三4.0元，祈
飭交爲祷，並將情囬明
統領。五大人[192]尚有贄見[193]未偹，明日
若謝考，須帶來，切切。

上
萬桂兄 升　　弟 竹軒 字

再，採云：今早黃芝翁下渤 程太尊[194]：「在彰
亦派有勇丁一百名前往矣。」祈代囬
統領爲要。

191 劉師爺：劉以專。
192 五大人：林朝宗（輯堂）。
193 贄見：初次見面饋贈的禮物。
194 程太尊：疑為程起鶚。

（五）對賬單

61・壬辰桂月林隆謙號致德新結欠銀單

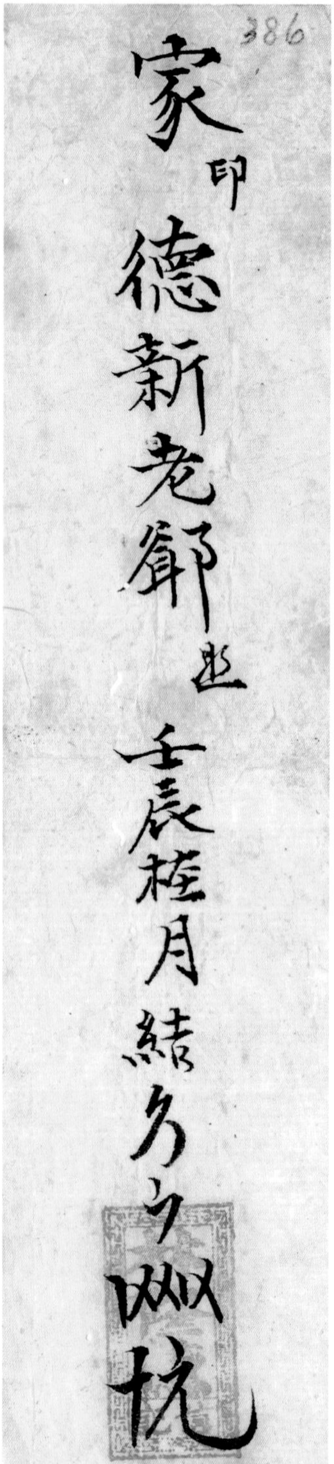
386
家印
德新老鄭[illegible]
壬辰桂月結欠[illegible]
0616

家 印 德新老爺 照 壬辰[195]桂月[196]結欠艮14.414元。【印】[197]

195 壬辰：光緒十八年。
196 桂月：農曆八月。
197 印記內文：「林隆謙／信記」。

（五）對賬單

62・林本堂仝謙利號交關條目札 (1)

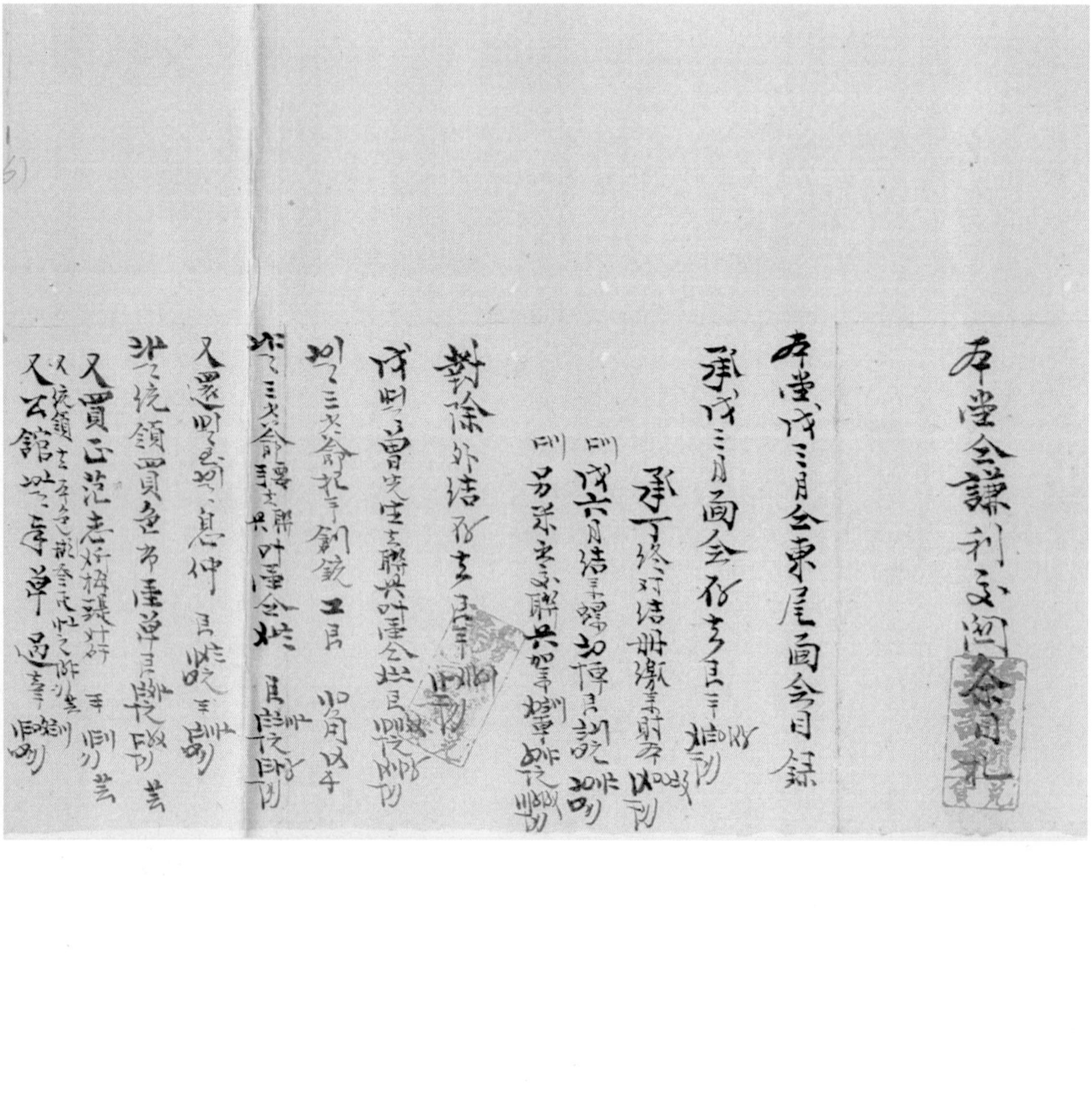

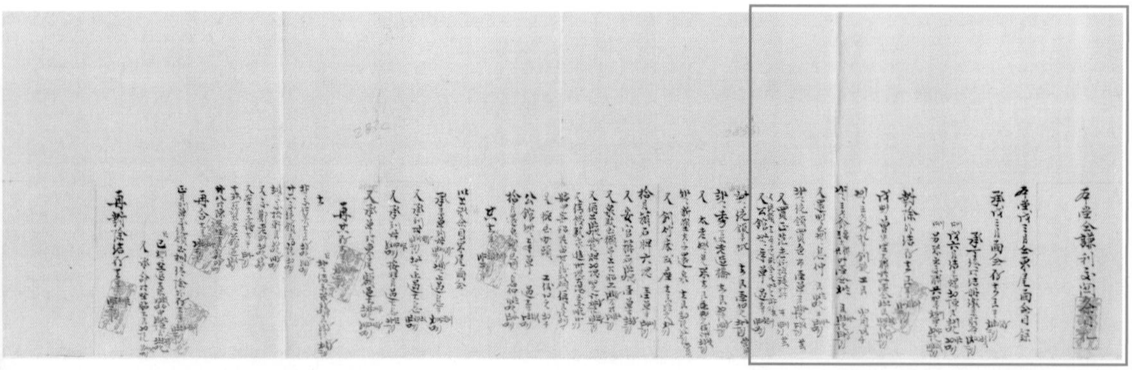

本堂仝謙利[198]交關条目札【印】[199]

本堂戊三月仝東尾百会目錄

承戊三月百会存去艮平4,180.145兩。

承丁終对結冊繳來財本1,400.79兩。

123[200]戊六月結早螺[201]70車，艮861元，602.7兩。

123另米出交聯兴加來4.083車，50.22元，35.154兩。

對除外結存去艮平2,141.561兩。【印】[202]

戊2月21曾先生去聯兴叶壹仝477，艮20.294元，14.205兩。

6月1 三少爺[203]把手創銃工艮2.0角1.4錢。

6月12 三少爺要手去聯兴叶壹仝468，艮18.736元，13.115兩。

又還2月初1至6月1息仲，艮248元，平173.6兩。

7月16統領買色布壹单，艮17.916元，12.54兩。芸[204]

又買正范志4斤梅踶40斫，平2.32兩。芸

又統領去本色□叁□2.16元，1.512兩。芸

又公舘6月6奉单過去，平230.983兩。

---

198 謙利：位在梧棲的商號。許雪姬，《龍井林家的歷史》（臺北：中央研究院近代史研究所，一九九〇年），頁一〇六。

199 印記內文：「新謙利／兑貨」。

200 指每車螺米十二．三元。

201 螺：螺米，早季所收之米穀。

202 印記內文：「新謙利／兑貨」。

203 三少爺：林朝選（紹堂）。

204 芸：疑指芸圃，林文察的後代為紀念文察而成立之公業。

（五）對賬單

62・林本堂仝謙利號交關條目札 (2)

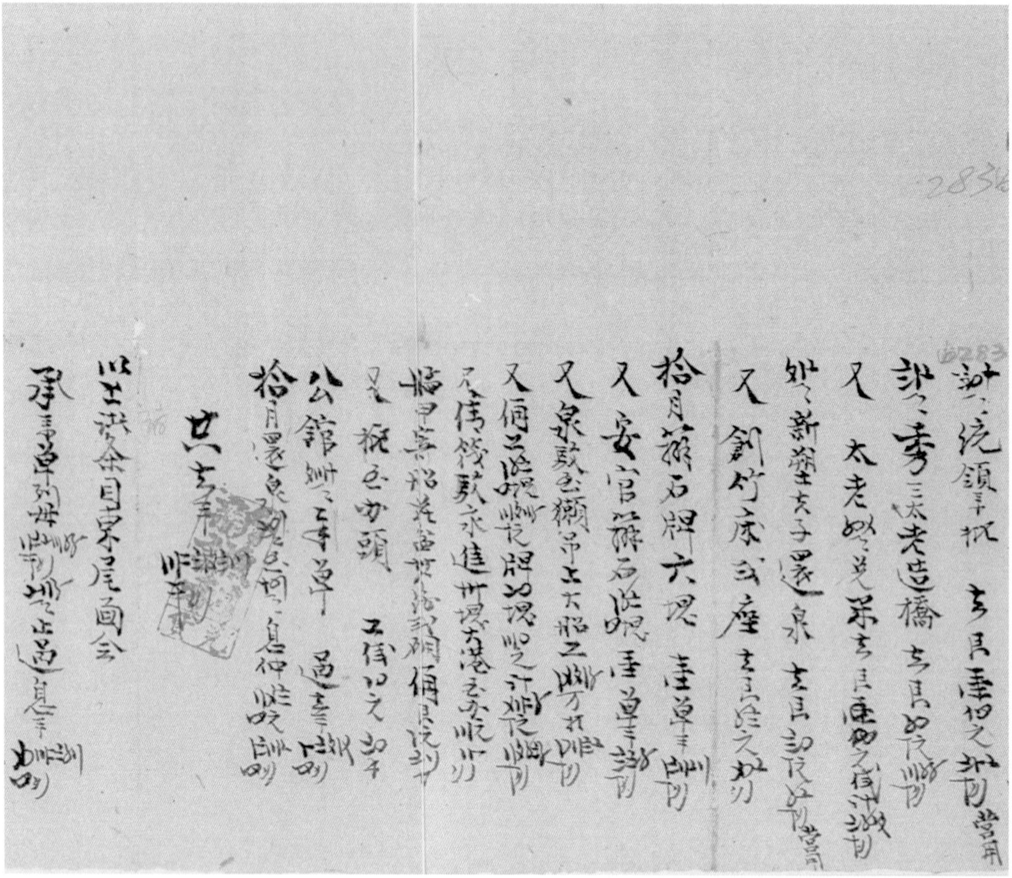

8月10統領手批，去艮壹佰元，71.16兩。营用

8月16秀三太老造橋，去艮50元，平35.5兩。

又 太老5月4兑米，去艮元伐計75.69兩。

9月16新塑夫子還泉，去艮80元，56兩。营用

又創竹床弍座，去艮5.8元，4.06兩。

拾月辦石牌六塊壹单，平17.262兩。

又安官辦石157塊壹单，平87.5兩。

又泉[205]駁至獺[206]吊上大船工1.4915萬，折16.286兩。

又俌工157塊，39.25元，牌6.0塊，3.0元，計42.25元，29.575兩。

又倩筏駁二水進卅塊大港至办，3元，2.1兩。

艋甲寄船花盆卅个，汝弍硼俌艮1元，7.2錢。

又挑至办頭[207]，工伐1.0元，7.0錢。

公館9月30奉单，過去平117.914兩。

拾月還泉7月1至10月1，息仲248元，173.6兩。

共去平3,271.983兩。【印】[208]

以上諸条目東尾面会

承來单列母2,763.55兩，6月25止過息，平403.2752兩。

---

205 泉：泉州。

206 獺：獺窟。

207 办頭：疑指汴仔頭。位於臺中大肚車站以西約三公里處，面臨大肚溪，清末時為貨物集散地，可利用船舶往來沿海各處。參見蔡懋棠，〈簡介清季臺灣樟腦業概況〉，《臺灣風物》，第三十卷第二期（一九八〇年六月），頁七四。

208 印記內文：「新謙利／兑貨」。

（五）對賬單

62・林本堂仝謙利號交關條目札 (3)

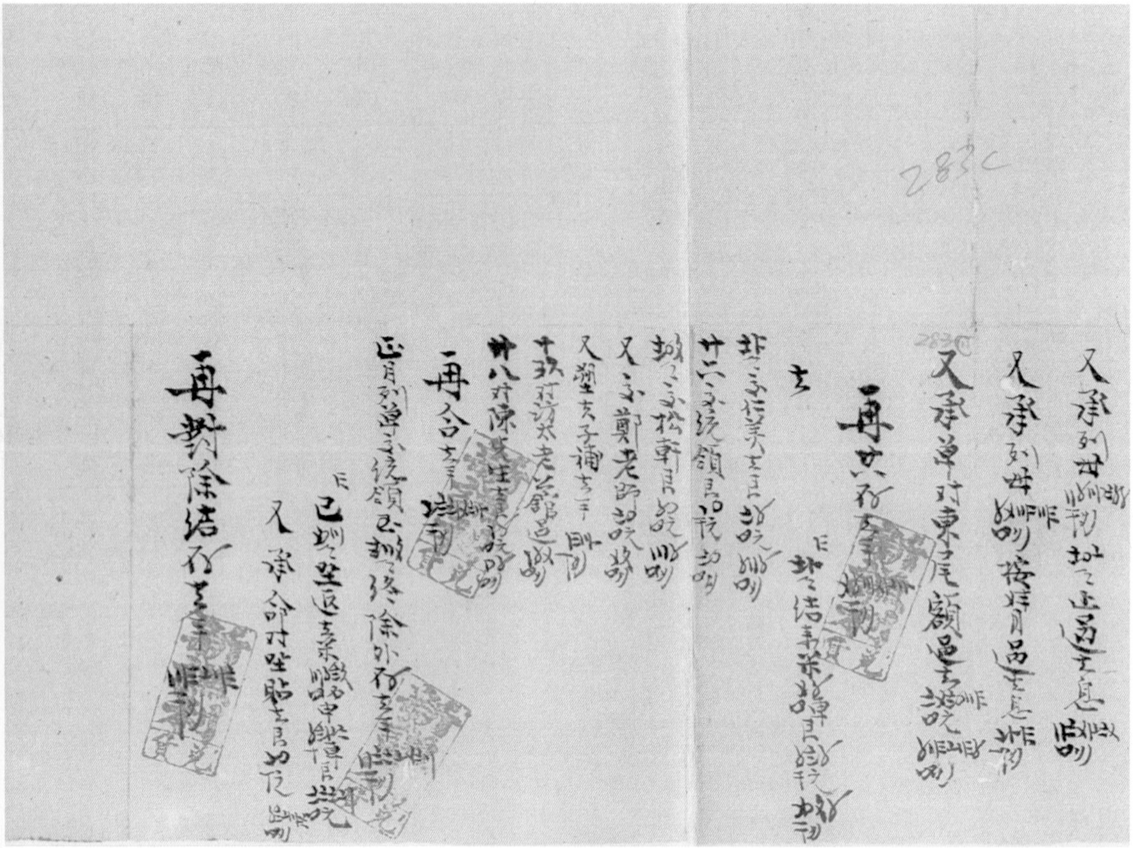

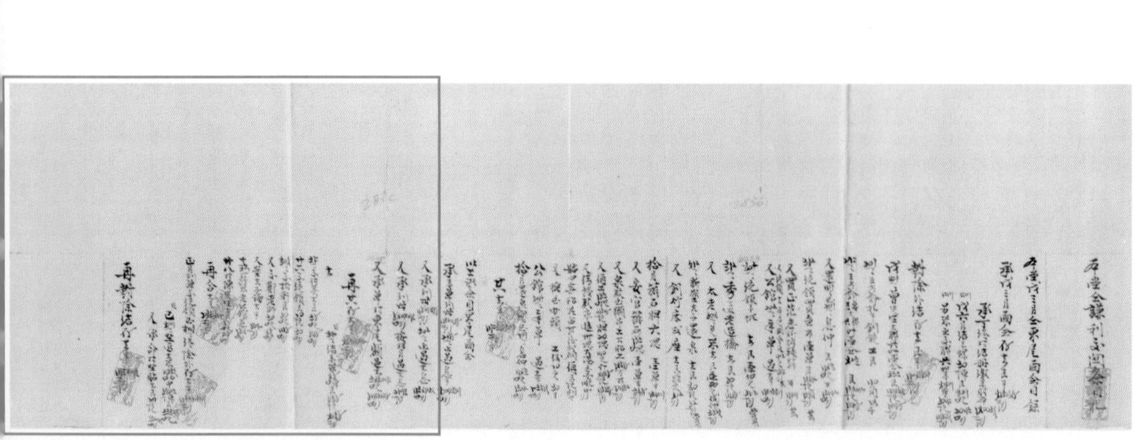

又承列母2,530.兩，11月6止過去息274.1兩。

又承列母543.233兩，按4月半過去息61.113兩。

又承单对東尾額過去748.033元，523.6235兩。

再共存去平4,534.1621兩。【印】[209]

去

13 11月11結來米450車，艮5,850元，4,095兩。

11月12交仁美去艮750元，525兩。

廿六交統領艮1,000元，700兩。

12月9交松軒艮500元，350兩。

又交鄭老師700元，490兩。

又塑夫子補去平13.31兩。

十玖对訪太老公館過154兩。

廿八对陳先生去艮150元，105兩。

再合去平6,871.4721兩。【印】[210]

正月列单交統領至12月29終除外存去平2,776.172兩。【印】[211]

13 己4月3坐返去米358.9石，申58.167車，艮777.61元。

又承命对坐貼去艮60元，58.6327兩。

再對除結存去平3,362.8兩。【印】[212]

---

209 印記內文：「新謙利／兑貨」。

210 印記內文：「新謙利／兑貨」。

211 印記內文：「新謙利／兑貨」。

212 印記內文：「新謙利／兑貨」。

（五）對賬單

63・林朝北還銀明細

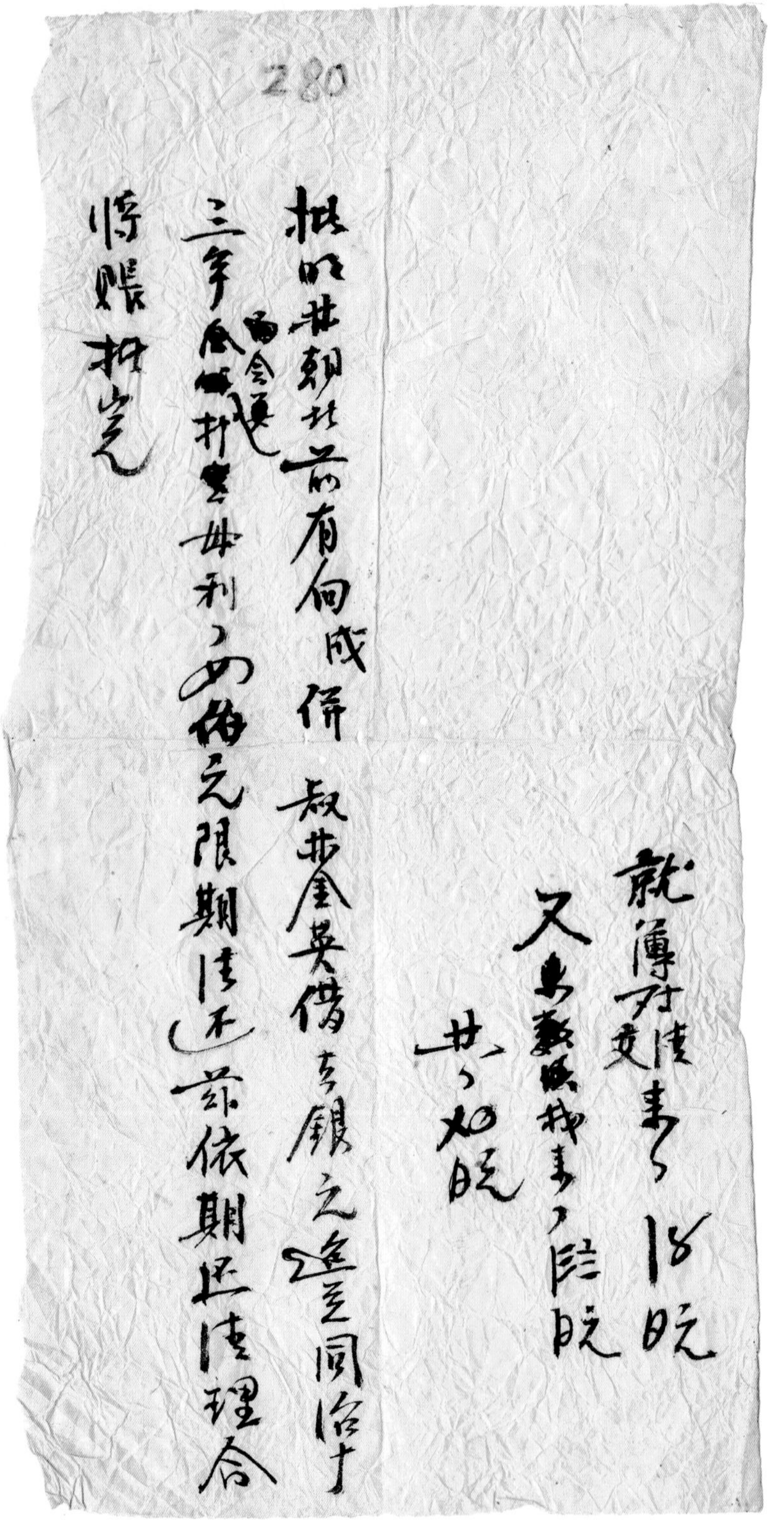
280

批明林朝北前有向成併叔林金英借去銀之逢同治十三年〔西合頭〕[illegible]折[illegible]母利〻一[illegible]元限期清不逆，節依期還清，理合將賬批完

就簿對清，去〻18員
又來數銀柳去〻[illegible]員
共〻[illegible]員

就簿対交清來艮150元。

又找來艮138元。

共艮400元。

批明：林朝北前有向成併叔林金英借去銀元，迨至同治十三年会折母利艮四佰元，限期清还，兹依期还清，理合將賬抵完。

（五）對賬單

64・致陳田收支單

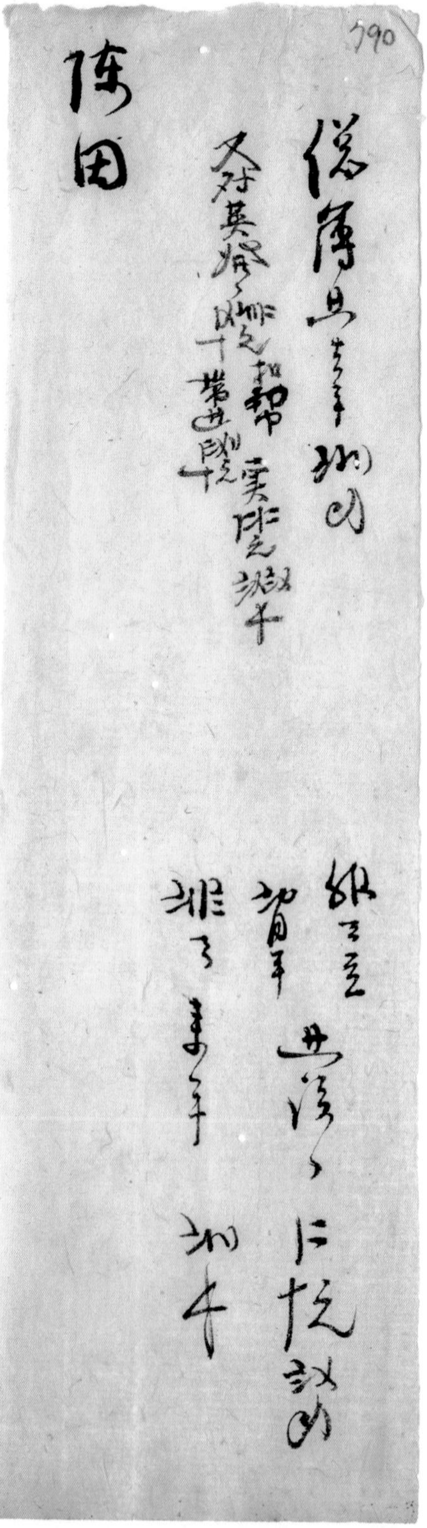
790
陳田

総簿共去平7.62兩。

又対英発艮14.632元，扣帮帶过13.42元，实1.212元8.484錢。

陳田

5月16至7月半共該艮12元，8.4兩。

7月28來平7.12錢。

（六）買物單

65・辛卯年捌月廿六日林本堂致發利號訂貨單

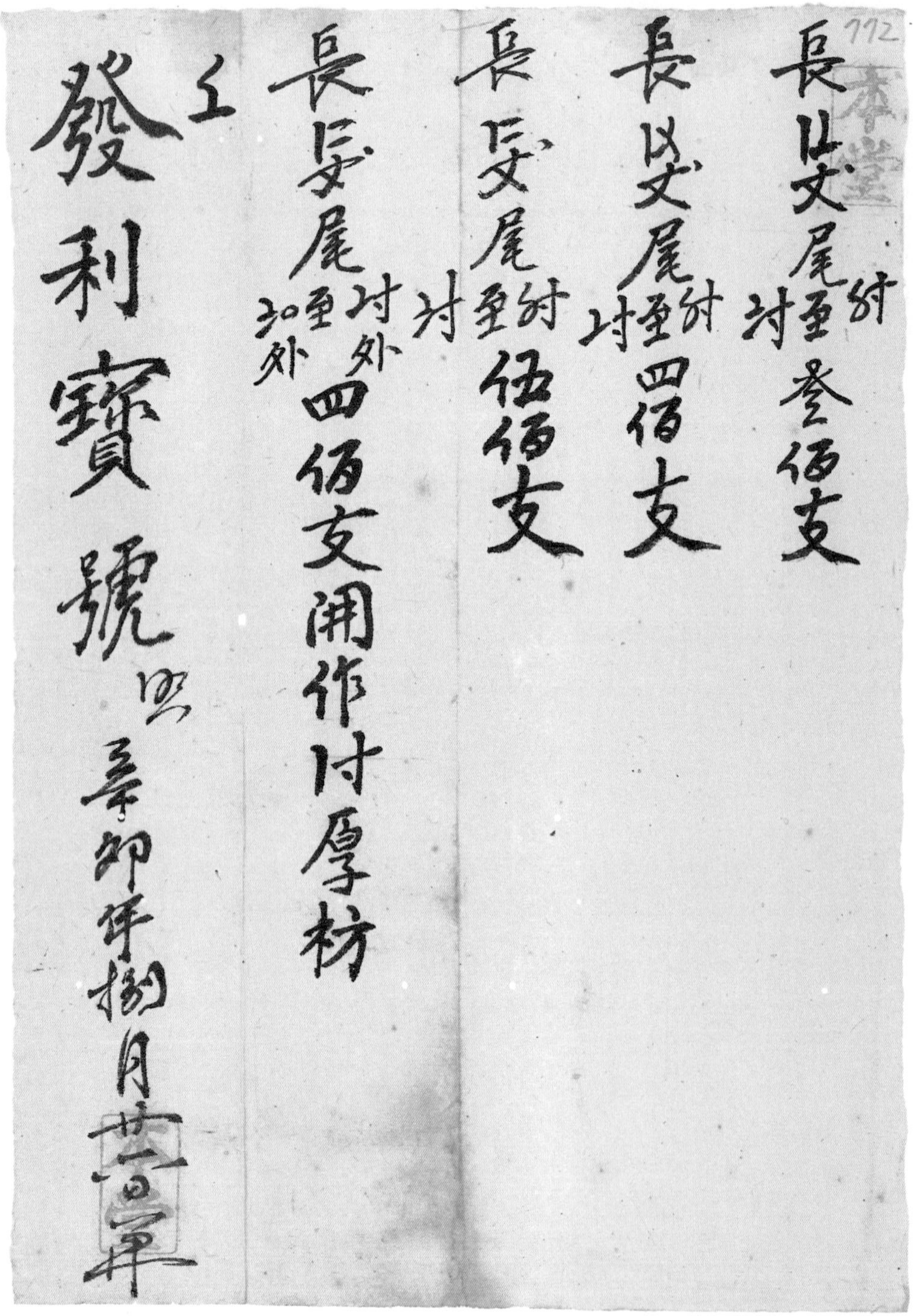

長廿丈尾〥寸至〤寸叁佰支

長廿丈尾〥寸至〤寸四佰支

長廿丈尾〥寸至〤寸伍佰支

長廿丈尾〤寸外至〢〇外四佰支用作付厚枋

上

發利寶號 照

辛卯年捌月廿六日單

【印】[213]
長1.6丈，尾5寸至7寸，叁佰支。
長1.4丈，尾5寸至6寸，四佰支。
長1.2丈，尾5寸至7寸，伍佰支。
長1.2丈，尾6寸外至7.0外，四佰支開作1寸厚枋。

上

發利寶號　照

辛卯年[214]捌月廿六日单【印】[215]

213 印記內文：「本堂」。
214 辛卯年：光緒十七年（一八九一）。
215 印記內文：「本堂」。

（六）買物單

66・納月廿七阿鳳兄買白皮單

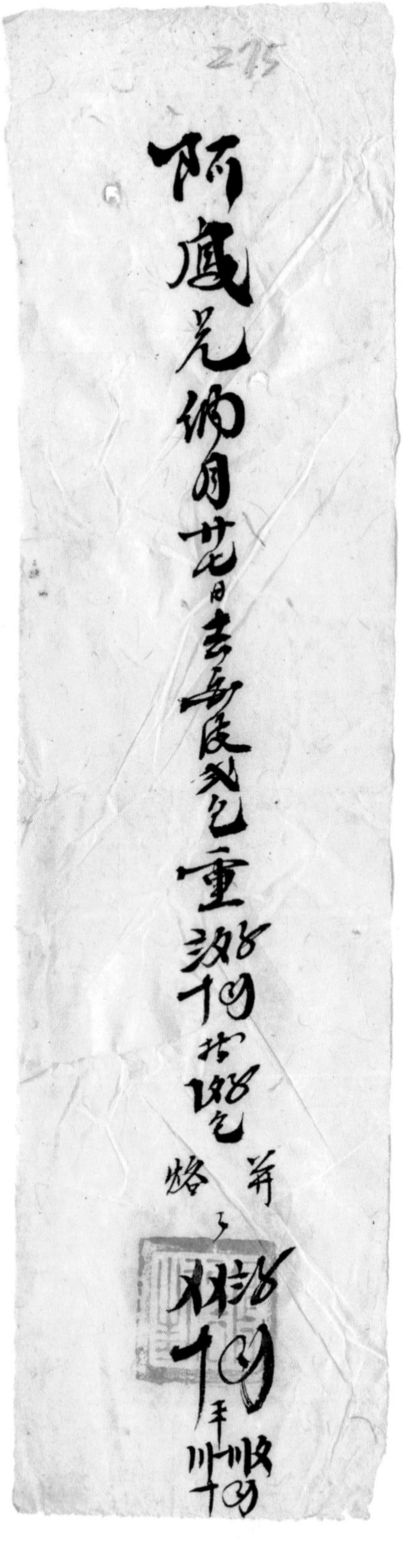

阿鳳兄[216]納月[217]廿七日去白皮[128]弍包，重89.5兩，折1.95包，并烙艮44.85兩【印】[219]，平31.39兩。

216 阿鳳兄：林良鳳。
217 納月：農曆十二月。
218 白皮：鴉片的一種，西印度麻窪產鴉片。徐中約，《中國近代史》，第一卷，頁一六六。
219 印記內文：「護封」。

（六）買物單

67・納月廿七阿鳳兄買白皮及去銀單

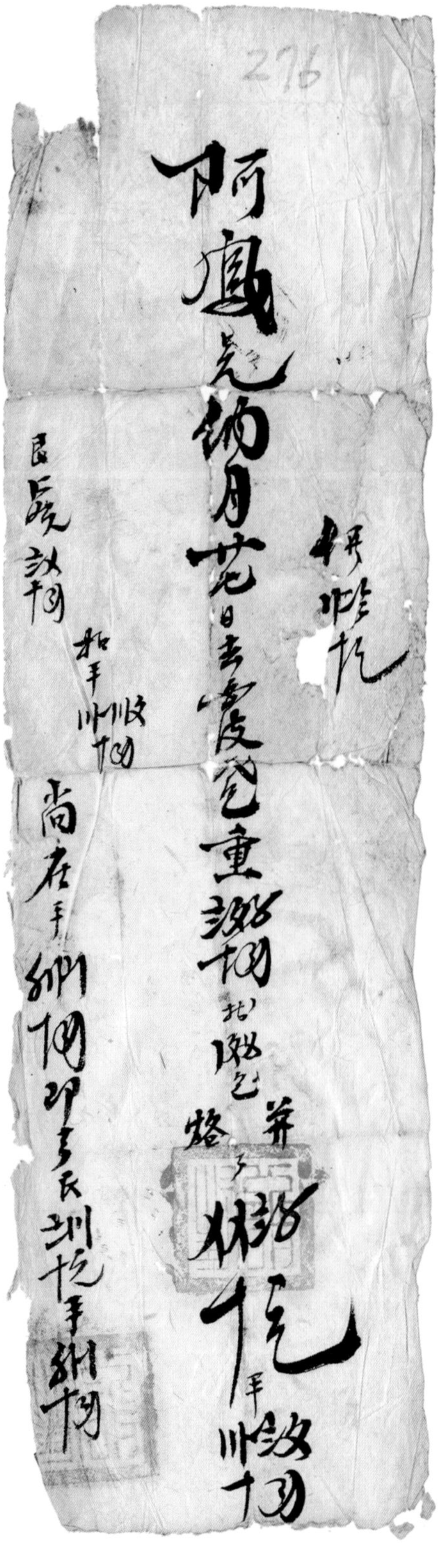

価22.8元

阿鳳兄。納月廿七日去白皮弍包，重89.5兩，折1.95包，并烙良44.85元【印】[220]，平31.89兩。

良120元，84兩，扣平31.39兩，尚在平52.61兩，即去良73元，平51.11兩【印】[221]。

220 印記內文：「護封」。

221 印記內文：「護封」。

（六八）買物單

68・林良鳳買物去銀單

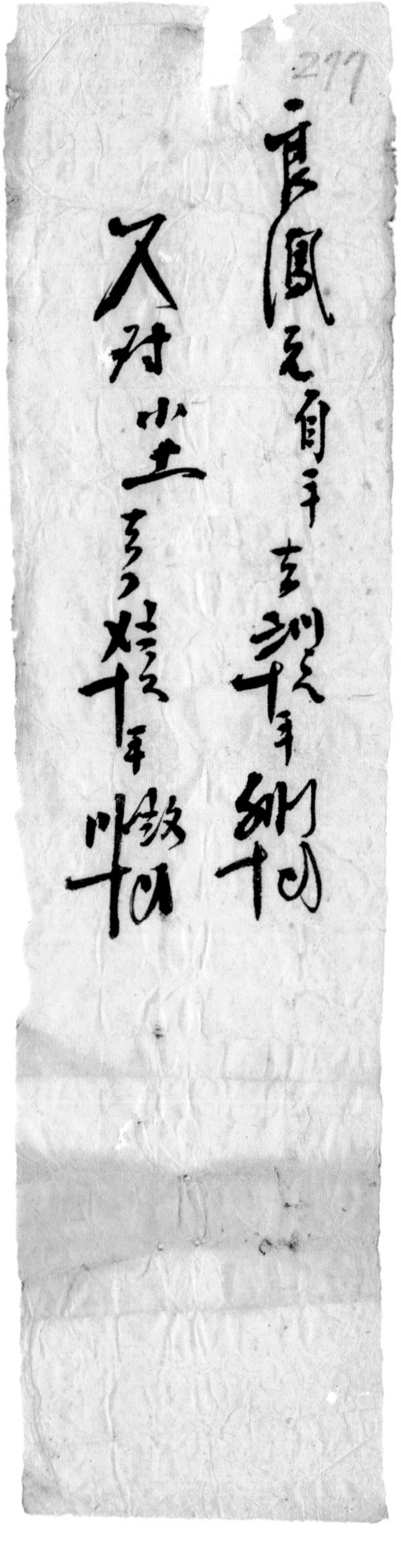

良鳳兄自手去73元，平52.11兩。

又对小土[222]去艮47元，平31.89兩。

222 小土：鴉片的一種。

（六）買物單

69・黃承乙寄買件清單

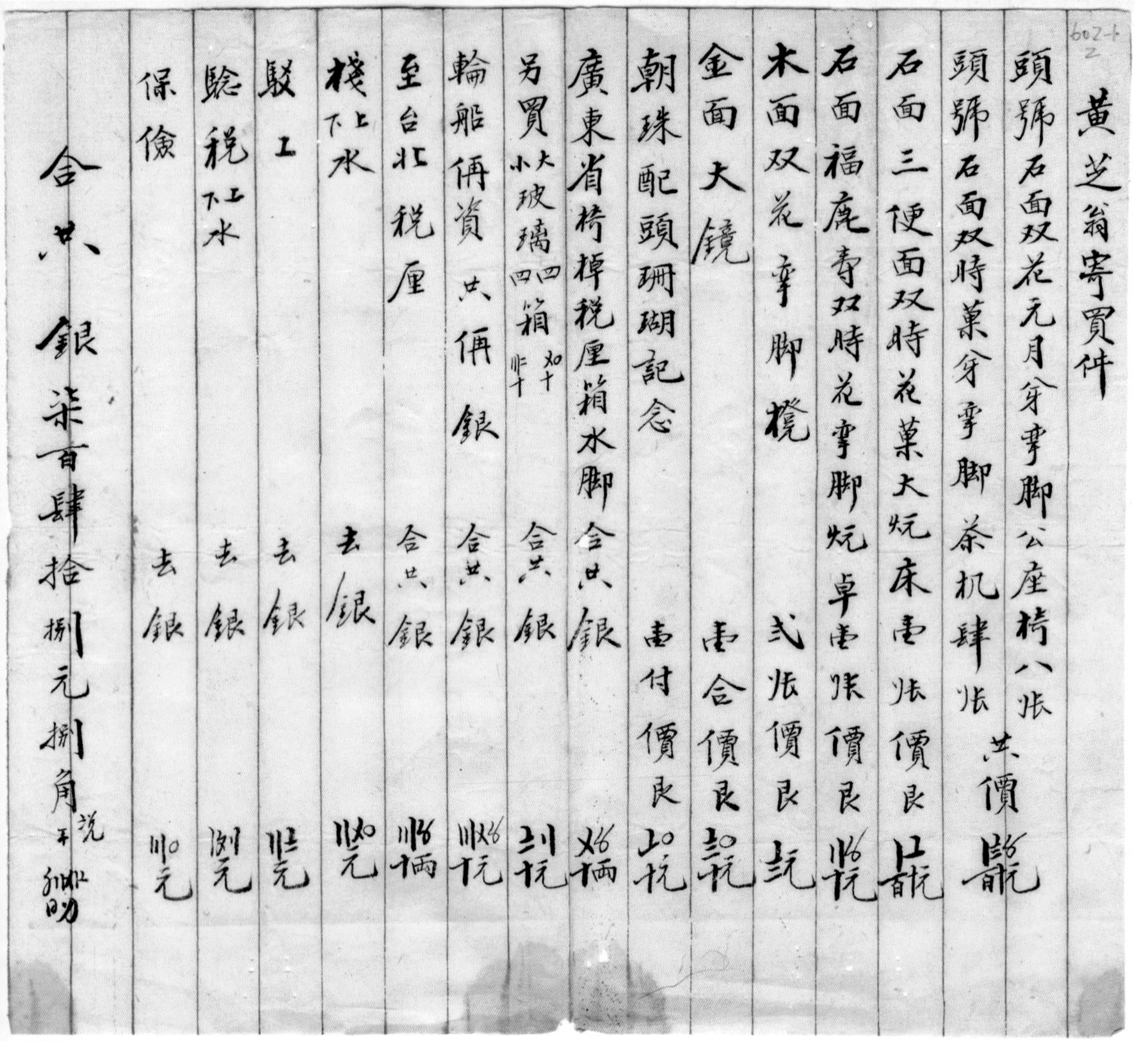
黃芝翁寄買件
頭號石面双花元月牙彎脚公座椅八張　共價[illegible]
頭號石面双時菓牙彎脚茶机肆張
石面三便面双時花菓大炕床壹張　價良[illegible]
石面福鹿壽双時花彎脚炕卓壹張　價良[illegible]
木面双花彎脚櫈弍張　價良[illegible]
金面大鏡　壹合　價良[illegible]
朝珠配頭珊瑚記念　壹付　價良[illegible]
廣東省椅棹稅厘箱水脚合共銀[illegible]
另買大小玻璃四四箱[illegible]　合共銀[illegible]
輪船俩資共俩銀　合共銀[illegible]
至台北稅厘　合共銀[illegible]
棧上下水　去銀[illegible]
駁工　去銀[illegible]
驗稅上下水　去銀[illegible]
保險　去銀[illegible]
合共銀柒百肆拾捌元捌角[illegible]

0877

黃芝翁[223]寄買件[224]

頭號石面双花元月入牙攣脚公座椅八脹
頭號石面双時菓入牙攣脚茶机　肆脹　共價185元。
石面三便面双時花菓大炕床　壹脹　價艮160元。
石面福鹿寿双時花攣脚炕卓[225]　壹脹　價艮25元。
木面双花攣脚櫈　弍脹　價艮8元。
金面大鏡　壹合　價艮80元。
朝珠配頭珊瑚記念　壹付　價艮60元。
廣東省椅棹稅厘箱水脚　合共銀45兩。
另買大小玻璃四四箱 32 40　合共銀72元。
輪船俩資共俩銀　合共銀34.5元。
至台北稅厘　合共銀35兩。
棧上下水　去銀2.40元。
駁工　去銀2.7元。
驗稅上下水　去銀1.92元。
保儉〔險〕　去銀3.0元。

合共銀柒百肆拾捌元捌角　七兑平524.16兩。

223 黃芝翁：黃承乙。

224 光緒十八年農曆三月二日晚劉以專致林拱辰函中提及「黃公托三大人買物，約計五百兩」，所買可能即為此單內之物品。參見黃富三等解讀，何鳳嬌、林正慧、吳俊瑩編輯，《霧峰林家文書集：墾務．腦務．林務》，頁一四〇—一四一。

225 炕卓：放在炕上使用的小桌子。周定一主編，《紅樓夢語言詞典》（北京：商務印書館，一九九五年），頁四七七。

（六）買物單

70・代黃承乙購買物件清單

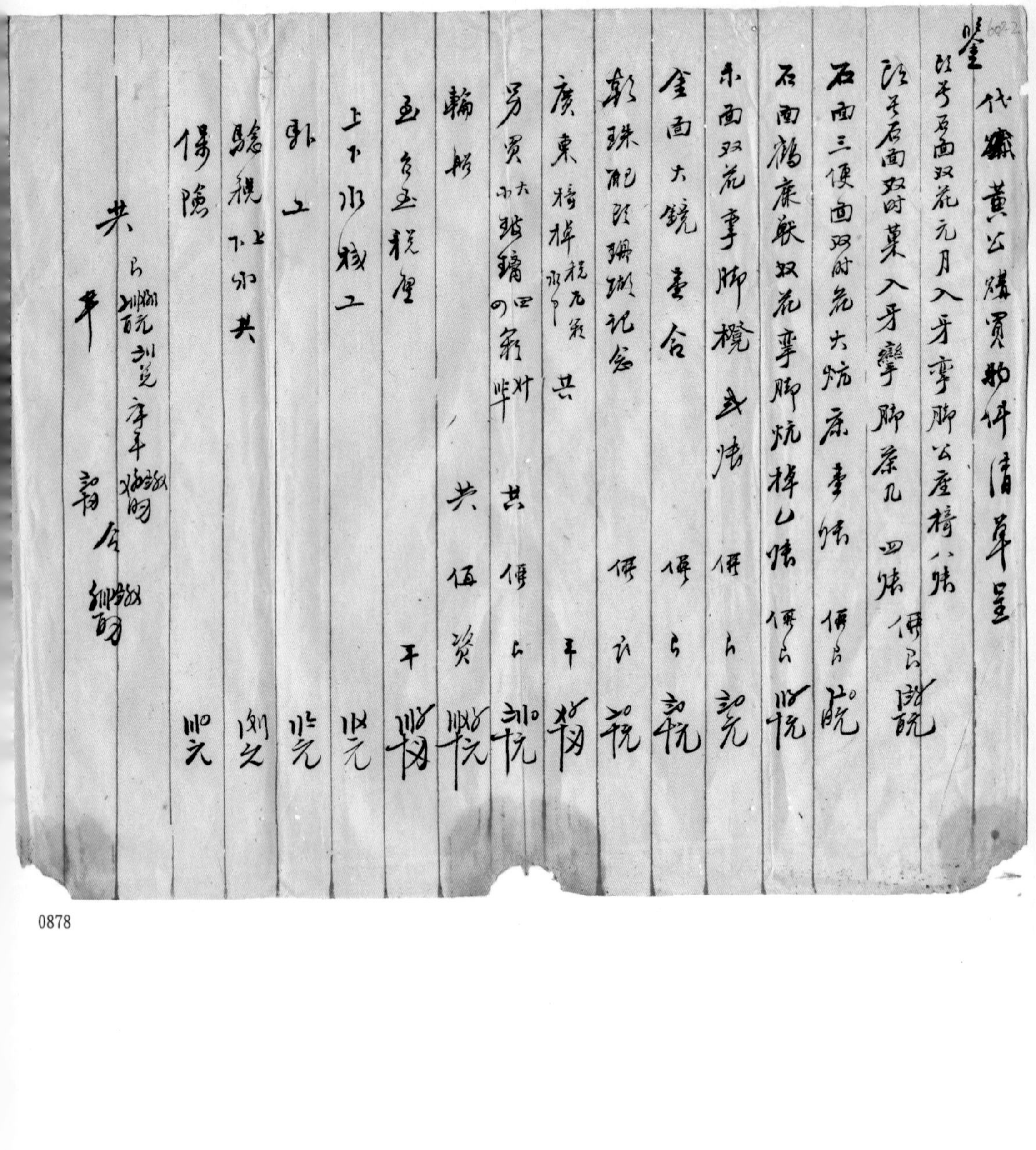

代辦黃公館買物件清單呈

紅木石面双花元月入牙亭脚公座椅八張 價

紅木石面双耐菓入牙攣脚茶几四張 價

石面三便面双耐花大炕床壹張 價

石面鶴康杌双花亭脚炕椅四張 價

東面双花亭脚欖式張 價

全面大鏡壹合 價

彩珠配紅珊瑚記盒 價

廣東椅梓 共

另買大小玻璃四彩 共 價

輪船 共價資

五色玉税單

上下水棧工

駁工

驗税上下水共

保險

共 平

0878

代黃公購買物件清单呈

鑒

頭号石面双花元月入牙彎脚公座椅八張　価艮185元。

頭号石面双时菓入牙彎脚茶几　四張

石面三便面双时花大炕床　壹張　価艮160元。

石面鶴鹿獸双花彎脚炕棹　乙張　価艮25元。

木面双花彎脚櫈　弍張　価艮8.0元。

金面大鏡　壹合　価艮80元。

朝珠配頭珊瑚記念　価艮60元。

廣東椅棹 稅厘箱 水卩 共　平45兩。

另買 大 小 玻璃 四 四 箱 40 32　共価艮72.0元。

輪船　共俤資34.5元。

至台至〔北〕稅厘　平35兩。

上下水棧工　2.4元。

駁工　2.7元。

驗稅 上 下 水共　1.92元。

保險　3.0元。

共　艮634.52元，七二兌庫平456.854兩　平80兩　合536.854兩。

（六）買物單

71・省垣工程支應處開黃肉枋及工銀單

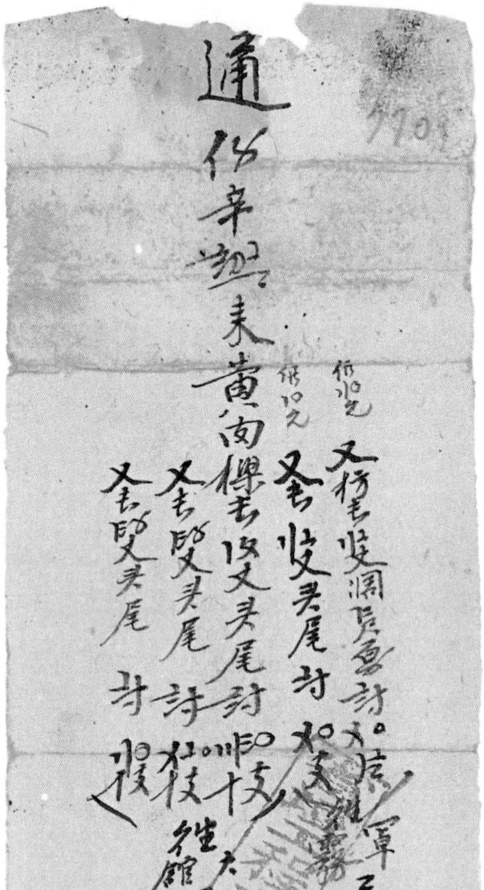

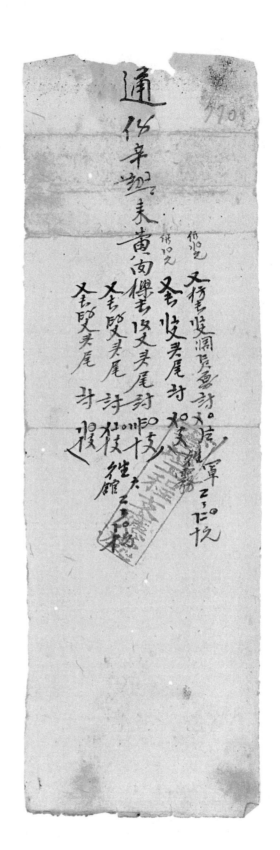

価2.0元 又枋長2.6丈、濶1.2尺、厚8寸，4.0片。
価1.0元 又長2.6丈、头尾7寸，4.0支。
（往罩霧工艮12.0元。）

通仔辛[226] 8月初6來黃肉樑[227]長1.9丈、头尾8寸，33.0支。
又長1.35丈，头尾8寸，46.0支。
又長1.35丈，头尾7寸，20支
（往大舘工艮10錢。【印】[228]）

226 辛：辛卯年，光緒十七年（一八九一）。

227 黃肉樑：即黃肉枋，是黃肉樹裁切而成之枋。

228 印記內文：「省垣工程支應處」。此省垣工程，應指光緒十六年起在橋孜圖（今臺中市）的省垣工程。

（六）買物單

72・十二月初一抄蓋厝買物支銀單

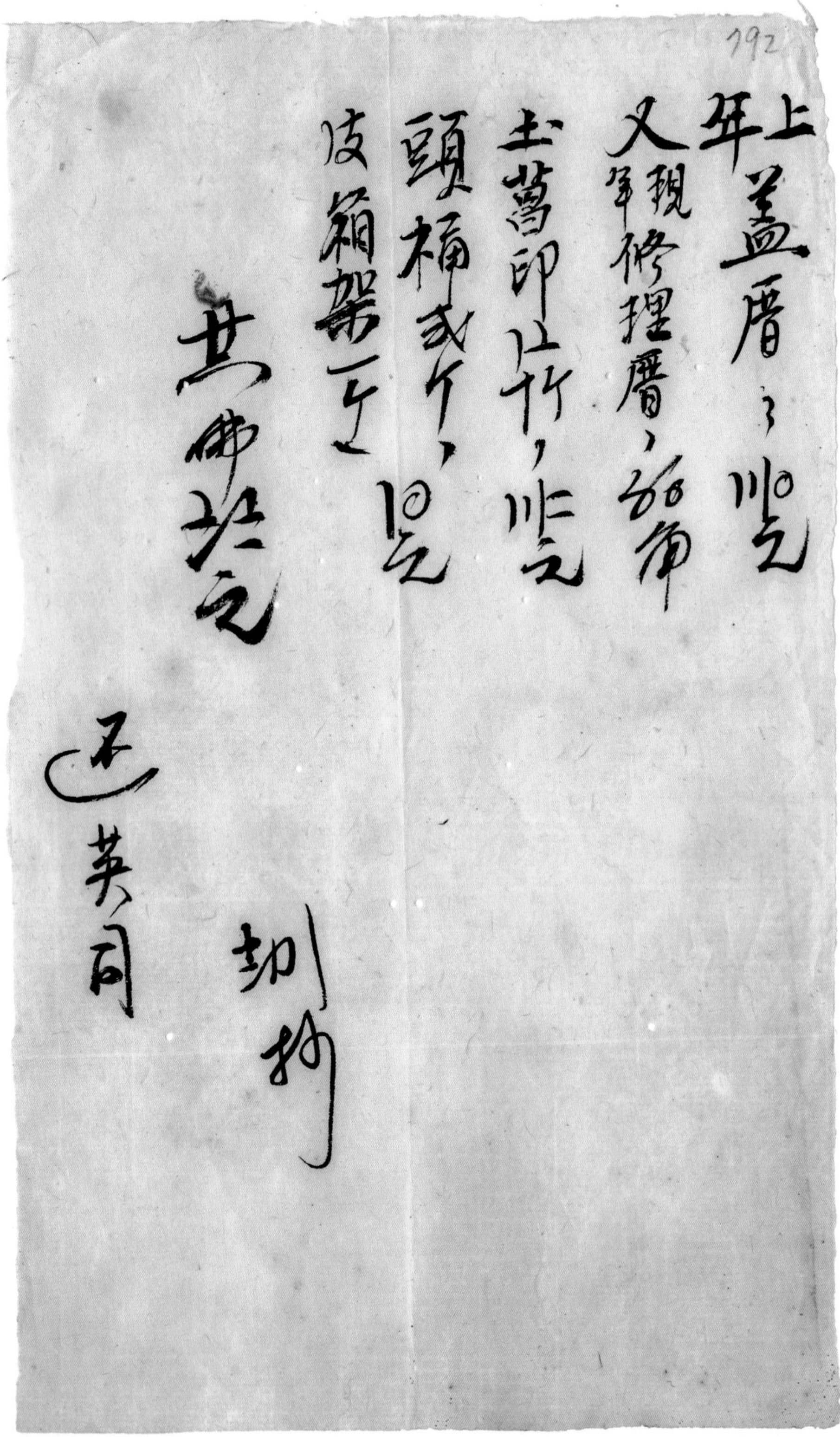

上年蓋厝 [illegible]元
又年現修理厝、[illegible]
土舊印八个、[illegible]元
頭桶貳个、[illegible]元
皮箱架一个
共 [illegible]元

丞英司
胡抄

上年盖厝，艮3.0元。

又現年修理厝，艮5.0角。

土葛印16丫，艮3.2元。

頭桶弍丫
皮箱架一丫 1.0元。

共佛7.7元。

12月初1抄

还英司

（六）買物單

73・亮卿開購物單

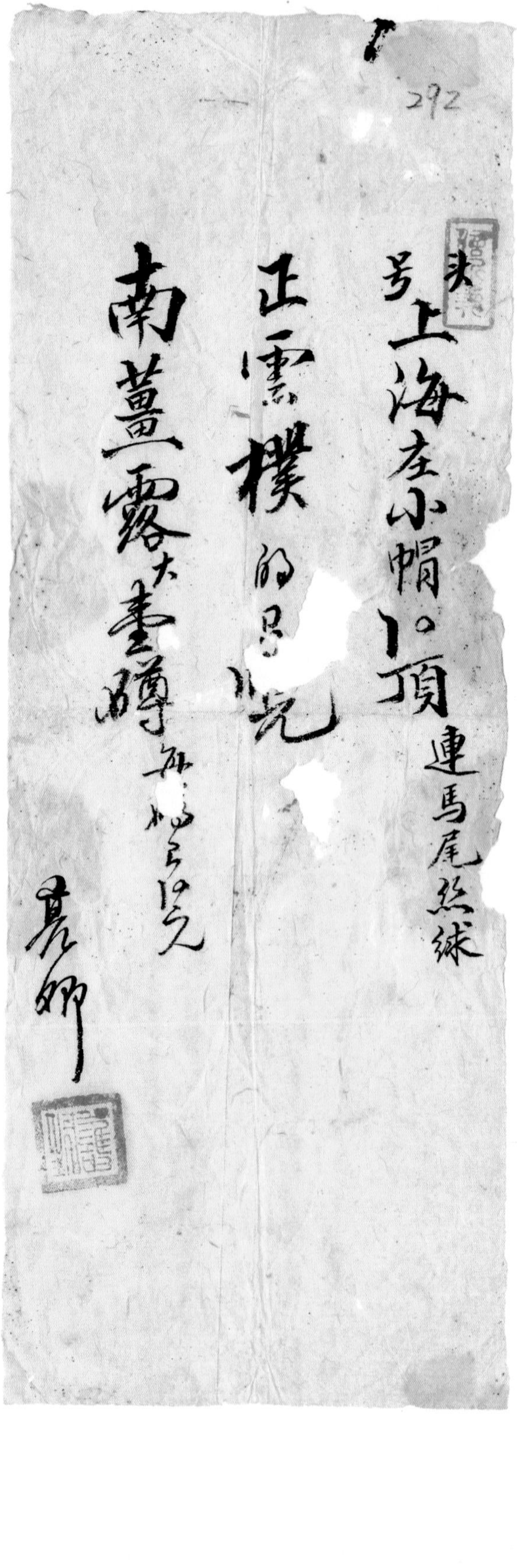
头号上海庄小帽一頂 連馬尾絲緣
正雲樸的呂一號
南薑露大壹罇 每觔三百文
亮卿

【印】229

上海庄小帽1.0頂。連馬尾絲綠 号头

正雲樸的艮□元。

南薑露 大 壹礴 每礴艮1.0元

亮卿【印】230

229 印記內文不詳。
230 印記內文：「護封」。

（六）買物單

74・壬辰年十一月蓋屋買芋蓁芋草及工艮結單 (1)

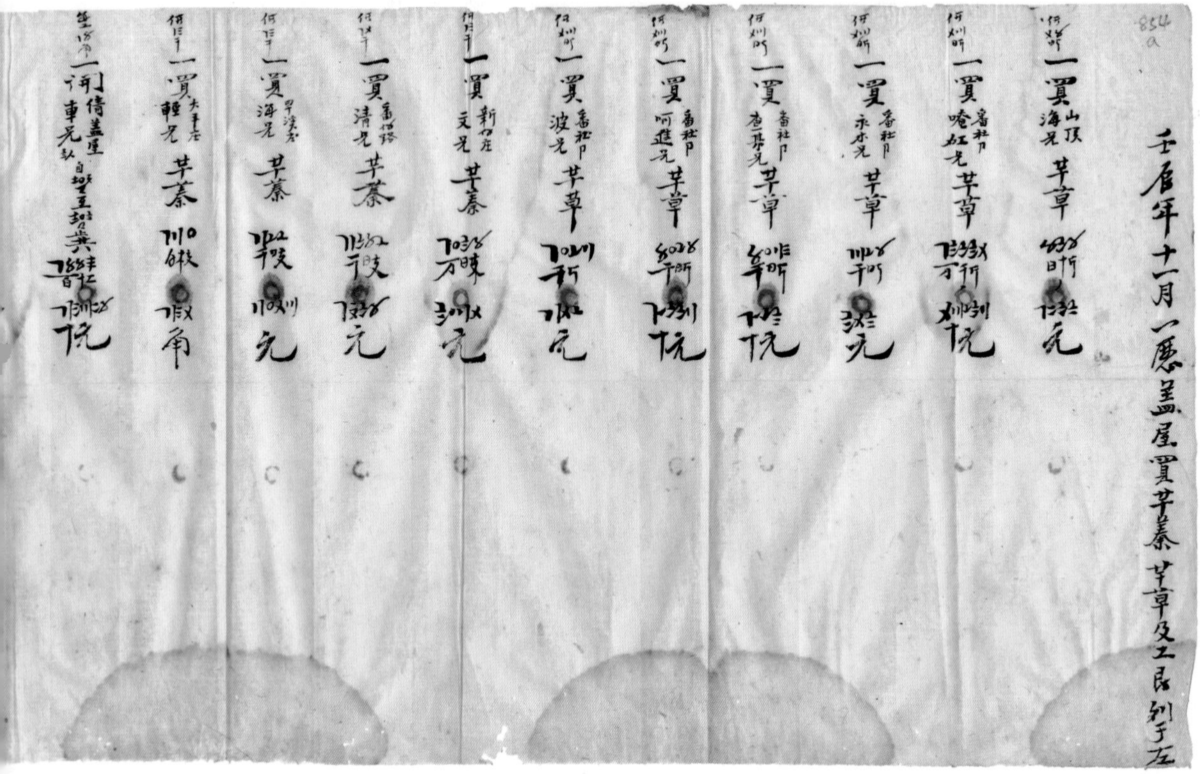

壬辰年十一月一應蓋屋買芋蓁芋草及工艮列于左

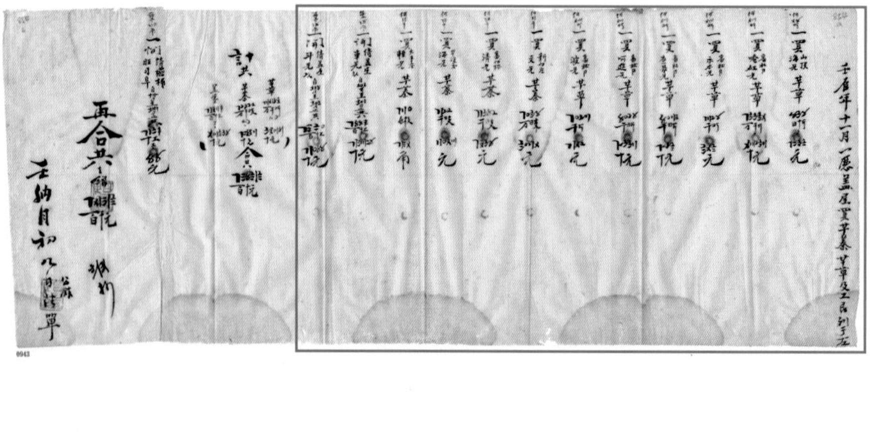

壬辰年[231]十一月一歷盖屋買芊蓁[232]芊草及工艮列于左：

価450斤　一買山頂海兄芊草575斤，艮1.277元。

価430斤　一買番社口唵矼兄芊草18,784斤，艮43.682元。

価430斤　一買番社口永木兄芊草3,650斤，8.48元。

価430斤　一買番社口查某兄芊草5,023斤，11.68元。

価430斤　一買番社口呵進兄芊草5,065斤，11.772元。

価430斤　一買番社口波兄芊草1,062斤，2.46元。

価1,300　一買新仔庄文兄芊蓁10,850支，8.34元。

価1,400　一買番仔路清兄芊蓁2,756支，1.975元。

価1,300　一買旱溪庄海兄芊蓁2,660支，2.043元。

価1,300　一買大平庄輕兄芊蓁300支，2.34角。

每工1.5角　一開倩盖屋車兄8人，自11月初5至12月初8止，共155工半，23.325元。

每工艮1.5角　一開倩蓋屋斗兄6人，自11月初5至12月初8止，共137.0工，20.55元。

---

231 壬辰年：光緒十八年（一八九二）。

232 芊蓁：葉大如茅，取幹張壁，歷久不朽。連橫，《臺灣通史．虞衡志》（臺北：眾文圖書股份有限公司，一九九四年），頁六八九。

（六）買物單

74・壬辰年十一月蓋屋買芋蓁芋草及工艮結單 (2)

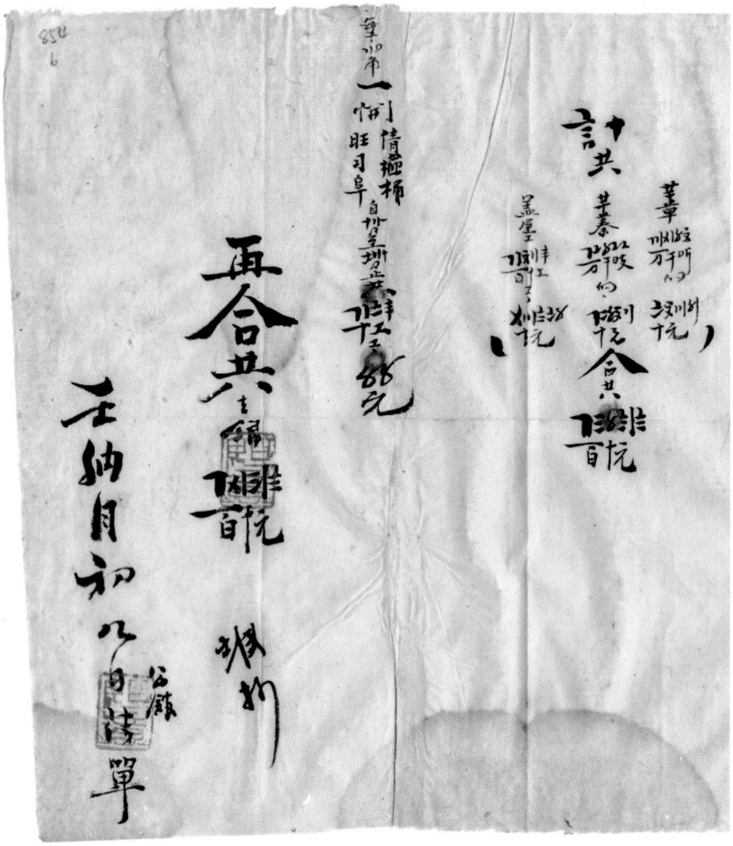

0943

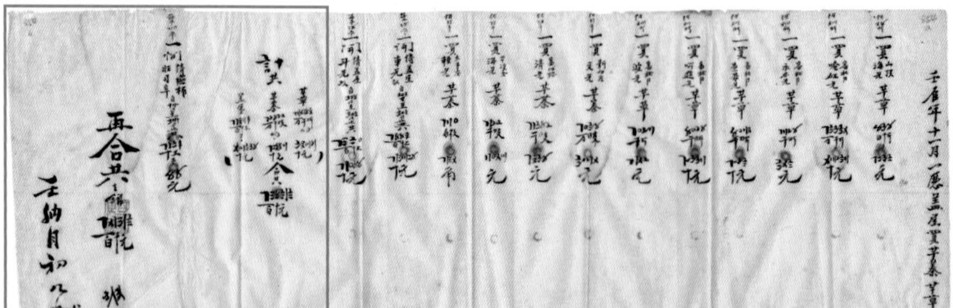

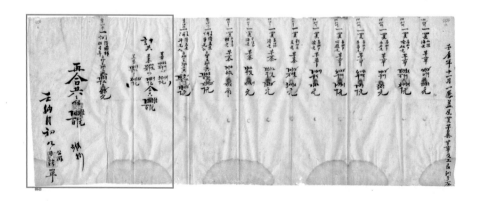

芊草34,159斤，的79.351元。
計共芊蓁16,566支，的艮12.592元，
蓋屋工292工半，艮43.875元
（以上）合共135.818元。

每工艮2.0角
一開倩箍桶旺司阜，自10月21至11月20止，共27工半，工艮5.5元。

再合共去銀141.318元。【印】[233]

12月14日抄

壬納月初八日結單公館【印】[234]

---

233 印記內文：「□意」。

234 印記內文：「□意」。

（六）買物單

75・壬辰年十一十二月集買大柴火炭併工資銀清單 (1)

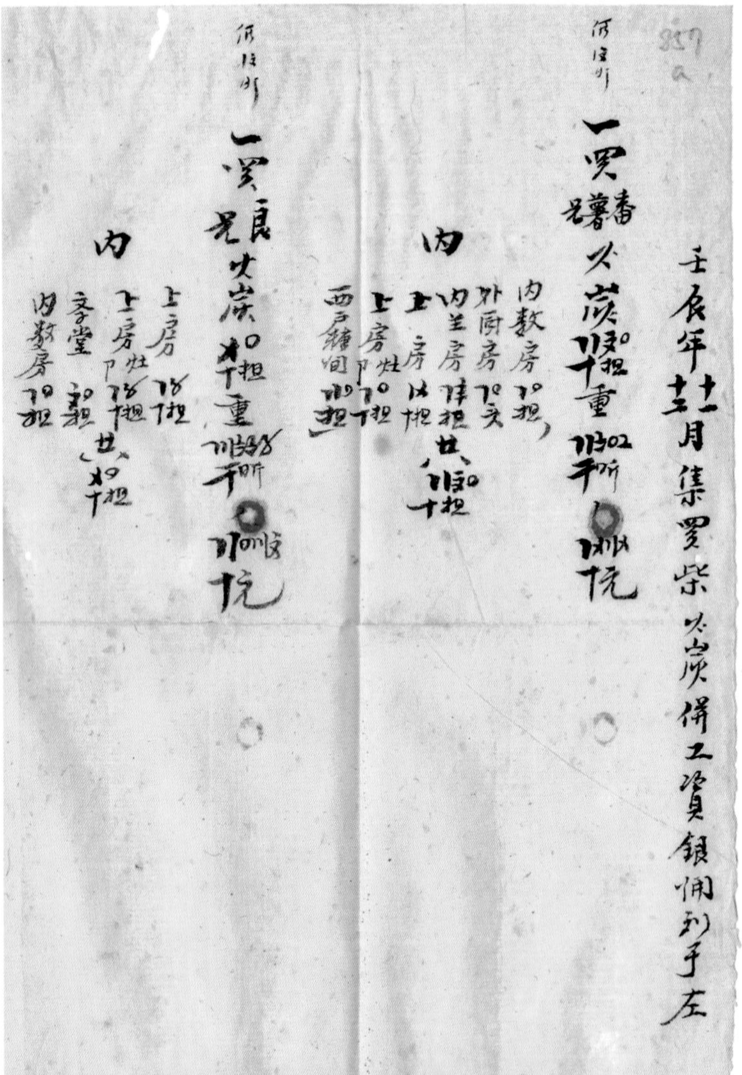

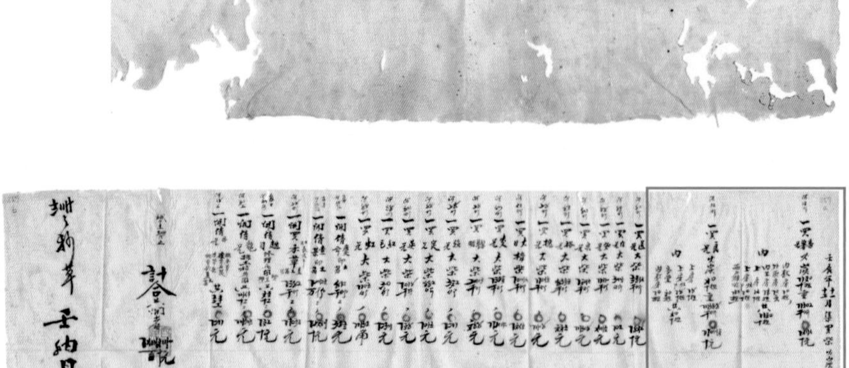

壬辰年十一十二月集買柴火炭併工資銀開列于左：

價190斤

一買番薯兄火炭29.0担，重2,706斤，艮14.24元。

內数房1.0担
外厨房1.0头
內主房1担半
內
上房14担
上房灶卩[235]10担
西戶糖間[236]2.0担

共29.0担。

價170斤

一買艮兄火炭40担，重3,875斤，艮20.39元。

上房15担
上房灶卩15担
內
斈[237]堂9.0担
內数房1.0担

共40担。

235 灶卩：廚房。

236 糖間：製白糖的空間。林滿紅，《茶、糖、樟腦業與臺灣社會經濟變遷（一八六〇—一八九五）》（臺北：聯經出版公司，一九九七年），頁八四。

237 斈：「學」之異體字。

（六）買物單

75・壬辰年十一十二月集買大柴火炭併工資銀清單 (2)

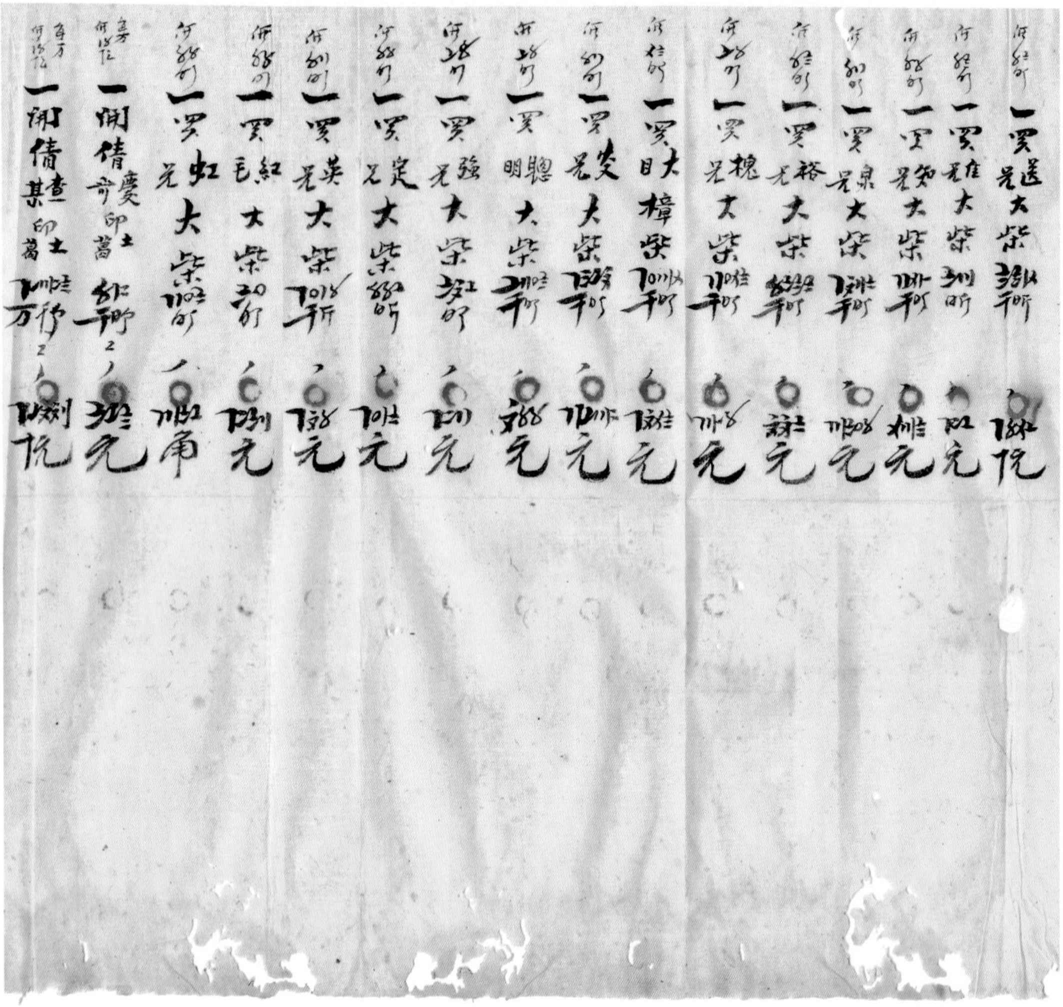

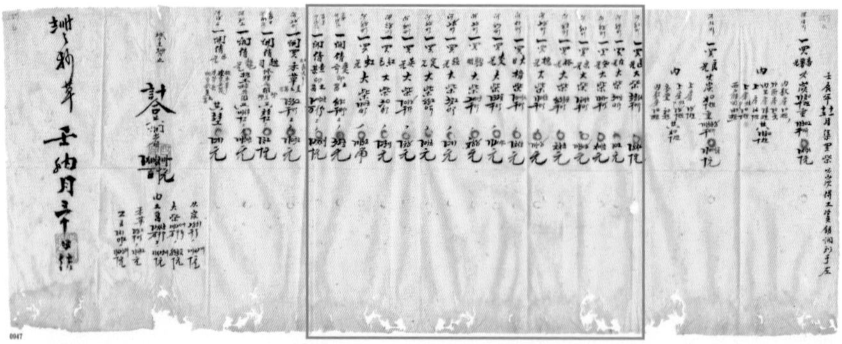

価570斤
一買送兄大柴8,814斤，艮15.46元。

価580斤
一買佳兄大柴730斤，艮1.06元。

価550斤
一買知兄大柴2,411斤，艮4.38元。

価520斤
一買泉兄大柴1,927斤，艮3.705元。

価580斤
一買裕兄大柴5,787斤，艮9.97元。

価650斤
一買槐兄大柴2,048斤，艮3.15元。

価480斤
一買大目樟柴1,034斤，艮1.948元。

価520斤
一買炎兄大柴1,369斤，艮2.632元。

価650斤
一買聰明大柴6,208斤，艮9.55元。

価650斤
一買強兄大柴796斤，艮1.22元。

価550斤
一買定兄大柴556斤，艮1.017元。

価520斤
一買英兄大柴1,015斤，艮1.95元。

価550斤
一買紅毛大柴700斤，艮1.272元。

価550斤
一買虹兄大柴207斤，艮3.76角。

每方価15元
一開倩慶哥印土葛5,120亇工，艮7.68元。

每方価艮15元
一開倩查某印土葛11,328亇工，艮16.992元。

（六）買物單

75・壬辰年十一十二月集買大柴火炭併工資銀清單 (3)

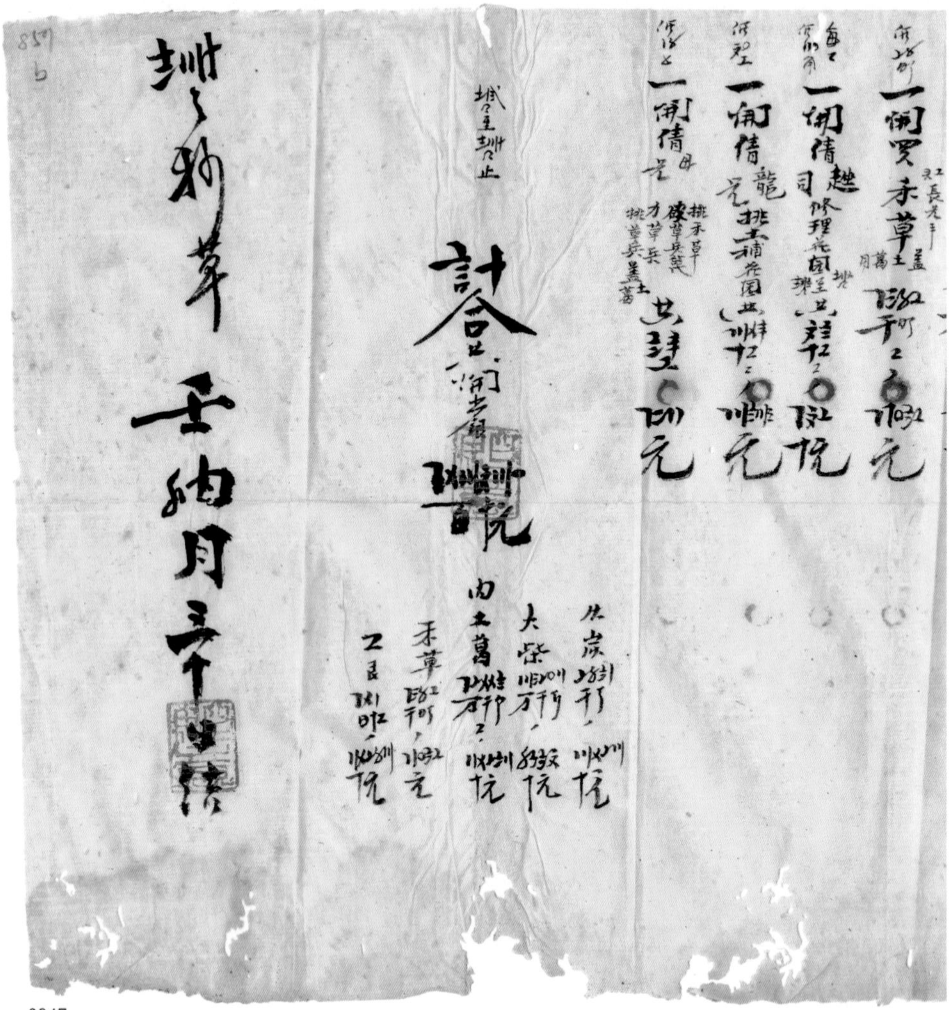

0947

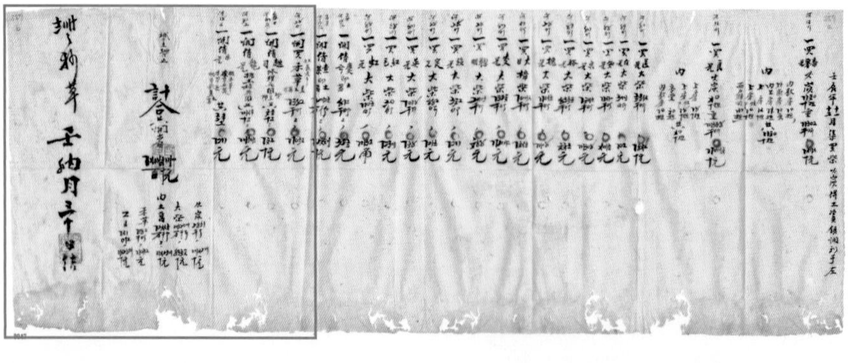

工头長兄手

價650斤 一開買禾草 用葛土盖 1,356斤，工艮2.086元。

每工價2.0角 一開倩趙司修理花园11月24至12月8，共98工，艮19.6元。

價9.0工 一開倩龍兄挑土補花园，共34工半，艮3.833元。

價1.5角 一開倩母兄 挑禾草 破草兵蔑 力草兵 挑草兵盖葛土，共8工半，艮1.22元。

11月12至12月30止 計合共開出銀143.931元。【印】[238]

火炭6,581斤，艮34.63元。

大柴33,602斤，艮57.89元。

內土葛16,448亇工，艮24.672元。

禾草1,356斤，艮2.086元。

工艮141工，艮24.653元。

12月30日抄草

壬[239]納月三十日結【印】[240]

238 印記內文：「□意」

239 壬：壬辰年，即光緒十八年（一八九二）。

240 印記內文：「□意」

（六）買物單

76．衫褲等物件清單

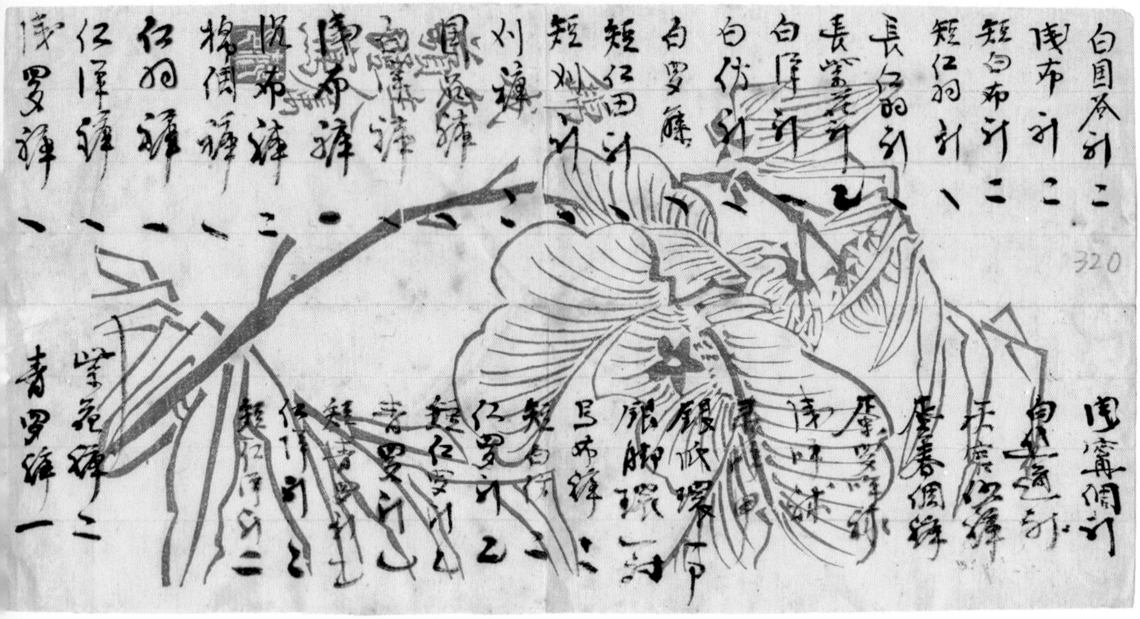

白国谷衫 二
淺布衫 二
短白布衫 二
短紅羽衫 一
長紅羽衫 一
長紫花衫 乙
白洋衫 一
白紡衫 一
白罗籐 一
短紅田衫 一
短刈衫 一
刈褲 二
国谷褲 一
白洋褲 一
淺布褲 一
沉布褲 二
棉綢褲 一
紅羽褲 一
紅洋褲 一
淺罗褲 一

淺甯綢衫
白絲通衫
灰官紗褲
蛋春綢褲
蛋罗咋球
淺咋球
彔□甲
銀瓜環一卩
銀脚環一対
烏布褲 二
短白紡 二
紅罗衫 乙
短紅罗衫 乙
青罗衫 乙
短青罗衫 乙
紅洋衫 二
短紅洋衫 二
紫花褲 二
青罗褲 一

（六八）買物單

77・衫料清單

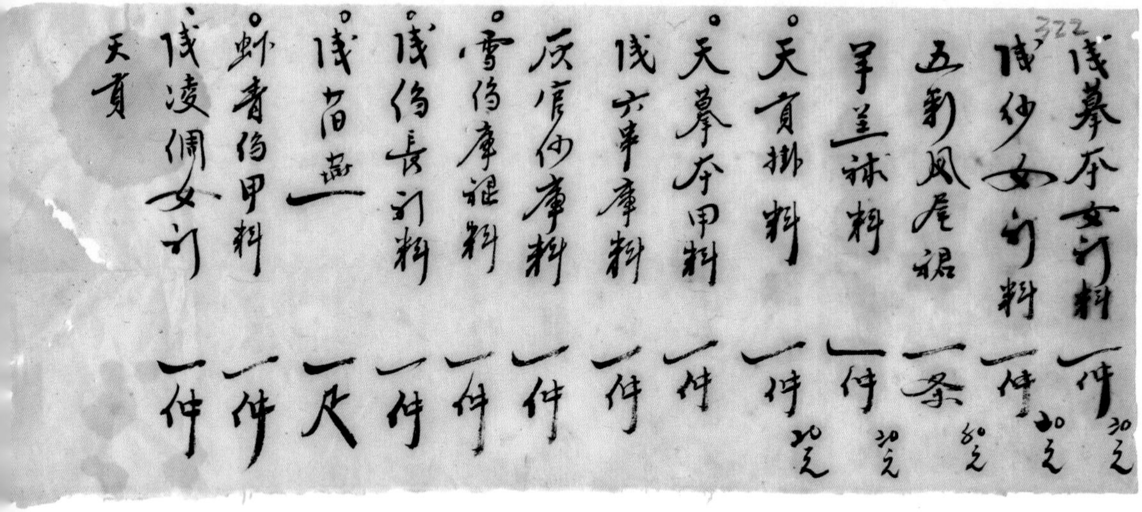

322

淺摹本女衫料 一件 30文

淺紗女衫料 一件 20文

五彩鳳尾裙 一条 80文

羊羢襪料 一件 20文

天青褂料 一件 20文

天摹本甲料 一件

淺六串庫料 一件

灰官紗庫料 一件

雪綢庫裙料 一件

淺綢長衫料 一件

淺苗綢 一尺

蝦青綢甲料 一件

淺凌綢女衫 一件

天青

淺摹本女衫料一件 7.0元。

淺紗女衫料 一件 6.0元。

五彩风尾裙 一条 5.0元。

羊羔裘料 一件 7.0元。

天貢掛料 一件 6.0元。

天摹本甲料 一件。

淺六串庫料 一件。

灰官紗庫料 一件。

雪絔庫裙料 一件。

淺絔長衫料 一件。

淺藍燕 一疋。

虾青絔甲料 一件。

淺淩綢女衫 一件。

天貢。

（六八）買物單

78・紙張清單

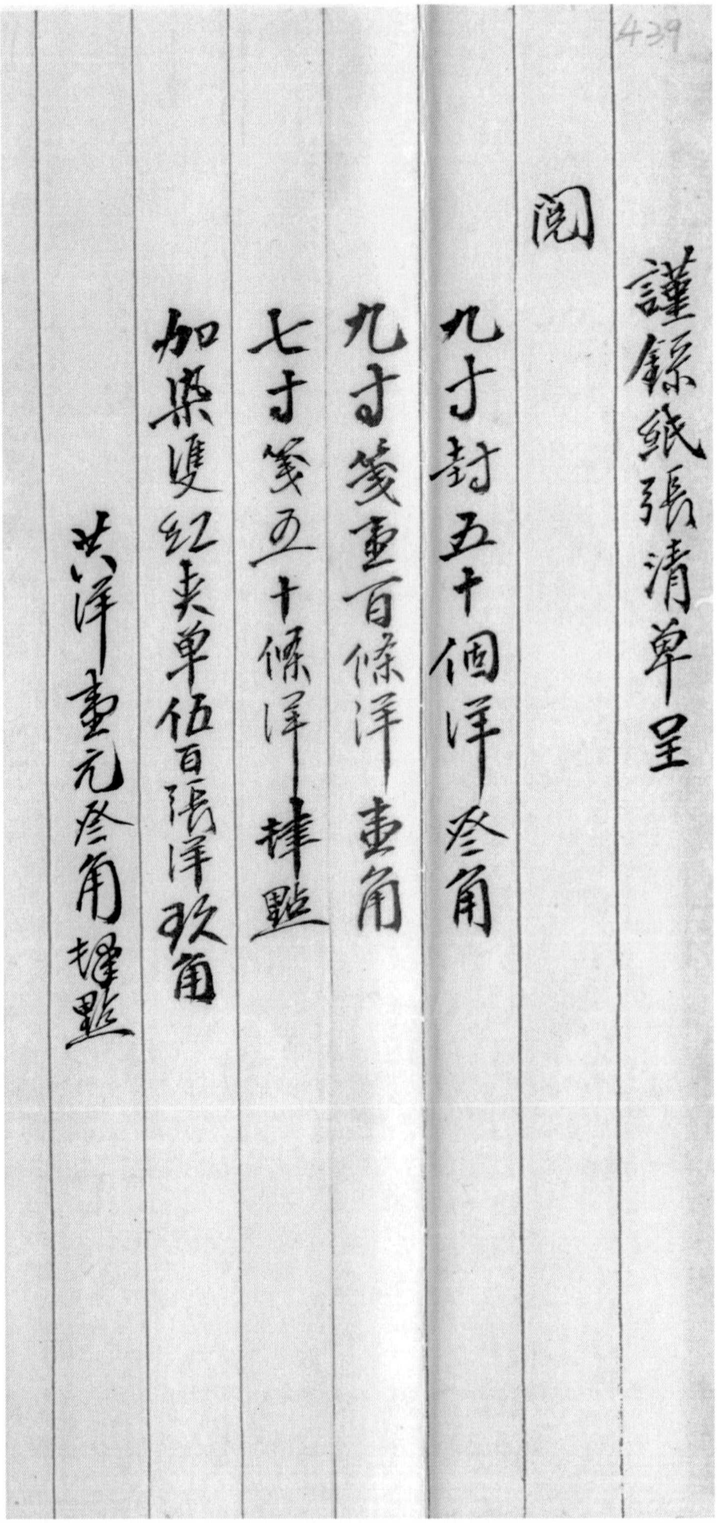
439

謹録紙張清單呈

閲

九寸封五十個洋叁角

九寸箋壹百條洋壹角

七寸箋五十條洋肆點

加染雙紅夾單伍百張洋玖角

共洋壹元叁角肆點

謹錄紙張清单呈

閱

九寸封五十個　洋叁角。

九寸箋壹百條　洋壹角。

七寸箋五十條　洋肆點。

加染雙紅夾单伍百張　洋玖角。

共洋壹元叁角肆點。

（六八）買物單

79・紙筆清單

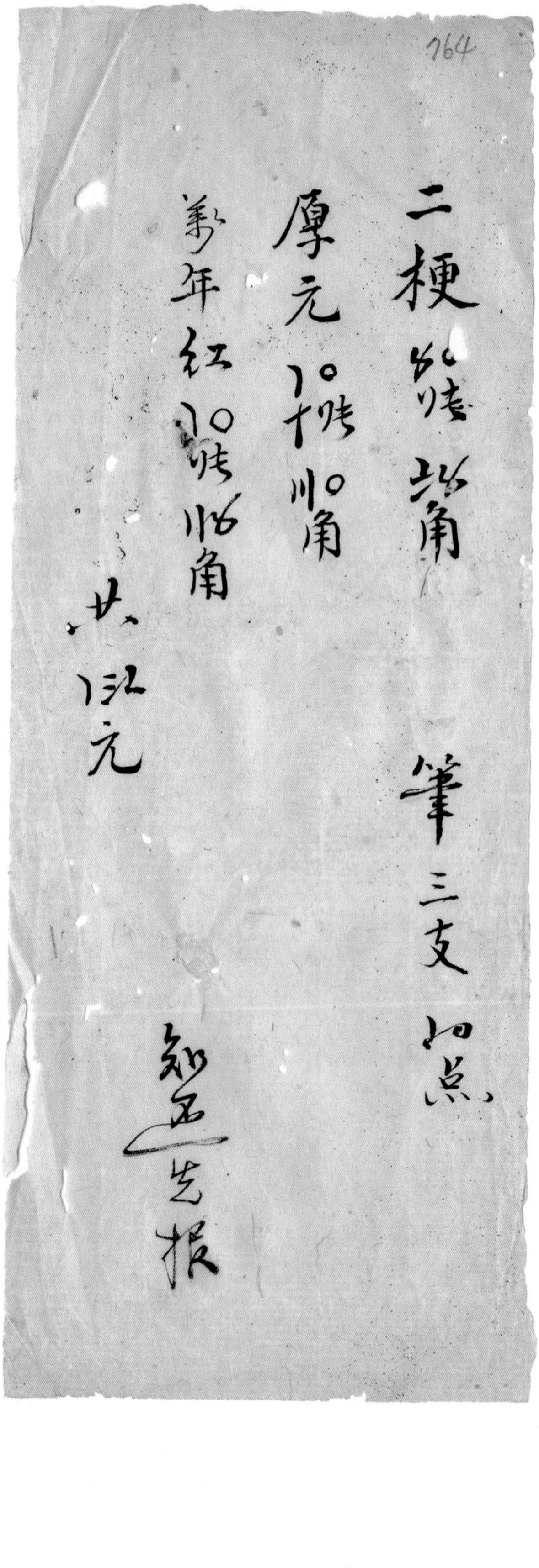

764

二梗〤〇張〦〤角　筆三支〤〇点

厚元〡〇張〣〇角

新年紅〡〇張〣〤角

共〡〤〢元

知足
先根

二梗5.0浘，7.5角。 筆三支，6.0点。
厚元10浘，3.0角。
萬年紅1.0浘，2.5角。
共1.36元。 知还先报。

（六）買物單

80・買龍眼清單

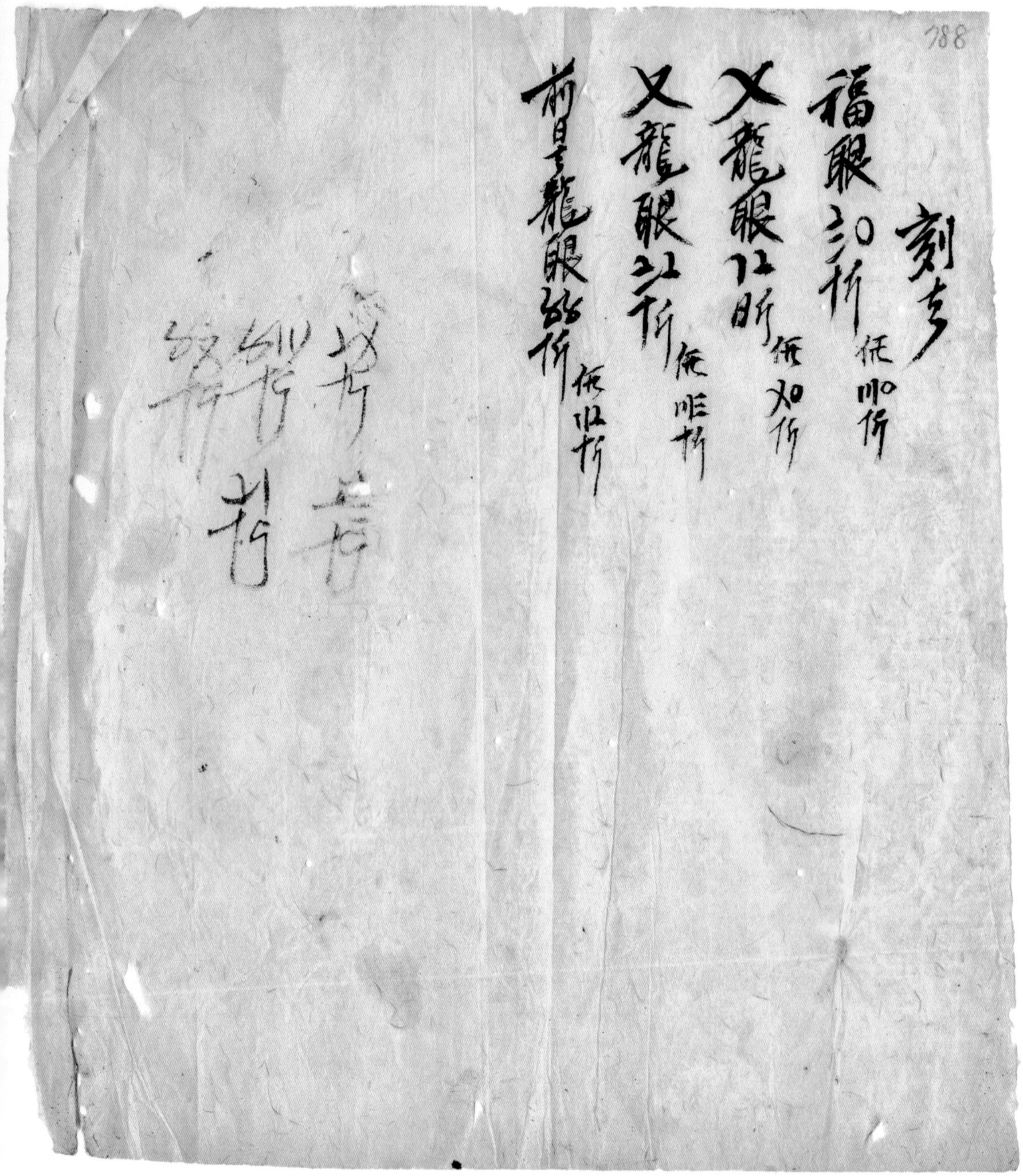
福眼
又龍眼
又龍眼
前日之龍眼

刻去

福眼80斤。（価30斤）

又龍眼160斤。（価40斤）

又龍眼76斤。（価33斤）

前日去龍眼55斤。（価26斤）

64斤　67斤

53斤　61斤

59斤

（六）買物單

81・物件清單 (1)

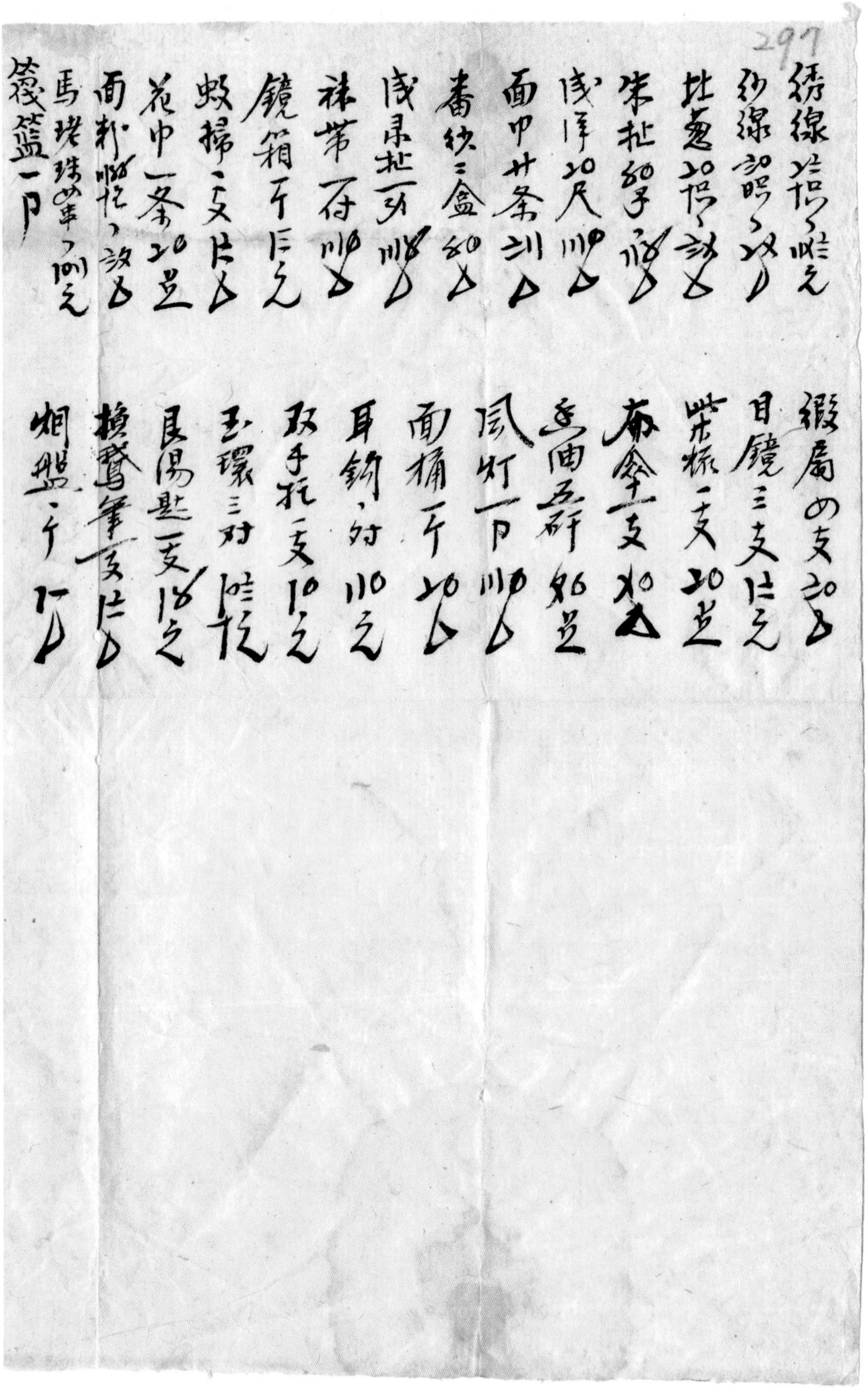
綉線
紗線
扯蔥
朱扯乙子
綫洋二尺
面巾廿条
番紗二盒
綫扯一刄
袜帶乙付
鏡箱一个
蚊掃二支
花巾一条
面衫
馬掛珠乙串
簽籃一只
緞扇乙支
目鏡三支
紫梳一支
布傘一支
白面五斤
風灯一只
面桶一个
耳鈎一対
双手托一支
玉環三対
良陽匙一支
檀鶯筆一支
烟盤一个

綉線67只，艮2.48元。
紗線800只，艮6.4角。
北葱60只，艮8.4角。
朱扯5.0尺，艮2.5角。
淺洋6.0尺，3.0角。
面巾廿条，7.2角。
凿紗二盒，5.0角。
淺彔扯一兩，3.5角。
袜帶一付，3.0角。
鏡箱一亇，1.3元。
蚊掃一支，1.7角。
花巾一条，6.0点。
面粉35.5包，艮8.9角。
馬珯珠四串，艮1.02元。
篾籃一卩。

緞扇四支，7.0角。
目鏡三支，1.7元。
柴梳一支，6.0点。
布傘一支，4.0角。
香油五矸，9.0点。
風灯[241]一卩，3.0角。
面桶一亇，6.0角。
耳鈎一对，2.0元。
双手托一支，1.0元。
玉環三对，10.8元。
艮湯匙一支，1.5元。
換鵞筆一支，1.7角。
烟盤一亇，1.1角。

241 風灯：有罩能防風的燈。周定一主編，《紅樓夢語言詞典》（北京：商務印書館，一九九五年），頁二四七。

（六）買物單

81・物件清單 (2)

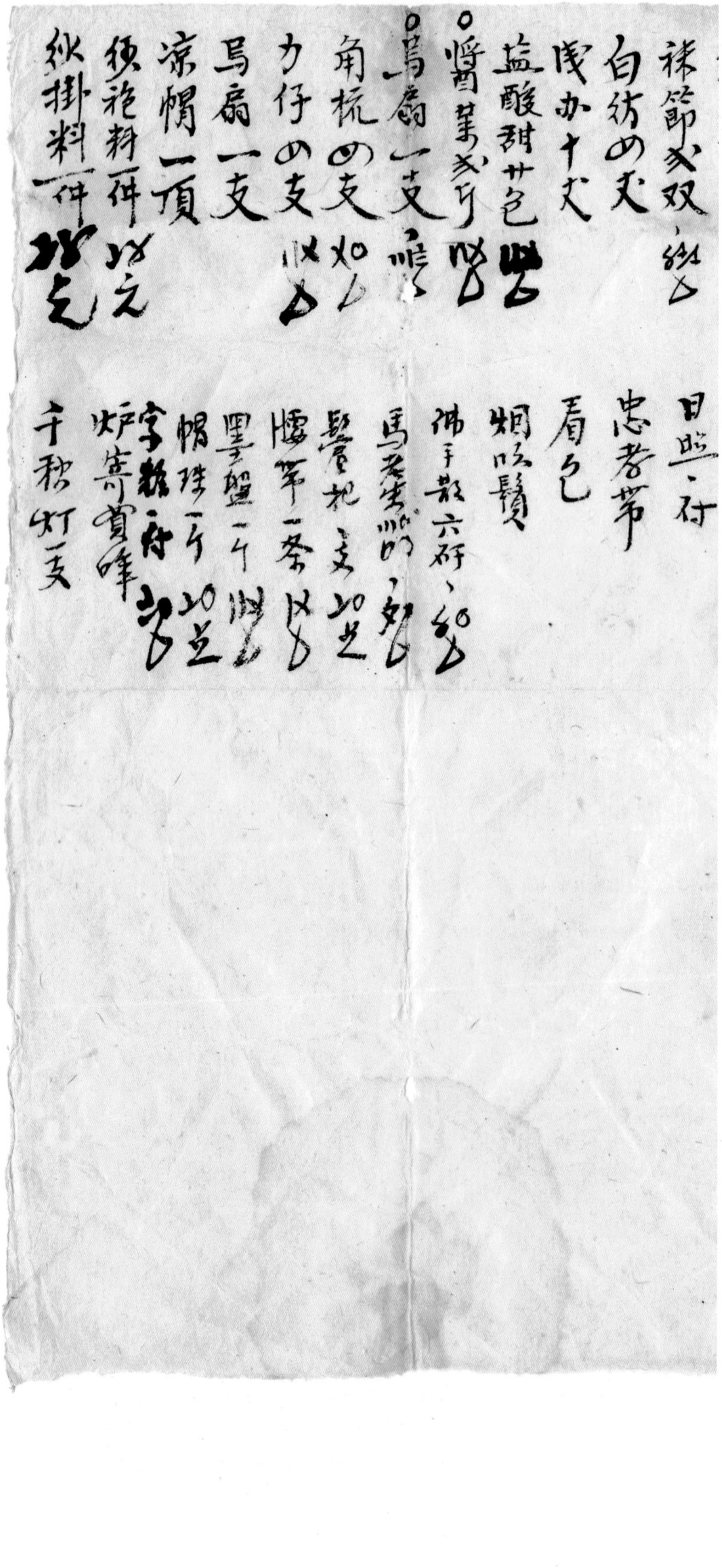
袜節弍双
白𥿄四丈
浅水十丈
塩酸甜廿包
○醬菓弍斤
○烏扇一支
角梳四支
力仔四支
烏扇一支
凉帽一頂
領袍料一件
袱掛料一件
日照、付
忠孝节
看包
烟吃韻
佛手散六砵
馬蹄蠟
臺把支
爐芊一条
墨盤一斤
帽珠一斤
字紙付
炉齋賀峰
千秋灯支

袜節弍双，艮5.76角。

白紡四丈。

淺办十丈。

塩酸甜廾包，2.4角。

醬菜弍斤，2.4角。

烏扇一支，艮3.8角。

角梳四支，4.0角。

力仔四支，2.4角。

烏扇一支。

凉帽一頂。

紗袍料一件，6.5元。

紗掛料一件，6.5元。

日照一付。

忠孝帶[242]。

看包。

烟吹鬚。

佛手散六研，艮5.0角。

馬老生300□，艮9.0角。

鬢把一支，6.0点。

腰帶一条，1.4角。

墨盤一ケ，2.4角。

帽珠一ケ，6.0点。

字□一付，7.0角。

炉寄買㖡。

千秋灯一支。

---

242 忠孝帶：又稱帉，滿族佩飾。俗稱「飄帶」或「風帶」。清朝王公百官穿官服時，繫於腰帶兩側之狹長帶子。因多加飾大小荷包，又稱荷包手巾。隨帶有銅質別子兩個，分鐫忠、孝二字，故漢人稱之忠孝帶。初用高麗布或素布為之，後改素綢。其制有三：著朝服，所佩帉下廣而銳，似今尖頭領帶；穿吉服，所佩帉下平而齊，似今平頭領帶；穿行服，所佩帉似吉服帶，微闊而短。滿族人佩帉習俗承自關外，初為宴飲時之擦拭手巾，清朝入關後，演變為官服上的佩飾。入直內廷、外出行裝皆用之，居常不佩戴。京師以外地方官雖官服亦不得佩帶。孫文良主編，《滿族大辭典》（瀋陽：遼寧大學出版社，一九九〇年），頁三二七。

（六）買物單

82．物件清單

滿漢柜　箕斗一付　鐘章一付　撻章一付　月眉一付　擬二个
□廚　箕手二付　鐘章二付　撻章四个
□棹　月眉一付　撻章一付　擬二个
水屏　撻章一个
□椅　撻章一个
眠床　撻章四个　月眉一付　箕斗弍付　又鐘章四个　擺仔弍个

滿漢柜　箕斗一付　鐘章一付　撻章一付　月眉一付　撰二亇

上下厨　箕斗二付　鐘章二付　撻章四亇

冊棹　月眉一付　鐘章一付　撰二亇

水屛　撻章一亇

办椅　撻章一亇

眠床　撰仔弍亇　又鐘章四亇　箕斗弍付　撻章四亇　月眉一付

（六）買物單

83・物件清單

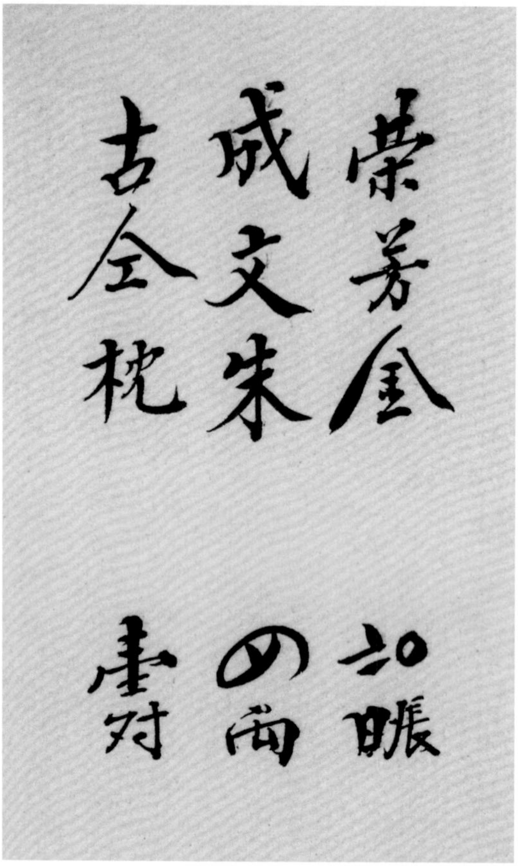

崇芳金 〦帳
成文朱 〤兩
古今枕 壹对

栄芳金 700張。

成文朱 四両。

古仝枕 壹対。

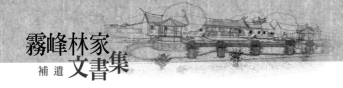

（七）兌貨單

84・庚貳月初八日振興號致漢漳嫂兌貨單

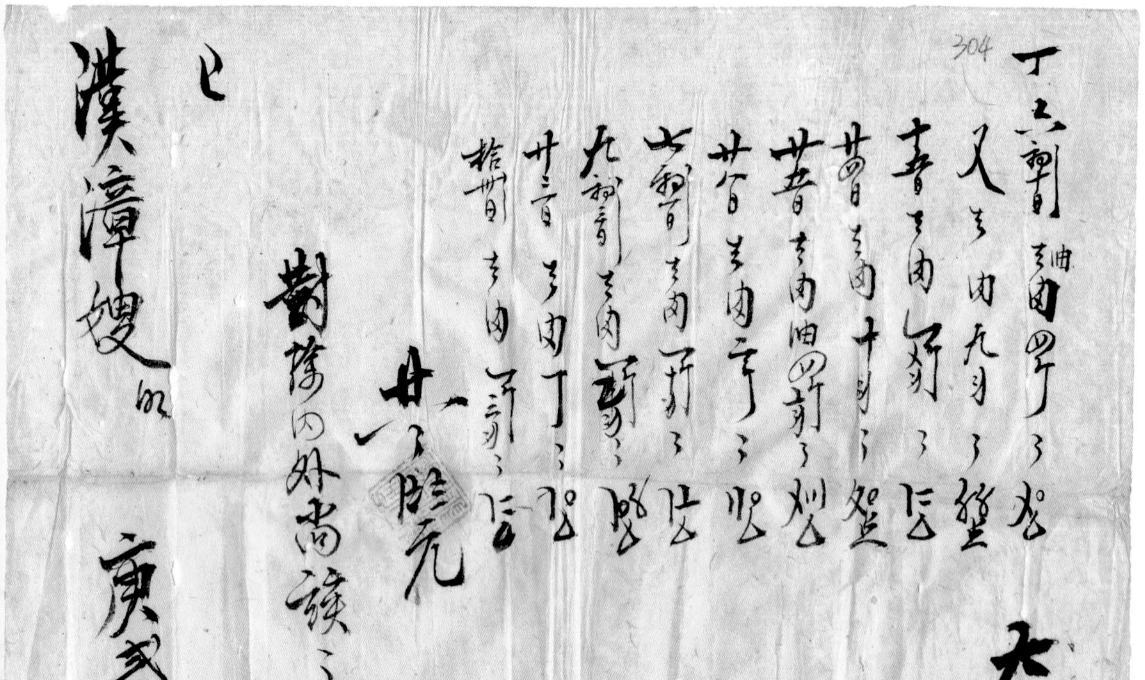

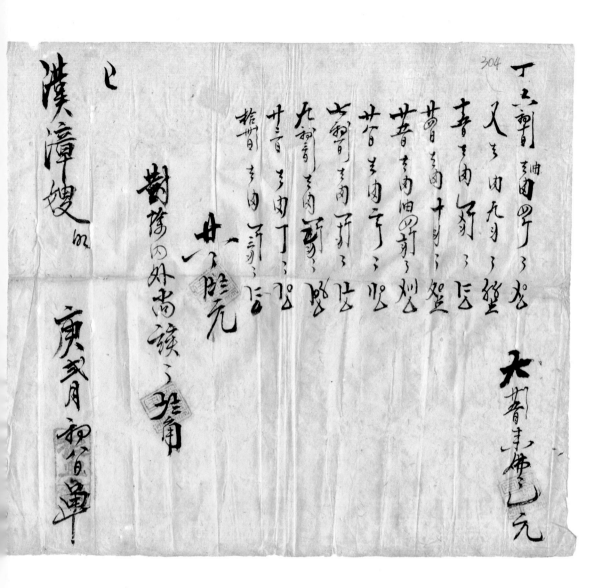

丁六月初十日去油肉四斤，艮4.0角。　六月廿五日來佛艮乙元。【印】243
又去肉九兩，艮5.5点。
十五日去肉1斤4兩，艮1.2角。
廿四日去肉十兩，艮9.0点。
廿五日去肉油四斤6兩，艮4.3角。
廿八日去肉二斤，艮2.0角。
七月初一日去肉一斤十兩，艮1.6角。
九月初三日去肉一斤乙兩，艮1.05角。
廿三日去肉1斤，艮1.0角。
拾月卅日去肉一斤三兩，艮1.2角。
共艮1.78元。【印】244
對除內外尚該艮7.8角。【印】245
上
漢漳嫂　照　庚弍月初八日单【印】246

243 印記內文不詳。
244 印記內文不詳。
245 印記內文不詳。
246 印記內文：「振興／兑貨」。

（七）兌貨單

85．辛桂月廿五日新楚山號致葛竹軒兌貨單

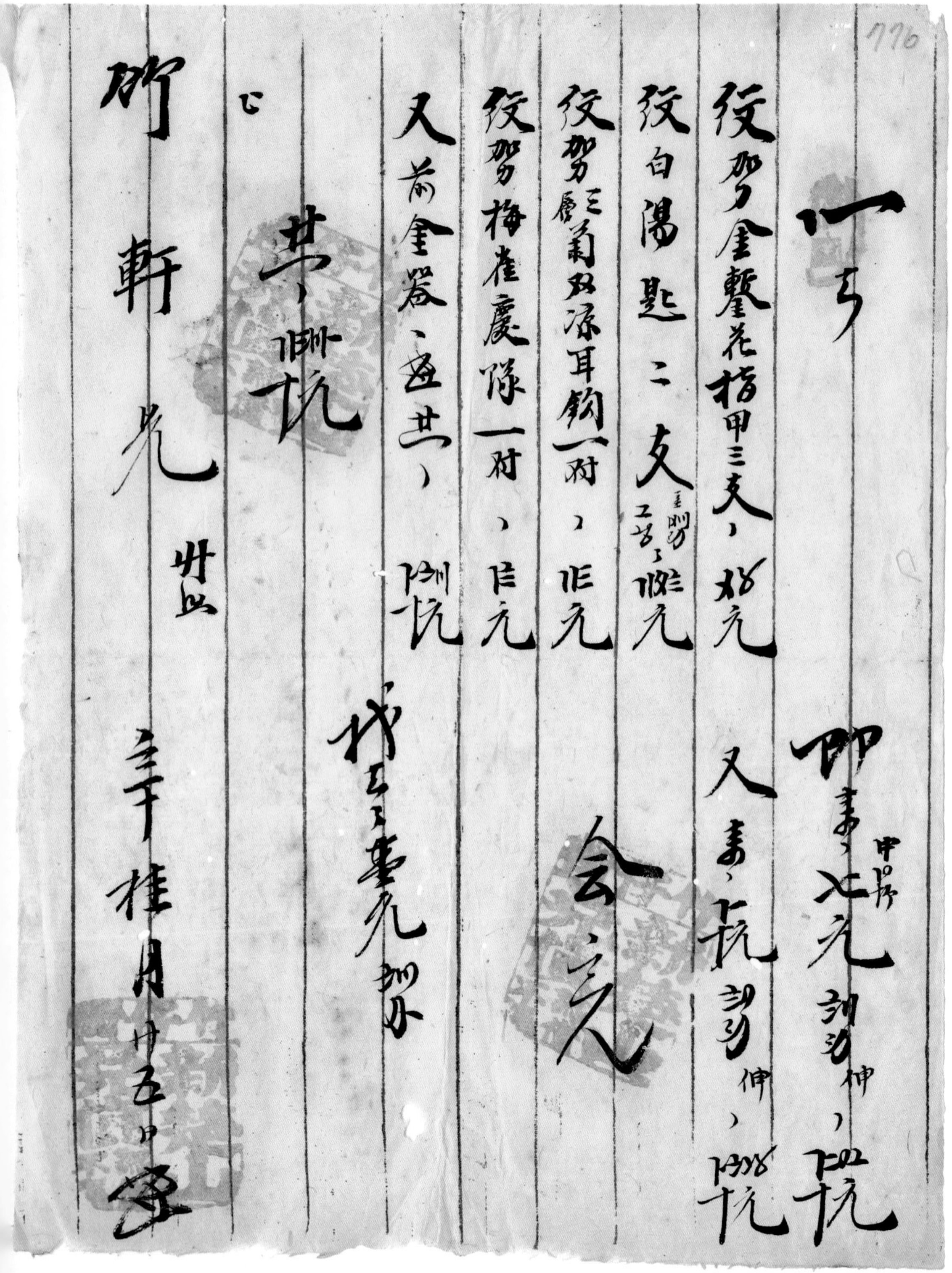

兌勞金鏨花指甲三支
兌白湯匙二支
兌勞三層菊双深耳鈎一对
兌勞梅雀慶隊一对
竹軒兄
辛桂月廿五日

一【印】[247] 去

紋努金鏨花指甲三支，艮4.5元。

紋白湯匙二支 一□1.43兩 工6.0角，艮2.98元。

紋努三層菊双涼耳鈎一对，艮2.3元。

紋努梅雀慶隊一対，艮1.8元。

又前金器一盞，共艮11.73元。

共艮23.31元。【印】[248]

上

竹軒兄 升照 辛桂月廿五日单【印】[250]

中10个 即來艮七元，8.2兩 伸 艮12.06元。

又來艮11元，8.0兩 伸 艮11.765元。

会完。【印】[249]

找去艮壹元7.3錢。

---

247 印記內文不詳。

248 印記內文：「竹仔街／新楚山兑貨／認借不憑」。

249 印記內文：「竹仔街／新楚山兑貨／認借不憑」。

250 印記內文：「竹仔街／新楚山兑貨／認借不憑」。

（七）兌貨單

86．辛菊月初一日發利號致林本堂兌貨單

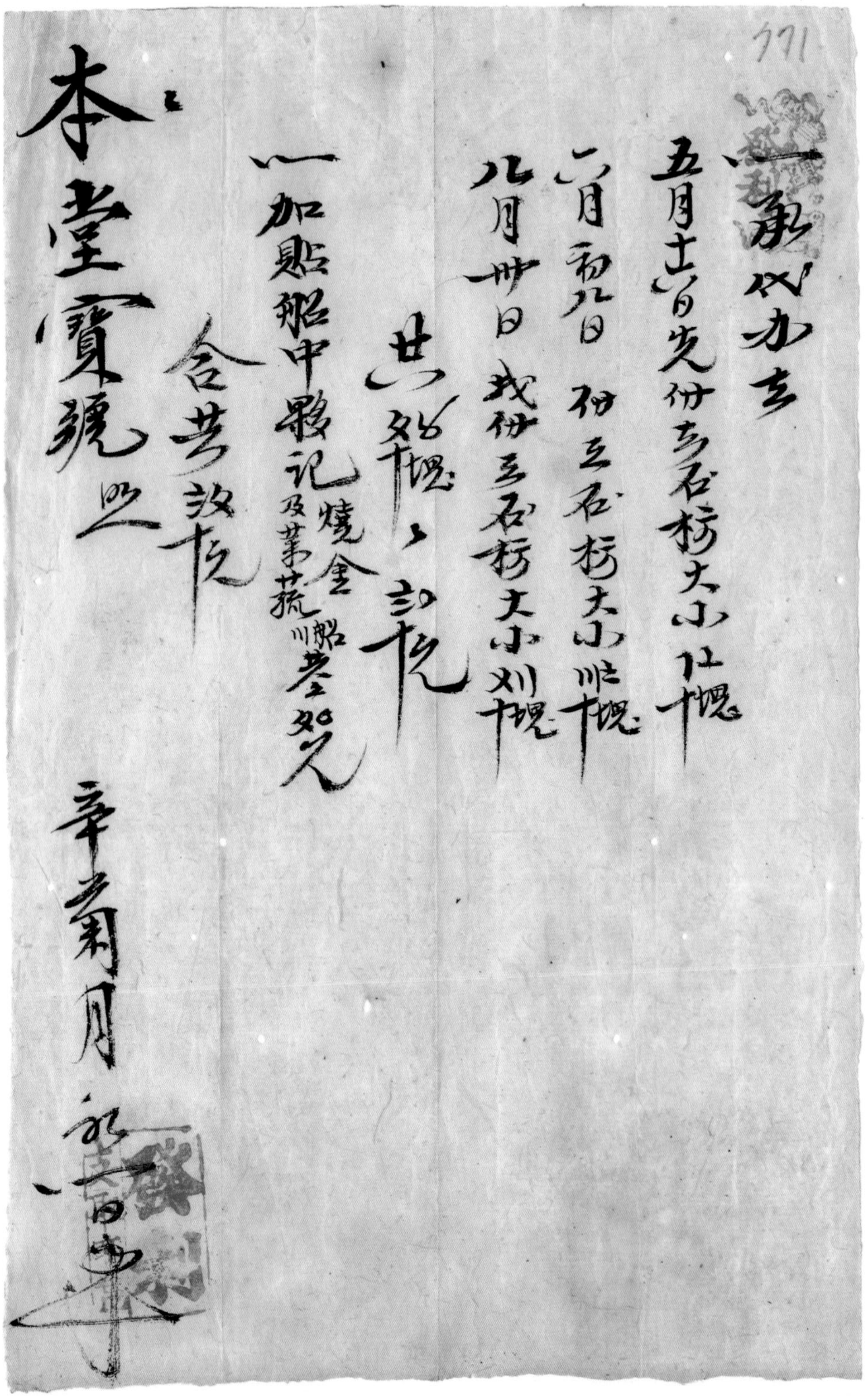

一船代力去
五月十二日先付去石枋大小[illegible]塊
六月初八日　付去石枋大小[illegible]塊
九月廿日　找付去石枋大小[illegible]塊
共[illegible]塊[illegible]
一加貼船中殺記燒金及茉蔬船[illegible]
合共[illegible]
本堂寶號　照
辛菊月初一日發利號

【印】[251]

一承代办去

五月十六日先付去石枋大小16塊。

六月初八日付去石枋大小37塊。

八月卅日找付去石枋大小42塊。

共95塊，艮80元。

一加貼船中夥記燒金及菜蔬，3船共去9.0元。

合共89元。

上

本堂寶號 照 辛菊月初一日单【印】[252]

251 印記內文：「發利」。

252 印記內文：「發利／支取不凴」。

（七）兌貨單

87・光緒十八年三月拾貳日致陳鴻英兌貨單

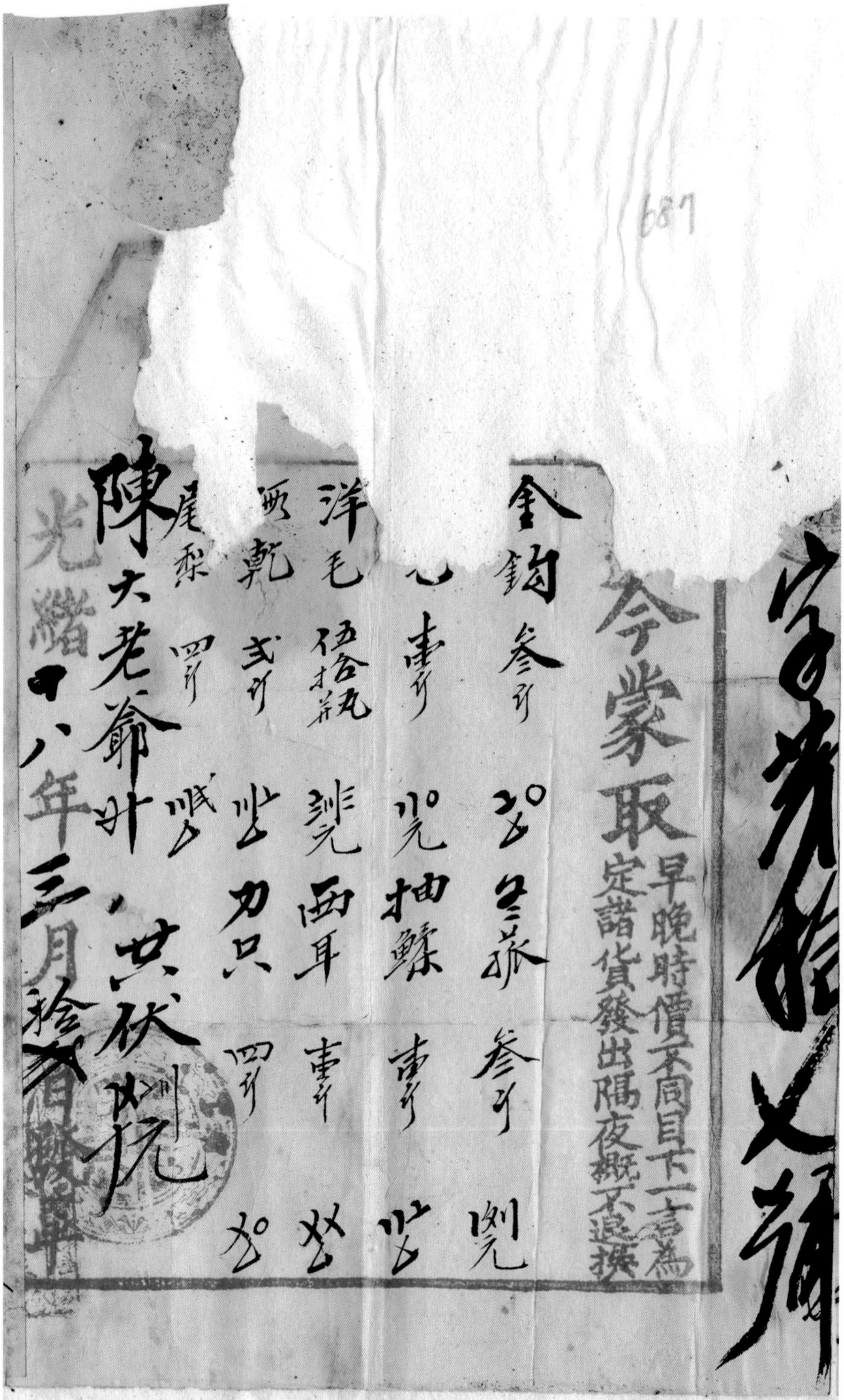
今蒙取 早晚時價不同目下一言為定諸貨發出隔夜概不退換

金鉤 叁斤

洋毛

陳大老爺

光緒十八年三月拾貳日發單

【印】[253]……字第拾七號

【印】[254]今蒙取 早晚時價不同目下一言爲定諸貨發出隔夜概不退換

金鈎[255] 叁斤，6.0角。 冬菰 叁斤，1.92元。

□□ 壹斤，2.0元。 抽絲 壹斤，2.6角。

洋毛 伍拾瓶，8.33元。 西耳 壹斤，4.4角。

□乾 弍斤，3.6角。 力只 四斤，4.0角。

尾梨[256] 四斤，3.2角。

共伏14.63元。【印】[257]

陳大老爺[258] 升

光緒十八年三月拾弍日發單【印】[259]

253 印記內文不詳。
254 印記內文不詳。
255 金鈎：金鈎蝦，即蝦米。
256 尾梨：即荸薺，又稱馬蹄。
257 印記內文不詳。
258 陳大老爺：應指陳鴻英。
259 印記內文不詳。

（七）兌貨單

88・壬瓜月耀記致大帳房清單

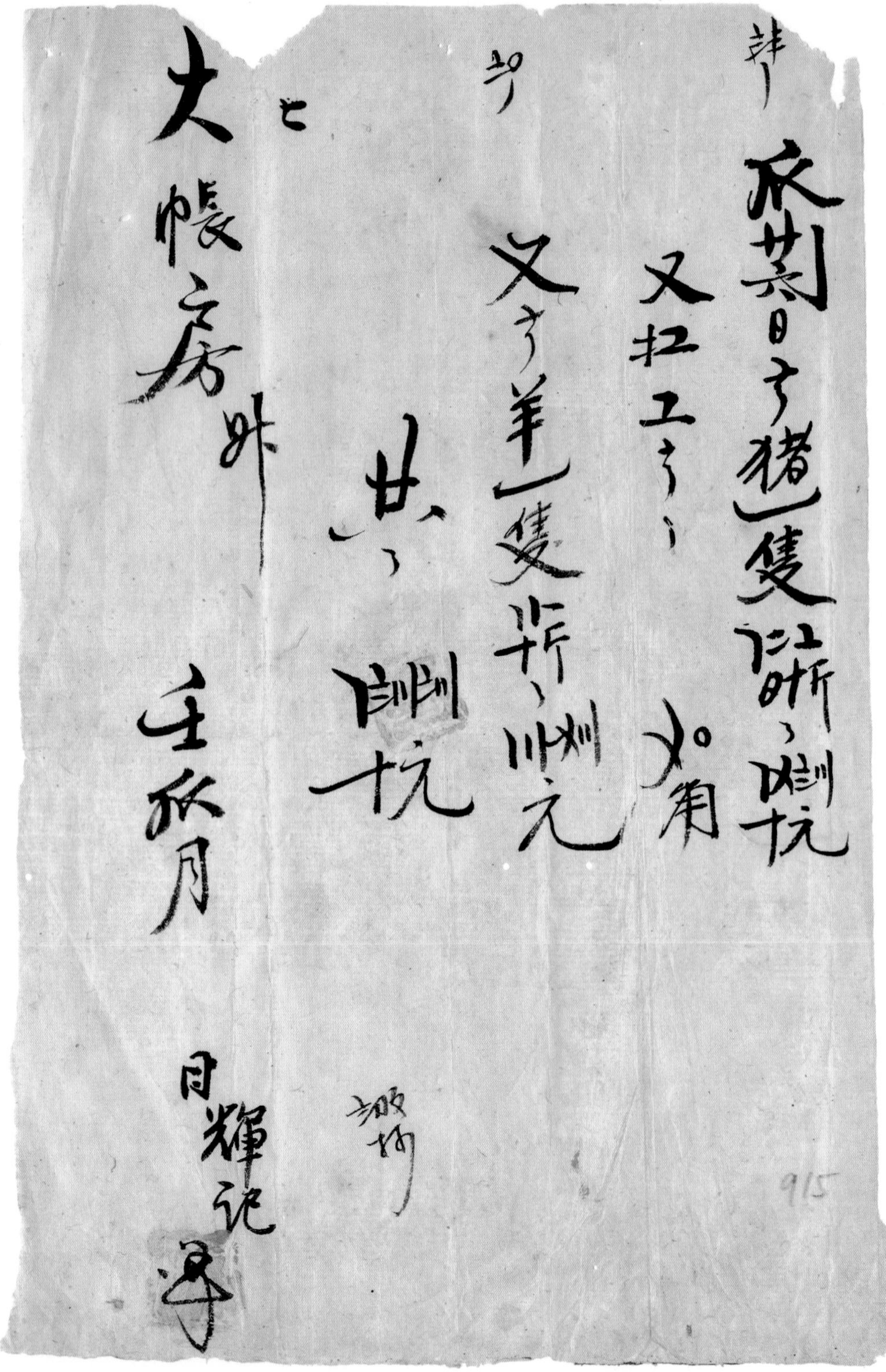

計開
承[illegible]日[illegible]豬[illegible]隻[illegible]元
又扛工[illegible]角
又[illegible]羊[illegible]隻[illegible]元
共[illegible]元
大帳房 外
壬瓜月 日 耀記 單

8□半 瓜月[260]廿六日去猪一隻126斤，艮14.83元。
又扛工去艮4.0角。
7.0□ 又去羊一隻21斤，艮3.143元。
共艮18.373元。【印】[261]

8月初9抄

上
大帳房 升

壬[262]瓜月 日 輝記 单【印】[263]

260 瓜月：農曆七月。
261 印記內文不詳。
262 壬：壬辰年，光緒十八年。
263 印記內文不詳。

（七）兌貨單

89・英發號致林拱辰兌貨單

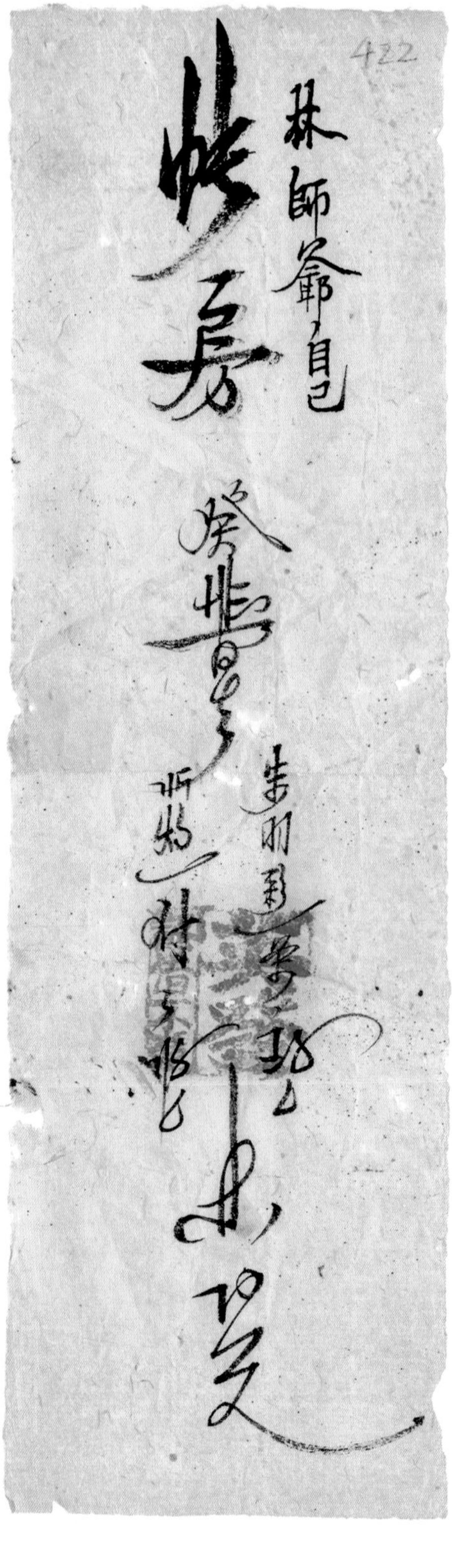

林師爺[264]自己
帳房　癸12月30日去
朱羽彩一条艮7.5角
2斤灼一对艮2.5角
【印】[265]　共1.0元。

264 林師爺：林拱辰。
265 印記內文：「英發／赊借不憑」。

（七）兌貨單

90・致耀宗兄兌貨單

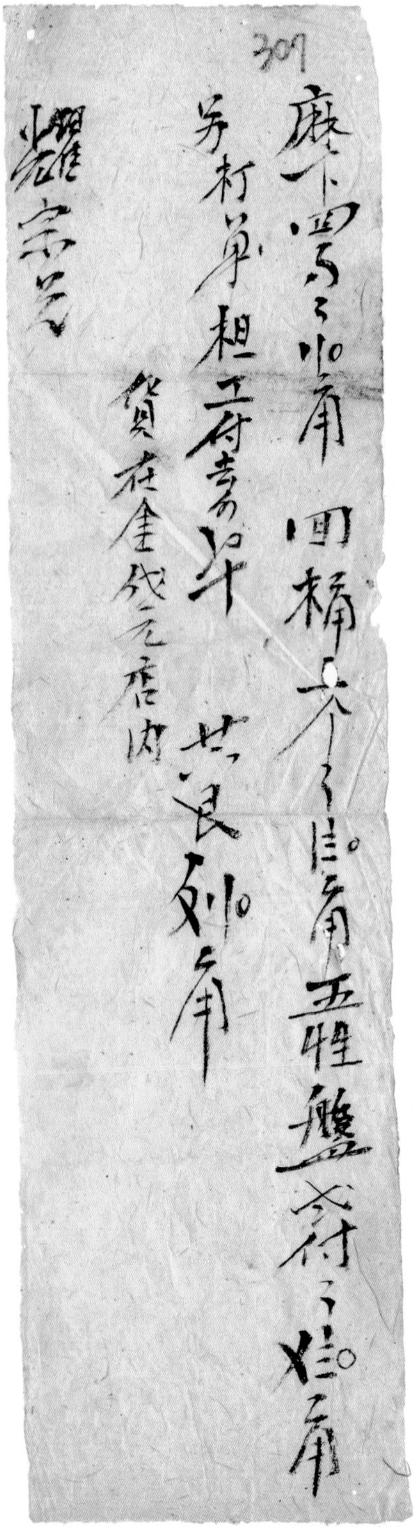

廡下四□，艮2.0角，圓桶二个，艮1.80角，五牲盤弍付，艮4.80角。

另杉単相工付去錢60，共艮9.20角。

貨在金成元店內。

耀宗兄

（七）兌貨單

91・程文成號兌貨單

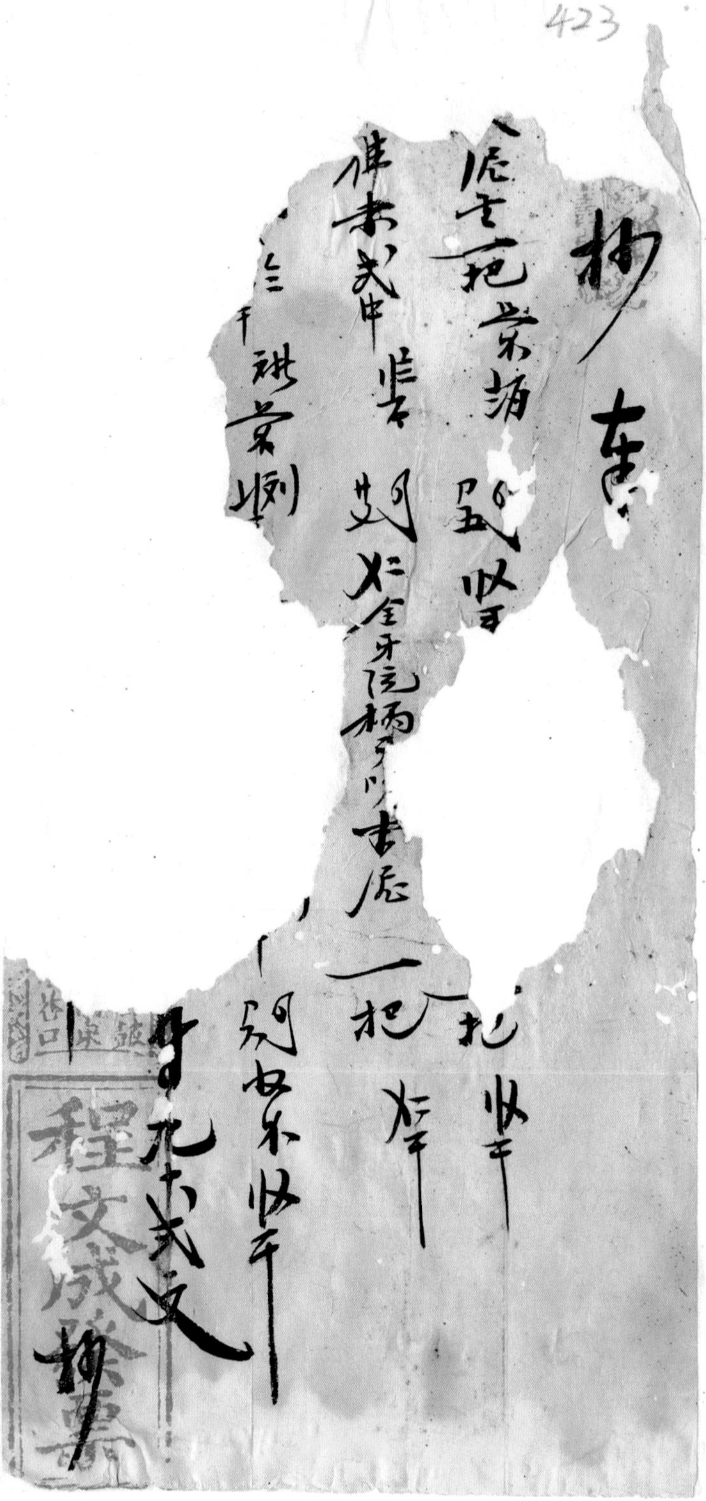

【印】[266] 抄奉

……泥□一把□8百 月初五，二四……一把2,400。

……佛[朱?]式中280 月廿七，四二全牙統柄□□末□一把4,200。

……諸費6,192……□収錢2,400。

……□九十弍文。

……【印】[267] 抄【印】[268]

---

266 印記內文不詳。

267 印記內文不詳。

268 印記內文：「程文成發票」。

（七）兌貨單

92・三泰呢羽布庄兌貨單

424

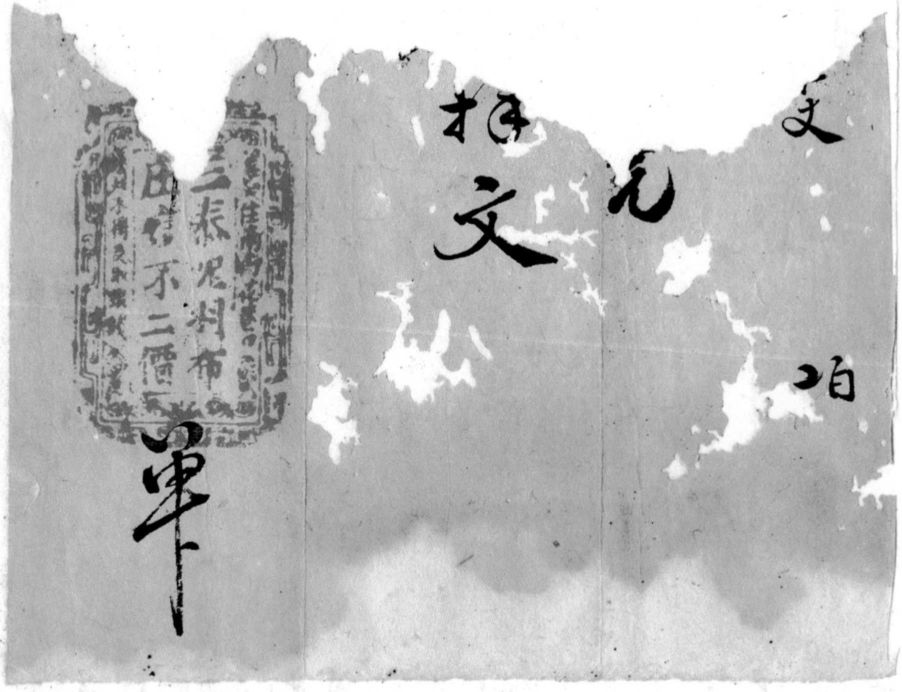

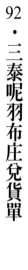

……文6百。
……元。
……拜文。
……单【印】269

269 印記內文：「三泰呢羽布庄信不二價」。

（七）兌貨單

93・三月十七兌貨單

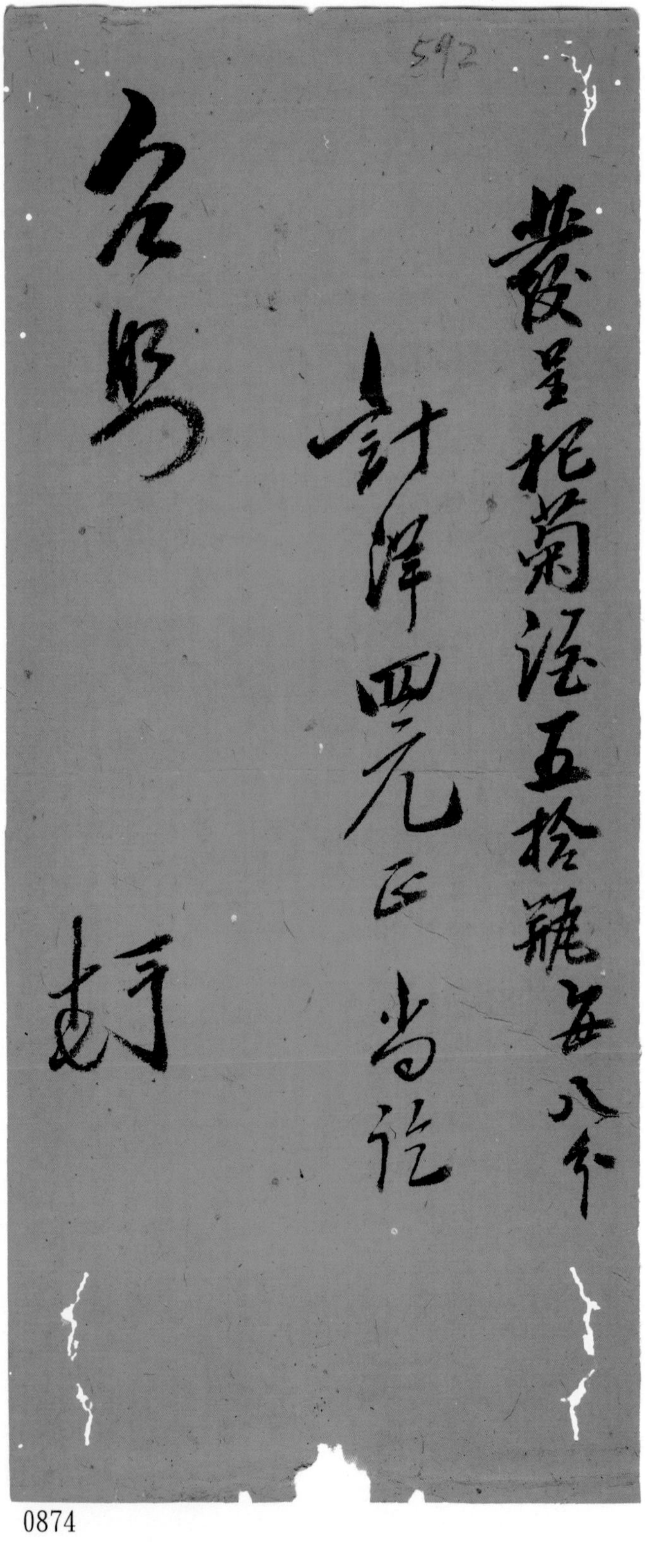
592
發呈桂菊絲五拾羅每八分
討洋四元正 尚訖
合照
封

0874

發呈杞菊酒[270]五拾瓶每八分

計洋四元正，当訖。

台照。

三月十七

270 杞菊酒：民間傳統藥酒。以枸杞子、甘菊花、麥冬、糯米為材釀製而成。有養肝明目、補腎益精之功效。方愛平、姚偉鈞主編，《中華酒文化辭典》（成都：四川人民出版社，二〇〇一年），頁六一〇。

（七）兌貨單

94・廿五兌貨單

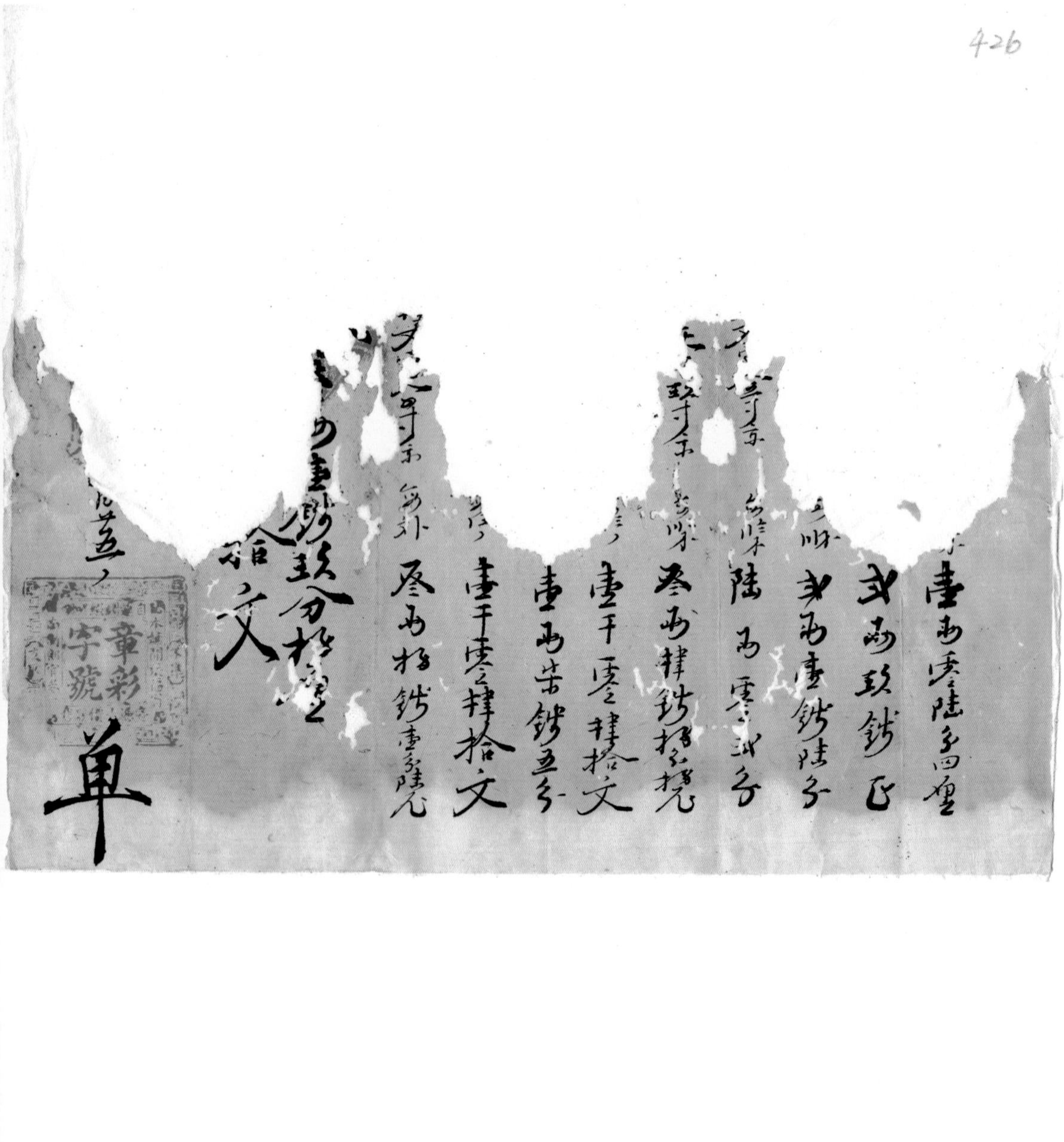

……壹兩零陸分四厘。

……弍兩玖錢正。

……3錢，弍兩壹錢陸分。

……尺五寸□，每2.8錢，陸兩零弍分。

……玖寸□，每3.?錢，叁兩肆錢捌分捌厘。

……壹千零肆拾文。

……壹兩柒錢五分。

……壹千零肆拾文。

……丈□尺□寸□，每9分，叁兩捌錢壹分陸厘。

……【印】[271]……兩壹錢玖分捌厘。

……拾文。

……【印】[272] 月廿五□单【印】[273]

---

271 印記內文不詳。

272 印記內文不詳。

273 印記內文：「章彩字號」。

（七）兌貨單

95・兌貨單

除收外更該銀柒錢□□五厘

肆兩弍錢伍分伍厘

……肆兩弍錢伍分伍厘。

……

除收外，更該銀柒錢□分伍厘。【印】[274]

---

274 印記內文不詳。

（八）支銀單

96．庚納月廿四日林合致林朝棟工銀單

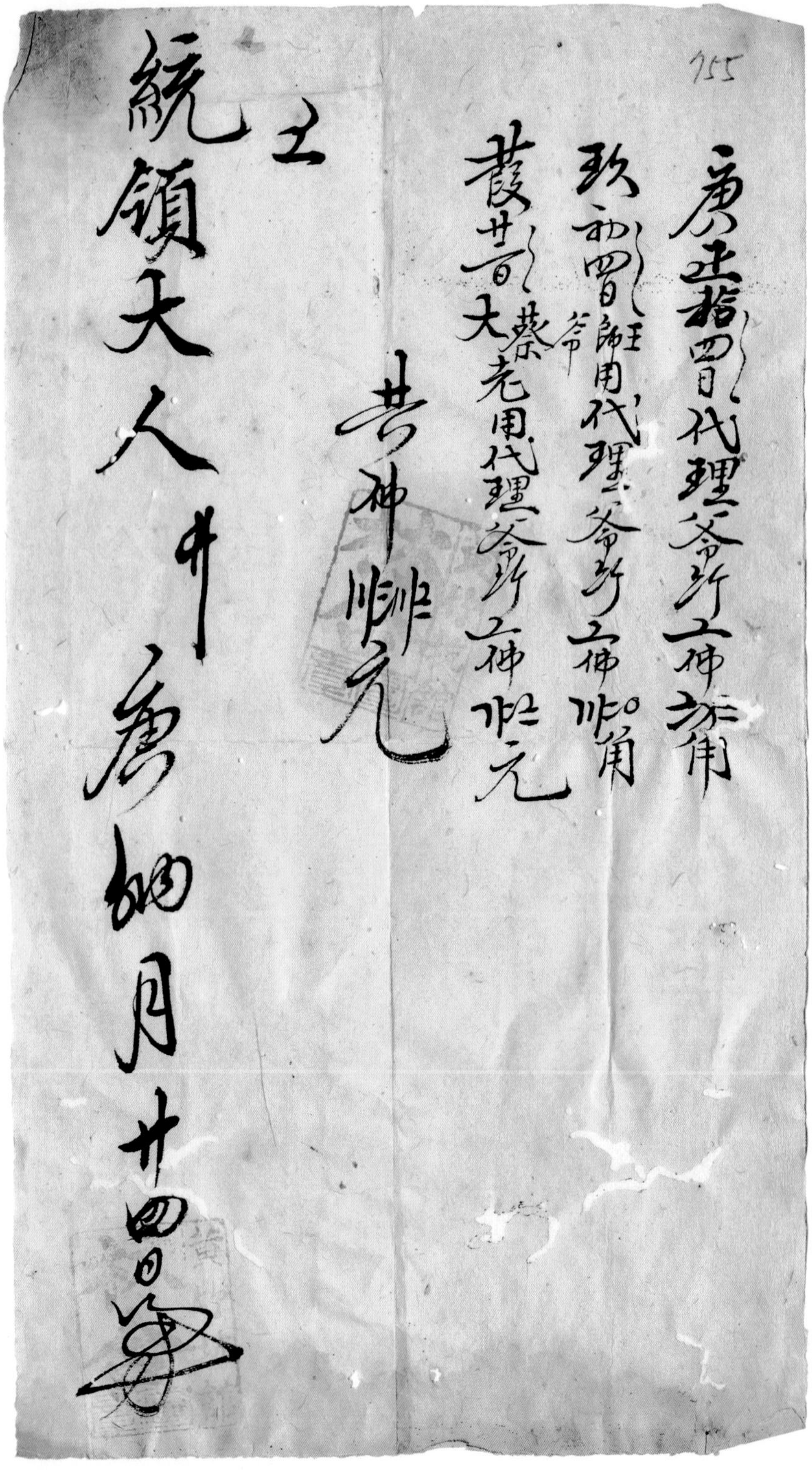
庚正月四日代理爹新工神〻角
致和四日師主用代理爹新工神作角
葭廿日大蔡先用代理爹新工神作元
共神　元
上
統領大人廿
庚納月廿四日字

0812

庚[275]正月拾四日代理爺7ケ工，佛7.47角。

玖月初四日王師爺用代理爺7ケ工，佛3.20角。

葭月[276]廿二日蔡大老用代理爺7ケ工，佛2.27元。

共佛3.337元。【印】[277]

上

統領大人 升 庚納月廿四日单【印】[278]

275 庚：庚寅年，光緒十六年（一八九〇）。
276 葭月：農曆十一月。
277 印記內文：「林合／黄竹坑舘／圖章」。
278 印記內文：「林合／黄竹坑舘／圖章」。

（八）支銀單

97・電報費支銀單 279

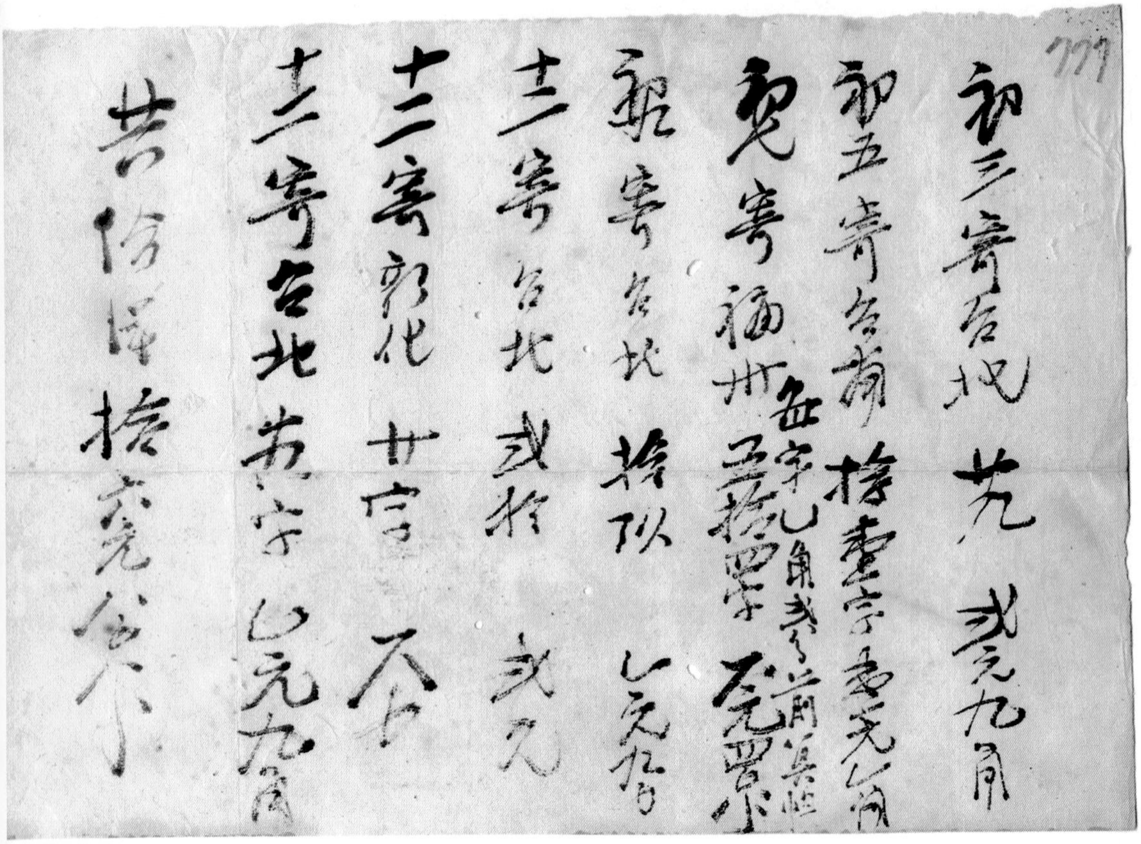

初三寄台北　卄九　弍元九角。

初五寄台南　拾壹字，壹元乙角。[280]

初七寄福州[281]　五拾四字，六元四角八分。[282]

每字乙角弍分，前算悞。

初九寄台北　拾玖　乙元九角。

十二寄台北　弍拾　弍元。

十二寄彰化　卄字　六角。[283]

十二寄台北　十九字　乙元九角。

共給洋拾六元八角八分。

---

279 依文書內容與地緣關係推測，發報地點似為臺縣局。

280 發往臺北與臺南，每字一角。

281 臺灣與福州電報線（即水線）之架設，係在清法戰爭結束後，由通商委員李彤恩及張鴻祿向各洋行尋價，最後與開價較廉並願接受清方無息分期給付價銀的英商怡和洋行訂約，承辦水線安設，由臺北滬尾達福州之川石山（閩江口之芭蕉島），福、臺兩省可先行通報，臺地消息可以透過福建與中國本土各省聯繫，也代表著使臺灣進入世界通信圈內。藤井恭敬，《臺灣郵政史》（臺北：臺灣總督府民政部通信局，一九一八年），頁一九六。

282 發往福州每字單價一・二角。

283 發往鄰近彰化，每字〇・三角。

（八）支銀單

98・付臺灣縣支銀單

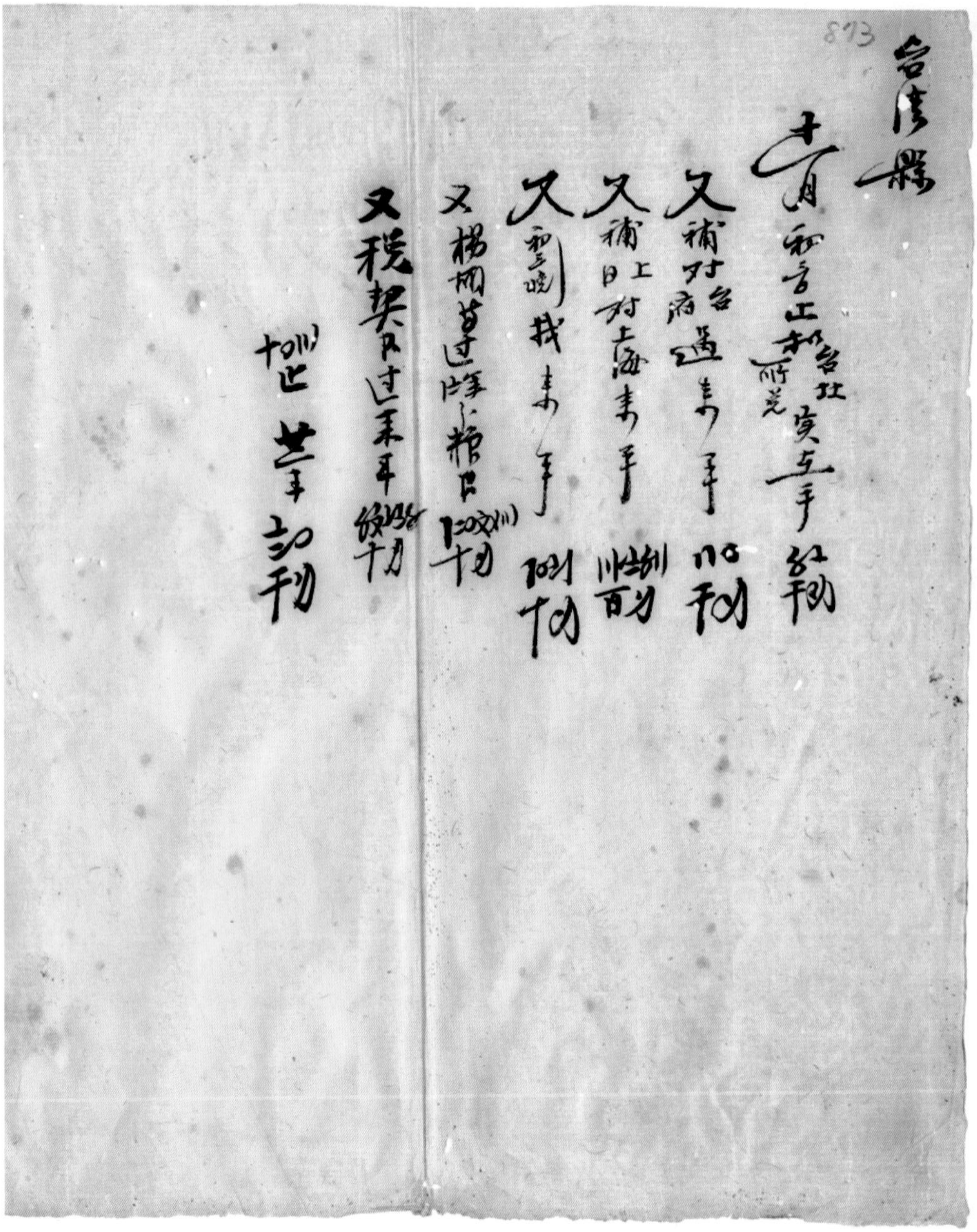

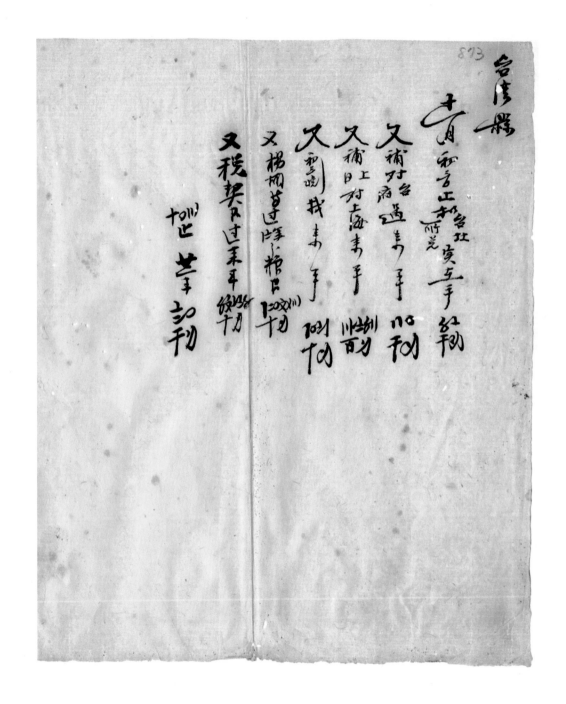

台灣縣

十一月初三日上扣台北所兑实在平5,600兩。

又補对台府過來平2,000兩。

又補上日对上海來平317.52兩。

又初三晚找來平10.71兩。

又楊胡荨过17年分粮艮12.0943兩。

又税契艮过來平59.675兩。

10月初3止共平8,000兩。

（八）支銀單

99・廿八晚五合致林拱辰支銀單

拱長師爺 閣下 承

統帥面諭職工之項先支弍拾元付阿火兄開發為切

勿悞此奉

升安

廿八晚 借印

五合

0588

拱辰師爺　閣下　承
統帥面諭，城工之項[284]先支弍拾元，付阿火兄開発。至切，
勿悞。此奉
升安。
　　　　廾八晚　借印【印】[285]

284 城工之項：疑為修築臺灣省城之工程款項。
285 印記內文：「五合」。

（八）支銀單

100．新隆興號報支銀單

家□叔大人8月30日对鐘功輝支去艮1.244元。【印】286

286 印記內文：「新龍興書柬」。

（八）支銀單

101・源順號報支銀單

1181

泮水舍[287]。辛8月初3承单去賬393元，平280兩。【印】[288]

3452、3584、363、357、3573、3565、3516、311

287 泮水舍：吳鸞旂。

288 印記內文：「源順／圖章」。

（八）支銀單

102・代水舍開發各款銀項

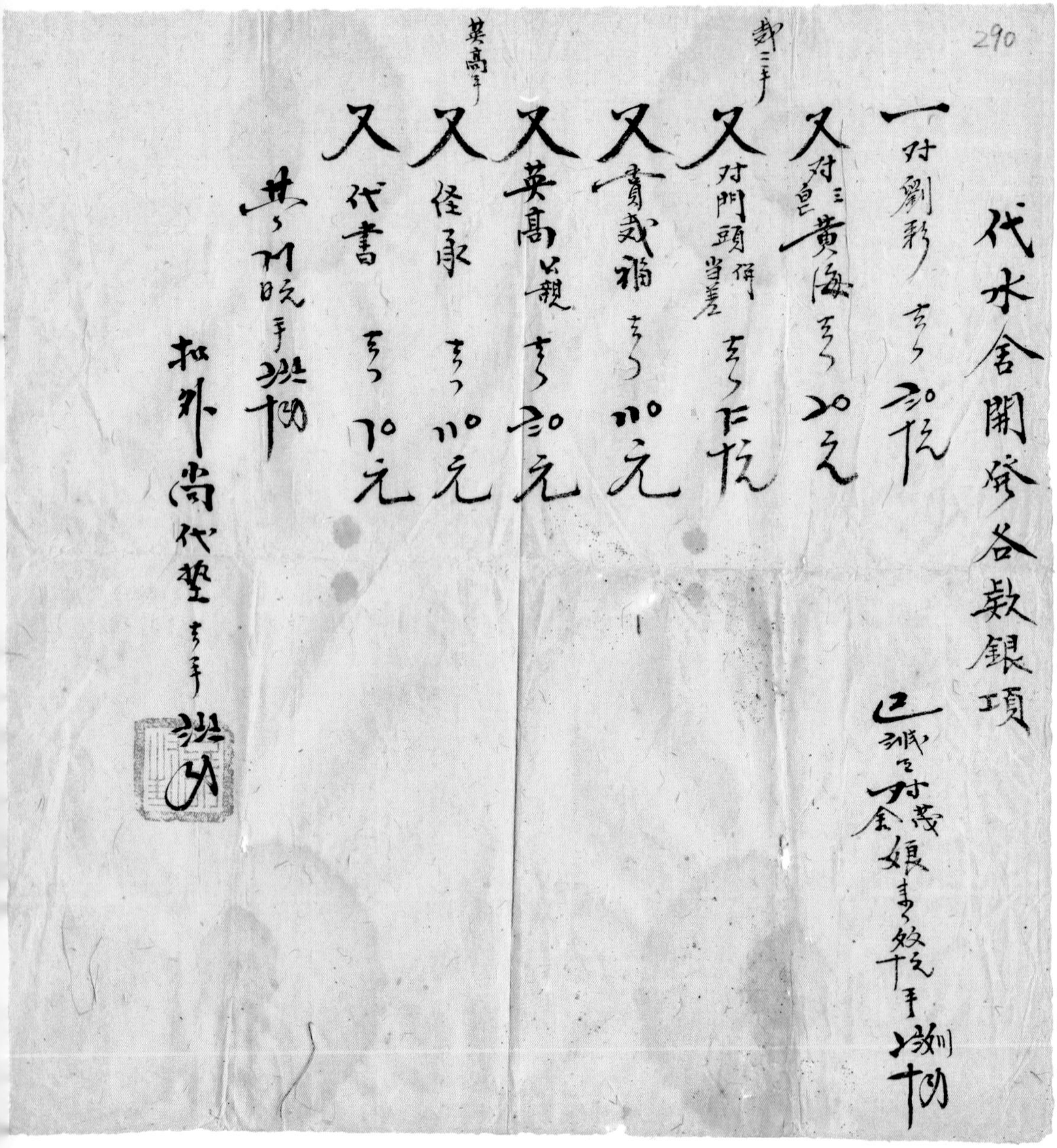

代水舍開發各款銀項

一对劉彩　去艮〢〇佰

又对三邑黃海　去艮〢〇元

又对門頭当差併　去艮〥佰

又貴武福　去艮〢〇元

又英高公親　去艮〢〇元

又侄承　去艮〢〇元

又代書　去艮〦〇元

共々計艮　手收　十四

扣外尚代墊去艮　手收

己誠又对余出娘去艮　元　手收　十四

英高手

武三手

290

代水舍開発各欵銀項

一対劉彩 去艮80元。 己8月22対茂舍娘來艮99元，平68.93兩。

又対三皂[289]黃海去艮6.0元。

戴二手

又対門頭併当差 去艮12元。

又賞戴福 去艮2.0元。

又英高公親 去艮8.0元。

英高手

又経承[290] 去艮2.0元。

又代書 去艮1.0元。

共艮111元，平77.7兩。

扣外尚代墊去平8.77兩。【印】[291]

---

289 三皂：皂隸與快役皆為清代地方衙門差役。以清代淡水廳為例，皂役與快役各分三班，故皂役有一皂、二皂、三皂之分，各班設有一頭役（或稱班頭）。戴炎輝，《清代臺灣之鄉治》，頁六五〇—六五一。

290 經承：衙門內辦文稿者。

291 印記內文：「護封」。

（八）支銀單

103・癸巳元月十四日陳爐致林拱辰支銀單

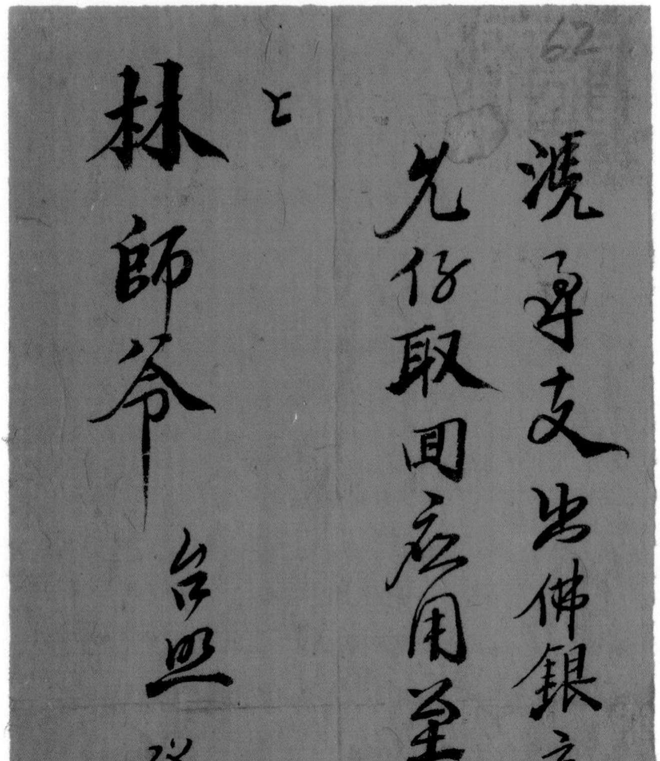

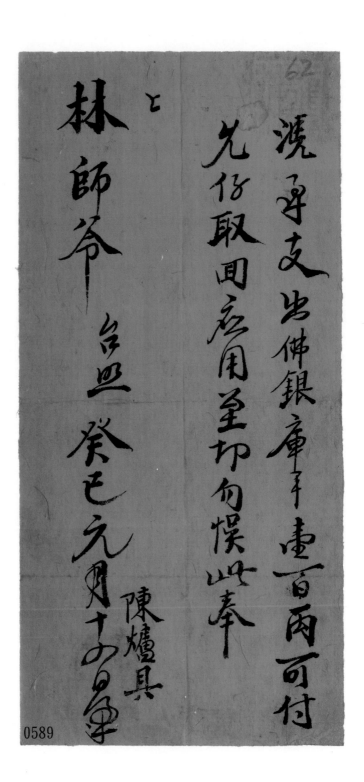

凴单支出佛銀庫平壹百両，可付
允仔取囬应用。至切，勿悮。此奉
上
林師爺　台照
陳爐具
癸巳[292]元月十四日单

292 癸巳：光緒十九年（一八九三）。

（九）其他

104・同治伍年參月林宋氏、林辛立悔過懇資甘願字

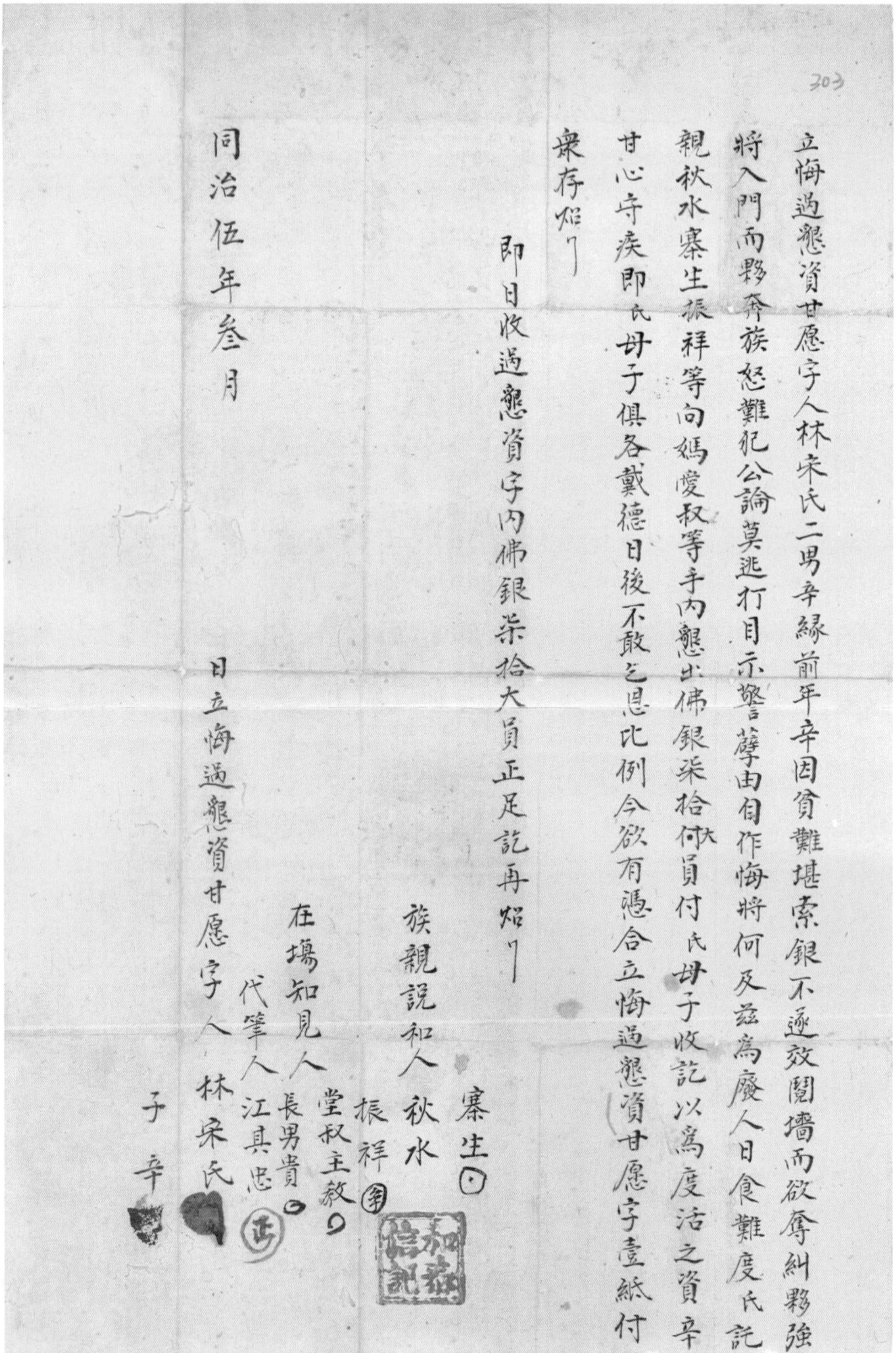

立悔過懇資甘愿字人林宋氏二男辛緣前年辛因貧難堪索銀不遂效閭墻而欲奪糾夥強扎
將入門而夥奔族怒難犯公論莫逃打目示警孽由自作悔將何及益爲廢人日食難度氏託族
親秋水寨生振祥等向媽愛叔等手內懇出佛銀柒拾大員付氏母子收訖以爲度活之資辛愿
甘心守疾即氏母子俱各戴德日後不敢乞恩比例今欲有憑合立悔過懇資甘愿字壹紙付族
衆存炤。

即日收過懇資字內佛銀柒拾大員正足訖再炤。

族親說和人 寨生 秋水 振祥

在場知見人 堂叔主敎 長男貴

代筆人 江其忠

同治伍年叁月 日立悔過懇資甘愿字人 林宋氏 子 辛

立悔過懇資甘愿字人林宋氏、二男辛，緣前年辛因貧難堪，索銀不遂，效鬩墻而欲奪，糾夥強札，將入門而夥奔，族怒難犯，公論莫逃，打目示警，孽由自作，悔將何及，茲爲廢人，日食難度。氏託族親秋水、寨生、振祥等向媽愛叔等手內懇出佛銀柒拾大員付氏母子收訖，以爲度活之資。辛愿甘心守疾，即氏母子俱各戴德，日後不敢乞恩比例。今欲有憑，合立悔過懇資甘愿字壹紙，付族衆存炤。

即日收過懇資字內佛銀柒拾大員正足訖，再炤。

寨生（花押）

振祥（花押）

族親說和人秋水【印】[293]

在場知見人

堂叔主教（花押）

長男貴（花押）

代筆人江其忠（花押）

同治伍年叁月　日立悔過懇資甘愿字人林宋氏（花押）

子辛（花押）

293 印記內文：「和泰信記」。

（九）其他

105・光緒肆年貳月十六日活源當票[294]

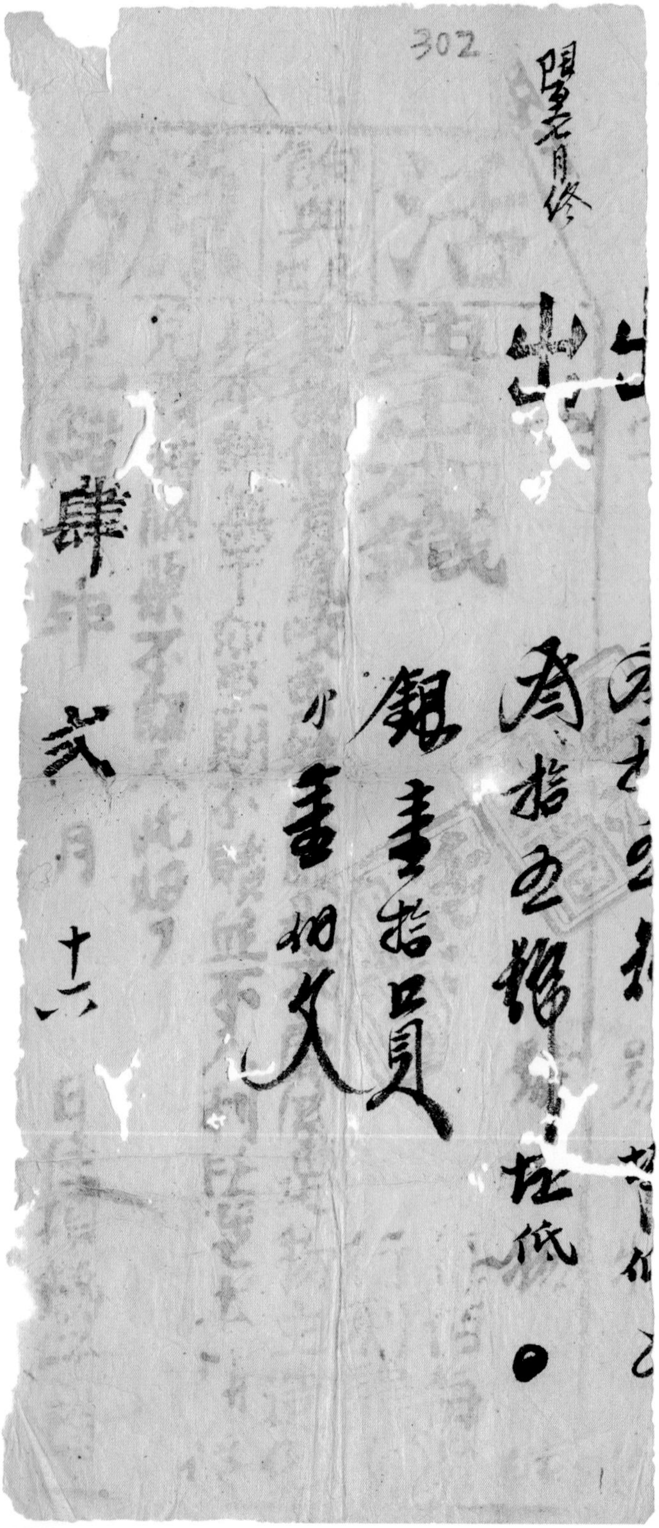

0608

限至七月終　出　叁拾五號號……

活	餉典足出	源

出字　叁拾五號號【印】[295]　址低□

典出本錢　銀壹拾員【印】[296]　□佰每月

錢壹佰文　行利肆□

其物倘有鼠咬蟲蛀……是物主造化，

與本舖無干，如至期不贖並不入利，□□本舖後

兑贖時認票不認人。此炤。

光緒肆年弎月十六日條……

294 清代臺灣當票內容多記載（一）當舖名稱；（二）物名稱；（三）當本銀額；（四）利率；（五）期限；（六）贖回年月日；（七）當物因水、火或蟲蛀損壞時不必負責；（八）要憑當票贖回當物等。臨時臺灣舊慣調查會編，《臨時臺灣舊慣調查會第一部調查第三回報告書臺灣私法第三卷上》（臺北：臨時臺灣舊慣調查會，一九一一年），頁七五—七六

295 印記內文：「活源餉當」。

296 印記內文：「活源餉當」。

（九）其他

106・光緒拾參年肆月錦茂當票

0607

業字弍佰七拾八號【印】[297]□□

錦	餉典出足	茂

業字278號□□佛銀壹拾叁員。【印】[298]
平9.09兩。
……
……
……
□□面限壹年銷
□□□
光緒拾叁年肆月 日……

297 印記內文不詳。
298 印記內文：「錦茂餉當」。

（九）其他

107・林合佃人殺番賞銀單

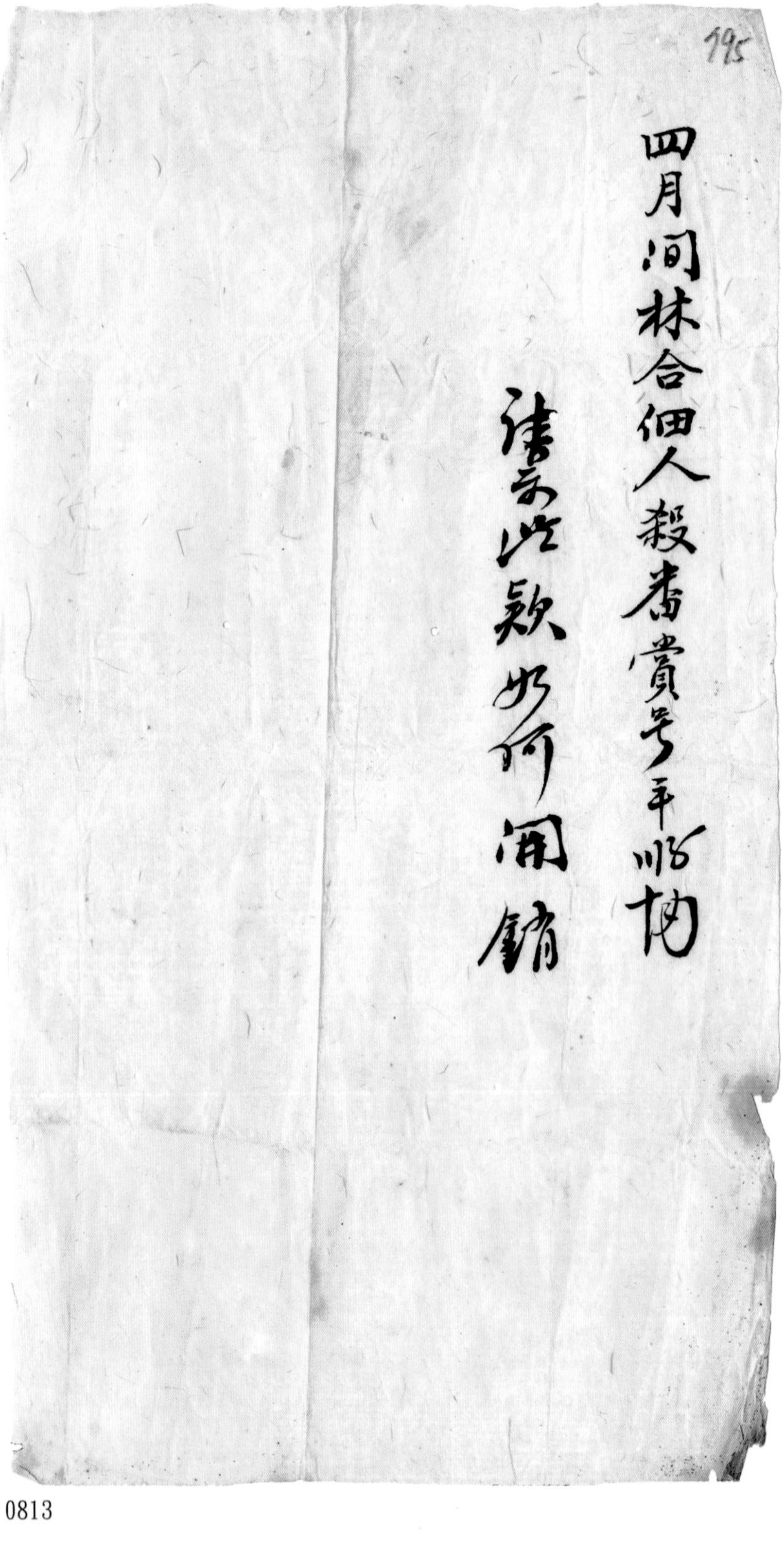
195
四月間林合佃人殺番賞銀平卅兩
隨交此款如何開銷

0813

四月間林合[299]佃人殺畨賞号，平35兩。

請示此欵如何開銷。

[299] 林合：林朝棟、林文欽組織之墾號，以經營腦業為主，範圍約自抽藤坑至集集，沿線設有隘勇兩營，由林榮泰、劉以專率領。連橫，《臺灣通史》（文叢第一二八種），頁三七一；王世慶、陳漢光、王詩琅撰，《霧峯林家之調查研究》，頁一九。

（九）其他

108・十二月初六乙巳日卯時林剛愍公神主進祠 (1)

宝珍

靖學

儒家李殿馨選課仕漳新府路

（九）其他

108・十二月初六乙巳日卯時林剛愍公神主進祠 (2)

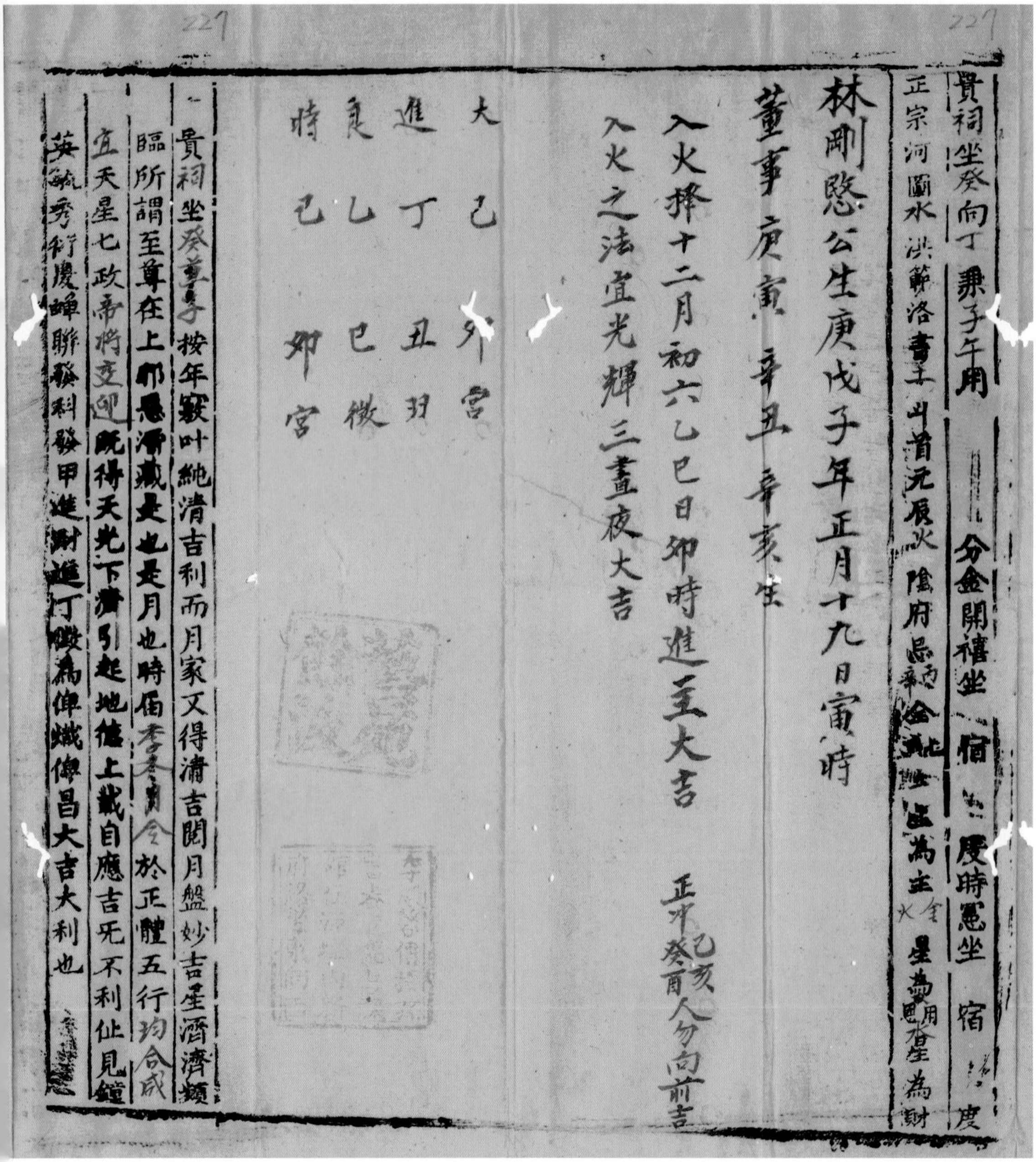

貫祠坐癸向丁 兼子午用 分金開禧坐 宿 度 慶時憲坐 宿 度

正宗河圖水 洪範洛書土 斗首元辰火 陰府忌辛丙 金[illegible]為主 火金 星為用 奎星為財

林剛愍公生庚戊子年正月十九日寅時

董事庚寅 辛丑 辛亥生

入火擇十二月初六乙巳日卯時進主大吉

入火之法宜光輝三晝夜大吉

正中乙亥 癸酉人勿向前吉

大乙 外宮

進丁 丑羽

良乙 巳徵

時己 卯宮

一貫祠坐癸兼子 按年家叶純清吉利而月家又得清吉閱月盤妙吉星濟濟類

臨所謂至尊在上邪愚潛藏是也是月也時值李太白令於正體五行均合成

宜天星七政帝將交迎既得天光下潜引起地德上載自應吉无不利仕見鐘

英毓秀衍慶蟬聯發科發甲進財進丁繼為偉熾偉昌大吉大利也

貴祠坐癸向丁[300]兼子午用　分金開禧坐　宿　度時憲坐　宿　度

正宗河圖水洪範洛書土斗首元辰火　陰府忌（丙辛）全（□□）□正為主（金火）星為（用恩）水星為財

林剛愍[301]公生庚戊子年[302]正月十九日寅時[303]

董事　庚寅　辛丑　辛亥生

入火择十二月初六乙巳日卯時進主[304]大吉　正沖（己亥癸酉）人勿向前吉

入火之法宜光輝三晝夜大吉

大己　卯宮

進丁　丑羽

良乙　巳徵　【印】[305]　【印】[306]

時己　卯宮

貴祠坐癸兼子，按年簸叶，純清吉利，而月家又得清吉，閱月盤妙，吉星濟濟，頻臨所謂至尊在上，邪惡潛藏是也。是月也，時届季冬月令，於正體五行均合咸宜，天星七政，帝將交迎。既得天光下濟，引起地德上載，自應吉旡不利，仕見鐘英毓秀，衍慶蟬聯，發科發甲，進財進丁，徵為俾熾俾昌，大吉大利也。

---

300 坐癸向丁：風水上，將方位分為二十四方，每個方位占十五度，坐癸向丁即坐北偏東向南偏西。

301 林剛愍：林文察，字密卿。長子朝棟、次子朝雍、三子朝宗，歷任至福建陸路提督，同治三年於漳州陣亡，奉旨給銀祭葬，加增太子少保銜，謚剛愍，並給騎都尉兼一等雲騎尉世職，光緒十六年（一八九〇）巡撫劉銘傳據臺灣士紳等七十五人奏建，於新設之臺灣縣祭祀福建陸路提督林文察，編入祀典，春秋由官致祭，同年十月初一光緒珠批准建，十八年（一八九二）二月落成。參見許雪姬，〈林文察與臺勇——臺勇內調之初探〉，收於中央研究院近代史研究所編，《近代中國區域史研討會論文集（上）》（臺北：編者，一九八六年），頁三一八—三一九。

302 戊子年：道光八年（一八二八）。

303 寅時：三至五時。

304 進主：為逝者安位。

305 印記內文：「藝苑餘波」。

306 印記內文：「李殿馨傳□孫□春□福吉課舘住漳城內新府路坐東向西」。

109・點主儀註

834

點主儀註
請
點主官坐公堂稟陞堂
稟站軍鑼
請
點主官離位
點主就位進紅筆
天開黃道
指日高陞
恭點神主
子孫昌盛
點主官舉筆呵氣孝男孝孫皆呵氣
主上一點紅子孫代代狀元郎投紅筆紅筆投東進黑筆
點主官舉筆呵氣孝男孝孫孝眷人等皆呵氣
紅蓋黑子孫代代公侯伯留黑筆
點主官連陞三級
點主畢孝男孝孫謝拜

0925

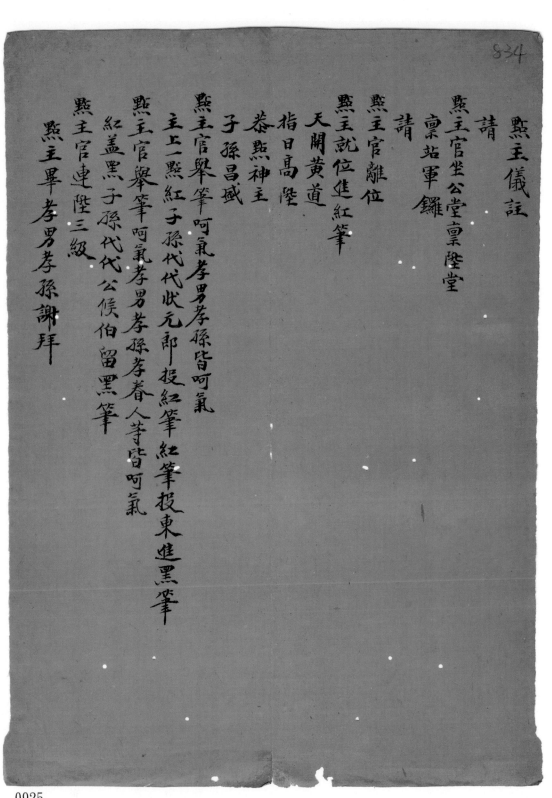

點主[307]儀註

請

點主官坐公堂。稟陞堂。

稟站軍鑼。

請

點主官離位。

點主就位。進紅筆。

天開黃道。

指日高陞。

恭點神主。

子孫昌盛。

點主官舉筆呵氣。孝男、孝孫皆呵氣。

主上一點紅，子孫代代狀元郎。投紅筆。紅筆投東。進黑筆。

點主官舉筆呵氣。孝男、孝孫、孝眷人等皆呵氣。

紅盖黑，子孫代代公侯伯。留黑筆。

點主官連陞三級。

點主畢。孝男、孝孫謝拜。

307 點主：在逝者的牌位上點劃。

（九）其他

110・行三獻禮通讚頌之

102-50

行三献禮通讚誦之

擂鼓三嗵。响號。開花炮。動大樂。動小樂。樂止。執事者各執其事。主祭官就位。陪祭官就位。行盥洗礼。行迎神祖礼。行上香礼。行初献礼。行讀祝礼。行亞献礼。行三献礼。陪祭官行楚献礼。行飲福受胙礼。行謝胙礼。行化帛焚祝礼。主祭官陪祭官各客位。主祭官陪祭官再就位。行望燎礼。行謝神礼。礼畢撤饌。執事者各退班。指日高陞。科甲聯登。

行三獻禮[308]通讚誦之

擂鼓三通。响號。開花炮。動大樂。動小樂。樂止。執事者各執其事。主祭官就位。陪祭官就位。行盥洗礼。行迎神礼。行上香礼。行初献礼。行讀祝礼。行亞献礼。行三献礼。陪祭官行焚献礼。行飲福受胙礼。行謝胙礼。行化帛焚祝礼。主祭官、陪祭官各容位。主祭官、陪祭官再就位。行望燎[309]礼。行謝神礼。礼畢。撤饌。執事者各退班。指日高陞。科甲聯登。

---

308 三獻禮為綜合儒家禮儀與道教科儀的敬神祀祖儀式，為祭祀中最隆重的禮節。三獻禮共分為初獻、亞獻、終獻三個階段。初獻就是上香，亞獻就是上花果，終獻就是獻金帛，禮成後放鞭炮。「三獻禮」，「臺灣大百科全書」：http://www.lingtai.gansu.gov.cn/wenxue/news/view.asp?id=527 2 http://www.ihakka.net/hakka2002/newpaper/9103/htm/ 3 insideh-3.htm 4 http://water.tacocity.com.tw/（2017/11/10 點閱）。

309 望燎：按照大祭禮制，要焚燒紙錢、金銀箔，主家人要站在月台西南角的望燎位觀看。

（九）其他

111・行三獻禮引讚頌之 (1)

702-51

行三献礼

引讚誦之

詣于盥洗所。盥洗。復位。詣于鞠躬。迎神。。跪。叩首。再叩首。三叩首。陞。跪。四叩首。五叩首。六叩首。陞跪。。七叩首。八叩首。滿叩首。詣于文昌帝君暨列位聖賢之座前。跪。進香。初上香。再上香。三上明香。進酌。献酒。灌地。叩首。再叩首。三叩首。陞。平身。復位。詣于文昌帝君之座前。跪。献清茶。進酌。初献酒。初献饌。献粿品。叩首。再叩首。三叩首。陞。平身。復位。詣于文昌帝君之香案前。跪。俯伏。讀祝者亦跪。開讀。叩首。再叩首。三叩首。陞。跪。平身。復位。詣于文昌帝君之座前。跪。進酌。再献酒。再献饌。献剛鬣。献柔毛。献時羞。献粢盛。献壽麵。叩首。再叩首。三

行三獻禮　引讚誦之[310]

詣于盥洗所。盥洗。復位。詣于鞠躬迎神。跪。叩首。再叩首。三叩首。陞。跪。四叩首。五叩首。六叩首。陞。跪。七叩首。八叩首。滿叩首。詣于文昌帝君暨列位聖賢之座前跪。進香。初上香。再上香。三上明香。進酌。献酒。灌地。叩首。再叩首。三叩首。陞。平身復位。詣于文昌帝君之座前跪。献清茶。進酌。初献酒。初献饌。献粿品。叩首。再叩首。三叩首。陞。平身復位。詣于文昌帝君之香案前跪。俯伏讀祝者亦跪。開讀叩首。再叩首。三叩首。陞。平身復位。詣于文昌帝君之座前跪。進酌。再献酒。再献饌。献剛鬣[311]。献柔毛[312]。献時羞[313]。献粢盛[314]。献寿麵。叩首。再叩首。三

310 對神明行三獻禮時，初獻時會獻花、獻茗、獻菓、進爵（進酒）、獻酒、獻壽桃、獻壽麵、獻財帛；亞獻時會進爵（進酒）、獻酒、灌地、獻饌、獻菓品、獻財帛；終獻時會進爵（進酒）、獻酒、灌地、獻饌、獻菓品、獻財帛、獻剛鬣、獻柔毛、獻牲醴。祭祀者還分為主祭生與陪祭生，在主祭生行完終獻禮後，陪祭生則行分獻禮獻上進爵（進酒）、獻酒、灌地、獻饌、獻菓品、獻財帛、獻剛鬣、獻柔毛、牲醴。「三獻禮」，「臺灣大百科全書」：http://www.lingtai.gansu.gov.cn/wenxue/news/view.asp?id=527 2 http://www.ihakka.net/hakka2002/newpaper/9103/htm/ 3 insideh-3.htm 4 http://water.tacocity.com.tw/（2017/11/10 點閱）。

311 剛鬣：古代祭祀所用豬的專稱。

312 柔毛：古代祭祀所用之羊的別稱。

313 時羞：應時的食品。

314 粢盛：祭祀時將黍稷放在祭器裡，稱粢盛。

（九）其他

111・行三獻禮引讚頌之(2)

叩首。陞。平身復位。詣于文昌帝君之座前跪。進酌。
三獻酒。三(獻)饌。獻牲醴。獻儀帛。獻財宝。叩首。再叩首。三
叩首。陞。平身復位。陪祭官詣于文昌帝君暨列位聖賢
之座前跪。進香。初上香。再上香。三上明香。獻清茶。進酌。
初獻酒。再獻酒。三獻酒。初獻饌。再獻饌。三獻饌。獻剛
鬣。獻柔毛。獻牲醴。獻菜盛。獻寿麵。獻粿品。獻
時菓。獻儀帛。獻財宝。叩首。再叩首。三叩首。陞。平身復位。
詣于文昌帝君之香案前跪。飲福酒。受胙肉。叩首。再
叩首。三叩首。陞。平身復位。詣於文昌帝君之香案前
跪。叩首。再叩首。三叩首。陞。跪。四叩首。五叩首。六叩首。
陞。跪。七叩首。八叩首。滿叩首。陞。平身復位。主祭官。請
客位。陪祭官。請客位。主祭官再就位。陪祭官再就

叩首。陞。平身復位。詣于文昌帝君之座前跪。進酌。三獻酒。三獻饌。獻牲醴。獻儀帛。獻財宝。叩首。再叩首。三叩首。陞。平身復位。陪祭官詣于文昌帝君暨列位聖賢之座前跪。進香。初上香。再上香。三上明香。獻清茶。進酌。初獻酒。再獻酒。三獻酒。初獻饌。再獻饌。三獻饌。獻剛鬣。獻柔毛。獻牲醴。獻粢盛。獻寿麵。獻粿品。獻時羞。獻儀帛。獻財宝。叩首。再叩首。三叩首。陞。平身復位。詣于文昌帝君之香案前□跪。飲福酒[315]受胙肉[316]。叩首。再叩首。三叩首。陞。平身復位。詣於文昌帝君之香案前跪。叩首。再叩首。三叩首。陞。跪。四叩首。五叩首。六叩首。陞。跪。七叩首。八叩首。滿叩首。陞。平身復位。主祭官。請容位。陪祭官。請容位。主祭官再就位。陪祭官再就

---

315 福酒：古人以為祭祀所餘之酒，飲之可以得福，故名之。徐海榮主編，《中國酒事大典》（北京：華夏出版社，二〇〇二年），頁八六。

316 胙肉：祭拜鬼神用的牲肉。

（九）其他

111・行三獻禮引讚頌之(3)

102-53

位。詣于望燎所。各望燎。進酌。献酒。潤錢。復位。跪。

叩首。再叩首。三叩首。陞。跪。四叩首。五叩首。六叩首。陞。跪。

七叩首。八叩首。滿叩首。陞。

位。詣于望燎所。各望燎。進酌。獻酒。潤錢復位。跪。
叩首。再叩首。三叩首。陞跪。四叩首。五叩首。六叩首。陞。跪。
七叩首。八叩首。滿叩首。陞。

（九）其他

112・關帝君祝文 (1)

關帝君祝文

光緒拾肆年○歲次戊子○月建丙午○朔日丁

巳○越祭日己巳○之良辰○主祭官厶陪祭官厶仝

今年東家厶等謹以牲饌時羞○清茶菓品○清

酌玉帛○香楮之儀○致祭於關聖帝君○暨列位聖

賢之座前曰○帝心簡在○宇內稱君○忠貞扶一主○義

關帝君祝文[317]

光緒拾肆年。歲次戊子。月建丙午。朔日丁巳。越祭日己巳。之良辰。主祭官△△。陪祭官△△。今年東家△△等謹以牲饌時羞。清茶菓品。清酌玉帛。香楮之儀。致祭於關聖帝君。暨列位聖賢之座前曰。帝心簡在。宇內稱君。忠貞扶一主。義

---

317 祝文：古代祭祀天地山川社稷宗廟的一種文體。其內容主要有六：一曰告，二曰脩（常祀也），三曰祈（求也），四曰報（謝也），五曰辟（讓也），六曰謁（見也）。其形式既有散文，亦有韻文。此文體自秦漢以降，各朝代因襲，直到民國以後廢止。林非主編，《中國散文大辭典》（鄭州：中州古籍出版社，一九九七年），頁四四。

（九）其他

112・關帝君祝文（2）

勇冠三軍。躍馬揮刀。千里獨遊。整躬危坐。

激志經綸。一匡漢室。鼎足三分。身備五德之全。

位列虎將之尊。乃神（乃聖）。乃武乃文。讀春秋。超

人群。凡在弟子。久仰裁成。茲當聖誕。春粢茶

清。聖神如在。鑒此微誠。更祈默佑先后

成名。扶搖直上。捷足雲程。簪纓搢笏。冠蓋

顯榮。尚饗

勇冠三軍。躍馬揮刀。千里獨逩。整躬[318]亢坐。厥志經綸。一匡漢室。鼎立三分。身備五德之全。位列虎將之尊。乃圣乃神。乃武乃文。讀春秋。趨人群。凡在弟子。久仰裁成。茲當聖誕。春粢[319]茶清。聖神如在。鑒此微誠。更祈默佑。先后成名。扶搖直上。捷足雲程。簪纓搢笏[320]。冠帶顯榮。尚饗。

318 整躬：整飭自己的言行儀態。

319 粢：黍、稷、稻、粱、麥、菰等六種穀物的總稱。

320 簪纓搢笏：頭帶古代顯貴者的冠，把笏版插在腰帶上，代指高官顯宦。

（九）其他

113・祭大魁夫子祝文 (1)

702-54

祭大魁夫子祝文

祭大魁夫子[321]祝文

[321] 大魁夫子：即大魁星君、魁星爺，凡參加考試者，無不敬之。

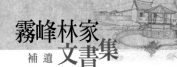

（九）其他

113・祭大魁夫子祝文 (2)

光緒拾叁年歲次丁亥月建
戊申朔日壬丙辰越祭日壬戌之良
辰主祭官賴〃 陪祭官賴〃等謹以
剛鬣柔毛牲饌時羞清酌玉帛
香楮之儀致祭於大魁夫子。豐列

位聖賢之座前曰。鰲頭獨占。一筆點睛。
貌巍巍而惺筆。頭角崢嶸。光耀耀而射斗
北辰星精。化育多士。濟濟群英。文思大
進。筆力縱橫。翩然下降。大啟。明後生小
子。久仰栽成。際當聖誕。虔備醴牲。

光緒拾叁年。歲次丁亥。月建[322]
戊申[323]。朔日壬丙辰。越祭日壬戌之良
辰。主祭官賴△△。陪祭官賴△△等謹以
剛鬣柔毛。牲饌時羞。清酌玉帛。
香楮之儀。致祭於大魁夫子。暨列

位聖賢之座前曰。鰲頭独占。一筆点睛。
貌巍巍而握筆。頭角崢嶸。光耀耀而射斗。
北辰星精。化育多士。濟濟群英。文思大
進。筆力縱橫。翩然下降。大啟明。後生小
子。久仰裁成。茲當聖誕。虔脩醴牲。

322 月建：陰曆每月所建之辰。
323 戊申：天干丁年和壬年，立秋到白露的時段，即戊申月。

（九）其他

114・詩詞習作

深閨秋深少蝶兒害相思情有誰知能語世可論工睡慣拚閒愁小窗詩懸悄西風驚今日对床
夜雨話當時可憐最是黃昏後更聲偏讀宋詞 ○ 榮上錢黃蛇五車千秋為友憶皆盧不空去
飲恩枝筆生補其實恥若書添蝶蝶蜂因解趣狡童相一曳其驚雲飛卓罕惟有此情此根神
是起予 ○ 紅林滿目燦楮其別恨洞愁欲起新白日回卧睡通宵黃金入手又了人也新此可
柳归命未必我生便不辰二十四歲一度去[illegible]日同忽自老此身 ● 七尺軀二十年[illegible]詞柳德
道綠清讀徒衾作風月中儀陪擇[illegible]不[illegible]頃方知財字是虛愛在要眠笑佳懂
経黃卷畢竟囊中剩几錢
悔把西施別嫁人珊瑚綱底漏鯨鱗少年爲證艱難恨長看繡佛淚潸潸自千般愁起如抽緒
九曲腸迴似轉輪惆悵樓臺成隔世不淸一片到江濱 ○ 十二因緣了未空今朝牀上夢魂同黃金
買別難酬補白骨成灰恨不窮終許牆東窺宋玉錯教城北羨徐公可憐月白風清夜腸斷孤燈
淚滴紅 ○ 來歷一生兩相通恨不如鴻毛明年怪底間關因嫦娥卻教蝴蝶判蜘蛛畜育鳥別離鵲
歌舞從來惹禍書典要[illegible]欲出青衣通一諱傷載錦字言愛風 ● 擬將鴆毒作毒媒地天南
樣几回隔世業寫無信[illegible]數年青鳥有書來多情未免迷銖兩隨意何曾惹玉臺
綠窗詩囊送厄運纏珠拋去要藍情
出生來時八月八出生去時九月九黃花時節倜儻廬延一柯鬱鬱陶五柳當作寂寞必良
朋自海東來欣有佛以爲緣鶴住以爲相靈友誰知二月中天不散人長醉首又逢此可挽君
归使我長依山之年今日爲君歌一篇勸君且飲葡萄酒一杯我五斗借到醉時便分手要
使臨行淋淋淚道君歸途莫教箇[illegible]何時相見今西也否

老圃秩深少爍兒，空心況味有誰知。飽諳世事偏工睡，慣挠閒愁□難詩。感情西風驚此日，对床夜雨話当时。可憐最是黃昏後，隻影孤灯誦宋詞。架上鉛黃貯五車，千秋尚及揔皆虛。不空志願思投筆，無補生灵恥著書。冷蝶□蜂同鮮趣，牧童樵叟共分居。箕来惟有吟哦好，到眼□□足起予。紅林滿目憫扵春，別恨閒愁到处新。白日回頭成過客，黃金入手又分人。也知此事都归命，未必我生便不辰。三十功名塵土在，□間忘自老臨身。七尺節節二十年，尋香問柳総隨緣。清談徐勉惟風月，笑傲陳接照石泉。有事方知財受累，無思每覺夜安眠。笑他□□經営者，畢竟囊中剩几伐。

悔把西施別贈人，珊瑚網底漏鯨鱗。小字馬絲难寫恨，長斎繡佛誤酬目。千般愁起如抽緒，九曲腸廻似移福。惆悵撫香成避世，不留一片到江濱。十二因緣事未空，合欢牀上夢曽同。黃金買別愁何補，白骨成灰恨不穷。侭許牆東窺宋玉，錯教城北羨徐公。可憐月白風清夜，腸断孤灯淚滴紅。灵犀一点両相通，恨不如鴻毛羽豐。怪底間香同姊妹，卻教蝴蝶判雌雄。离鶯別鵲歌頻從，□□來書夢未空。欲与青衣通一語，偷裁錦字玄西風。擬將鴆毒作吾媒，地北天南探几回。隔歲業鶯無信到，頻年青鳥有書來。多情未免迷錦服，淂意何曽恋玉臺。

□亦討囊逢厄運，驪珠抛去費疑猜。

林生來时八月八，林生去时九月九。黃□时竻開离筵，一教鶯做陶五柳。空心寂寞少良朋，自汝車來欣有偶。以爲猿鶴徒以爲，烟霞友，誰知二月中，天不教人長聚首，又逢此事挽君归。使邪独居山之阜，今日爲君歌一篇。劝君且飲葡萄酒，汝一杯我五斗，待到醉时便分手，免使臨行淋淋冷，淚道右归逢吾友，簡□□爲問斗柄，如今西也否。

（九）其他

117・受傷退癀藥

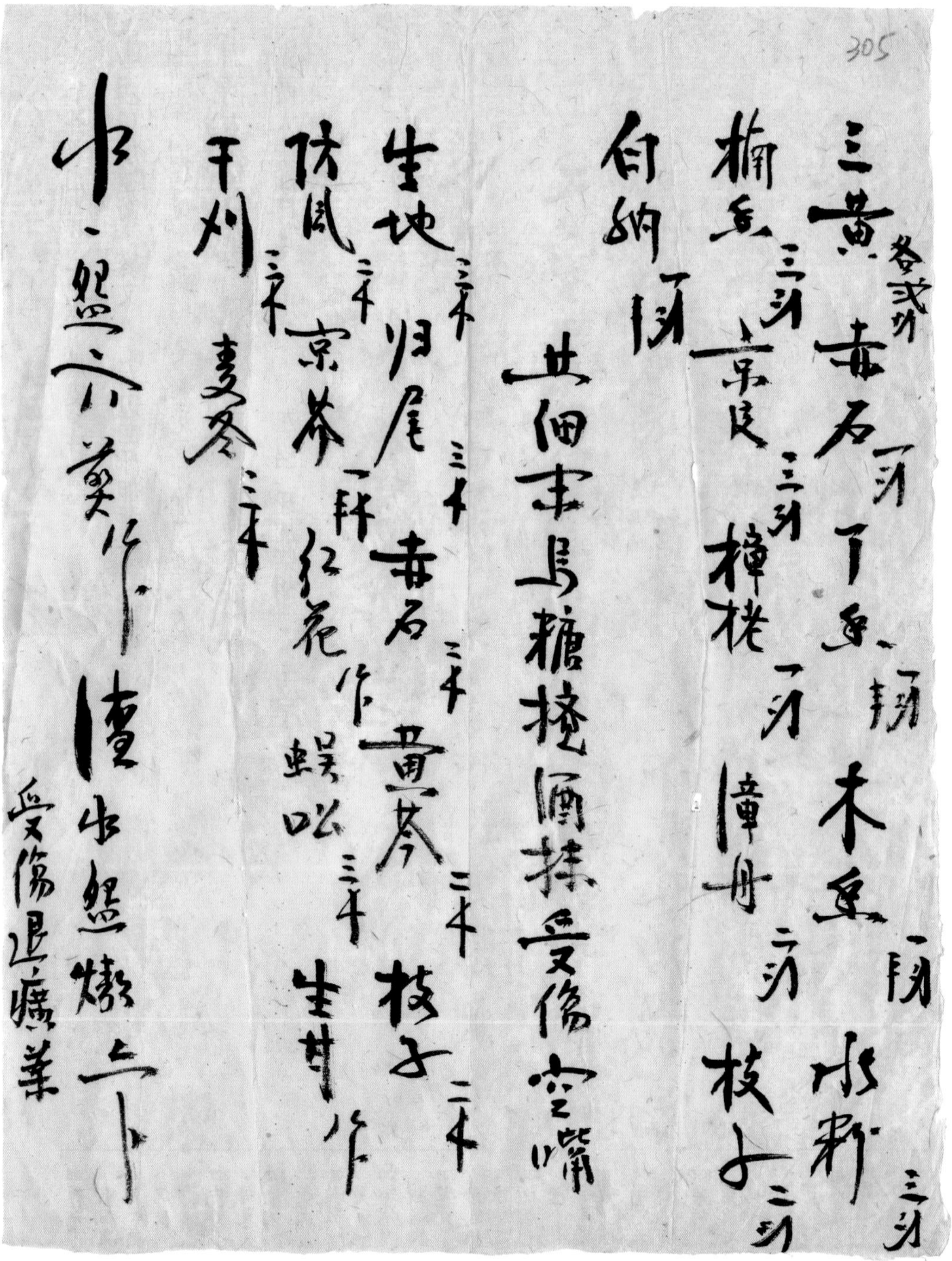
305

三黃 各弍分 赤石 一分 丁香 一錢 木香 一錢 水粉 三分

栃香 三分 京良 三分 樟栳 一分 樟丹 三分 枝子 二分

白納 一錢

共細末 以糖攪酒抹受傷空嘴

生地 三錢 归尾 三錢 赤石 二錢 黃芩 二錢 枝子 二錢

防風 三錢 京芥 一錢 紅花 仝 蜈蚣 三錢 生甘 仝

干州 三錢 麦冬 三錢

水一盌六分 煎八分 渣水盌 煎六分

受傷退癀藥

三黃[336]各弍兩、赤石一兩、丁香[337]一兩半、木香[338]一兩半、水粉三兩

楠香三兩、京皮三兩、樟栳一兩、漳舟二兩、枝子[339]二兩、

白納一兩半

共細末、烏糖攪酒抹受傷空嘴。

生地[340]三錢、归尾三錢、赤石二錢、黃芩二錢、枝子二錢、

防風[341]二錢、京芥一錢半、紅花[342]八分、蜈吣三錢、生甘八分、

干刈三錢、麥冬三錢

水一盌六煎八分，渣水盌燉六分。

受傷退癀[343]藥

---

336 三黃：黃芩、黃連、黃柏合稱三黃，三黃性味同屬苦寒，均有清熱燥濕、瀉火解毒的功效，臨床上常協同使用，以加強療效。

337 丁香：桃金孃科植物丁香之乾燥花蕾，芳香驅風藥。

338 木香：菊科植物木香之乾燥根，行氣止痛止瀉。

339 枝子：枝子，也稱為梔子，梔子的果實是傳統中藥，具有清熱瀉火、涼血解毒之功效。

340 生地：即生地黃，是玄參科植物地黃的塊根，「乃補腎家之要藥，益陰血之上品」。

341 防風：繖形科植物防風之乾燥根，習稱關防風，發散風寒。

342 紅花：菊科植物紅花之乾燥管狀花，活血袪瘀藥。

343 退癀：thè-hông，消炎。

（九）其他

120・桂月初三日藥方

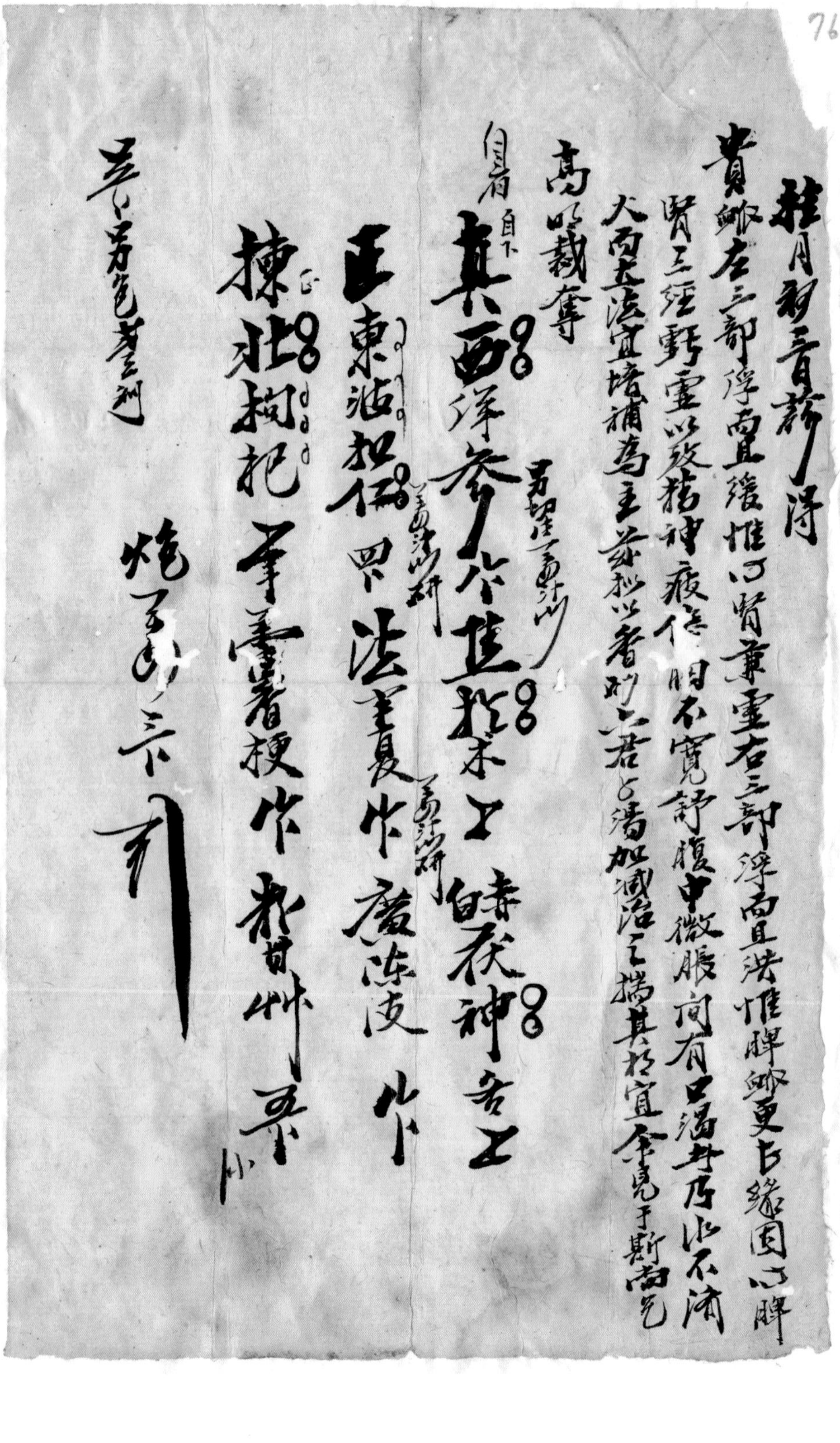

桂月初三日診得：

貴脈左三部浮而且緩，惟心腎兼虛。右三部浮而且洪，惟脾脈更甚。緣因心脾腎三經虧虛，以致精神疲倦，胸不寬舒，腹中微脹，間有口渴者，乃水不済火，而立法宜培補爲主。茲拟以香砂六君子湯[348]加減治之，揣其相宜；余見于斯，尚乞

高明裁奪。

自□ 自下眞西洋参八分 另切片姜汁以 、焦於?朮一錢、赤白茯神各一錢、

正東波扣仁四分 姜汁以研 、法半?夏八分 姜汁以研 、廣陳皮八分

揀正北枸杞一錢半、藿着梗八分、粉甘艸五分。

炮姜三分引 □

□□另色弎三93

348 香砂六君子湯：係四君子湯加味而成，四君子湯係以人參、白朮、茯苓、甘草，加薑、棗、水煎服，香砂六君子湯再加配半夏、陳皮、木香、砂仁，有益氣健脾之效。陳建萍，《方劑學》（香港：商務印書館，二〇〇六年），頁二二四。

（九）其他

121・壬拾貳月十五日包築統領公館開支單

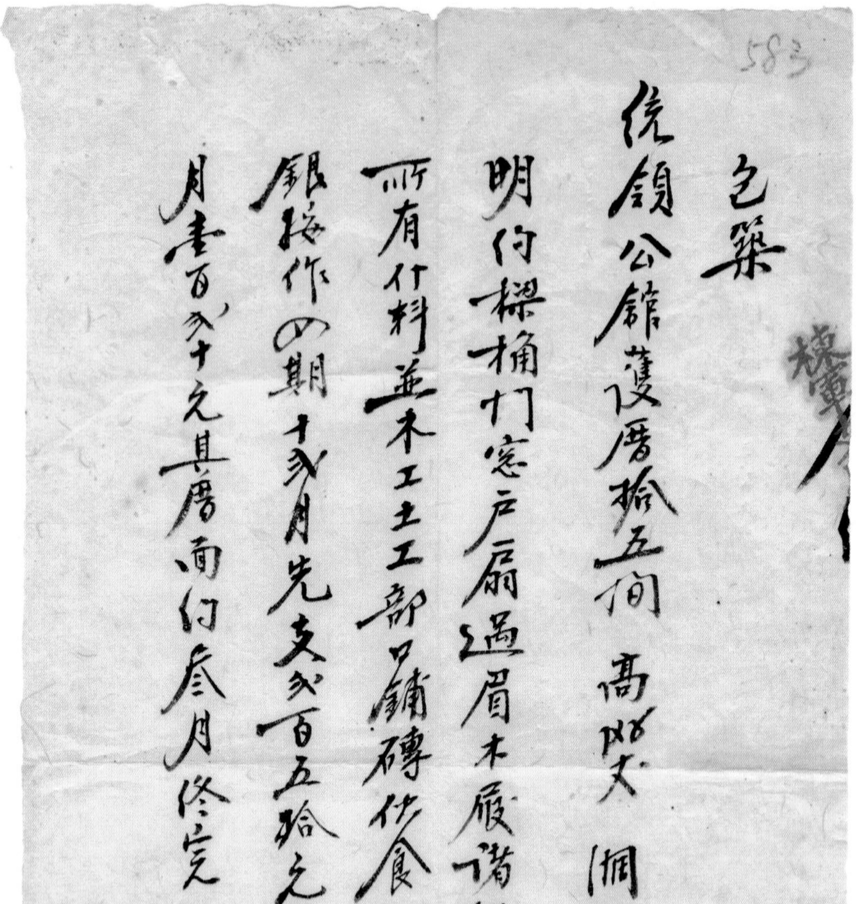

583

包築

統領公館護房拾五間 高〤丈 濶〣丈 深〢丈 部口〦尺

明付樑桶門窗戶扇過眉木履諸料以及石砛部口柱 統領自備

所有竹料並木工土工部口鋪磚伙食一槩包办共銀柒百柒拾元其

銀按作四期 十貳月先支貳百五拾元正月貳百元貳月貳百元叁

月壹百貳十元其房而付叁月終完工

壬拾貳月十五日

1175

【印】【印】[349]

包築

統領公館護厝[350]拾五間：高1.45丈、濶1.22丈、深1.6丈、部口[351]8.0尺，

明約樑桷[352]、門窓、戶扇、過眉、木屐諸料，以及石砱[353]部口柱，統領自備

所有什料，並木工、土工、部口、鋪磚、伙食一暨包办，共銀柒百柒拾元。其

銀按作四期，十弍月先支弍百五拾元，正月弍百元，弍月弍百元，叁

月壹百弍十元，其厝面約叁月終完工。

壬[354]拾弍月十五日

---

349 印記兩枚：「棟軍支應處」。

350 護厝：福建、臺灣等地房厝多為橫向對稱布局的庭院式住宅，縱軸線上主庭院兩側成排對稱布置若干房屋，即護厝，又稱護房或廂房。護厝多東西朝向，同時構成南北向狹長的兩條側院。馮大彪、孟繁義、龐毅等主編，《中華文化精粹分類辭典．文化精萃分類》（北京：中國國際廣播出版社，一九九八年），頁五八四。

351 部口：應為步口，即步口廊，又稱簷口、廊軒、寮口，屋簷下的走廊，常見的有以斗拱出挑的廊道，或是較寬敞的柱廊式，步口也有一步之寬的意界。金門地區則受宋《營造法式》「外撩」用語的影響，而將步口稱為寮口。參李乾朗，《臺灣古建築圖解事典》（臺北：遠流出版公司，二〇〇三年），頁六三。

352 桷：方形的屋椽，即榱。說文解字：「桷，榱也，椽方曰桷。」參見《教育部重編國語辭典修訂本》，http://dict.revised.moe.edu.tw/index.html（2009/01/05點閱）。

353 石砱：又稱壓闌石、石條階。臺基或地面邊緣之條石，通常入口處採用沒有接縫的整塊石條，故特別長。宋《營造法式》稱為壓闌石，《清式營造則例》則稱為石條階。參李乾朗，《臺灣古建築圖解事典》，頁七三。

354 壬：壬辰年，光緒十八年（一八九二）。

（九）其他

122・出工記錄單

二月廿二日半工
廿三日乙工
廿四日乙工
廿五日乙工
廿[illegible]
[illegible]乙工
三日乙工
[illegible]乙工
[illegible]乙工
[illegible]日乙工
[illegible]乙工
[illegible]乙工
初十日半工
乙工
一
[illegible]乙工

二月廿二日半工　廿三日乙工　廿四日乙工。

廿五日乙工　廿六……　……乙工。

……　……　……三日乙工。

……　……　……日乙工。

……　……　……日乙工。

……　……　……日乙工。

……　……　……日乙工。

……　……　……日乙工。

……　……　……初十日半工。

……　……　……乙工。

……　……　……工。

……　……　……乙工。

（九）其他

125・賬單封皮 (1)

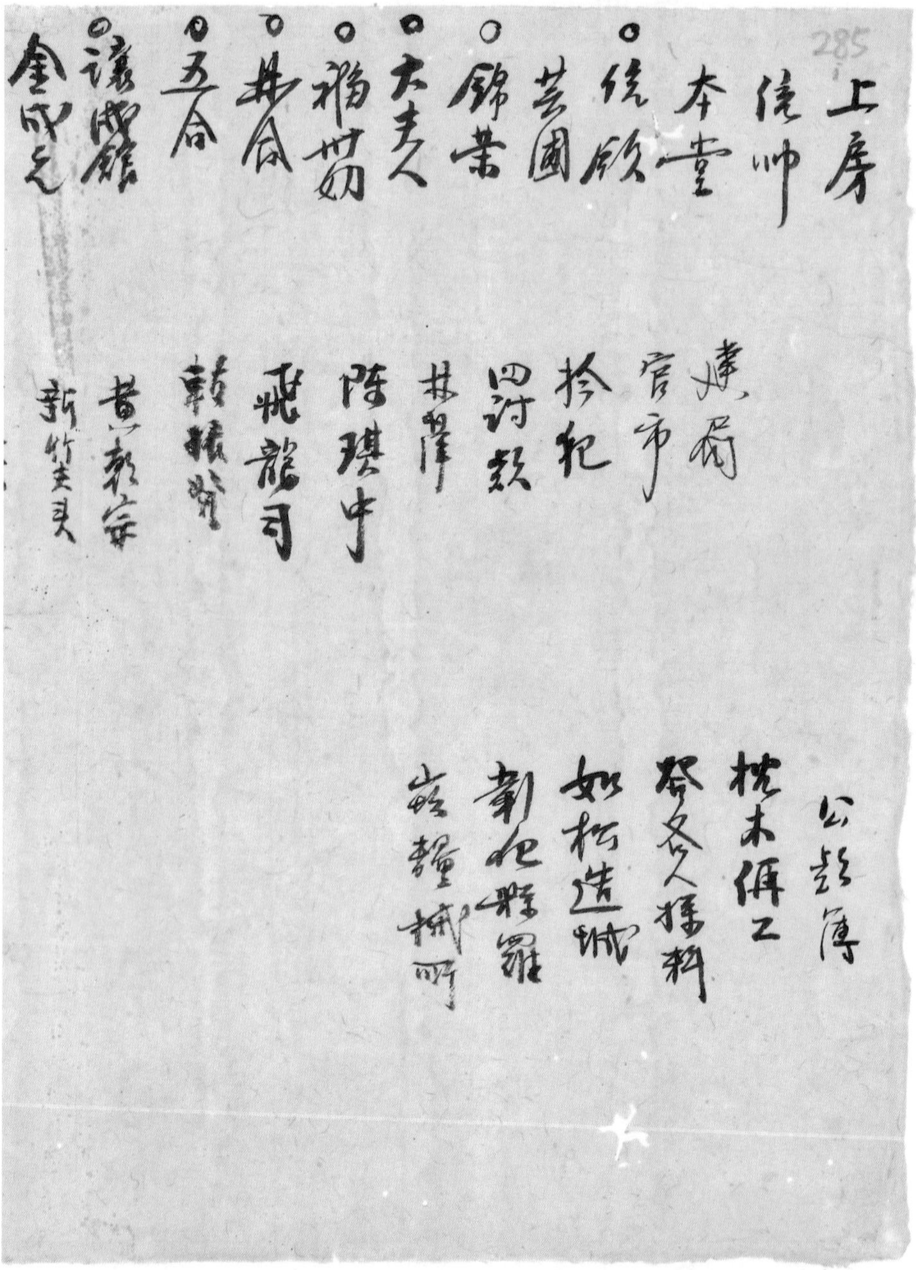

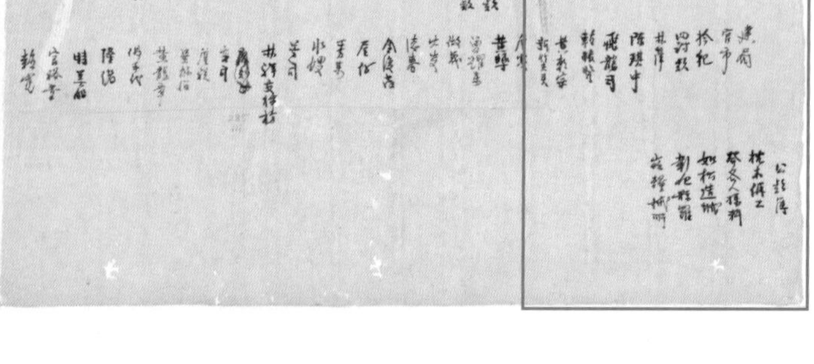

上房
統帅
本堂
統領
芸圃
錦荣[356]
大夫人[358]
福州奶
林合
五合
讓成舘
金成元

建局
官市
拎犯
罰欵
林萍
陳琪中
飛龍司
賴振發
黃朝宗
新竹夫头

公欵簿
枕木俑工
発各人採料
如松造城
彰化縣羅[355]
崁[357] 糧械所

---

355 羅：疑指彰化縣知縣羅東之。
356 錦榮：林奠國過世後，長子林文鳳為掌管頂厝林家財產，以「林錦榮」為頂厝墾號。私立長榮大學編纂，《新修霧峰鄉志》，頁二二三。
357 崁：大嵙崁。
358 大夫人：林朝棟之妻楊水萍。

（九）其他

125・賬單封皮 (2)

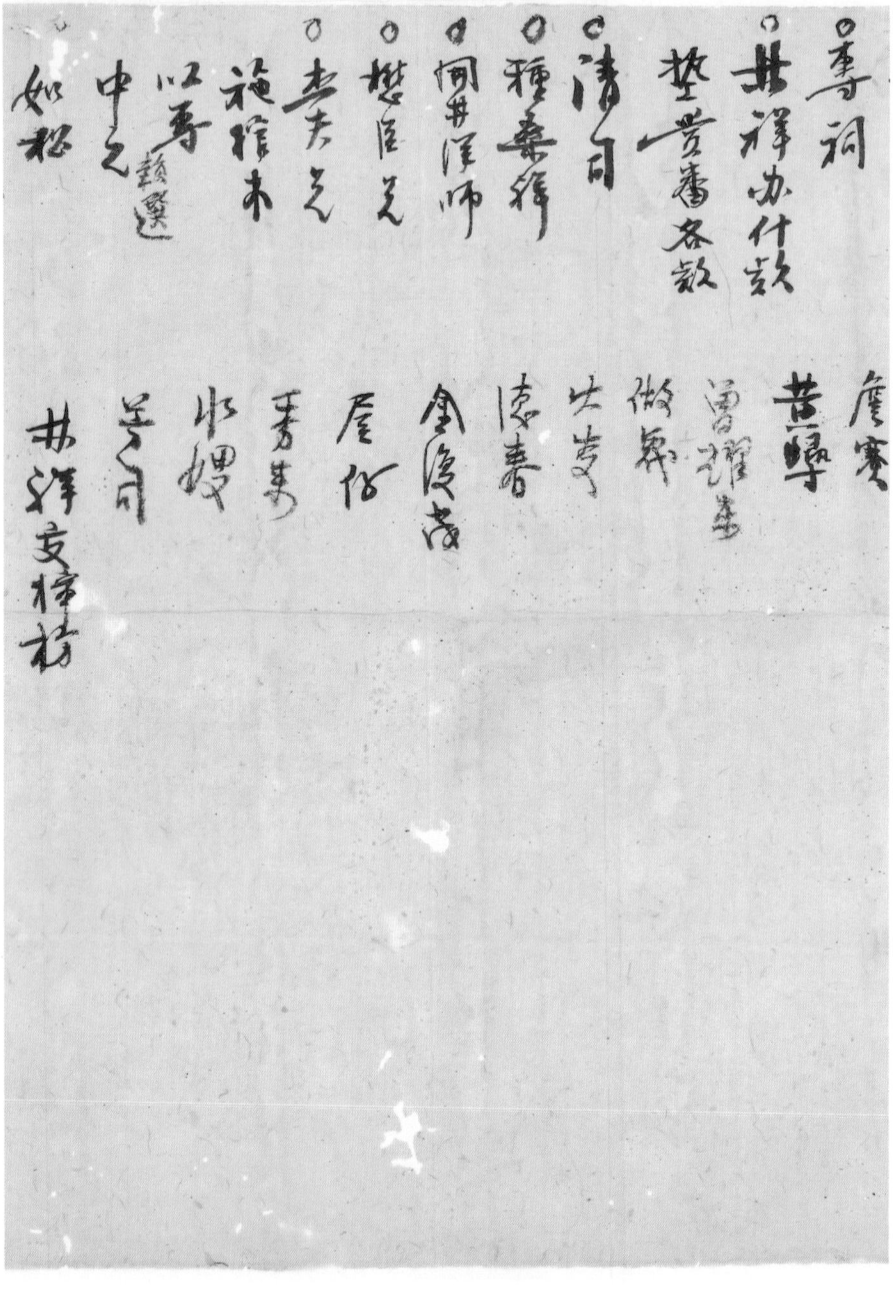

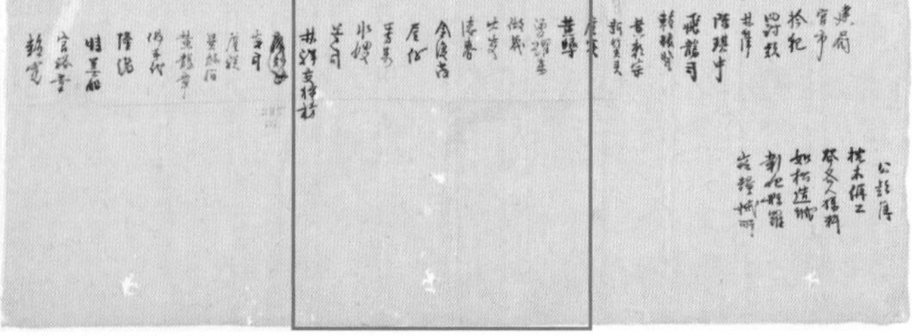

專祠　詹賽
林祥办什欵　黃蟳
墊賞畨各欵　曾耀東
清司　做篾[359]
種桑祥　火炎
開井[360]洋师　德春
懋臣兄[361]　金復茂
杰夫兄[362]　屋仔
施棺木　秀來
以專　水嫂
賴選　芳司
中元　林祥交樟枋
如松

359 做篾：編製竹器。
360 井：應指大湖煤油井。
361 懋臣兄：林懋臣，字超拔。
362 杰夫兄：陳傑夫，即陳鴻英。

（九）其他

125・賬單封皮(3)

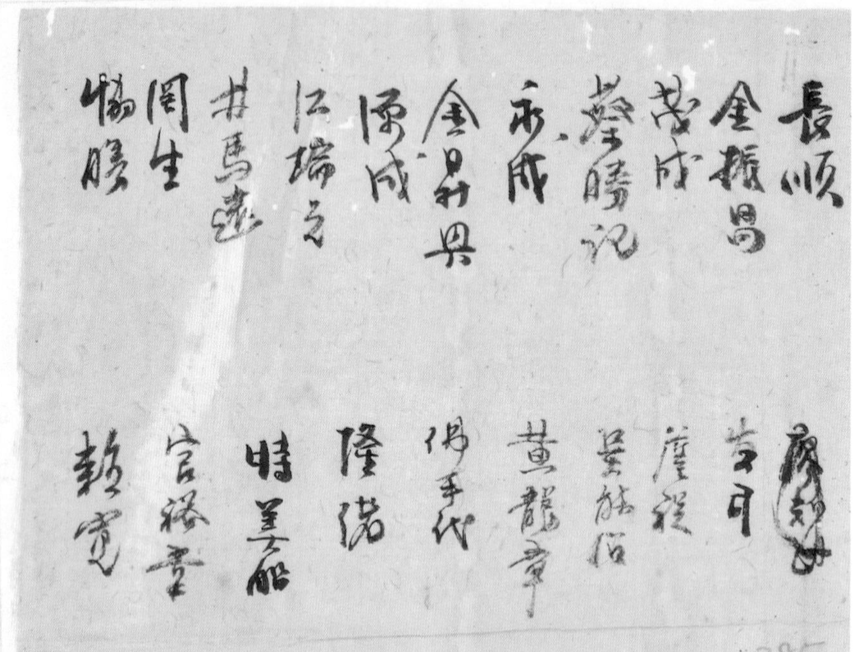

長順
金振昌　炎司
茂成　詹祝
蔡勝記　黃能猫
永成　黃龍章[363]
金昇興　佛手代
源成　隆緒
江瑞元　時美船
林馬遠　官裕堂
冏生　賴寬
協勝

---

363 黃龍章：腦戶。光緒十六年時黃龍章與陳阿運曾欠罩蘭分局腦本二百五十九兩七錢未還。黃富三等解讀，何鳳嬌、林正慧、吳俊瑩編輯，《霧峰林家文書集：墾務．腦務．林務》，頁四〇六—四〇七。

（九）其他

126・已登賬單底

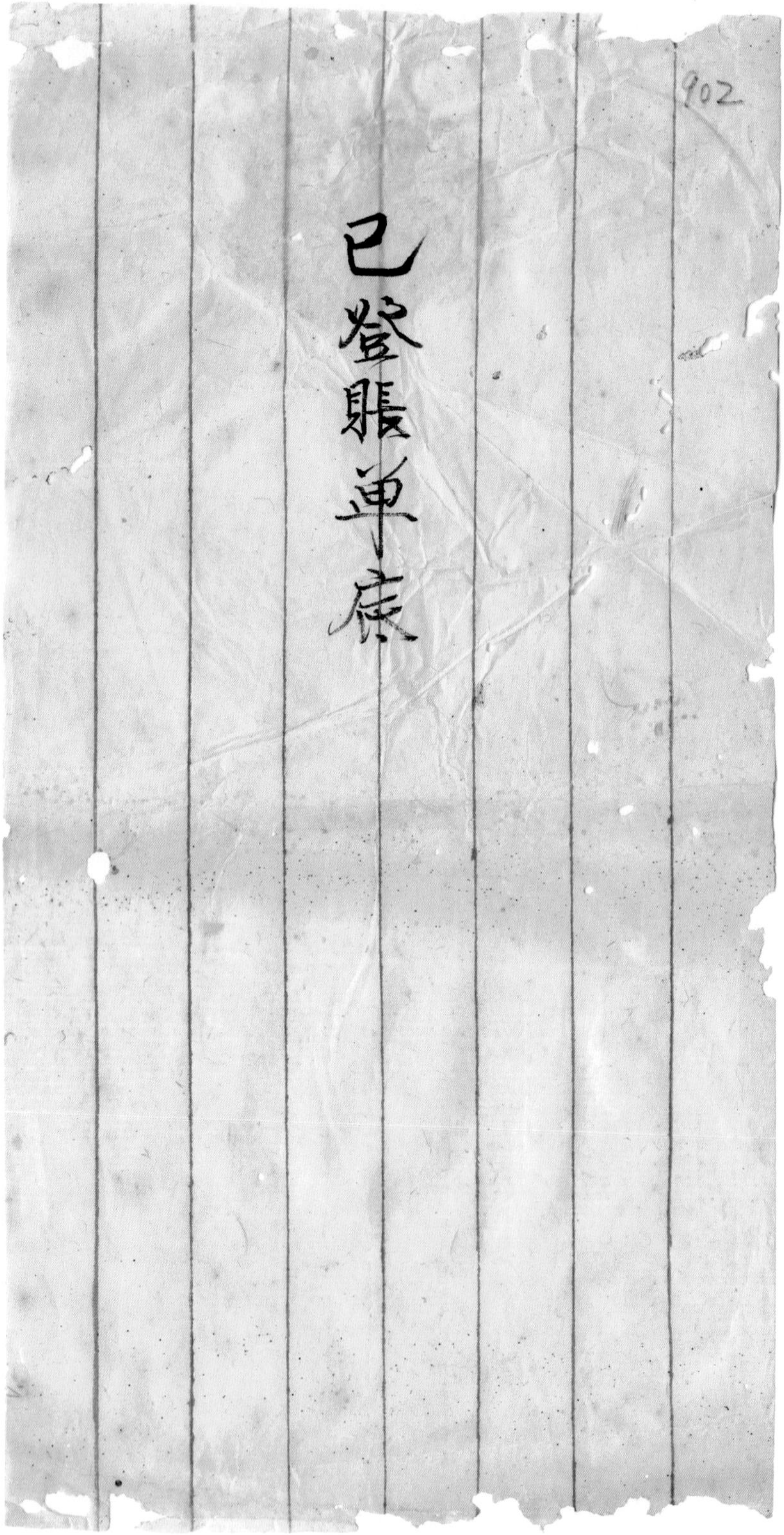
902

已登賬単底

已登賬单底

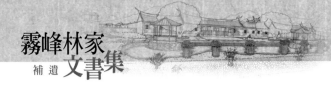

貳、日治文書

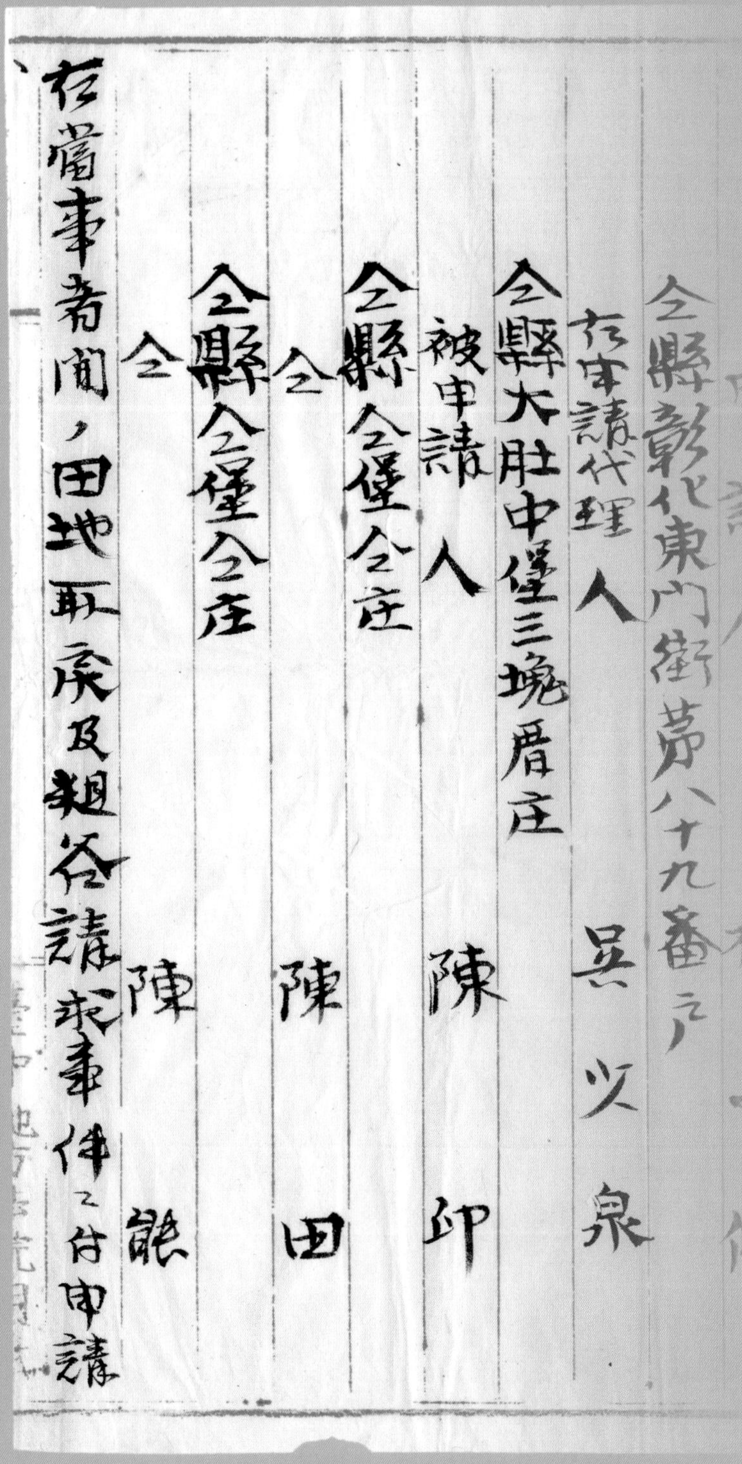
仝縣彰化東門街弟八十九番戶
右申請代理人　呉炎泉
仝縣大肚中堡三塊厝庄
被申請人　陳卯
仝縣仝堡仝庄
仝　陳田
仝縣仝堡仝庄
仝　陳能
右當事者間ノ田地取戾及粗谷請求事件ニ付申請

貳、日治文書

（一）土地文書

（二）法院文書

（三）房厝買賣文書

（四）對賬單

（五）地圖

（六）其他

127・明治二十九年十月戴大有呈臺中地方法院訴狀(1)

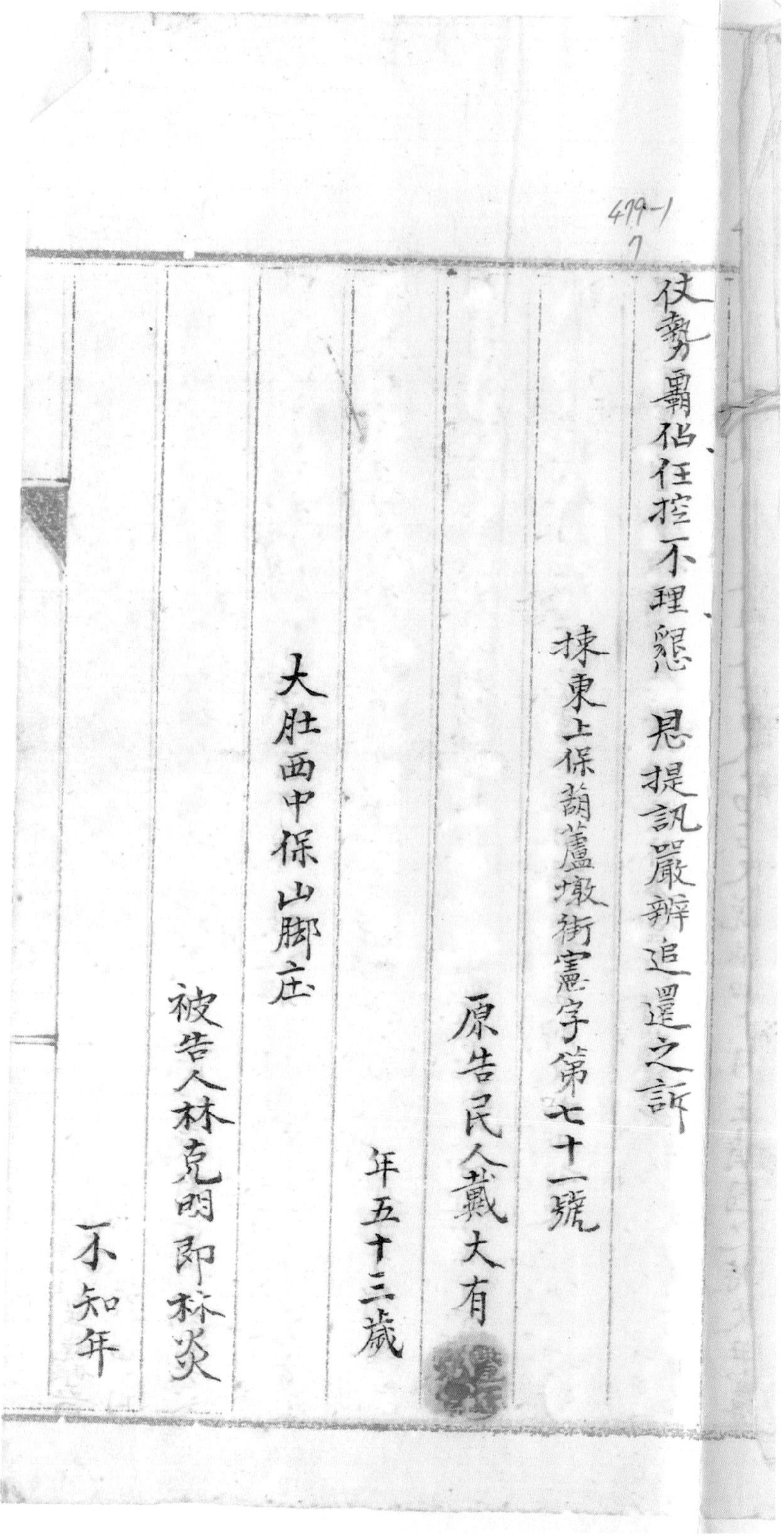

479-1
7

仗勢霸佔任控不理懇　恩提訊嚴辦追還之訴

捒東上保葫蘆墩街寔字第七十一號

原告民人戴大有

年五十二歲

大肚西中保山脚庄

被告人林克明即林炎

不知年

仗勢霸佔任控不理，懇　恩提訊嚴辨〔辦〕追還之訴

捒東上保葫蘆墩街憲字第七十一號

原告民人戴大有【印】[1]

年五十三歲

大肚西中保山腳庄

被告人林克明[2]，即林炎

不知年

1 印記內文不詳。

2 林克明（一八六二—一九三二）：明治二十八年任大肚中堡山腳庄總理，明治三十八年配授紳章，家產約二萬圓，此後持續擔任山腳地區的庄長，為地方領袖，頗受愛戴。鷹取田一郎，《臺灣列紳傳》（臺北：臺灣總督府，一九一六年），頁一八六；許雪姬，《龍井林家的歷史》，頁一五二—一五五、二〇七、二四〇。

127・明治二十九年十月戴大有呈臺中地方法院訴狀(2)

一覇佔水田十坪、每年租谷二十三石、計八年、共谷一百八十四石、又魚池一口、每年稅銀五円、共計四十円
右因大有祖父戴望遠、置買大肚西保鷄仔頂庄水田一處、有田業印契丈
單錢粮串票炳証、突於光緒十四年、慘被大肚西保山腳庄勢惡林及紆
黨鷄仔頂庄匪徒陳乞食、林貓定、等強橫覇佔、將大有水田十坪覇耕、
每年應收租谷二十三石、又覇魚池一口、每年稅銀五円、橫將田租魚池覇佔、又
將田地強違起厝、任擋不聽、當經投明梧棲街局紳、又投明捒東上保林振芳、
理處不還、曾呈控清官在案、伊仗林本堂、即林朝棟之勢、抗案不理、控
拖至今八年、共覇吞租谷一百八十四石、又稅銀四十円、在清國之時、仗伊官勢、

一、霸佔水田十埓，每年租谷二十三石，計八年，共谷一百八十四石。又魚池一口（每年稅銀五円共計四十円）

右因大有祖父戴望遠置買大肚西保崙仔頂庄水田一處，有田業印契、丈單、錢粮串票炳証，突於光緒十四年慘被大肚西中保山腳庄勢惡林炎糾黨崙仔頂庄匪徒陳乞食、林貓定等强橫霸佔，將大有水田十埓霸耕，每年應收租谷二十三石。又霸佔魚池一口，每年稅銀五円，橫將田租、魚池霸佔。又將田地強建起厝，任擋不聽，當經投明梧棲街局紳，又投明捒東上保林振芳[3]，理處不還，曾叠控清官在案。伊仗林本堂即林朝棟之勢，抗案不理，控拖至今八年，共霸吞租谷一百八十四石，又稅銀四十円，在清國之時仗伊官勢，

【印】[4]

---

3 林振芳：字蘭圃，世居捒東上保社口庄已歷七、八世，同治九年捐賑蒙由例貢生保奏贈中書科中書職，光緒四年因山西賑捐盡力，由中書科中書保奏贈五品同知銜。臺灣改隸後，命為捒東上保大總理，家道殷實，熱心公共事務。「臺中縣吳鸞旂外三十名ヘ紳章附與」（一八九七年三月三十一日），〈明治三十年甲種永久保存第六卷〉，《臺灣總督府檔案》，國史館臺灣文獻館，典藏號：000012011。「林紹堂外四名台中縣參事二任敍」（一八九七年十一月二十八日），〈明治三十一年甲種永久保存進退追加第一卷〉，《臺灣總督府檔案》，國史館臺灣文獻館，典藏號：000032005。

4 印記內文不詳。

（一）土地文書

127・明治二十九年十月戴大有呈臺中地方法院訴狀(3)

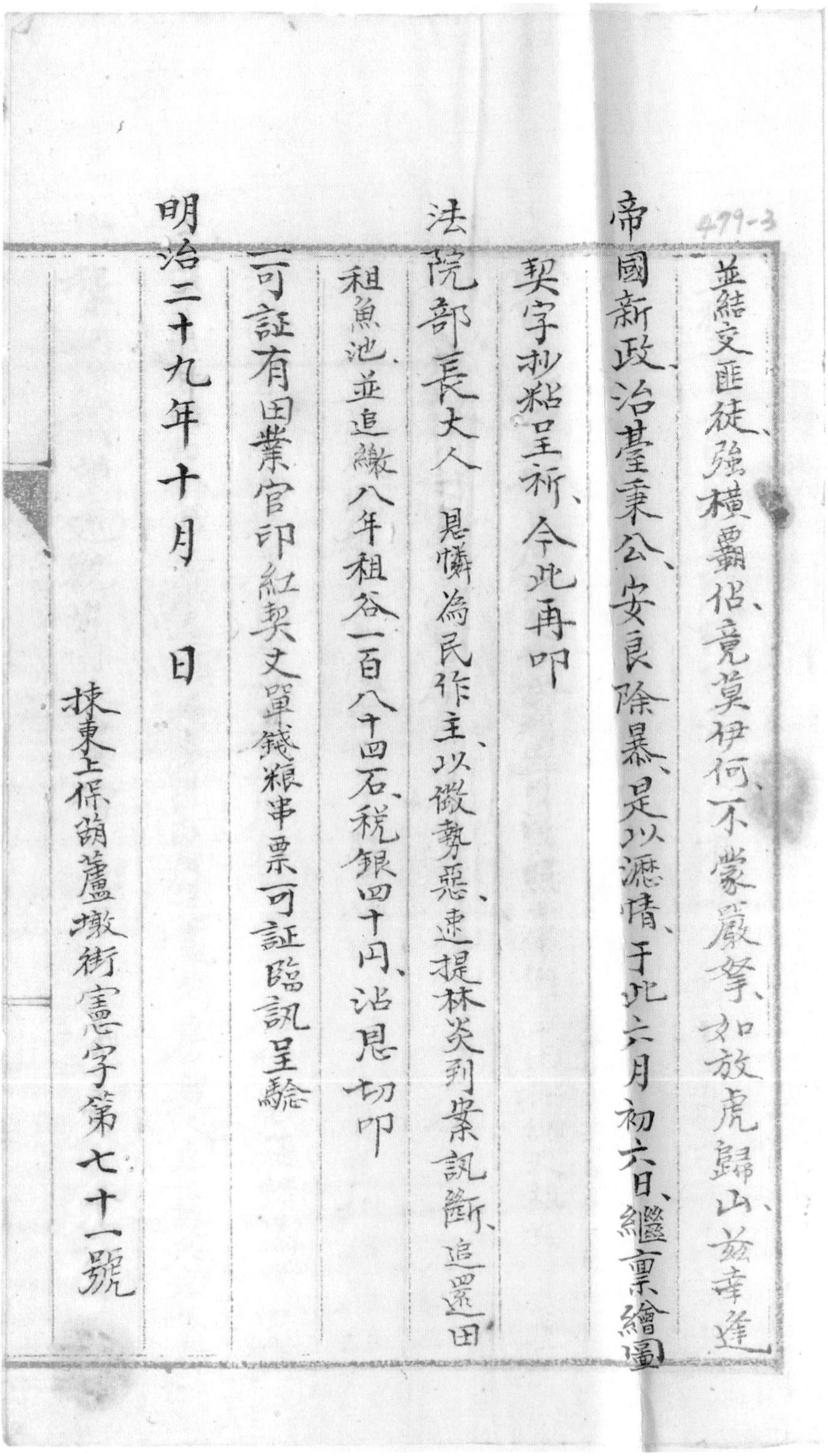

並結交匪徒、強橫覇佔、竟莫伊何、不蒙嚴拏、如放虎歸山、茲幸逢
帝國新政治臺秉公、安良除暴、是以瀝情、于此六月初六日、繼稟繪圖
契字抄粘呈祈、今此再叩
法院部長大人 恩憐為民作主、以儆勢惡、速提林炎到案訊斷、追還田
租魚池、並追繳八年租谷一百八十四石、稅銀四十円、沾恩切叩
一可証有田業官印紅契文單錢粮串票可証臨訊呈驗
明治二十九年十月 日
棟東上保葫蘆墩街憲字第七十一號

並結交匪徒，強橫霸佔，竟莫伊何，不蒙嚴拏，如放虎歸山。茲幸逢

帝國新政，治臺秉公，安良除暴，是以瀝情于此六月初六日，繼稟繪圖

契字抄粘呈祈。今此再叩

法院部長大人　恩憐，為民作主，以儆勢惡，速提林炎到案訊斷，追還田

租、魚池，並追繳八年租谷一百八十四石、稅銀四十円。沾恩。切叩。

一、可証有田業官印紅契[5]、丈單[6]、錢粮串票[7]可証，臨訊呈驗。

明治二十九年十月　日

揀東上保葫蘆墩街憲字第七十一號

5 紅契：契約有官府蓋印者稱紅契。

6 丈單：可能指劉銘傳清丈後發給的新丈單。

7 串票：納稅收據。

127・明治二十九年十月戴大有呈臺中地方法院訴狀 (4)

原告民人戴大有

479-4

法院 御中

原告民人戴大有【印】[8]

法院[9]御中

【印】[10]

8 印記內文不詳。

9 法院：臺中地方法院。又，戴大有向法院提告後，案號為臺中地方法院明治二十九第五〇號。明治三十年八月七日判官伊藤種基以戴大有所提證據不足，判決戴敗訴並負擔民事裁判費。「明治二十九年第五〇號」，〈臺中地院獨民判決原本第二冊〉，《日治法院檔案》，網址：http://tccra.lib.ntu.edu.tw/tccra_develop/record.php?searchClass=all&cid=tc101000539&now=119。

10 印記內文不詳。

（一）土地文書

127・明治二十九年十月戴大有呈臺中地方法院訴狀(5)

立杜賣田園厝地契人楊可嘉先年有承買黎仍式張造至乾隆六年
被海水淹浸失收並無圳水灌流致埔地拋荒投鳴業主楊三祐履勘驗
明寬免納大租日后或有圳水到田可灌照臺例旱田撥納大租帶旱園一
所大小坵數不計厝地壹所厝后沙崙壹崙現配田園大租粟六石弍斗三
升四合正並風圍樹木等項坐貫大肚西保崙仔頂庄東至圳為界西至
沙水溝為界南至厝前出水溝為界北至沈家崙仔尾橫路為界四至
界址俱各明白今因乏銀湊用情愿出賣先盡問房親人等俱各不欲承外
托中招到戴望遠觀出首承買當日憑中三面議定時值價銀五十大

立杜賣田園厝地契人楊可嘉，先年有承買犁份弍張，造〔迨〕至乾隆六年被海水淹浸失收，並無圳水灌漑，致埔地拋荒，投鳴業主楊三祐履勘驗明，寬免納大租。日后或有圳水到田可灌，照臺例旱田按納大租，帶旱園一所，大小坵数不計，厝地壹所，厝後沙崙壹崙，現配田園大租粟六石弍斗三升四合正，並風圍樹木等項，坐貫大肚西保崙仔頂庄，東至圳為界，西至沙水溝為界，南至厝前出水溝為界，北至沈家崙仔尾横路為界，四至界址俱各明白。今因乏銀湊用，情愿出賣，先盡問房親人等，俱各不就，外托中招到戴望遠觀出首承買，當日憑中三面議定，時值價銀五十大

127・明治二十九年十月戴大有呈臺中地方法院訴狀 (6)

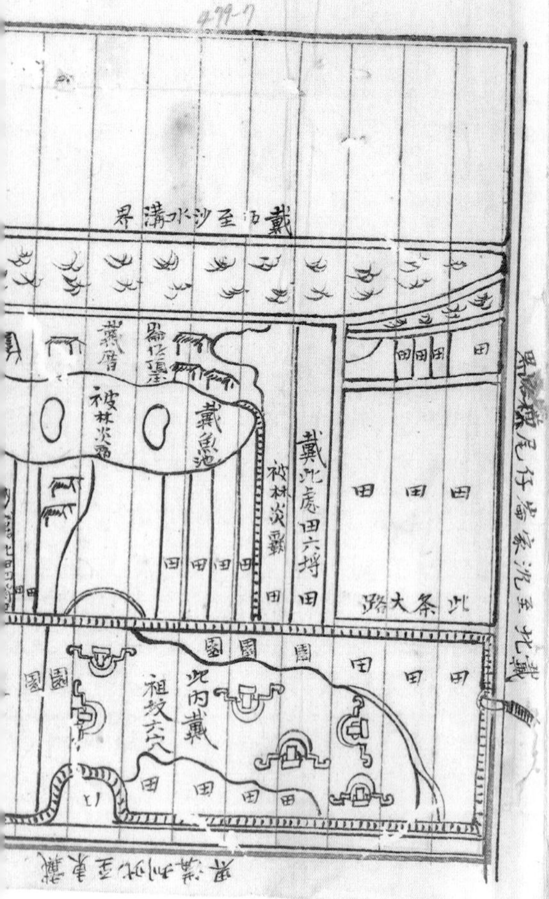

同中其銀即日仝中交收足訖其荒埔厝地沿址踏明四址隨付戴家前
去掌管輸稅永為己業一賣終休永無取贖亦不敢生端異言並無
重張典契書此係二比甘愿各無反悔今欲有憑立杜賣契壹紙付執
為炤

即日收過契內銀五十大員正再炤

為中人陳仕臣 ○

代筆人楊成波 ○

乾隆六十年二月 日立賣契人楊可嘉 ○

光緒十三年十一月初五日經文驗明

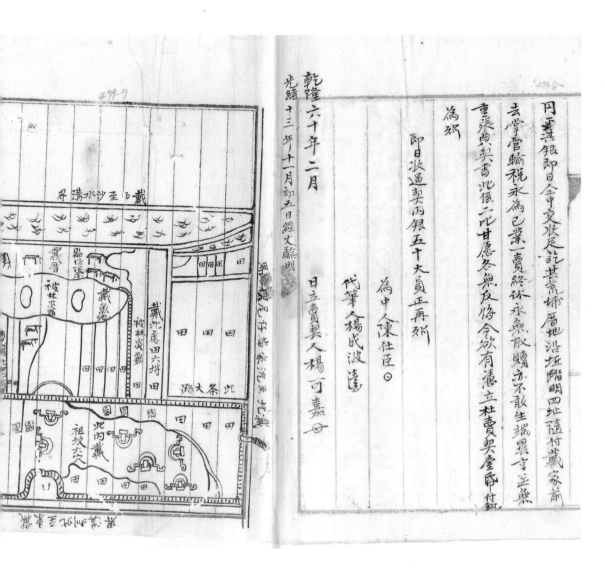

円正。其銀即日仝中交收足訖，其荒埔、厝地沿圻踏明四址，隨付戴家前去掌管輸稅，永為己業。一賣終休，永無取贖，亦不敢生端異言，並無重張典契書，此係二比甘愿，各無反悔。今欲有憑，立杜賣契一帋，付執為炤。

即日收過契內銀五十大員正，再炤。

為中人陳仕臣（花押）

代筆人楊成波（花押）

乾隆六十年二月　　日立賣契人楊可嘉（花押）

光緒十三年十一月初五日經丈驗明【印】[11]

（附圖）

11 印記內文不詳。

（一）土地文書

128・明治三拾三年拾一月林裕本堂立招耕字

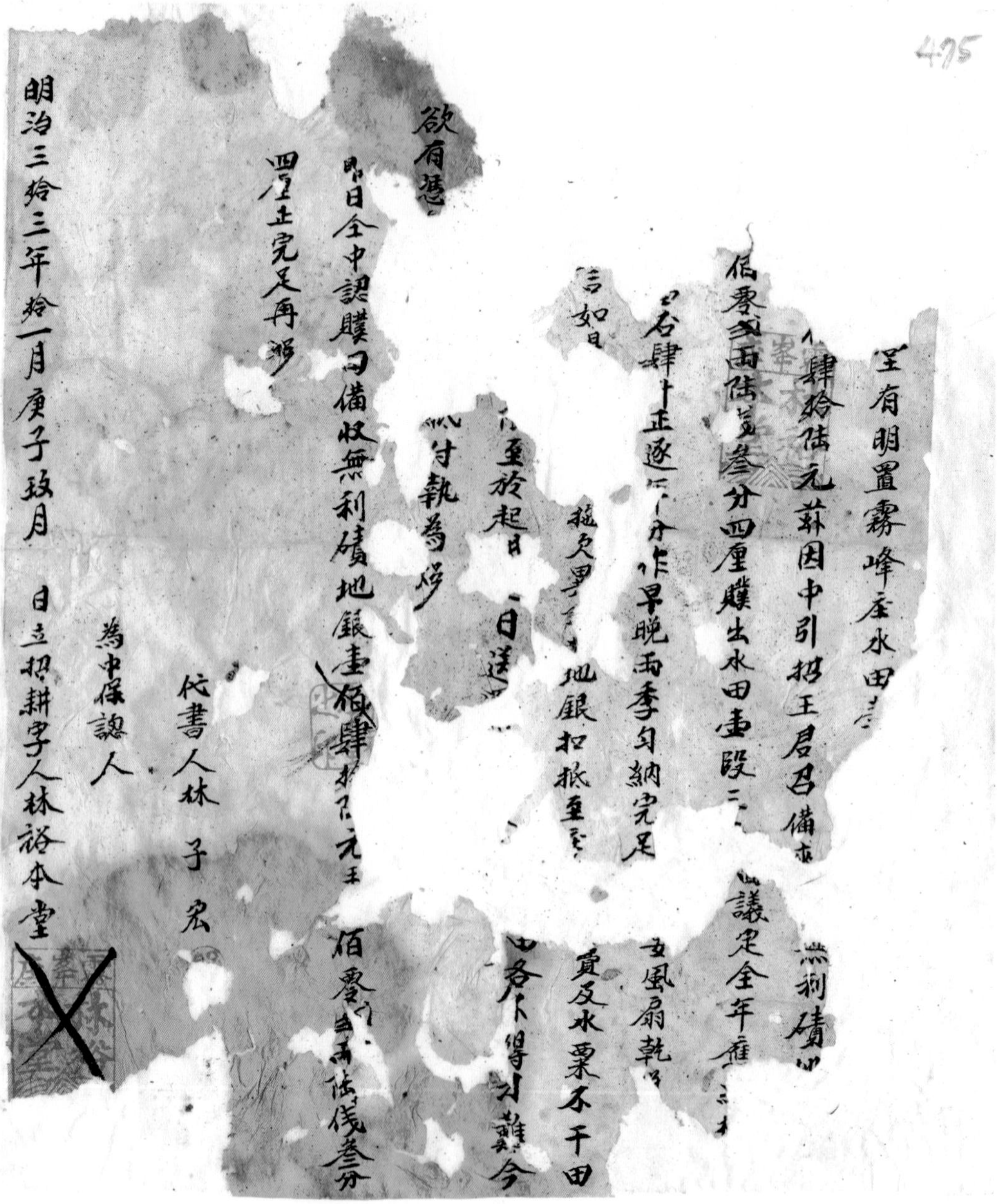

有明置霧峰庄水田
肆拾陆元　薪因中引招王君召備
佰零　陆角叁分四厘贌出水田壹段
石肆十正逐年分作早晚兩季勻納完足
言如
至於起日
付執為炤
欲有憑
即日仝中認贌字備收無利磧地銀壹佰肆
四厘正完足再炤
代書人林子宏
為中保認人
明治三拾三年拾一月　庚子　日立招耕字人林裕本堂

……林裕本堂[12]有明置霧峰庄水田壹……
……佰肆拾陸元【印】[13]。茲因中引招王君召備來無利磧地……
……佰零弍両陸錢叁分四厘，贌出水田壹段，三面議定全年應納栳斗
……四石肆斗正，逐年分作早晚両季匀納完足。務要風扇乾淨……
……言如是……拖欠異言，□地銀扣抵。至庄費及水粟，不干田
主之事……至於起耕之日送還……田，各不得刁難。今
欲有憑，……紙，付執爲炤。
即日仝中認贌田，備收無利磧地銀壹佰肆拾陸元【印】[14]，平壹佰零弍両陸佽叁分
四厘正完足，再炤。

代書人　林子宏【印】[15]

爲中保認人

明治三拾三年拾一月庚子玖月　日立招耕字人林裕本堂【印】[16]

12 林裕本堂：管理人為林季商。
13 印記內文：「霧峯庄／林裕本堂」。
14 印記內文：「林裕本堂之印」。
15 印記內文：「子宏」。
16 印記內文：「霧峯庄／林裕本堂」。

（一）土地文書

129・明治三十三年十一月林裕本堂立招耕字

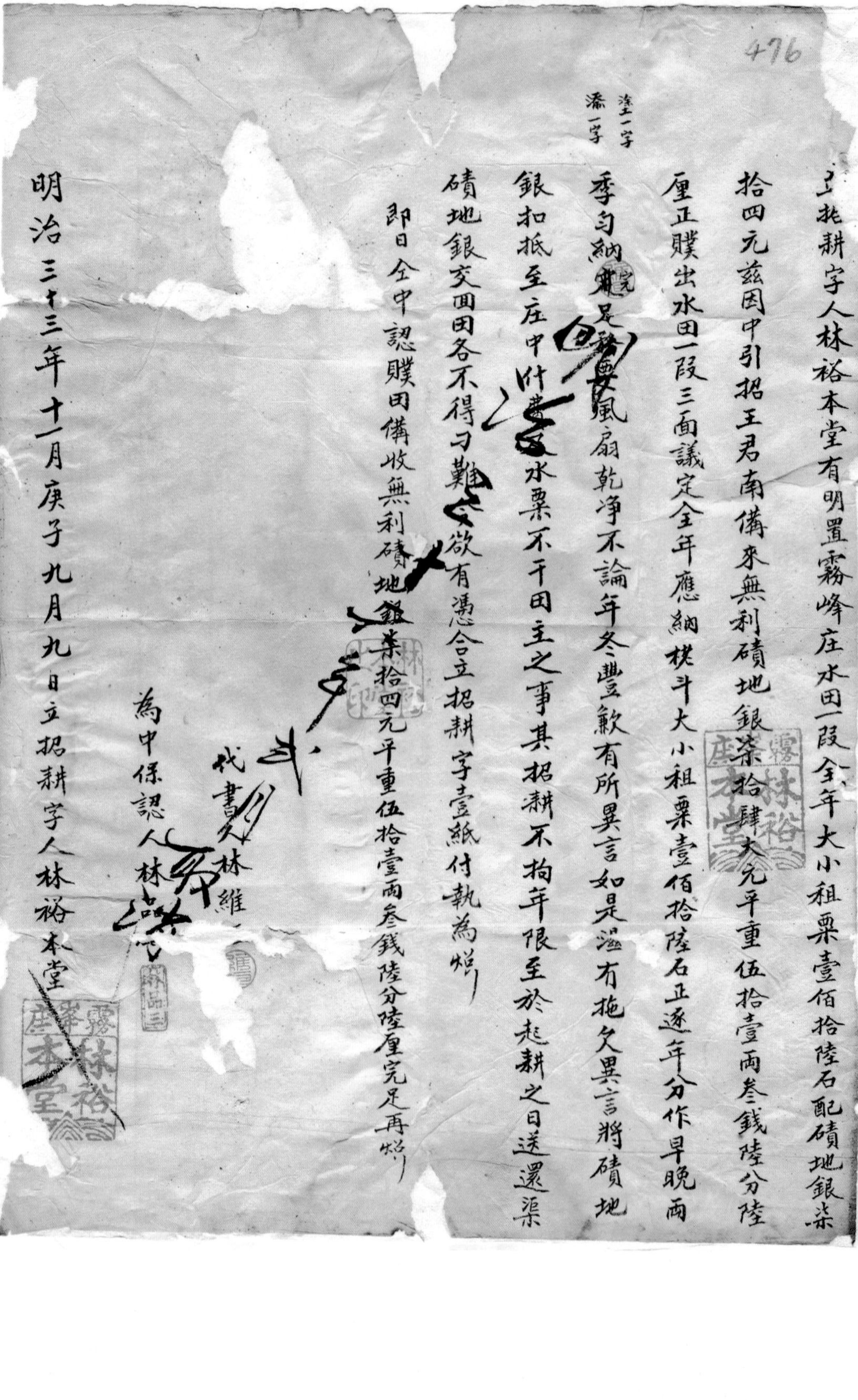

476

立招耕字人林裕本堂有明置霧峰庄水田一段全年大小租粟壹佰拾陸石配磧地銀柒拾四元茲因中引招王君南備來無利磧地銀柒拾肆大元平重伍拾壹兩叁錢陸分陸厘正贌出水田一段三面議定全年應納栱斗大小租粟壹佰拾陸石正逐年分作早晚兩季匀納清足風扇乾淨不論年冬豐歉有所異言如是溫有拖欠異言將磧地銀扣抵至庄中什費水粟不干田主之事其招耕不拘年限至於起耕之日送還渠磧地銀交佃田各不得刁難欲有憑合立招耕字壹紙付執為炤

塗一字
添一字

即日仝中認贌田備收無利磧地銀柒拾四元平重伍拾壹兩叁錢陸分陸厘完足再炤

代書人林維

為中保認人林

明治三十三年十一月庚子九月九日立招耕字人林裕本堂

塗一字
添一字

立招耕字人林裕本堂有明置霧峰庄水田一段，全年大小租粟壹佰拾陸石，配磧地銀柒拾四元。茲因中引招王君南備來無利磧地銀[17]柒拾肆大元【印】[18]，平重伍拾壹両叁錢陸分陸厘正，贌出水田一段，三面議定全年應納栳斗大小租粟壹佰拾陸石正，逐年分作早晚両季勻納完足【印】[19]，務要風扇乾净，不論年冬豐歉有所異言。如有濕冇拖欠異言，將磧地銀扣抵，至庄中什費及水粟，不干田主之事，其招耕不拘年限，至於起耕之日送還渠磧地銀交回田，各不得刁難，今欲有憑，合立招耕字壹紙，付執爲炤。

即日仝中認贌田，備收無利磧地銀柒拾四元【印】[20]，平重伍拾壹両叁錢陸分陸厘完足，再炤。

代書人林維桓【印】[21]

爲中保認人林品三【印】[22]

明治三十三年十一月庚子九月九日立招耕字人林裕本堂【印】[23]

明治三十六年弍月取消

17 磧地銀：有作為地租押金、保證金的性質。
18 印記內文：「霧峯庄／林裕本堂」。
19 印記內文：「維桓」。
20 印記內文：「林裕本堂之印」。
21 印記內文：「維桓」。
22 印記內文：「林品三」。
23 印記內文：「霧峯庄／林裕本堂」。

（一）土地文書

130．明治三十三年十一月林裕本堂立招耕字

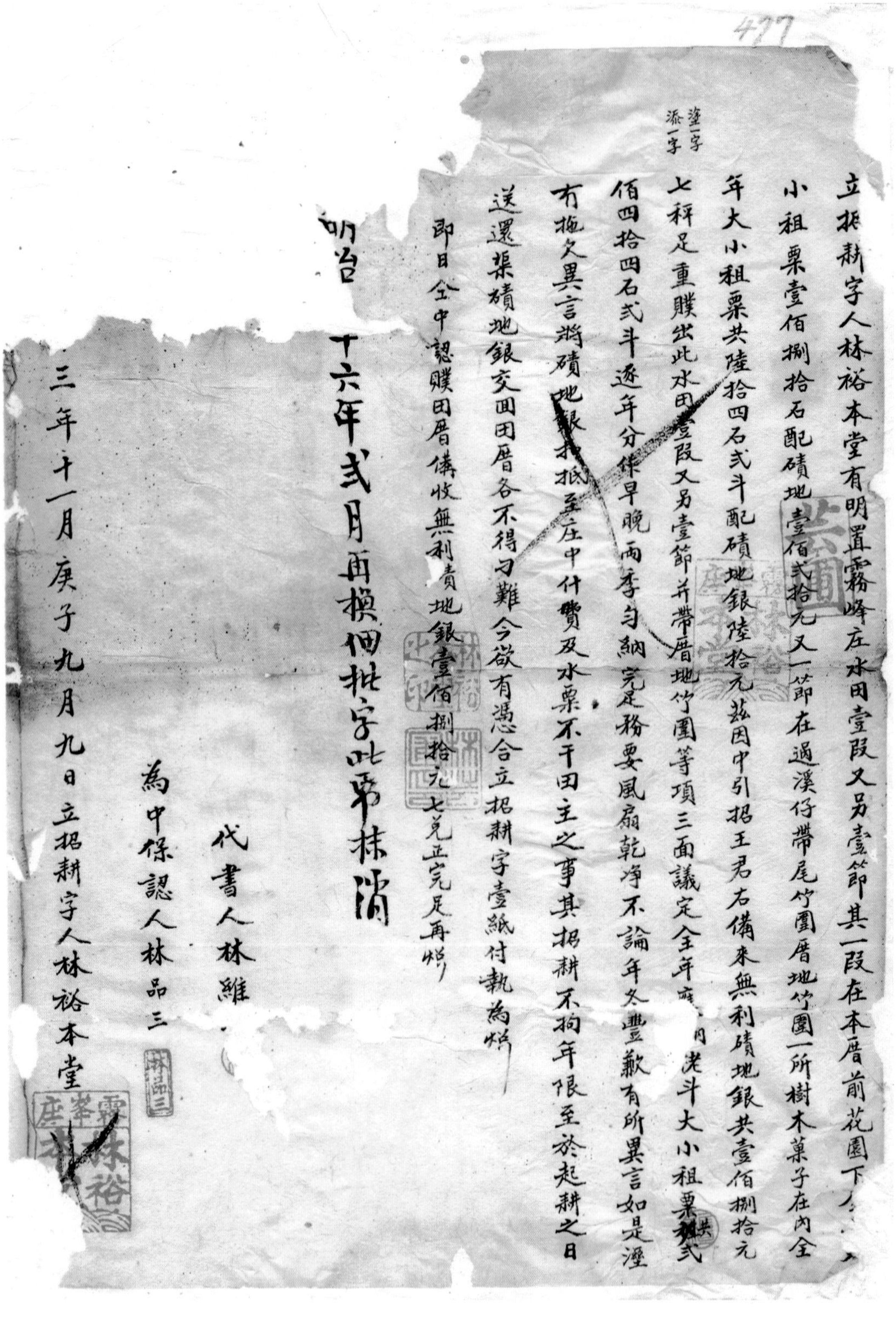
立招耕字人林裕本堂有明置霧峰庄水田壹段又另壹節其一段在本厝前花園下仝
小租粟壹佰捌拾石配磧地壹佰弍拾元又一節在過溪仔帶尾竹圍厝地竹圍一所樹木菓子在內全
年大小租粟共陸拾四石弍斗配磧地銀陸拾元茲因中引招王君右備來無利磧地銀共壹佰捌拾元
七秤足重贌出此水田壹段又另壹節并帶厝地竹圍等項三面議定全年應[illegible]內洸斗大小租粟共弍
佰四拾四石弍斗逐年分作早晚兩季匀納完足務要風扇乾淨不論年冬豐歉有所異言如是溼
有拋欠異言將磧地銀扣抵至庄中什費及水粟不干田主之事其招耕不拘年限至於起耕之日
送還磧地銀交回田厝各不得刁難今欲有憑仝立招耕字壹紙付執為炤
即日仝中認贌田厝備收無利磧地銀壹佰捌拾元七兑正完足再炤
明治　十六年弍月再換佃批字此帋抹消
塗一字
添一字
代書人林維
為中保認人林品三
三年十一月庚子九月九日立招耕字人林裕本堂

塗一字
添一字

立招耕字人林裕本堂[24]有明置霧峰庄水田壹段又另壹節，其一段在本厝前花園下，全年大小租粟壹佰捌拾石，配磧地壹佰弍拾元。【印】[25]又一節在過溪仔，帶尾竹圍厝地、竹圍一所，樹木、菓子在內，全年大小租粟共陸拾四石弍斗，配磧地銀陸拾元。【印】[26]茲因中引招王君右[27]備來無利磧地銀共壹佰捌拾元，七秤足重，贌出此水田壹段又另壹節，并帶厝地、竹圍等項。三面議定全年應納粍斗大小租粟共【印】[28]弍佰四拾四石弍斗，逐年分作早晚兩季勻納完足，務要風扇乾浄，不論年冬豐歉有所異言，如是濕冇拖欠異言，將磧地銀扣抵，至庄中什費及水粟，不干田主之事。其招耕不拘年限，至於起耕之日送還磧地銀，交回田厝，各不得刁難。今欲有憑，合立招耕字壹紙付執爲炤。

即日仝中認贌田厝，備收無利磧地銀壹佰捌拾元【印】[29]【印】[30]，七兑正完足，再炤。

明治三十六年弍月再換佃批字此帋抹消。

代書人林維桓【印】[31]

爲中保證人林品三【印】[32]

明治三十三年十一月庚子九月九日立招耕字人林裕本堂【印】[33]

24 林裕本堂：林季商之家號。許雪姬，〈日治時期霧峰林家產業經營初探〉，收入黃富三、翁佳音主編，《臺灣商業傳統論文集》（臺北：中央研究院臺灣史研究所籌備處，一九九九年），頁三〇九。
25 印記內文：「芸圃」。
26 印記內文：「霧峯庄／林裕本堂」。
27 王君右：彰化生員，曾教授霧峰林家下厝林幼春經書。謝仁芳，《霧峰鄉歷史淵源與地名沿革》（臺中：貓羅新庄文化工作室，二〇〇一年），頁二四。
28 印記內文：「維桓」。
29 印記內文：「林裕本堂之印」。
30 印記內文：「林芸圃印」。
31 印記內文：「維桓」。
32 印記內文：「林品三」。
33 印記內文：「霧峯庄／林裕本堂」。

（一）土地文書

131・明治三十三年十一月林讓成館立出佃批字

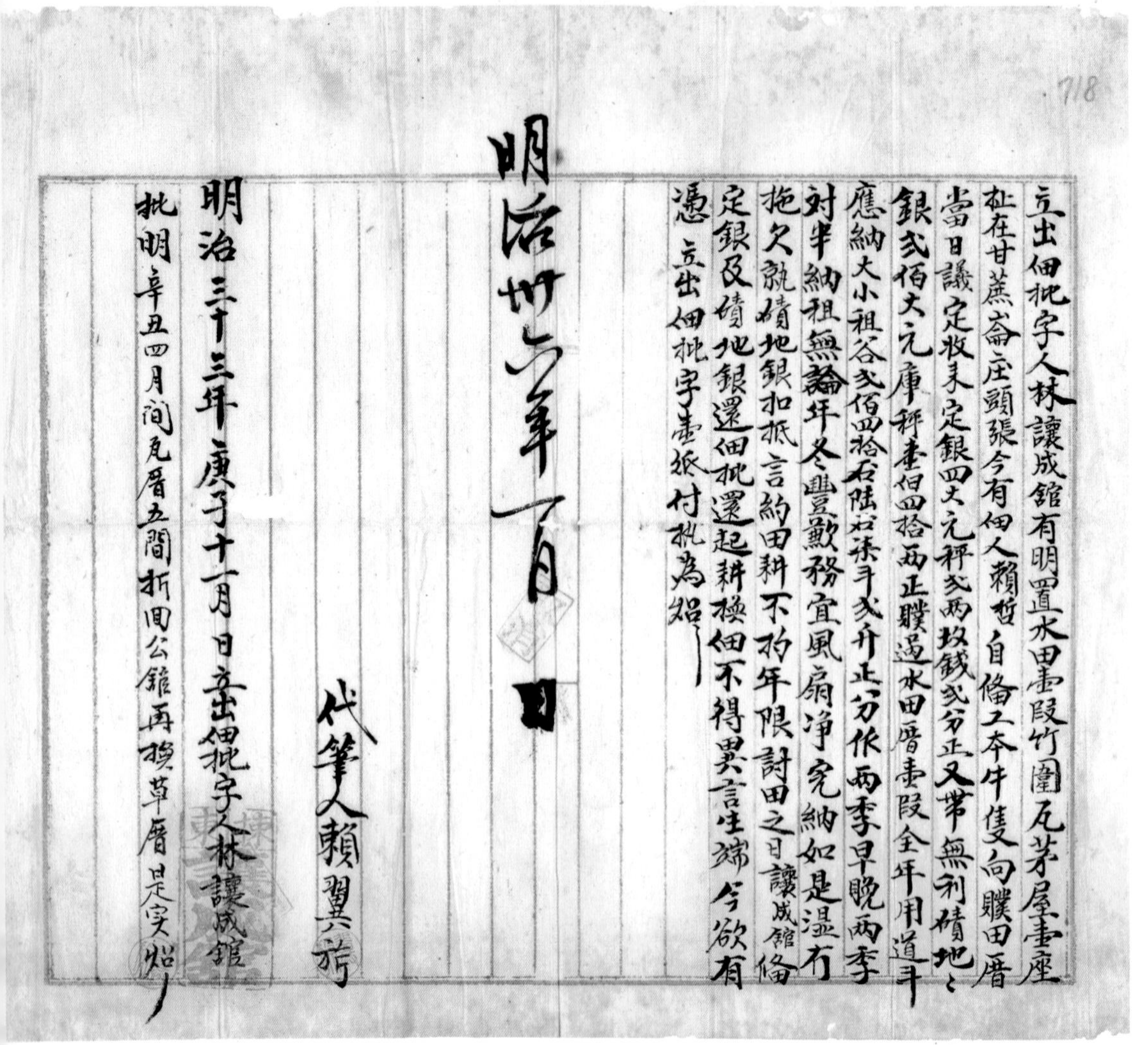

立出佃批字人林讓成館有明置水田壹段竹圍瓦茅屋壹座
址在甘蔗崙庄頭張今有佃人賴哲自備工本牛隻向贌田厝
當日議定稅米定銀四大元秤弍兩玖錢弍分正又帶無利磧地々
銀弍佰大元庫秤壹佰四拾兩正贌過水田厝壹段全年用道斗
應納大小租谷弍佰四拾石陆石柒斗弍升正分依兩季早晚兩季
对半納租無論年冬豐歉務宜風扇淨充納如是湿冇
拖欠就磧地銀扣抵言約田耕不拘年限討田之日讓成館備
定銀及磧地銀還佃批還起耕換佃不得異言生端今欲有
憑立出佃批字壹紙付執為炤

明治卅三年十一月　日

代筆人賴翼衍

明治三十三年庚子十一月　日立出佃批字人林讓成館

批明辛丑四月間瓦厝五間折回公館再換草厝足实炤

立出佃批字人林讓成館有明置水田壹段，竹圍瓦茅屋壹座，址〔址〕在甘蔗崙庄[34]頭張，今有佃人賴哲自偹工本、牛隻，向贌田厝，當日議定，收來定銀四大元，秤弍两玖錢弍分正，又帶無利磧地地銀弍佰大元，庫秤壹伯〔佰〕四拾两正，贌過水田厝壹段。全年用道斗[35]應納大小租谷弍佰四拾石陆石柒斗弍升正，分作两季，早晚两季対半納租。無論年冬豐歉，務宜風扇净完納，如是濕冇拖欠，就磧地銀扣抵。言約田耕不拘年限，討田之日，讓成館偹定銀及磧地銀還佃，批還起耕換佃，不得異言生端。今欲有憑，立出佃批字壹紙，付执爲炤。

代筆人賴翼旂【印】[36]

明治三十三年庚子十一月　日立出佃批字人林讓成館【印】[37]

批明：辛丑四月間瓦厝五間，折回公館，再換草厝是实，炤。【印】[38]

明治卅六年一月【印】[39]日

34 甘蔗崙庄：位在今臺中市潭子區甘蔗里。
35 道斗：又稱小斗，一斗等於滿斗的八升。臨時臺灣土地調查局，《臺灣土地慣行一斑》，第參編（臺北：編者，一九〇五年），頁二四九。
36 印記內文：「翼旂」。
37 印記內文：「揀東／讓成館」。
38 印記內文：「翼旂」。
39 印記內文：「取消」。

（一）土地文書

132・明治參拾參年拾貳月林裕本堂立出佃批字

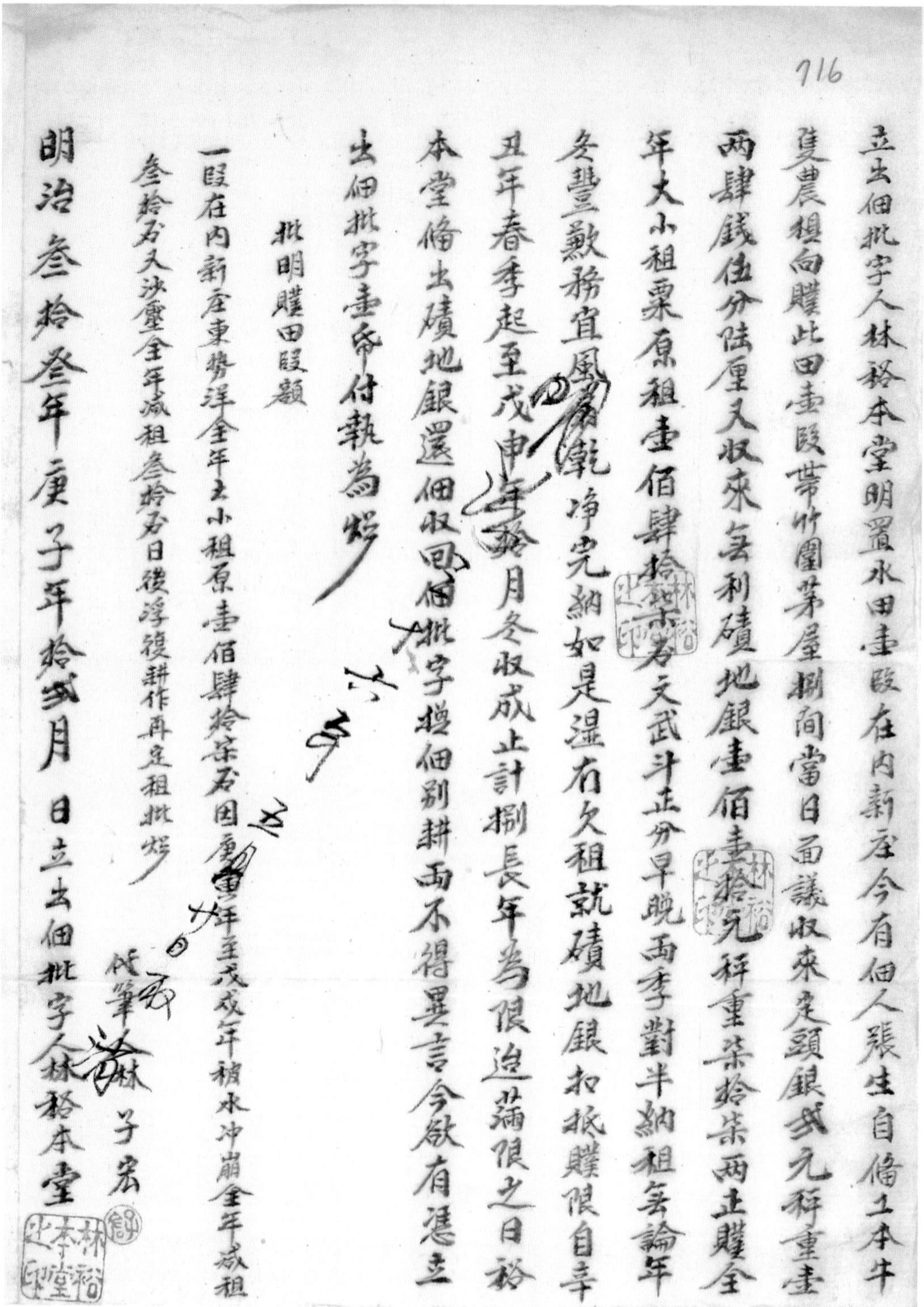

716

立出佃批字人林裕本堂明置水田壹段在內新庄今有佃人張生自備土本牛隻農椇向贌此田壹段帶竹圍茅屋樹木當日面議收來定頭銀貳元秤重壹兩肆錢伍分陸厘又收來無利磧地銀壹佰壹拾元秤重柒拾柒兩正贌全年大小租粟原租壹佰肆拾柒石文武斗正分早晚兩季對半納租無論年冬豐歉務宜風乾淨完納如是逞有欠租就磧地銀扣抵贌限自辛丑年春季起至戊申年拾月冬收成止計捌長年為限迨滿限之日裕本堂備出磧地銀還佃收回佃批字撥佃別耕兩不得異言今欲有憑立出佃批字壹紙付執為炤

批明贌田段額

一段在內新庄東勢洋全年大小租原壹佰肆拾柒石因庚寅年至戊戌年被水沖崩全年減租叁拾石又沙壓全年減租叁拾石日後浮復耕作再定租批炤

明治叁拾叁年庚子年拾貳月　日立出佃批字人林裕本堂

代筆人林子宏

立出佃批字人林裕本堂明置水田壹段，在內新庄[40]，今有佃人張生自備工本、牛隻、農椇，向贌此田壹段，帶竹圍茅屋捌間，當日面議，收來定頭銀[41]弍元，秤重壹兩肆錢伍分陸厘，又收來無利磧地銀壹佰壹拾元【印】[42]，秤重柒拾柒两正，贌全年大小租粟原租壹佰肆拾柒石【印】[43]文武斗正，分早晚両季對半納租。無論年冬豐歉，務宜風扇乾净完納，如是濕冇欠租，就磧地銀扣抵。贌限自辛丑年[44]春季起，至戊申年[45]拾月冬收成止，計捌長年爲限。迨滿限之日，裕本堂備出磧地銀還佃，收回佃批字換佃別耕，両不得異言。今欲有憑，立出佃批字壹帋，付執爲炤。

批明贌田叚額：

一叚在內新庄東勢洋，全年大小租原壹佰肆拾柒石，因庚寅年[46]至戊戌年[47]被水沖崩，全年減租叁拾石，又沙壓，全年減租叁拾石，日後浮復耕作再定租，批炤。

代筆人林子宏【印】[48]

明治叁拾叁年庚子年拾弍月　日立出佃批字人林裕本堂【印】[49]

明治三十六年五月廿日取消。

40 內新庄：位在今臺中市大里區內新里。
41 定頭銀：又作定銀，定金。
42 印記內文：「林裕本堂之印」。
43 印記內文：「林裕本堂之印」。
44 辛丑年：明治三十四年（一九〇一）。
45 戊申年：明治四十一年（一九〇八）。
46 庚寅年：光緒十六年（一八九〇）。
47 戊戌年：明治三十一年（一八九八）。
48 印記內文：「子宏」。
49 印記內文：「林裕本堂之印」。

（一）土地文書

133・明治參拾參年拾貳月林裕本堂立出佃批字

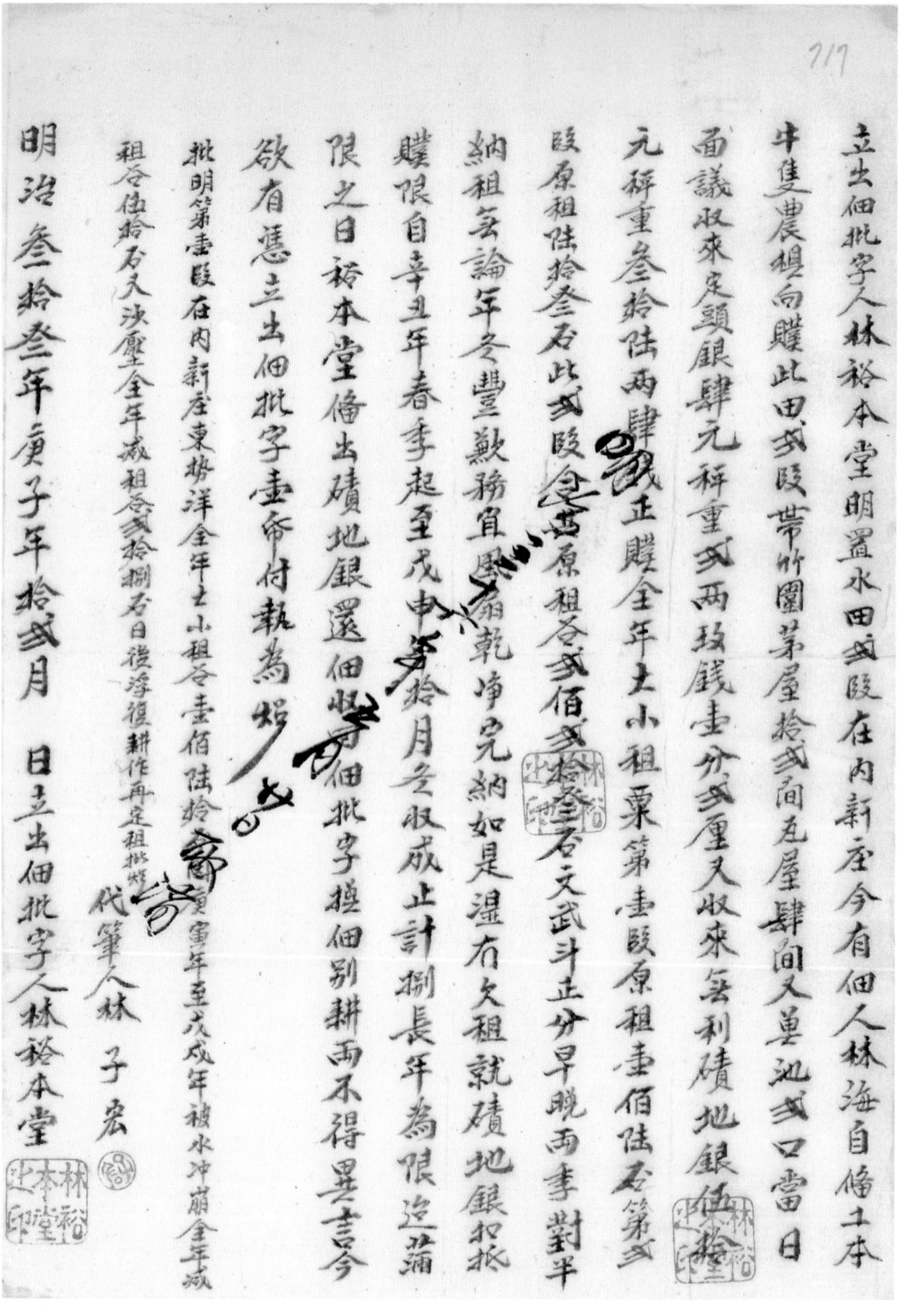

立出佃批字人林裕本堂明置水田弍叚在內新庄今有佃人林海自備土本
牛隻農椇向贌此田弍叚帶竹圍茅屋拾弍間左屋肆間又菓池弍口當日
面議收來定頭銀肆元秤重弍兩玖錢壹分弍厘又收來無利磧地銀伍拾
元秤重叁拾陸兩肆錢正贌全年大小租粟第壹叚原租壹佰陸石第弍
叚原租陸拾叁石此弍叚全共原租谷弍佰弍拾叁石文武斗正分早晚兩季對半
納租無論年冬豐歉務宜風扇乾凈完納如是湿有欠租就磧地銀扣抵
贌限自辛丑年春季起至戊申年拾月冬收成止計捌長年為限迨滿
限之日裕本堂備出磧地銀還佃收回佃批字換佃別耕而不得異言今
欲有憑立出佃批字壹帋付執為炤

批明第壹叚在內新庄東勢洋全年大小租谷壹佰陸拾[illegible]庚寅年至戊戌年被水沖崩全年減
租谷伍拾石又汳壓全年減租谷弍拾捌石日後浮復耕作再定租批炤

代筆人林 子宏

明治叁拾叁年庚子年拾弍月 日立出佃批字人林裕本堂

立出佃批字人林裕本堂明置水田弍段，在內新庄，今有佃人林海自備工本、牛隻、農椇，向贌此田弍段，帶竹圍茅屋拾弍間、瓦屋肆間，又魚池弍口，當日面議，收來定頭銀肆元，秤重弍两玖錢壹分弍厘，又收來無利磧地銀伍拾【印】[50]元，秤重叁拾陆两肆錢正，贌全年大小租粟第壹段原租壹佰陆石、第弍段原租陆拾叁石，此弍段合共原租谷弍佰弍拾叁石【印】[51]文武斗正。分早晚両季對半納租，無論年冬豐歉，務宜風扇乾净完納。如是濕冇欠租，就磧地銀扣抵。贌限自辛丑年春季起，至戊申年拾月冬收成止，計捌長年爲限，迨滿限之日，裕本堂備出磧地銀還佃，收回佃批字換佃別耕，両不得異言。今欲有憑，立出佃批字壹帋，付執爲炤。

代筆人林子宏【印】[52]

批明：第壹段在內新庄東势洋，全年大小租谷壹佰陆拾石，因庚寅年至戊戌年被水沖崩，全年減租谷伍拾石，又沙壓，全年減租谷弍拾捌石，日後浮復耕作再定租，批炤。

明治叁拾叁年庚子年拾弍月　日立出佃批字人林裕本堂【印】[53]

明治三十六年五月廿日取消。

50 印記內文：「林裕本堂之印」。
51 印記內文：「林裕本堂之印」。
52 印記內文：「子宏」。
53 印記內文：「林裕本堂之印」。

（一）土地文書

134・明治參拾四年納月林讓成館立出佃批收磧地銀字

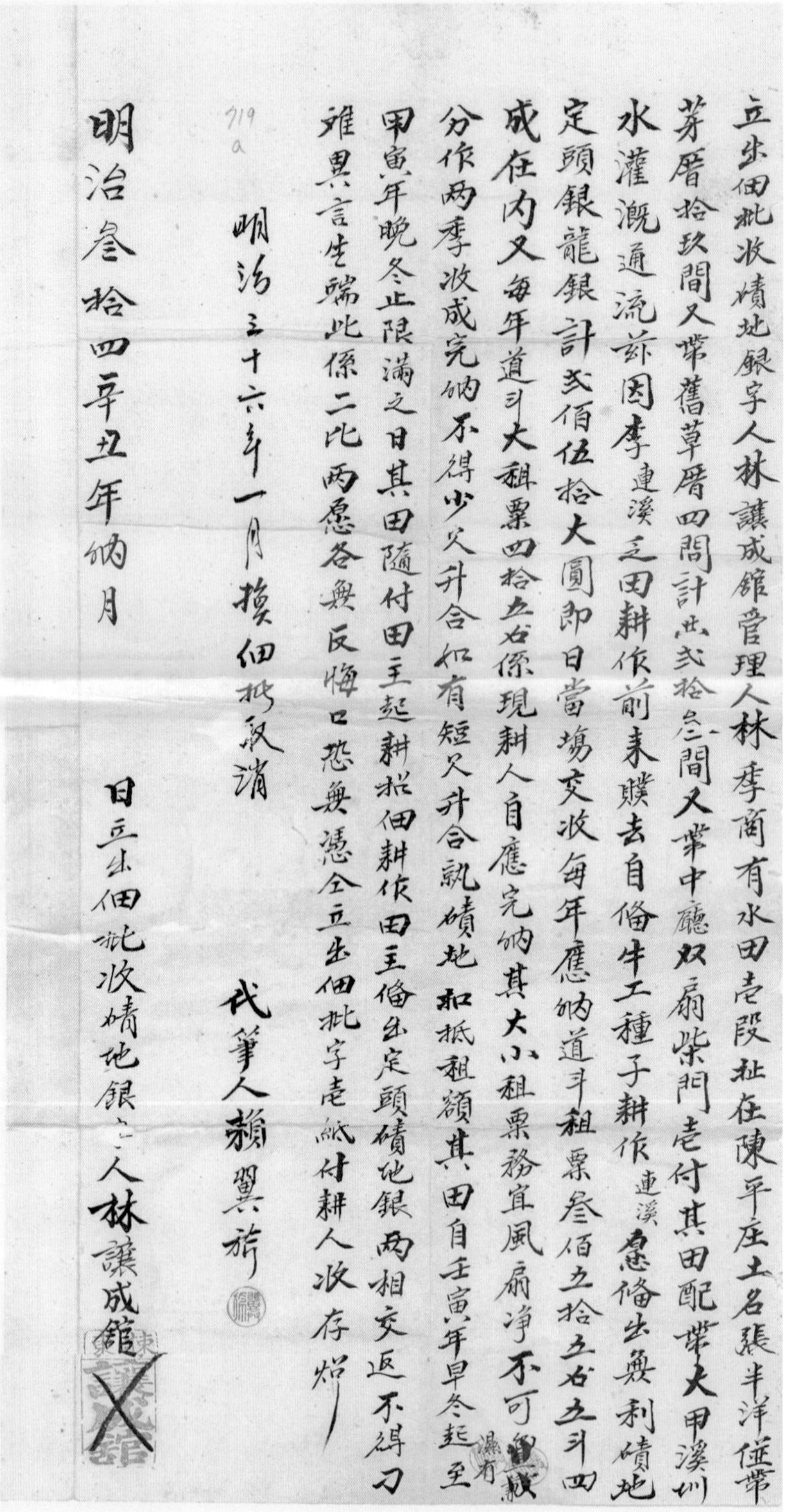
立出佃批收磧地銀字人林讓成館管理人林季商有水田壹段址在陳平庄土名張半洋併帶
茅厝拾玖間又帶舊草厝四間計共貳拾叁間又帶中廳双扇柴門壹付其田配帶大甲溪圳
水灌溉通流茲因李連溪之田耕作前來贌去自備牛工種子耕作連溪憑備出無利磧地
定頭銀龍銀計貳佰伍拾大圓即日當場交收每年應納道斗租粟叁佰五拾五石五斗四
成在內又每年道斗大租粟四拾五石係現耕人自應完納其大小租粟務宜風扇淨不可濕冇[illegible]
分作兩季收成完納不得少欠升合如有短欠升合就磧地扣抵租額其田自壬寅年早冬起至
甲寅年晚冬止限滿之日其田隨付田主起耕招佃耕作田主備出定頭磧地銀兩相交返不得刁
難異言生端此係二比兩愿各無反悔口恐無憑仝立出佃批字壹紙付耕人收存炤
明治三十六年一月換佃批取消
代筆人賴翼旂
明治叁拾四辛丑年納月
日立出佃批收磧地銀字人林讓成館

立出佃批收磧地銀字人林讓成舘管理人林季商有水田壹叚，址在陳平庄[54]，土名張半洋，併帶芽〔茅〕厝拾玖間，又帶舊草厝四間，計共弍拾叁間，又帶中廳双扇柴門壹付，其田配帶大甲溪圳水灌溉通流。茲因李連溪乏田耕作，前來贌去，自備牛工、種子耕作，連溪愿備出無利磧地定頭銀龍銀計弍佰伍拾大圓，即日當場交收。每年應納道斗租粟叁佰五拾五石五斗四成在內，又每年道斗大租粟四拾五石，係現耕人自應完納。其大小租粟務宜風扇净，不可濕冇【印】[55]，分作兩季收成完納，不得少欠升合。如有短欠升合，就磧地扣抵租額。其田自壬寅年早冬起至甲寅年晚冬止，限滿之日，其田隨付田主起耕招佃耕作，田主備出定頭磧地銀兩相交返，不得刁難異言生端。此係二比兩愿，各無反悔，口恐無憑，仝立出佃批字壹紙付耕人收存，炤。

代筆人賴翼旂【印】[56]

明治叁拾四辛丑年納月　日立出佃批收磧地銀字人林讓成舘【印】[57]

明治三十六年一月換佃批取消。

54 陳平庄：在日治初期屬揀東下堡，位在今臺中市北屯區西南方一帶。
55 印記兩枚，內文為：「翼旂」。
56 印記內文：「翼旂」。
57 印記內文：「揀東／讓成舘」。

135・讓成館致林慶生收磧地銀單

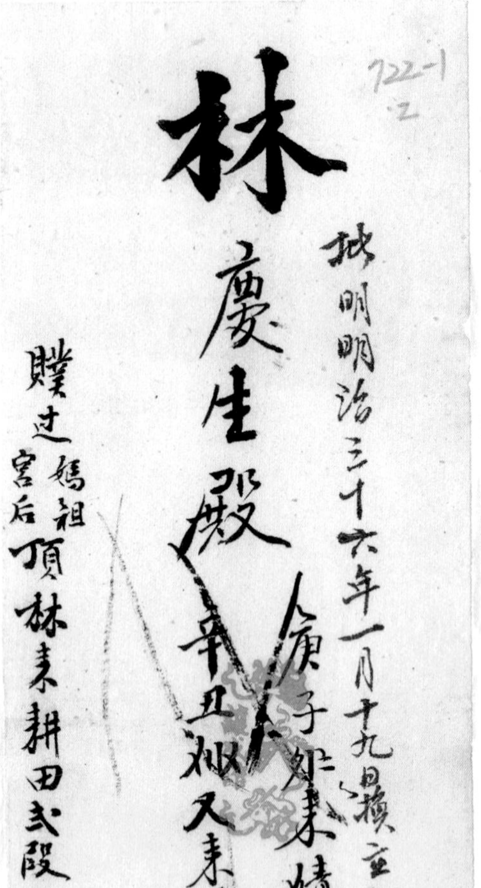

批明明治三十六年一月十九日換立佃批當取消

林

慶生殿

庚子冬季磧地銀〣〇員

辛丑冬又季磧地銀[illegible]員

共平銀[illegible]員

贌過媽祖宮后頂林耒耕田弍段全年小大租粟

0592

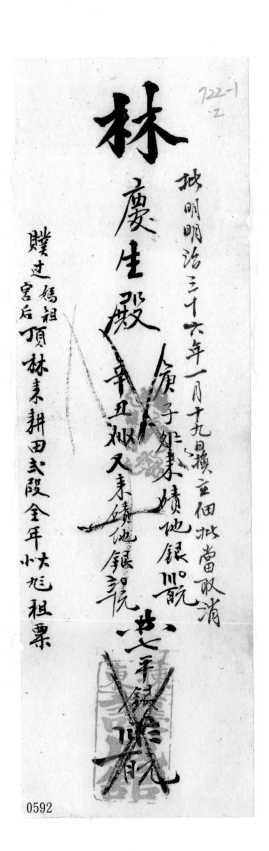

批明明治三十六年一月十九日換立佃批當取消。

林慶生殿（庚子[58]9月17來磧地銀300元；辛丑[60]4月24又來磧地銀80元）【印】[59]，共七平銀380元。【印】[61]

贌过（媽祖宮后）頂林來耕田弍段，全年（大小）九三租粟。

---

58 庚子：明治三十三年（一九〇〇）。

59 印記內文：「讓成舘」。

60 辛丑：明治三十四年（一九〇一）。

61 印記內文：「拺東／讓成舘」。

（一）土地文書

136．讓成館致林慶生收粉寮厝並家器銀單

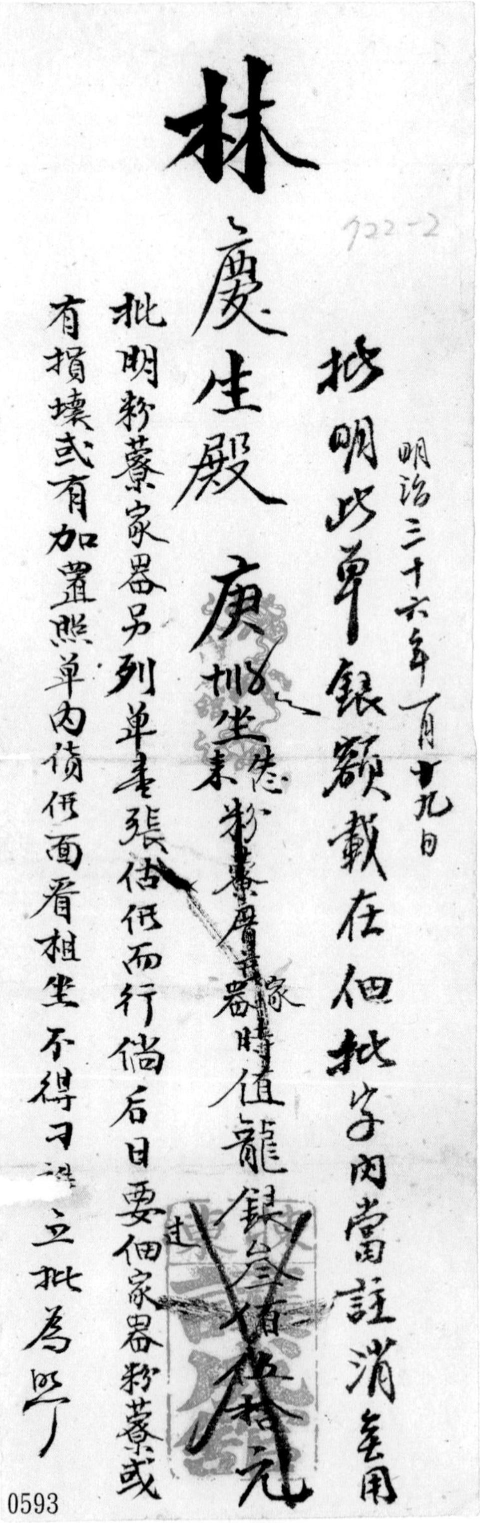

林慶生殿 庚圳坐來粉寮厝并家器時值龍銀叁佰伍拾元

明治三十六年一月十九日

抄明此單銀額載在佃批字內當註消無用

批明粉寮家器另列單壹張估價而行倘后日要佃家器粉寮或有損壞或有加置照單內價值面看相坐不得刁難 立批為照

722-2

0593

明治三十六年一月十九日

批明：此单銀額載在佃批字內，當註消無用。

林慶生殿　庚子12月5【印】62 坐恙來粉蓉厝并家器，時值龍銀叁佰伍拾元。【印】63

批明：粉蓉家器另列单壹張估価而行，倘后日要过佃，家器、粉蓉或有損壞，或有加置，照单內貨価面看相坐，不得刁難，立批爲照。

62 印記內文：「讓成舘」。
63 印記內文：「捒東／讓成舘」。

137・讓成館致詹忐收來磧地定頭銀單

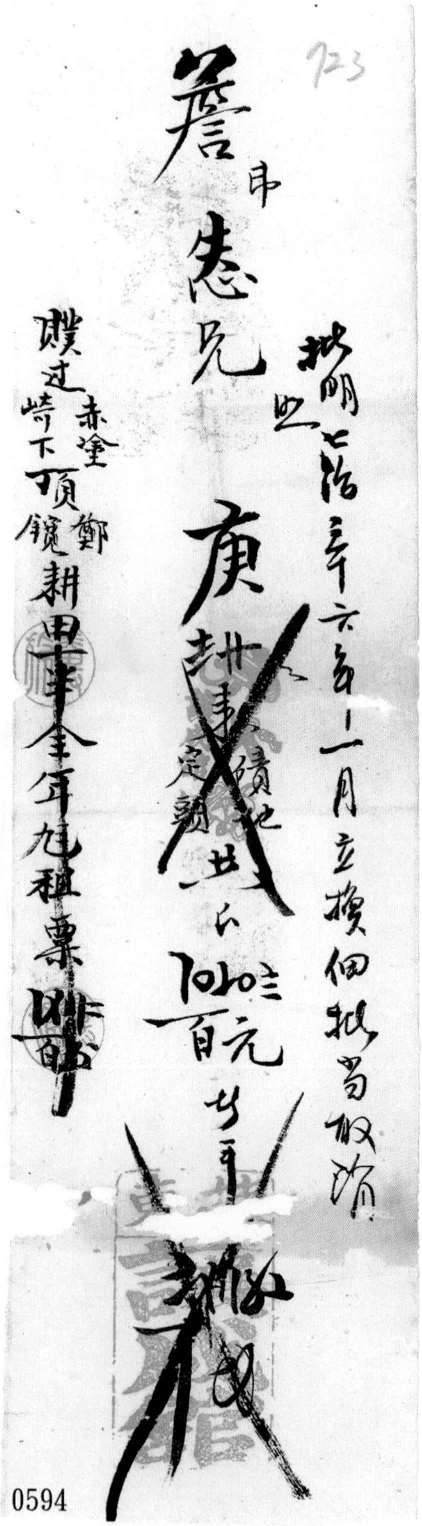

批明：明治三十六年一月立換佃批当取消。

詹即悉兄照　庚子12月20【印】[64]來磧地定頭共艮106.08元，折平74.256兩。【印】[65]

瞨过赤塗崎下頂鄭鏡耕田【印】[66]一半，全年九三租粟142.2石。【印】[67]

64 印記內文：「讓成舘」。
65 印記內文：「捒東／讓成舘」。
66 印記內文：「翼旂」。
67 印記內文：「翼旂」。

138．讓成館致廖阿根收來磧地定頭銀單

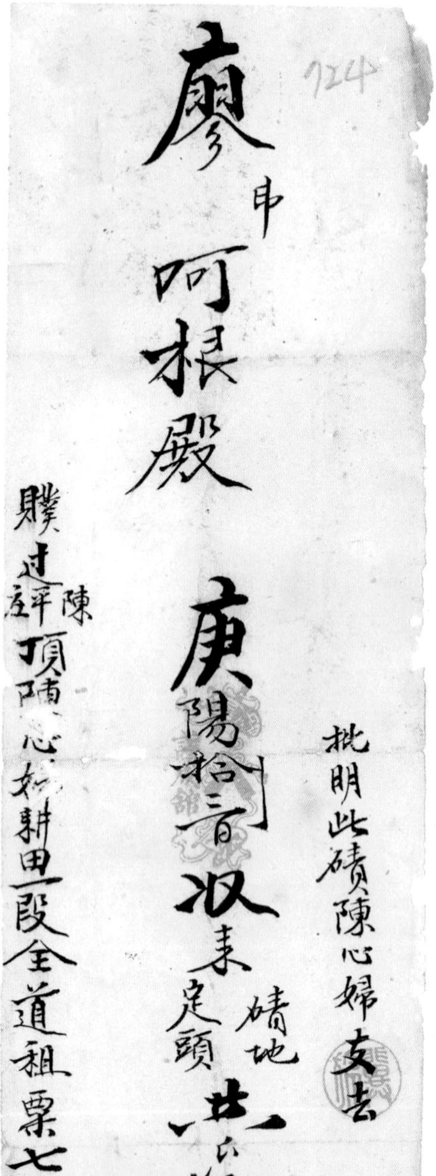
廖　阿根殿
批明此磧陳心婦交去
收來磧地定頭
耕田一段全道租粟七拾捌石四斗正
0595

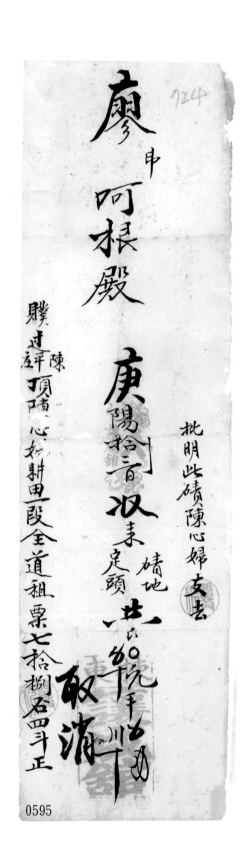

批明此磧陳心婦支去。【印】[68]

廖即阿根殿

庚陽[69]拾月三日【印】[70]收來磧地定頭共艮50元，平35兩。【印】[71]

取消

贌过陳平庄頂陳心婦耕田一段，全道租粟七拾捌石四斗正。【印】[72]

68印記內文：「翼旂」。
69陽：陽月，農曆十月。
70印記內文：「讓成舘」。
71印記內文：「抹東／讓成舘」。
72印記內文：「翼旂」。

（一）土地文書

139・讓成館致游自月收來磧地銀單

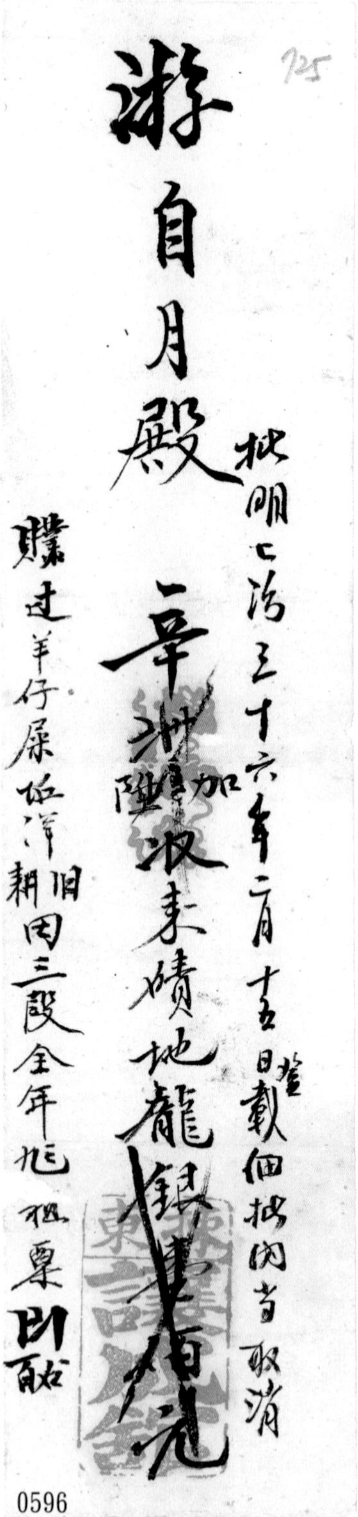
游自月殿

一年卅加陞收來磧地龍銀壹佰元

批明明治三十六年二月十五日登載佃批內旨取消

贌过羊仔屎坵洋旧耕田三段全年九石租粟 此照

0596

批明：明治三十六年二月十五日登載佃批内当取消。

游自月殿　辛[73]　7月30【印】[74]　加陞收來磧地龍銀壹佰元。【印】[75]

蹼过羊仔屎坵洋旧耕田三段九三租粟171石。

73辛：辛丑年，明治三十四年（一九〇一）。

74印記內文：「讓成舘」。

75印記內文：「揀東／讓成舘」。

140．讓成館致游青松收加陞磧地銀單

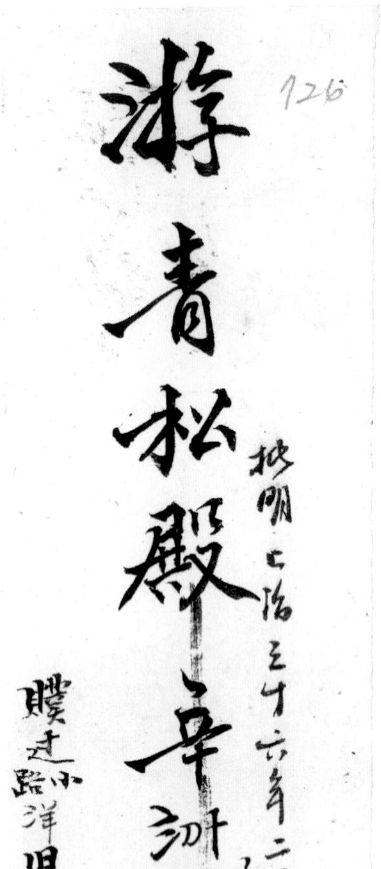
游青松殿
辛丑年加陞磧地收來龍銀
贌過小洋路旧耕田一段全年租

0597

批明：明治三十六年二月十五日登載佃批内当取消。

游青松殿　辛8月初10 加陞磧地 收來龍銀壹佰元。【印】[76]

賤过小路洋旧耕田一段，仝九三租粟164.4石。【印】[77]

76印記內文：「捒東／讓成舘」。
77印記內文：「翼旂」。

141・讓成館致黃興、劉正收磧定銀單

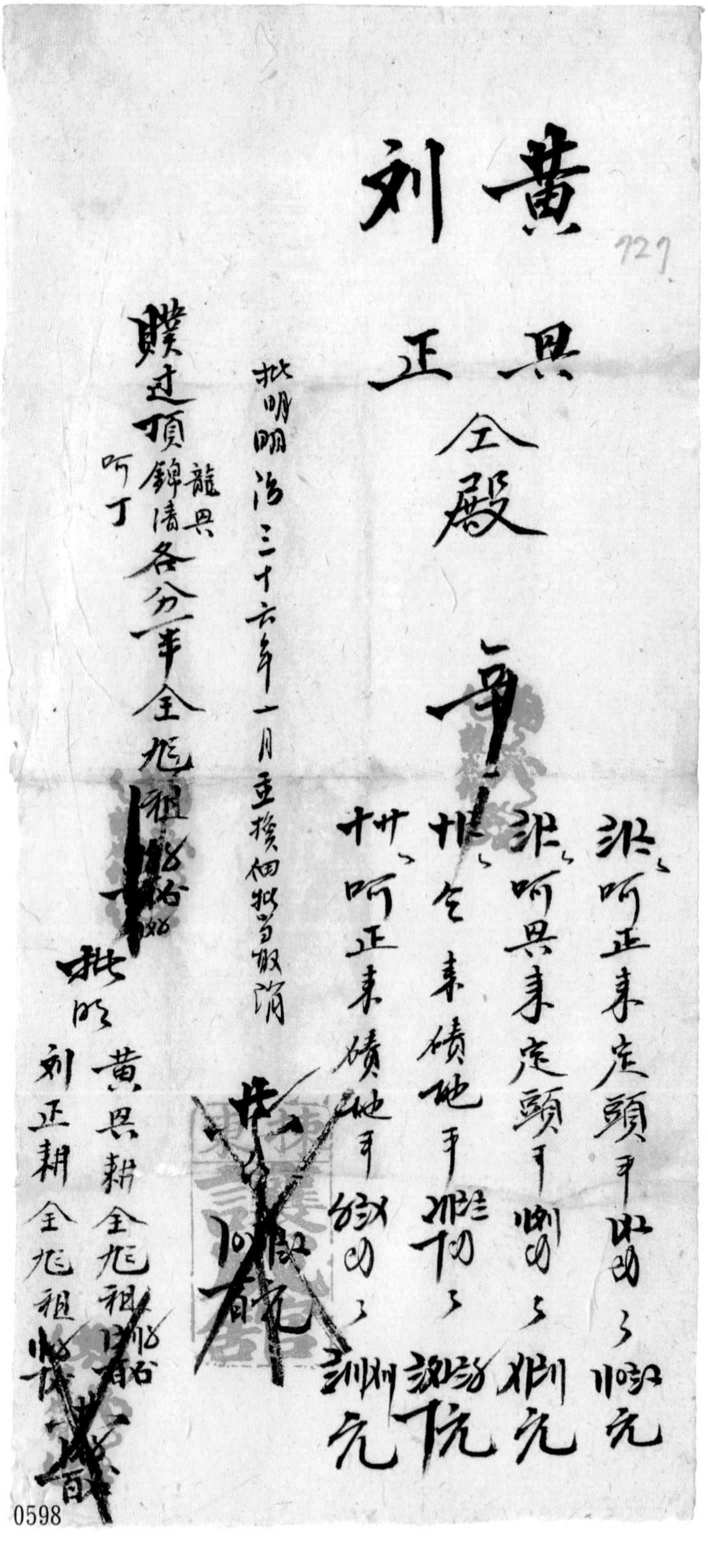

0598

黃興
刘正 仝殿 辛【印】[78]

8月17呵正來定頭平1.46兩，艮2.086元。

8月17呵興來定頭平2.92兩，艮4.172元。

10月17仝來磧地平62.78兩，艮89.685元。

10月20呵正來磧地平5.84兩，艮8.343元。

共艮104.286元。【印】[79]

批明：明治三十六年一月立換佃批当取消。

瞨过頂 龍興 錦清 呵丁 各分一半，全九三租95石。【印】[80]

批明

黃興耕全九三租173.5石。

刘正耕全九三租21.5石，共195石。【印】[81]

---

78 印記內文：「讓成舘」。

79 印記內文：「捒東／讓成舘」。

80 印記內文：「讓成舘」。

81 印記內文：「讓成舘」。

142・讓成館致賴發收磧地銀單

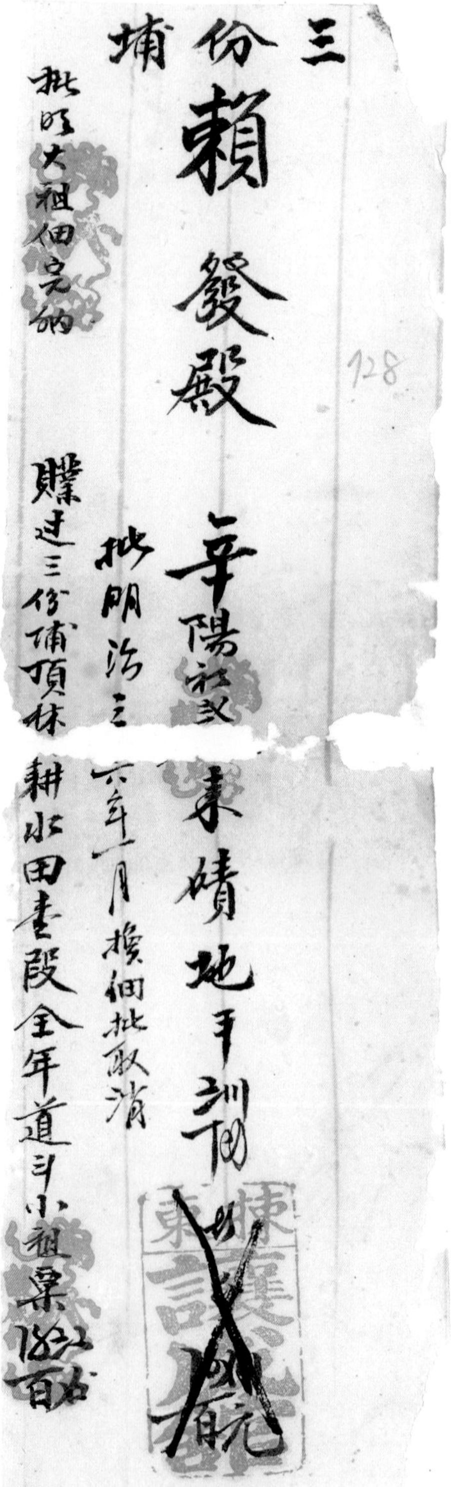
三份埔
賴發殿
辛陽社來磧地手訓
批明治三六年一月換佃批取消
贌过三份埔頂林耕水田壹段全年道斗小租粟
批明大租佃完納
東勢讓成館

0599

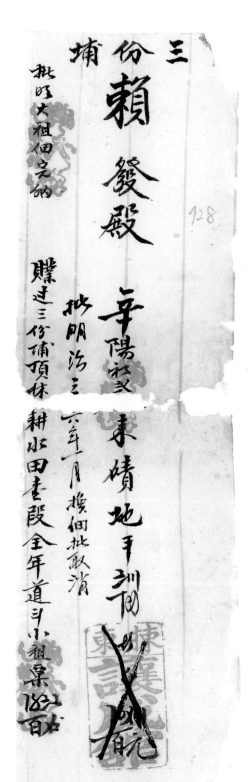

三份埔

賴發殿　辛陽初弍【印】82 來磧地平73兩，折艮104.2元。【印】83

批明：治三[十]六年一月換佃批取消。

批明大租佃完納。【印】84 贌过三份埔頂林□耕水田壹叚，全年道斗小租粟157.6石。【印】85

82 印記內文：「讓成舘」。
83 印記內文：「捒東／讓成舘」。
84 印記內文：「讓成舘」。
85 印記內文：「讓成舘」。

（二）法院文書

143・明治三十年七月十八日臺中地方法院致林子佩通知

487

貓羅保阿罩霧庄

林子佩

本法院今有要緊面諭事本日即時赶赴本

衙候可也

明治三十年七月十八日

台中地方法院

臺中地方法院用紙

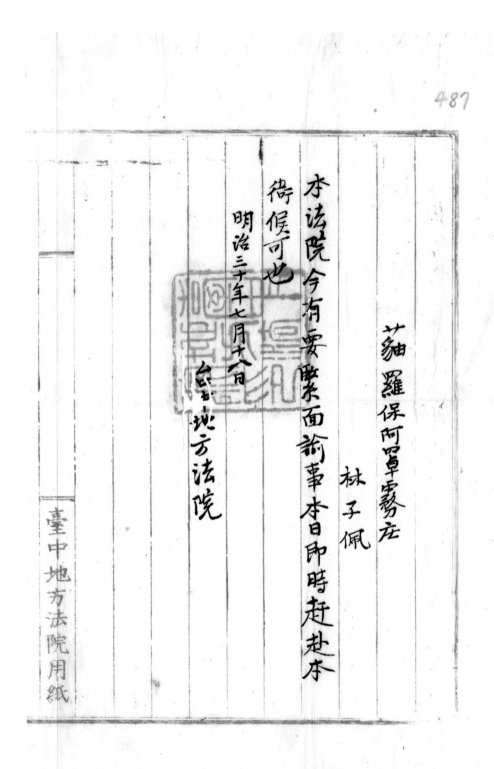

貓羅保阿罩霧庄

林子佩[86]

本法院今有要緊面諭事，本日即時赶赴本衙候可也。

明治三十年七月十八日【印】[87]

台中地方法院

86 林子佩：一八七九—一八九八，又作林子珮，即林資鏘，林朝棟四子，母為楊水萍。一八九七年從福建回臺，同行者有林家代理人即前臺灣縣保良總局長葛竹軒及林子佩妻室婢僕共十人。〈重整家風〉，《臺灣新報》，一八九七年四月二十九日，一版；臺灣銀行經濟研究室編，《臺灣霧峰林氏族譜》（臺北：臺灣銀行經濟研究室，一九七一年，文叢第二九八種），頁三五六。

87 印記內文：「臺中地方法院印」。

144・臺中地方法院明治三十一年假第一號假處分命令 (1)

三十一年假第一號　假処分命令

臺中縣葫蘆東堡阿罩霧庄第一番戸
申請人　林子佩

仝縣彰化東門街第八十九番戸
右申請代理人　呂以泉

仝縣大肚中堡陳厝庄
被申請人　蔡九武

仝縣仝堡梧棲街
仝　蔡蒼梧

右當事者間ノ田地取戻及租谷請求事件ニ付申請人ノ申請ニ依リ係争目的物ニ對シ當法院ハ假処分ヲ為スヿ左ノ如シ

二字改【印】[88]三一年仮第一號　仮処分[89]命令

台中縣猫羅東堡阿罩霧庄第一番戶

申請人　林子佩

仝縣彰化東門街第八十九番戶

右申請代理人　吳少泉[90]

仝縣大肚中堡陳厝庄

被申請人　蔡九武

仝縣仝堡梧棲街

仝　蔡蒼梧

右當事者間ノ田地取戻及租谷請求事件ニ付、申請人ノ申請ニ依リ係爭目的物ニ対シ、當法院ハ仮処分ヲ為スコト左ノ如シ：

---

88 印記內文：「臺中地方法院書記印」。

89 仮処分：對於非以給付金錢之請求，為保全強制執行結果，就係爭物所為之強制處分。由於此處分是暫行性舉措，故稱為「假」，即暫時之意。仁井田益太郎，《民事訴訟法要論》，下卷（東京：有斐閣書房，一九一三年），頁一五八四。

90 吳少泉：原告林子佩之訴訟代理人。

（二）法院文書

144・臺中地方法院明治三十一年假第一號假處分命令 (2)

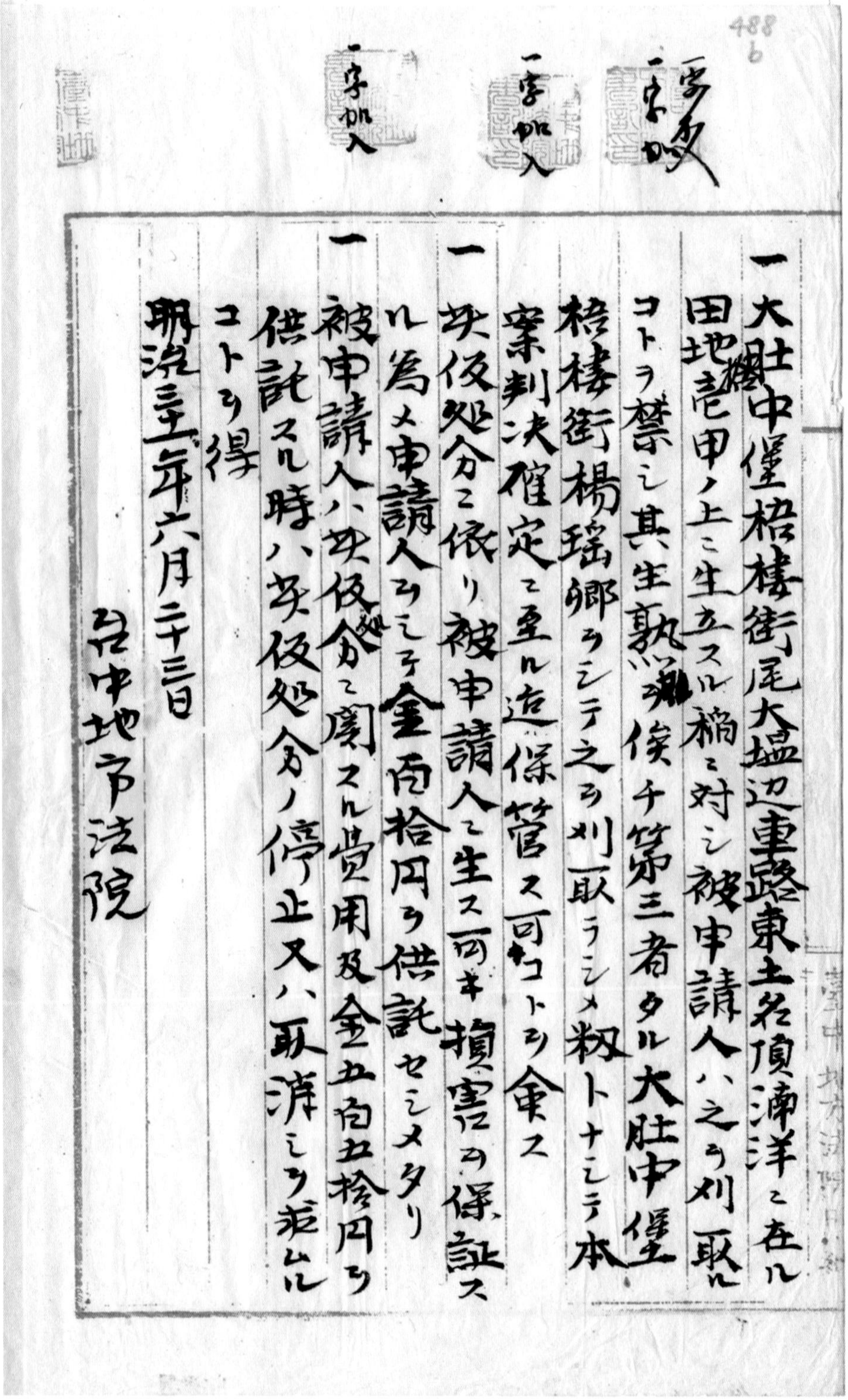

一字改 二字加

二字加入

一字加入

一 大肚中堡梧棲街尾大塩辺車路東土名頂湳洋ニ在ル田地壱甲ノ上ニ生立スル稲ニ対シ被申請人ハ之ヲ刈取ルコトヲ禁シ其生熟ヲ俟チ第三者タル大肚中堡梧棲街楊瑤卿ヲシテ之ヲ刈取ラシメ籾トナシテ本案判決確定ニ至ル迄保管ス可キコトヲ命ス

一 本仮処分ニ依リ被申請人ニ生ス可キ損害ヲ保証スル為メ申請人ヲシテ金百拾円ヲ供託セシメタリ

一 被申請人ハ本仮処分ニ関スル費用及金五百五拾円ヲ供託スル時ハ本仮処分ノ停止又ハ取消シヲ求ムルコトヲ得

明治三十一年六月二十三日

臺中地方法院

一字加入
一字加
【印】[91]

一字加入【印】[94]

一字加入【印】[96]

【印】[97]

一、大肚中堡梧棲街尾大堀辺車路東、土名頂湳洋ニ在ル田地拾壱甲ノ上ニ生立スル稲ニ対シ、被申請人ハ之ヲ刈取ルコトヲ禁シ、其生熟期ヲ俟チ第三者タル大肚中堡梧棲街楊瑤卿[92]ヲシテ之ヲ刈取ラシメ籾[93]トナシテ、本案判決確定ニ至ル迄保管ス可コトヲ命ス。

一、此仮処分ニ依リ被申請人ニ生ス可キ損害ヲ保証スル為メ、申請人ヲシテ金百拾円ヲ供託[95]セシメタリ。

一、被申請人ハ此仮処分ニ関スル費用及金五百五拾円ヲ供託スル時ハ、此仮処分ノ停止又ハ取消シヲ求ムルコトヲ得。

明治三十一年六月二十三日

台中地方法院

---

91 印記內文：「臺中地方法院書記印」。

92 楊瑤卿：一八六一—一九二二，臺中梧棲人。其父至器公時由金門渡臺發展，經商致富。楊瑤卿為至器公第五子，受其鍾愛，並「畀以家政」，經楊瑤卿量入為出而「增其式廓」。臺灣改隸後，楊瑤卿「思自韜晦」，乃分任家政於諸弟姪而退閒養志。明治三十一年（一八九八）二月受任大肚辨務署參事，同年八月任梧棲辨務署參事，並任梧棲公學校學務委員。明治三十四年（一九〇一）十二月廢縣置廳，仍襲原職為臺中廳參事，前後二十年。明治三十六年十二月當選臺中廳農會常議員，明治三十九年獲授紳章。遇有地方公益事，多踴躍輸將，凡臺中廳內道路修建、橋梁架設、臺中中學校創校，均助成其事。大園市藏，《臺灣人物誌》（臺北：谷澤書店，一九一六年），頁二五二—二五三；臺灣總督府編，《臺灣列紳傳》（臺北：臺灣總督府，一九一六年），頁一八二；鄭家珍，〈楊瑤卿墓誌銘〉，《臺灣日日新報》，一九二二年三月八日，版六。

93 籾：もみごめ，指稻穀或稻子。

94 印記內文：「臺中地方法院書記印」。

95 供託：向法院提存。

96 印記內文：「臺中地方法院書記印」。

97 印記內文：「臺中地方法院書記印」。

144・臺中地方法院明治三十一年假第一號假處分命令(3)

三字削除

右ノ原本ニ依リ其正本ヲ作ルモノナリ
明治三十一年六月二十日
判官　倉岡逸器
台中地方法院
法院書記　山根重道

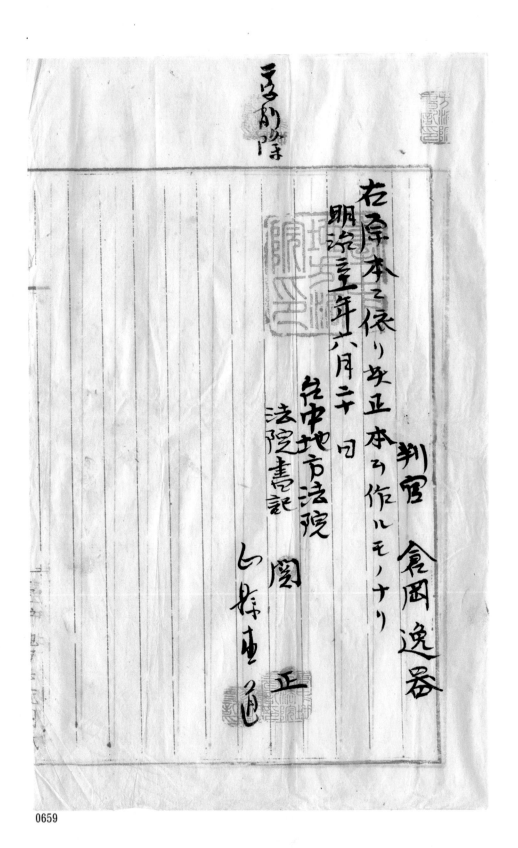

判官 倉岡逸器[98]

右原本ニ依リ此正本ヲ作ルモノナリ。

明治三十一年六月二十日

台中地方法院【印】[99]

法院書記 関 正[102]【印】[103]

山縣直道[104]【印】[105]

二字削除[100]【印】[101]

98 倉岡逸器：明治三十年（一八九七）起任彰化地方法院判官，後任彰化地方法院長、臺中地方法院判官、臺中地方法院長，明治三十一年（一八九八）年七月補高等法院判官。中央研究院臺灣史研究所「臺灣總督府職員錄系統」，http://who.ith.sinica.edu.tw/（2017/09/19 點閱）；〈法院裁撤〉，《臺灣日日新報》，一八九七年十一月二十三日，日刊版一；〈法官調任〉，《臺灣日日新報》，一八九八年七月九日，日刊版五。

99 印記內文：「臺中地方法院印」。

100 指將「關正」二字刪除。

101 印記內文：「臺中地方法院書記印」。

102 關正：明治二十九年（一八九六）起任臺中縣彰化支廳屬員，明治三十年（一八九七）轉任臺中地方法院書記。中央研究院臺灣史研究所「臺灣總督府職員錄系統」，http://who.ith.sinica.edu.tw/（2017/09/19 點閱）。

103 印記內文：「臺中地方法院書記印」。

104 山縣直道：明治三十年（一八九七）起任彰化地方法院書記，同年七月改任總督府法院書記，明治三十二年（一八九九）轉任臺中縣北港辨務署主記。中央研究院臺灣史研究所「臺灣總督府職員錄系統」，http://who.ith.sinica.edu.tw/（2017/09/19 點閱）；〈任命〉，《臺灣日日新報》，一八九七年七月二十九日，日刊版二。

105 印記內文：「臺中地方法院書記印」。

145・臺中地方法院明治三十一年假第二號假處分命令(1)

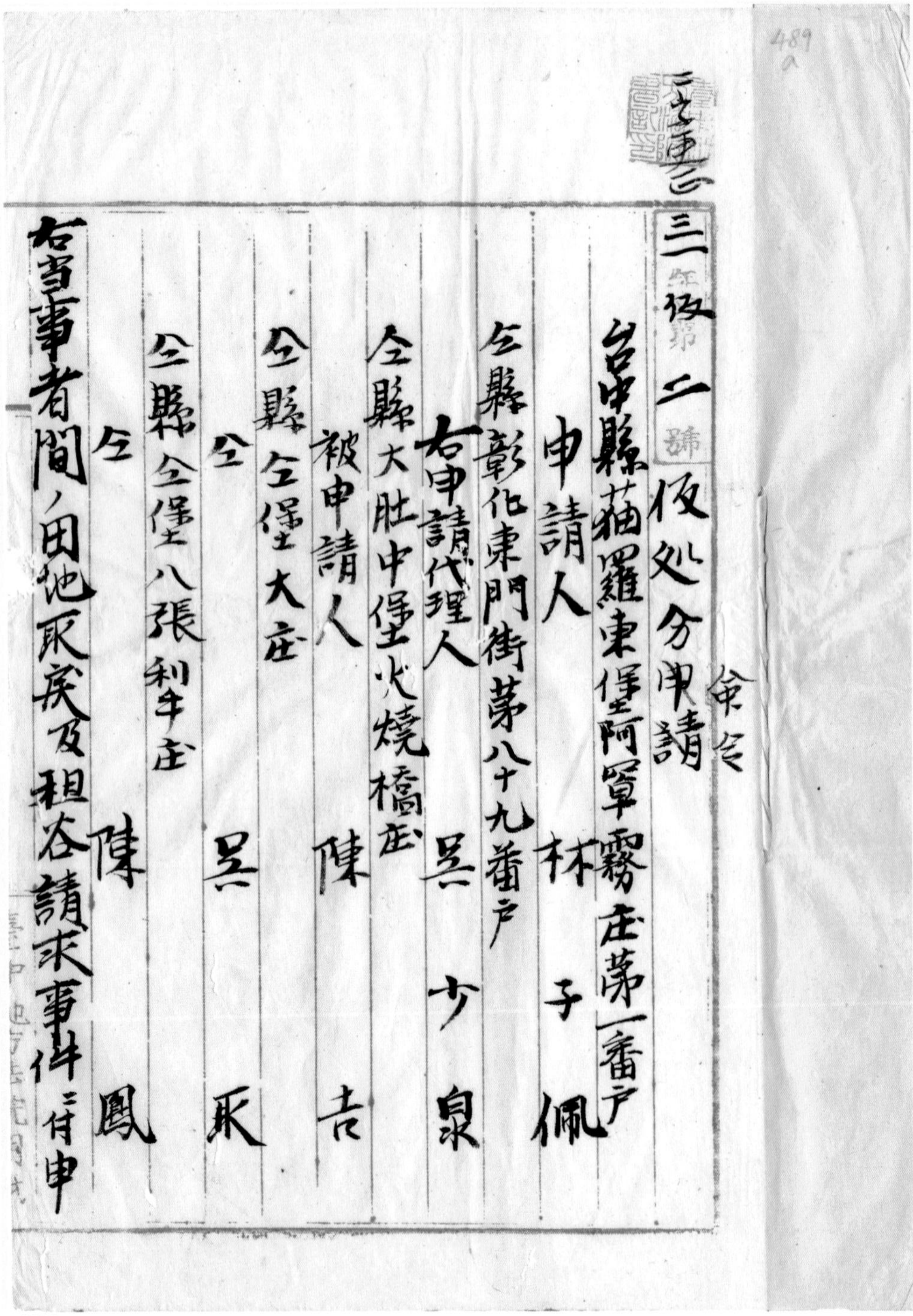

三一年假第二號

命令

假処分申請

台中縣猫羅東堡阿罩霧庄第一番戸

申請人　林子佩

仝縣彰化東門街第八十九番戸

右申請代理人　呉少泉

仝縣大肚中堡火燒橋庄

被申請人　陳吉

仝縣仝堡大庄

仝　呉取

仝縣仝堡八張犁庄

仝　陳鳳

右當事者間ノ田地取戻及租谷請求事件ニ付申

0660

二字更正【印】[106]三一年仮第二號　仮処分命令

台中縣貓羅東堡阿罩霧庄第一番戶

申請人　林子佩

仝縣彰化東門街第八十九番戶

右申請代理人　吳少泉

仝縣大肚中堡火燒橋庄

被申請人　陳　吉[107]

仝縣仝堡大庄

仝　吳　取

仝縣仝堡八張犁庄

仝　陳　鳳

右当事者間ノ田地取戻及租谷請求事件ニ付、申

---

106 印記內文：「臺中地方法院書記印」。

107 陳吉與五甲內庄民曾於明治三十一年十月投書《臺灣日日新報》，其所訴內容與本案相關，可做為瞭解本案線索之一。該投書表示，「臺中縣大肚中堡，有大庄草湳，係五甲內十數庄公地，界址墾契，立石碑記為証，因清國光緒十二年，林朝棟帶兵，佔駐民田，草湳一派，亦被佔奪，賄賂清官附和，欲出與較者，或被官囚，或遭兵辱」。日本領臺後，由於「林朝棟任傳不到」，故由其子林子佩代為處理。林子佩原於明治三十年六月要求本案土地內之庄民繳交保證金一千三百六十五圓。但之後林子佩「狡計百出，囑伊親戚楊安，賄賂外通譯陳芝圃，楊選卿，串通內吏，專仗執達者中川氏、中野氏」，於明治三十一年五月間，「再索保証金一千九百五十圓，另造命令書，田業二十八甲索保証金一千四圓，合共三千三百五十圓，比昨年增三倍金數，命令書、收證書存証，限到梧棲楊合順繳金，代理人吳少泉，黨眾盜刈草湳未熟之禾，各庄欲與爭戰，因五甲內區長恐傷及人，急請警官諭止，並勸五甲內人民，到法院申訴，望其秉公辦理，或依昨年繳金，勿倍金數，勿加田甲，而民冤乃得伸，不料外通譯陳芝圃受賄，將呈擲還逐出，不許面稟法院長，反公然到楊安家，勒限在梧棲繳金」。後因法院傳訊，「更賄執達者呂江，疊將傳訊狀，隱匿過期，料其奔赴不及，即送至控告之家，以陷良民」，「年年索金，雖立石碑記可証，終歸無用，故投是書」。〈罔上欺民投書〉，《臺灣日日新報》，一八九八年十月四日，版三。

（二）法院文書

145・臺中地方法院明治三十一年假第二號假處分命令 (2)

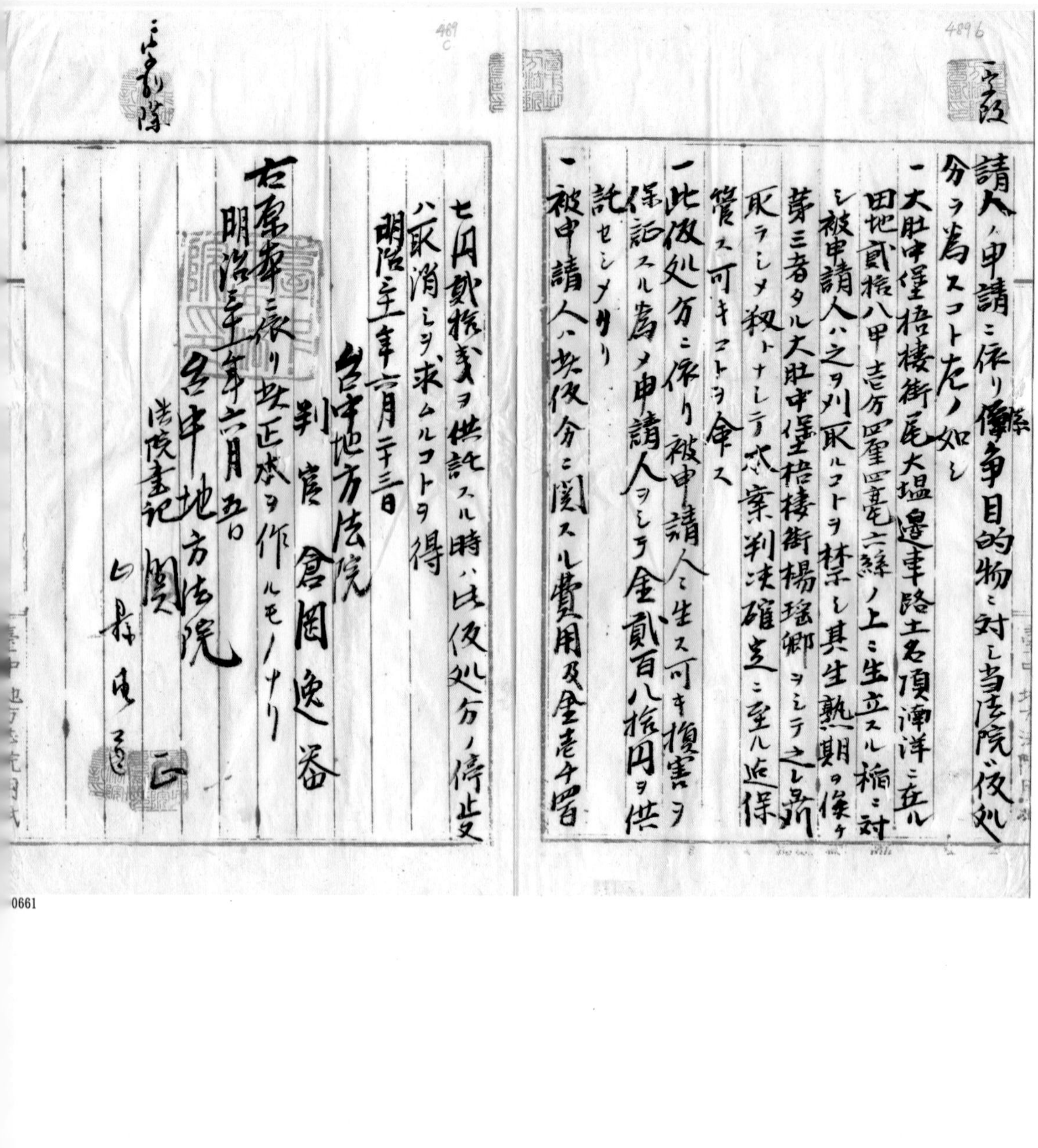
請人ノ申請ニ依リ係争目的物ニ対シ当法院ハ仮処分ヲ為スコト左ノ如シ
一 大肚中堡梧棲街尾大塩邉車路土名頂潮洋ニ在ル田地貳拾八甲壱分四釐四毫六絲ノ上ニ生立スル稲ニ対シ被申請人ハ之ヲ刈取ルコトヲ禁シ其生熟期ヲ俟チ第三者タル大肚中堡梧棲街楊瑤卿ヲシテ之レヲ刈取ラシメ穀トナシテ本案判決確定ニ至ル迄保管ス可キコトヲ命ス
一 此仮処分ニ依リ被申請人ニ生ス可キ損害ヲ保証スル為メ申請人ヲシテ金貳百八拾円ヲ供託セシメタリ
一 被申請人ハ此仮分ニ関スル費用及金壱千四百七円貳拾銭ヲ供託スル時ハ此仮処分ノ停止又ハ取消シヲ求ムルコトヲ得

明治三十一年六月二十三日
台中地方法院
判官 倉岡逸蕃

右原本ニ依リ此正本ヲ作ルモノナリ
明治三十一年六月五日
台中地方法院
法院書記 関 [illegible]

0661

一字改【印】108

請人ノ申請ニ依リ係争目的物ニ対シ、当法院ハ仮処
分ヲ為スコト左ノ如シ：

一、大肚中堡梧棲街尾大塭邊車路、土名頂湳洋ニ在ル
田地貳拾八甲壱分四厘四毫六絲ノ上ニ生立スル稲ニ対
シ、被申請人ハ之ヲ刈取ルコトヲ禁シ、其生熟期ヲ俟チ
第三者タル大肚中堡梧棲街楊瑶卿ヲシテ之レヲ苅
取ラシメ籾トナシテ、本案判決確定ニ至ル迄保
管ス可キコトヲ命ス。

一、此仮処分ニ依リ被申請人ニ生ス可キ損害ヲ
保証スル為メ、申請人ヲシテ金貳百八拾円ヲ供
託セシメタリ。

【印】109

一、被申請人ハ此仮処分ニ関スル費用及金壱千四百
七円貳拾戔ヲ供託スル時ハ、此仮処分ノ停止又
ハ取消シヲ求ムルコトヲ得。

明治三十一年六月二十三日

台中地方法院

判官　倉岡逸器

右原本ニ依リ此正本ヲ作ルモノナリ。

明治三十一年六月〔二十〕五日

台中地方法院【印】110

二字削除【印】111

法院書記　関　正【印】112

山縣直道【印】113

---

108 印記內文：「臺中地方法院書記印」。
109 印記內文：「臺中地方法院書記印」。
110 印記內文：「臺中地方法院印」。
111 印記內文：「臺中地方法院書記印」。
112 印記內文：「臺中地方法院書記印」。
113 印記內文：「臺中地方法院書記印」。

146・臺中地方法院明治三十一年假第三號假處分命令(1)

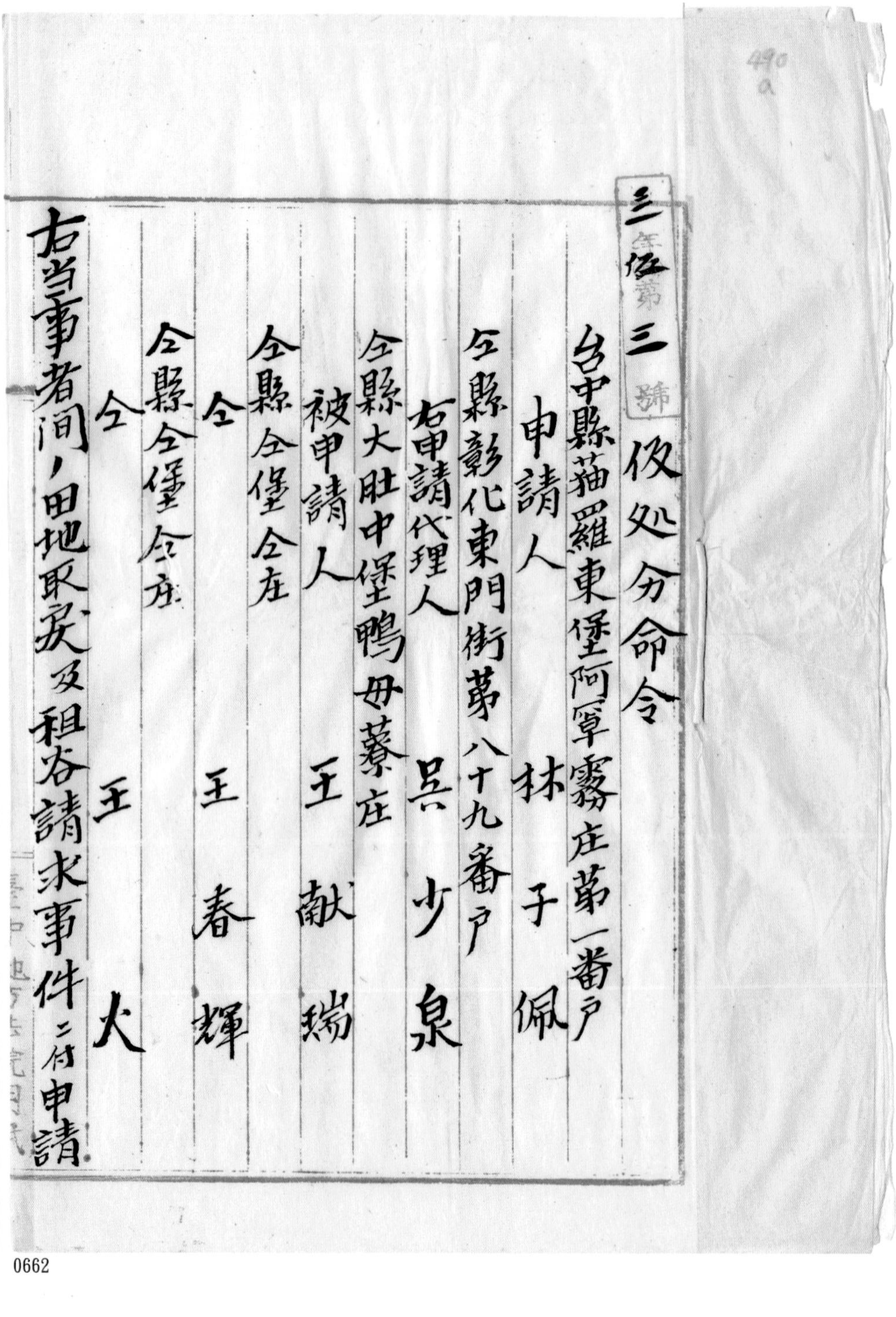

三一年假第三號

假処分命令

台中縣猫羅東堡阿罩霧庄第一番戸
申請人　林子佩
仝縣彰化東門街第八十九番戸
右申請代理人　呂少泉
仝縣大肚中堡鴨母藔庄
被申請人　王獻瑞
仝縣仝堡仝庄
仝　王春輝
仝縣仝堡仝庄
仝　王犬
右当事者間ノ田地取戻及租谷請求事件ニ付申請

0662

三一年仮第三號　仮処分命令

台中縣猫羅東堡阿罩霧庄第一番戶

申請人　林子佩

仝縣彰化東門街第八十九番戶

右申請代理人　吳少泉

仝縣大肚中堡鴨母藔庄[114]

被申請人　王獻瑞

仝縣仝堡仝庄

仝　王春輝

仝縣仝堡仝庄

仝　王火

右当事者間ノ田地取戻及租谷請求事件ニ付、申請

---

114 鴨母藔：屬於今臺中市梧棲區永寧里、永安里。聚落可能形成於雍正至乾隆年間，因有移民抵此搭寮養鴨，故名之。陳國川、翁國盈編撰，《臺灣地名辭書》，卷十二臺中縣（二），頁三〇八。

146・臺中地方法院明治三十一年假第三號假處分命令(2)

490 b

人ノ申請ニ依リ係争目的物ニ対シ当法院ハ仮処分
ヲ為スコト左ノ如シ
一大肚中堡草湳下塭大消水溝北ニ在ル田地五甲弐分
畳ノ上ニ生立スル稲ニ対シ被申請人ハ之ヲ刈取ルコト
ヲ禁シ其生熟ノ期ヲ俟ケ第三者タル大肚中堡
梧棲街楊瑶卿ヲシテ之レヲ刈取ラシメ籾トナシテ
本案判決確定ニ至ル迄保管スヘキコトヲ命ス
一此仮処分ニ依リ被申請人ニ生スヘキ損害ヲ保証
スル為メ申請人ヲシテ金参拾弐円ヲ供託セシ
メタリ
一被申請人ハ此仮処分ニ関スル費用及金百五十
七円五十銭ヲ供託スル時ハ此仮処分ノ停止又ハ

臺中地方法院用紙

二手抄
陳

490 c

取消シヲ求ムルコトヲ得
明治三十一年六月二十三日
台中地方法院
判官　倉岡逸器
右原本ニ依リ此正本ヲ作ルモノナリ
明治三十一年六月二十五日
台中地方法院
法院書記　関口根重道　正

臺中地方法院用紙

0663

人ノ申請ニ依リ係争目的物ニ対シ、当法院ハ仮処分
ヲ為スコト左ノ如シ：
一、大肚中堡草湳下塭大消水清北ニ在ル田地五甲弍分
五厘ノ上ニ生立スル稲ニ対シ、被申請人ハ之ヲ刈取ルコト
ヲ禁シ、其生熟期ヲ俟チ第三者タル大肚中堡
梧棲街楊瑤卿ヲシテ之レヲ刈取ラシメ籾トナシテ、
本案判決確定ニ至ル迠保管ス可キコトヲ命ス。
一、此仮処分ニ依リ、被申請人ニ生ス可キ損害ヲ保証
スル為メ、申請人ヲシテ金参拾弍円ヲ供託セシ
メタリ。
一、被申請人ハ此仮処分ニ関スル費用及金百五十
【印】115
七円五十戔ヲ供託スル時ハ、此仮処分ノ停止又ハ
取消シヲ求ムルコトヲ得。

明治三十一年六月二十三日
台中地方法院
判官　倉岡逸器

右原本ニ依リ此正本ヲ作ルモノナリ。
明治三十一年六月二十五日
台中地方法院【印】116
二字削除【印】117
法院書記　関　正【印】118
山縣直道【印】119

115 印記內文：「臺中地方法院書記印」。
116 印記內文：「臺中地方法院印」。
117 印記內文：「臺中地方法院書記印」。
118 印記內文：「臺中地方法院書記印」。
119 印記內文：「臺中地方法院書記印」。

（二）法院文書

147・臺中地方法院明治三十一年假第四號假處分命令(1)

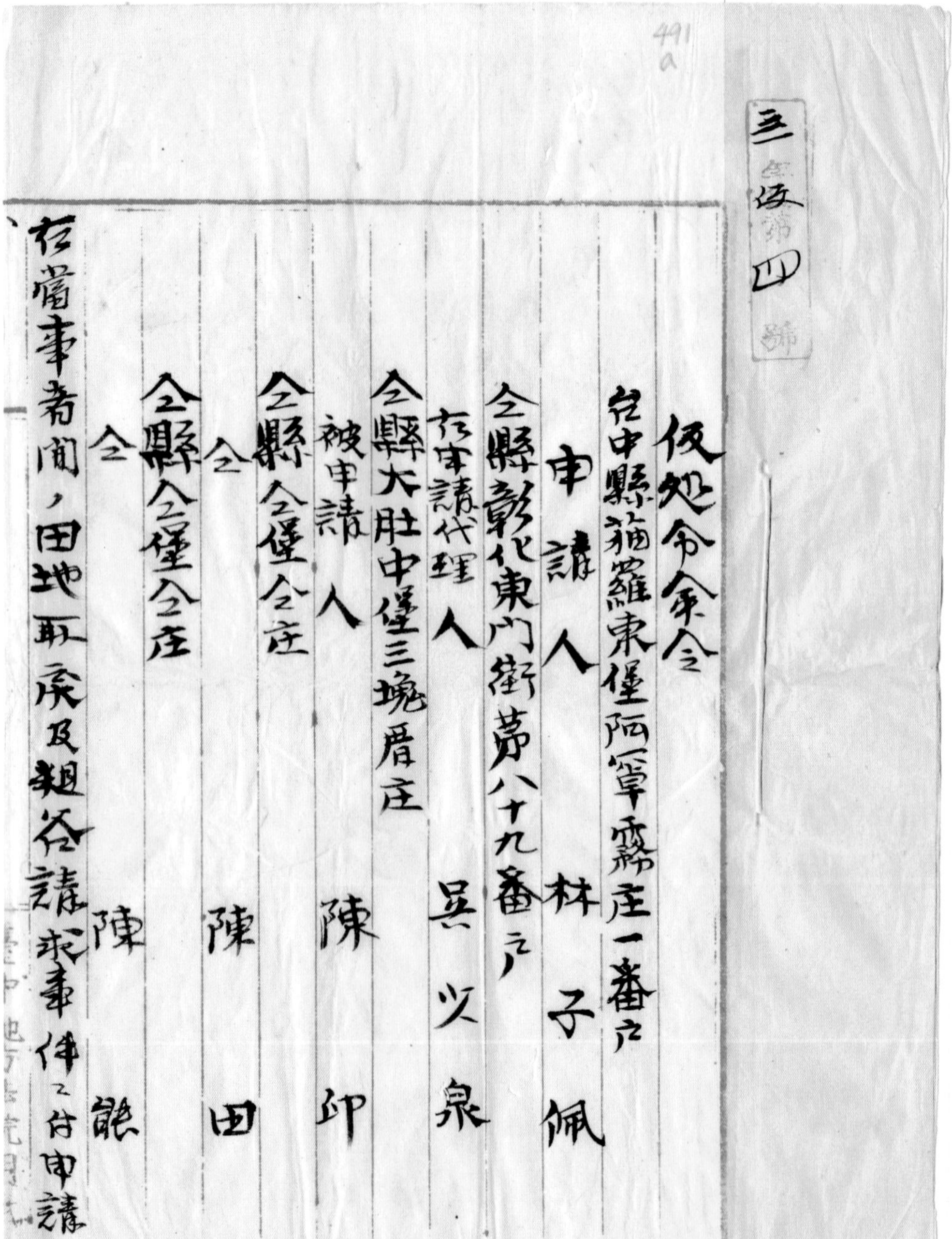

三 假第四號

假処分命令案仝

台中縣揀東堡阿罩霧庄一番戶
申請人　林子佩
仝縣彰化東門街第八十九番戶
右申請代理人　呉以泉
仝縣大肚中堡三塊厝庄
被申請人　陳卯
仝縣仝堡仝庄
仝　陳田
仝縣仝堡仝庄
仝　陳能
右當事者間ノ田地取戻及租谷請求事件ニ付申請

0664

三一年仮第四號

仮処分命令

台中縣猫羅東堡阿罩霧庄一番戸

申請人 林子佩

仝縣彰化東門街第八十九番戸

右申請代理人 吳少泉

仝縣大肚中堡三塊厝庄[120]

被申請人 陳卯

仝縣仝堡仝庄

仝 陳田

仝縣仝堡仝庄

仝 陳能

右當事者間ノ田地取戻及租谷請求事件ニ付、申請

---

120 三塊厝庄：分布於今臺中市南屯區三厝里、永定里。

（二）法院文書

147・臺中地方法院明治三十一年假第四號假處分命令 (2)

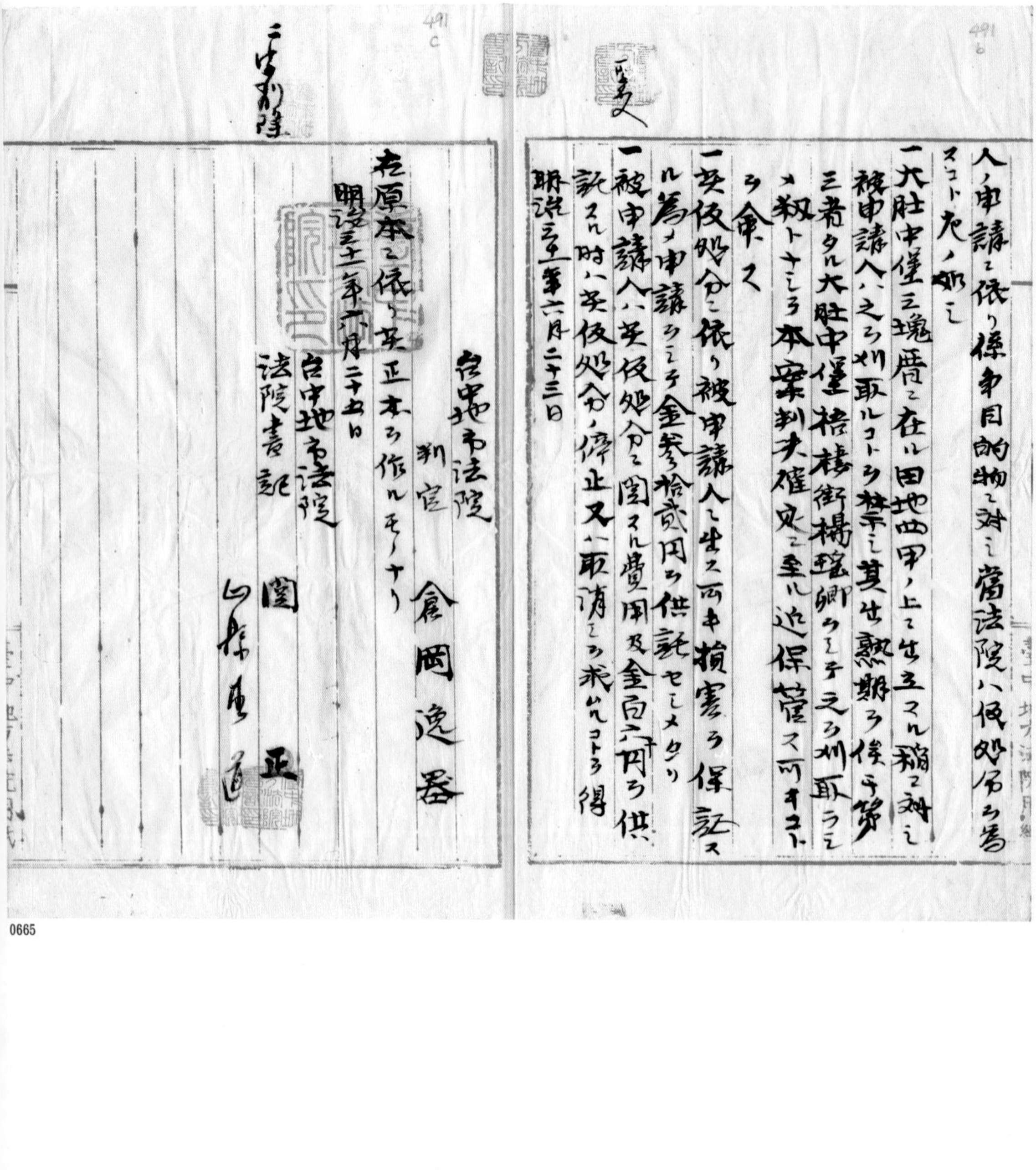

人ノ申請ニ依リ係争目的物ニ対シ當法院ハ假処分ヲ為スコト左ノ如シ

一 大肚中堡三塊厝ニ在ル田地四甲ノ上ニ生立スル稲ニ対シ被申請人ハ之ヲ刈取ルコトヲ禁シ其生熟期ヲ俟テ第三者タル大肚中堡社檨街楊瑶卿ヲシテ之ヲ刈取ラシメ籾トナシヲ本案判決確定ニ至ル迄保管スヘキコトヲ命ス

一 右假処分ニ依リ被申請人ニ生スヘキ損害ヲ保証スル為メ申請ヲシテ金参拾弐円ヲ供託セシメタリ

一 被申請人ハ右假処分ニ関スル費用及金百六円ヲ供託スル時ハ右假処分ノ停止又ハ取消ヲ求ムルコトヲ得

明治三十一年六月二十三日

台中地方法院

判官 倉岡逸蔵

右原本ニ依リ此正本ヲ作ルモノナリ

明治三十一年六月二十五日

台中地方法院

法院書記 園 正

山本重道

二十六到達

0665

人ノ申請ニ依リ係争目的物ニ対シ、當法院ハ仮処分ヲ爲
スコト左ノ如シ：
一、大肚中堡三塊厝ニ在ル田地四甲ノ上ニ生立スル稲ニ対シ、
被申請人ハ之ヲ刈取ルコトヲ禁シ、其生熟期ヲ俟チ第
三者タル大肚中堡梧棲街楊瑶卿ヲシテ之ヲ刈取ラシ
メ籾トナシテ、本案判決確定ニ至ル迠保管ス可キコト
ヲ命ス。
一、此仮処分ニ依リ被申請人ニ生ス可キ損害ヲ保証ス
ル爲メ、申請ヲシテ金参拾貳円ヲ供託セシメタリ。
一字加入【印】121
一、被申請人ハ此仮処分ニ関スル費用及金百六円ヲ供
託スル时ハ、此仮処分ノ停止又ハ取消シヲ求ムルコトヲ得。
明治三十一年六月二十三日

【印】122
台中地方法院
判官　倉岡逸器

右原本ニ依リ此正本ヲ作ルモノナリ。
明治三十一年六月二十五日
台中地方法院【印】123
二字削除【印】124
法院書記　関　正【印】125
山縣直道【印】126

121 印記內文：「臺中地方法院書記印」。
122 印記內文：「臺中地方法院書記印」。
123 印記內文：「臺中地方法院印」。
124 印記內文：「臺中地方法院書記印」。
125 印記內文：「臺中地方法院書記印」。
126 印記內文：「臺中地方法院書記印」。

148・臺中地方法院明治三十一年假第五號假處分命令 (1)

三一年 假第五號

假処分命令

台中縣猫羅東堡阿罩霧庄一番戶
申請人 林子佩

仝縣彰化東門街八十九番戶
右申請代理人 吳少泉

仝縣大肚中堡三塊厝庄
被申請人 陳泰

仝縣仝堡仝庄
仝 陳智

仝縣仝堡仝庄
仝 陳金

右当事者間ノ田地取戻及租谷請求事件ニ付申請人

0666

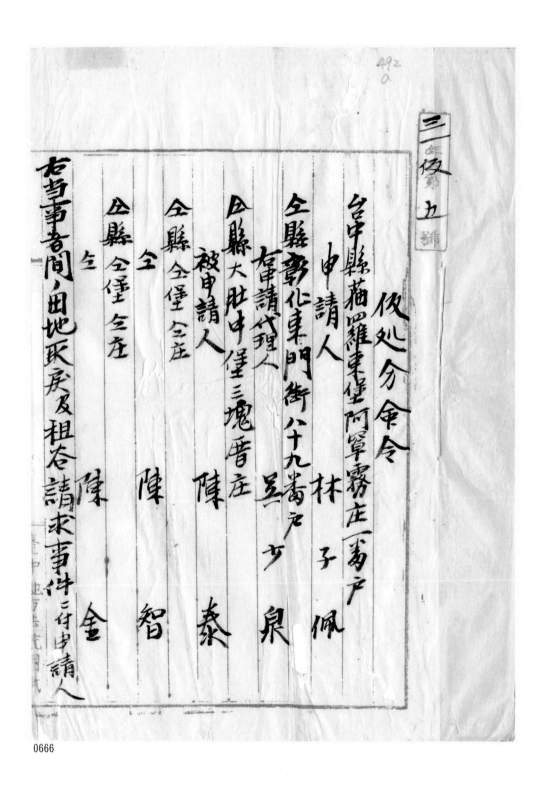

三一年仮第五號

仮処分命令

台中縣猫羅東堡阿罩霧庄一番戸
申請人　林子佩
仝縣彰化東門街八十九番戸
右申請代理人　呉少泉
仝縣大肚中堡三塊厝庄
被申請人　陳泰
仝縣仝堡仝庄
仝　陳智
仝縣仝堡仝庄
仝　陳金

右当事者間ノ田地取戻及租谷請求事件ニ付、申請人

148・臺中地方法院明治三十一年假第五號假處分命令 (2)

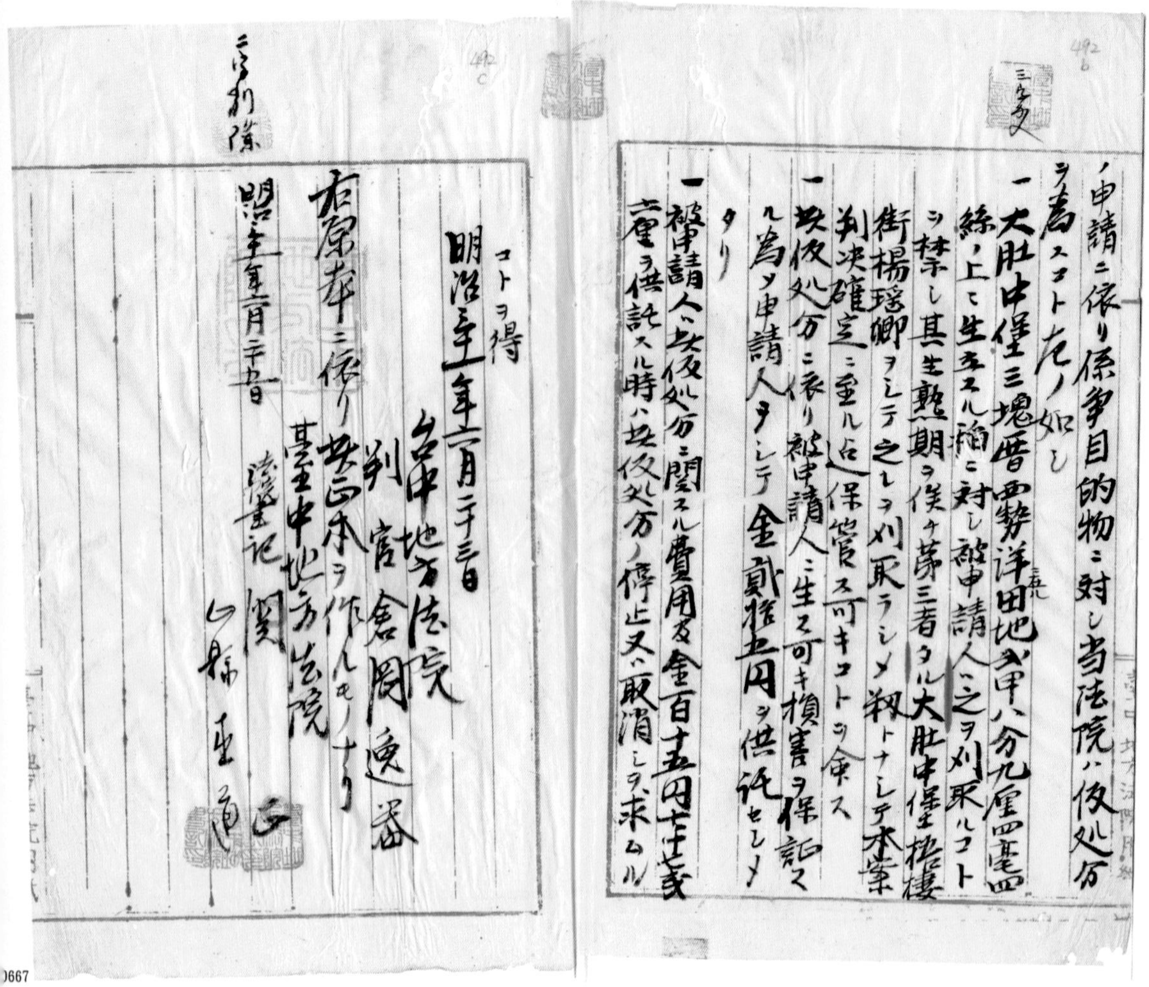

ノ申請ニ依リ係争目的物ニ對シ当法院ハ仮処分
ヲ爲スコト左ノ如シ
一 大肚中堡三塊厝西勢洋田地弐甲八分九厘四毫四
絲ノ上ニ生立スル稲ニ對シ被申請人ハ之ヲ刈取ルコト
ヲ禁シ其生熟期ヲ俟チ第三者タル大肚中堡柑棲
街楊瑤卿ヲシテ之レヲ刈取ラシメ籾トナシテ本案
判決確定ニ至ル迄保管ス可キコトヲ命ス
一 此仮処分ニ依リ被申請人ニ生ス可キ損害ヲ保証スル
為メ申請人ヲシテ金貳拾五円ヲ供託セシメ
タリ
一 被申請人ハ此仮処分ニ関スル費用及金百十五円七十弐銭
二厘ヲ供託スル時ハ此仮処分ノ停止又ハ取消シヲ求ムル
コトヲ得
明治三十一年十二月二十三日
臺中地方法院
判官 倉岡逸器
右原本ニ依リ此正本ヲ作ルモノナリ
臺中地方法院
明治三十一年十二月二十五日
書記 関 山根重通

三字加入【印】[127]

【印】[128]

二字削除【印】[130]

ノ申請ニ依リ係争目的物ニ対シ、当法院ハ仮処分ヲ爲スコト左ノ如シ：

一、大肚中堡三塊厝西勢洋ニ在ル田地弐甲八分九厘四毫四絲ノ上ニ生立スル稲ニ対シ、被申請人ハ之ヲ刈取ルコトヲ禁シ、其生熟期ヲ俟チ第三者タル大肚中堡梧棲街楊瑤卿ヲシテ之レヲ刈取ラシメ籾トナシテ、本案判決確定ニ至ル迠保管ス可キコトヲ命ス。

一、此仮処分ニ依リ被申請人ニ生ス可キ損害ヲ保証スル爲メ、申請人ヲシテ金貳拾五円ヲ供託セシメタリ。

一、被申請人ハ此仮処分ニ関スル費用及金百十五円七十七戔六厘ヲ供託スル時ハ、此仮処分ノ停止又ハ取消シヲ求ムルコトヲ得。

明治三十一年六月二十三日

台中地方法院

判官　倉岡逸器

右原本ニ依リ此正本ヲ作ルモノナリ。

明治三十一年六月二十五日

臺中地方法院【印】[129]

法院書記　関　正【印】[131]

山縣直道【印】[132]

127 印記內文：「臺中地方法院書記印」。
128 印記內文：「臺中地方法院書記印」。
129 印記內文：「臺中地方法院印」。
130 印記內文：「臺中地方法院書記印」。
131 印記內文：「臺中地方法院書記印」。
132 印記內文：「臺中地方法院書記印」。

149・臺中地方法院明治三十一年假第六號假處分命令 (1)

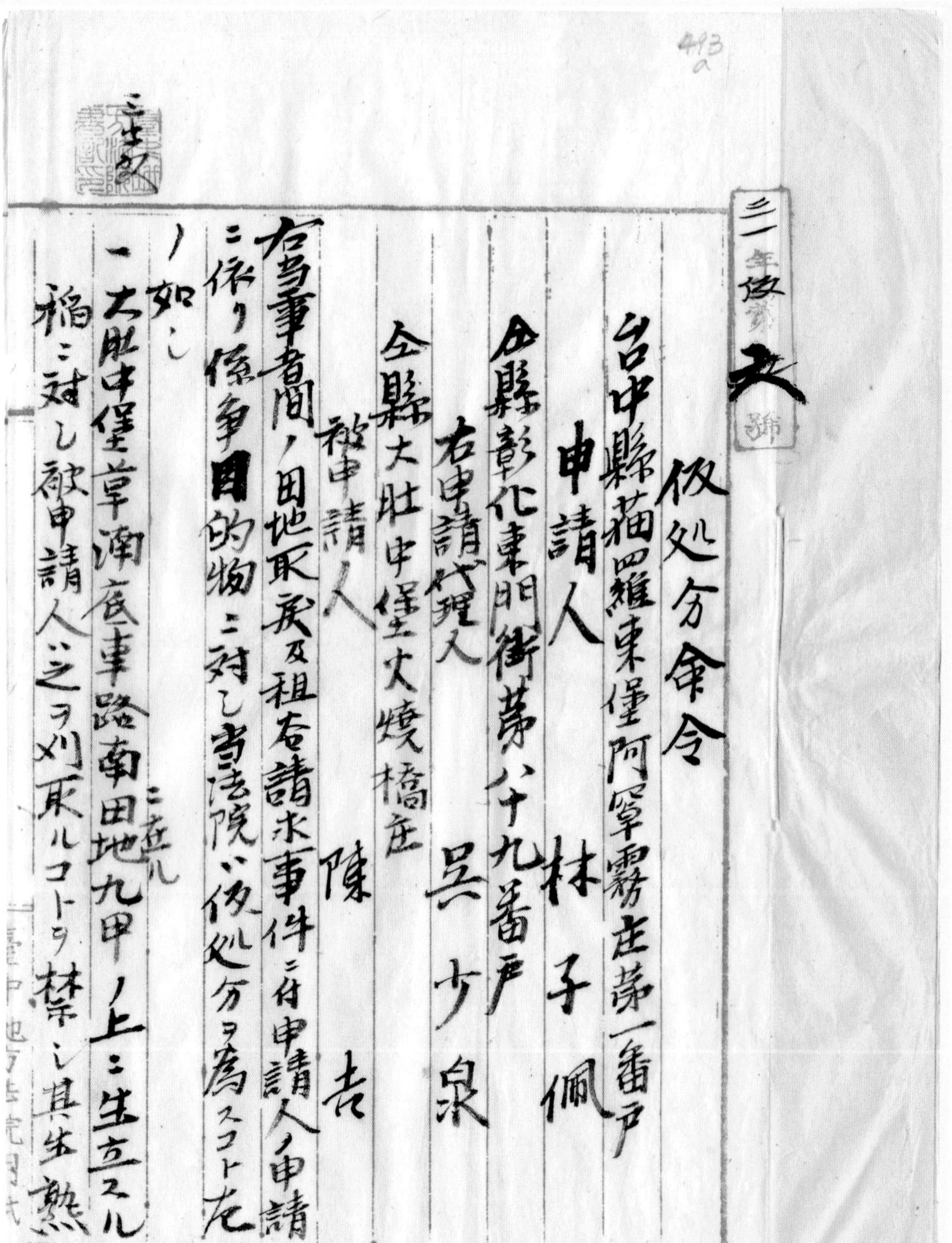

三一年仮第六號

仮処分命令

台中縣猫羅東堡阿罩霧庄第一番戸

申請人 林子佩

仝縣彰化東門街第八十九番戸

右申請代理人 呉少泉

仝縣大肚中堡大墩橋庄

被申請人 陳吉

右当事者間ノ田地取戻及租谷請求事件ニ付申請人ノ申請ニ依リ係争目的物ニ対シ当法院ハ仮処分ヲ為スコト左ノ如シ

一 大肚中堡草湳底車路南田地九甲ノ上ニ在ル生立スル稲ニ対シ被申請人ハ之ヲ刈取ルコトヲ禁シ其生熟

臺中地方法院用紙

0668

三一年仮第六號

仮處分命令

台中縣貓羅東堡阿罩霧庄第一番戶

申請人　林子佩

仝縣彰化東門街第八十九番戶

右申請代理人　吳少泉

仝縣大肚中堡火燒橋庄[133]

被申請人　陳　吉

右当事者間ノ田地取戻及租谷請求事件ニ付、申請人ノ申請ニ依リ係争目的物ニ対シ、当法院ハ仮処分ヲ爲スコト左ノ如シ：

三字加入【印】[134]

一、大肚中堡草湳底車路南ニ在ル田地九甲ノ上ニ生立スル稲ニ対シ、被申請人ハ之ヲ刈取ルコトヲ禁シ、其生熟

133 火燒橋庄：屬於今臺中市梧棲區興農里。聚落位於清水隆地海岸平原上，境內居民全數爲閩籍，以陳、王兩姓為主，以農爲業，主產稻米，以橋樑於此，稱「和修橋」，橋邊村莊以橋名爲莊名，然日治後，日人誤作火燒橋鄉，認為係曾有橋樑被火燒掉故名。陳國川、翁國盈編撰，《臺灣地名辭書》，卷十二臺中縣（二）（南投：國史館臺灣文獻館，二〇〇七年），頁三〇九。

134 印記內文：「臺中地方法院書記印」。

（二）法院文書

149．臺中地方法院明治三十一年假第六號假處分命令 (2)

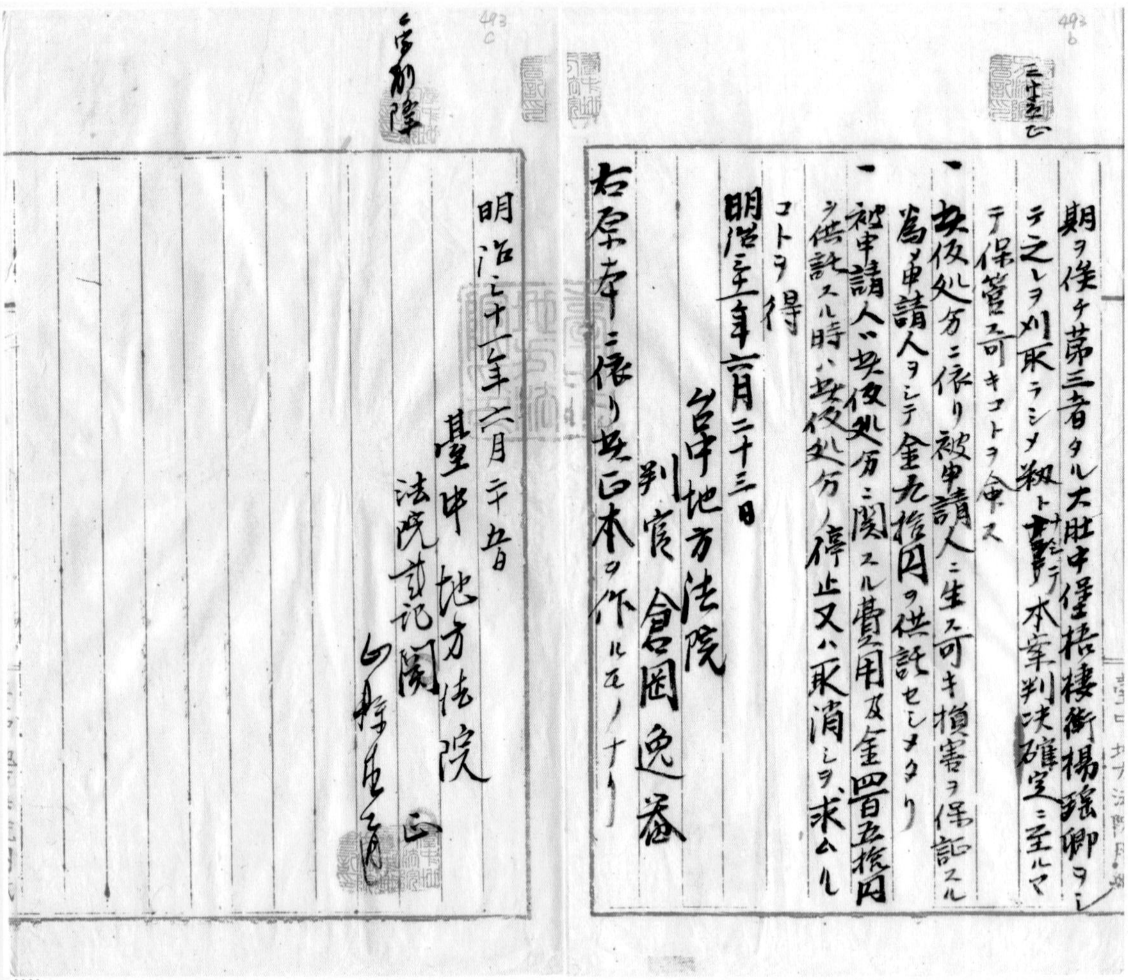

期ヲ俟チ第三者タル大肚中堡梧棲街楊瑞卿ヲシテ之レヲ刈取ラシメ籾ト藁トハ本案判決確定ニ至ルマテ保管ス可キコトヲ命ス

一 本仮処分ニ依リ被申請人ニ生ス可キ損害ヲ保証スル為メ申請人ヲシテ金九拾円ノ供託セシメタリ

一 被申請人ハ本仮処分ニ関スル費用及金四百五拾円ノ供託スル時ハ本仮処分ノ停止又ハ取消シヲ求ムルコトヲ得

明治三十一年六月二十三日

台中地方法院

判官 倉岡逸蔭

右原本ニ依リ其正本ヲ作ルモノナリ

明治三十一年六月二十五日

臺中地方法院

法院書記 [illegible]

0669

三字更正【印】[135]

期ヲ俟チ第三者タル大肚中堡梧棲街楊瑤卿ヲシテ之レヲ刈取ラシメ籾トナシテ、本案判決確定ニ至ルマテ保管ス可キコトヲ命ス。

一、此仮処分ニ依リ被申請人ニ生ス可キ損害ヲ保証スル爲メ、申請人ヲシテ金九拾円ヲ供託セシメタリ。

一、被申請人ハ此仮処分ニ関スル費用及金四百五拾円ヲ供託スル時ハ、此仮処分ノ停止又ハ取消シヲ求ムルコトヲ得。

明治三十一年六月二十三日

台中地方法院

判官　倉岡逸器

【印】[136]

右原本ニ依リ此正本ヲ作ルモノナリ。

明治三十一年六月二十五日

臺中地方法院【印】[137]

法院書記　関　正【印】[139]

二字削除【印】[138]

山縣直道【印】[140]

135 印記內文：「臺中地方法院書記印」。
136 印記內文：「臺中地方法院書記印」。
137 印記內文：「臺中地方法院印」。
138 印記內文：「臺中地方法院書記印」。
139 印記內文：「臺中地方法院書記印」。
140 印記內文：「臺中地方法院書記印」。

150・臺中地方法院明治三十一年假第七號假處分命令 (1)

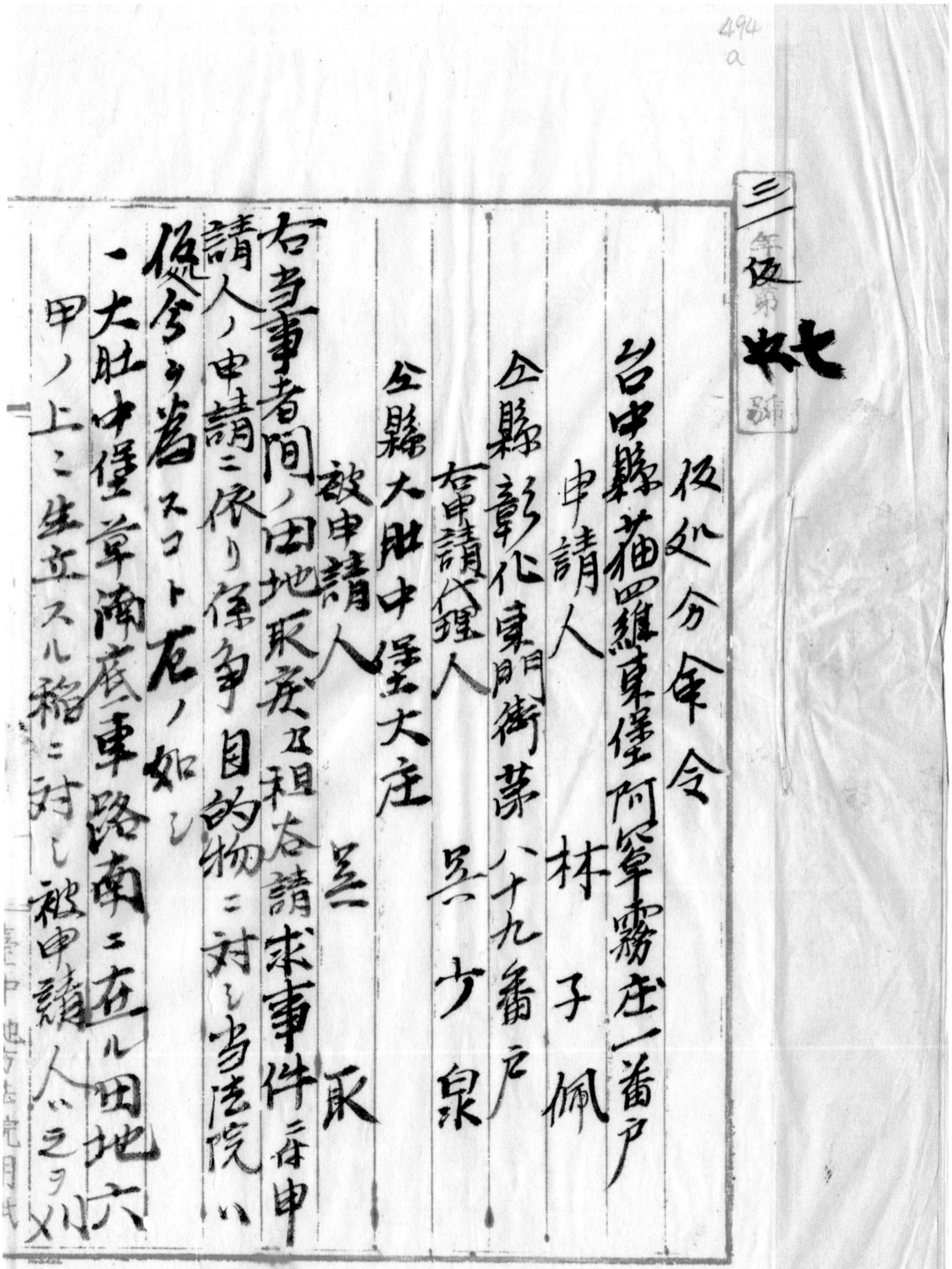

三一年假第七號

假処分命令

台中縣猫羅東堡阿罩霧庄一番戸
申請人　林子佩

仝縣彰化東門街八十九番戸
右申請代理人　呉少泉

仝縣大肚中堡大庄
被申請人　呉　取

右当事者間ノ田地取戻及租谷請求事件ニ付申請人ノ申請ニ依リ係争目的物ニ対シ当法院ハ假処分ヲ為スコト左ノ如シ

一大肚中堡草湳底車路南ニ在ル田地六甲ノ上ニ生立スル稲ニ対シ被申請人ハ之ヲ刈

0670

三一年仮第七號

仮處分命令

台中縣貓羅東堡阿罩霧庄一番戸
申請人　林子佩
仝縣彰化東門街第八十九番戸
右申請代理人　吳少泉
仝縣大肚中堡大庄[141]
被申請人　吳取

右当事者間ノ田地取戻及租谷請求事件ニ付、申請人ノ申請ニ依リ係争目的物ニ対シ、当法院ハ仮処分ヲ為スコト左ノ如シ：

一、大肚中堡草湳底車路南ニ在ル田地六甲ノ上ニ生立スル稲ニ対シ、被申請人ハ之ヲ刈

141大庄：舊聚落分布於今臺中市梧棲區福德里、大庄里。陳國川、翁國盈編撰，《臺灣地名辭書》，卷十二臺中縣（二），頁二九四。

（二）法院文書

150・臺中地方法院明治三十一年假第七號假處分命令 (2)

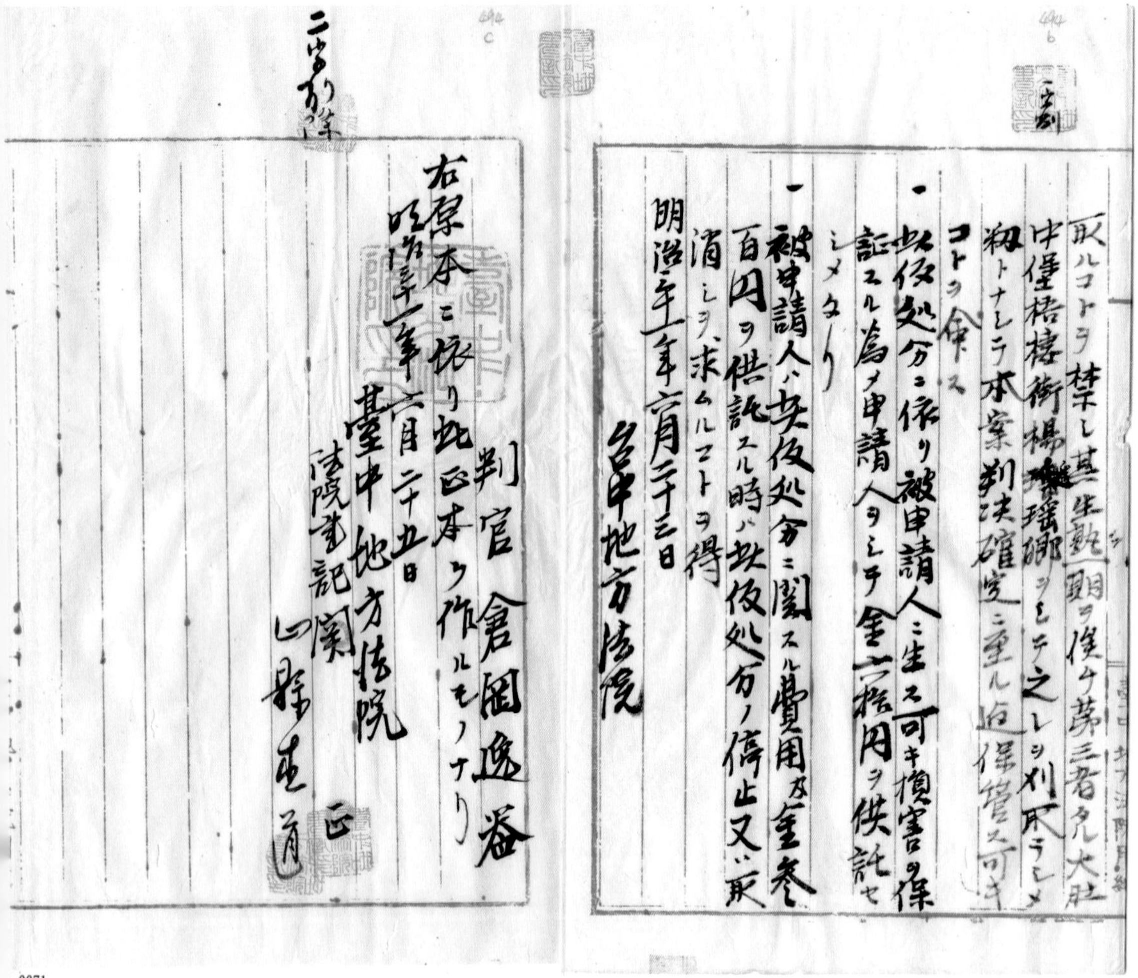

取ルコトヲ禁シ其生熟期ヲ俟ツ第三者タル大肚中堡梧棲街楊瑤卿ヲシテ之レヲ刈取ラシメ籾トナシテ本案判決確定ニ至ル迄保管ス可キコトヲ命ス

一　此仮処分ニ依リ被申請人ニ生ス可キ損害ヲ保証スル為メ申請人ヲシテ金二百圓ヲ供託セシメタリ

一　被申請人ハ其仮処分ニ関スル費用及金参百円ヲ供託スル時ハ此仮処分ノ停止又ハ取消シヲ求ムルコトヲ得

明治三十一年六月二十三日

臺中地方法院

判官　倉岡逸畚

右原本ニ依リ此正本ヲ作ルモノナリ

明治三十一年六月二十五日

臺中地方法院

法院書記　関　山根[illegible]　㊞

0671

取ルコトヲ禁シ、其生熟期ヲ俟チ第三者タル大肚中堡梧棲街楊瑤卿ヲシテ之レヲ刈取ラシメ籾トナシテ、本案判決確定ニ至ル迠保管ス可キコトヲ命ス。一字削【印】142

一、此仮処分ニ依リ被申請人ニ生ス可キ損害ヲ保証スル爲メ、申請人ヲシテ金六拾円ヲ供託セシメタリ。

一、被申請人ハ此仮処分ニ関スル費用及金叁百円ヲ供託スル時ハ、此仮処分ノ停止又ハ取消シヲ求ムルコトヲ得。

明治三十一年六月二十三日

台中地方法院

判官　倉岡逸器【印】143

右原本ニ依リ此正本ヲ作ルモノナリ。

明治三十一年六月二十五日

臺中地方法院【印】144

法院書記　関　正【印】146

山縣直道【印】147

二字削除【印】145

142 印記內文：「臺中地方法院書記印」。
143 印記內文：「臺中地方法院書記印」。
144 印記內文：「臺中地方法院印」。
145 印記內文：「臺中地方法院書記印」。
146 印記內文：「臺中地方法院書記印」。
147 印記內文：「臺中地方法院書記印」。

151・臺中地方法院明治三十一年假第八號假處分命令 (1)

三　假第　八　號

假処分命令

台中縣揀羅東堡阿罩霧庄一番戸
申請人　林子佩
台中縣彰化東門街八十九番戸
右申請代理人　吳以泉
台中縣大肚中堡田央庄
被申請人　陳盛

右当事者間ノ田地取戻及粗谷請求事件ニ付申請人ノ申請ニ依リ係争目的物ニ対シ當法院ハ假処分ヲ爲スコト左ノ如シ

一　大肚中堡草湳底車路南ニ在ル田地三甲ノ上ニ生立スル稲ニ対シ被申請人ハ之ヲ刈取ルコトヲ

臺中地方法院用紙

0672

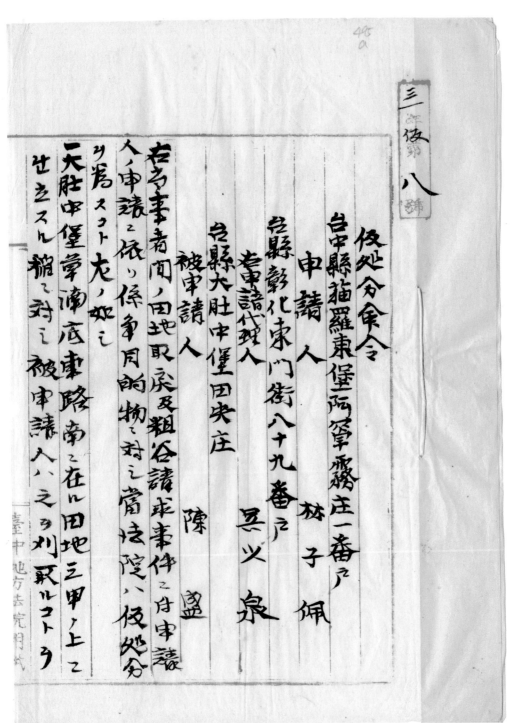

三一年仮第八號

仮処分命令

台中縣苗羅東堡阿罩霧庄一番戶

申請人　林子佩

台縣彰化東門街八十九番戶

右申請代理人　吳少泉

台縣大肚中堡田央庄

被申請人　陳　盛

右当事者間ノ田地取戻及粗〔租〕谷請求事件ニ付、申請人ノ申請ニ依リ係爭目的物ニ対シ、當法院ハ仮処分ヲ為スコト左ノ如シ：

一、大肚中堡草湳底車路南ニ在ル田地三甲ノ上ニ生立スル稲ニ対シ、被申請人ハ之ヲ刈取ルコトヲ

（二）法院文書

151・臺中地方法院明治三十一年假第八號假處分命令(2)

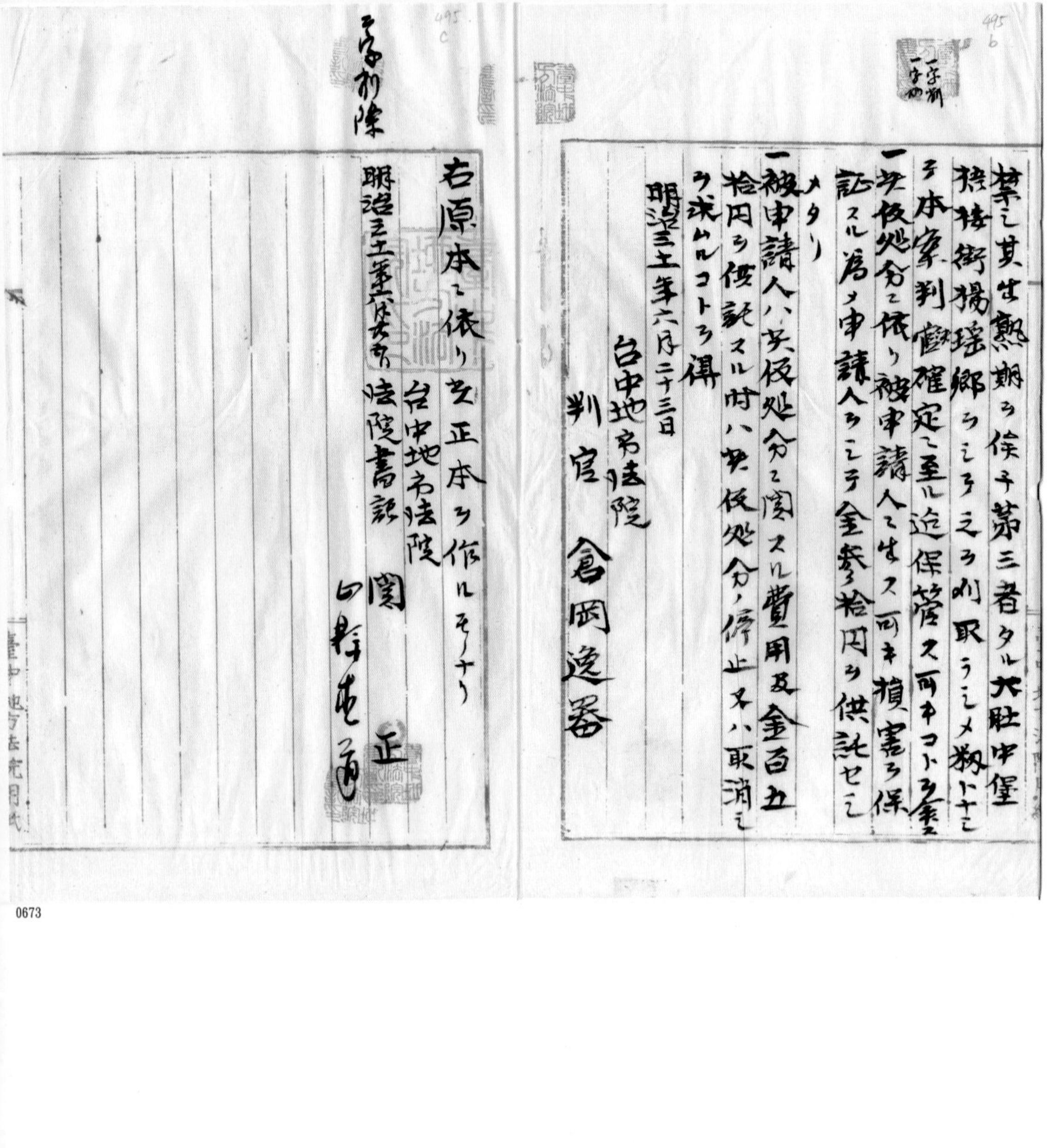

禁シ其生熟期ヲ俟テ第三者タル大肚中堡
拉接街揚瑞卿ヲシテ之ヲ刈取ラシメ籾ト[illegible]
テ本案判斷確定ニ至ル迄保管ス可キコトヲ[illegible]
一本假処分ニ依リ被申請人ニ生ス可キ損害ヲ保
証スル為メ申請人ヲシテ金參拾円ヲ供託セシ
メタリ
一被申請人ハ本假処分ニ関スル費用及金百五
拾円ヲ供託スル時ハ本假処分ノ停止又ハ取消シ
ヲ求ムルコトヲ得
明治三十一年六月二十三日
台中地方法院
判官　倉岡逸[illegible]

右原本ニ依リ此正本ヲ作ルモノナリ
明治三十一年六月二十三日
台中地方法院
台中地方法院書記　関[illegible]

禁シ、其生熟期ヲ俟チ第三者タル大肚中堡
梧棲街楊瑤卿ヲシテ之ヲ刈取ラシメ籾トナシ
テ、本案判決確定ニ至ル迠保管ス可キコトヲ命ス。

一字削
一字加【印】148

一、此仮処分ニ依リ被申請人ニ生ス可キ損害ヲ保
証スル為メ、申請人ヲシテ金参拾円ヲ供託セシ
メタリ。
一、被申請人ハ此仮処分ニ関スル費用及金百五
拾円ヲ供託スル时ハ、此仮処分ノ停止又ハ取消シ
ヲ求ムルコトヲ得。
明治三十一年六月二十三日
台中地方法院

【印】149

判官　倉岡逸器
右原本ニ依リ此正本ヲ作ルモノナリ。
台中地方法院【印】150

二字削除【印】151 明治三十一年六月廿五日　法院書記　関　正【印】152
山縣直道【印】153

148印記內文：「臺中地方法院書記印」。
149印記內文：「臺中地方法院書記印」。
150印記內文：「臺中地方法院印」。
151印記內文：「臺中地方法院書記印」。
152印記內文：「臺中地方法院書記印」。
153印記內文：「臺中地方法院書記印」。

152・臺中地方法院明治三十一年假第九號假處分命令 (1)

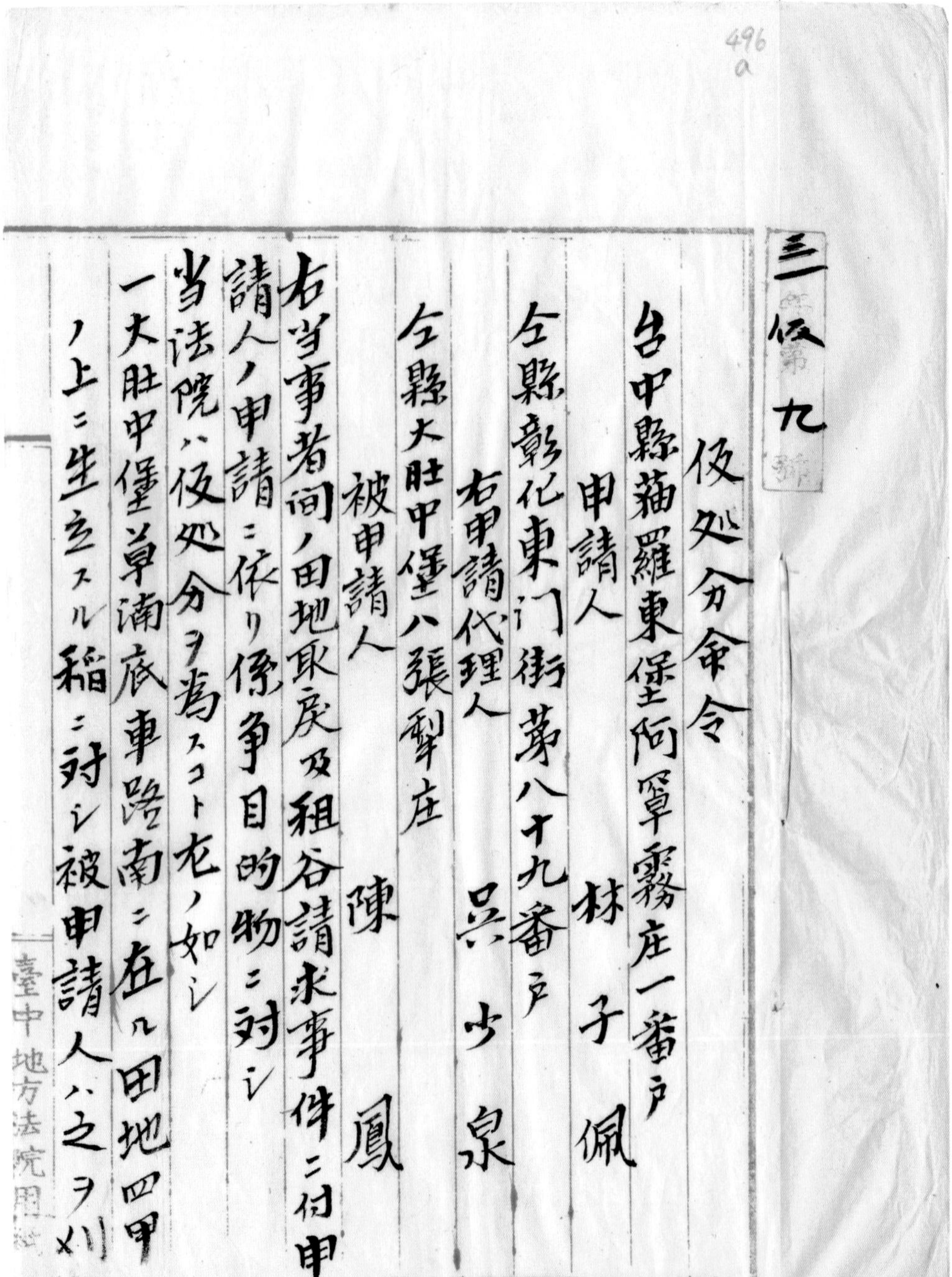

496
a

三一仮第九號

仮処分命令

台中縣苗羅東堡阿罩霧庄一番戸
申請人 林子佩
仝縣彰化東門街第八十九番戸
右申請代理人 呉少泉
仝縣大肚中堡八張犁庄
被申請人 陳鳳

右当事者間ノ田地取戻及租谷請求事件ニ付申請人ノ申請ニ依リ係争目的物ニ対シ当法院ハ仮処分ヲ為スコト左ノ如シ

一大肚中堡草湳底車路南ニ在ル田地四甲ノ上ニ生立スル稲ニ対シ被申請人ハ之ヲ刈

臺中地方法院用紙

0674

三一年仮第九號

仮処分命令

台中縣貓羅東堡阿罩霧庄一番戶

申請人　　林子佩

仝縣彰化東門街第八十九番戶

右申請代理人　吳少泉

仝縣大肚中堡八張犁庄[154]

被申請人　　陳　鳯

右当事者間ノ田地取戻及租谷請求事件ニ付、申請人ノ申請ニ依リ、係爭目的物ニ対シ、当法院ハ仮処分ヲ為スコト左ノ如シ：

一、大肚中堡草湳底車路南ニ在ル田地四甲ノ上ニ生立スル稲ニ対シ、被申請人ハ之ヲ刈

154 八張犁庄：舊聚落分布於今臺中市梧棲區興農里。張犁是耕作的地積單位，每一張犁約五甲，八張犁指有四十甲墾成地積之意。陳國川、翁國盈編撰，《臺灣地名辭書》，卷十二臺中縣（二），頁二九五、三〇九。

（二）法院文書

152・臺中地方法院明治三十一年假第九號假處分命令 (2)

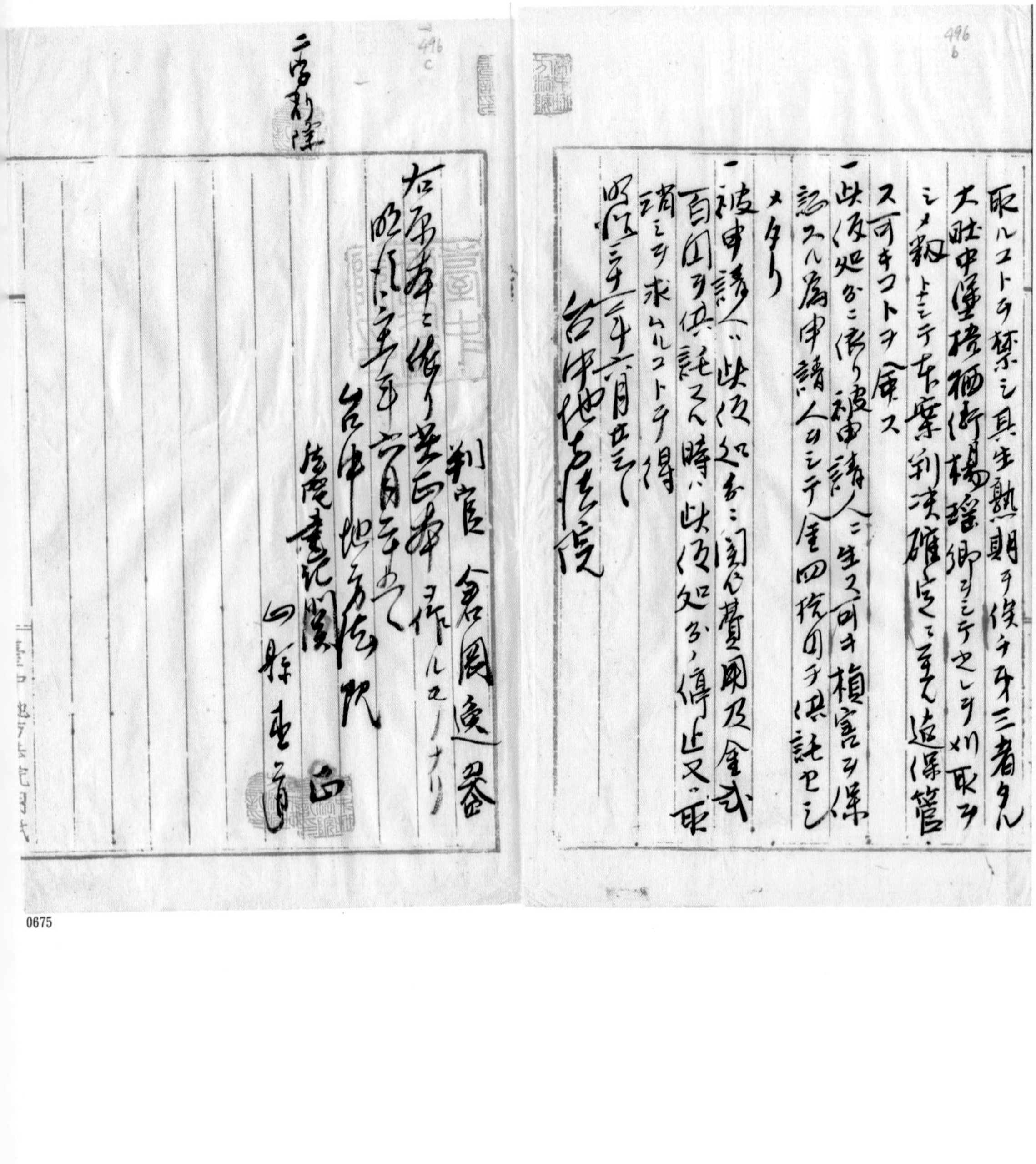
取ルコトヲ禁シ其生熟朝ヲ俟チテ右三者タル
大肚中堡猪栖街楊瑞卿ヲシテ之レヲ刈取ラ
シメ穀ハ本案判決確定ニ至ル迄保管
スヘキコトヲ命ス
一 此仮処分ニ依リ被申請人ニ生スヘキ損害ヲ保
証スル為申請人ヲシテ金四拾円ヲ供託セシ
メタリ
一 被申請人ハ此仮処分ニ関スル費用及金弐
百円ヲ供託スル時ハ此仮処分ノ停止又ハ取
消シヲ求ムルコトヲ得
明治三十一年六月廿三日
台中地方法院
判官 倉岡逸蔵 印

右原本ニ依リ此正本ヲ作ルモノナリ
明治三十一年六月二十三日
台中地方法院
法院書記 山縣重貞 印

取ルコトヲ禁シ、其生熟期ヲ俟チ第三者タル大肚中堡梧栖街楊瑤卿ヲシテ之レヲ刈取ラシメ籾トナシテ、本案判決確定ニ至ル迠保管ス可キコトヲ命ス。

一、此仮処分ニ依リ被申請人ニ生ス可キ損害ヲ保証スル為、申請人ヲシテ金四拾円ヲ供託セシメタリ。

一、被申請人ハ此仮処分ニ関スル費用及金弐百円ヲ供託スル時ハ、此仮処分ノ停止又ハ取消シヲ求ムルコトヲ得。

明治三十一年六月廿三日

【印】[155]

台中地方法院

判官　倉岡逸器

右原本ニ依リ此正本ヲ作ルモノナリ。

明治三十一年六月二十五日

台中地方法院【印】[156]

法院書記　関　正【印】[158]

二字削除【印】[157]

山縣直道【印】[159]

155 印記內文：「臺中地方法院書記印」。
156 印記內文：「臺中地方法院印」。
157 印記內文：「臺中地方法院書記印」。
158 印記內文：「臺中地方法院書記印」。
159 印記內文：「臺中地方法院書記印」。

153・臺中地方法院明治三十一年假第一〇號假處分命令(1)

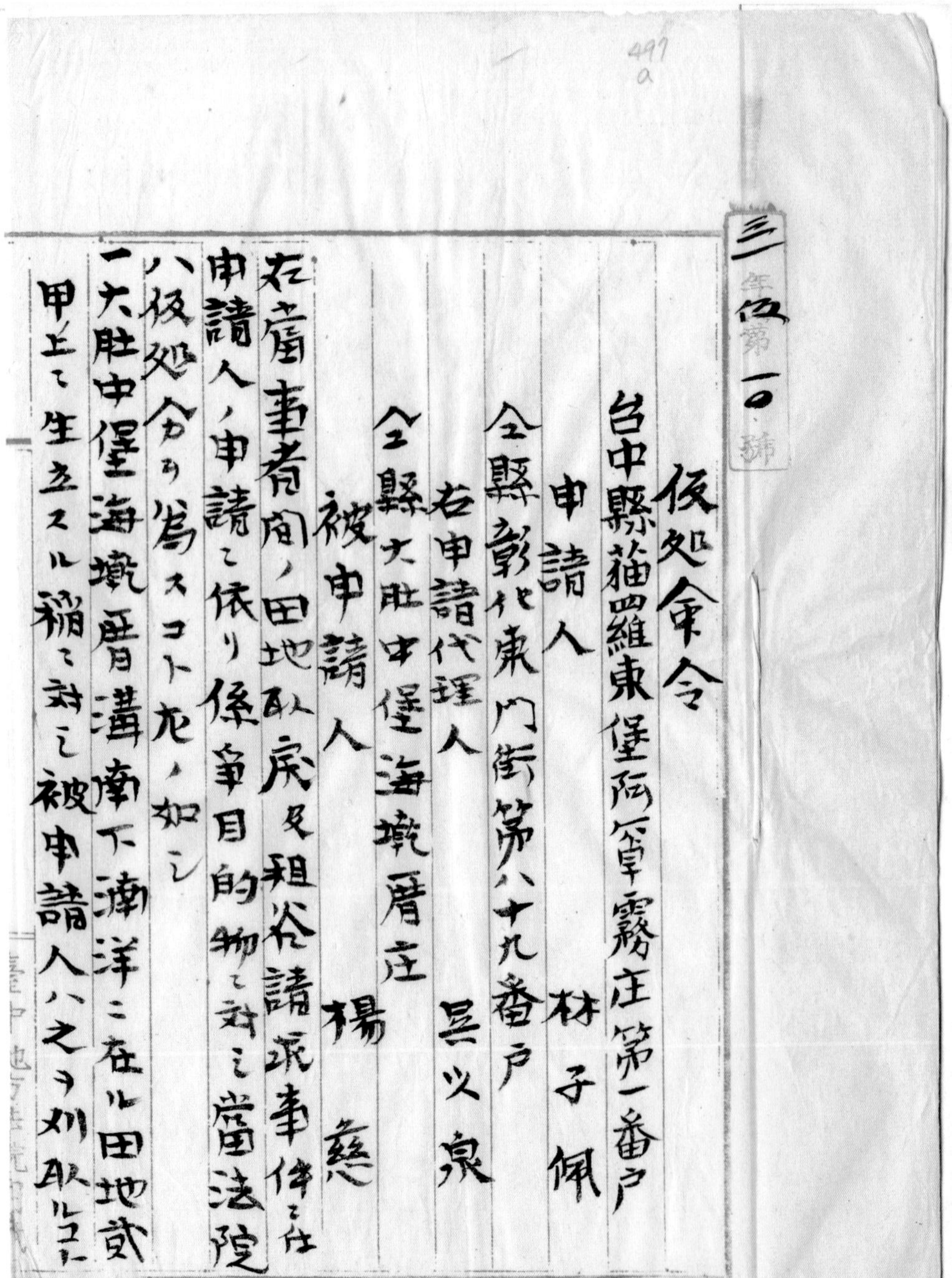

三一年假第一〇號

仮処分命令

台中縣猫羅東堡阿罩霧庄第一番戸

申請人　林子佩

仝縣彰化東門街第八十九番戸

右申請代理人　呉以泉

仝縣大肚中堡海墘厝庄

被申請人　楊慈

右當事者間ノ田地取戻及租谷請求事件ニ付

申請人ノ申請ニ依リ係争目的物ニ対シ當法院

ハ仮処分ヲ為スコト左ノ如シ

一大肚中堡海墘厝溝南下滴洋ニ在ル田地弐

甲上ニ生立スル稲ニ対シ被申請人ハ之ヲ刈取ルコト

0676

三一年仮第一〇號

仮処命令

台中縣貓羅東堡阿罩霧庄第一番戶

申請人 林子佩

仝縣彰化東門街第八十九番戶

右申請代理人 吳少泉

仝縣大肚中堡海墘厝庄[160]

被申請人 楊慈

右當事者間ノ田地取戻及租谷請求事件ニ付、申請人ノ申請ニ依リ、係爭目的物ニ対シ、當法院ハ仮処分ヲ爲スコト左ノ如シ：

一、大肚中堡海墘厝溝南下湳洋ニ在ル田地貳甲ノ上ニ生立スル稲ニ対シ、被申請人ハ之ヲ刈取ルコト

160 海墘厝庄：屬於今臺中市梧棲區興農里。因聚落昔日接近臺灣海峽，墾民在此築屋成村，故名之。陳國川、翁國盈編撰，《臺灣地名辭書》，卷十二臺中縣（二），頁三〇九。

（二）法院文書

153・臺中地方法院明治三十一年假第一〇號假處分命令 (2)

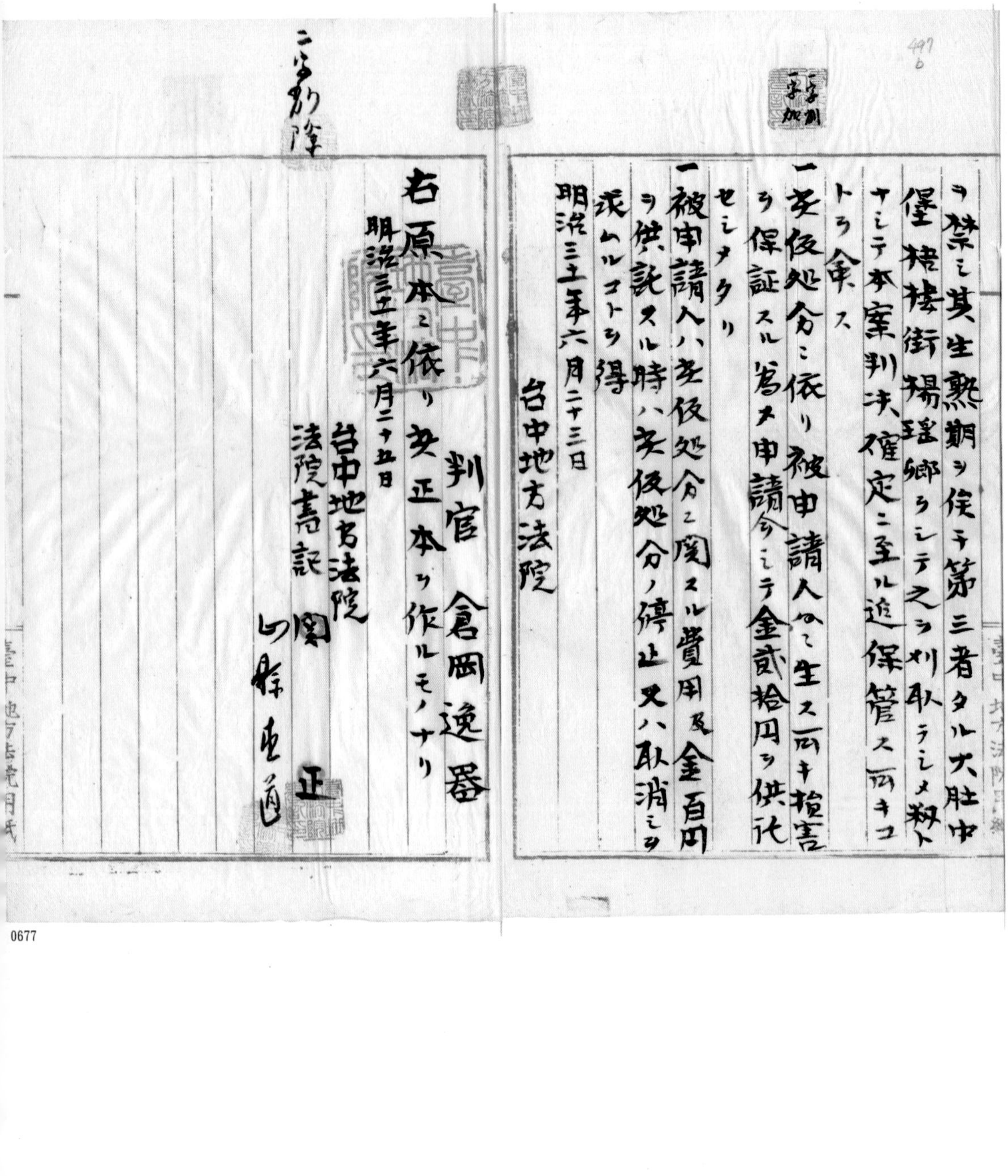

二字削除

判官　倉岡逸蕃

右原本ニ依リ本正本ヲ作ルモノナリ

明治三十一年六月二十五日

台中地方法院

法院書記　関　山根重[illegible]　正

二字削
一字加

ヲ禁シ其生熟蔴ヲ併テ第三者タル大肚中堡楛楂街楊瑶卿ヲシテ之ヲ刈取ラシメ籾トナシテ本案判決ノ確定ニ至ル迄保管スヘキコトヲ命ス

一 本假処分ニ依リ被申請人ニ於テ生スヘキ損害ヲ保証スル為メ申請人ヲシテ金貳拾円ヲ供託セシメタリ

一 被申請人ハ本假処分ニ関スル費用及金百円ヲ供託スル時ハ本假処分ノ停止又ハ取消シヲ求ムルコトヲ得

明治三十一年六月二十三日

台中地方法院

0677

ヲ禁シ、其生熟期ヲ俟チ第三者タル大肚中堡梧棲街楊瑤卿ヲシテ之ヲ刈取ラシメ籾トナシテ、本案判決確定ニ至ル迄保管ス可キコトヲ命ス。

一字削
一字加【印】[161]

一、此仮処分ニ依リ、被申請人ニ生ス可キ損害ヲ保証スル爲メ、申請人ヲシテ金貳拾円ヲ供託セシメタリ。

一、被申請人ハ此仮処分ニ関スル費用及金百円ヲ供託スル時ハ、此仮処分ノ停止又ハ取消シヲ求ムルコトヲ得。

明治三十一年六月二十三日

台中地方法院【印】[162]

判官　倉岡逸器

右原本ニ依リ此正本ヲ作ルモノナリ。

明治三十一年六月二十五日

台中地方法院【印】[163]

法院書記　関　正【印】[165]

二字削除【印】[164]

山縣直道【印】[166]

---

161 印記內文：「臺中地方法院書記印」。
162 印記內文：「臺中地方法院書記印」。
163 印記內文：「臺中地方法院印」。
164 印記內文：「臺中地方法院書記印」。
165 印記內文：「臺中地方法院書記印」。
166 印記內文：「臺中地方法院書記印」。

（二）法院文書

154・臺中地方法院明治三十一年假第一一號假處分命令(1)

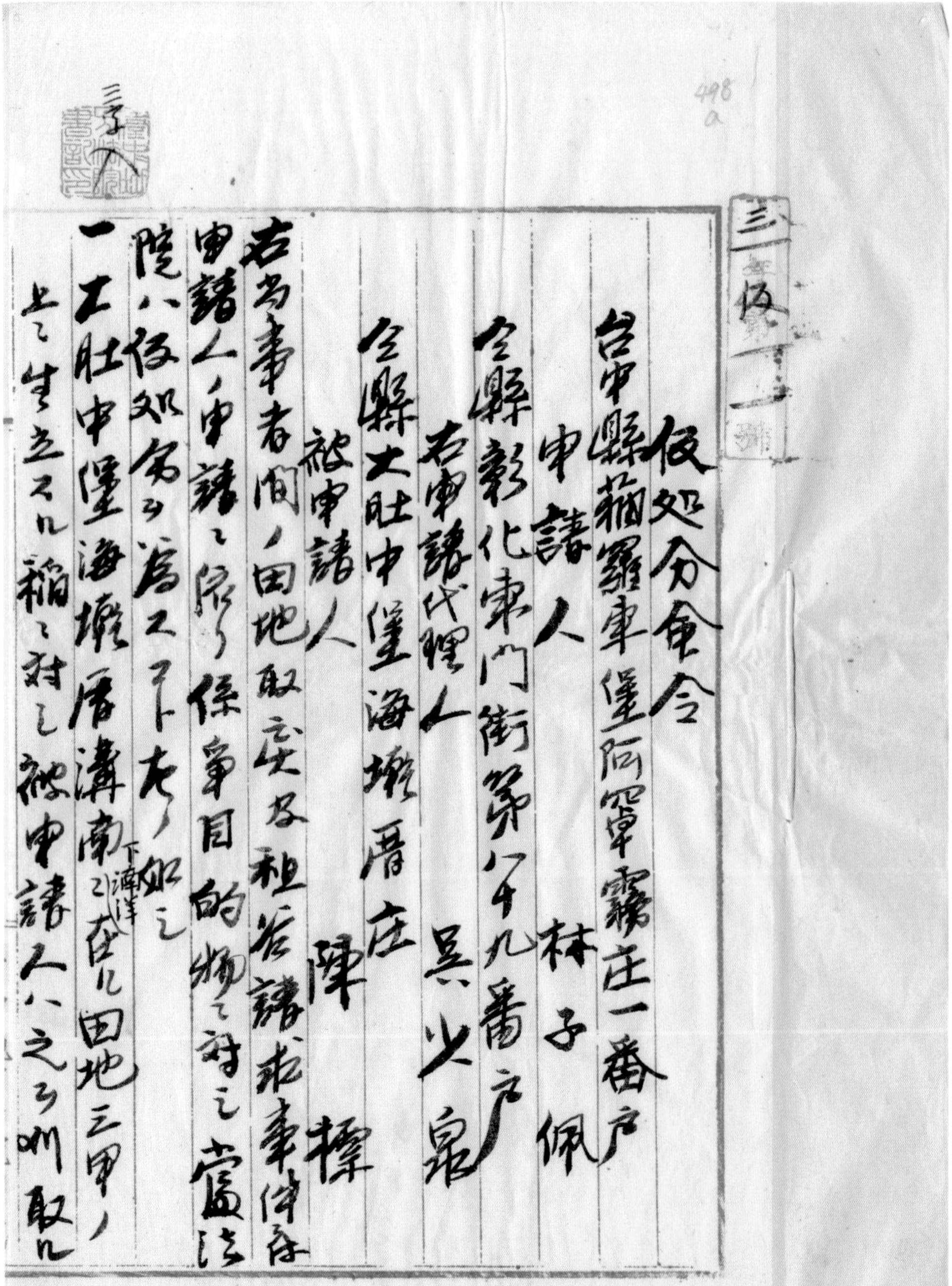

假処分命令

台中縣揀東堡阿罩霧庄一番戶
申請人 林子佩
仝縣彰化東門街第八十九番戶
右申請代理人 吳火泉
仝縣大肚中堡海墘厝庄
被申請人 陳樑

右当事者間ノ田地取戻及租谷請求事件ニ付
申請人ノ申請ニ依リ係争目的物ニ対シ当該
院ハ假処分ヲ為スコト左ノ如シ
一 大肚中堡海墘厝溝南下海洋ニ在ル田地三甲ノ
上ニ生立スル稲ニ対シ被申請人ハ之ヲ刈取ル

0678

三一年仮第一一號

仮処分命令

台中縣葫羅東堡阿罩霧庄一番戸

申請人　　林子佩

仝縣彰化東門街第八十九番戸

右申請代理人　呉少泉

仝縣大肚中堡海墘厝庄

被申請人　陳　標

右当事者間ノ田地取戻及租谷請求事件ニ付、申請人ノ申請ニ依リ、係爭目的物ニ対シ、當法院ハ仮処分ヲ爲スコト左ノ如シ：

一、大肚中堡海墘厝溝南下滴洋ニ在ル田地三甲ノ上ニ生立スル稲ニ対シ、被申請人ハ之ヲ刈取ル

三字入【印】167

167 印記內文：「臺中地方法院書記印」。

（二）法院文書

154・臺中地方法院明治三十一年假第一一號假處分命令（2）

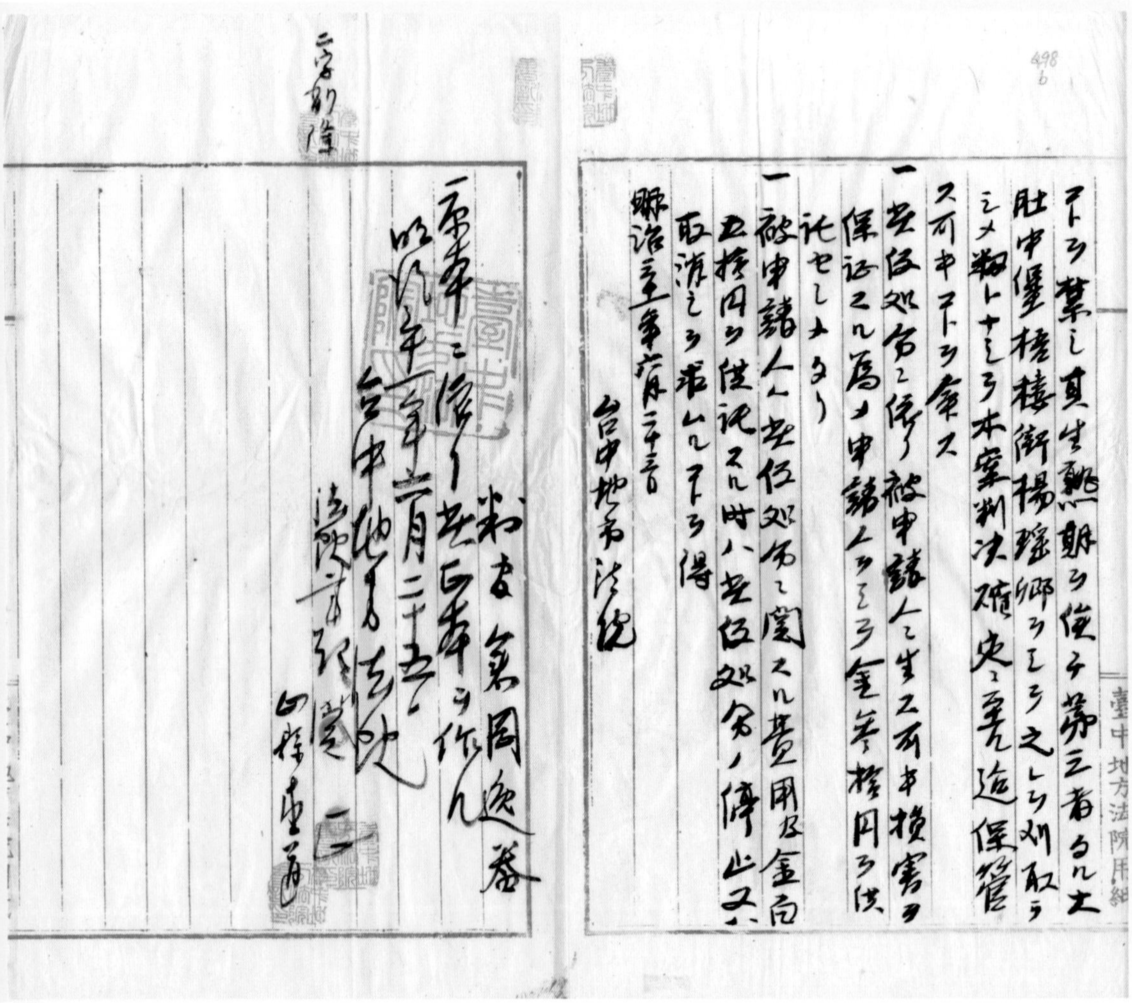
ナトヲ禁シ其生熟期ヲ俟テ第三者タル土
地中僅梧棲街楊瑤鄉ヲシテ之レヲ刈取ラ
シメ判決確定ニ至ル迄保管
スヘキ旨ヲ命ス
一 右仮処分ニ依リ被申請人ニ生スヘキ損害ヲ
保証スル為メ申請人ヲシテ金[illegible]円ヲ供
託セシムヘシ
一 被申請人ハ右仮処分ニ関スル費用及金[illegible]
[illegible]円ヲ供託スル時ハ右仮処分ノ停止又ハ
取消ヲ求ムルヲ得
明治三十一年六月二十一日
台中地方法院

臺中地方法院用紙

二字削除
一 原本ニ依リ此正本ヲ作ル 判事[illegible]
明治三十一年六月二十五日
台中地方法院
法院書記[illegible]

0679

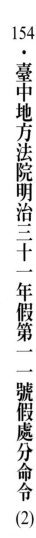

コトヲ禁シ、其生熟期ヲ俟チ、第三者タル大肚中堡梧棲街楊瑤卿ヲシテ之レヲ刈取ラシメ籾トナシテ、本案判決確定ニ至ル迠保管ス可キコトヲ命ス。

一、此仮処分ニ依リ、被申請人ニ生ス可キ損害ヲ保証スル爲メ、申請人ヲシテ金參拾円ヲ供託セシメタリ。

一、被申請人ハ此仮処分ニ関スル費用及金百五拾円ヲ供託スル时ハ、此仮処分ノ停止又ハ取消シヲ求ムルコトヲ得。

明治三十一年六月二十三日

台中地方法院

判官　倉岡逸器【印】[168]

一、原本ニ依リ此正本ヲ作ル。

明治三十一年六月二十五日

台中地方法院【印】[169]

二字削除【印】[170]

法院書記　関　正【印】[171]

山縣直道【印】[172]

168 印記內文：「臺中地方法院書記印」。
169 印記內文：「臺中地方法院印」。
170 印記內文：「臺中地方法院書記印」。
171 印記內文：「臺中地方法院書記印」。
172 印記內文：「臺中地方法院書記印」。

155・臺中地方法院明治三十一年假第十二號假處分命令 (1)

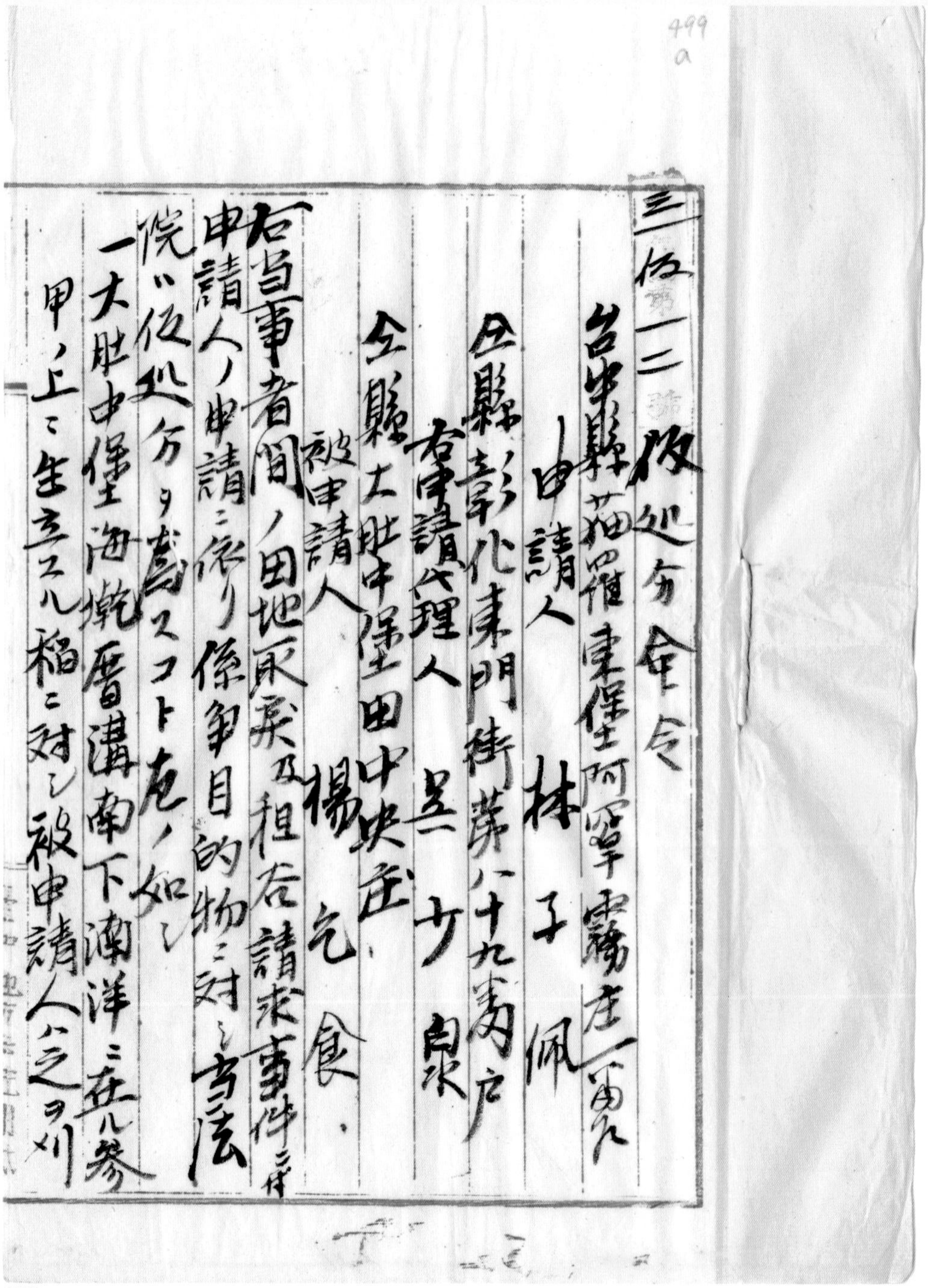
三〇位第一二號 假処分命令

台中縣貓羅堡阿罩霧庄一百番戶
申請人 林子佩
仝縣彰化東門街第八十九番戶
右申請代理人 吳士泉
仝縣大肚中堡田中央庄
被申請人 楊允食

右当事者間ノ田地取戻及租谷請求事件ニ付申請人ノ申請ニ依リ係争目的物ニ対シ当法院ハ仮処分ヲ為スコト左ノ如シ
一 大肚中堡海墘厝溝南下湳洋ニ在ル参甲ノ上ニ生立スル稲ニ対シ被申請人ハ之ヲ刈

0680

三一年仮第一二號　仮処分命令

台中縣葫羅東堡阿罩霧庄一番戸

申請人　林子佩

仝縣彰化東門街第八十九番戸

右申請代理人　呉少泉

仝縣大肚中堡田中央庄

被申請人　楊乞食

右当事者間ノ田地取戻及租谷請求事件ニ付、申請人ノ申請ニ依リ、係争目的物ニ対シ、当法院ハ仮処分ヲ為スコト左ノ如シ：

一、大肚中堡海墘厝溝南下滴洋ニ在ル参甲ノ上ニ生立スル稲ニ対シ、被申請人ハ之ヲ刈

（二）法院文書

155・臺中地方法院明治三十一年假第十二號假處分命令 (2)

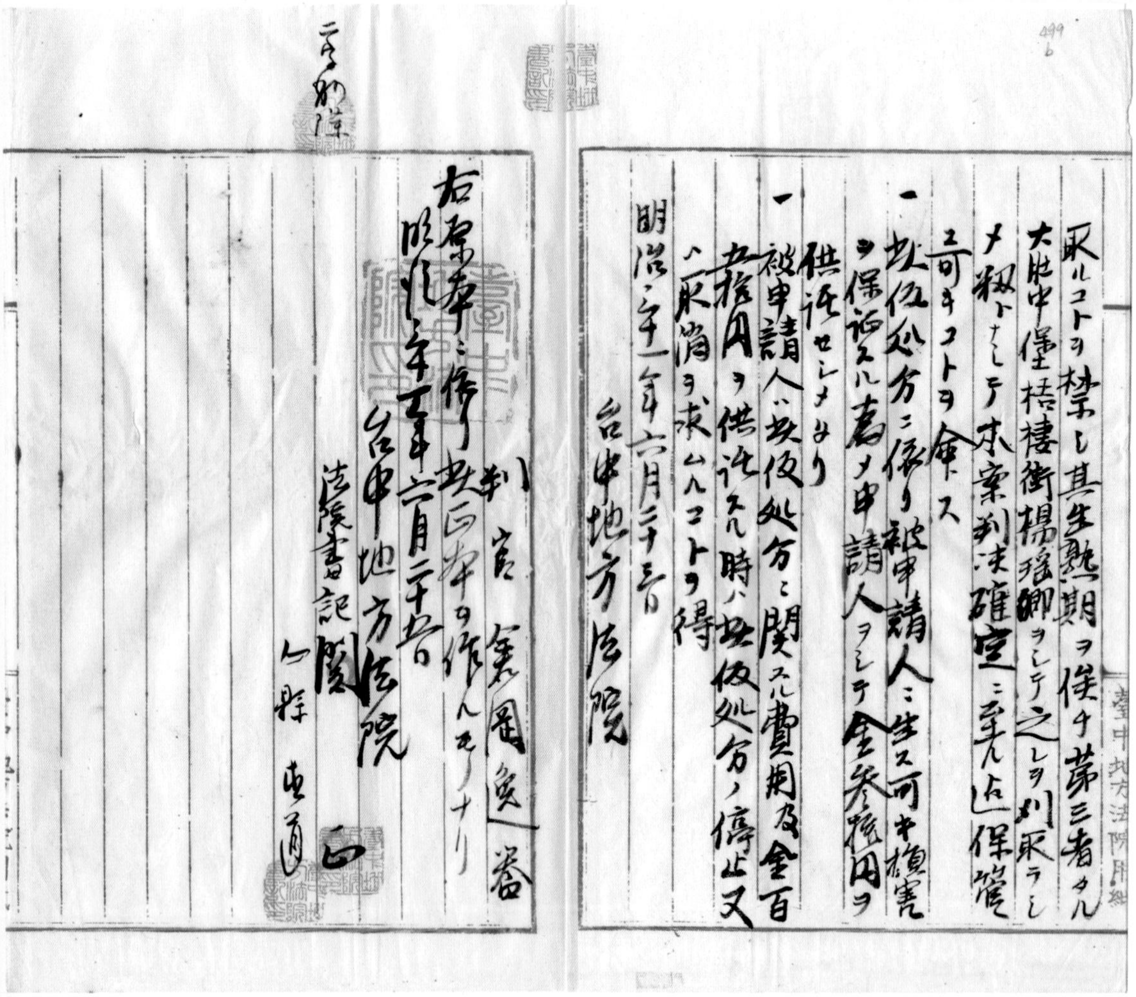
取ルコトヲ禁シ其生熟期ヲ俟チ第三者タル
大肚中堡梧棲街楊瑞卿ヲシテ之レヲ刈取ラシ
メ被下ナシテ本案判決確定ニ至ル迄保管
ス可キコトヲ命ス
一　此仮処分ニ依リ被申請人ニ生ス可キ損害
ヲ保証スル為メ申請人ヲシテ金参拾円ヲ
供託セシメタリ
一　被申請人ハ此仮処分ニ関スル費用及金百
五拾円ヲ供託スル時ハ此仮処分ノ停止又
ハ取消ヲ求ムルコトヲ得
明治三十一年六月二十三日
台中地方法院
判官　[illegible]　署
右原本ニ依リ此正本ヲ作ルモノナリ
明治三十一年六月二十五日
台中地方法院
法院書記　[illegible]

取ルコトヲ禁シ、其生熟期ヲ俟チ、第三者タル大肚中堡梧棲街楊瑤卿ヲシテ之レヲ刈取ラシメ籾トナシテ、本案判決確定ニ至ル迄保管ス可キコトヲ命ス。

一、此仮処分ニ依リ、被申請人ニ生ス可キ損害ヲ保証スル為メ、申請人ヲシテ金参拾円ヲ供託セシメタリ。

一、被申請人ハ此仮処分ニ関スル費用及金百五拾円ヲ供託スル時ハ、此仮処分ノ停止又ハ取消ヲ求ムルコトヲ得。

明治三十一年六月二十三日

【印】173

台中地方法院

判官　倉岡逸器

右原本ニ依リ此正本ヲ作ルモノナリ。

明治三十一年六月二十五日

台中地方法院【印】174

法院書記　関　正【印】176

山縣直道【印】177

二字削除【印】175

173 印記內文：「臺中地方法院書記印」。
174 印記內文：「臺中地方法院印」。
175 印記內文：「臺中地方法院書記印」。
176 印記內文：「臺中地方法院書記印」。
177 印記內文：「臺中地方法院書記印」。

（二）法院文書

156・臺中地方法院明治三十一年假第一三號假處分命令 (1)

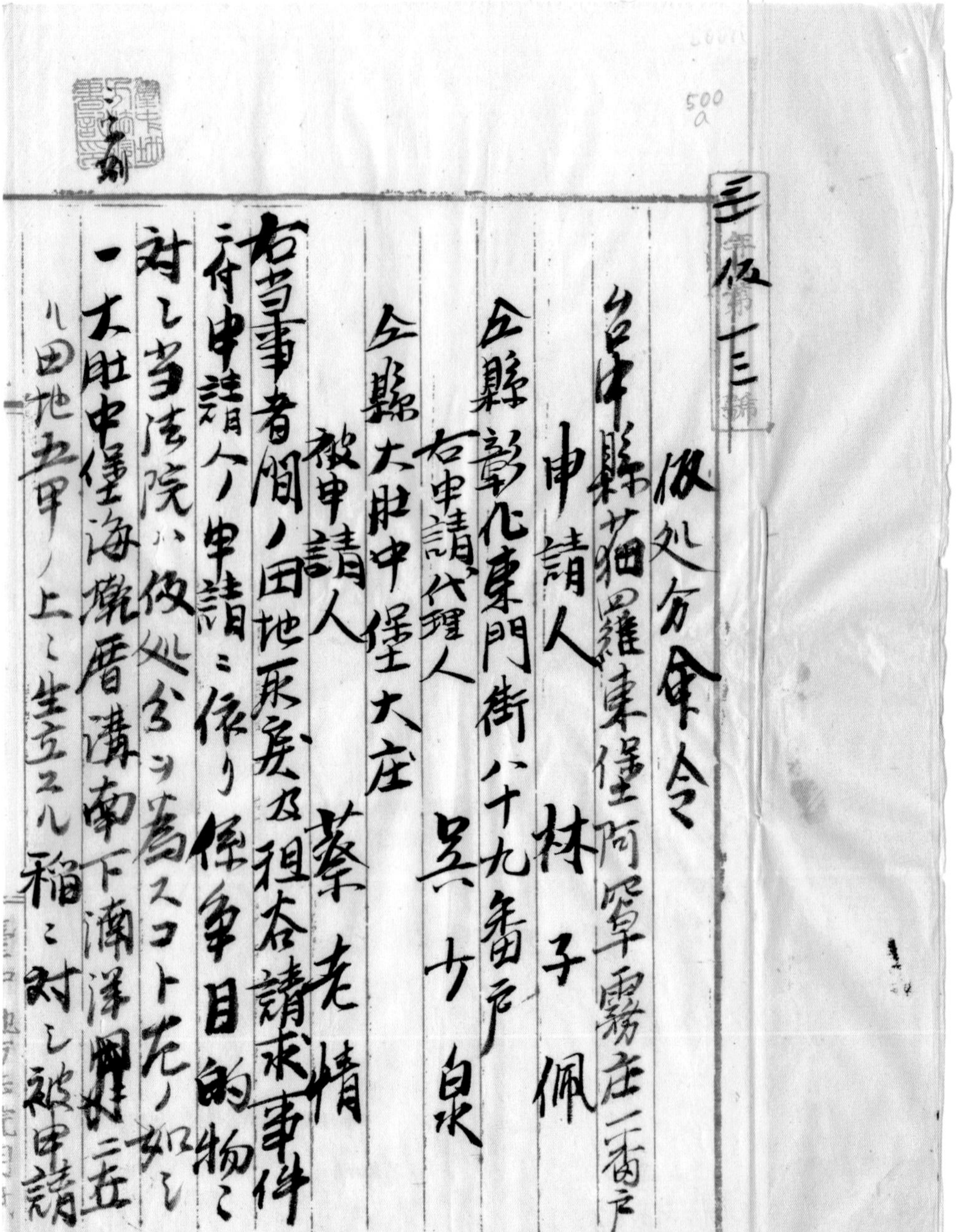

三一年仮第一三號

仮処分命令

台中縣猫羅東堡阿罩霧庄一番戸
申請人　林子佩
全縣彰化東門街八十九番戸
右申請代理人　呉士泉
全縣大肚中堡大庄
被申請人　蔡老情

右当事者間ノ田地取戻及租谷請求事件ニ付申請人ノ申請ニ依リ係争目的物ニ対シ当法院ハ仮処分ヲ為スコト左ノ如シ

一大肚中堡海墘厝溝南下湳洋田地ニ在ル田地五甲ノ上ニ生立スル稻ニ対シ被申請

0682

三一年仮第一三號

仮処分命令

台中縣茄羅東堡阿罩霧庄一番戸

申請人　林子佩

仝縣彰化東門街八十九番戸

右申請代理人　呉少泉

仝縣大肚中堡大庄

被申請人　蔡老情

右当事者間ノ田地取戻及租谷請求事件

ニ付、申請人ノ申請ニ依リ、係争目的物ニ

対シ、当法院ハ仮処分ヲ為スコト左ノ如シ：

一、大肚中堡海墘厝溝南下滴洋ニ在

ル田地五甲ノ上ニ生立スル稲ニ対シ、被申請

二字削【印】178

178印記內文：「臺中地方法院書記印」。

（二）法院文書

156・臺中地方法院明治三十一年假第一三號假處分命令 (2)

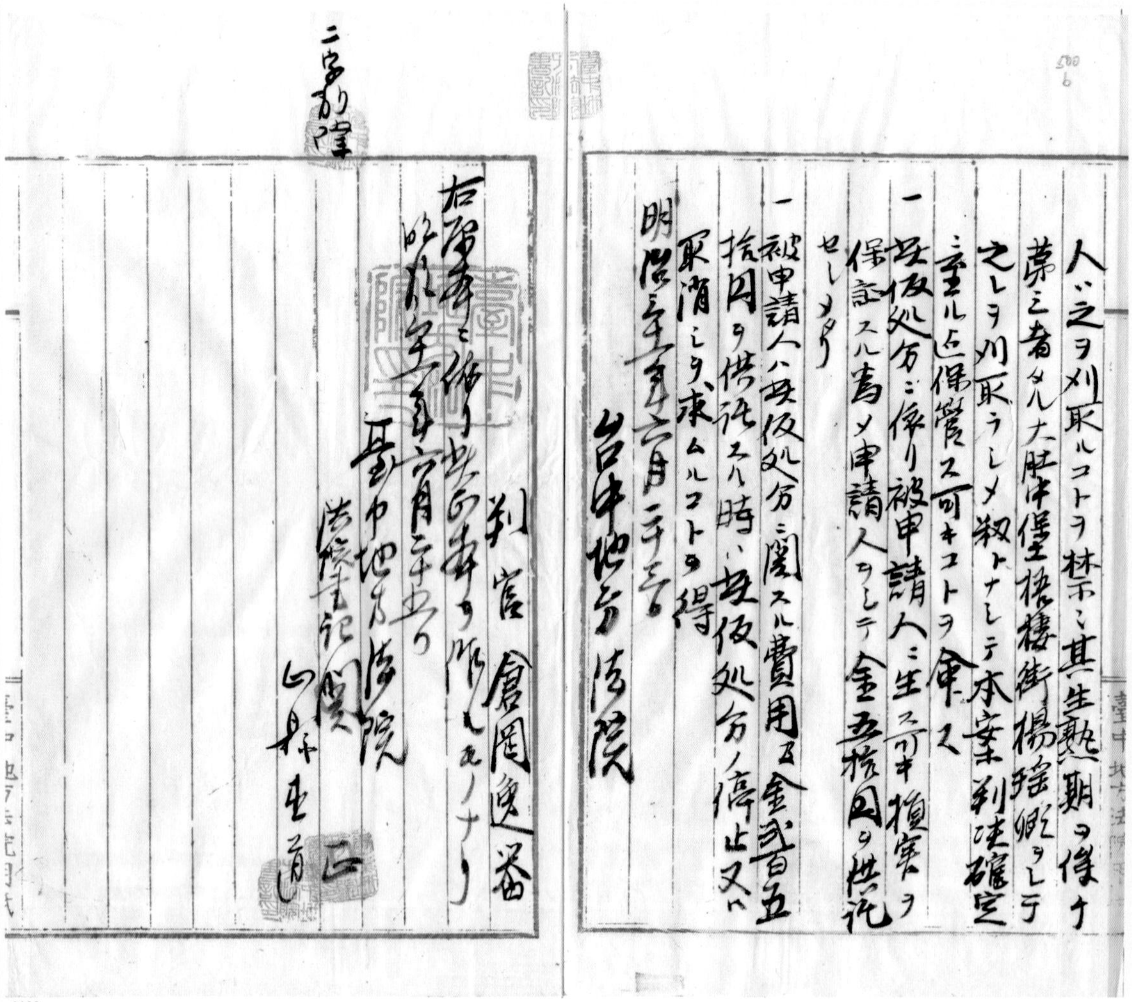

人ハ之ヲ刈取ルコトヲ禁ス其生熟期ヲ俟テ
募ニ者タル大肚中堡梧棲街楊瑶卿ヲシテ
之レヲ刈取ラシメ籾トナシテ本案判決確定
ニ至ル迄保管ス可キコトヲ命ス
一 本仮処分ニ依リ被申請人ニ生スヘキ損害ヲ
保証スル為メ申請人ヲシテ金五拾円ヲ供託
セシメタリ
一 被申請人ハ本仮処分ニ関スル費用及金弐百五
拾円ヲ供託スル時ハ本仮処分ノ停止又ハ
取消ヲ求ムルコトヲ得
明治三十一年六月二十三日
台中地方法院
判官 倉岡逸器
二字削除
右原本ニ依リ此正本ヲ作ルモノナリ
明治三十一年六月二十三日
臺中地方法院
法院書記 山村重道

0683

人ハ之ヲ刈取ルコトヲ禁シ、其生熟期ヲ俟チ、第三者タル大肚中堡梧棲街楊瑤卿ヲシテ之レヲ刈取ラシメ籾トナシテ、本案判決確定ニ至ル迠保管ス可キコトヲ命ス。

一、此仮処分ニ依リ、被申請人ニ生ス可キ損害ヲ保証スル爲メ、申請人ヲシテ金五拾円ヲ供託セシメタリ。

一、被申請人ハ此仮処分ニ関スル費用及金弐百五拾円ヲ供託スル時ハ、此仮処分ノ停止又ハ取消シヲ求ムルコトヲ得。

明治三十一年六月二十三日

台中地方法院　【印】179

判官　倉岡逸器

右原本ニ依リ此正本ヲ作ルモノナリ。

明治三十一年六月二十五日

臺中地方法院【印】180

二字削除【印】181

法院書記　関　正【印】182

山縣直道【印】183

---

179 印記內文：「臺中地方法院書記印」。
180 印記內文：「臺中地方法院印」。
181 印記內文：「臺中地方法院書記印」。
182 印記內文：「臺中地方法院書記印」。
183 印記內文：「臺中地方法院書記印」。

157・臺中地方法院明治三十一年假第一四號假處分命令(1)

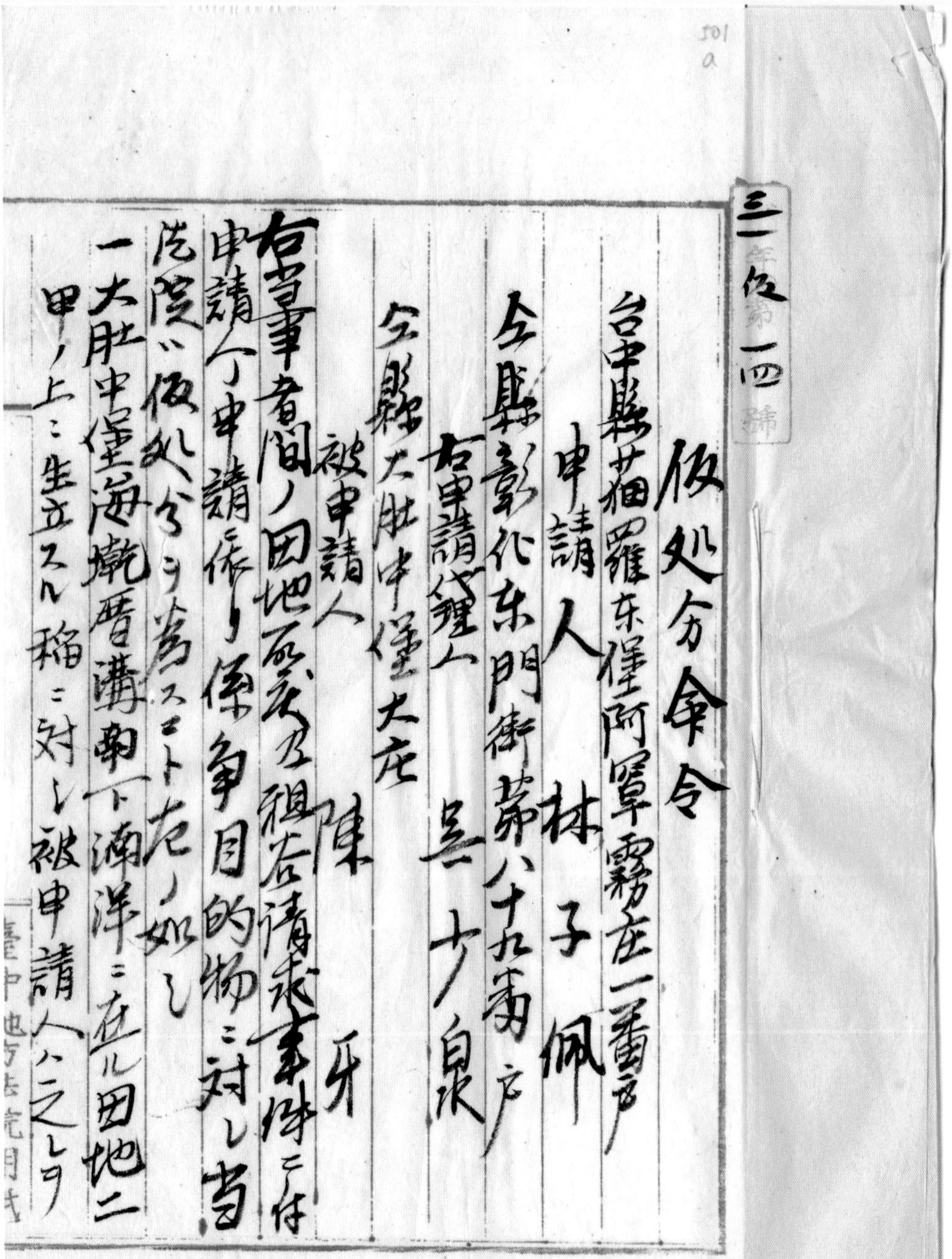

三一年假第一四號

假処分命令

台中縣苗羅东堡阿罩霧庄一番戸
申請人 林子佩
全縣彰化东門街第八十五番戸
右申請代理人 吳士泉
仝縣大肚中堡大庄
被申請人 陳开

右当事者間ノ田地所有及租谷請求事件ニ付
申請人ノ申請ニ依リ係争目的物ニ対シ当
法院ハ仮処分ヲ為スコト左ノ如シ
一大肚中堡海墘厝溝南下海洋ニ在ル田地二
甲ノ上ニ生立スル稲ニ対シ被申請人ハ之レヲ

臺中地方法院用紙

0684

三一年仮第一四號

仮処分命令

台中縣貓羅東堡阿罩霧庄一番戸

申請人　林子佩

仝縣彰化東門街第八十九番戸

右申請代理人　吳少泉

仝縣大肚中堡大庄

被申請人　陳　牙

右当事者間ノ田地取戻及租谷請求事件ニ付、申請人ノ申請ニ依リ、係争目的物ニ対シ、当法院ハ仮処分ヲ爲スコト左ノ如シ：

一、大肚中堡海墘厝溝南下滴洋ニ在ル田地二甲ノ上ニ生立スル稲ニ対シ、被申請人ハ之レヲ

（二）法院文書

157・臺中地方法院明治三十一年假第一四號假處分命令(2)

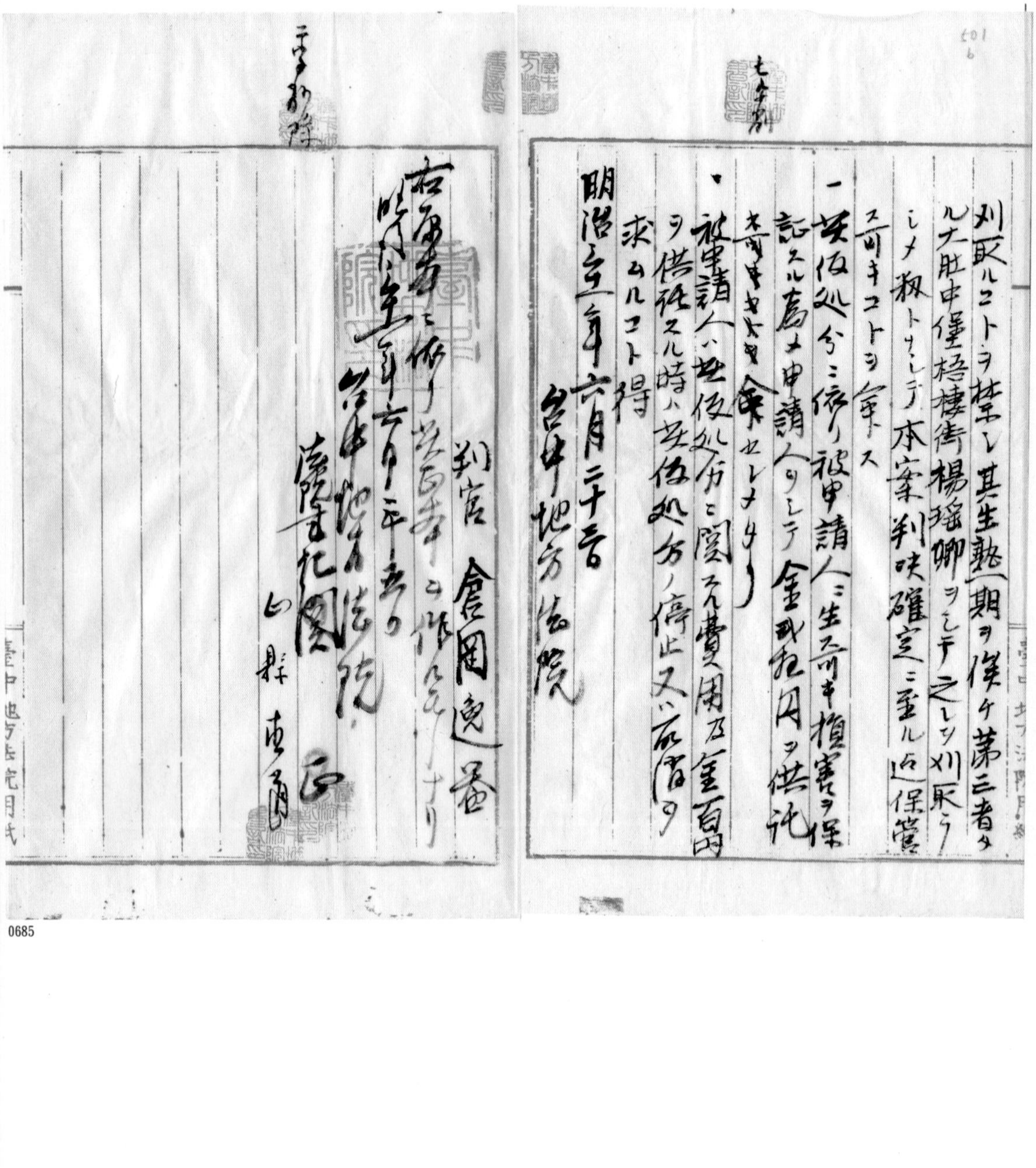
刈取ルコトヲ禁シ其生熟ノ期ヲ俟テ第三者タ
ル大肚中堡梧棲街楊瑤卿ヲシテ之レヲ刈取ラ
シメ籾トナシテ本案判決確定ニ至ル迄保管
スヘキコトヲ命ス
一 本仮処分ニ依リ被申請人ニ生スヘキ損害ヲ保
証スル為メ申請人ヲシテ金弐拾円ヲ供託
セシメタリ
一 被申請人ハ此仮処分ニ関スル費用及金百円
ヲ供託スル時ハ本仮処分ノ停止又ハ取消ヲ
求ムルコトヲ得
明治三十一年六月二十一日
台中地方法院
判官 倉岡逸□ 印
右原本ニ依リ此謄本ヲ作ルモノナリ
明治三十一年六月二十一日
台中地方法院
法院書記 山縣□□ 印

刈取ルコトヲ禁シ、其生熟期ヲ俟チ、第三者タル大肚中堡梧棲街楊瑤卿ヲシテ之レヲ刈取ラシメ籾トナシテ、本案判決確定ニ至ル迠保管ス可キコトヲ命ス。

一、此仮処分ニ依リ、被申請人ニ生ス可キ損害ヲ保証スル為メ、申請人ヲシテ金弍拾円ヲ供託セシメタリ。

七字削【印】184

一、被申請人ハ此仮処分ニ関スル費用及金百円ヲ供託スル時ハ、此仮処分ノ停止又ハ取消ヲ求ムルコト得。

明治三十一年六月二十三日

台中地方法院

【印】185

判官　倉岡逸器

右原本ニ依リ此正本ヲ作ルモノナリ。

明治三十一年六月二十五日

台中地方法院【印】186

法院書記　関　正【印】188

二字削除【印】187

山縣直道【印】189

---

184 印記內文：「臺中地方法院書記印」。
185 印記內文：「臺中地方法院書記印」。
186 印記內文：「臺中地方法院印」。
187 印記內文：「臺中地方法院書記印」。
188 印記內文：「臺中地方法院書記印」。
189 印記內文：「臺中地方法院書記印」。

158・臺中地方法院明治三十一年假第一五號假處分命令 (1)

三一年假第一五號

假処分命令

台中縣貓羅東堡阿罩霧庄一番戸

申請人　林子佩

仝縣彰化東門街八十九番戸

右申請代理人　吳才泉

仝縣大肚中堡火燒橋庄

被申請人　陳朱

右當事者間ノ田地取戻及租穀請求事件ニ付申請人ノ申請ニ依リ係爭目的物ニ対シ當法院ハ假処分ヲ爲スコト左ノ如シ

一　大肚中堡海墘厝溝南洋下湳洋ニ在ル田地弐甲ノ上ニ生立スル稲ニ対シ被申請人ハ之ヲ刈取ルコト

0686

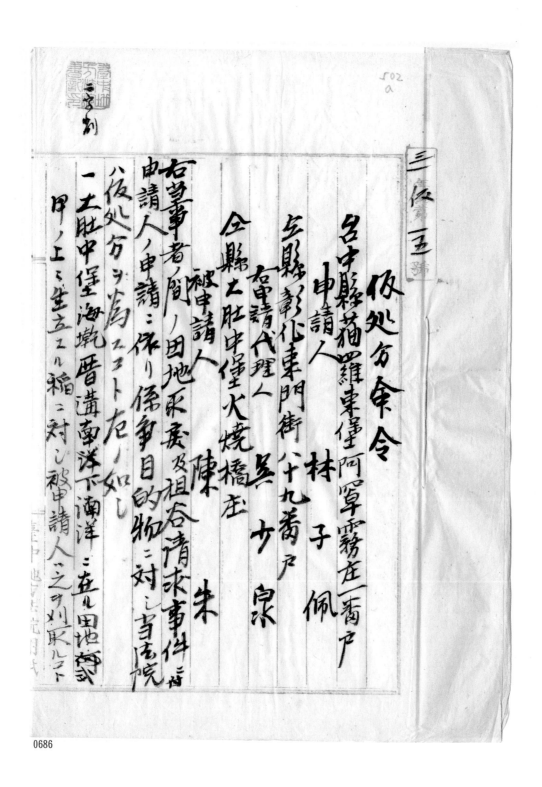

三一年仮第一五號

仮処分命令

台中縣藴羅東堡阿罩霧庄一番戸
申請人　林子佩
仝縣彰化東門街八十九番戸
右申請代理人　吳少泉
仝縣大肚中堡火燒橋庄
被申請人　陳朱

右当事者ノ間ノ田地取戻及租谷請求事件ニ付、申請人ノ申請ニ依リ、係争目的物ニ対シ、当法院ハ仮処分ヲ爲スコト左ノ如シ：

一、大肚中堡海墘厝溝南下滴洋ニ在ル田地弍甲ノ上ニ生立スル稲ニ対シ、被申請人ハ之ヲ刈取ルコト

二字削【印】190

190 印記內文：「臺中地方法院書記印」。

（二）法院文書

158・臺中地方法院明治三十一年假第一五號假處分命令（2）

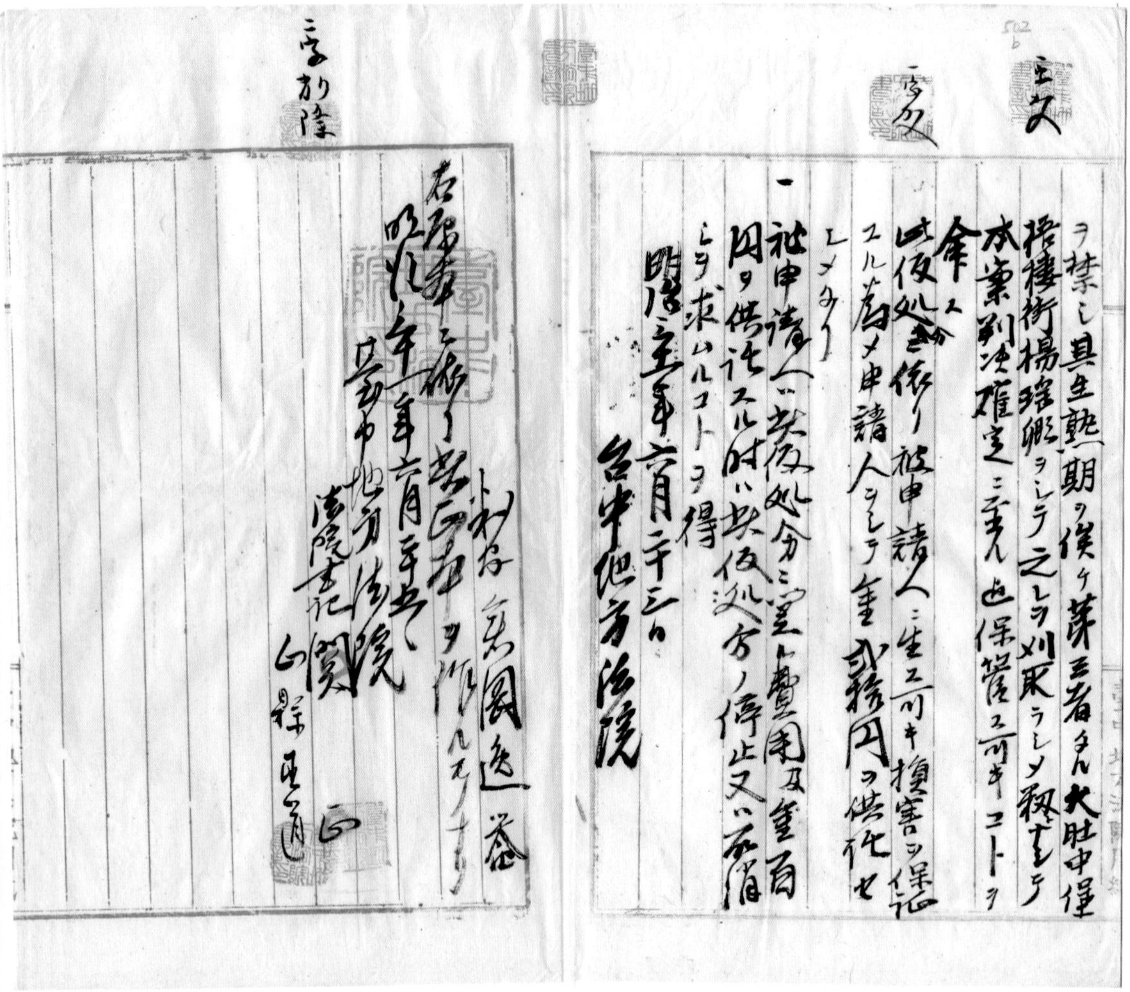

主文

ヲ禁シ其生熟ノ期ヲ俟チ茅ニ着手シ大肚中堡
揺棲街楊瑞卿ヲシテ之レヲ刈取ラシメ穀ニシテ
本案判決確定ニ至ル迄保管ス可キコトヲ
命ス
此仮処分ニ依リ被申請人ニ生ス可キ損害ヲ保証
スル為メ申請人ヲシテ金弐拾円ヲ供託セ
シメタリ
一 被申請人ハ此仮処分ニ異ル費用及金百
円ヲ供託スル時ハ此仮処分ノ停止又ハ取消
シヲ求ムルコトヲ得
明治三十一年六月二十三日
台中地方法院

右原本ニ依リ此正本ヲ作ルモノナリ
明治三十一年六月二十五日
台中地方法院
法院書記 [illegible]

一字加入【印】191

ヲ禁シ、其生熟期ヲ俟チ、第三者タル大肚中堡
梧棲街楊瑤卿ヲシテ之レヲ刈取ラシメ籾ナシテ、
本案判決確定ニ至ル迠保管ス可キコトヲ
命ス。

一字加入【印】192

一、此仮処分ニ依リ、被申請人ニ生ス可キ損害ヲ保証
スル爲メ、申請人ヲシテ金弐拾円ヲ供託セ
シメタリ。
一、被申請人ハ此仮処分ニ関スル費用及金百
円ヲ供託スル時ハ、此仮処分ノ停止又ハ取消
シヲ求ムルコトヲ得。

明治三十一年六月二十三日
台中地方法院
判官　倉岡逸器【印】193

右原本ニ依リ此正本ヲ作ルモノナリ。
明治三十一年六月二十五日
臺中地方法院【印】194

二字削除【印】195

法院書記　関　正【印】196
山縣直道【印】197

191 印記內文：「臺中地方法院書記印」。
192 印記內文：「臺中地方法院書記印」。
193 印記內文：「臺中地方法院書記印」。
194 印記內文：「臺中地方法院印」。
195 印記內文：「臺中地方法院書記印」。
196 印記內文：「臺中地方法院書記印」。
197 印記內文：「臺中地方法院書記印」。

（二）法院文書

159・臺中地方法院明治三十一年假第一六號假處分命令 (1)

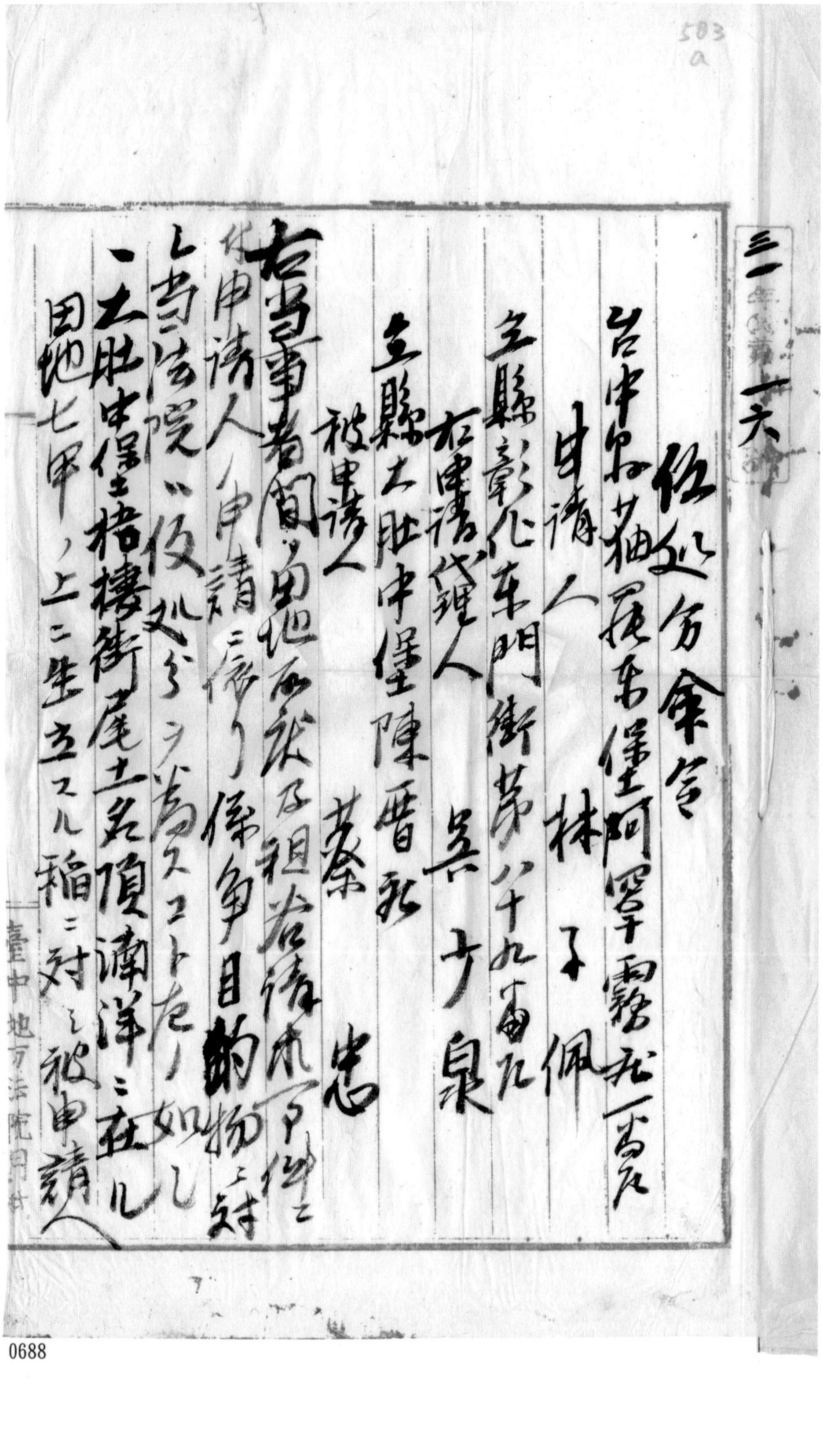

三一年（假）第一六號

假処分命令

台中県猫羅東堡阿罩霧莊一番戸

申請人 林子佩

仝県彰化東門街第八十九番戸

右申請代理人 呂上泉

仝県大肚中堡陳晋郎

被申請人 蔡忠

右当事者間ノ田地所有及租谷請求ノ件ニ付申請人ノ申請ニ依リ係争目的物ニ対シ当法院ハ仮処分ヲ為スコト左ノ如シ

一 大肚中堡梧棲街庄土名頂湳洋ニ在ル田地七甲ノ上ニ生立スル稲ニ対シ被申請人

臺中地方法院用紙

0688

三一年仮第一六號

仮処分命令

台中縣猫羅東堡阿罩霧庄一番戸

申請人　林子佩

仝縣彰化東門街第八十九番戸

右申請代理人　吳少泉

仝縣大肚中堡陳厝庄[198]

被申請人　蔡　忠

右当事者間ノ田地取戻及租谷請求事件ニ付、申請人ノ申請ニ依リ、係争目的物ニ対シ、当法院ハ仮処分ヲ為スコト左ノ如シ：

一、大肚中堡梧棲街尾土名頂滴洋ニ在ル田地七甲ノ上ニ生立スル稲ニ対シ、被申請人

198 陳厝庄：屬於今臺中市梧棲區福德里。聚落初由陳姓開墾，並於此建厝而得名。陳國川、翁國盈編撰，《臺灣地名辭書》，卷十二臺中縣（二），頁三一一。

（二）法院文書

159・臺中地方法院明治三十一年假第一六號假處分命令 (2)

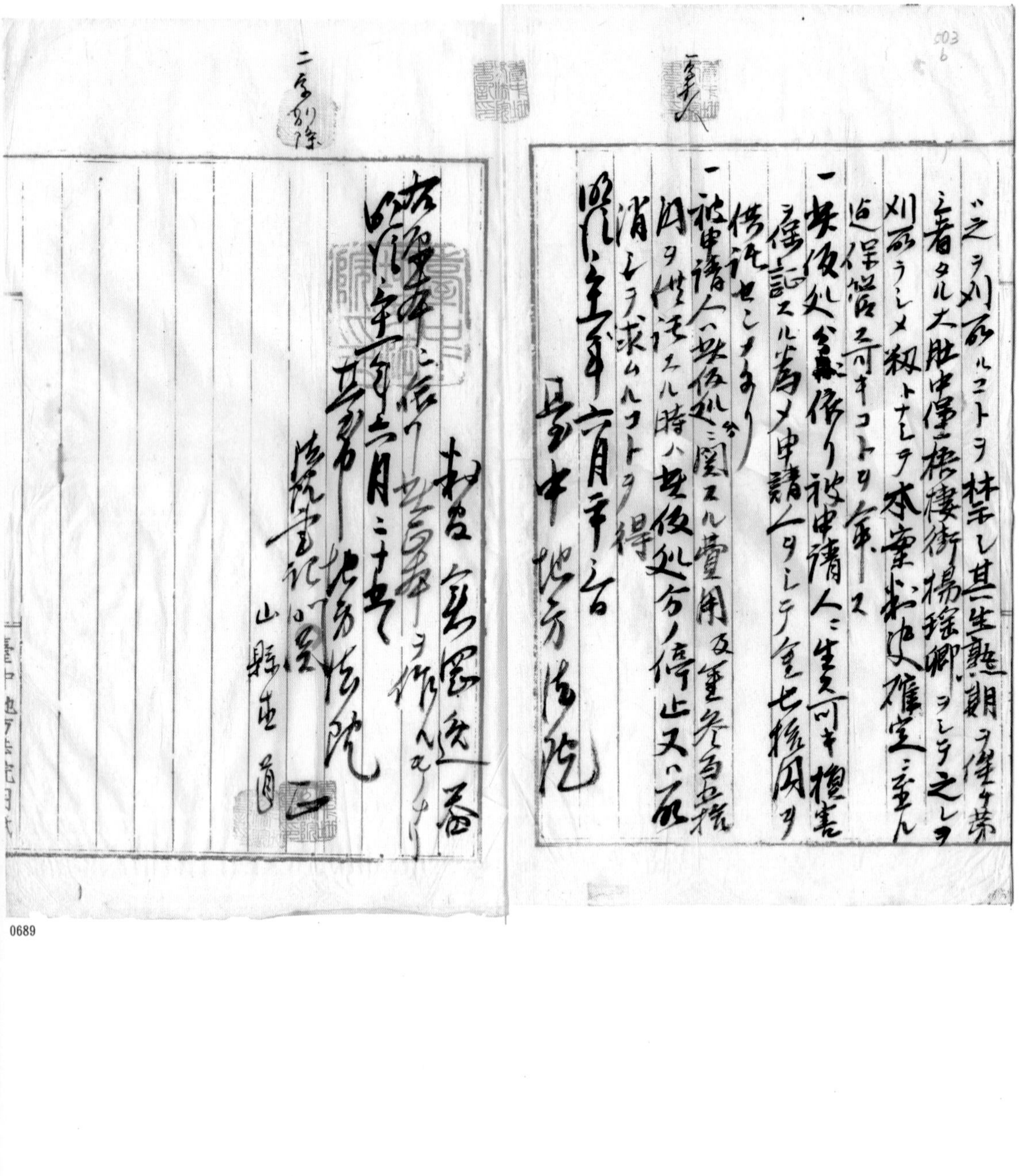

ジ之ヲ刈取ルコトヲ禁シ其生熟期ヲ俟チ茅
ニ着タル大肚中堡棲街楊瑶卿ヲシテ之ヲ
刈取ラシメ叔トナシテ本案判決確定ニ至ル
迄保管セシムヘキコトヲ命ス　又
一 此仮処分ノ執行ニ依リ被申請人ニ生ス可キ損害
ヲ保証スル為メ申請人ヲシテ金七拾円ヲ
供託セシメタリ
一 被申請人ハ此仮処分ニ関スル費用及金参百五拾
円ヲ供託スル時ハ此仮処分ノ停止又ハ取
消シヲ求ムルコトヲ得
明治三十一年六月三十日
臺中地方法院

右原本ニ依リ此謄本ヲ作ルモノナリ
明治三十一年六月二十五日
臺中地方法院
法院書記　山縣直道

0689

ハ之ヲ刈取ルコトヲ禁シ、其生熟期ヲ俟チ、第三者タル大肚中堡梧棲街楊瑤卿ヲシテ之レヲ刈取ラシメ籾トナシテ、本案判決確定ニ至ル迠保管ス可キコトヲ命ス。

一、此仮処分ニ依リ、被申請人ニ生ス可キ損害ヲ保証スル為メ、申請人ヲシテ金七拾円ヲ供託セシメタリ。

一字加入【印】199

一、被申請人ハ此仮処分ニ関スル費用及金参百五拾円ヲ供託スル時ハ、此仮処分ノ停止又ハ取消シヲ求ムルコトヲ得。

明治三十一年六月二十三日

臺中地方法院

【印】200

判官　倉岡逸器

右原本ニ依リ此正本ヲ作ルモノナリ。

明治三十一年六月二十五日

臺中地方法院【印】201

二字削除【印】202

法院書記　関　正【印】203

山縣直道【印】204

---

199 印記內文：「臺中地方法院書記印」。
200 印記內文：「臺中地方法院書記印」。
201 印記內文：「臺中地方法院印」。
202 印記內文：「臺中地方法院書記印」。
203 印記內文：「臺中地方法院書記印」。
204 印記內文：「臺中地方法院書記印」。

（二）法院文書

160・臺中地方法院明治三十一年假第一七號假處分命令(1)

三 假 一七 號

假処分命令

台中縣貓羅東堡阿罩霧庄一番戸
申請人　林子佩
仝縣彰化東門街第八十九番戸
右申請代理人　呉以泉
仝縣大肚中堡斗底庄
被申請人　王以豬
仝庄
仝　王金鼎

右當事者間ノ田地取戻及租谷請求事件付申請人ノ申請ニ依リ係争目的物ニ対シ当法院ハ假処分ヲ為スコト左ノ如シ

臺中地方法院用紙

0690

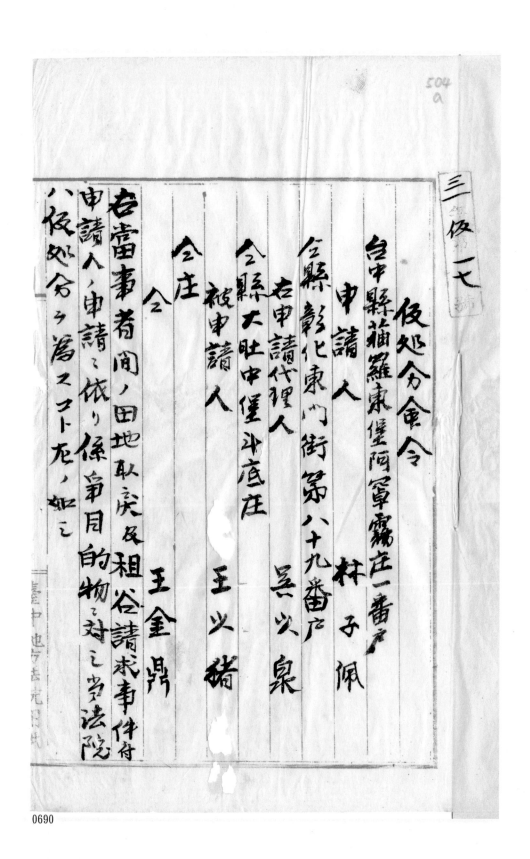

三一年仮第一七號

仮処分命令

台中縣猫羅東堡阿罩霧庄一番戶

申請人　林子佩

仝縣彰化東門街第八十九番戶

右申請代理人　吳少泉

仝縣大肚中堡斗底庄[205]

被申請人　王少猪

仝庄

仝　王金鼎

右當事者間ノ田地取戻及租谷請求事件ニ付、

申請人ノ申請ニ依リ、係爭目的物ニ対シ、当法院

ハ仮処分ヲ爲スコト左ノ如シ：

205 斗底庄：屬於今臺中市沙鹿區斗抵里。地名起源說法不一，一說與平埔族語有關，一說昔日米糧以「斗」計量，以斗盛糧而得名。陳國川、翁國盈編撰，《臺灣地名辭書》，卷十二臺中縣（二），頁二八五。

（二）法院文書

160・臺中地方法院明治三十一年假第一七號假處分命令 (2)

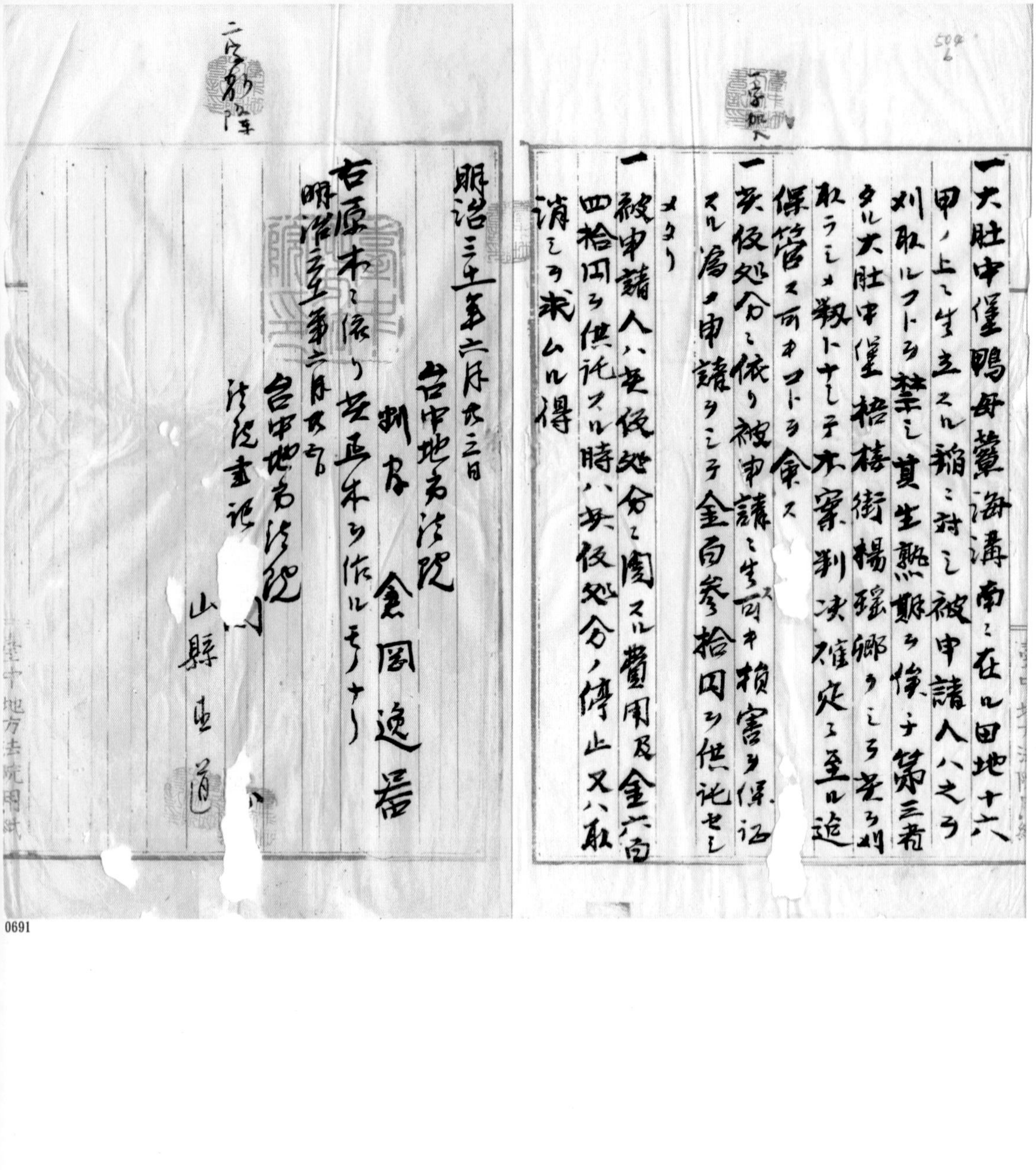

一大肚中堡鴨母藔海溝南ニ在ル田地十六
甲ノ上ニ生立スル稲ニ對シ被申請人ハ之ヲ
刈取ルコトヲ禁シ且生熟期ヲ俟テ第三者
タル大肚中堡梧棲街楊瑤卿ヲシテ之ヲ刈
取ラシメ穀トナシテ本案判決確定ニ至ル迄
保管スヘキコトヲ命ス
一右假処分ニ依リ被申請ニ生スヘキ損害ヲ保証
スル爲メ申請ヲシテ金百参拾円ヲ供託セシ
メタリ
一被申請人ハ右假処分ニ関スル費用及金六百
四拾円ヲ供託スル時ハ右假処分ノ停止又ハ取
消ヲ求ムル得

明治三十一年第二月廿三日
台中地方法院
判官 倉岡逸器
右原本ニ依リ此正本ヲ作ルモノナリ
明治卅一年第二月廿三日
台中地方法院
法院書記 山縣□道

0691

一、大肚中堡鴨母藔海溝南ニ在ル田地十六甲ノ上ニ生立スル稲ニ対シ、被申請人ハ之ヲ刈取ルコトヲ禁シ、其生熟期ヲ俟チ、第三者タル大肚中堡梧棲街楊瑤卿ヲシテ此ヲ刈取ラシメ籾トナシテ、本案判決確定ニ至ル迄保管ス可キコトヲ命ス。

一字加入【印】206

一、此仮処分ニ依リ被申請ニ生ス可キ損害ヲ保証スル為メ、申請ヲシテ金百参拾円ヲ供託セシメタリ。

一、被申請人ハ此仮処分ニ関スル費用及金六百四拾円ヲ供託スル時ハ、此仮処分ノ停止又ハ取消シヲ求ムル得。

【印】207

明治三十一年六月廿三日

台中地方法院

判官 倉岡逸器

右原本ニ依リ此正本ヲ作ルモノナリ。

明治三十一年六月廿五日

台中地方法院【印】208

二字削除【印】209

法院書記 関 正【印】210

山縣直道【印】211

206 印記內文：「臺中地方法院書記印」。
207 印記內文：「臺中地方法院書記印」。
208 印記內文：「臺中地方法院印」。
209 印記內文：「臺中地方法院書記印」。
210 印記內文：「臺中地方法院書記印」。
211 印記內文：「臺中地方法院書記印」。

（二）法院文書

161・臺中地方法院明治三十年民第一八四號判決正本送達書

506

送達書

三〇民第一八四号

一 判決正本 壹通

右 吳少泉 送達スル者也

明治卅年十月廿七日

臺中地方法院

法院書記 [illegible]

一葉ヲ書記課ヘ還納スヘシ

受取人ノ署名捺印若シ能ハサル時ハ其事由	吳少泉 （印：吳少泉）
送達シタル月日時	明治三十年十月廿七日 [illegible]
送達シタル場所	吳少泉宅ニ於テ
本人不在其他ノ事故ニ依リ家族若クハ雇人等ニ交付シタル時ハ其事由	

右之通取扱候也

明治三十年十月廿七日

臺中地方法院

廷丁 [illegible]

0612

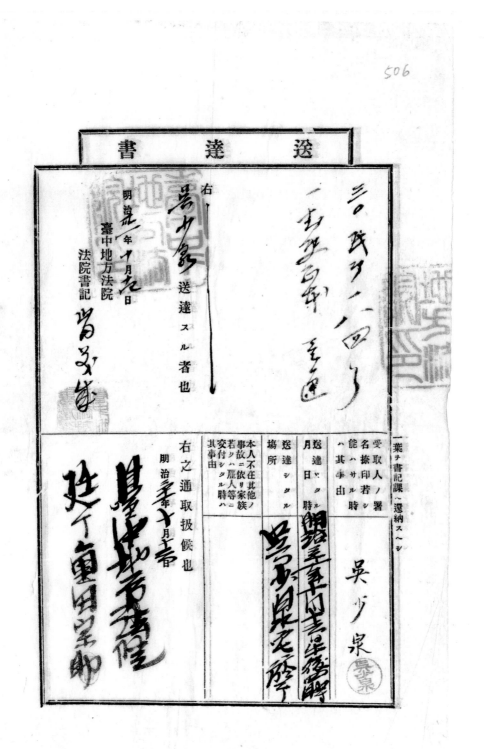

送達書

三〇民第一八四号[213]【印】[212]

一判決正本 壹通

右

呉少泉 送達スル者也

明治卅一年十月十四日

臺中地方法院【印】[214]

法院書記 山田義成[215]【印】[216]

受取人ノ署名捺印若シ能ハサル時ハ其事由	送達シタル月日時	送達シタル場所	本人不在其他ノ事故ニ依リ家族若クハ雇人等ニ交付シタル時ハ其事由
呉少泉【印】[217]	明治三十一年十月十六日午後四時	呉少泉宅ニ於テ	

右之通取扱候也

明治三十一年十月十六日

臺中地方法院

廷丁[218] 重田宗助【印】[219]

---

212 印記內文：「臺中地方法院印」。

213 三〇民第一八四号：指臺中地方法院判決案號。本案當事人即本書所收臺中地方法院明治三一年假第二號假處分命令的申請人與被申請人。

214 印記內文：「臺中地方法院印」。

215 山田義成：明治二十九年任覆審法院書記，明治三十一年任臺中地方法院書記。

216 印記內文：「臺中地方法院書記印」。

217 印記內文：「吳少泉」。

218 廷丁：在法院處理法庭雜務的職員。

219 印記內文：「重田」。

162・臺中地方法院明治三十二年民第廿七號稻作假處分一部取消命令(1)

505
a

三十二年民第廿七號

稻作假處分一部取消命令

臺中縣貓羅堡阿罩霧庄

申請人　林子佩

右代人　陳日樓

臺中縣大肚中堡陳厝庄

被申請人　蔡武

右申請人ヨリ被申請人外數名ニ係ル大肚中下堡ニ跨ル田地九甲五分五厘ノ稻穀ニ對シ明治三十二年十月七日假處分ノ處分ヲ[illegible]當事者ノ所爭ニ係ル八甲稻穀ニ對シテハ被申請人ニ於テ其所有ナル

又該稻穀ニ對シ利害ノ關係者ヨリ申立アリ結果

0692

三十二年民第廿七号

稲作仮処分一部取消命令

臺中縣猫羅堡阿罩霧庄

申請人　林子佩

右代人　陳月楼

仝縣大肚中堡陳厝庄

被申請人　蔡　武

右申請人ヨリ被申請人外数名ニ係ル大肚中下堡跨カル田地九十五甲五厘ノ稲籾ニ對シ、明治三十年七月七日仮處分ノ命令發シ置キタル處当事者間ノ所争ニ係ル八甲ノ稲籾ニ関シ、被申請人ニ於テ其所有ニアラス、該稲籾ニ對シ利害ノ関係ナキ旨申立タル結果

（二）法院文書

162・臺中地方法院明治三十二年民第廿七號稻作假處分一部取消命令 (2)

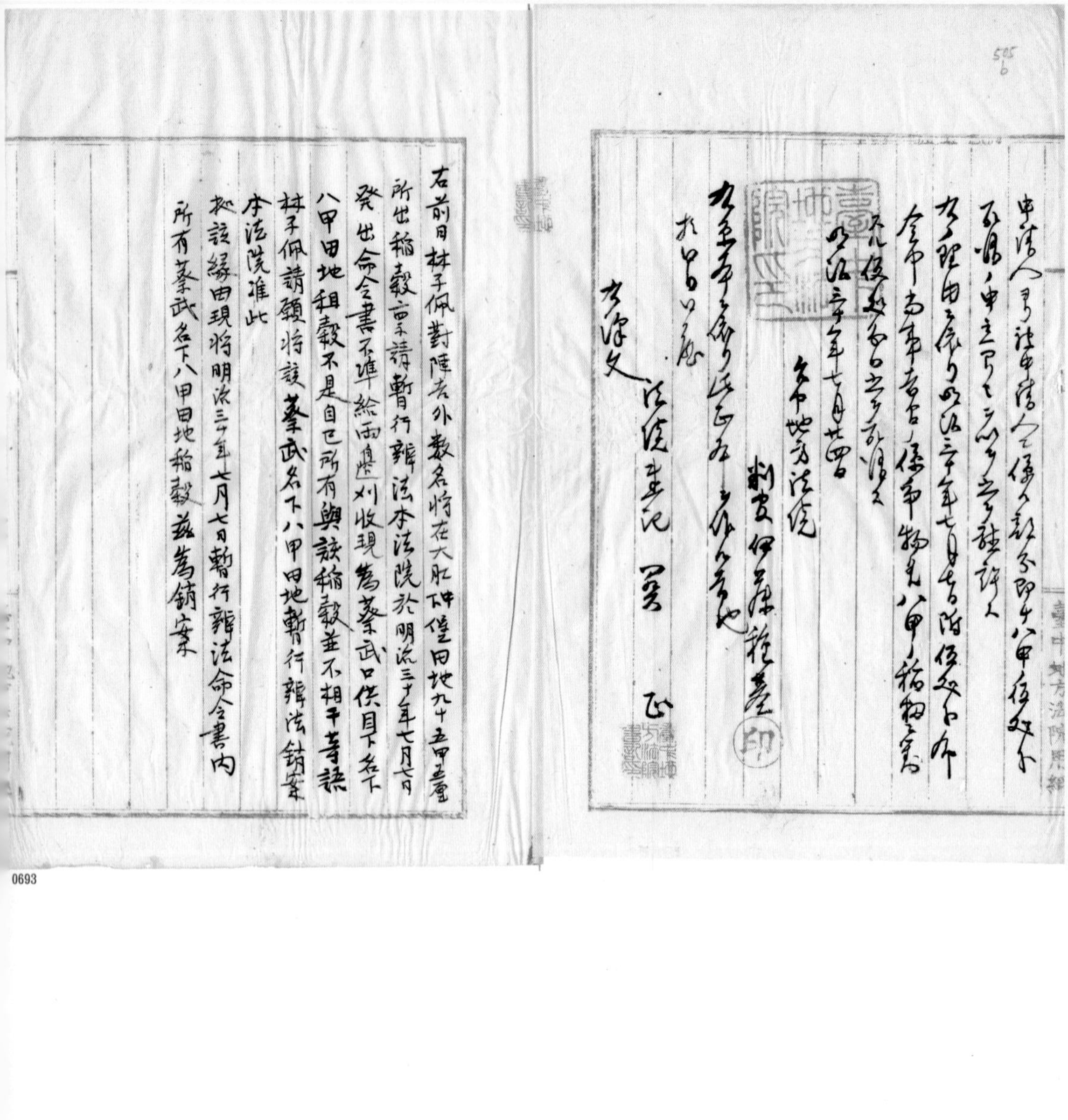
右前日林子佩對陣者外數名將在大肚中堡田地九十五甲并臺
所出稻穀稟請暫行辦法本法院於明治三十二年七月七日
發出命令書不准給兩造刈收現為蔡武口供目下名下
八甲田地租穀不是自己所有與該稻穀並不相干等語
林子佩請願將該蔡武名下八甲田地暫行辦法銷案
本法院准此
批該緣由現將明治三十二年七月七日暫行辦法命令書內
所有蔡武名下八甲田地稻穀茲為銷案

0693

申請人ヨリ被申請人ニ係ル部分、即チ八甲ノ仮処分取消ノ申立アリニヲ以テ之ヲ聽許ス。

右ノ理由ニ依リ、明治三十年七月七日附仮処分命令中当事者間ノ係争物タル八甲ノ稲籾ニ對スル仮処分ハ之ヲ取消ス。

明治三十年七月廿四日

台中地方法院【印】[220]

判官伊藤種基【印】[221]

右原本ニ依リ此正本ヲ作ル者也。

法院書記　関正【印】[222]

於○○○廳

右譯文

【印】[223]

右前日林子佩對陳吉外数名，将在大肚中（下）堡田地九十五甲五厘所出稻穀稟請暫行辨〔辦〕法[224]，本法院於明治三十年七月七日発出命令書不準〔准〕給両邊刈收，現爲蔡武口供，目下名下八甲田地租穀不是自己所有，與該稻穀並不相干等語。

林子佩請願将該蔡武名下八甲田地暫行辨〔辦〕法銷案。

本法院准此

拠該緣由，現将明治三十年七月七日暫行辨〔辦〕法命令書内所有蔡武名下八甲田地稻穀，茲爲銷案。

---

220 印記內文：「臺中地方法院印」。
221 印記內文：「印」。
222 印記內文：「臺中地方法院書記印」。
223 印記內文：「臺中地方法院書記印」。
224 指提出假處分聲請之意。

（三）房厝買賣文書

163・明治三十四年四月劉以専、林季商建物及宅地買賣文件書稿(1)

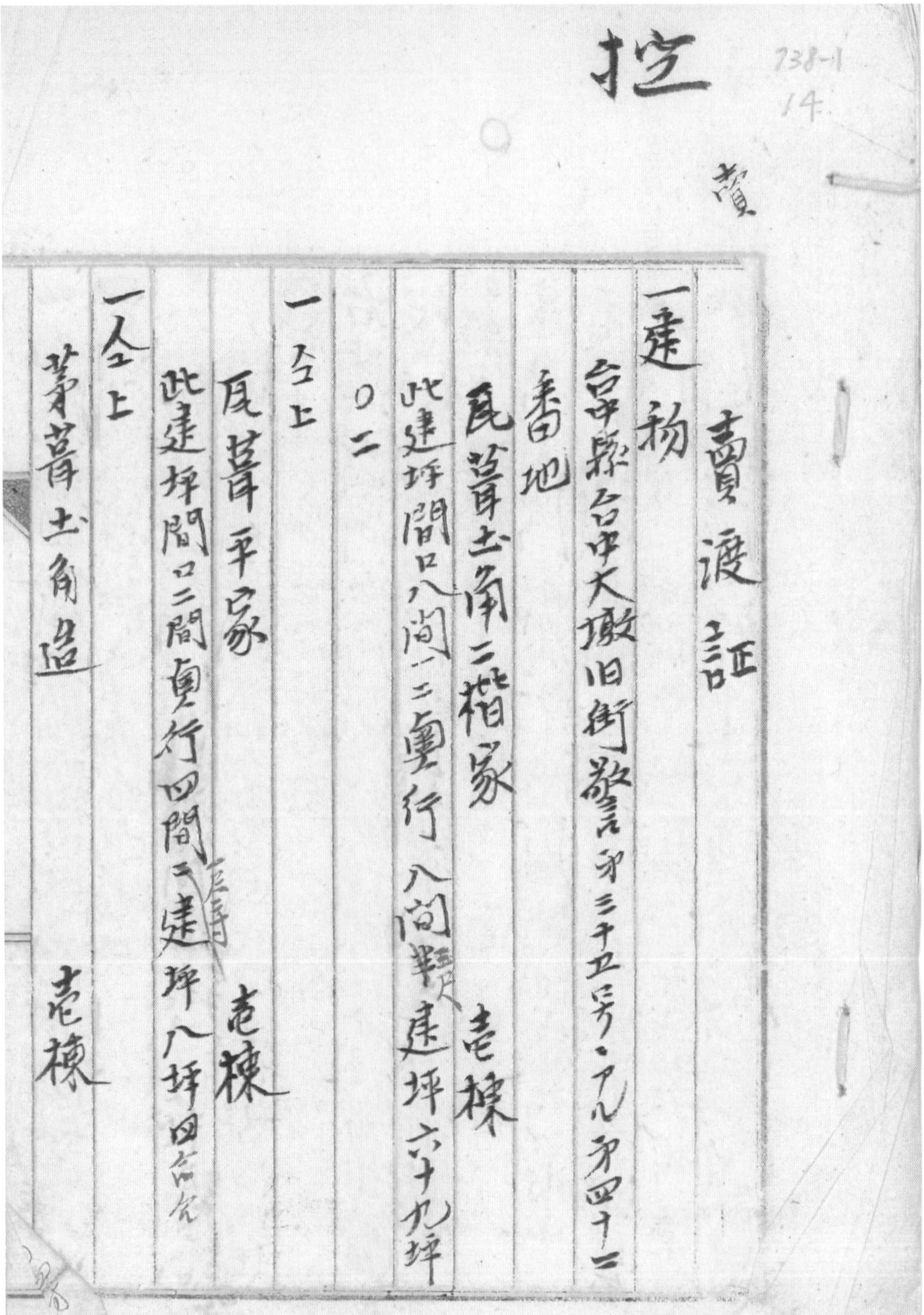

控

賣

賣渡証

一、建物

台中縣台中大墩旧街警第三十五号ニアル第四十二

番地

瓦葺土角二楷[225]家　壱棟。

此建坪間口[226]八間[227]七寸，奥行[228]八間五尺[229]，建坪六十九坪[230]

〇二勺[231]。

一、仝上。

瓦葺平家　壱棟。

此建坪間口二間，奥行四間一尺二寸，建坪八坪四合合[232]。

一、仝上。

茅葺土角造　壱棟。

---

225 二楷：階、楷，日文發音為かい，指二層樓。
226 間口：まぐち，正面寬度。
227 間：一間約一．八一八公尺。
228 奥行：おくゆき，縱深。
229 尺：一尺約〇．三〇三公尺。
230 坪：一坪約三．三平方公尺。
231 勺：一〇〇勺為一坪。
232 合：一〇合為一坪。

（三）房厝買賣文書

163・明治三十四年四月劉以專、林季商建物及宅地買賣文件書稿 (2)

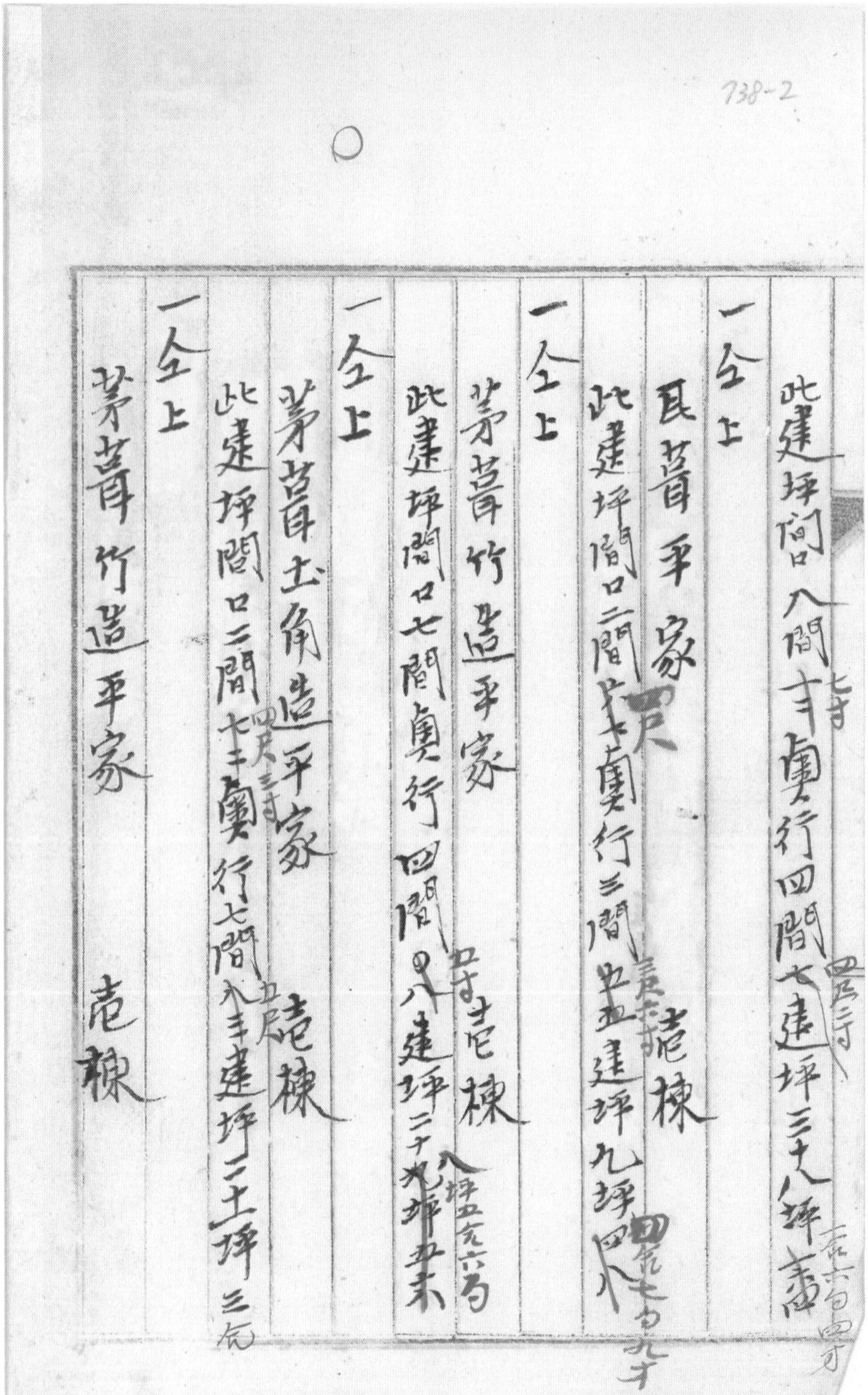
738-2

此建坪間口八間半七寸奧行四間七四尺二寸建坪三十八坪壹壹合六勺四才

一仝上

瓦葺平家買壹棟

此建坪間口二間尺七寸奧行三間五五建坪九坪四八四合七勺九才

一仝上

茅葺竹造平家壹棟

此建坪間口七間奧行四間五寸八建坪二十九坪五五八坪五合六勺

一仝上

茅葺土角造平家壹棟

此建坪間口二間七寸四尺三寸奧行七間五尺建坪一十二坪三合

一仝上

茅葺竹造平家壹棟

此建坪間口八間七寸，奧行四間四尺二寸，建坪三十八坪一合六勺四才。

一、仝上。

瓦葺平家　壱棟。

此建坪間口二間四尺，奧行三間三尺六寸，建坪九坪四合七勺九才。

一、仝上。

瓦葺竹造平家　壱棟。

此建坪間口七間，奧行四間五寸，建坪二十八坪五合六勺。

一、仝上。

茅葺土角造平家　壱棟。

此建坪間口二間四尺三寸，奧行七間五尺，建坪二十一坪三合。

一、仝上。

茅葺竹造平家　壱棟。

（三）房厝買賣文書

163・明治三十四年四月劉以專、林季商建物及宅地買賣文件書稿(3)

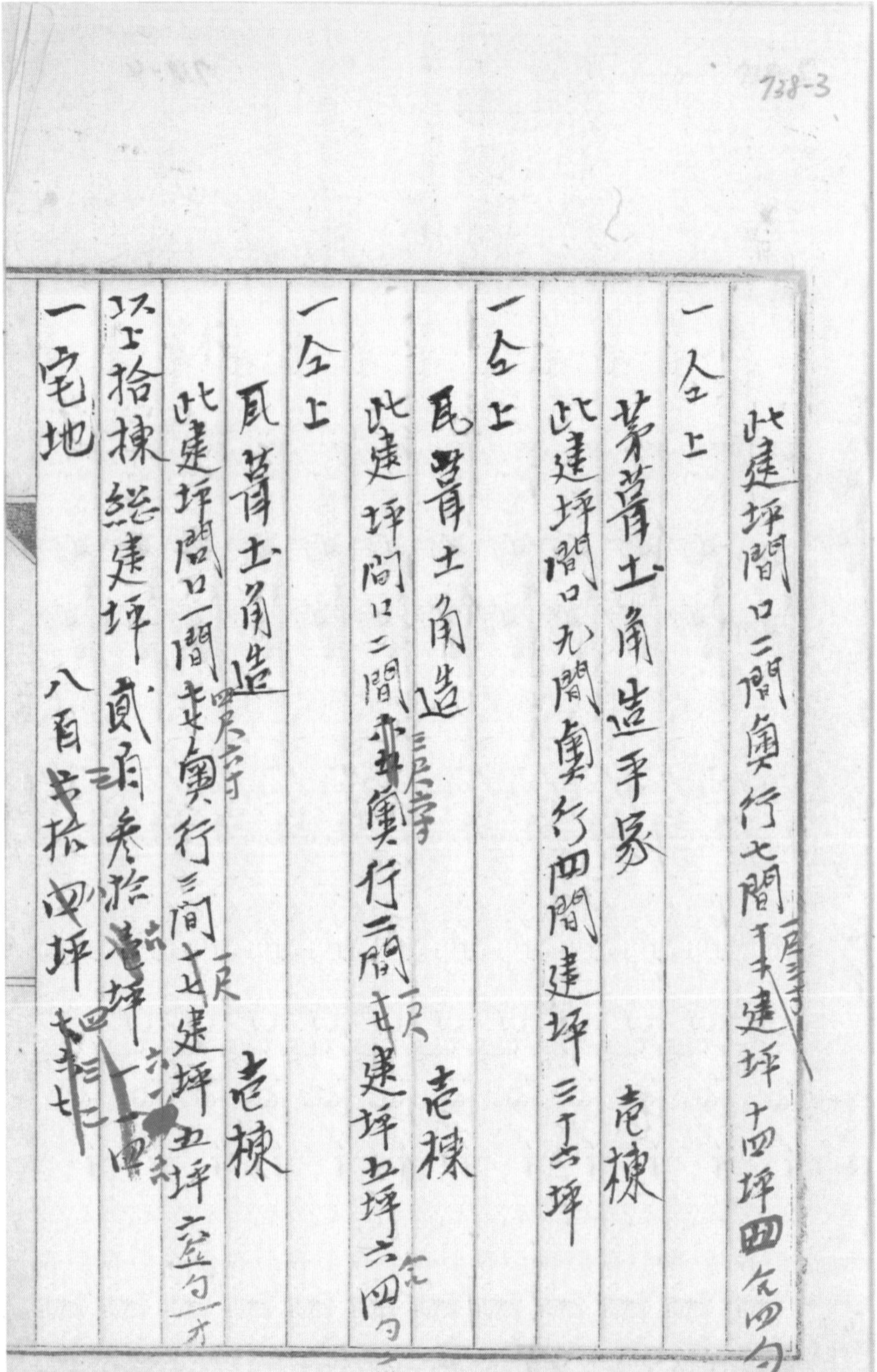

此建坪間口二間奥行七間建坪十四坪四合四勺

一仝上

茅葺土角造平家 壹棟

此建坪間口九間奥行四間建坪三十六坪

一仝上

瓦葺土角造 壹棟

此建坪間口二間奥行二間建坪五坪六合四勺一才

一仝上

瓦葺土角造 壹棟

此建坪間口一間奥行三間建坪五坪六合[illegible]勺一才

以上拾棟総建坪貳百參拾[illegible]坪[illegible]

一宅地 八百[illegible]拾四坪[illegible]

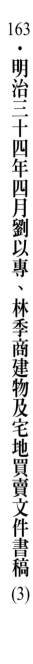

此建坪間口二間，奥行七間一尺三寸，建坪十四坪四合四勺。

一、仝上。

茅葺土角造平家　壱棟。

此建坪間口九間，奥行四間，建坪三十六坪。

一、仝上。

瓦葺土角造　壱棟。

此建坪間口二間三尺六寸，奥行二間一尺，建坪五坪六合四勺二才。

一、仝上。

瓦葺土角造　壱棟。

此建坪間口一間四尺六寸，奥行三間一尺，建坪五坪六合一勺一才。

以上拾棟総建坪貳百叁拾六坪六一六。

一、宅地　八百三拾八坪四三二。

（三）房厝買賣文書

163・明治三十四年四月劉以專、林季商建物及宅地買賣文件書稿 (4)

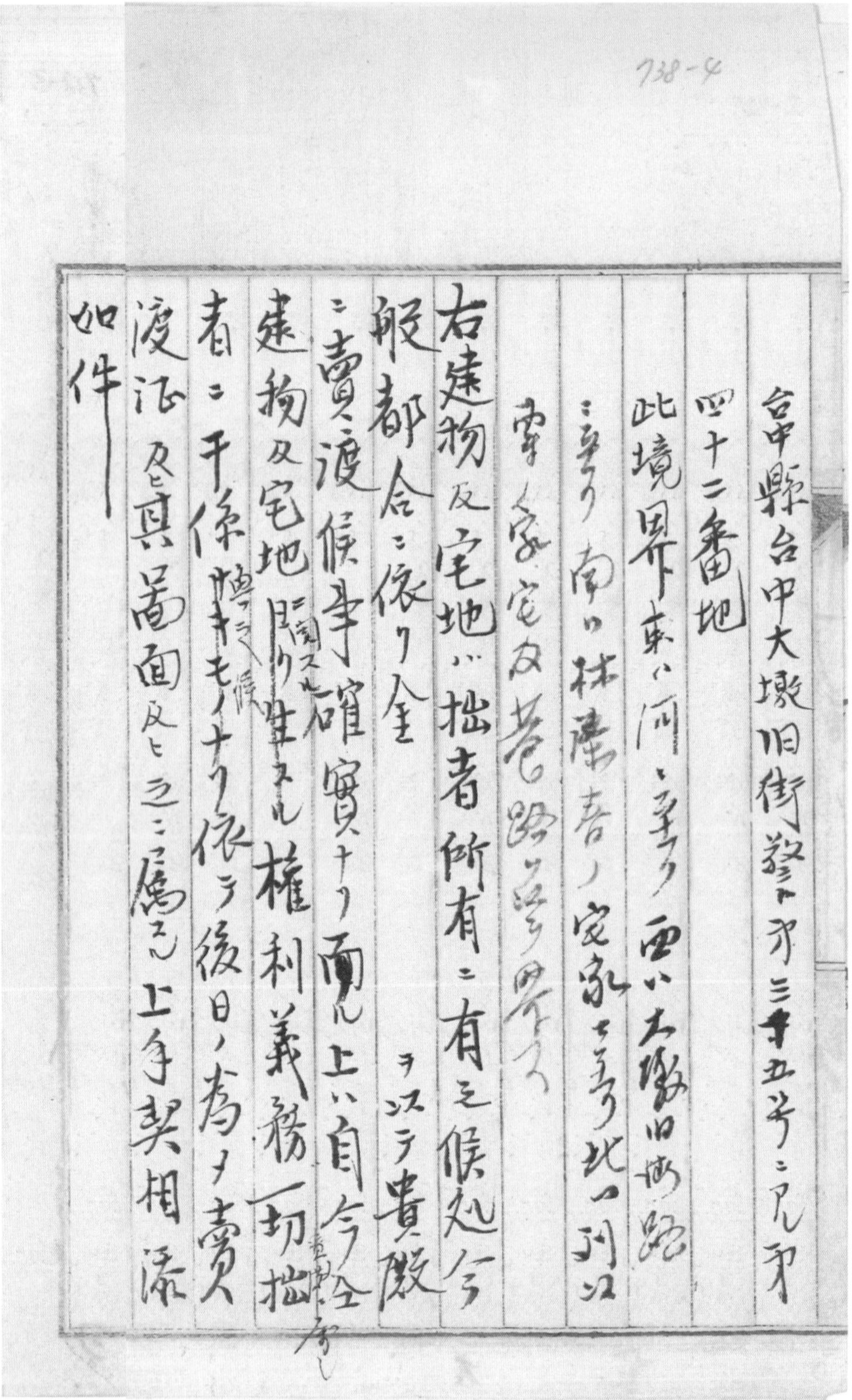

台中縣台中大墩旧街[illegible]三十五号ニ在ル第
四十二番地
此境界ハ東ハ河ニ至リ西ハ大墩旧街路
ニ至リ南ハ林瑞春ノ宅家ニ至リ北ハ[illegible]
[illegible]家宅及巷路ニ至ル界トス
右建物及宅地ハ拙者所有ニ有之候処今 ヲ以テ貴殿
般都合ニ依リ全
ニ賣渡候事確實ナリ而ル上ハ自今全 貴殿ノ所有
建物及宅地ニ関スル限リ生スル権利義務一切拙
者ニ干係無之候モノナリ依テ後日ノ為メ賣
渡証及其圖面及ヒ之ニ属スル上手契相添
如件

台中縣台中大墩旧街警第三十五号ニアル第
四十二番地。
此境界東ハ河ニ至リ、西ハ大墩旧街路
ニ至リ、南ハ林染春[233]ノ宅家ニ至リ、北ハ刘以
專ノ家宅及巷路ヲ以テ界ス。
右建物及宅地ハ拙者所有ニ有之候処今
般都合ニ依リ、金　　　ヲ以テ貴殿
ニ賣渡候事確實ナリ。而ル上ハ自今仝
建物及宅地ニ関スル權利義務一切貴殿ニ屬シ、拙
者ニ干係無之候依テ、後日ノ爲メ賣
渡証及ヒ其啚面及ヒ之ニ屬スル上手契相添
如件。

233 林染春：林染春是清朝時的秀才，也是中醫，由福建漳州府平和縣隻身到臺灣行醫，後來落籍在臺中，與臺中望族吳鸞旂相交頗深，後入贅吳家，娶吳鸞旂長姐吳杏元為妻。霧峰林家頂厝林文欽原本與鹿港蔡燦雲合開錦勝號，後因聽林染春建議，終止與蔡燦雲的合作關係，另與林染春、吳吉儀、魏品三合資新錦勝號。陳器文主編，《2005臺中學研討會：文采風流論文集》（臺中：臺中市文化局，二〇〇五年），頁四七八；柯文雄，《林雲大師與密宗黑教》（臺北：皇冠出版社，一九八七年），頁一七八；蔡青筠，〈鹿港綠香居主人自述〉，《臺灣風物》，第三十卷第二期（一九八〇年六月），頁九四。

（三）房厝買賣文書

163・明治三十四年四月劉以専、林季商建物及宅地買賣文件書稿(5)

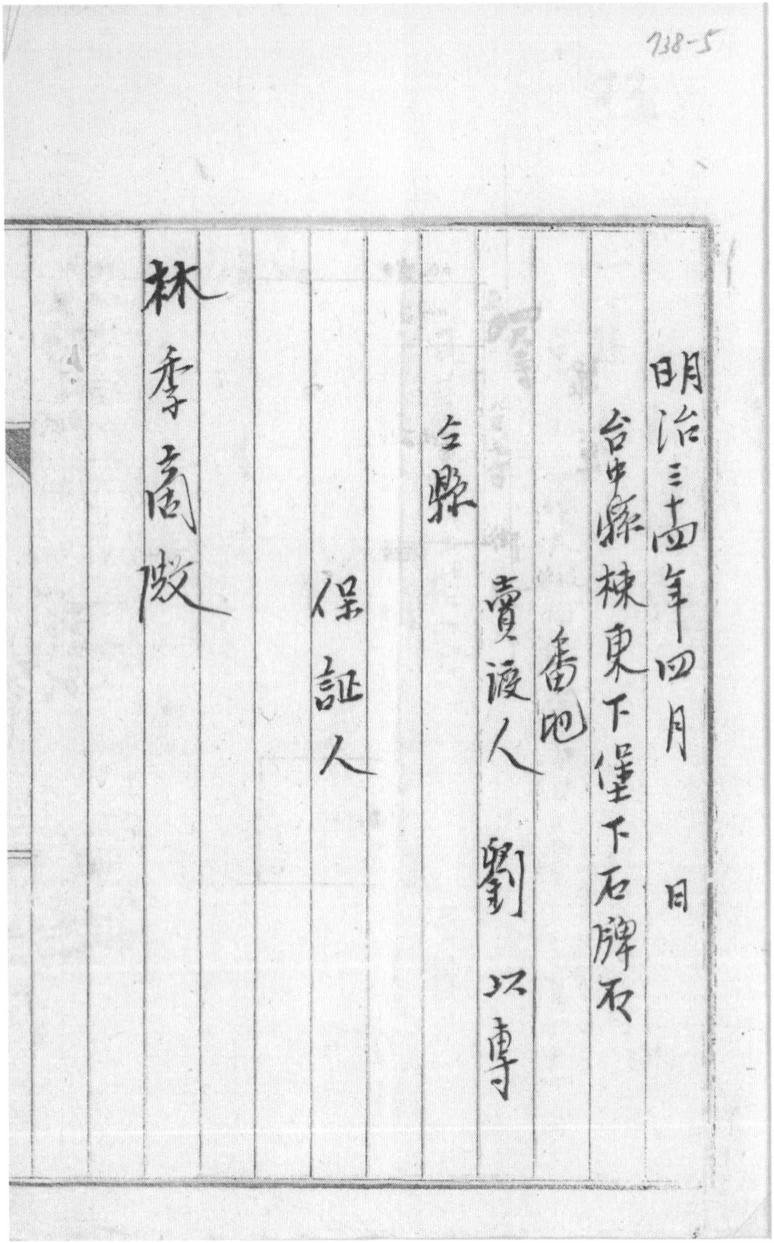

明治三十四年四月　日

台中縣棟東下堡下石牌庄

番地

賣渡人劉以專[234]

仝縣

保証人

林季商[235]殿

234 劉以專：祖籍泉州府銅安縣，大肚中堡北勢坑庄六路厝人，其先祖以農商為業，劉以專自十七歲時轉習營商。光緒十四年（一八八八）因協助清賦有功，蒙臺灣巡撫劉銘傳保舉五品頂戴。在林家文書中，劉以專常被稱為劉師爺，與林朝棟關係密切。日治初期，林朝棟內渡之後，曾於光緒二十一年（一八九五）二月，遣劉以專至汴仔頭，代為與蔡燦雲等人結算清楚，結束與福裕源號的合作關係。據劉以專於明治二十九年（一八九六）所提履歷書可知，明治二十八年八月間，劉以專受林紹堂之囑，為隘勇副隘首，在水底藔沿山一帶防禦生番，保護人民製腦，並代理林紹堂處理樟腦事務，明治二十九年間復協助臺中縣並第二旅團司令部平定「土匪」。日治時期，轉以經營糖廍營生。黃富三等解讀；何鳳嬌、林正慧、吳俊瑩編輯，《霧峰林家文書集：墾務．腦務．林務》（臺北：國史館，二〇一三年），頁一三。

235 林季商：即林資鏗（一八七八—一九二五），字季商，號祖密，又號式周，亦作石洲。一八九五年後率家遠渡中國，後林朝棟派林祖密回臺治產。時林家擁有二千多甲水田，二萬多甲山地，並掌控中路樟腦之產銷。下厝系林朝棟三兄弟分家應當在日治初期的明治三十一年（一八九八）林季商回臺時，以嫡長身分至少分得三分之一以上。明治三十三年（一九〇〇）恢復合昌商會（腦館，主要經營樟腦貿易）。明治三十七年（一九〇四）林季商又和其他十一人共組裕本公司（翌年解散）。一九〇五年以道班引見，並承襲世爵，指省分發到廣東，因見清末官僚之腐敗即請假省親，並奉命辦理兩廣賑災事，再改途經營貿業，遂於一九一三年經營福建華封疏河公司，續辦水龍潭礦業公司，並於該年十一月十八日，由中華民國發給護照，為臺灣人民正式取得中華民國國籍之第一人，從此離開臺灣，先於南靖徑口從事墾牧公司。一九一八年，孫文委以閩南軍司令，統率七縣民軍。一九二〇年，任粵軍第九支隊司令，後改汕頭警司令。一九二一年，以大元帥府參事兼侍從武官任廣三鐵路監督。一九二二年，任福建省水利局長。一九二五年八月，為張毅部旅長楊某所襲遇害，卒年四十有八。鄭喜夫，《臺灣先賢先烈專輯（第四輯）林朝棟》（臺中：臺灣省文獻委員會，一九七九年），頁一一八、一四六；私立長榮大學編纂，《新修霧峰鄉志》（下），頁一五六〇；許雪姬，〈日治時期霧峰林家產業經營初探〉，收入黃富三、翁佳音主編，《臺灣商業傳統論文集》，頁三〇九、三二五、三二九。

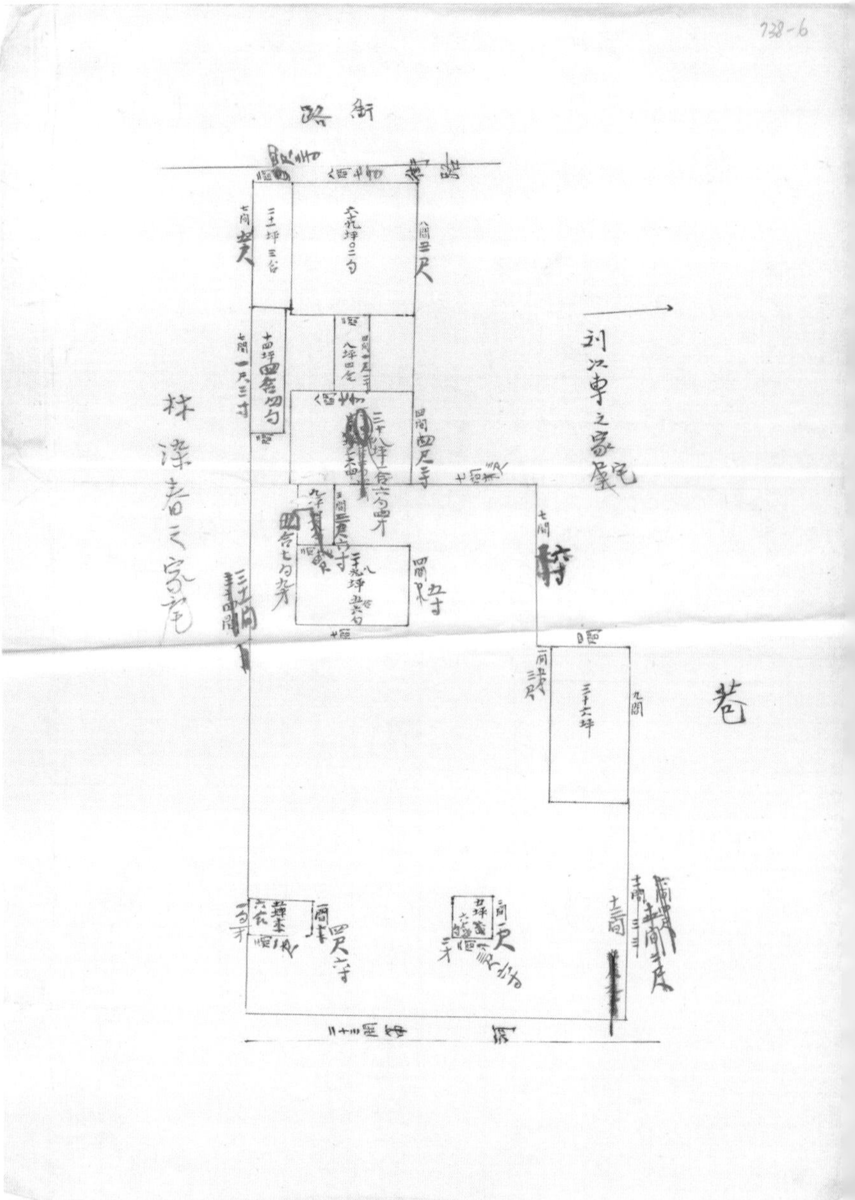

（三）房厝買賣文書

163・明治三十四年四月劉以專、林季商建物及宅地買賣文件書稿(6)

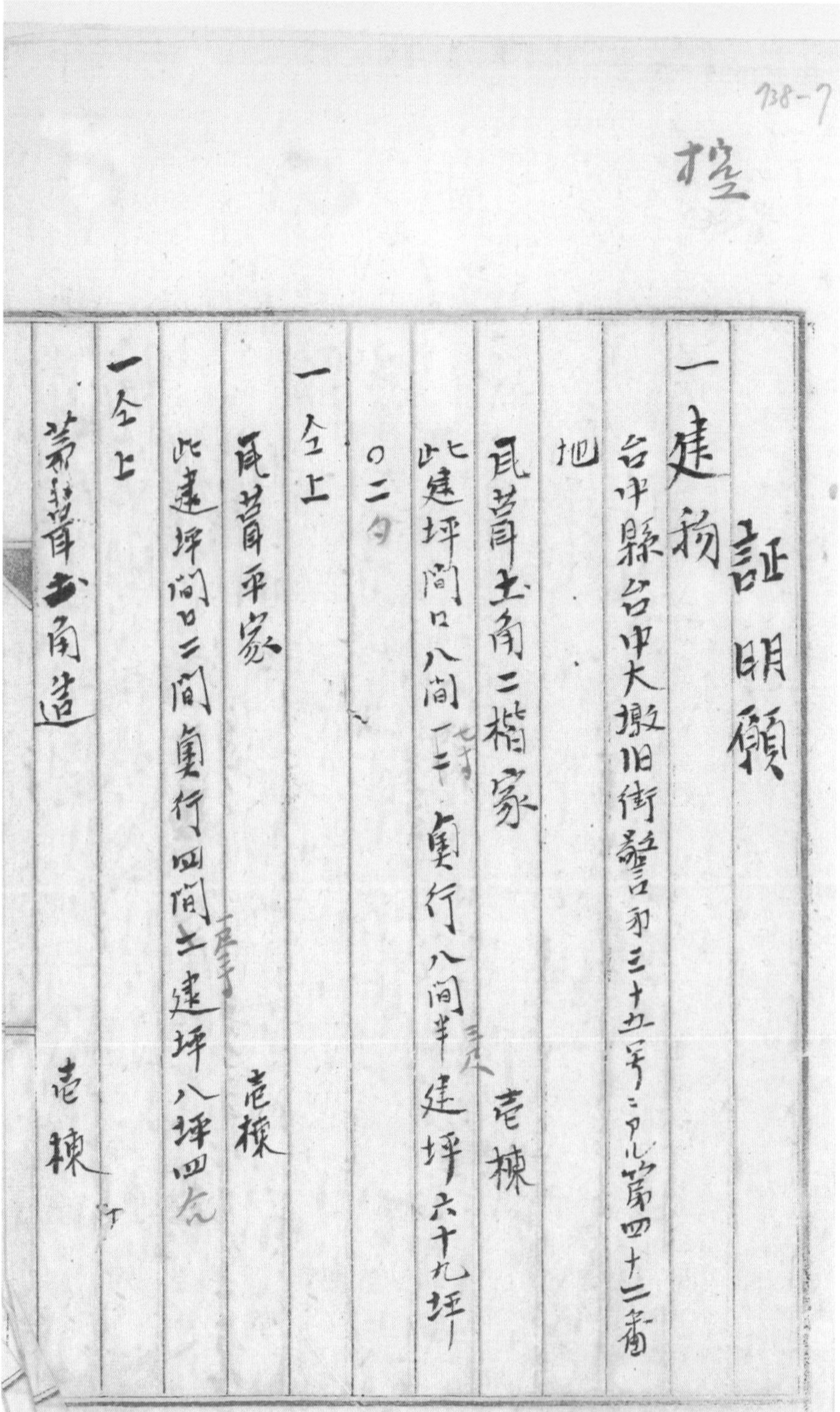

138-7

控

證明願

一建物

台中縣台中大墩旧街三十五番戸ニアル第四十二番地

瓦葺土角二楷家　壹棟

此建坪間口八間一尺　奧行八間半　建坪六十九坪一

○二勺

一仝上

瓦葺平家　壹棟

此建坪間口二間　奧行四間　土建坪八坪四合

一仝上

茅葺土角造　壹棟

控

證明願

一、建物

台中縣台中大墩旧街警第三十五号ニアル第四十二番地。

瓦葺土角二楷家　壱棟。

此建坪間口八間七寸，奧行八間三尺，建坪六十九坪〇二勺。

一、仝上。

瓦葺平家　壱棟。

此建坪間口二間，奧行四間一尺二寸，建坪八坪四合。

一、仝上。

茅葺土角造　壱棟。

（三）房厝買賣文書

163・明治三十四年四月劉以專、林季商建物及宅地買賣文件書稿 (7)

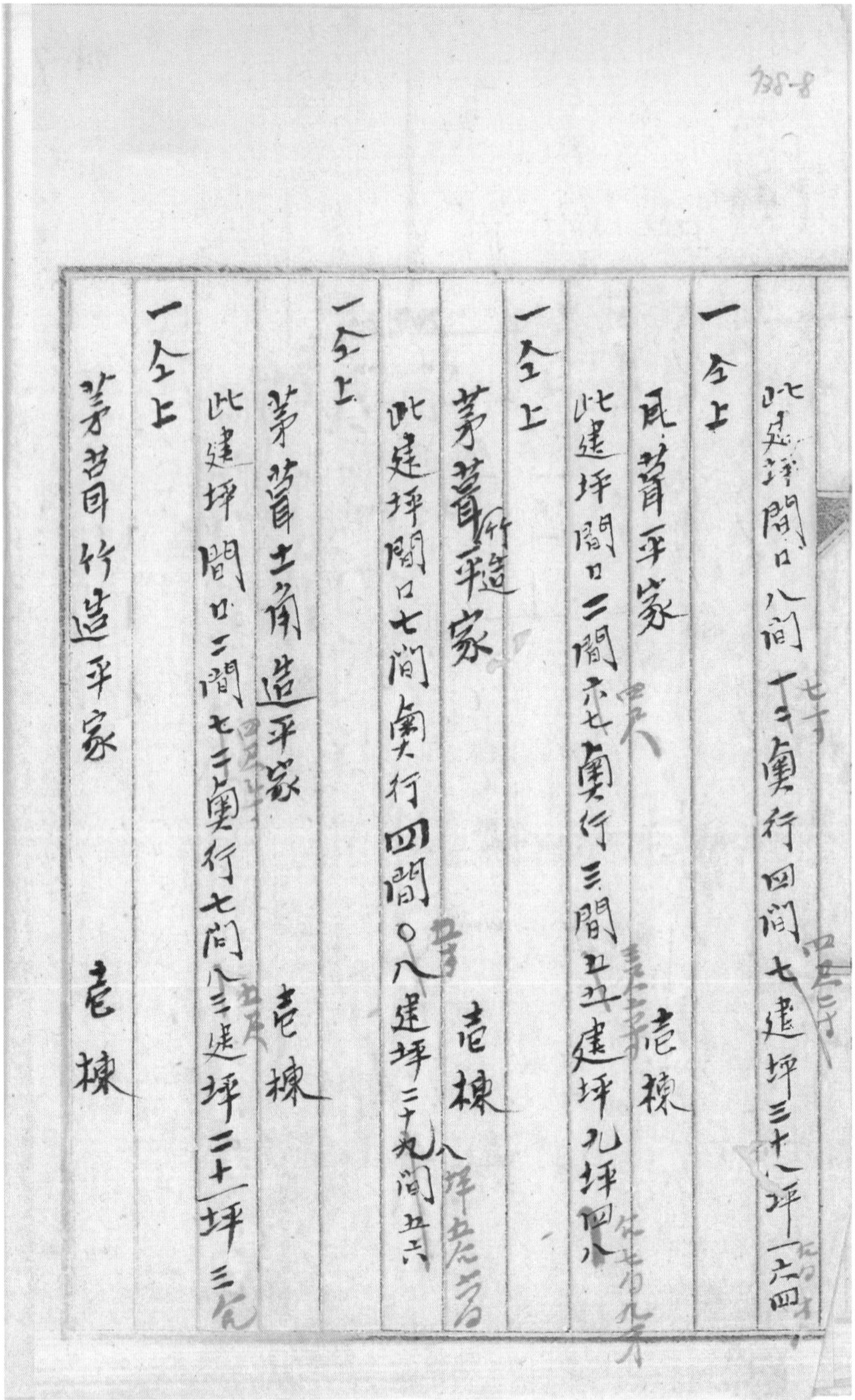

此建坪間口八間一三奧行四間七建坪三十八坪一六四

一仝上

瓦葺平家　壹棟

此建坪間口二間六七奧行三間五五建坪九坪四八

一仝上

茅葺竹造平家　壹棟

此建坪間口七間奧行四間〇八建坪二十九間五六

一仝上

茅葺土角造平家　壹棟

此建坪間口二間七三奧行七間八三建坪二十一坪三合

一仝上

茅葺竹造平家　壹棟

此建坪間口八間七寸，奧行四間四尺二寸，建坪三十八坪一合六勺四才。

一、仝上。

瓦葺平家　壹棟。

此建坪間口二間四尺，奧行三間三尺六寸，建坪九坪四合七勺九才。

一、仝上。

茅葺竹造平家　壹棟。

此建坪間口七間，奧行四間五寸，建坪二十八坪五合六勺。

一、仝上。

茅葺土角造平家　壹棟。

此建坪間口二間四尺三寸，奧行七間五尺，建坪二十一坪三合。

一、仝上。

茅葺竹造平家　壹棟。

（三）房厝買賣文書

163・明治三十四年四月劉以專、林季商建物及宅地買賣文件書稿(8)

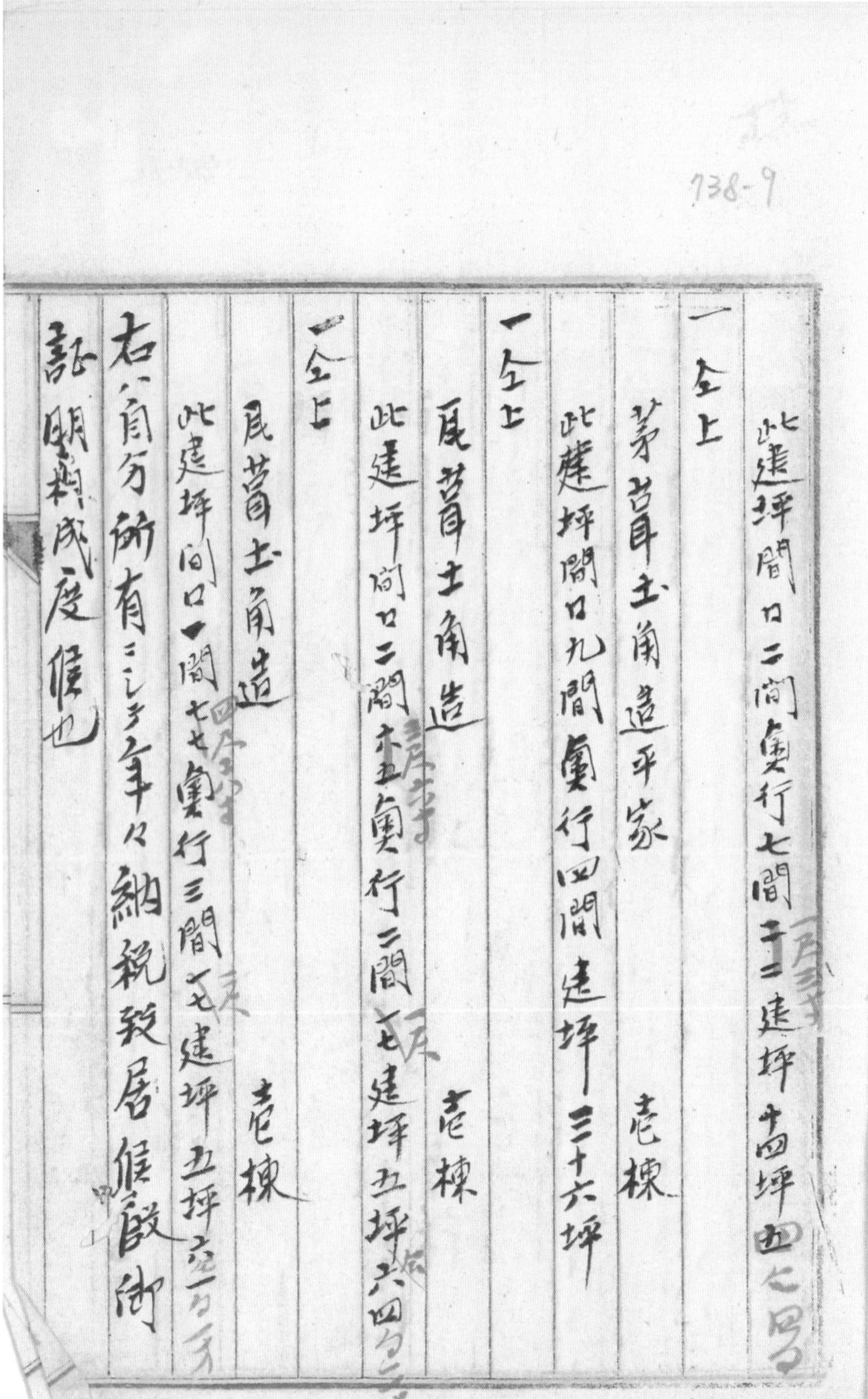
此建坪間口二間奧行七間　建坪十四坪

一　仝上

茅葺土角造平家　壹棟

此建坪間口九間奧行四間　建坪三十六坪

一　仝上

瓦葺土角造　壹棟

此建坪間口二間奧行二間　建坪五坪

一　仝上

瓦葺土角造　壹棟

此建坪間口一間七七奧行三間　建坪五坪

右ハ自分所有ニシテ年々納稅致居候間御

證明被成度候也

此建坪間口二間，奧行七間一尺三寸，建坪十四坪四合四勺。

一、仝上。

茅葺土角造平家　壱棟。

此建坪間口九間，奧行四間，建坪三十六坪。

一、仝上。

瓦葺土角造　壱棟。

此建坪間口二間三尺六寸，奧行二間一尺，建坪五坪合六〔六合〕四勺二才。

一、仝上。

瓦葺土角造　壱棟。

此建坪間口一間四尺六寸，奧行三間一尺，建坪五坪六合一勺一才。

右ハ自分所有ニシテ年年納税致居候段御

証明相成度候也。

（三）房厝買賣文書

163・明治三十四年四月劉以專、林季商建物及宅地買賣文件書稿(9)

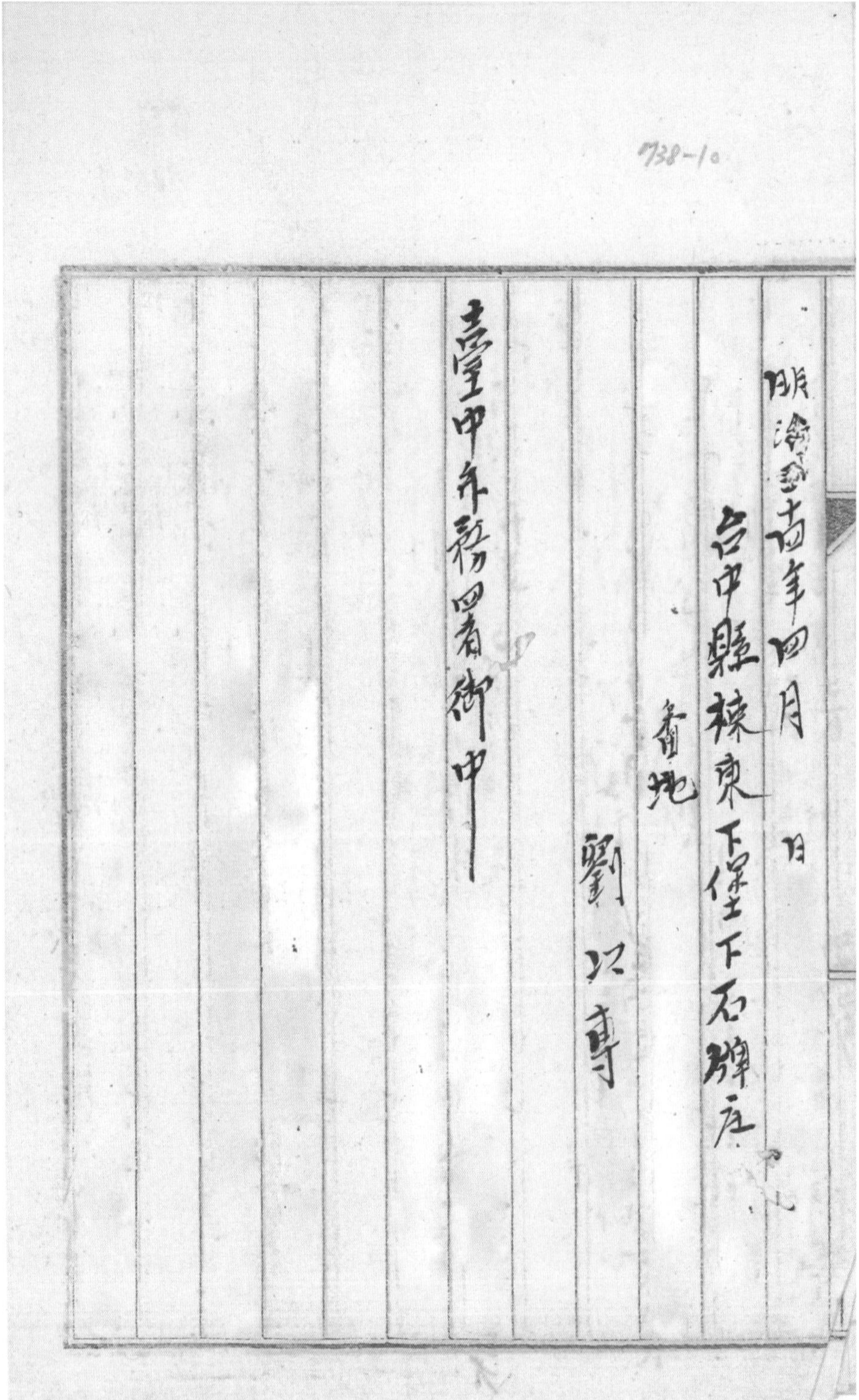
738-10

明治三十四年四月　日

台中縣捒東下堡下石碑庄

番地

劉以專

臺中弁務署御中

明治三十四年四月　日

台中縣棟東下堡下石牌庄

番地

劉以專

臺中弁務署御中

（三）房厝買賣文書

163・明治三十四年四月劉以專、林季商建物及宅地買賣文件書稿 (10)

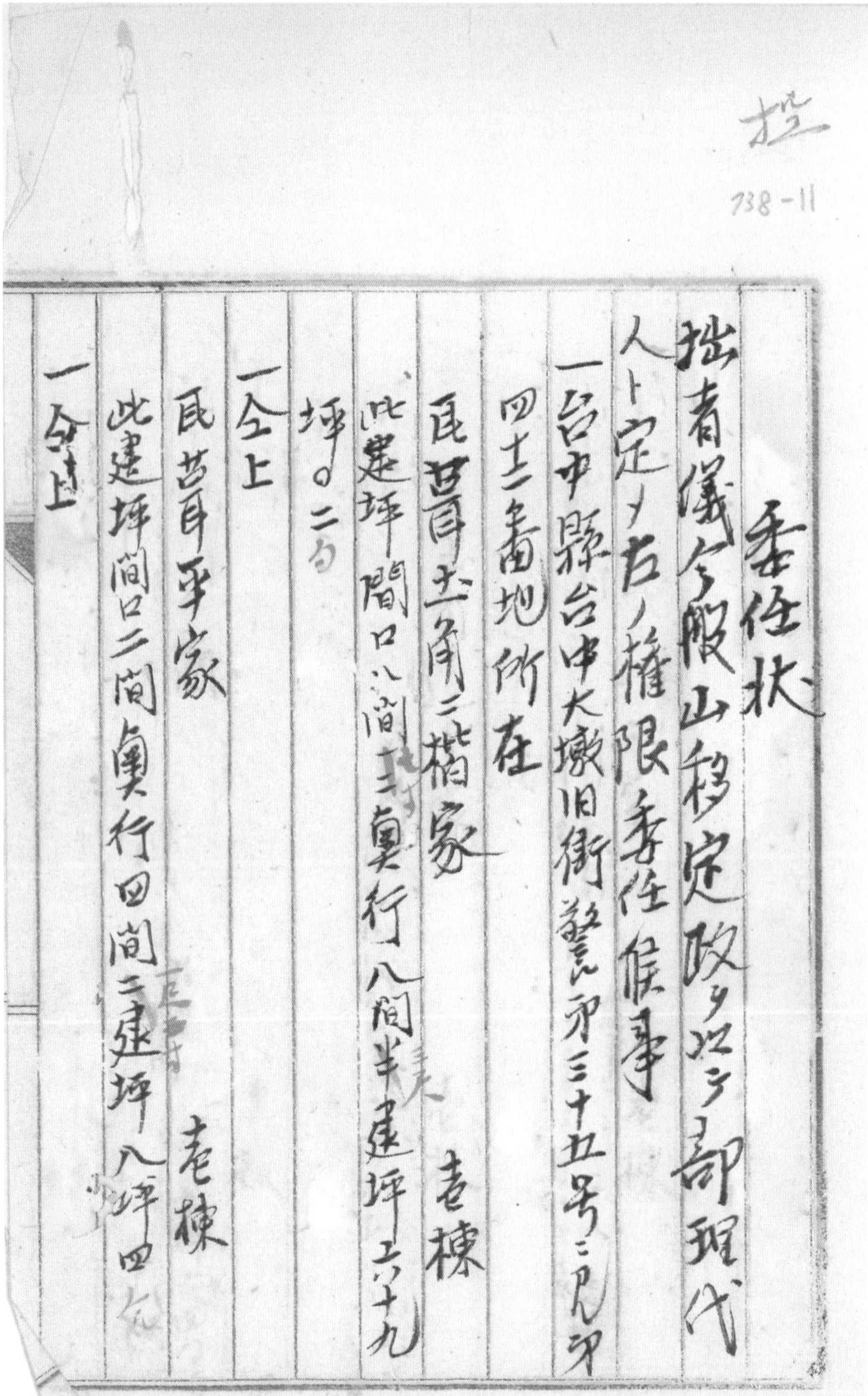

控

738-11

委任狀

拙者儀今般山移定政ヲ以テ部理代
人ト定メ左ノ權限委任候事
一台中縣台中大墩旧街警察第三十五号ニ凡第
四十二番地所在
瓦葺土角二階家　壹棟
此建坪間口八間奥行八間半建坪六十九
坪〇二勺
一仝上
瓦葺平家　壹棟
此建坪間口二間奥行四間二建坪八坪四合
一仝上

控

委任狀

拙者儀今般山移定政[236]ヲ以テ部理代人ト定メ左ノ權限委任候事。

一、台中縣台中大墩旧街警第三十五号ニアル第四十二番地所在

瓦葺土角二楷家　壱棟。

此建坪間口八間七寸，奥行八間三尺，建坪六十九坪〇二勺。

一、仝上。

瓦葺平家　壱棟。

此建坪間口二間，奥行四間一尺三寸，建坪八坪四合。

一、仝上。

236 山移定政：熊本縣人，辯護士，一八六六年生，一八九〇年明治法律學校畢業。王泰升、曾文亮，《二十世紀臺北律師公會會史》（臺北：臺北律師公會，二〇〇五年），頁三七三。

（三）房厝買賣文書

163・明治三十四年四月劉以專、林季商建物及宅地買賣文件書稿(11)

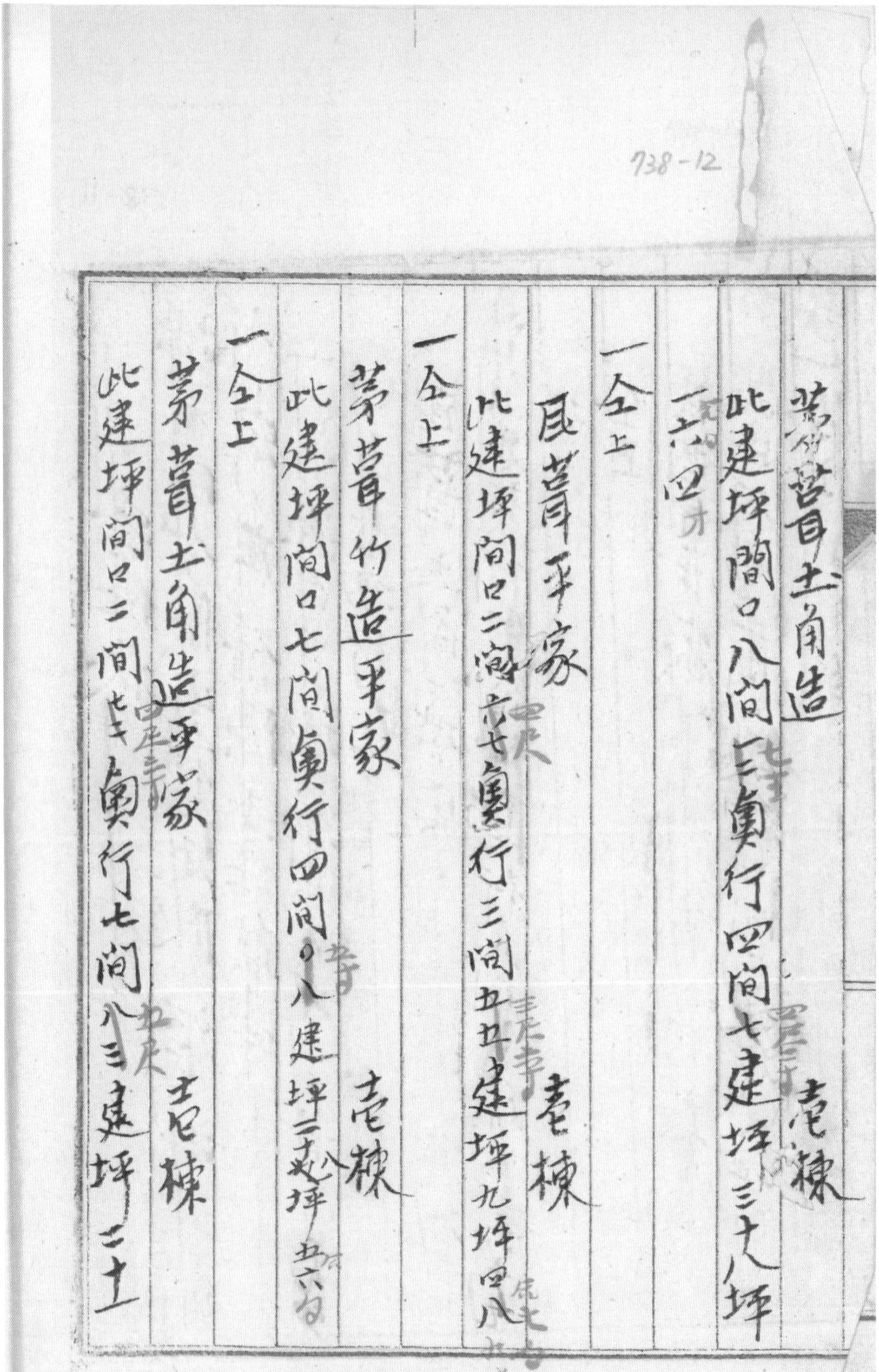

茅竹葺土角造 壹棟
此建坪間口八間三尺奧行四間七 建坪三十八坪
一六四才
一仝上
瓦葺平家 壹棟
此建坪間口二間六尺奧行三間五 建坪九坪四八
一仝上
茅葺竹造平家 壹棟
此建坪間口七間奧行四間八 建坪二十八坪五六
一仝上
茅葺土角造平家 壹棟
此建坪間口二間七 奧行七間八三 建坪二十

茅葺土角造　壹棟。
此建坪間口八間七寸，奥行四間四尺二寸，建坪三十八坪
一合六勺四才。
一、仝上。
瓦葺平家　壹棟。
此建坪間口二間四尺，奥行三間三尺六寸，建坪九坪四合七勺九才。
一、仝上。
茅葺竹造平家　壹棟。
此建坪間口七間，奥行四間五寸，建坪二十八坪五合六勺。
一、仝上。
茅葺土角造平家　壹棟。
此建坪間口二間四尺三寸，奥行七間五尺，建坪二十一

（三）房厝買賣文書

163・明治三十四年四月劉以專、林季商建物及宅地買賣文件書稿(12)

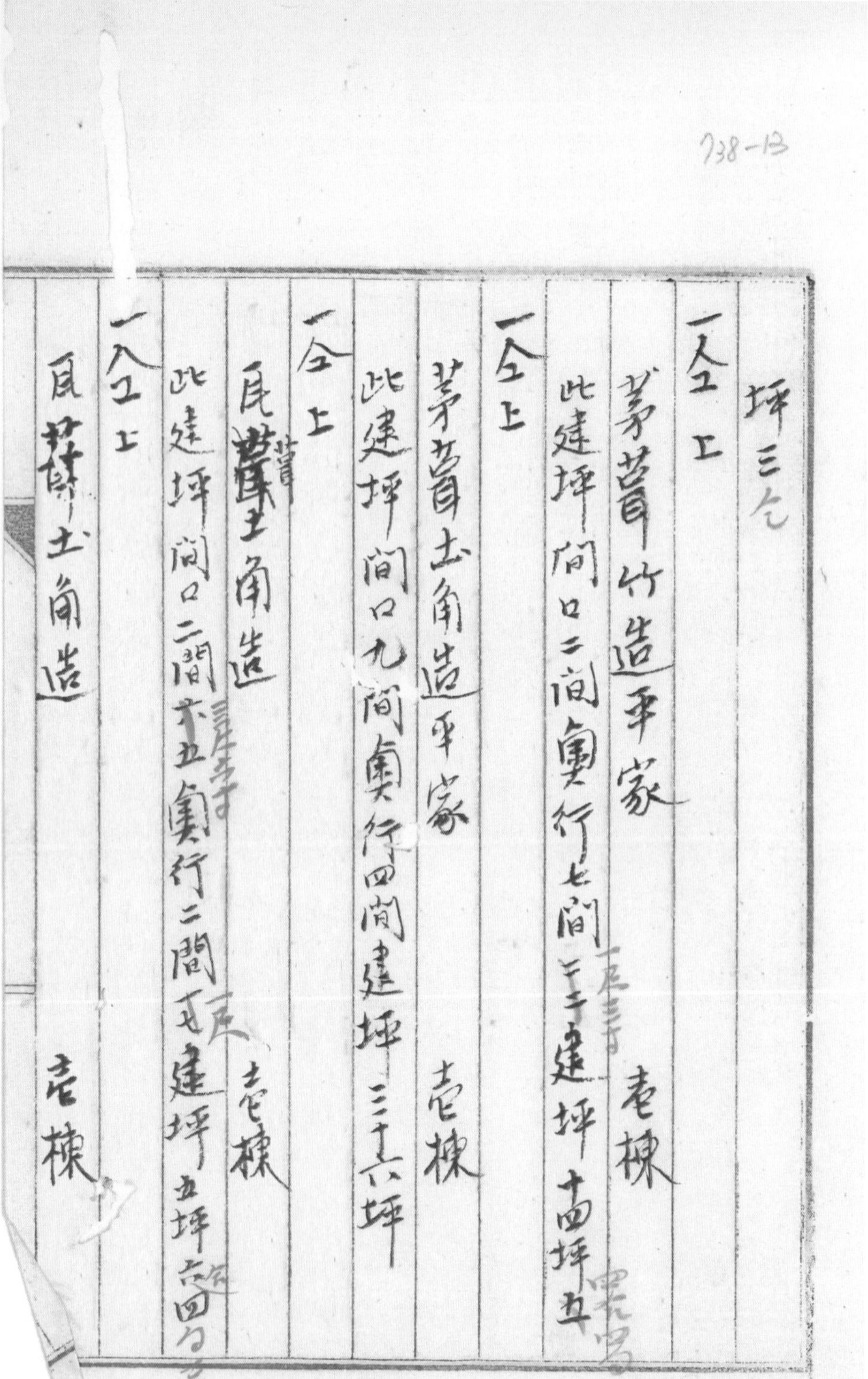
738-13

坪三合

一仝上

茅葺竹造平家 壹棟

此建坪間口二間奥行七間 建坪 十四坪五

一仝上

茅葺土角造平家 壹棟

此建坪間口九間奥行四間建坪 三十六坪

一仝上

瓦葺土角造 壹棟

此建坪間口二間半五奥行二間五建坪 五坪

一仝上

瓦葺土角造 壹棟

坪三合。

一、仝上。

茅葺竹造平家　壱棟。

此建坪間口二間，奥行七間一尺三寸，建坪十四坪四合四勺。

一、仝上。

茅葺土角造平家　壱棟。

此建坪間口九間，奥行四間，建坪三十六坪。

一、仝上。

瓦葺土角造　壱棟。

此建坪間口二間三尺六寸，奥行二間一尺，建坪五坪六合四勺二才。

一、仝上。

瓦葺土角造　壱棟。

（三）房厝買賣文書

163・明治三十四年四月劉以專、林季商建物及宅地買賣文件書稿(13)

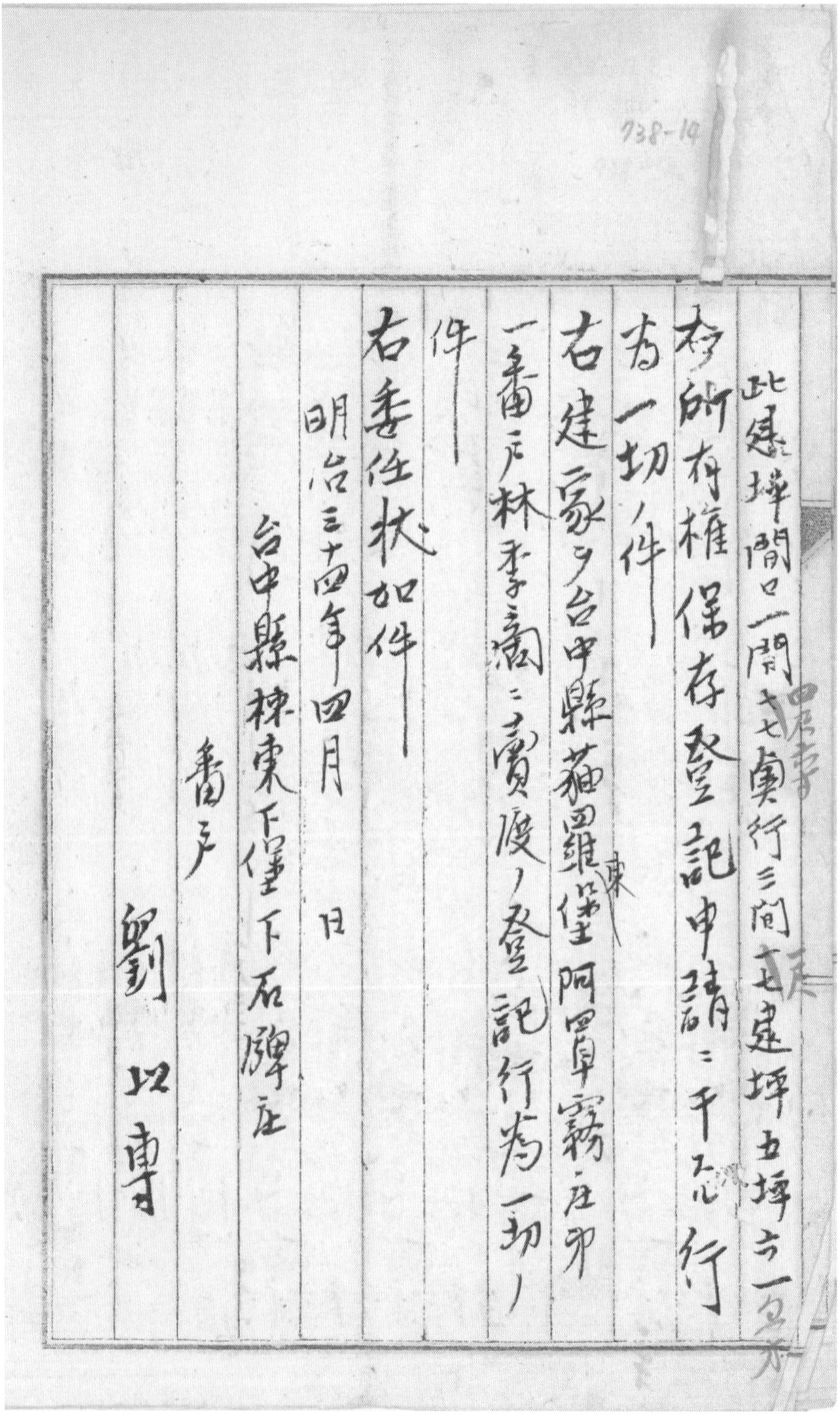

此建坪間口一間七七奥行三間七七建坪五坪六一勺五才
本所有權保存登記申請ニ干スル行
為一切ノ件
右建家ヲ台中縣貓羅堡東阿罩霧庄卯
一番戶林季商ニ賣渡ノ登記行為一切ノ
件
右委任狀如件
明治三十四年四月　日
台中縣捒東下堡下石碑庄
番戶
劉以專

此建坪間口一間四尺六寸，奥行三間一尺，建坪五坪六合一勺一才。

右所有權保存登記申請ニ干スル行爲一切ノ件。

右建家ヲ台中縣猫羅東堡阿罩霧庄第一番戶林季商ニ賣渡ノ登記行爲一切ノ件。

右委任狀如件

明治三十四年四月　日

台中縣棟東下堡下石牌庄

番戶

劉以專

（三）房厝買賣文書

164・明治三十四年四月十一日劉以專建物及宅地賣渡證 (1)

賣渡証

一建物

臺中縣台中大墩旧街警第三十五号ニアル

第四十二番地

瓦葺土角二階家 壹棟

此建坪間口八間七寸 奥行八間三尺 建坪

六十九坪〇二勺

一仝上

瓦葺平家 壹棟

此建坪間口二間 奥行四間一尺二寸 建

坪八坪四合

一仝上

賣渡証

一、建物

臺中縣台中大墩旧街警第三十五号ニアル

第四十二番地。

瓦屋土角二楷家　壱棟。

此建坪間口八間七寸，奥行八間三尺，建坪

六十九坪〇二勺。

一、仝上。

瓦葺平家　壱棟。

此建坪間口二間，奥行四間一尺二寸，建

坪八坪四合。

一、仝上。

（三）房厝買賣文書

164・明治三十四年四月十一日劉以專建物及宅地賣渡證 (2)

茅葺土角造　壹棟
此建坪　間口八間七寸　奧行四間四尺二寸
建坪　三十八坪一合六勺四才
一仝上
瓦葺平家　壹棟
此建坪　間口二間四尺　奧行三間三尺六寸
建坪　九坪四合七勺九才
一仝上
茅葺竹造平家　壹棟
此建坪　間口七間　奧行四間五寸　建坪
二十八坪五合六勺
一仝上

茅葺土角造　壱棟。
此建坪間口八間七寸，奥行四間四尺二寸，
建坪三十八坪一合六勺四才。
一、仝上。
瓦葺平家　壱棟。
此建坪間口二間四尺，奥行三間三尺六寸，
建坪九坪四合七勺九才。
一、仝上。
茅葺竹造平家　壱棟。
此建坪間口七間，奥行四間五寸，建坪
二十八坪五合六勺。
一、仝上。

164・明治三十四年四月十一日劉以專建物及宅地賣渡證(3)

茅葺土角造平家　壹棟
此建坪間口二間四尺三寸　奥行七間五尺
建坪二十一坪三合
一仝上
茅葺竹造平家　壹棟
此建坪間口二間　奥行七間一尺三寸　建
坪十四坪四合四勺
一仝上
茅葺土角造平家　壹棟
此建坪間口九間　奥行四間　建坪三
十六坪
一仝上

茅葺土角造平家　壱棟。

此建坪間口二間四尺三寸，奥行七間五尺，

建坪二十一坪三合。

一、仝上。

茅葺竹造平家　壱棟。

此建坪間口二間，奥行七間一尺三寸，建

坪十四坪四合四勺。

一、仝上。

茅葺土角造平家　壱棟。

此建坪間口九間，奥行四間，建坪三

十六坪。

一、仝上。

164・明治三十四年四月十一日劉以專建物及宅地賣渡證 (4)

瓦葺土角造　壹棟

此建坪　間口二間三尺六寸　奧行二間一尺

建坪五坪六合四勺二才

一仝上

瓦葺土角造　壹棟

此建坪　間口一間四尺六寸　奧行三間一尺

建坪五坪六合一勺一才

以上拾棟　建坪總計貳百參拾六坪六合一勺

六才

一宅地　八百參拾八坪四合三勺二才

臺中縣台中大墩旧御警第三十五号

二アル　第四十二番地

瓦葺土角造　壱棟。

此建坪間口二間三尺六寸，奥行二間一尺，

建坪五坪六合四勺二才。

一、仝上。

瓦葺土角造　壱棟。

此建坪間口一間四尺六寸，奥行三間一尺，

建坪五坪六合一勺一才。

以上拾棟，建坪総計貳百参拾六坪六合一勺六才。

一、宅地　八百参拾八坪四合三勺二才。

臺中縣台中大墩旧御〔街〕警第三十五号ニアル第四十二番地。

（三）房厝買賣文書

164・明治三十四年四月十一日劉以專建物及宅地賣渡證(5)

此境界東ハ河ニ至リ西ハ大墩旧街路
ニ至リ南ハ林深春ノ家宅ニ至リ北ハ劉
以專ノ家宅及ヒ巷路ヲ以テ界トス
右建物及ヒ宅地ハ拙者ノ所有ニ有之候処今
般都合ニ依リ金　ヲ以テ貴殿
ニ賣渡候事確實也然ル上ハ自今全
建物及ヒ宅地ニ関スル權利義務ハ一切
貴殿ニ屬シ拙者ニ干係無之候依テ後
日ノ爲メ賣渡証及ヒ見圖面及ヒ之ニ屬
スル上手契相添如件

明治三十四年四月十一日

臺中縣棟東下堡下石碑庄

此境界東ハ河ニ至リ、西ハ大墩旧街路ニ至リ、南ハ林染春ノ家宅ニ至リ、北ハ刘以專ノ家宅及ヒ巷路ヲ以テ界ス。

右建物及ヒ宅地ハ拙者ノ所有ニ有之候処、今般都合ニ依リ、金　　　ヲ以テ、貴殿ニ賣渡候事確實也。然ル上ハ自今仝建物及ヒ宅地ニ関スル権利義務ハ一切貴殿ニ属シ、拙者ニ干係無之候依テ後日ノ爲メ賣渡証及ヒ其啚面及ヒ之ニ属スル上手契相添如件。

明治三十四年四月十一日

臺中縣棟東下堡下石牌庄[237]

---

237 下石牌庄：今臺中市西屯區大石里、大河里、大鵬里、大福里。按此區原為岸裡社土官阿莫向諸羅縣知縣周鍾瑄請墾獲准地之南界即俗稱「大姑婆」地方。所謂石碑，實即岸裡社獲准開墾南界上之碑，故名之，又因與下石碑對稱，故稱上石碑。〈美麗西屯我家鄉：西屯區各里地名沿革（4）〉，「西大墩文史工作室」：http://blog.xuite.net/art3tw/twblog/135452591-%E7%BE%8E%E9%BA%97%E8%A5%BF%E5%B1%AF%E6%88%91%E5%AE%B6%E9%84%89%EF%BC%9A%E8%A5%BF%E5%B1%AF%E5%8D%80%E5%90%84%E9%87%8C%E5%9C%B0%E5%90%8D%E6%B2%BF%E9%9D%A9%EF%BC%884%EF%BC%89（2017/11/14 點閱）。

（三）房厝買賣文書

164・明治三十四年四月十一日劉以專建物及宅地賣渡證(6)

番地

賣渡人 劉以專

仝縣

保證人

林季商 殿

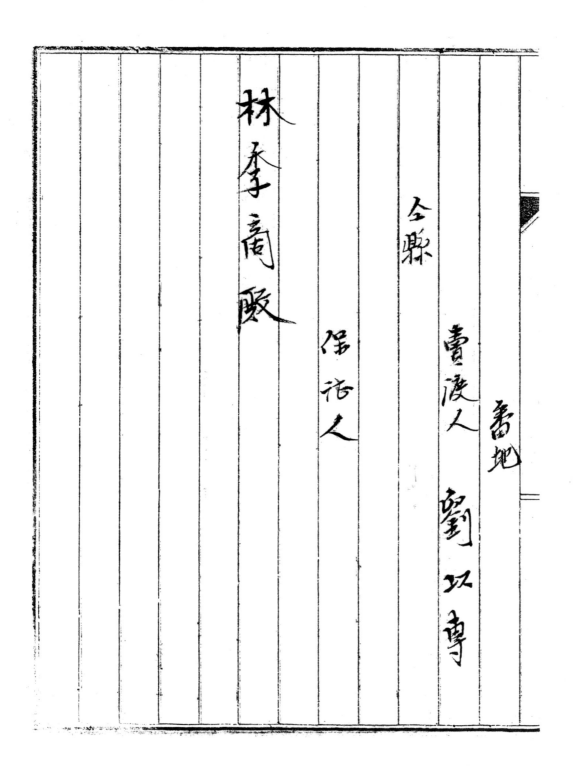

番地

賣渡人劉以専

仝縣

保証人

林季商殿

（三）房厝買賣文書

165・明治三十四年四月劉以專致臺中辨務署建物納税證明申請書（1）

証明願

一　建物

臺中縣台中大墩旧街警第三十五号ニアル

第四十二番地

瓦葺土角二階家　壹棟

此建坪間口八間七寸　奥行八間三尺　建坪

六十九坪〇二勺

一　仝上

瓦葺平家　壹棟

此建坪間口二間　奥行四間一尺二寸　建

坪八坪四合

一　仝上

証明願

一、建物

臺中縣台中大墩旧街警第三十五号ニアル

第四十二番地。

瓦葺土角二楷家　壱棟。

此建坪間口八間七寸，奥行八間三尺，建坪

六十九坪〇二勺。

一、仝上。

瓦葺平家　壱棟。

此建坪間口二間，奥行四間一尺二寸，建

坪八坪四合。

一、仝上。

（三）房厝買賣文書

165・明治三十四年四月劉以專致臺中辨務署建物納稅證明申請書(2)

茅葺土角造　壹棟
此建坪間口八間七寸　奥行四間四尺二寸
建坪三十八坪一合六勺四才
一仝上
瓦葺平家　壹棟
此建坪間口二間四尺　奥行三間三尺六寸
建坪九坪四合七勺九才
一仝上
茅葺竹造平家　壹棟
此建坪間口七間　奥行四間五寸　建坪
二十八坪五合六勺
一仝上

茅葺土角造　壱棟。
此建坪間口八間七寸，奧行四間四尺二寸，
建坪三十八坪一合六勺四才。
一、仝上。
瓦葺平家　壱棟。
此建坪間口二間四尺，奧行三間三尺六寸，
建坪九坪四合七勺九才。
一、仝上。
茅葺竹造平家　壱棟。
此建坪間口七間，奧行四間五寸，建坪
二十八坪五合六勺。
一、仝上。

165・明治三十四年四月劉以專致臺中辨務署建物納稅證明申請書 (3)

茅葺土角造平家　壹棟
此建坪間口二間四尺三寸奧行七間五尺
建坪二十一坪三合
一仝上
茅葺竹造平家　壹棟
此建坪間口二間奧行七間一尺三寸建
坪十四坪四合四勺
一仝上
茅葺土角造平家　壹棟
此建坪間口九間奧行四間　建坪十三
十六坪
一仝上

茅葺土角造平家　壹棟。
此建坪間口二間四尺三寸，奧行七間五尺，建坪二十一坪三合。

一、仝上。
茅葺竹造平家　壹棟。
此建坪間口二間，奧行七間一尺三寸，建坪十四坪四合四勺。

一、仝上。
茅葺土角造平家　壹棟。
此建坪間口九間，奧行四間，建坪三十六坪。

一、仝上。

（三）房厝買賣文書

165・明治三十四年四月劉以專致臺中辨務署建物納稅證明申請書(4)

瓦葺土角造　壹棟
此建坪　間口二間三尺六寸　奧行二間一尺
建坪　五坪六合四勺二才
一仝上
瓦葺土角造　壹棟
此建坪　間口一間四尺六寸　奧行三間一尺
建坪　五坪六合一勺一才
右ハ自分所有ニシテ年年納稅致居候段
御證明相成度候也
明治三十四年四月　日
台中縣揀東下堡下石碑庄
番地

瓦葺土角造　壱棟。

此建坪間口二間三尺六寸，奥行二間一尺，

建坪五坪六合四勺二才。

一、仝上。

瓦葺土角造　壱棟。

此建坪間口一間四尺六寸，奥行三間一尺，

建坪五坪六合一勺一才。

右ハ自分所有ニシテ年年納税致居候段

御証明相成度候也。

明治三十四年四月　日

台中縣棟東下堡下石牌庄

番地

（三）房厝買賣文書

165・明治三十四年四月劉以專致臺中辨務署建物納稅證明申請書（5）

劉以專

臺中辨務署御中

劉以專

臺中弁務署御中

166・明治三十四年四月劉以專所有權保存登記委任狀 (1)

委任狀

拙者儀今般山移定政ヲ以テ部理代人ト定メ

左ノ權限委任候事

一台中縣台中大墩旧街警第三十五号ニ

アル第四十二番地所在

瓦屋土角二楷家　壹棟

此建坪間口八間七寸　奥行八間三尺　建

坪六十九坪〇二勺

一仝上

瓦葺平家　壹棟

此建坪間口二間　奥行四間一尺二寸　建

坪八坪四合

委任狀

拙者儀全般山移定政ヲ以テ部理代人ト定ヲ左ノ権限委任候事。

一、台中縣台中大墩旧街警第三十五号ニアル第四十二番地所在

瓦屋土角二楷家　壱棟。

此建坪間口八間七寸，奥行八間三尺，建坪六十九坪〇二勺。

一、仝上。

瓦葺平家　壱棟。

此建坪間口二間，奥行四間一尺二寸，建坪八坪四合。

166・明治三十四年四月劉以專所有權保存登記委任狀(2)

一仝上
茅葺土角造　壹棟
此建坪間口八間七寸　奧行四間四尺二寸
建坪三十八坪一合六勺四才
一仝上
瓦葺平家　壹棟
此建坪間口二間四尺　奧行三間三尺六寸
建坪九坪四合七勺九才
一仝上
茅葺竹造平家　壹棟
此建坪間口七間　奧行四間五寸　建坪
二十八坪五合六勺

一、仝上。
茅葺土角造　壱棟。
此建坪間口八間七寸，奧行四間四尺二寸，
建坪三十八坪一合六勺四才。
一、仝上。
瓦葺平家　壱棟。
此建坪間口二間四尺，奧行三間三尺六寸，
建坪九坪四合七勺九才。
一、仝上。
茅葺竹造平家　壱棟。
此建坪間口七間，奧行四間五寸，建坪
二十八坪五合六勺。

（三）房厝買賣文書

166・明治三十四年四月劉以專所有權保存登記委任狀 (3)

一仝上
茅葺土角造平家　壹棟
此建坪間口二間四尺三寸　奧行七間五尺
建坪二十一坪三合
一仝上
茅葺竹造平家　壹棟
此建坪間口二間　奧行七間一尺三寸　建
坪十四坪四合四勺
一仝上
茅葺土角造平家　壹棟
此建坪間口九間　奧行四間　建坪三
十六坪

一、仝上。

茅葺土角造平家　壱棟。

此建坪間口二間四尺三寸，奥行七間五尺，

建坪二十一坪三合。

一、仝上。

茅葺竹造平家　壱棟。

此建坪間口二間，奥行七間一尺三寸，建

坪十四坪四合四勺。

一、仝上。

茅葺土角造平家　壱棟。

此建坪間口九間，奥行四間，建坪三

十六坪。

166・明治三十四年四月劉以專所有權保存登記委任狀(4)

一仝上
瓦葺土角造　壹棟
此建坪　間口二間三尺六寸　奥行二間一尺
建坪　五坪　六合四勺二才
一仝上
瓦葺土角造　壹棟
此建坪　間口一間四尺六寸　奥行　三間一尺
建坪　五坪　六合一勺一才
右所有權保存登記申請ニ干スル行爲
一切ノ件
右建物ヲ台中縣猫羅東堡阿罩霧
庄第一番戶林季商ニ賣渡ノ登記行

一、仝上。

瓦葺土角造　壱棟。

此建坪間口二間三尺六寸，奥行二間一尺，

建坪五坪六合四勺二才。

一、仝上。

瓦葺土角造　壱棟。

此建坪間口一間四尺六寸，奥行三間一尺，

建坪五坪六合一勺一才。

右所有權保存登記申請ニ干スル行爲

一切ノ件。

右建物ヲ台中縣貓羅東堡阿罩霧

庄第一番戶林季商ニ賣渡ノ登記行

（三）房厝買賣文書

166・明治三十四年四月劉以專所有權保存登記委任狀 (5)

為一切ノ件

右委任狀如件

明治三十四年四月　　日

台中縣揀東下堡下石碑庄

番地

劉以專

爲一切ノ件。

右委任狀如件。

明治三十四年四月　日

台中縣[[棟東下堡]][[下石牌庄]]

番地

[[劉以專]]

（三）房厝買賣文書

167・明治三十四年四月劉以專印鑑證明申請書稿(1)

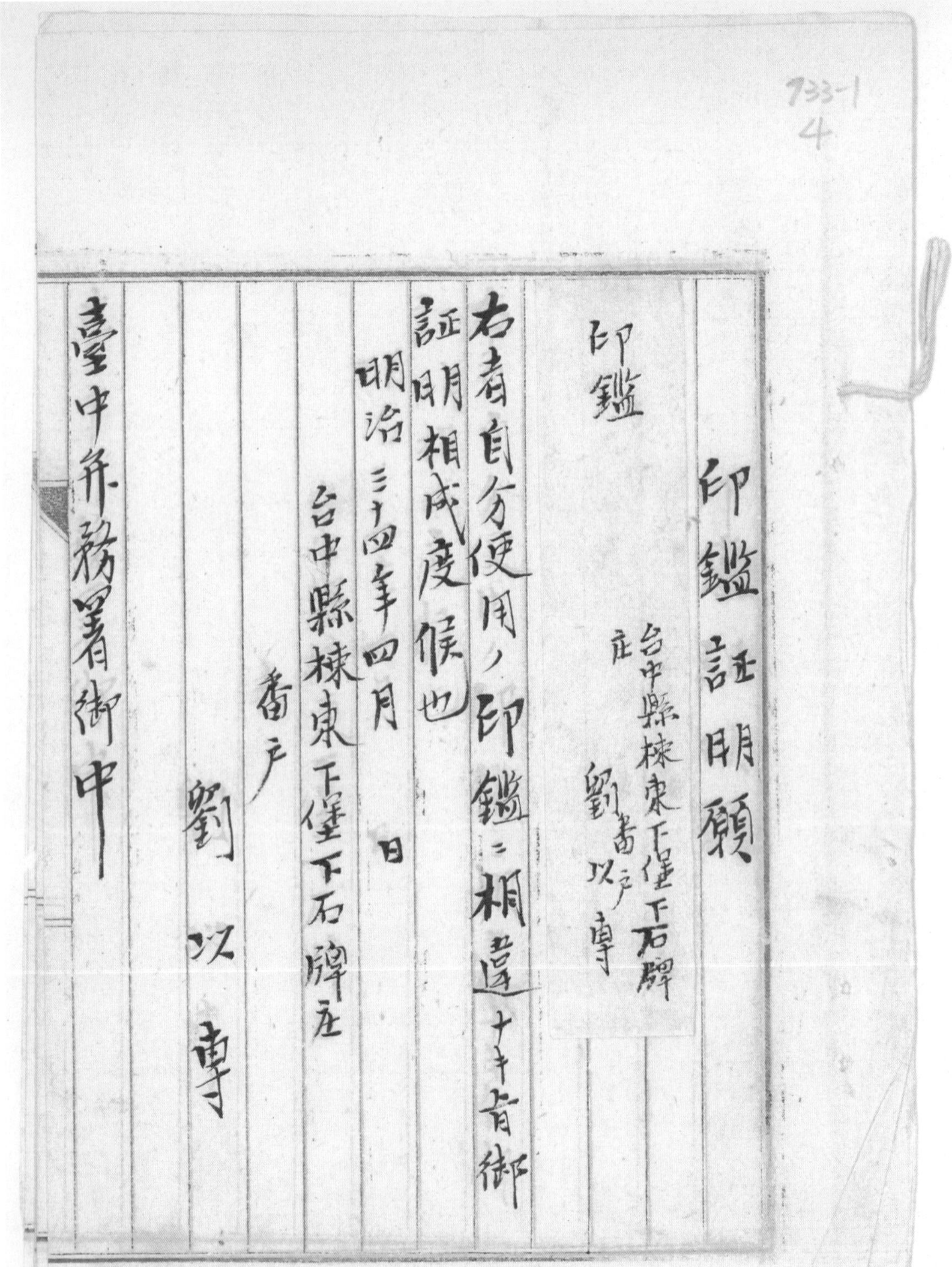

733-1
4

印鑑證明願

台中縣棟東下堡下石牌庄
番戸 劉以專

印鑑

右者自分使用ノ印鑑ニ相違ナキ旨御
証明相成度候也

明治三十四年四月 日

台中縣棟東下堡下石牌庄
番戸 劉以專

臺中弁務署御中

印鑑証明[238]願

台中縣捒東下堡下石牌
印鑑　庄　番戸
劉以専

右者自分使用ノ印鑑ニ相違ナキ旨御
証明相成度候也。

明治三十四年四月　日

台中縣捒東下堡下石牌庄
番戸
劉以専

臺中弁務署御中

238 印鑑証明：明治三十一年臺灣總督府以府令第七十號規定就建物及船舶登記查核時，可向建物與船舶所在之地方法院或出張所提出印鑑，設置印鑑簿。明治三十八年一月十八日再以府令第一號公布關於印鑑證明之規定，包括申請印鑑證明之式樣，並規定申請印鑑證明時，每人僅限使用一種印章。「登記所ニ印鑑簿備置」，《府報》，第三四五號（一八九八年八月），頁一三；「印鑑證明ニ關スル件」，《府報》，第一六七四號（一九〇五年一月），頁五八。

（三）房厝買賣文書

167・明治三十四年四月劉以專印鑑證明申請書稿(2)

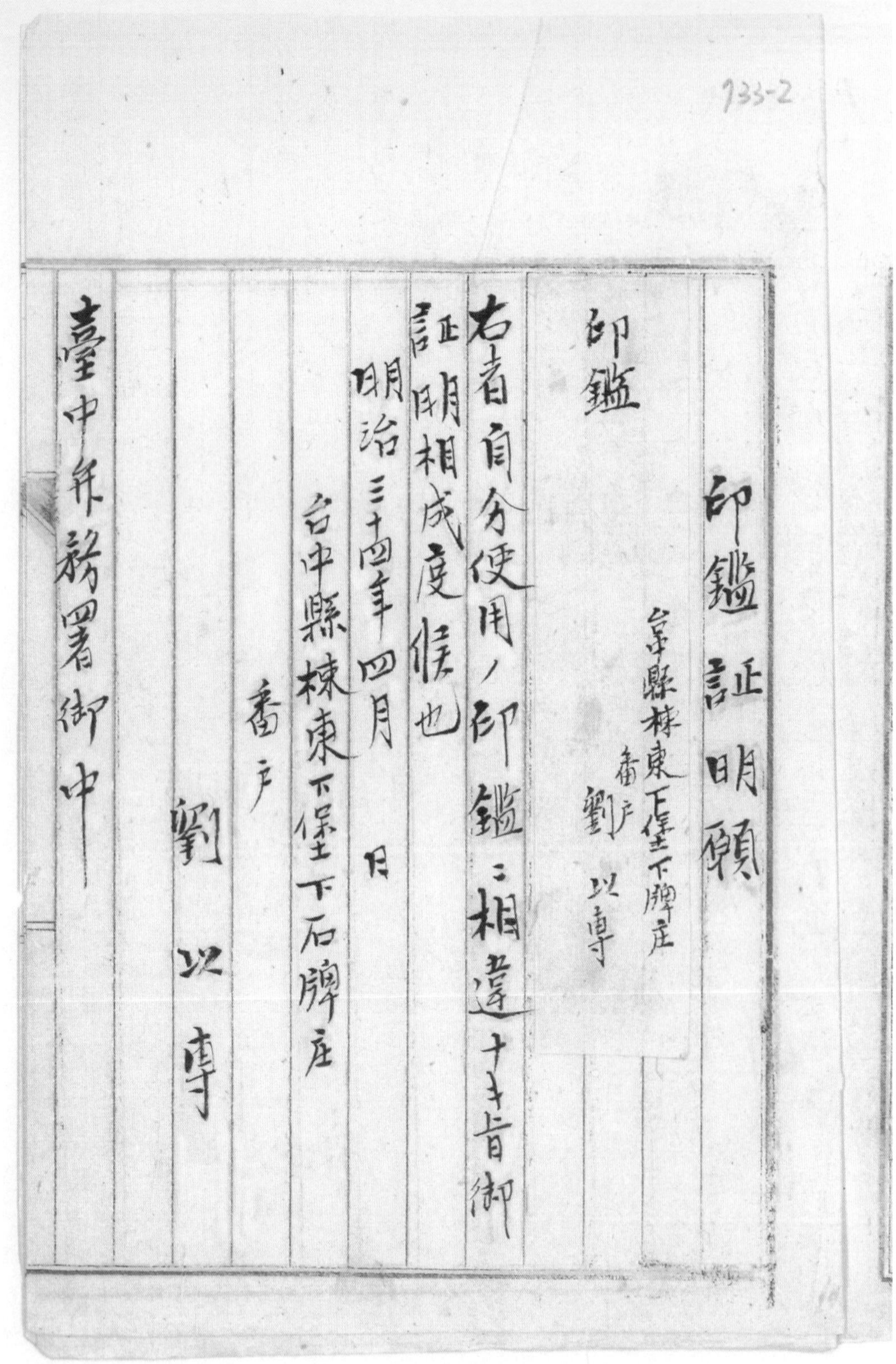
印鑑証明願

台中縣揀東下堡下牌庄
番戶
劉以專

印鑑

右者自分使用ノ印鑑ニ相違ナキ旨御
証明相成度候也

明治三十四年四月　日

台中縣揀東下堡下石牌庄
番戶
劉以專

臺中弁務署御中

印鑑証明願

台中縣捒東下堡下牌庄 番戸 劉以專 印鑑

右者自分使用ノ印鑑ニ相違ナキ旨御証明相成度候也。

明治三十四年四月　日

台中縣捒東下堡下石牌庄

番戸

劉以專

臺中弁務署御中

（三）房厝買賣文書

168・明治三十四年四月林季商印鑑證明申請書(1)

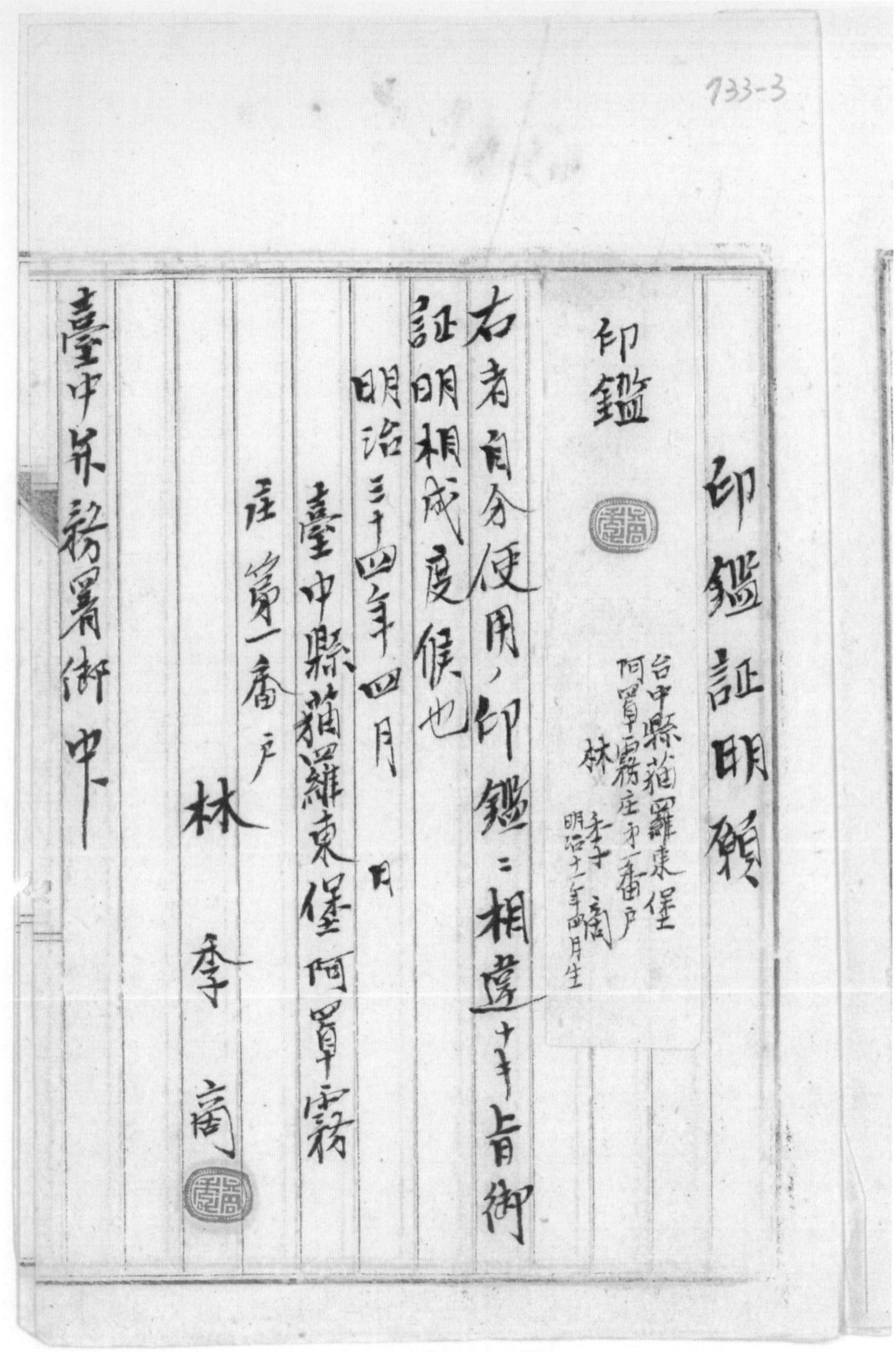

733-3

印鑑証明願

印鑑

台中縣猫羅東堡
阿罩霧庄第一番戶
林季商
明治十一年四月生

右者自分使用ノ印鑑ニ相違ナキ旨御
証明相成度候也

明治三十四年四月　日

臺中縣猫羅東堡阿罩霧
庄第一番戶
林季商

臺中辨務署御中

印鑑証明願

印鑑【印】239
台中縣貓羅東堡
阿罩霧庄第一番戶
林季商
明治十一年四月生

右者自分使用ノ印鑑ニ相違ナキ旨御
証明相成度候也。
明治三十四年四月　日
臺中縣貓羅東堡阿罩霧
庄第一番戶
林季商【印】240
臺中弁務署御中

239 印記內文：「季商」。
240 印記內文：「季商」。

（三）房厝買賣文書

168・明治三十四年四月林季商印鑑證明申請書(2)

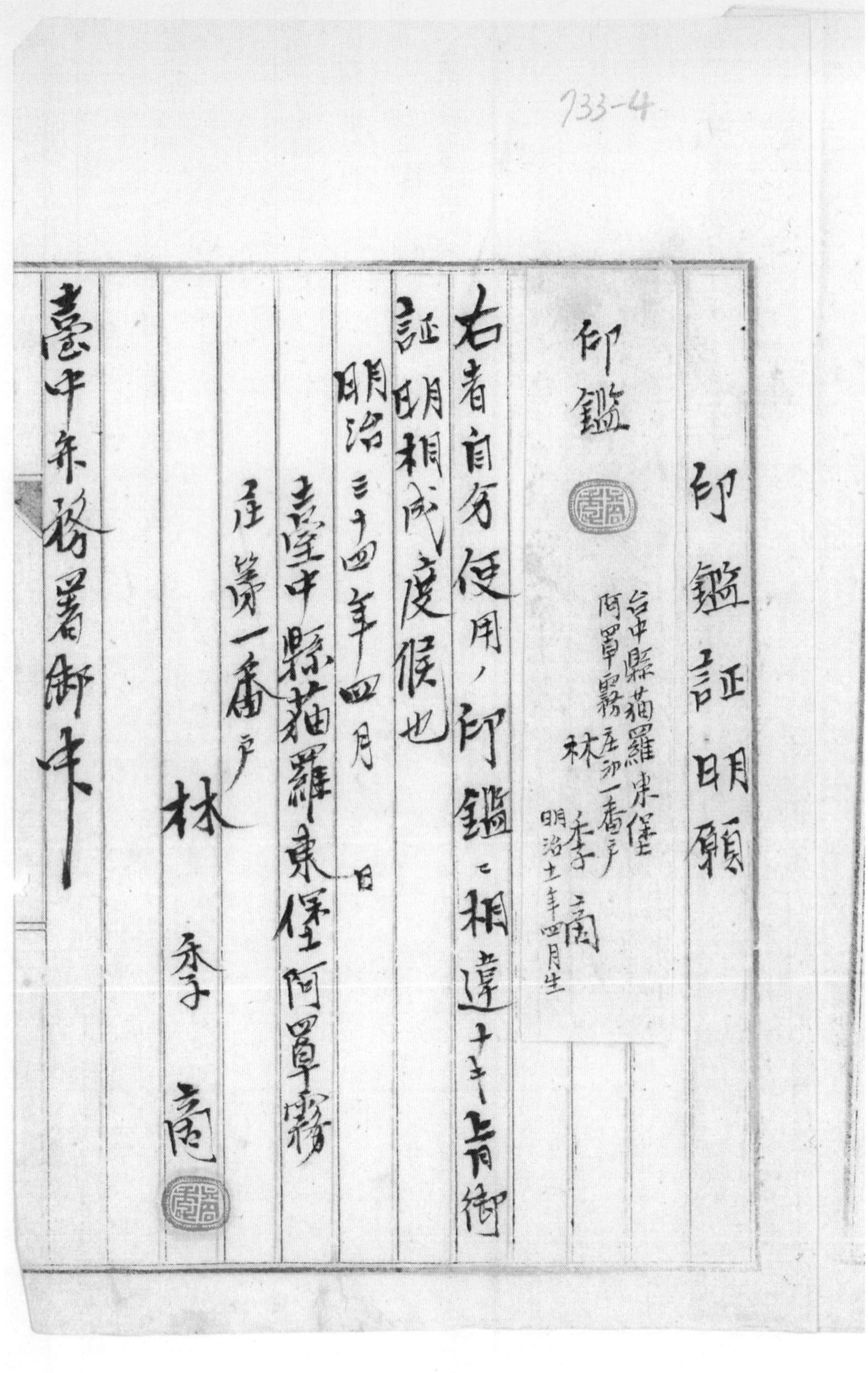

733-4

印鑑証明願

印鑑

台中縣苗羅東堡
阿罩霧庄第一番戶
林季商
明治十一年四月生

右者自分使用ノ印鑑ト相違ナキ旨御
証明相成度候也

明治三十四年四月　日

臺中縣苗羅東堡阿罩霧
庄第一番戶

林季商

臺中弁務署御中

印鑑証明願

印鑑【印】241

台中縣貓羅東堡
阿罩霧庄第一番戶
林季商
明治十一年四月生

右者自分使用ノ印鑑ニ相違ナキ旨御
証明相成度候也。
明治三十四年四月　日
臺中縣貓羅東堡阿罩霧
庄第一番戶
林季商【印】242
臺中弁務署御中

241 印記內文：「季商」。
242 印記內文：「季商」。

（三）房厝買賣文書

169・所有權保存登記書書稿 (1)

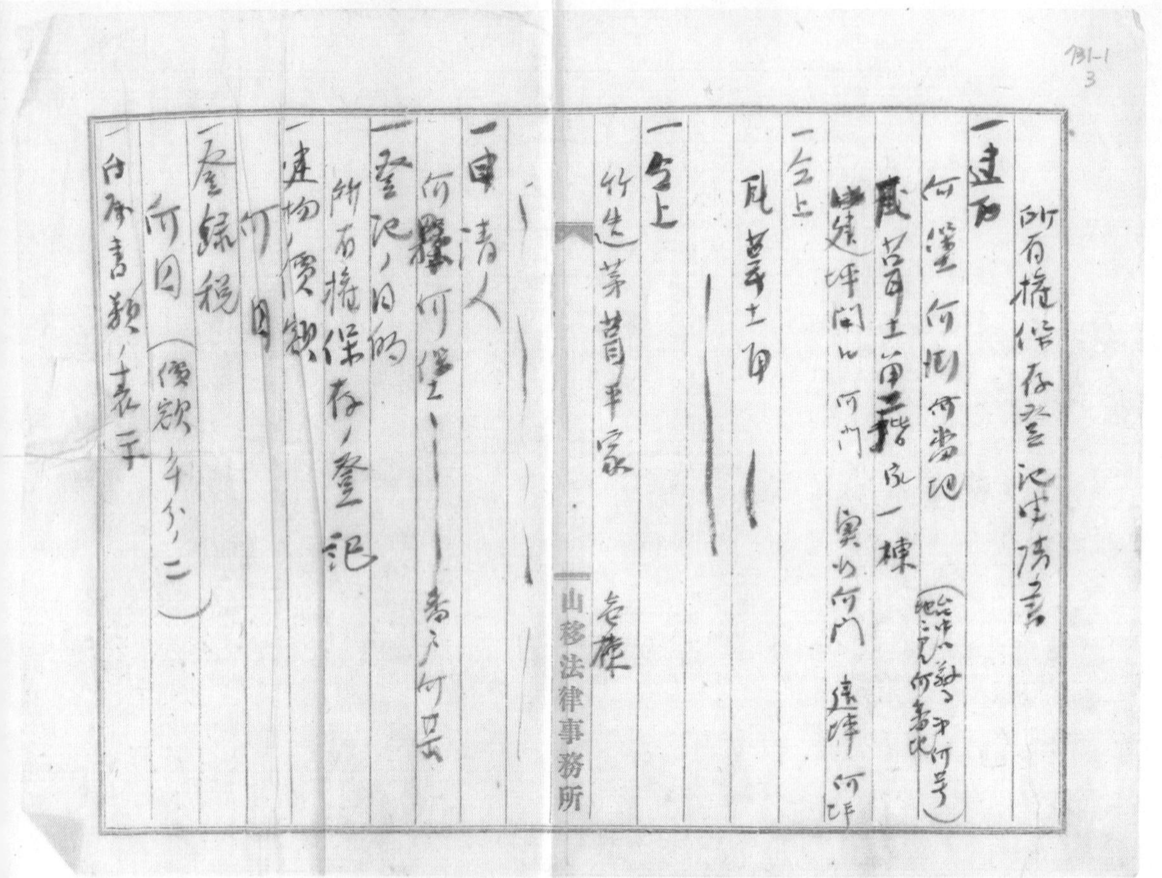

所有權保存登記申請書

一、建物

何堡何街何番地（台中ハ警第何号地ニアル何番地）

瓦葺土角二楷家一棟。

建坪間口　何間，奥行何間　建坪　何坪。

一、仝上

瓦葺土角……。

……

一、仝上

竹造茅葺平家壱棟。

……

一、申請人

何縣何堡……番戸何某。

一、登記ノ目的

所有權保存ノ登記。

一、建物ノ價額

价目。

一、登錄稅

价目（價額ノ千分ノ二）。

一、付屬書類ノ表示

（三）房厝買賣文書

169・所有權保存登記書書稿 (2)

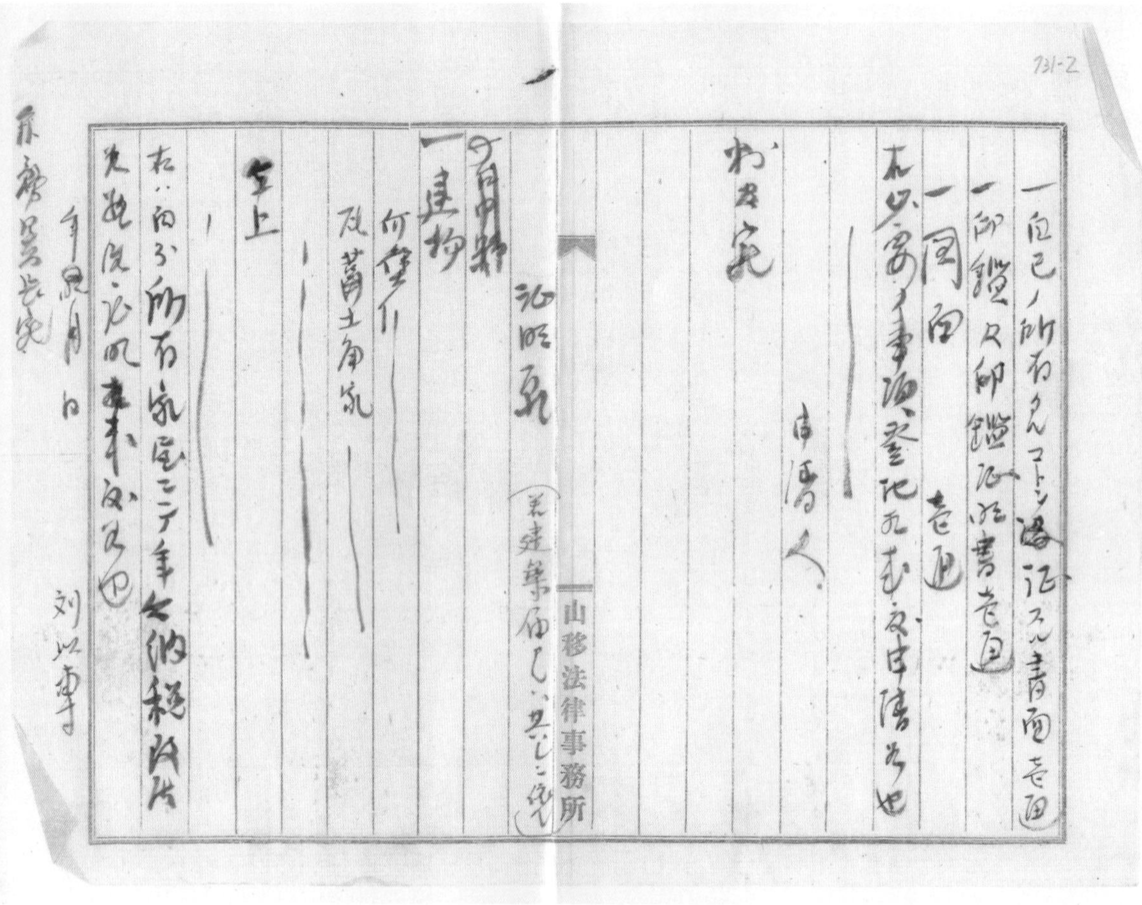
一自己ノ所有ナルコトヲ證スル書面 壹通
一印鑑及印鑑證明書 壹通
年 月 日
山移法律事務所

一、自己ノ所有タルコトヲ証スル書面壱通。
一、印鑑及印鑑証明書壱通。
一、圖面壱通。
右必要ノ事項登記相成度申請候也。
……。
申請人
判官宛

証明書（若建築届アル其レニ依ル）

一、建物
何堡……。
瓦葺土角家……。
……。
仝上
……。
右ハ自分所有家屋ニテ年年納税致居
此野段証明相成度候也。
年□月　日　刘以専
弁務署長宛

（三）房厝買賣文書

169・所有權保存登記書書稿(3)

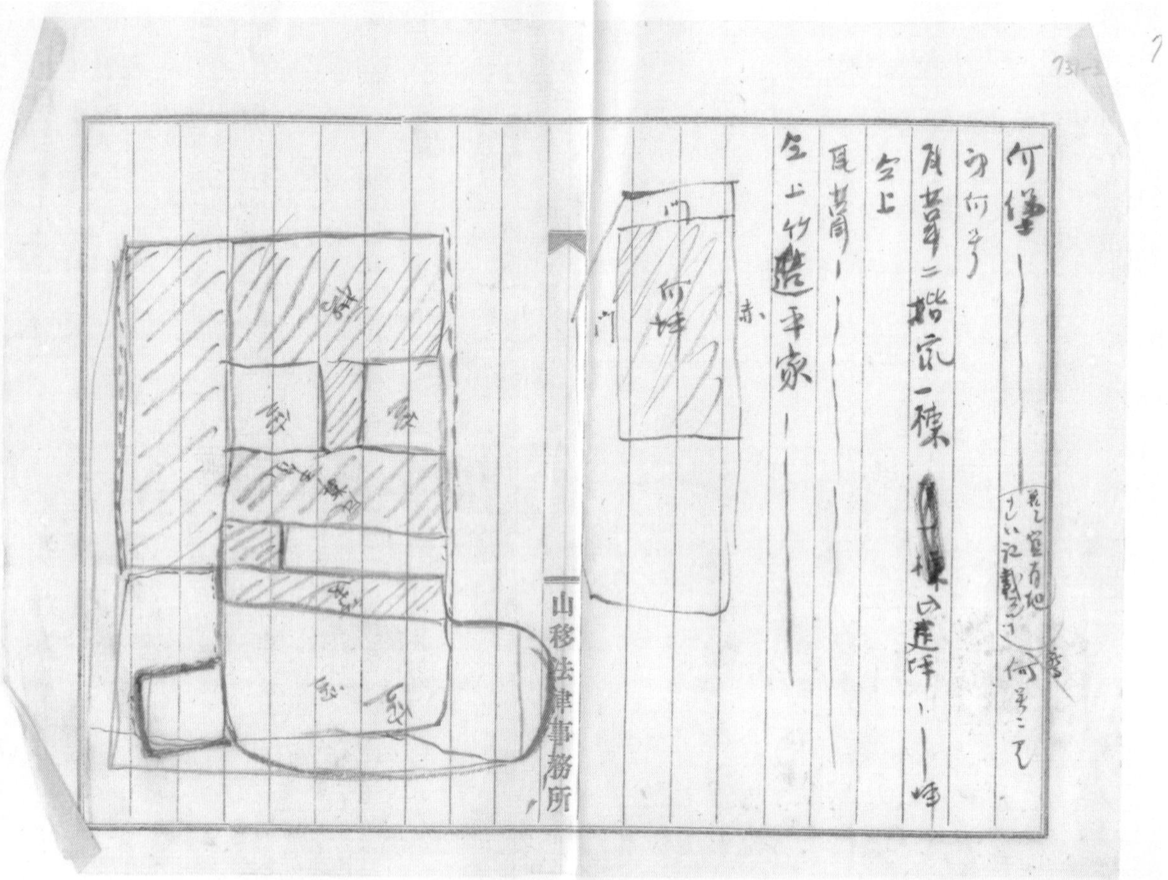

何堡……（若シ官有地ナレハ記載スルコト）警何号ニアル。

第何号

瓦葺二階家一棟（一）建坪……坪。

仝上

瓦葺……。

仝上，竹造平家……。

（附圖）

（三）房厝買賣文書

170・委任狀稿

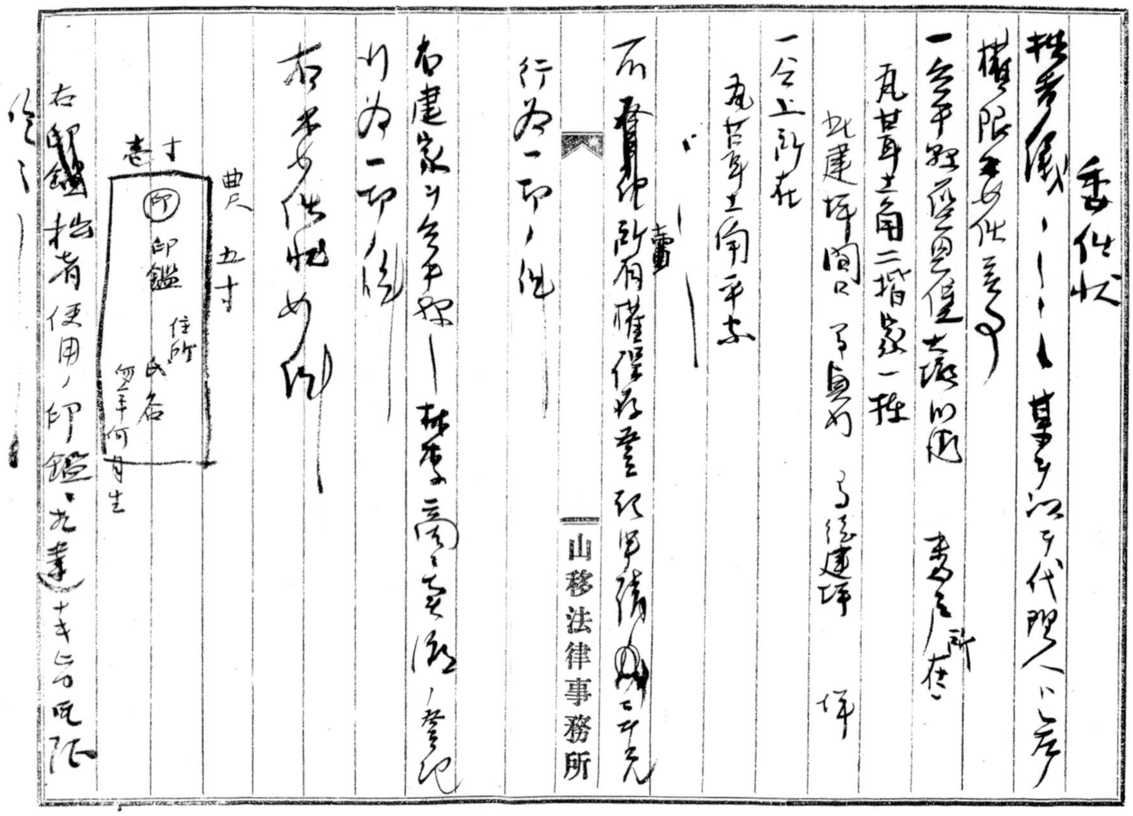

委任狀

拙者儀〻〻〻〻某ヲ以テ代理人ト定メ左ノ權限ヲ委任ス

一 台中縣[illegible]堡[illegible]庄[illegible]番地所在

丸甘耳土角二階家一棟

此建坪間口[illegible]奥行[illegible]延建坪[illegible]坪

一 仝上所在

丸甘耳土角平家

〻〻〻〻

右登記所有權保存登記申請ノ件

行為一切ノ件

右建家ヲ台中縣[illegible]賣渡ノ登記

行為一切ノ件

右委任候也

右印鑑拙者使用ノ印鑑ニ相違ナキ候也

（印）印鑑 住所 氏名 何之年何月生

豎 五寸

橫 壹寸

山移法律事務所

委任狀

拙者儀……某ヲ以テ代理人ハ左ノ
権限委任候事
一、台中縣藍興堡大墩旧街　番戶所在
瓦葺土角二堦家一棟
此建坪間口□□，奧行□□，総建坪　坪。
一、仝上所在
瓦葺土角平家
……
右所有権保存登記申請ニ干スル
行爲一切ノ件。
右建家ヲ台中縣……林季商ニ賣渡ノ登記
行爲一切ノ件。
右委任狀如件

曲尺　五寸

住所
㊞　印鑑　氏名
何年何月生

壹寸

右拙者使用ノ印鑑ニ相違ナキ旨御証
明……。

171・明治年對賬單

臺中合昌商會用箋

子璋舍手支銀

又ㄅ尾銀

又ㄅ・条

付四月份銀

住園之支銀

子璋舍支消銀

大庄派出所銀

當存子璋舍手銀

又　条

明治　年　月　日

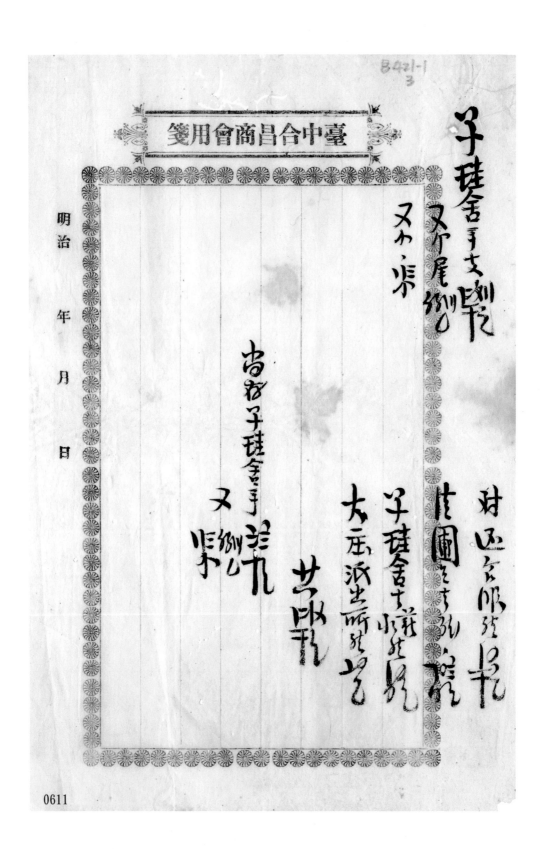

臺中 合昌商會[243] 用箋

子珪舍[244]手支1,292元。
又錢尾[245]5.53角。
又錢艮2.3錢。

对还□□龍1,000元。
清圃□去龍艮[246]108元。
子珪舍去薪水龍100元。
大庄派出所龍6.0元。
共1,214元。
尚存子珪舍手78元。
又5.53角
2.3錢。

---

243 合昌商會：合昌商會為腦館，主要經營樟腦貿易，林季商於一九〇〇年恢復合昌商會，位在臺中大墩舊街。〈商會重整〉，《臺灣日日新報》，一九〇〇年九月九日，版六；許雪姬，〈日治時期霧峰林家產業經營初探〉，收入黃富三、翁佳音主編，《臺灣商業傳統論文集》，頁三二五。

244 子珪舍：楊子珪，梧棲人，楊子培的堂兄弟。按子培父瑤卿行五，子珪父連行三。子珪為連次子。《灌園先生日記》，一九三一年三月四日，中央研究院臺灣史研究所，「臺灣日記知識庫」，網址 http://taco.ith.sinica.edu.tw/tdk/。

245 錢尾：尾數、尾款。

246 龍艮：日治初期總督府鑑於斷難改廢使用銀貨作為交易貨幣之習慣，就經政府鏨印之一圓龍銀，得作為繳納公課及政府支付使用。龍銀與銀行券（民間俗稱銀票）之兌換時價，由臺灣總督定之，早期經政府鏨印之龍銀得無限制流通使用。臨時臺灣舊慣調查會，《臨時臺灣舊慣調查會第一部調查第三回報告書臺灣私法》，第三卷上（東京：出版者不詳，一九一一年），頁二九九—三〇〇。

（四）對賬單

172・壬桂月初二日發利棧致仁和館對賬單

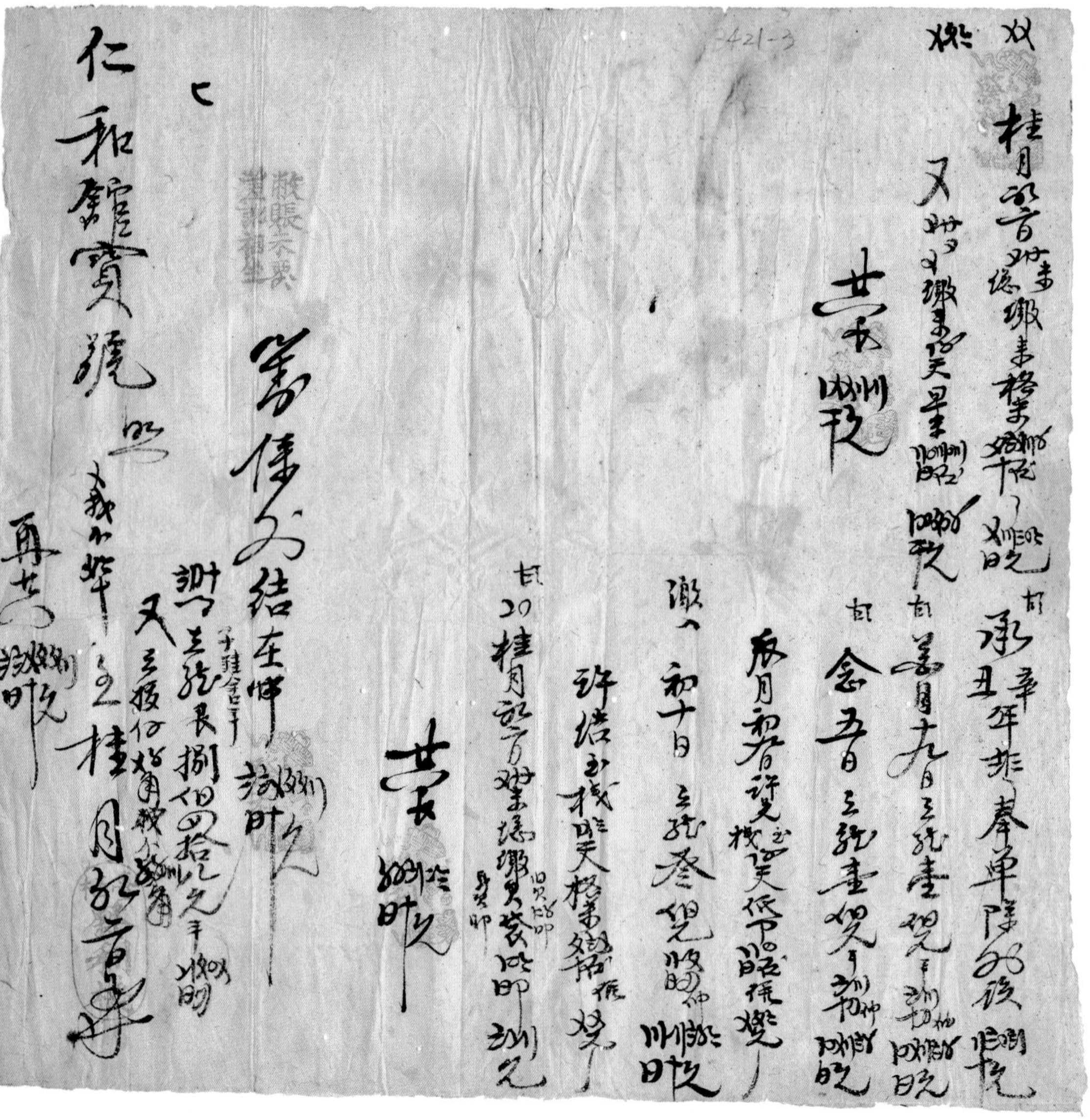

44[247]【印】[248]桂月初二日対総米繳來格米98.425石，艮433.07元。

497[249]又对米総繳來1.5天早米203.03石，1,009.05元。

共艮1,442.12元。【印】[250]

□承辛丑年[251]12月13奉单除外，該28.081元。

□□月十九日去龍壹伯（佰）元，平七三兩，伸104.285元。

□念五日去龍壹伯（佰）元，平七三兩，伸104.285元。

瓜月初九日許兄至棧1.5天低卩200石，価4.97元。

繳入 初十日去龍叁伯（佰）元219兩，伸312.857元。

許結至棧1.48天，格米98.4石，価4.4元。

□60[252]桂月初二日対米総繳欠袋127卩（旧欠125卩，新欠2卩），7.62元。

共艮557.128元。【印】[253]

【印】[254]籌除外結在佛884.992元。【印】[255]

8月初10子珪舍手，去龍艮捌伯（佰）四拾八元，平619.04兩。

又去拔仔4.5角，找錢5.53角。

又找錢92。

再共884.992元。

上

仁和館寶號 照

壬[256]桂月初二日单【印】[257]

247 44：指該行所記每石米價為四．四元。
248 印記內文：「發利」。
249 497：指該行所記每石米價約為四．九七元。
250 印記內文：「發利」。
251 辛丑：應指明治三十四年（一九〇一）。
252 60：指該行所記米袋，每卩六十錢。
253 印記內文：「發利」。
254 印記內文：「敝賬未楔／差訛相坐」。
255 印記內文：「發利」。
256 壬：壬寅年，明治三十五年（一九〇二）。
257 印記內文：「臺棲發利棧」。

（四）對賬單

173・壬寅八月初六日益美號致仁和館對賬單

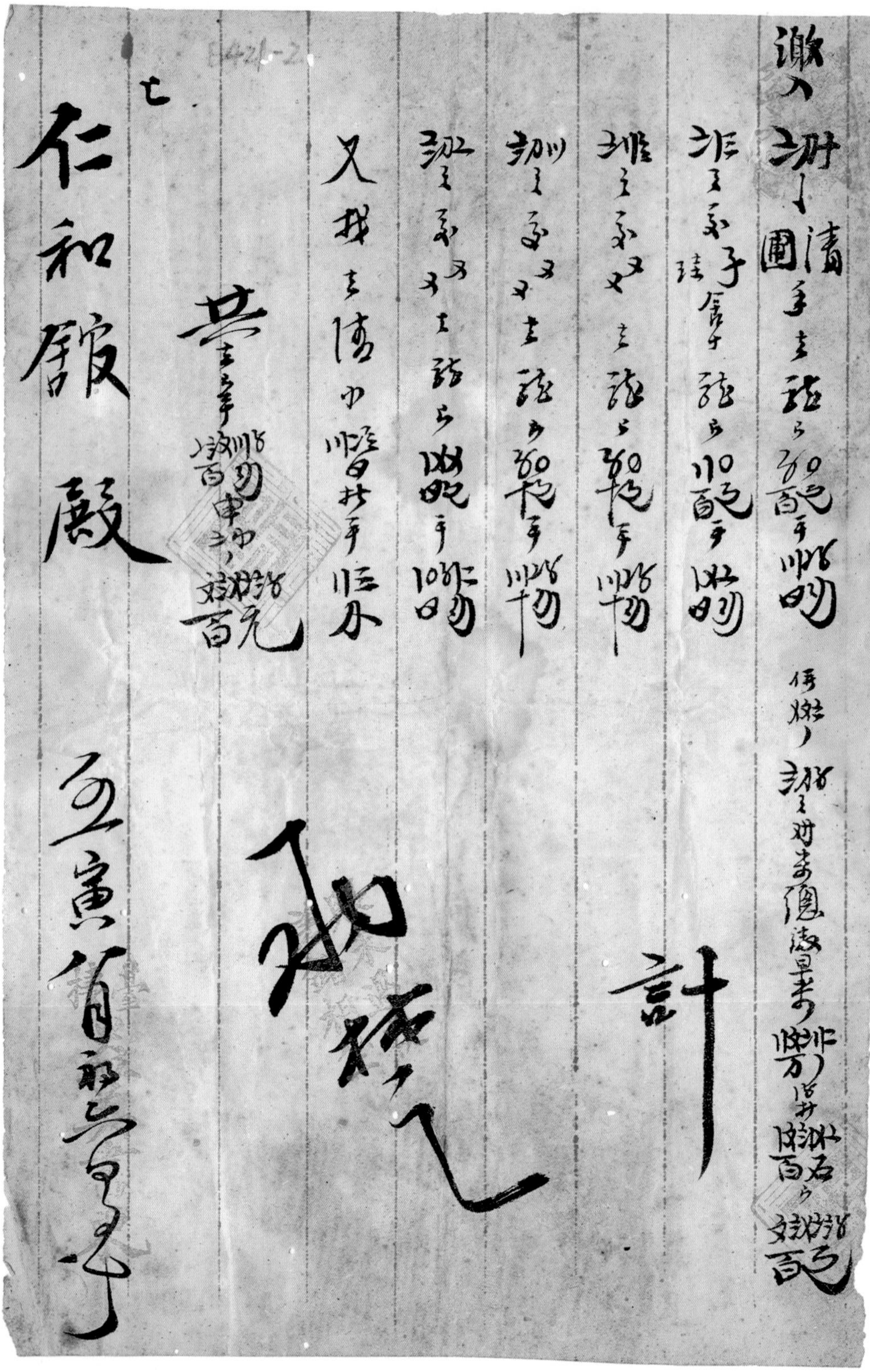

繳入【印】[258]

7月初10（圖清）手去龍艮500元，平365兩。

7月13交（珪子）舍去龍艮200元，平146兩。

7月28交（珪子）去龍艮50元，平36.5兩。

8月初3交（珪子）去龍艮50元，平36.5兩。

8月初6交（珪子）去龍艮144元，平105.12兩。

又找去清錢328，折平2.3錢。

共去艮平689.35兩，申七□艮984.785元。【印】[259]

価497[260]艮，8月初5対米總繳早米29,722斤，一五折198.146石，艮984.785元。【印】[261]

計

兩楚。【印】[262]

仁和舘 殿

壬寅[263]八月初六日单【印】[264]

上

---

258 印記內文：「益美」。

259 印記內文：疑為「護封」。

260 497：該行所記早米每石約四・九七元。

261 印記內文：疑為「護封」。

262 印記內文：「賬未過覆／差錯相坐」。

263 壬寅：明治三十五年（一九〇二）。

264 印記內文：「臺棲益美書柬」。

（四）對賬單

174・癸蒲月念貳日裕合記致林裕本堂對賬單 (1)

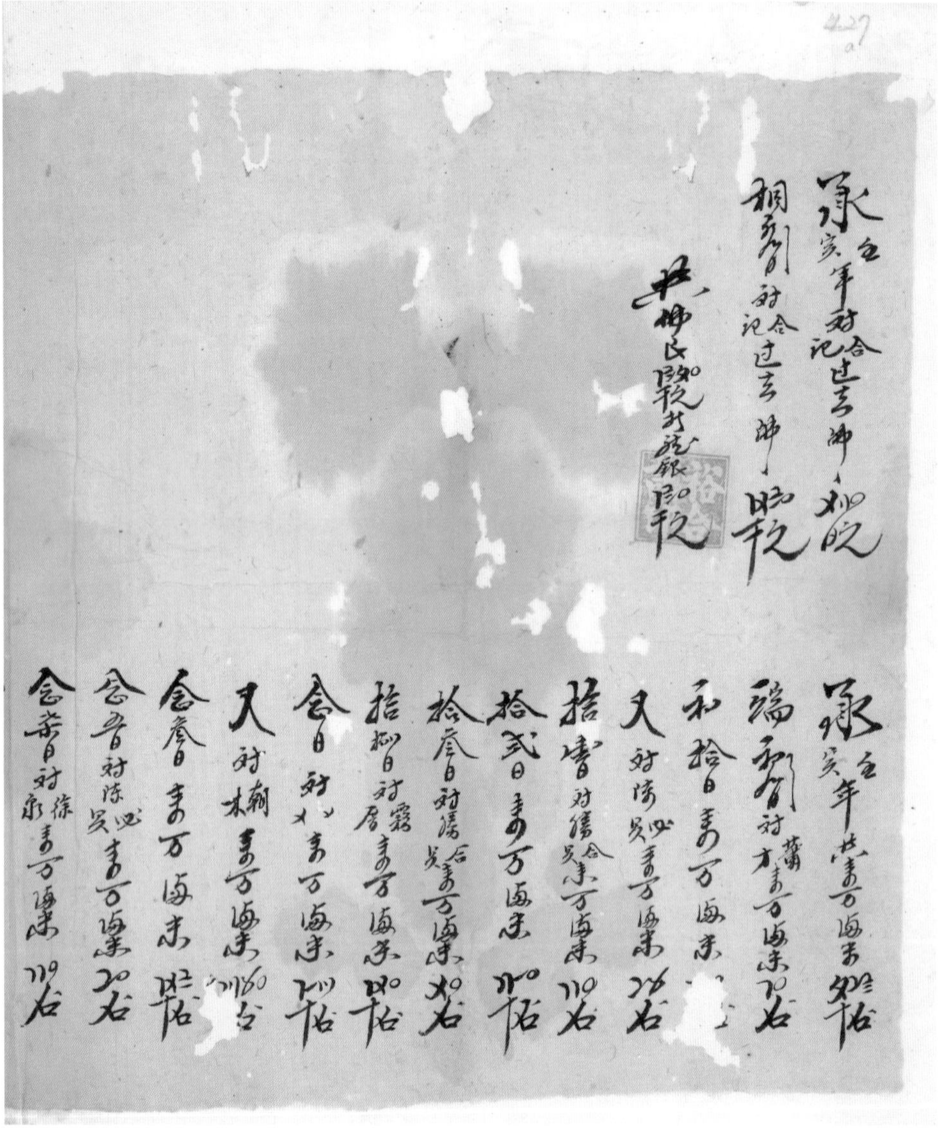

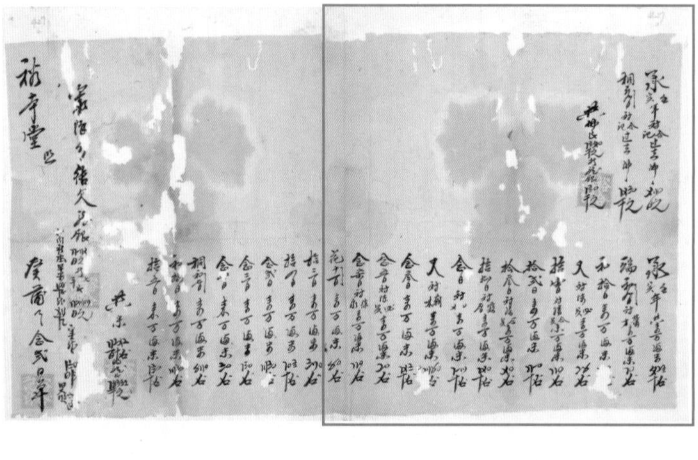

承壬寅[265]年対合記过去佛艮420元。
桐月[266]初九日対合記过去佛艮1,470元。
共佛艮1,890元，折龍銀1,800元。【印】[267]

承壬寅年共來万滿米96.8石。
端月[268]初九日対蕭方來万滿米1.0石。
初拾日來万滿米□石。
又対陳必興來万滿米6.5石。
拾壹日対勝合興來万滿米2.0石。
拾弍日來万滿米21.0石。
拾叁日対勝合興來万滿米4.0石。
拾捌日対霧厝來万滿米14.0石。
念日対霧厝來万滿米11.3石。
又対朝木來万滿米3.50石。
念叁日來万滿米14.7石。
念五日対陳必興來万滿米6.0石。
念柒日対徐泉來万滿米2.0石。

---

265 壬寅：明治三十五年（一九〇二）。
266 桐月：農曆三月。
267 印記內文：「裕合記印」。
268 端月：農曆一月。

(四) 對賬單

174・癸蒲月念貳日裕合記致林裕本堂對賬單 (2)

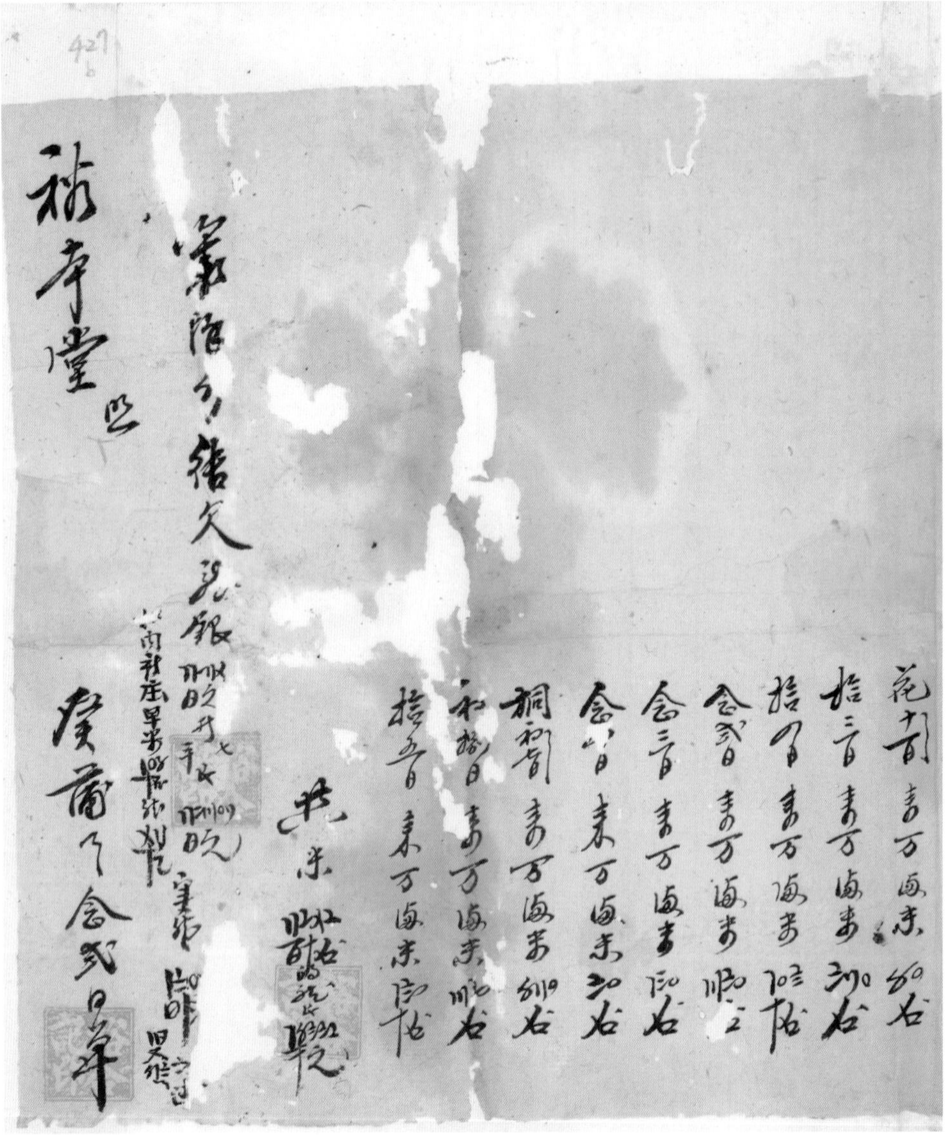

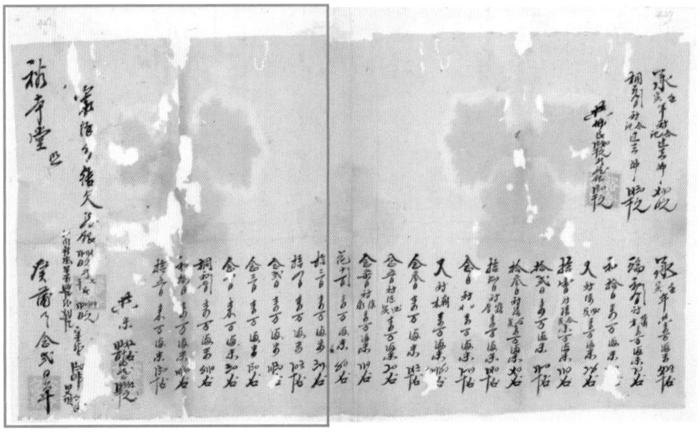

花月[269]十一日來万滿米5.0石。
拾三日來万滿米7.20石。
拾四日來万滿米10.8石。
念弍日來万滿米3.70石。
念三日來万滿米1.30石。
念四日來万滿米7.0石。
桐月初七日來万滿米5.20石。
初捌日來万滿米3.0石。
拾五日來万滿米18.0石。
共米264.6石，的龍艮1,587.6元。【印】[270]
籌除外結欠龍銀212.4元，折平七艮223.02元。【印】[271]，実龍170.4元□过旧又5月17日。
扣內新庄早米10.5石，龍42元。
裕本堂[272]照
癸[273]蒲月[274]念弍日单【印】[275]

269 花月：農曆二月。
270 印記內文：「裕合記印」。
271 印記內文：「裕合記印」。
272 裕本堂：即林季商之林裕本堂。
273 癸：癸卯年，明治三十六年（一九〇三）。
274 蒲月：五月。
275 印記內文：「裕合記印」。

（四）對賬單

175・癸卯又五月初九日致莊瑞榮對賬單

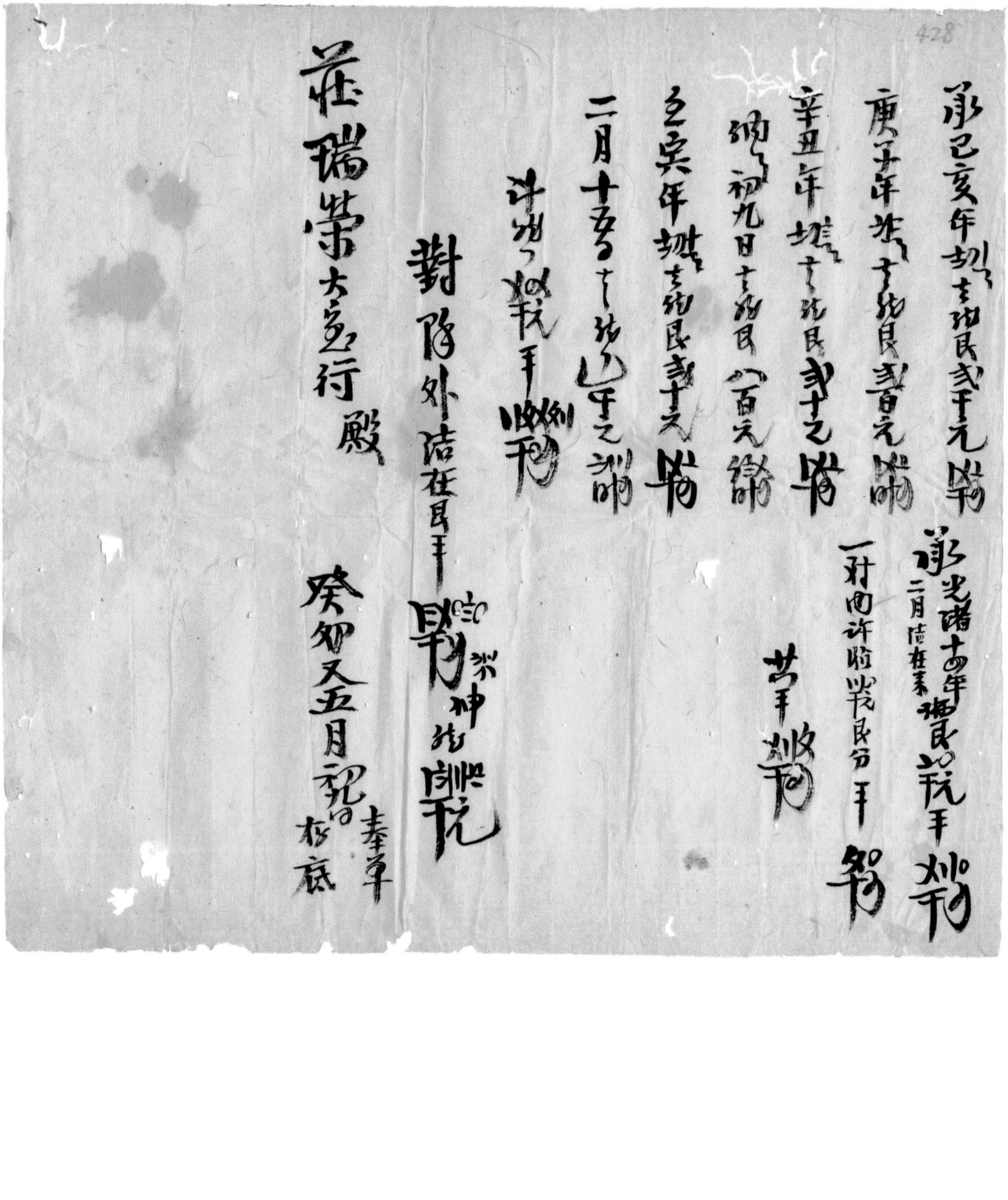

承己亥年[276] 12月初1去龍艮弍千元，1,460兩。
庚子年[277] 7月12去龍艮弍百元，146兩。
辛丑年[278] 11月初8去龍艮弍十元，14.6兩。
納月初九日去龍艮八百元，584兩。
壬寅年[279] 12月初10去龍艮弍十元，14.6兩。
二月十五日去龍艮乙千元，730兩。
計龍艮4,040元，平2,949.2兩。
對除外結在艮平1,340.80兩7.3錢，伸龍1,836.7元。
莊瑞榮大宝行 殿 癸卯[280] 又五月[281] 初九日 奉单存底

承光緒十四年二月結在來 佛艮6,000元，平4,200兩。
一対內許貼3,100元，艮分平90兩。
共平4,290兩。

276 己亥年：明治三十二年（一八九九）。
277 庚子年：明治三十三年（一九〇〇）。
278 辛丑年：明治三十四年（一九〇一）。
279 壬寅年：明治三十五年（一九〇二）。
280 癸卯年：明治三十六年（一九〇三）。
281 又五月：閏五月。

（四）對賬單

176・癸卯年閏五月初九日林裕本堂致莊瑞榮對賬單

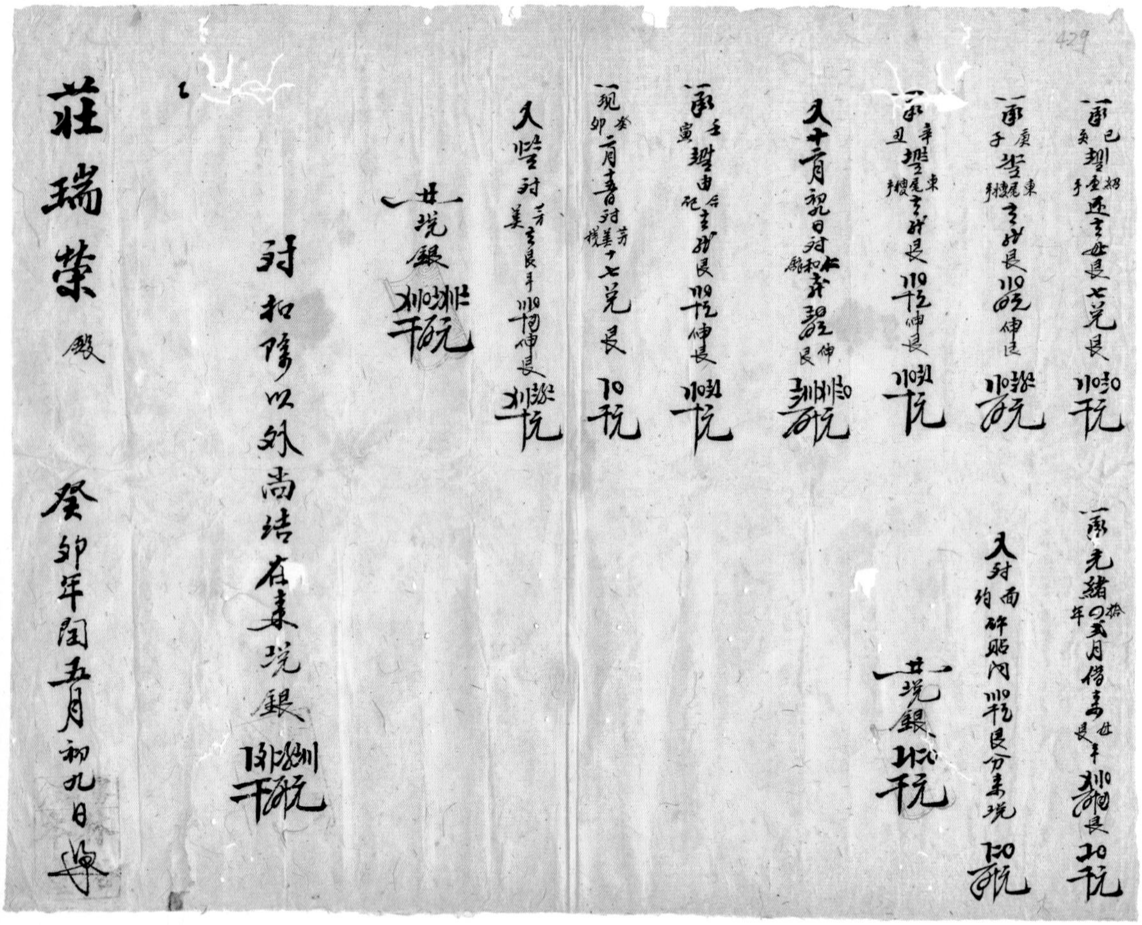
對和隆以外尚結存来洋銀

莊瑞榮 殿

癸卯年閏五月初九日

一、承己亥282 12月初1紹堂手还去母艮七兑艮2,080元。

一、承庚子283 7月12東尾嫂手去龍艮200元，伸艮208.57元。

一、承辛丑284 11月初8東尾嫂手去龍艮20元，伸艮20.86元。

又十二月初九日対仁和舘去龍800元，伸艮834.280元。

一、承壬寅285 8月初10由合記去龍艮20元，伸艮20.86元。

一、現癸卯286 二月十五日対芳美棧去七兑艮1,000元。

又2月27対芳美去艮平30兩，伸艮42.857元。

共七兑銀4,207.427元。【印】287

対扣除以外，尚結在來七兑銀1,912.573元。【印】289

一、承光緒拾四年弍月借來母艮平420兩，艮6,000元。

又対面約許貼內3,000元，艮分來七兑120元。

共七兑銀6,120元。【印】288

上

莊瑞榮 殿

癸卯年閏五月初九日单【印】290

282 己亥：明治三十二年（一八九九）。
283 庚子：明治三十三年（一九〇〇）。
284 辛丑：明治三十四年（一九〇一）。
285 壬寅：明治三十五年（一九〇二）。
286 癸卯：明治三十六年（一九〇三）。
287 印記內文不詳。
288 印記內文不詳。
289 印記內文：「霧峰庄／林裕本堂」。
290 印記內文：「霧峰庄／林裕本堂」。

（五）地圖

177・梧棲擬墾田圖 (1)

458

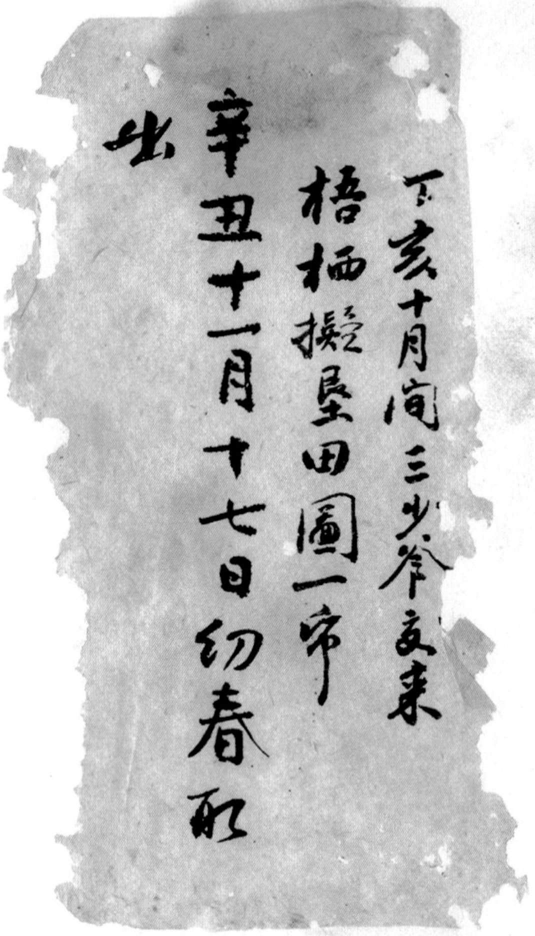
丁亥十月間三少爺交来
梧栖擬墾田圖一帋
辛丑十一月十七日幼春取
出

丁亥十月間三少爷[291]交来
梧栖擬墾田圖一帋
辛丑[292]十一月十七日幼春[293]取
出

291 三少爺：即林紹堂（一八五六—一九〇七），諱春江，名朝選，又名福濬，下厝林文明次子。光緒年間帶領棟軍平施九緞事變有功，欽加五品廣東後補知縣。明治二十九年日軍入臺，紹堂率先迎接日軍。三十年日本政府以其有功，敘勳六等，頒發單光旭日章，後又授紳章。據稱林朝棟要離臺時曾告誡他，毋生事，因此林紹堂與頂厝叔林文欽，不僅未「生事」，反而在安定地方的前提下，協助日本政府的「平亂」工作。林紹堂且仍掌握住林朝棟所遺留下來的隘勇，即使在明治三十四年（一九〇一）臺中縣改制為廳後，日本政府仍允許保留一營，以保護水底寮至埔里社間的腦業。而之前日本政府以其隘勇「稍收兇蕃防備之功」，自一八九六年九月起予以每月二千圓之津貼；而林紹堂也曾在明治三十一年（一八九八）向臺中知事木下周一陳情，以自辦勇防「番」已達四年，各栳業應賠償三萬六千圓。可見林紹堂在日治初期相當活躍於樟腦業界。明治三十年（一八九七）敘六等勳，賜單光旭日章，同年四月又授紳章。私立長榮大學編纂，《新修霧峰鄉志》（下），頁一五七〇；許雪姬，〈日治時期霧峰林家產業經營初探〉，收入黃富三、翁佳音主編，《臺灣商業傳統論文集》，頁三〇六—三〇七。

292 辛丑：明治三十四年（一九〇一）。

293 幼春：即林幼春（一八八〇—一九三九），名資修，字幼春，號南強，晚號老秋，臺中霧峰人。係下厝林文明孫，林紹堂子。學識新舊兼具而長於詩文，後師事梁成柟（鈍庵），詩境大進。乙未割臺，隨叔林朝崧奔避泉州，後返臺接掌家務。日人治臺期間，懷抱民族思想，多作詩詠嘆。一九〇二年與叔林朝崧及中部各地士子共組詩社，名曰櫟社，為社中要角。林幼春曾於一九一三至一九一九年間任阿罩霧（霧峰）區長、霧峰信用組合長、《臺灣民報》首任社長、《臺灣青年》、《臺灣》雜誌董事長、《臺灣新聞報》顧問等職。張子文，《臺灣歷史人物小傳—明清暨日據時期》（臺北：國家圖書館，二〇〇三年），頁二三九—二四〇。

（五）地圖

177・梧棲擬墾田圖 (2)

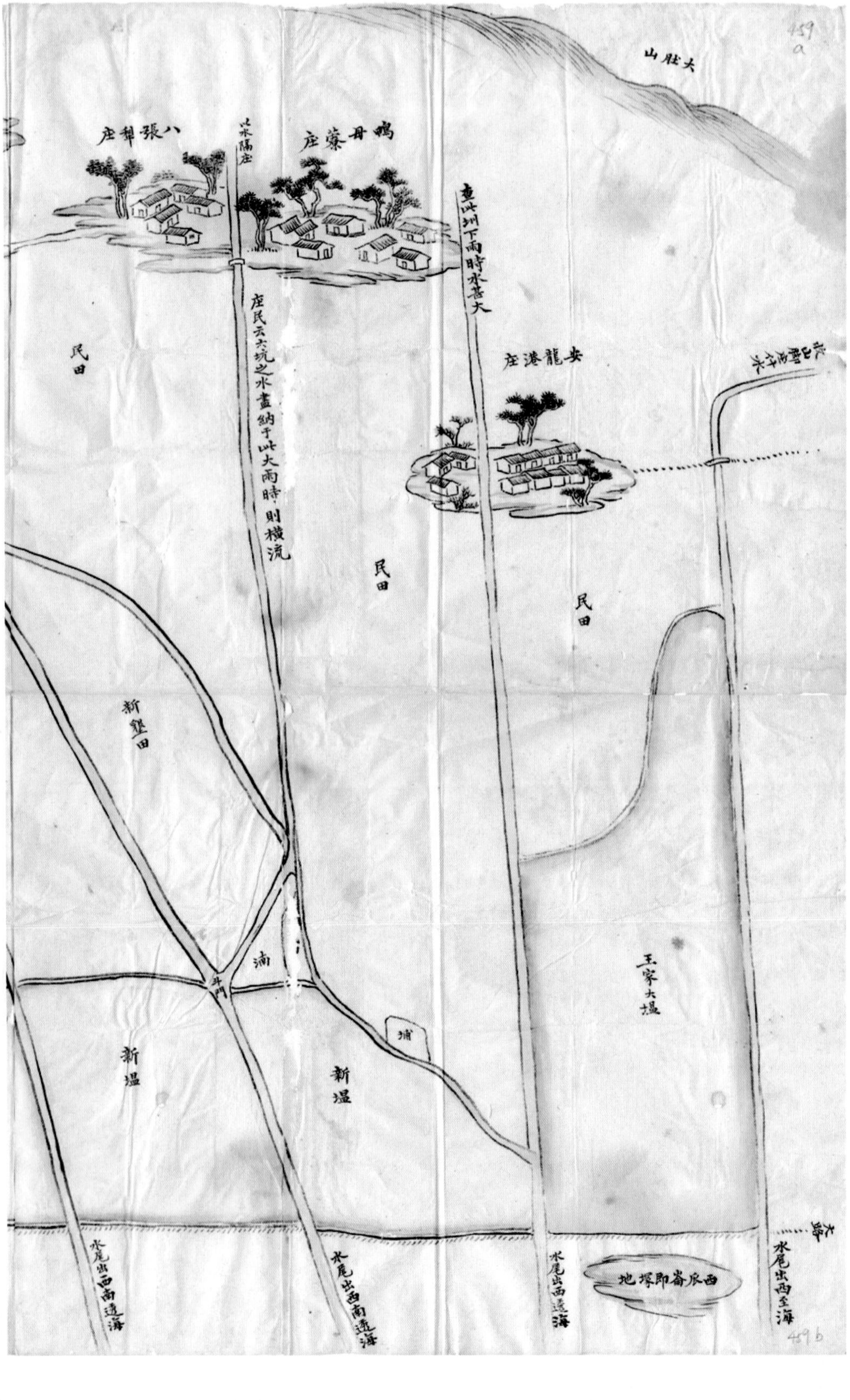

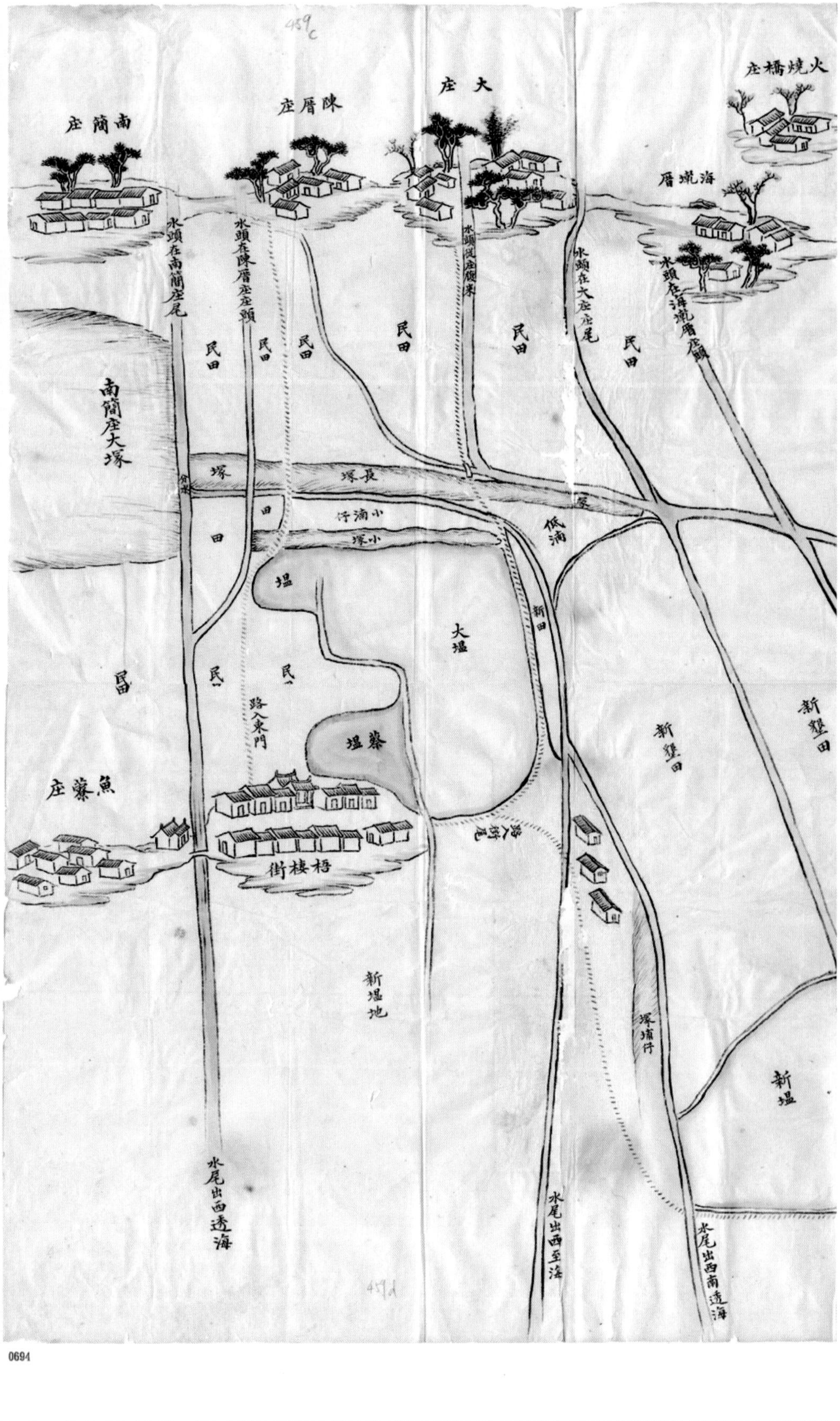
南簡庄
陳厝庄
大庄
火燒橋庄
海墘厝
水頭在南簡庄尾
水頭在陳厝庄庄頭
水頭從庄後來
水頭在大庄庄尾
水頭在海墘厝庄頭
民田
南簡庄大塚
長塚
小涌汙
小塚
分水
田
埕
大埕
低涌
新田
蔡埕
路入東門
魚寮庄
梧棲街
新埕地
塚埔仔
新墾田
新埕
水尾出西透海
水尾出西至海
水尾出西南透海

0694

（五）地圖

178・臺中廳藍興堡車籠埔庄[294]、猫羅保阿罩霧庄造林地圖

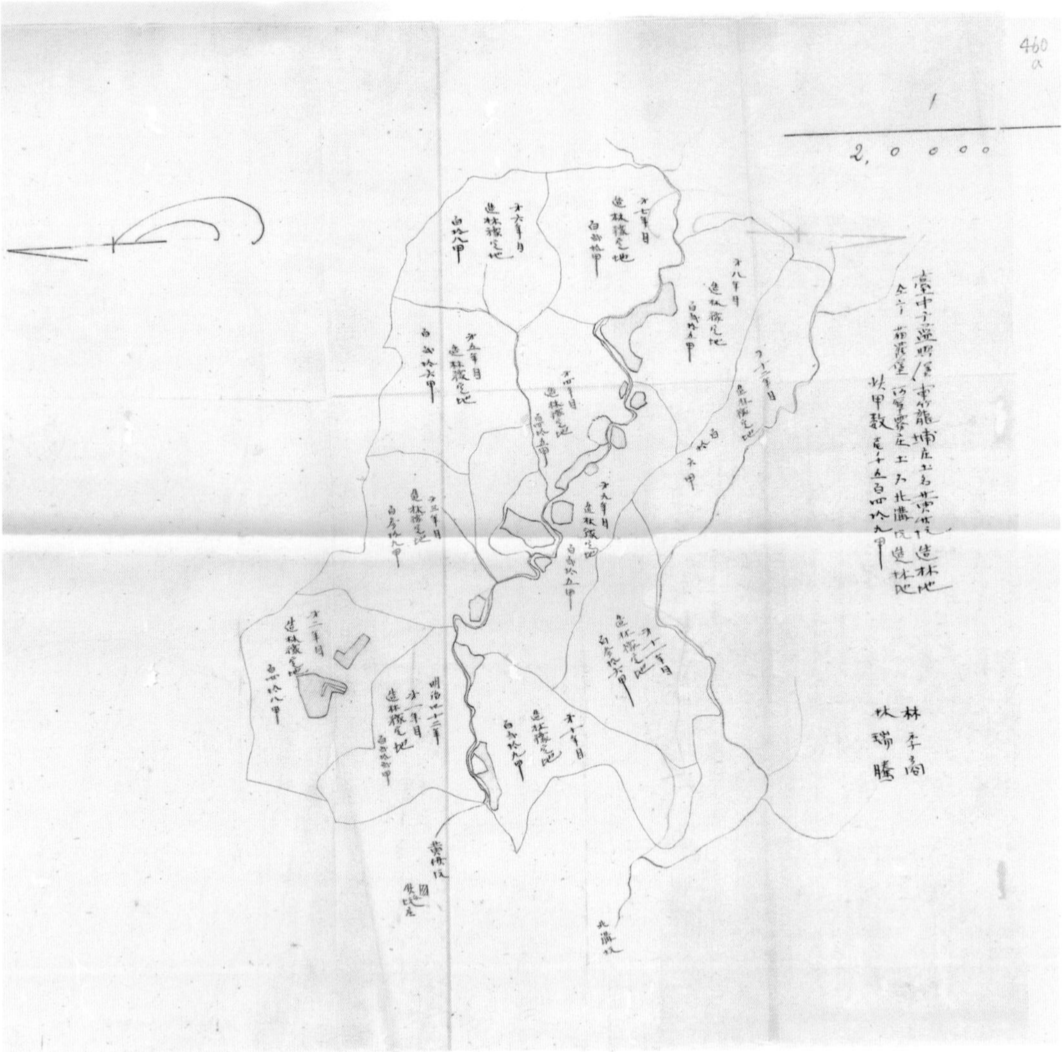

294 臺中廳藍興堡車籠埔庄：今臺中市太平區光隆里、興隆里、黃竹里。

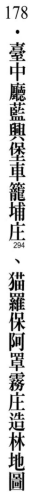

（五）地圖

179・捒東下堡四張犁庄[295]圖

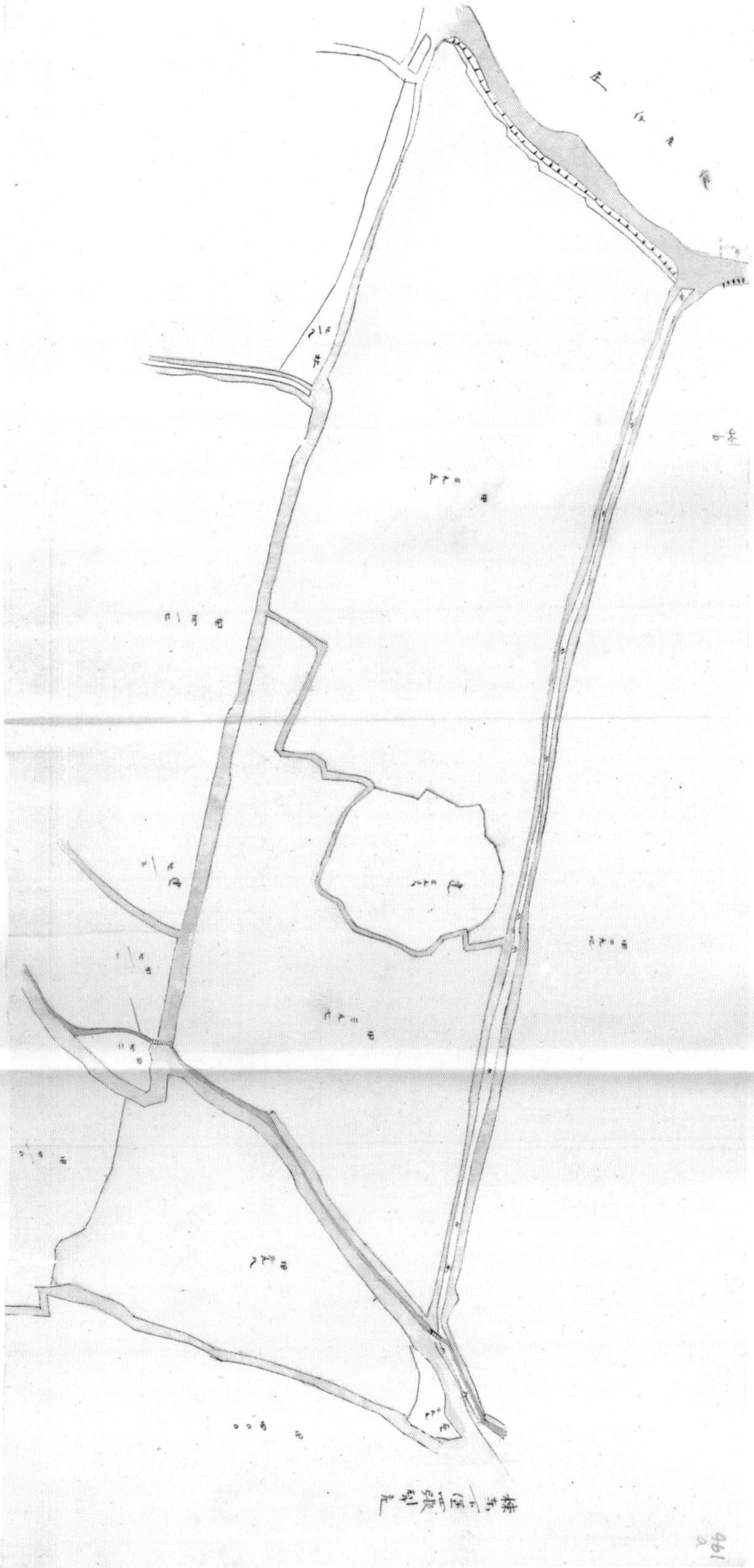

295 捒東下堡四張犁庄：今臺中市北屯區松竹里、仁美里、四民里、仁和里、仁愛里，其地名之由來係初期所開墾農田約有二十甲地。

（五）地圖

180・捒東下堡水湳庄[296]圖

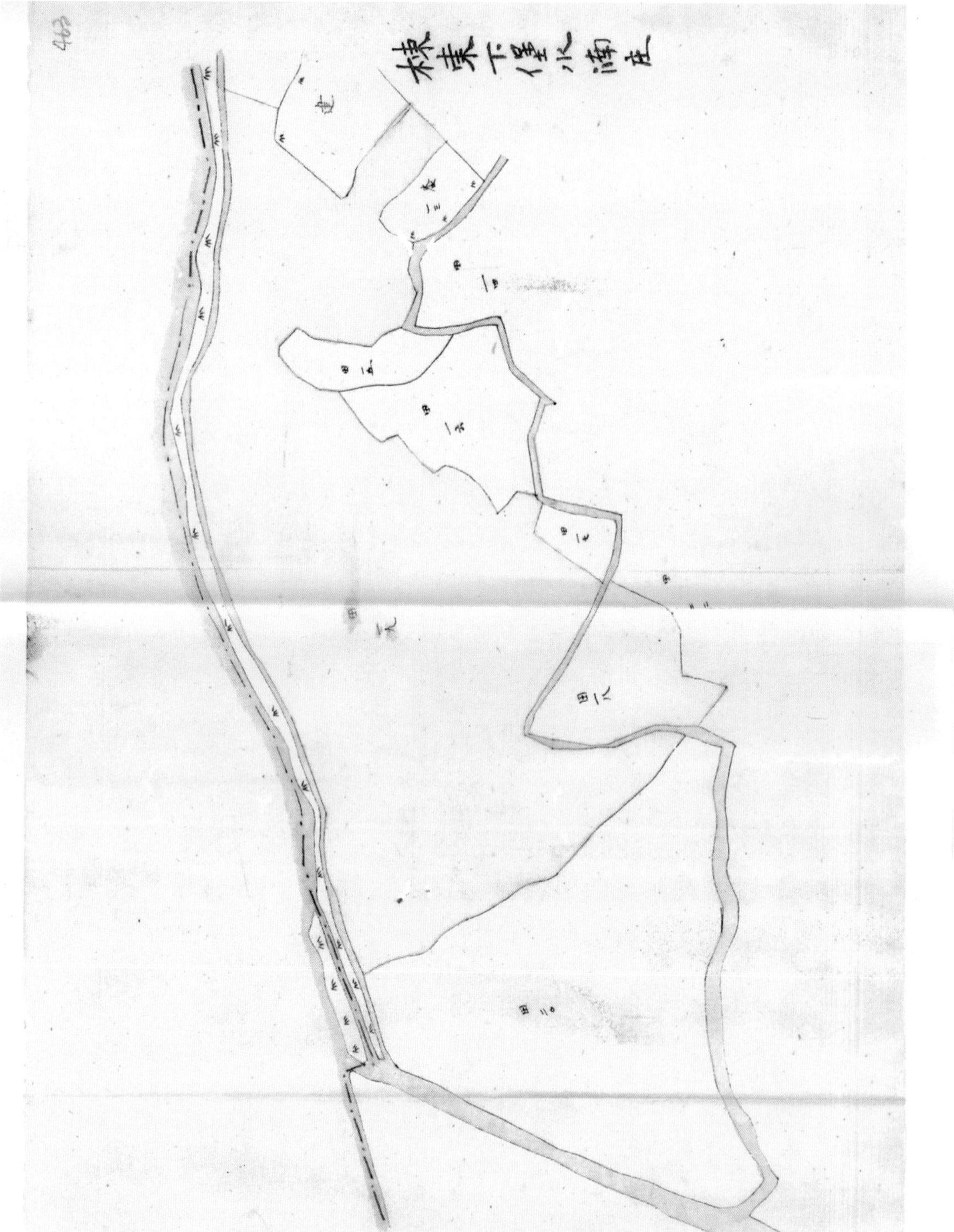

296 捒東下堡水湳庄：今臺中市北屯區陳平里。

（五）地圖

181・捒東下堡陳平庄[297]圖

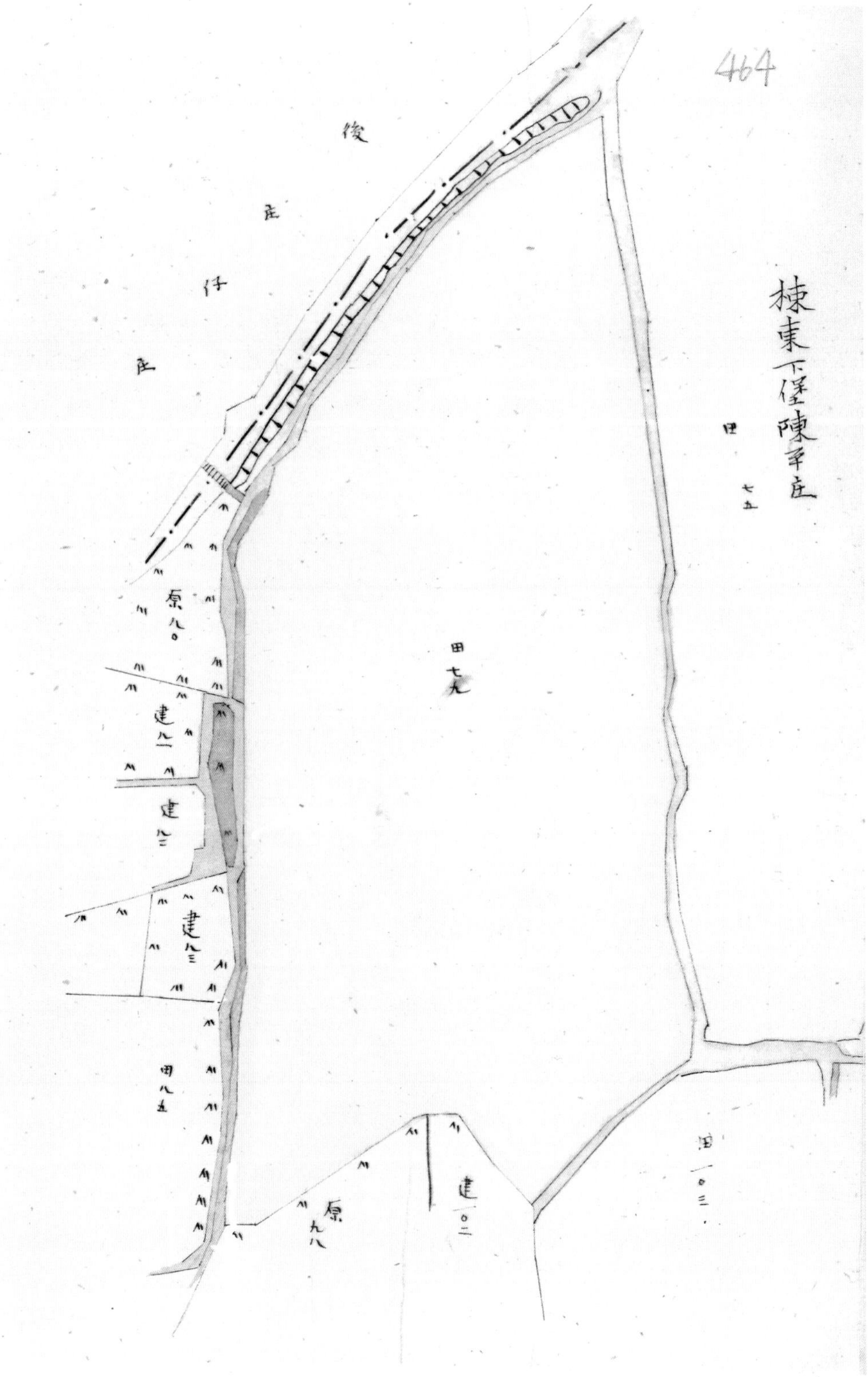

297 捒東下堡陳平庄：今臺中市北屯區陳平里。

（五）地圖

182．捒東下堡陳平庄圖

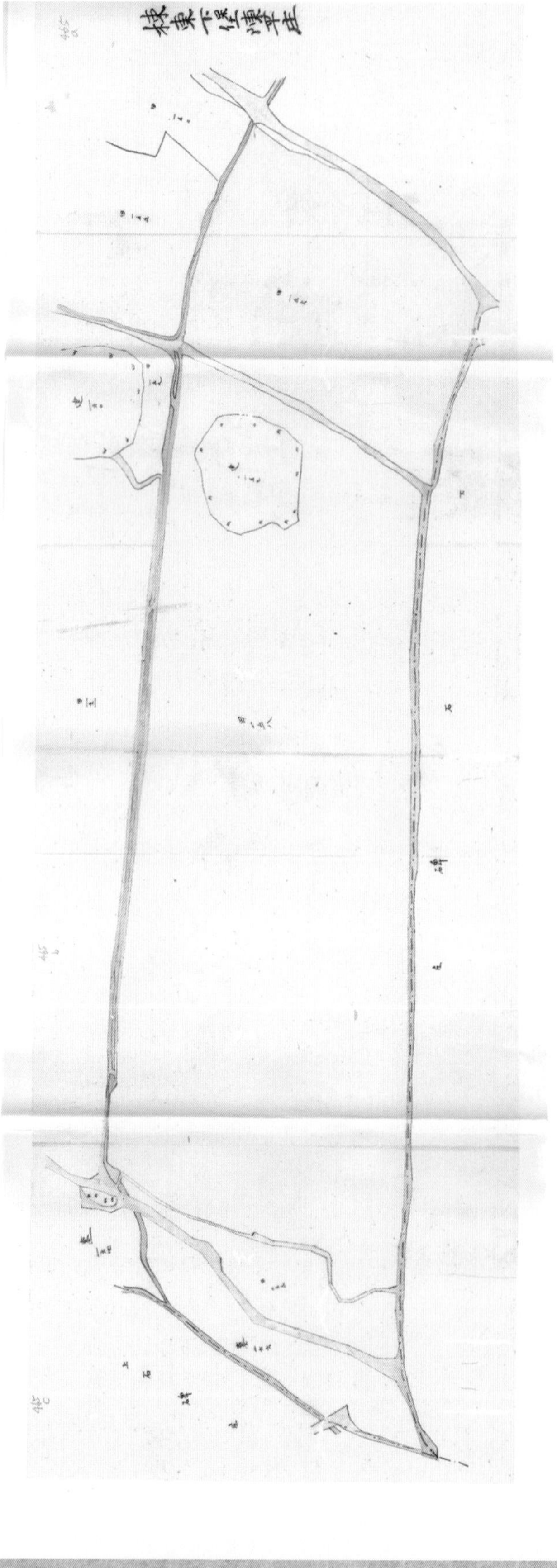

（五）地圖

183・臺中廳揀東下堡犁頭店街[298]圖

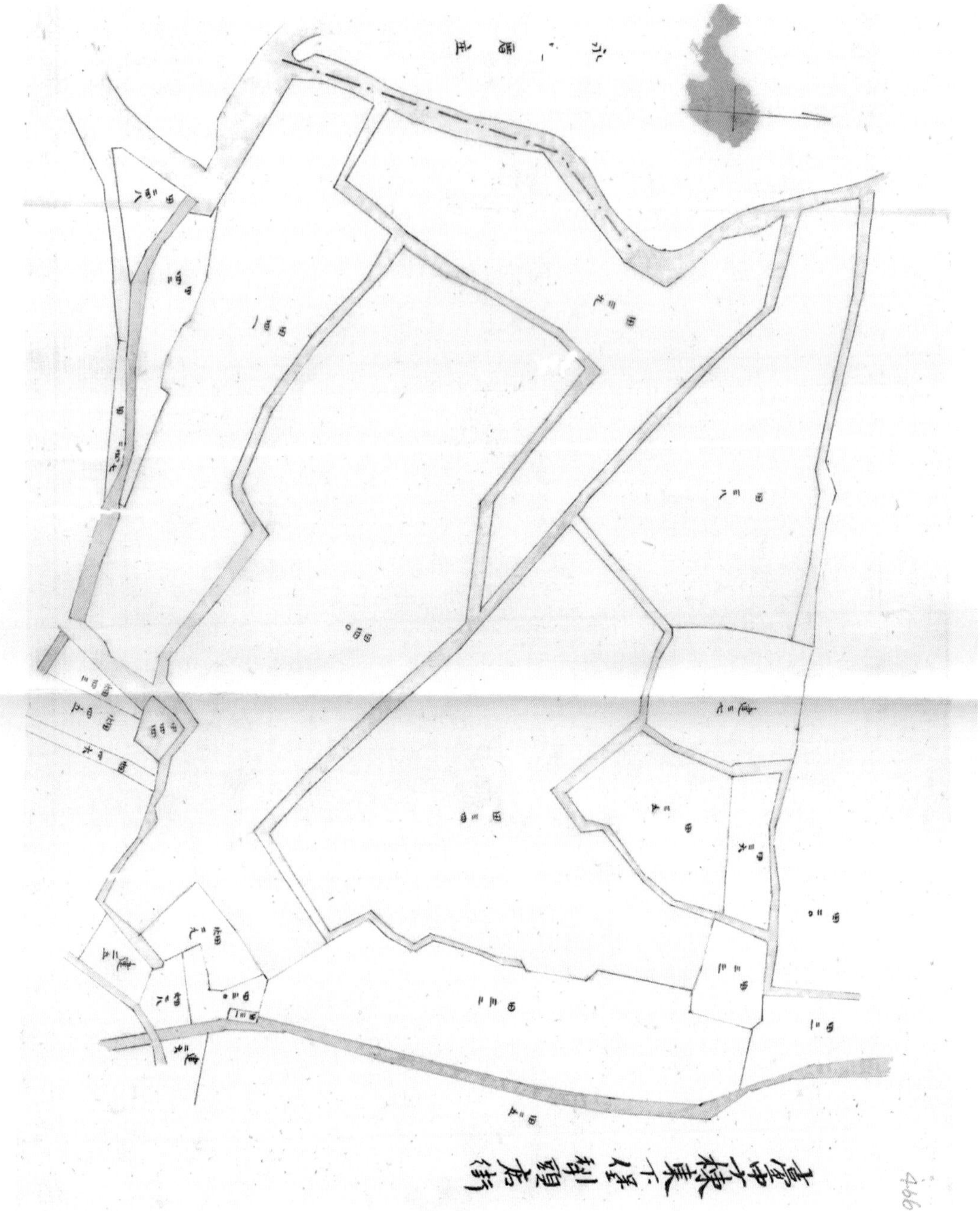

298 臺中廳揀東下堡犁頭店街：今臺中市南屯區南屯里。

（五）地圖

184・捒東上堡東員寶庄[299]圖

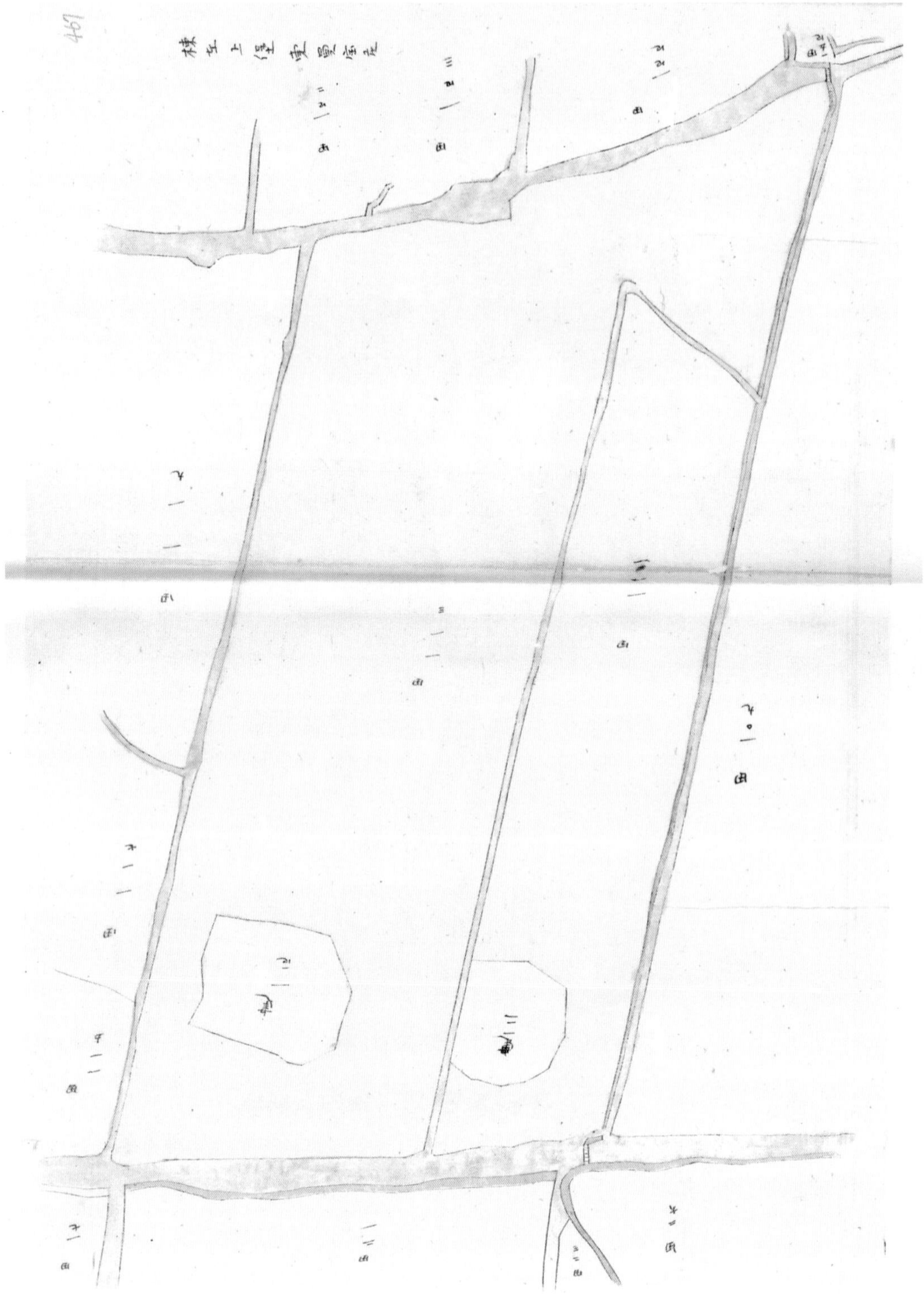

299 東員寶庄：今臺中市潭子區東寶里，昔與大雅區西寶里（昔稱西員寶）合稱員寶庄，一說因初墾時八寶圳之抵此完了，因閩南語「完」與「員」同音而名之；一說因開發初期，發現不少卵石如員寶而得名。此一帶原屬岸裡社潘初拔所承管，道光七年典賣與神岡鄉北庄殷戶楊添。洪敏麟，《臺灣舊地名之沿革》，第二冊下，頁九五—九六；陳國川、翁國盈編撰，《臺灣地名辭書》，卷十二臺中縣（二），頁一六三。

（五）地圖

185・捒東上保東員寶庄圖

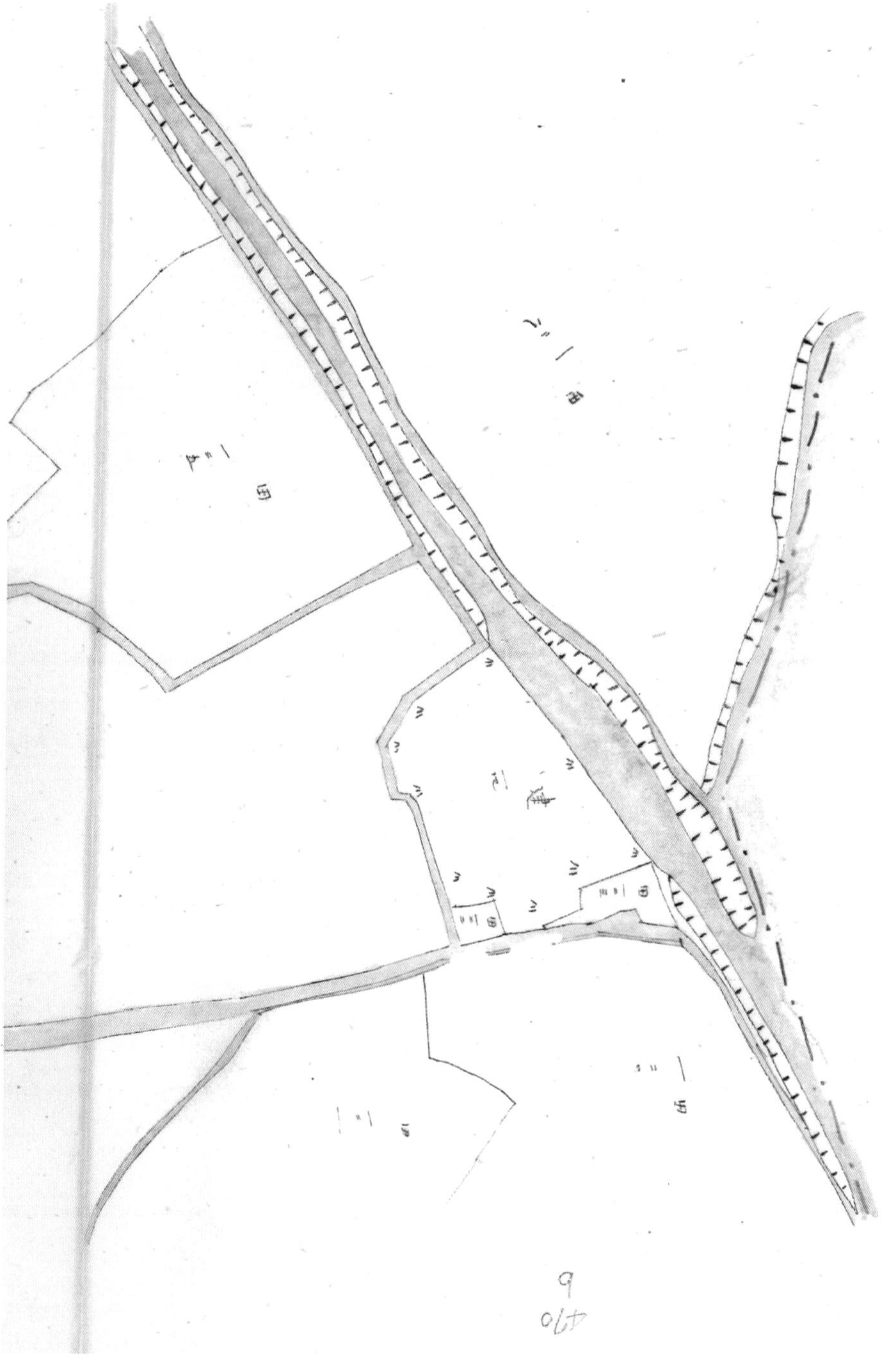

（五）地圖

186・揀東下堡三份庄[300]圖

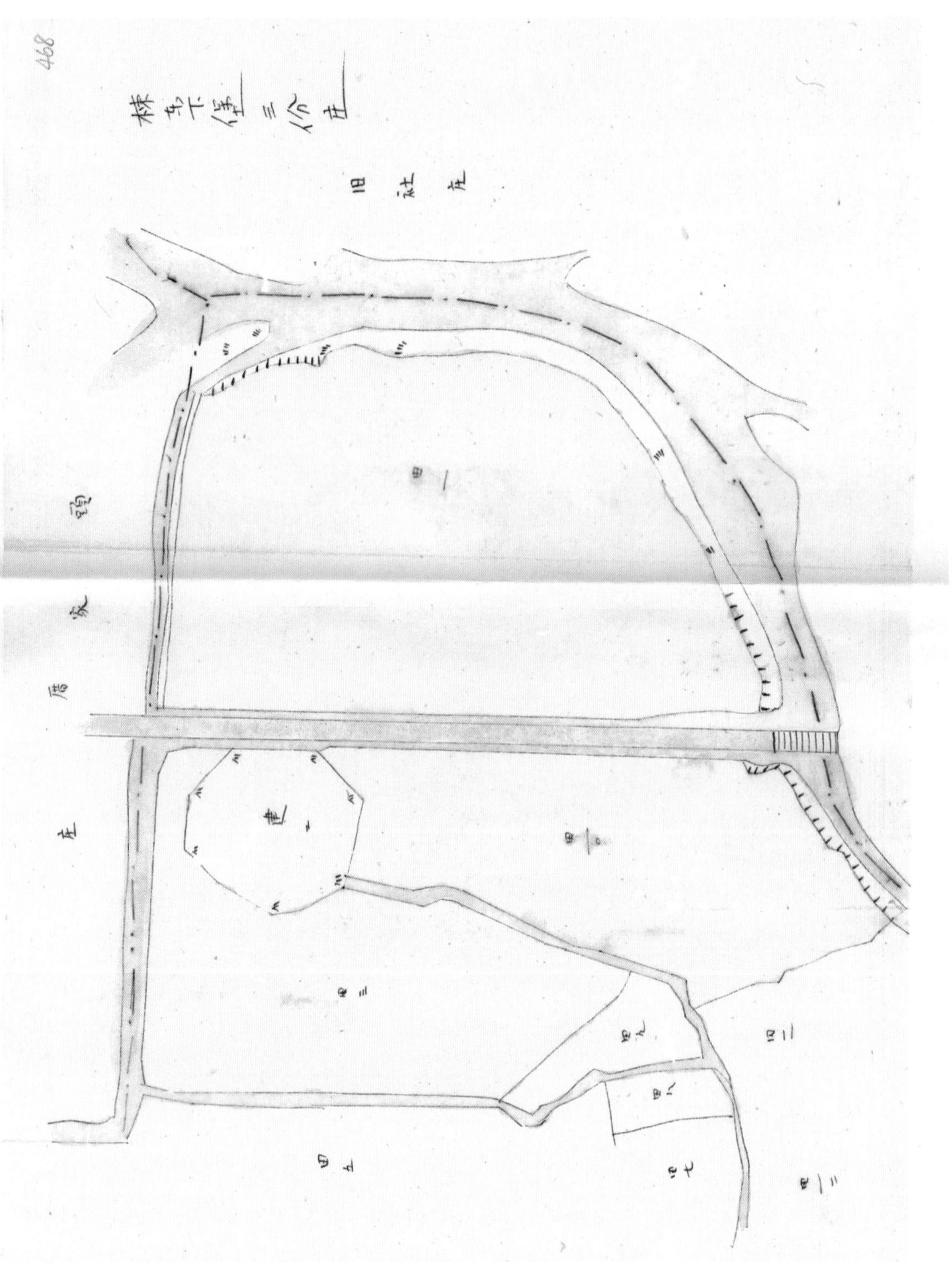

300 揀東下堡三份庄：由圖中三份庄接鄰揀東下堡舊社庄、頭家厝庄，可知此三份庄應為三份埔庄，位於今臺中市北屯區民政里。

（五）地圖

187・揀東下堡上七張犁庄[301]圖

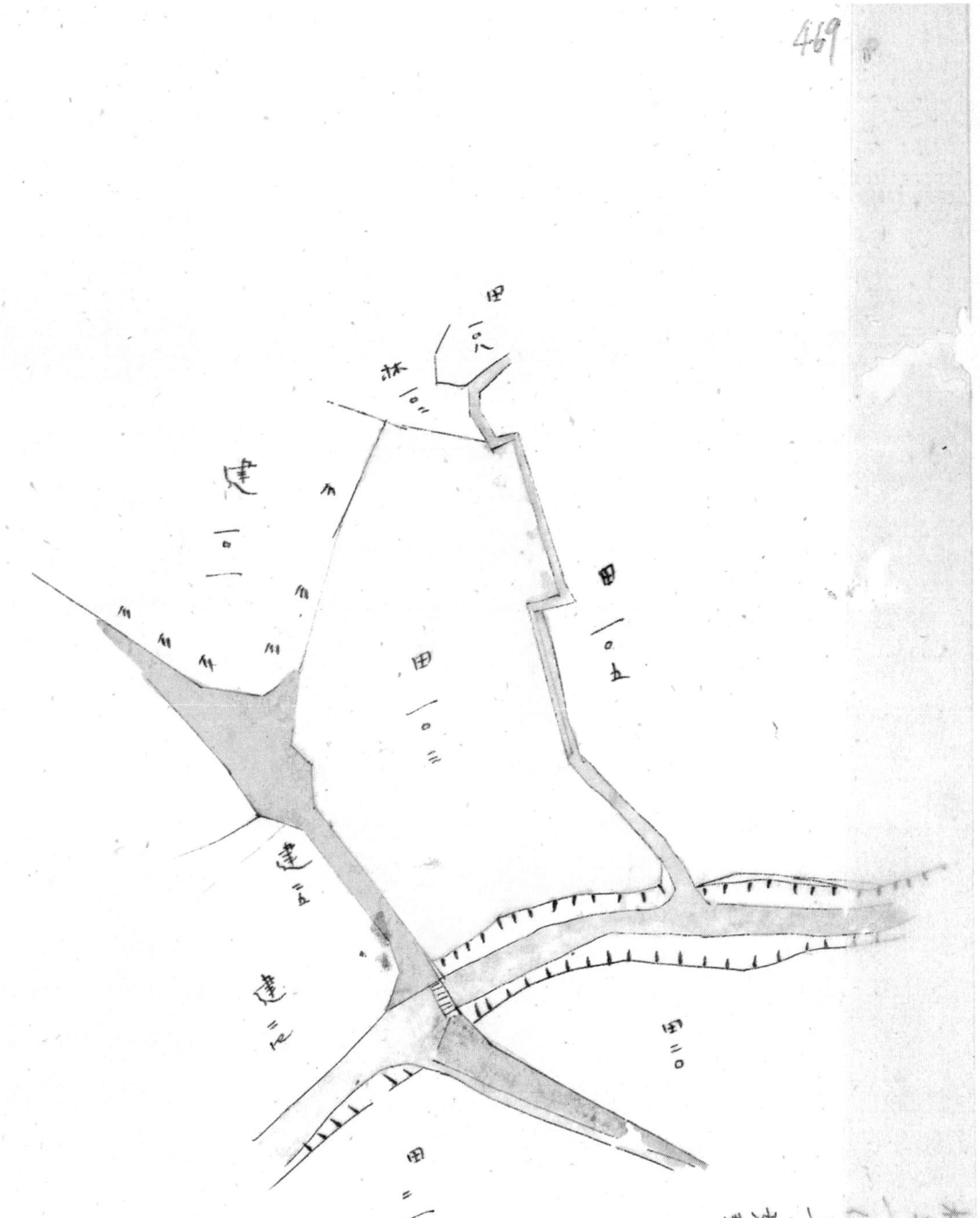

301 揀東下堡上七張犁庄：今臺中市北屯區同榮里。

（五）地圖

188・揀東下堡上七張犁庄圖

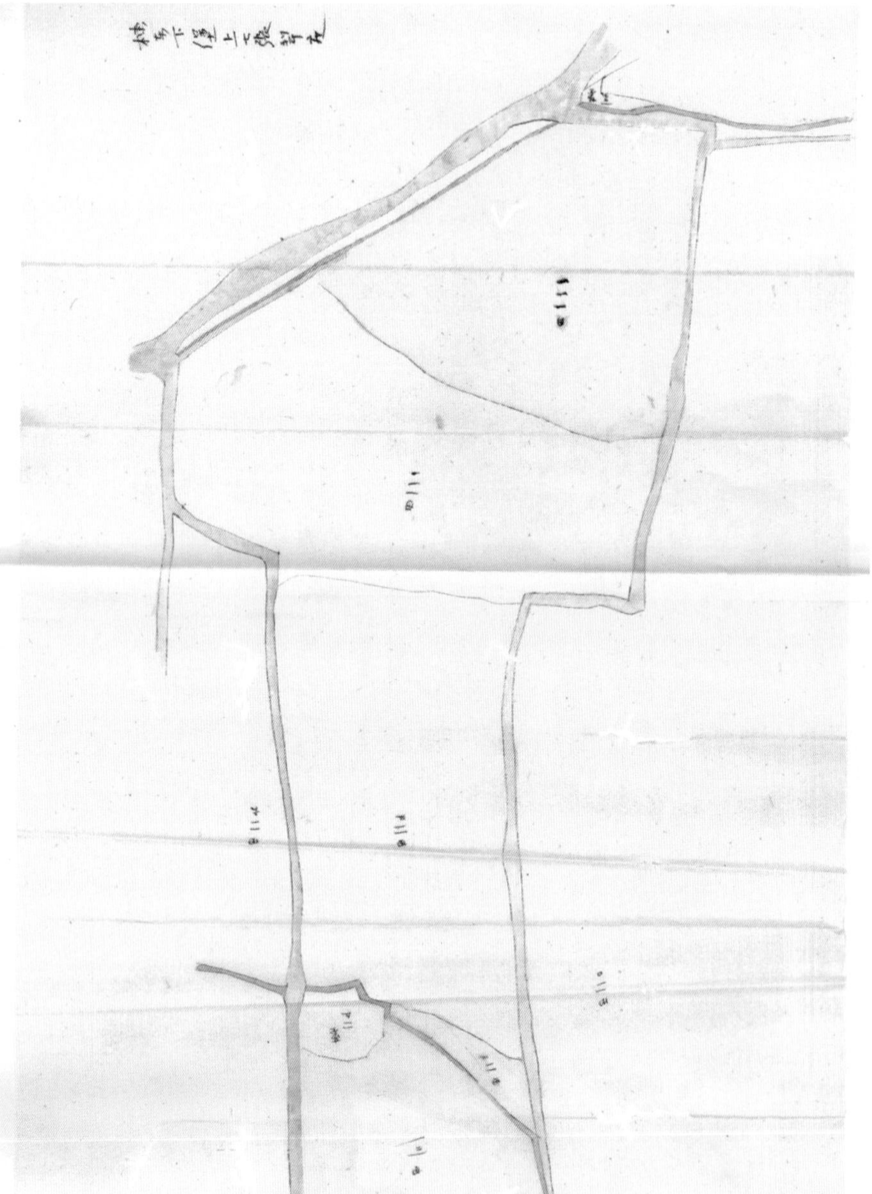

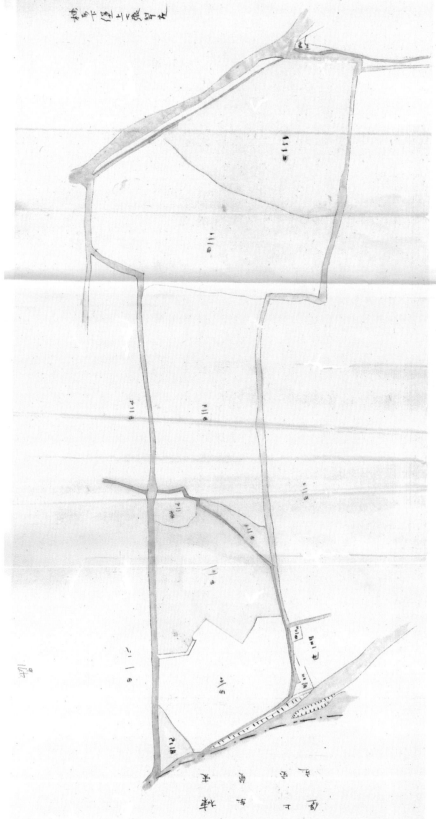

189・建物平面圖(1)

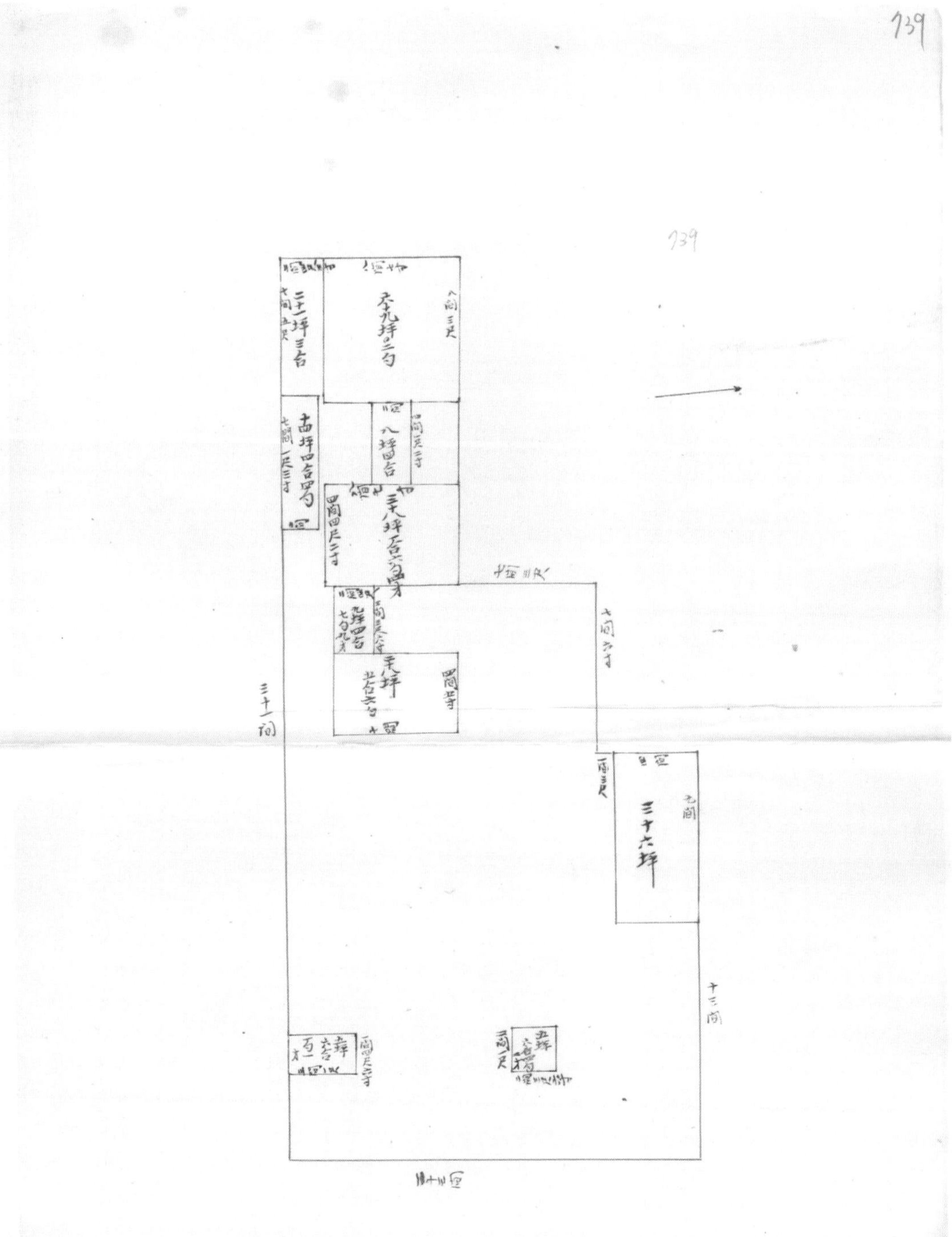

（五）地圖

189・建物平面圖 (2)

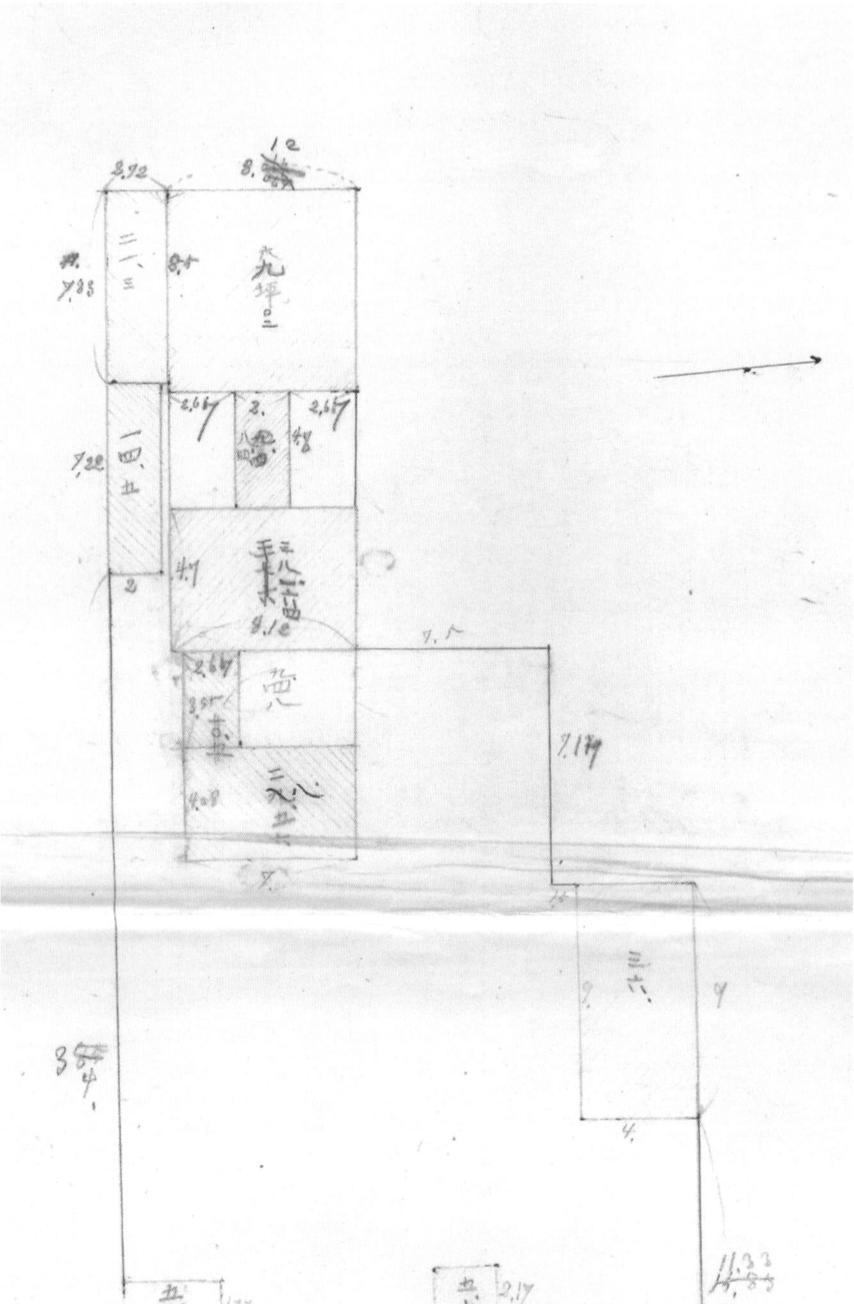

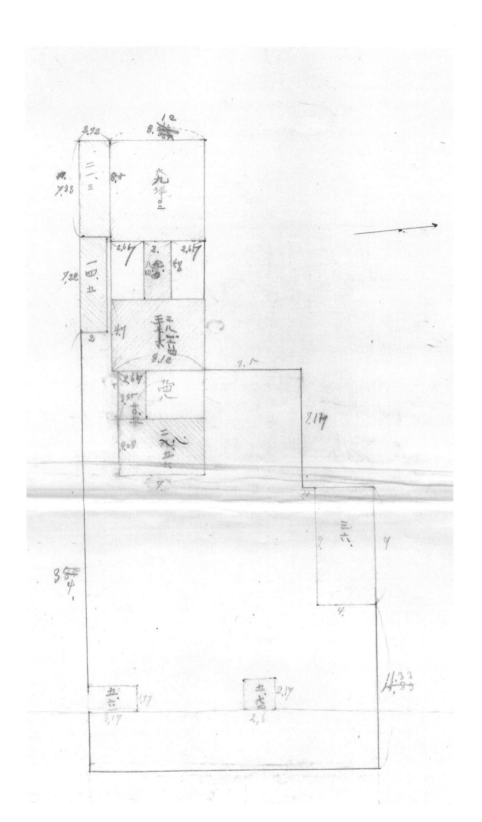

189・建物平面圖(3)

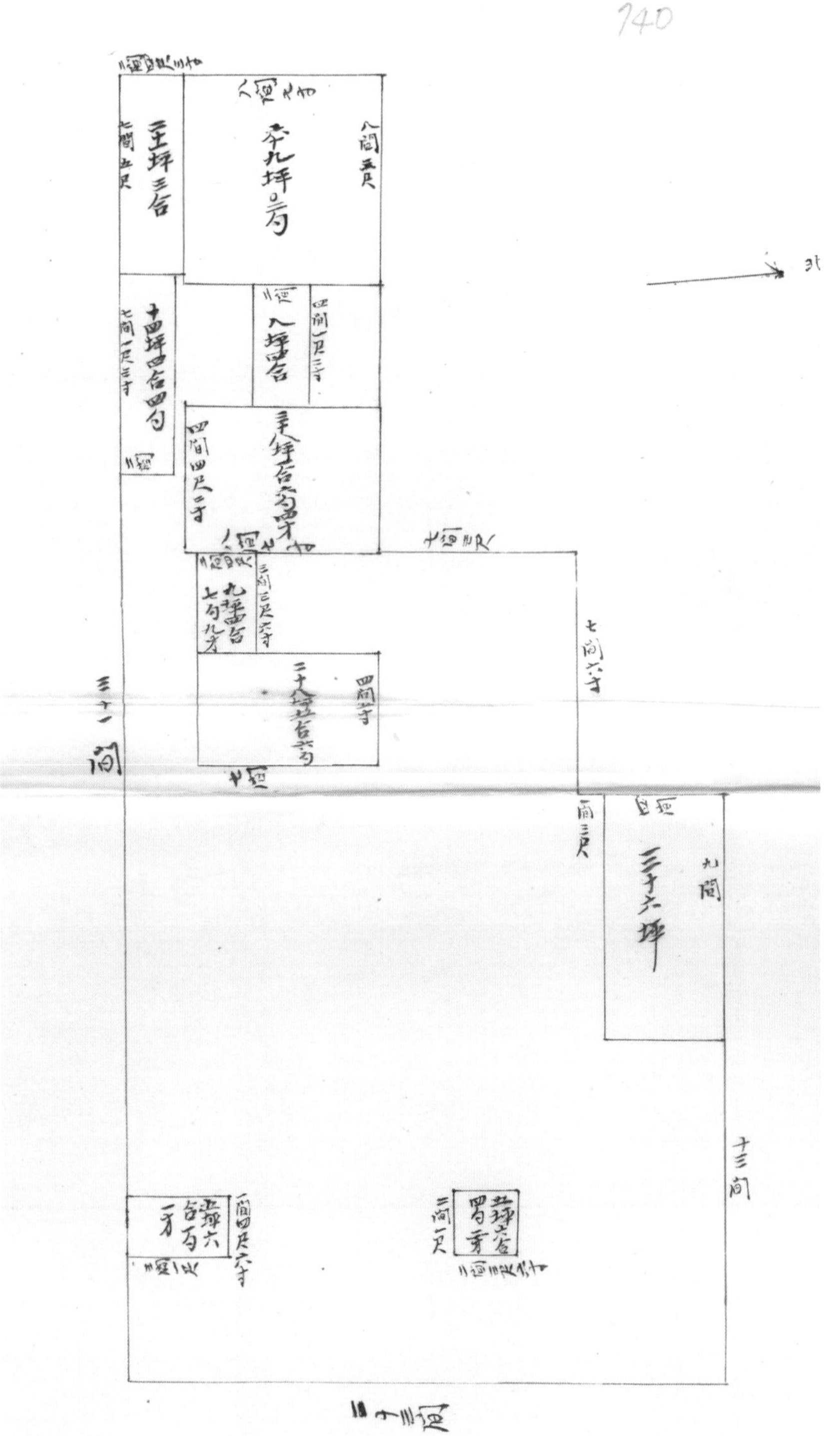

（五）地圖

190・合昌商會總圖

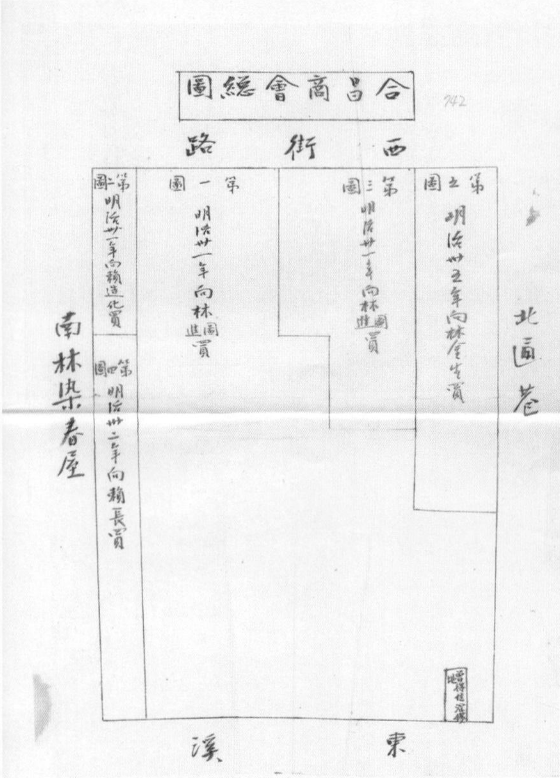

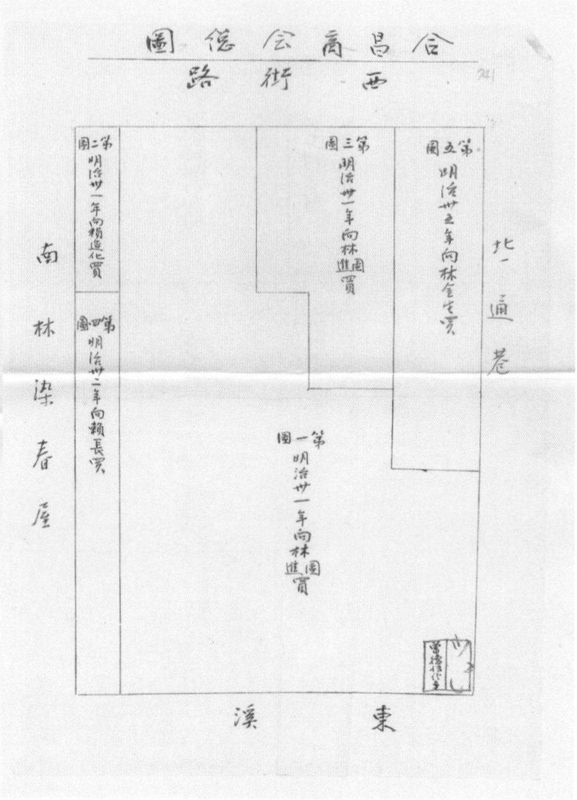

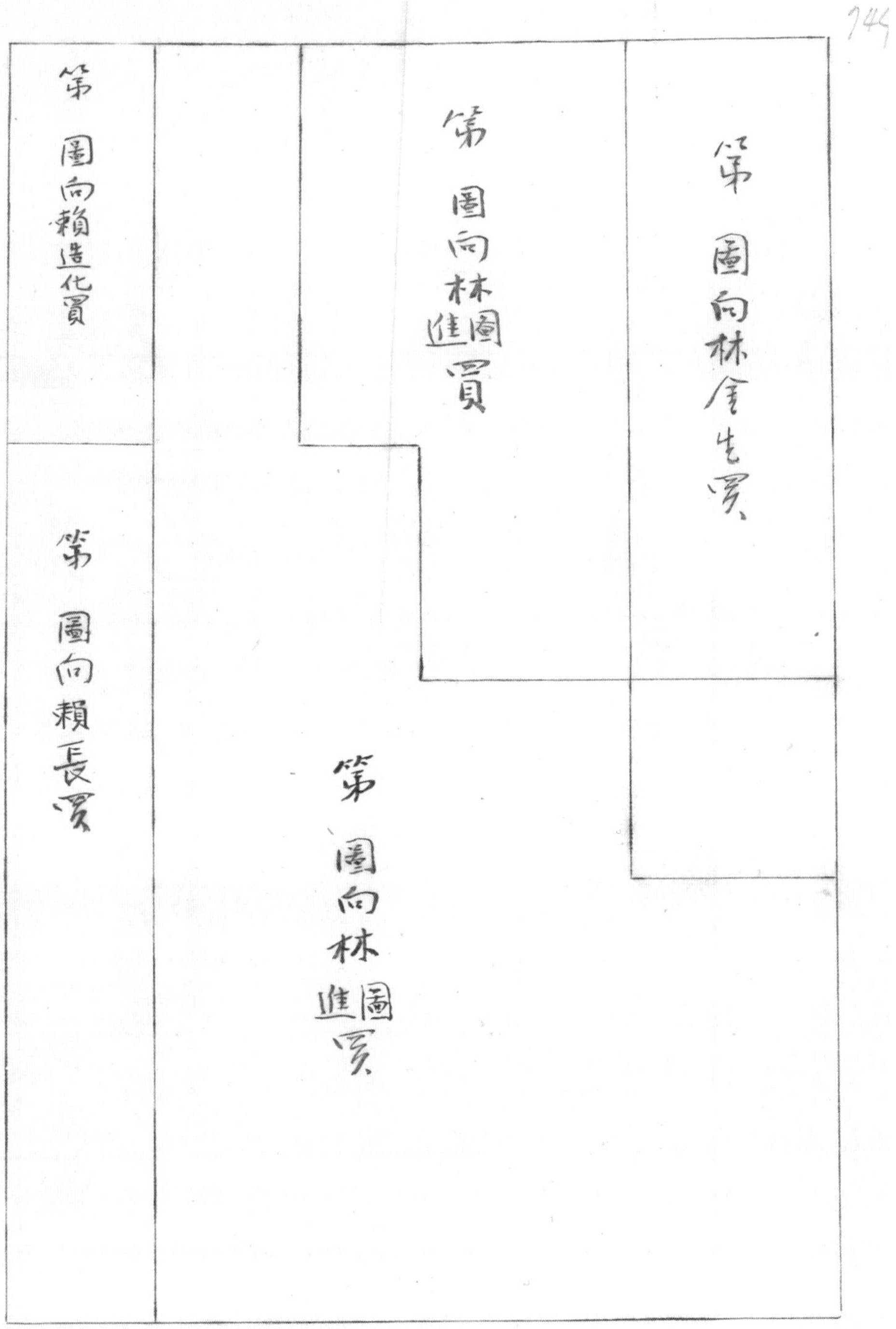
144
第　圖向林金生買
第　圖向林進圖買
第　圖向賴造化買
第　圖向賴長買
第　圖向林進圖買

（六八）其他

191・明治卅年一月廿二日領收證書

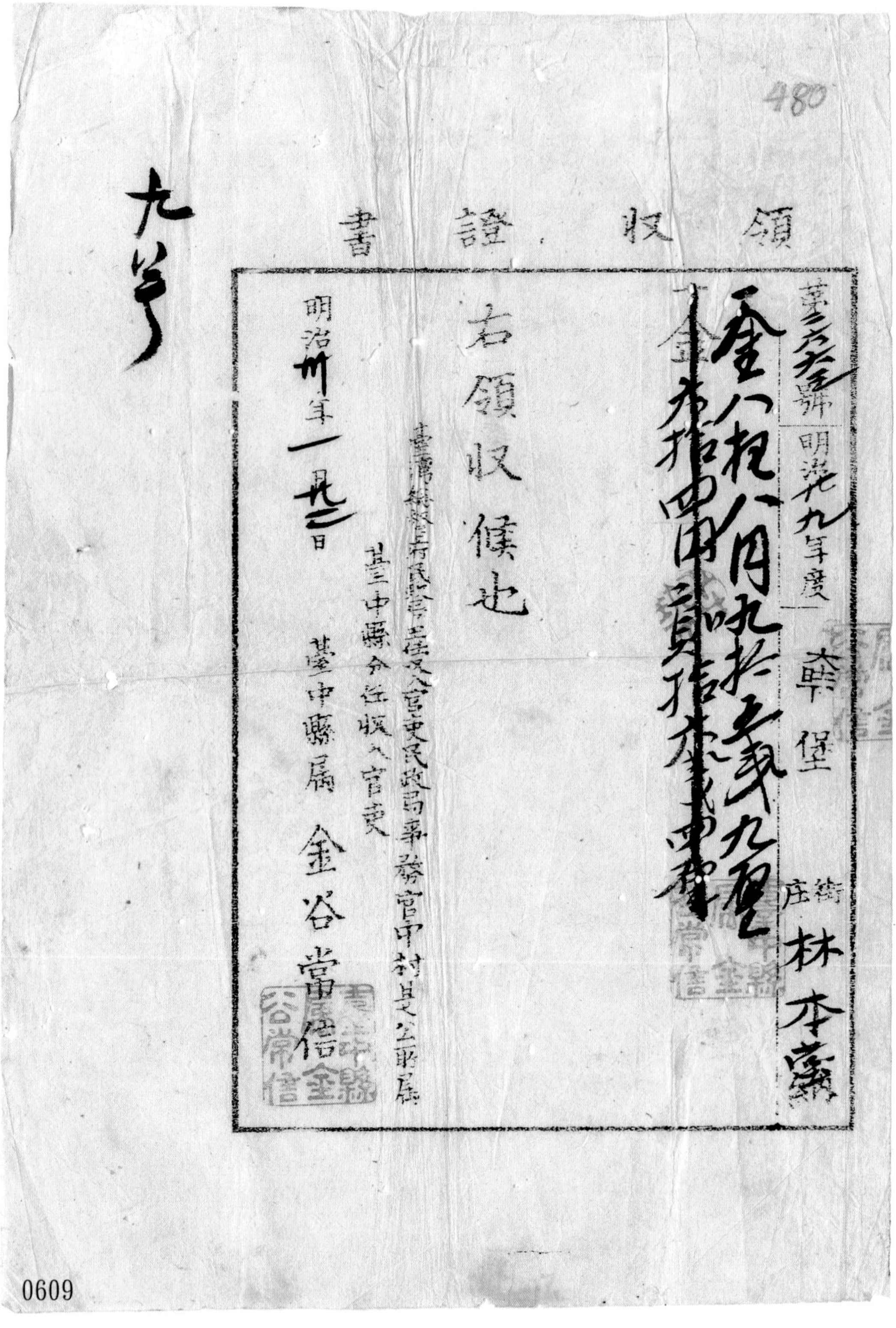

領收證書

第三百六十三號　明治廿九年度

一金壹八租八円九拾五錢九厘

大𤄙堡　街庄　林李藏

右領收候也

臺灣總督府民政局主任收入官吏民政局事務官中村是公部屬

臺中縣分任收入官吏

明治卅年一月廿二日

臺中縣屬　金谷常信

九号

書證收領

第二六六三號

明治廿九年度

大肚下堡 街庄 林本堂 納 【印】[302]

一金八拾八円九拾五戔九厘。【印】[303]【印】[304]

右領收候也

臺灣總督府民政局主任收入官吏民政局事務官中村是公[305]所屬

臺中縣分任收入官吏

明治卅年一月廿二日 臺中縣屬金谷常信[306]【印】[307]

302 印記內文不詳。

303 印記內文：「臺中縣屬金谷常信」。

304 印記內文：「臺中縣屬金谷常信」。

305 中村是公：明治二十九至三十一年間臺灣總督府財務部租稅課事務官，三十一年任總督府評議會評議會員，後入臨時臺灣土地調查局任職，是土地調查事業的重要人物之一。

306 金谷常信：明治二十九年（一八九六）起任臺灣總督府臺中縣屬員，明治三十一至三十年任臺中醫院書記，明治三十一至三十六年任臨時臺灣土地調查局屬員。中央研究院臺灣史研究所「臺灣總督府職員錄系統」：http://who.ith.sinica.edu.tw/（2017/09/19 點閱）。

307 印記內文：「臺中縣屬金谷常信」。

（六）其他

192・壬寅晚冬費谷單

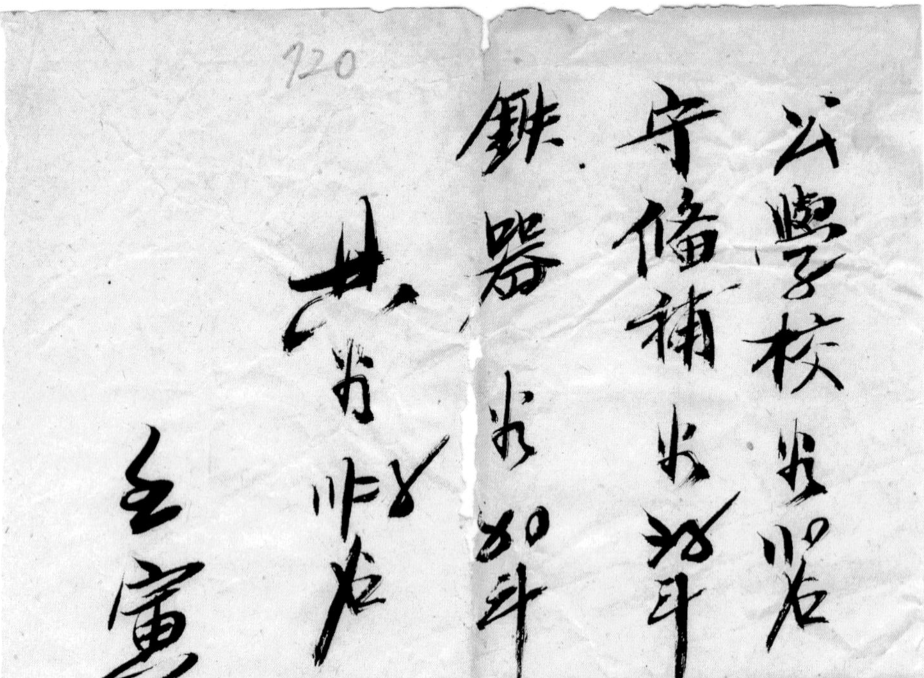

0900

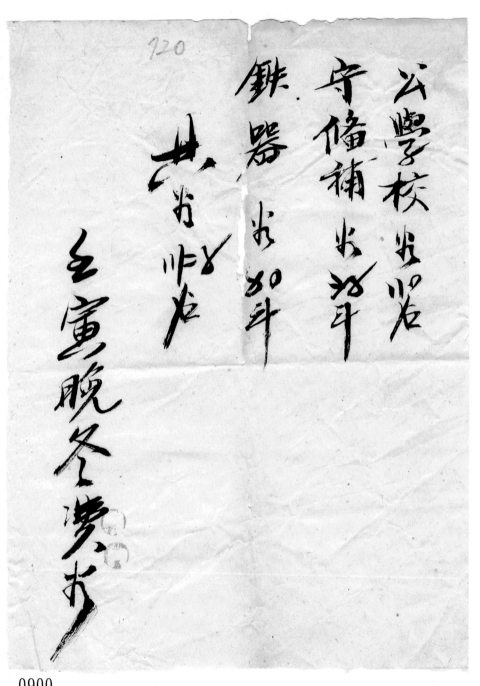

公學校谷2.0石。
守倫補谷7.5斗。
鉄器谷5.0斗。
共谷3.25石。
壬寅[308]晚冬費谷【印】【印】[309]

308 壬寅：明治三十五年（一九〇二）。
309 印記兩枚，內文不詳。

（六八）其他

193・壬寅年葭月十九日震隆號致林裕本堂兌貨單

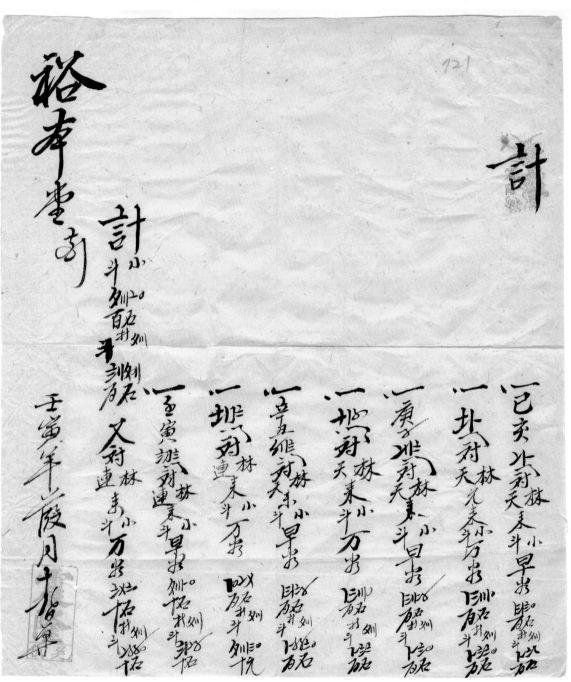

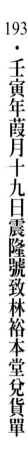

0901

計【印】[310]

一、己亥[311] 6月11対林天來小斗早谷131.80石，折九三斗117.6石。

一、11月11対林天兄來小斗万谷133.0石，折九三斗118.70石。

一、庚子[312] 6月27対林天來小斗早谷132.25石，折九三斗118.0石。

一、10月15対林天來小斗万谷133.0石，折九三斗118.7石。

一、辛丑[313] 5月28対林天來小斗早谷131.75石，折九三斗115.570石。

一、11月初7対林連來小斗万谷106.4石，折九三斗93.30元。

一、壬寅8月初8対林連來小斗早谷93.10石，折九三斗81.65石。

計小斗936.0石，折九三斗829.02石。

又対林連來小斗万谷74.70石，折九三斗65.50石。

裕本堂□

壬寅年[314]葭月十九日单【印】[315]

---

310 印記內文：「震隆」。
311 己亥：明治三十二年（一八九九）。
312 庚子：明治三十三年（一九〇〇）。
313 辛丑：明治三十四年（一九〇一）。
314 壬寅年：明治三十五年（一九〇二）。
315 印記內文：「震隆／兑貨」。

（六）其他

194・明治三十六年度臺灣地方稅領收證

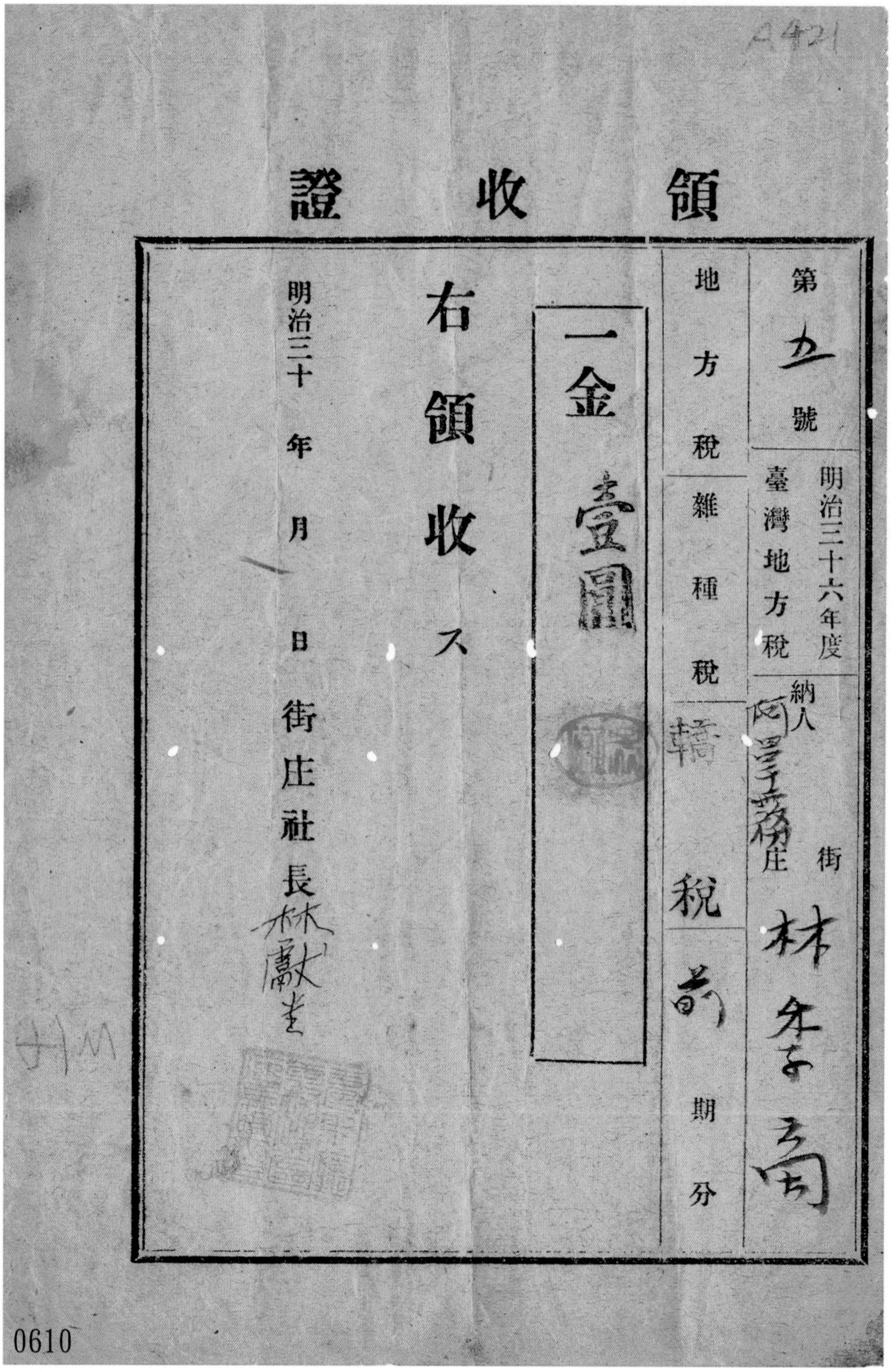

領收證

第五號

明治三十六年度
臺灣地方稅

納人
阿罩霧庄 街
林季商

地方稅雜種稅
轎 稅
前 期分

一金壹圓

右領收ス

明治三十 年 月 日
街庄社長林獻堂

0610

領收證

第五號

明治三十六年度 臺灣地方稅[316]

納人 阿罩霧庄 街 林季商[317]

地方稅

雜種稅[318]

轎稅[319]

前期分

一金 壹圓【印】[320]

右領收ス

明治三十 年 月 日 街庄社長林獻堂[321]【印】[322]

---

316 臺灣地方稅：指依照明治三十一年律令第十七號「臺灣地方稅規則」所徵收之賦課，地方稅種類包括地租附加稅、家稅、營業稅、雜種稅。〈臺灣地方稅規則〉，《府報》，第三三二號（一八九八年七月），頁六六—六七。

317 林季商：即林資鏗，字季商，號祖密。

318 雜種稅：為臺灣地方稅規則所定之稅收種類之一，雜種稅種類包括湯屋、理髮店、遊藝師匠、遊藝稼人、藝妓、幫間、市場、演劇、興行、遊技場、人寄席、船筏、車、轎、屠畜、養魚池、酒甑。〈臺灣地方稅規則施行規則〉，《府報》，第一千二百八十三號（一九〇三年一月），頁一八—一九。

319 轎稅：明治三十六時定年稅二圓。

320 印記內文不詳。

321 林獻堂（一八八一—一九五六），名朝琛，號灌園。明治三十四至三十九年（一九〇一—一九〇六）擔任霧峰庄長，明治三十九至四十二年（一九〇六—一九〇九）任霧峰區長，雖曾一度去職，然於明治三十七年又重任。明治三十八年（一九〇五）獲授紳章。明治四十四年（一九一一）任臺中廳參事。一九一九年加入新民會，並任會長。一九二一年十月文化協會成立，任總理，並曾任臺灣民眾黨顧問，籌組臺灣地方自治聯盟，致力於民族運動。戰後歷臺灣省參議會議員、參政員、臺灣省政府委員、臺灣省通志館館長及臺灣省文獻會主任委員、彰化銀行董事長等職。一九四九年九月赴日後，即不再回臺，直至亡故。許雪姬總策畫，《臺灣歷史辭典》（臺北：文建會，二〇〇四年），頁五〇一；許雪姬，〈日治時期霧峰林家的產業經營初探〉，收入黃富三、翁佳音主編，《臺灣商業傳統論文集》，頁三一〇。

322 印記內文：「臺中廳霧峰區□□印」。

竹軒先生

前金卷亟甘、

入

従勞梅崔慶隊一付、巨元

従勞麠茼田源耳鈞一付、正元

絞白湯匙二文

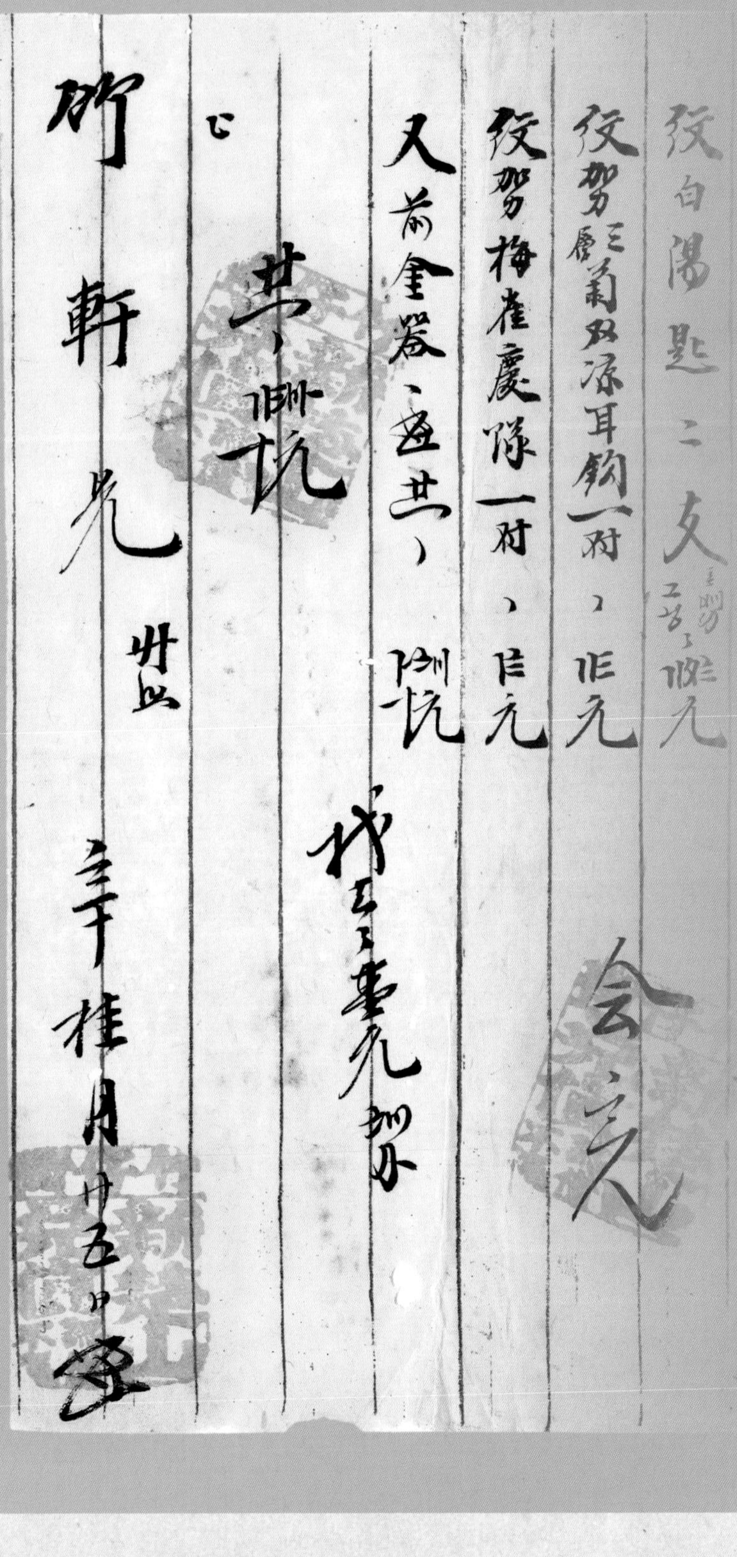

18	中路營務處統領棟字等營兼統臺北隘勇封一	公文、稟文	光緒？年？月？日	臺北		806	1151	共1件	50-51
19	中路營務處統領棟字等營兼統臺北隘勇封二	公文、稟文	光緒？年？月？日	臺北		843	1152	共1件	52-53
20	光緒十八年八月初四日臺北隘勇左營補用協鎮陳尚志給盛在祿手照	公文、稟文	光緒18年8月4日	臺北	陳尚志、盛在祿	800	0749	共1件；印記1枚：管帶臺北隘勇左營關防。	54-55
21	壬辰十月十六日公文收條	公文、稟文	光緒18年10月16日			143	1013	共1件；印記2枚：護封。	56-57
22	光緒拾玖年伍月陶在興領據	公文、稟文	光緒19年5月	罩蘭（卓蘭）	陶在興	235		共1件；印記2枚：中路罩蘭等處撫墾局之關防。	58-59
23	光緒十九年六月初七日陶在興致林朝棟申文	公文、稟文	光緒19年6月7日	罩蘭（卓蘭）	陶在興、林朝棟	750-1、749-1、749-2		共3件；印記4枚：中路罩蘭等處撫墾局之關防。	60-65
24	光緒拾九年柒月貳拾日陶在興致林朝棟申文	公文、稟文	光緒19年7月20日	罩蘭（卓蘭）	陶在興、林朝棟	750-2、749-4		共2件；印記4枚：中路罩蘭等處撫墾局之關防。	66-69
25	光緒拾玖年柒月陶在興領據	公文、稟文	光緒19年7月	罩蘭（卓蘭）	陶在興	749-3		共1件；印記2枚：中路罩蘭等處撫墾局之關防。	70-71
26	光緒拾九年捌月拾柒日陶在興致林朝棟申文	公文、稟文	光緒19年8月17日	罩蘭（卓蘭）	陶在興、林朝棟	750-3、749-6	0837	共2件；印記4枚：中路罩蘭等處撫墾局之關防。	72-75
27	光緒拾玖年捌月陶在興領據	公文、稟文	光緒19年8月	罩蘭（卓蘭）	陶在興	749-5	0836	共1件；印記2枚：中路罩蘭等處撫墾局之關防。	76-77
28	光緒拾玖年捌月中路罩蘭等處撫墾委員致林朝棟公文封	公文、稟文	光緒19年8月	罩蘭（卓蘭）	林朝棟	748	1159	共1件；印記3枚：中路罩蘭等處撫墾局之關防。	78-79
29	光緒拾九年玖月貳拾日陶在興致林朝棟申文	公文、稟文	光緒19年9月20日	罩蘭（卓蘭）	陶在興、林朝棟	750-4、749-8		共2件；印記4枚：中路罩蘭等處撫墾局之關防。	80-83
30	光緒十九年九月陶在興領據	公文、稟文	光緒19年9月	罩蘭（卓蘭）	陶在興	749-7		共1件；印記2枚：中路罩蘭等處撫墾局之關防。	84-85
31	光緒十九年十月陶在興領據	公文、稟文	光緒19年10月	罩蘭（卓蘭）	陶在興	749-9		共1件；印記2枚：中路罩蘭等處撫墾局之關防。	86-87
32	光緒拾玖年拾月陶在興領據	公文、稟文	光緒19年10月	罩蘭（卓蘭）	陶在興	749-10		共1件；印記2枚：中路罩蘭等處撫墾局之關防。	88-89
33	十二月十五酉刻水長流本局蔡佐皋等稟文	公文、稟文	光緒？年12月15日	北港、水長流	眉毛蚋番、張桃愛、徐海清、陳阿益、林全、蘇定山、梁庭嵩、蔡佐皋、賴九支、張橋复、洪淡貴、潘佳全、羅山甲、潘亞結	801	1122	共1件	90-91

序號	題名	類別	時間	相關地點	相關人物、商號等	原編號	掃描號	備註	本書頁數
壹、清代文書									
1	小春十六早鄭以金致林拱辰信函	信函	光緒？年10月15日		拱宸（林拱辰）、鄭以金	145	0289	共1件	10-11
2	癸貳月拾壹日林本堂致林拱辰信函	信函	光緒19年2月11日		林本堂、泮水（吳鸞旂）、林拱辰	325	1178	共1件；印記2枚：本堂	12-13
3	癸巳五月初十日蔡燦雲致林拱辰信函	信函	光緒19年5月10日	烏日庄、梧棲、汴仔頭	林拱辰、老番、蔡燦雲、勝記棧	308-7	0175	共1件；印記2枚，1枚內容爲：如意，1枚內容爲：勝記棧／住辨採兑粮穀。	14-15
4	致林拱辰信函	信函	？年？月？日	大墩	林拱辰、林超拔	153	0309	共1件	16-17
5	信函	信函	？年？月？日	臺灣縣	李君、廖漢元	155	1020	共4件	18-19
6	致林拱辰信函封套	信函	？年？月？日			620	1096	共1件	20-21
7	封套	信函	？年？月？日		涵翁（謝壽昌）	252	0707	共1件	22-23
8	嘉慶拾柒年陸月十六日彰化縣正堂楊桂森給陳繼色執照	公文、稟文	嘉慶17年6月16日	福建、臺灣府、彰化縣、登臺圳、大烏溪	楊桂森、陳繼色、吳雲嫂、吳固、吳和、許振光、田成發、洪當、洪碧	248	1022	共1件	24-25
9	林安呈彰化知縣稟文	公文、稟文	？年？月？日	浙江、鎮海縣、福建、平和、臺灣、彰化、北京	林安、林朝棟、曾氏	253		共3件	26-31
10	閩浙總督何璟致福建按察司札文	公文、稟文	？年？月？日	福建、浙江、彰化縣	何璟、林戴氏（戴蕙娘）、藩司、福臬司（鹿傳霖）	？	0465	共1件	32-33
11	閩浙總督批文	公文、稟文	？年？月？日	福建	部堂（何璟）、洪壬厚、黃運蒲、林應時、林戴氏（蕙娘）、淩委員（淩定國）、林文明、林丁山、福建按察司（鹿傳霖）	？	0463-0464	共2件	34-37
12	光緒□年十一月三十日戌時頭品頂戴兵部侍郎福建臺灣巡撫部院兼管海關學政封	公文、稟文	光緒？年11月30日	福建、臺灣	林朝棟、福建臺灣巡撫（劉銘傳）	901	1155	共1件；印記1枚，內文不明。	38-39
13	光緒拾陸年柒月十九日林超拔致林朝棟公文封	公文、稟文	光緒16年7月19日	臺灣縣	把總林（林超拔）、林朝棟	864	1157	共1件；印記3枚，內容爲：管帶中路營務處衛隊之鈐記。	40-41
14	光緒十七年八月致林朝棟公文封	公文、稟文	光緒17年8月	福建、泉州、臺灣、大湖、廈門	林（林朝棟）	759	1154	共1件；印記3枚，內文不明。	42-43
15	光緒拾柒年拾貳月中路營務處統領棟字等營封	公文、稟文	光緒17年12月			746-1	1153	共1件	44-45
16	光緒拾柒年拾貳月林超拔致林朝棟公文封	公文、稟文	光緒17年12月		林超拔、林朝棟	747	1158	共1件；印記3枚：管帶中路營務處衛隊之鈐記。	46-47
17	光緒拾柒年拾貳月參拾林超拔致林朝棟公文封	公文、稟文	光緒17年12月13日		林超拔、林朝棟	823	1156	共1件；印記3枚：管帶中路營務處衛隊之鈐記。	48-49

52	辛卯三月廿七日省垣工程支應處致林朝棟對賬單	對賬單	光緒17年3月27日		春、求仔、榜仔、統領（林朝棟）、省垣工程支應處	775		共1件；印記2枚，1枚內容為：護封，1枚內容為：省垣工程支應處。	136-137
53	辛陸月十五日林本堂致棟字營對賬單	對賬單	光緒17年6月15日	瓦磘、臺灣縣	林本堂、爐、林燕卿、樹、發昌、藍少爺、鄭春司、友卿、林森、棟字營	773		共1件；印記3枚：本堂。	138-141
54	辛桂月初九日新隆號致林本堂對賬單	對賬單	光緒17年8月9日		新隆、石頭、老和、支應處	896	0987	共1件；印記4枚，3枚內容為：新隆，1枚內容為：新隆／□□。	142-143
55	辛十一月廿日對賬單	對賬單	光緒17年11月20日		盛兄、再興、榮仔、標仔、昌仔、番仔、石頭、庫仔、春林、陽仔、婦仔、新福	746-2	0902	共1件	144-145
56	辛卯年收支單	對賬單	光緒17年？月？日	臺北、臺灣府	林邦玉	869	0961	共1件	146-151
57	收支單	對賬單	？年？月？日		葛竹軒、林如松	298	1042	共1件	152-153
58	和丁報對賬單	對賬單	？年？月？日	臺北、坪（阿母坪）		917	1136	共1件	154-155
59	致葛竹軒對賬單	對賬單	？年？月？日		添老、葛竹軒	278	1032	共1件	156-157
60	葛竹軒致萬桂兄對賬單	對賬單	？年？月？日	彰化	黃二爺、張吉甫、劉師爺（劉以專）、統領（林朝棟）、五大人（林朝宗，即林輯堂）、萬桂、葛竹軒、黃芝翁（黃承乙）、程太尊（程起鶚）	754	1098	共2件	158-161
61	壬辰桂月林隆謙號致德新結欠銀單	對賬單	光緒18年8月		德新、林隆謙號	386	0616	共1件；印記1枚：林隆謙信記。	162-163
62	林本堂仝謙利號交關條目札	對賬單	？年？月？日	泉州、獺（獺窟）、大港、办（汴仔頭）、二水、艋舺	林本堂、謙利號、新謙利、東尾、聯興、曾先生、三少爺（林朝選，即林紹堂）、統領（林朝棟）、芸（芸圃）、秀三、太老、仁美、松軒、鄭老師、陳先生	283		共1件；印記7枚：新謙利／兑貨。	164-169
63	林朝北還銀明細	對賬單	？年？月？日		清、林朝北、成、林金英	280	1034	共1件	170-171
64	致陳田收支單	對賬單	？年？月？日		英發、陳田	790	1118	共1件	172-173
65	辛卯年捌月廿六日林本堂致發利號訂貨單	買物單	光緒17年8月26日		林本堂、發利號	772		共1件；印記2枚：本堂；與編號86相關。	174-175
66	納月廿七阿鳳兄買白皮單	買物單	？年12月27日		阿鳳（林良鳳）	275	1029	共1件；印記1枚：護封。	176
67	納月廿七阿鳳兄買白皮及去銀單	買物單	？年12月27日		阿鳳（林良鳳）	276	1030	共1件；印記2枚：護封。	177
68	林良鳳買物去銀單	買物單	？年？月？日		林良鳳	277	1031	共1件	178-179
69	黃承乙寄買件清單	買物單	？年？月？日	廣東省、臺北	黃芝翁（黃承乙）	602-1	0877	共1件	180-181

34	光緒十七年十一月十三日林朝棟致萬鎰電報	電報	光緒17年11月13日	臺灣縣、臺北	萬大老爺（萬鎰）、棟（林朝棟）	780	0257、0253	共2件	92-95
35	光緒十七年十一月十三日亥刻萬鎰致林朝棟電報稿	電報	光緒17年11月13日	臺北、臺灣縣、彰化縣、雲林縣	林統領（林朝棟）、梁（梁成枬）、鎰（萬鎰）	782-2	0256	共1件	96-97
36	光緒十七年十一月十八日林朝棟萬鎰電報	電報	光緒17年11月18日	臺灣縣、臺北、大墩、大料崁	萬大老爺（萬鎰）、邢統領（邢長春）、賴、子佳（梁成枬）、棟（林朝棟）	782-1、3	0258、0251	共2件	98-101
37	光緒十七年十一月十九日陳鴻英致萬鎰電報	電報	光緒17年11月19日	臺灣縣、臺北、大料崁、大湖	萬大老爺（萬鎰）、統領（林朝棟）、英（陳鴻英）	781-1、3	0259、0252	共2件	102-105
38	光緒十八年二月十五日萬鎰致陳傑夫電報	電報	光緒18年2月15日	臺灣縣	傑夫（陳鴻英）、林總統（林朝棟）、鎰（萬鎰）	623	0254	共1件	106-107
39	萬鎰致陳鴻英電報稿	電報	？年？月？日	臺北、雲林	傑夫（陳鴻英）、鎰（萬鎰）	781-2	0255	共1件	108-109
40	電報	電報	？年？月？日		拱兄（林拱辰）	677	0889	共1件	110-111
41	致齊錫璋、齊錫琳兌銀單	借領收條	？年？月？日	省（福州）、南臺	齊協利炭行、齊錫璋、齊錫琳	226-6	0505	共1件	112-113
42	光緒六年正月二十日齊錫璋立收字	借領收條	光緒6年1月20日	臺灣	林、齊錫璋	226-4	0503	共1件；印記4枚，內文不明。	114-115
43	光緒十三年十一月十六日林拱辰立借銀單	借領收條	光緒13年11月16日		林拱辰、李少岩	306	1046	共1件	116-117
44	梁袞夫致林拱辰領銀單	借領收條	？年？月？日	大墩	棟軍支應處、林拱辰、梁袞夫	767	0206	共1件	118-119
45	廿八夕薩致支應處收條	借領收條	？年？月28日		林本堂、林芸圃、汝良、五合、支應處、薩（薩臚芳）	260	0483	共1件	120-121
46	光緒拾捌年捌月徐寶璐借據	借領收條	光緒18年8月	水長流、浙江	徐寶璐	838	0202	共1件	122-123
47	壬辰拾月十四日致支應處領據	借領收條	光緒18年10月14日		陳總理娘、陳總理、陳汝舟、支應處	144	1014	共1件；印記2枚，內文不明。	124-125
48	戊子年納月念九日聯興號致林本堂對賬單	對賬單	光緒14年12月29日	大港、出石	仁和館、保合、昌記、治寬、余隆官、林本堂、聯興號	137	1010	共1件；印記5枚，1枚內容爲：振興，3枚內容爲：護封，1枚內容爲：聯興／兌貨。	126-127
49	庚寅四月念柒日致本順號對賬單	對賬單	光緒16年4月27日	獺（獺窟）	金振泰、金吉春、金泰陞、金德興、金鎰利、金協勝、陳成發、陞成發、泉發、九兄、陳協和、老源發、振發、本順號	863	0953	共1件；印記5枚，4枚內容爲：老源發，1枚內容爲：老源發／支取不凴。	128-129
50	庚葭月初八日本順號致林本堂對賬單	對賬單	光緒16年11月8日	獺（獺窟）、潭頭、臺灣縣	陳發、本順、源發、熙堂、錦榮、津水、昆記、協順、林本堂	888	0978	共1件；印記6枚，5枚內容爲：本順，1枚內容爲：本順／兌貨。	130-133
51	庚葭月廿六日扁生致林拱辰對賬單	對賬單	光緒16年11月26日	臺南府	廖傳、太山、陳老木、林拱辰、扁生	299	1043	共1件:印記5枚:護封。	134-135

89	英發號致林拱辰兌貨單	兌貨單	？年？月？日		林師爺（林拱辰）、英發號	422	1063	共1件；印記1枚：英發／賒借不平。	228-229
90	致耀宗兄兌貨單	兌貨單	？年？月？日		金成元、耀宗	307	1047	共1件	230-231
91	程文成號兌貨單	兌貨單	？年？月？日		程文成號	423	1064	共1件；印記3枚，2枚內文不明，1枚內容爲：程文成發票。	232-233
92	三泰呢羽布庄兌貨單	兌貨單	？年？月？日		三泰呢羽布庄	424	1065	共1件；印記1枚：三泰呢羽布庄信不二價。	234-235
93	三月十七兌貨單	兌貨單	？年？月？日			592	0874	共1件	236-237
94	廿五兌貨單	兌貨單	？年？月25日			426	1067	共1件；印記3枚，2枚內文不明，1枚內容爲：章彩字號。	238-239
95	兌貨單	兌貨單	？年？月？日			425	1066	共1件；印記1枚，內文不明。	240-241
96	庚納月廿四日林合致林朝棟工銀單	支銀單	光緒16年12月24日	黃竹坑	王師爺（王泰嵩）、蔡大老、林合、統領（林朝棟）	755	0812	共1件；印記2枚：林合／黃竹坑館／圖章。	242-243
97	電報費支銀單	支銀單	？年？月？日	臺北、臺南、福州、彰化		777	1111	共1件	244-245
98	付臺灣縣支銀單	支銀單	？年？月？日	臺灣縣、臺北、臺灣府、上海	楊胡	873	0963	共1件	246-247
099	廿八晚五合致林拱辰支銀單	支銀單	？年？月28日		林拱辰、統帥（林朝棟）、阿火兄、五合	008	0588	共1件；印記1枚：五合。	248-249
100	新隆興號報支銀單	支銀單	？年？月？日		鐘功、鐘輝、新隆興號	387	0617	共1件；印記1枚：新龍興書柬。	250
101	源順號報支銀單	支銀單	？年？月？日		泮水（吳鸞旂）、承、源順號	779	1181	共1件；印記1枚：源順／圖章。	251
102	代水舍開發各款銀項	支銀單	？年？月？日		水舍、劉彩、黃海、戴二、戴福、英高、茂舍娘	290	1037	共1件；印記1枚：護封。	252-253
103	癸巳元月十四日陳爐致林拱辰支銀單	支銀單	光緒19年1月14日		允仔、陳爐、林拱辰	062	0589	共1件	254-255
104	同治伍年參月林宋氏、林辛立悔過懇資甘願字	其他	同治5年3月		林宋氏、林辛、林秋水、和泰號、搴生、振祥、林媽愛、林主教、林貴、江其忠	303		共1件；印記1枚：和泰信記。	256-257
105	光緒肆年貳月十六日活源當票	其他	光緒4年2月16日		活源	302	0608	共1件；印記2枚：活源餉當。	258-259
106	光緒拾參年肆月錦茂當票	其他	光緒13年4月		錦茂號	274	0607	共1件；印記2枚：1枚內文不明，1枚內容爲：錦茂餉當。	260-261
107	林合佃人殺番賞銀單	其他	？年？月？日		林合	795	0813	共1件	262-263
108	十二月初六乙巳日卯時林剛愍公神主進祠	其他	？年12月6日	漳州	李殿馨、林剛愍公（林文察）	227	0624	共2件；印記2枚，1枚內容爲：藝苑餘波，1枚內容爲：李殿馨傳□孫□春□福吉課館住漳城內新府路坐東向西。	264-267
109	點主儀註	其他	？年？月？日			834	0925	共1件	268-269

70	代黃承乙購買物件清單	買物單	？年？月？日	廣東省、臺北	黃公（黃承乙）	602-2	0878	共1件	182-183
71	省垣工程支應處開黃肉枋及工銀單	買物單	？年？月？日	罩蘭（卓蘭）、霧峰	通仔、省垣工程支應處	770		共1件；印記1枚：省垣工程支應處。	184-185
72	十二月初一抄蓋厝買物支銀單	買物單	？年12月1日		英司	792	1120	共1件	186-187
73	亮卿開購物單	買物單	？年？月？日	上海	亮卿	292	1039	共1件；印記2枚，1枚內容爲：護封，1枚內文不明。	188-189
74	壬辰年十一月蓋屋買芊蓁芊草及工銀結單	買物單	光緒18年12月8日	山頂、番社腳、新仔庄、番仔路、旱溪庄、大平庄	海兄、唵砿兄、永木、查某、呵進、波兄、文兄、清兄、海兄、輕兄、車兄、斗兄、旺司阜	854	0943	共1件；印記2枚，內文不明。	190-193
75	壬辰年十一十二月集買大柴火炭併工資銀清單	買物單	光緒18年12月30日		番薯兄、良兄、送兄、佳兄、知兄、泉兄、裕兄、槐兄、大目、炎兄、聰明、強兄、定兄、英兄、紅毛、虹兄、慶哥、查某、趆司、龍兄、母兄	857	0947	共1件;印記2枚:□意。	194-199
76	衫褲等物件清單	買物單	？年？月？日			320	1053	共1件	200-201
77	衫料清單	買物單	？年？月？日			322	1055	共1件	202-203
78	紙張清單	買物單	？年？月？日			439		共1件	204-205
79	紙筆清單	買物單	？年？月？日			764	1105	共1件	206-207
80	買龍眼清單	買物單	？年？月？日			788	1117	共1件	208-209
81	物件清單	買物單	？年？月？日		爐	297	1041	共1件	210-213
82	物件清單	買物單	？年？月？日			321	1054	共1件	214-215
83	物件清單	買物單	？年？月？日			730		共1件	216-217
84	庚貳月初八日振興號致漢漳嫂兌貨單	兌貨單	光緒16年2月8日		漢漳嫂、振興號	304	1044	共1件；印記4枚，3枚內容不明，1枚內容爲：振興／兑貨。	218-219
85	辛桂月廿五日新楚山號致葛竹軒兌貨單	兌貨單	光緒17年8月25日	竹仔街	新楚山號、葛竹軒	776	1110	共1件；印記4枚，3枚內容爲：竹仔街／新楚山兑貨／認借不憑，1枚內文不明。	220-221
86	辛菊月初一日發利號致林本堂兌貨單	兌貨單	光緒17年9月1日		林本堂、發利號	771	1108	共1件；印記2枚，1枚內容爲：發利，1枚內容爲：發利／支取不凴；與編號65相關。	222-223
87	光緒十八年三月拾貳日致陳鴻英兌貨單	兌貨單	光緒18年3月12日		陳大老爺（陳鴻英）	687	0892	共1件；印記3枚，內文不明。	224-225
88	壬瓜月耀記致大帳房清單	兌貨單	光緒18年7月		大帳房、輝記	915	1134	共1件；印記2枚，內文不明。	226-227

貳、日治文書								
127	明治二十九年十月戴大有呈臺中地方法院訴狀	土地文書	明治29年10日	捒東上堡、葫蘆墩街、大肚西中保、山腳庄、大肚西保、崙仔頂庄、梧棲街、崙仔尾	戴大有、林克明（林炎）、戴望遠、陳乞食、林猫定、林振芳、林本堂、林朝棟、楊可嘉、楊三祐、沈、陳仕臣、楊成波	479		共6件；印記5枚，內文不明。	322-333
128	明治三拾三年拾一月林裕本堂立招耕字	土地文書	明治33年11月	霧峰庄	林裕本堂、王君召、林子宏	475	1077	共1件；印記4枚，2枚內容爲：霧峰庄林裕本堂，1枚內容爲：林裕本堂之印，1枚內文不明。	334-355
129	明治三十三年十一月林裕本堂立招耕字	土地文書	明治33年11月	霧峰庄	林裕本堂、王君南、林維桓、林品三	476	1078	共1件；印記6枚，2枚內容爲：霧峰庄／林裕本堂，2枚內容爲：維桓，1枚內容爲：林裕本堂之印，1枚內容爲：林品三。	336-337
130	明治三十三年十一月林裕本堂立招耕字	土地文書	明治33年11月	霧峰庄、過溪仔	林裕本堂、林芸圃、王君右、林維桓、林品三	477	1079	共1件；印記8枚，1枚內容爲：芸圃，2枚內容爲：霧峰庄／林裕本堂，2枚內容爲：維桓，1枚內容爲：林裕本堂之印，1枚內容爲：林芸圃印，1枚內容爲：林品三。	338-339
131	明治三十三年十一月林讓成館立出佃批字	土地文書	明治33年11月	甘蔗崙庄、捒東	林讓成館、賴哲、賴翼旃	718	0591	共1件；印記4枚，1枚內容爲：捒東／讓成館，1枚內容爲：取消，2枚內容爲：翼旃。	340-341
132	明治參拾參年拾貳月林裕本堂立出佃批字	土地文書	明治33年12月	內新庄	林裕本堂、張生、林子宏	716		共1件；印記4枚，3枚內容爲：林裕本堂之印，1枚內容爲：子宏。	342-343
133	明治參拾參年拾貳月林裕本堂立出佃批字	土地文書	明治33年12月	內新庄	林裕本堂、林海、林子宏	717		共1件；印記4枚，3枚內容爲：林裕本堂之印，1枚內容爲：子宏。	344-345
134	明治參拾四年納月林讓成館立出佃批收磧地銀字	土地文書	明治34年12月	陳平庄、大甲溪、捒東	林讓成館、林季商、李連溪、賴翼旃	719		共1件；印記4枚，3枚內容爲：翼旃，1枚內容爲：捒東／讓成館。	346-347
135	讓成館致林慶生收磧地銀單	土地文書	?年?月?日	捒東	林慶生、讓成館、林來	722-1	0592	共1件；印記2枚，1枚內容爲：讓成舘，1枚內容爲：捒東／讓成舘。	348-349
136	讓成館致林慶生收粉蔡厝並家器銀單	土地文書	?年?月?日	捒東、粉蔡厝	林慶生、讓成館、詹忞	722-2	0593	共1件；印記2枚，1枚內容爲：讓成舘，1枚內容爲：捒東／讓成舘。	350-351
137	讓成館致詹忞收來磧地定頭銀單	土地文書	?年?月?日	捒東、赤塗崎	詹忞、讓成館、鄭鏡、賴翼旃	723	0594	共1件；印記4枚，1枚內容爲：讓成舘，1枚內容爲：捒東／讓成舘，2枚內容爲：翼旃。	352-353
138	讓成館致廖阿根收來磧地定頭銀單	土地文書	?年?月?日	捒東、陳平庄	廖阿根、讓成館、賴翼旃、陳心婦	724	0595	共1件；印記4枚，1枚內容爲：讓成舘，1枚內容爲：捒東／讓成舘，2枚內容爲：翼旃。	354-355

110	行三獻禮通讚頌之	其他	？年？月？日			702-50		共 1 件	270-271
111	行三獻禮引讚頌之	其他	？年？月？日			702-51、52、53		共 3 件	272-277
112	關帝君祝文	其他	？年？月？日			702-53、54		共 2 件	278-281
113	祭大魁夫子祝文	其他	？年？月？日			702-54、55、56		共 3 件	282-287
114	詩詞習作	其他	？年？月？日		宋玉、徐公、林生、陶五柳	249	1023	共 1 件	288-289
115	榜單	其他	？年？月15 日		林鴻華（林國）、江策安、林朝崧、林毓奇、魏文光、王煥東、林嶽雲、林廷奇、蔡錫圭、陳錫銘	668	0515	共 1 件	290-291
116	牙齒藥良方	其他	？年？月？日			282	1035	共 1 件	292-293
117	受傷退癀藥	其他	？年？月？日			305	1045	共 1 件	294-295
118	瓜廿二日辰診藥方	其他	？年 7 月22 日			760-2		共 1 件	296-297
119	瓜廿七晚診藥方	其他	？年 7 月27 日			323	1056	共 1 件	298-299
120	桂月初三日藥方	其他	？年 8 月3 日			761	1102	共 1 件	300-301
121	壬拾貳月十五日包築統領公館開支單	其他	光緒 18 年12 月 15 日		棟軍支應處、統領（林朝棟）	583	1175	共 1 件；印記 2 枚：棟軍支應處。	302-303
122	出工記錄單	其他	？年？月？日			430	1071	共 1 件	304-305
123	找銀單	其他	？年？月？日			876	0966	共 1 件	306
124	領字	其他	？年？月？日			898	0989	共 1 件	307
125	賬單封皮	其他	？年？月？日	彰化縣、大料崁、福州、新竹	統帥（林朝棟）、林本堂、林如松、芸圃、羅、錦榮、大夫人（楊水萍）、林萍、福州奶、陳琪中、林合、飛龍司、五合、賴振發、讓成舘、黃朝宗、金成元、詹賽、林祥、黃蟳、曾耀東、清司、火炎、德春、林懋臣、金茂復、杰夫（陳鴻英）、屋仔、秀來、劉以專、水嫂、賴選、芳司、林祥、林如松、長順、金振昌、炎司、茂成、詹祝、蔡勝記、黃能猫、永成、黃龍章、金昇興、佛、源成、藍隆緒、江瑞元、時美船、林馬遠、官裕堂、賴寬、罔生、協勝	285	1036	共 1 件	308-309
126	已登賬單底	其他	？年？月？日			902	1123	共 1 件	314-315

151	臺中地方法院明治三十一年假第八號假處分命令	法院文書	明治31年6月25日	臺中縣、猫羅東堡、阿罩霧庄、彰化東門街、大肚中堡、田央庄、梧棲街	林子佩、吳少泉、陳盛、臺中地方法院、楊瑤卿、倉岡逸器、關正、山縣直道	495	0672-0673	共2件；印記6枚，5枚內容爲：臺中地方法院書記印，1枚內容爲：臺中地方法院印。	396-399
152	臺中地方法院明治三十一年假第九號假處分命令	法院文書	明治31年6月25日	臺中縣、猫羅東堡、阿罩霧庄、彰化東門街、大肚中堡、八張犁庄、梧棲街	林子佩、吳少泉、陳鳳、楊瑤卿、臺中地方法院、倉岡逸器、關正、山縣直道	496	0674-0675	共2件；印記5枚，4枚內容爲：臺中地方法院書記印，1枚內容爲：臺中地方法院印。	400-403
153	臺中地方法院明治三十一年假第一〇號假處分命令	法院文書	明治31年6月25日	臺中縣、猫羅東堡、阿罩霧庄、彰化東門街、大肚中堡、海墘厝庄、梧棲街	林子佩、吳少泉、楊慈、楊瑤卿、臺中地方法院、倉岡逸器、關正、山縣直道	497	0676-0677	共2件；印記6枚，5枚內容爲：臺中地方法院書記印，1枚內容爲：臺中地方法院印。	404-407
154	臺中地方法院明治三十一年假第一一號假處分命令	法院文書	明治31年6月25日	臺中縣、猫羅東堡、阿罩霧庄、彰化東門街、大肚中堡、海墘厝庄、梧棲街	林子佩、吳少泉、陳標、臺中地方法院、楊瑤卿、倉岡逸器、關正、山縣直道	498	0678-0679	共2件；印記6枚，5枚內容爲：臺中地方法院書記印，1枚內容爲：臺中地方法院印。	408-411
155	臺中地方法院明治三十一年假第十二號假處分命令	法院文書	明治31年6月25日	臺中縣、猫羅東堡、阿罩霧庄、彰化東門街、大肚中堡、田中央庄、海墘厝、梧棲街	林子佩、吳少泉、楊乞食、臺中地方法院、楊瑤卿、倉岡逸器、關正、山縣直道	499	0680-0681	共2件；印記5枚，4枚內容爲：臺中地方法院書記印，1枚內容爲：臺中地方法院印。	412-415
156	臺中地方法院明治三十一年假第一三號假處分命令	法院文書	明治31年6月25日	臺中縣、猫羅東堡、阿罩霧庄、彰化東門街、大肚中堡、大庄、海墘厝、梧棲街	林子佩、吳少泉、蔡老情、臺中地方法院、楊瑤卿、倉岡逸器、關正、山縣直道	500	0682-0683	共2件；印記6枚，5枚內容爲：臺中地方法院書記印，1枚內容爲：臺中地方法院印。	416-419
157	臺中地方法院明治三十一年假第一四號假處分命令	法院文書	明治31年6月25日	臺中縣、猫羅東堡、阿罩霧庄、彰化東門街、大肚中堡、大庄、海墘厝、梧棲街	林子佩、吳少泉、陳牙、楊瑤卿、臺中地方法院、倉岡逸器、關正、山縣直道	501	0684-0685	共2件；印記6枚，5枚內容爲：臺中地方法院書記印，1枚內容爲：臺中地方法院印。	420-423
158	臺中地方法院明治三十一年假第一五號假處分命令	法院文書	明治31年6月25日	臺中縣、猫羅東堡、阿罩霧庄、彰化東門街、大肚中堡、火燒橋庄、海墘厝、梧棲街	林子佩、吳少泉、陳朱、臺中地方法院、楊瑤卿、倉岡逸器、關正、山縣直道	502	0686-0687	共2件；印記8枚，7枚內容爲：臺中地方法院書記印，1枚內容爲：臺中地方法院印。	424-427
159	臺中地方法院明治三十一年假第一六號假處分命令	法院文書	明治31年6月25日	臺中縣、猫羅東堡、阿罩霧庄、彰化東門街、大肚中堡、陳厝庄、梧棲街	林子佩、吳少泉、蔡忠、楊瑤卿、臺中地方法院、倉岡逸器、關正、山縣直道	503	0688-0689	共2件；印記6枚，5枚內容爲：臺中地方法院書記印，1枚內容爲：臺中地方法院印。	428-431
160	臺中地方法院明治三十一年假第一七號假處分命令	法院文書	明治31年6月25日	臺中縣、猫羅東堡、阿罩霧庄、彰化東門街、大肚中堡、斗底庄、鴨母寮、梧棲街	林子佩、吳少泉、王少猪、王金鼎、楊瑤卿、臺中地方法院、倉岡逸器、關正、山縣直道	504	0690-0691	共2件；印記6枚，5枚內容爲：臺中地方法院書記印，1枚內容爲：臺中地方法院印。	432-435
161	臺中地方法院明治三十年民第一八四號判決正本送達書	法院文書	明治31年10月14日	臺中	吳少泉、臺中地方法院、山田義成、重田宗助	506	0612	共1件；印記5枚，2枚內容爲：臺中地方法院印，1枚內容爲：臺中地方法院書記印，1枚內容爲：吳少泉，1枚內文爲：重田。	436-437

139	讓成館致游自月收來磧地銀單	土地文書	？年？月？日	捒東、羊仔屎	游自月、讓成館	725	0596	共1件；印記2枚，1枚內容爲：讓成館，1枚內容爲：捒東／讓成舘。	356-357
140	讓成館致游青松收加陞磧地銀單	土地文書	？年？月？日	捒東	游青松、讓成館、賴翼旂	726	0597	共1件；印記2枚，1枚內容爲：捒東／讓成舘，1枚內容爲：翼旂。	358-359
141	讓成館致黃興、劉正收碩定銀單	土地文書	？年？月？日	捒東	黃興、劉正、讓成館、龍興、錦清、呵丁	727	0598	共1件；印記4枚，3枚內容爲：讓成舘，1枚內容爲：捒東／讓成舘。	360-361
142	讓成館致賴發收磧地銀單	土地文書	？年？月？日	三份埔、捒東	賴發、讓成館、林□	728	0599	共1件；印記4枚，3枚內容爲：讓成舘，1枚內容爲：捒東／讓成舘。	362-363
143	明治三十年七月十八日臺中地方法院致林子佩通知	法院文書	明治30年7月18日	猫羅保、阿罩霧庄、臺中	林子佩、臺中地方法院	487	0613	共1件；印記1枚：臺中地方法院印。	364-365
144	臺中地方法院明治三十一年假第一號假處分命令	法院文書	明治31年6月23日	臺中縣、猫羅東堡、阿罩霧庄、彰化東門街、大肚中堡、陳厝庄、梧棲街	臺中地方法院、林子佩、吳少泉、蔡九武、蔡蒼梧、楊瑤卿、倉岡逸器、關正、山縣直道	488	0658-0659	共2件；印記9枚，8枚內容爲：臺中地方法院書記印，1枚內容爲：臺中地方法院印。	366-371
145	臺中地方法院明治三十一年假第二號假處分命令	法院文書	明治31年6月25日	臺中縣、猫羅東堡、阿罩霧庄、彰化東門街、大肚中堡、火燒橋庄、大庄、八張犁庄、梧棲街	臺中地方法院、林子佩、吳少泉、陳吉、吳取、陳鳳、楊瑤卿、倉岡逸器、關正、山縣直道	489	0660-0661	共2件；印記7枚，6枚內容爲：臺中地方法院書記印，1枚內容爲：臺中地方法院印。	372-375
146	臺中地方法院明治三十一年假第三號假處分命令	法院文書	明治31年6月25日	臺中縣、猫羅東堡、阿罩霧庄、彰化東門街、大肚中堡、鴨母寮庄、梧棲街	林子佩、吳少泉、王獻瑞、王春輝、王火、楊瑤卿、臺中地方法院、倉岡逸器、關正、山縣直道	490	0662-0663	共2件；印記5枚，4枚內容爲：臺中地方法院書記印，1枚內容爲：臺中地方法院印。	376-379
147	臺中地方法院明治三十一年假第四號假處分命令	法院文書	明治31年6月25日	臺中縣、猫羅東堡、阿罩霧庄、彰化東門街、大肚中堡、三塊厝庄、梧棲街	林子佩、吳少泉、陳卯、陳田、陳能、楊瑤卿、臺中地方法院、倉岡逸器、關正、山縣直道	491	0664-0665	共2件；印記6枚，5枚內容爲：臺中地方法院書記印，1枚內容爲：臺中地方法院印。	380-383
148	臺中地方法院明治三十一年假第五號假處分命令	法院文書	明治31年6月25日	臺中縣、猫羅東堡、阿罩霧庄、彰化東門街、大肚中堡、三塊厝庄、梧棲街	林子佩、吳少泉、陳泰、陳智、陳金、楊瑤卿、臺中地方法院、倉岡逸器、關正、山縣直道	492	0666-0667	共2件；印記6枚，5枚內容爲：臺中地方法院書記印，1枚內容爲：臺中地方法院印。	384-387
149	臺中地方法院明治三十一年假第六號假處分命令	法院文書	明治31年6月25日	臺中縣、猫羅東堡、阿罩霧庄、彰化東門街、大肚中堡、火燒橋庄、梧棲街	林子佩、吳少泉、陳吉、臺中地方法院、楊瑤卿、倉岡逸器、關正、山縣直道	493	0668-0669	共2件；印記7枚，6枚內容爲：臺中地方法院書記印，1枚內容爲：臺中地方法院印。	388-391
150	臺中地方法院明治三十一年假第七號假處分命令	法院文書	明治31年6月25日	臺中縣、猫羅東堡、阿罩霧庄、彰化東門街、大肚中堡、大庄、梧棲街	林子佩、吳少泉、吳取、臺中地方法院、楊瑤卿、倉岡逸器、關正、山縣直道	494	0670-0671	共2件；印記6枚，5枚內容爲：臺中地方法院書記印，1枚內容爲：臺中地方法院印。	392-395

177	梧棲擬墾田圖	地圖	?年?月?日	大肚山、山腳庄、安龍港庄、西瓜崙、鴨母藔庄、八張犁庄、火燒橋庄、海墘厝、大庄、陳厝庄、梧棲街、東門、南簡庄、魚藔庄	三少爺（林朝選，即林紹堂）	458、459	1073、0694	共2件	530-533
178	臺中廳藍興堡車籠埔庄、猫羅保阿罩霧庄造林地圖	地圖	?年?月?日	臺中廳、藍興堡、車籠埔庄、黃竹坑、猫羅堡、阿罩霧庄、北溝坑	林季商、林瑞騰	460		共1件	534
179	捒東下堡四張犁庄圖	地圖	?年?月?日	捒東下保、四張犁庄		461		共1件	535
180	捒東下堡水湳庄圖	地圖	?年?月?日	捒東下堡、水湳庄		463		共1件	536
181	捒東下堡陳平庄圖	地圖	?年?月?日	捒東下堡、陳平庄、後庄仔庄		464		共1件	537
182	捒東下堡陳平庄圖	地圖	?年?月?日	捒東下堡、陳平庄、下石碑庄、上石碑庄		465		共1件	538
183	臺中廳捒東下堡犁頭店街圖	地圖	?年?月?日	臺中廳、捒東下堡、犁頭店街、永定厝庄		466		共1件	539
184	捒東上堡東員寶庄圖	地圖	?年?月?日	捒東上堡、東員寶庄		467		共1件	540
185	捒東上堡東員寶庄圖	地圖	?年?月?日	捒東上堡、東員寶庄		470		共1件	541
186	捒東下堡三份庄圖	地圖	?年?月?日	捒東下堡、三份庄、舊社庄、頭家厝庄		468		共1件	542
187	捒東下堡上七張犁庄圖	地圖	?年?月?日	捒東下堡、上七張犁庄		469		共1件	543
188	捒東下堡上七張犁庄圖	地圖	?年?月?日	捒東下堡、上七張犁庄、東員寶庄		471		共1件	544
189	建物平面圖	地圖	?年?月?日			739、740、743		共3件	545-547
190	合昌商會總圖	地圖	?年?月?日		合昌商會、林金生、林圖、林進、賴造化、賴長、林染春、曾德信	741、742、744		共3件	548-549
191	明治卅年一月廿二日領收證書	其他	明治30年1月22日	大肚下堡、臺中縣	林本堂、中村是公、金谷常信	480	0609	共1件；印記4枚，3枚內容爲：臺中縣屬金谷常信，1枚內文不明。	550-551
192	壬寅晚冬費谷單	其他	明治35年			720	0900	共1件；印記2枚，內文不明。	552-553
193	壬寅年葭月十九日震隆號致林裕本堂兌貨單	其他	明治35年11月19日		林天、林連、林裕本堂、震隆號	721	0901	共1件；印記2枚，1枚內容爲：震隆，1枚內容爲：震隆／兌貨。	554-555
194	明治三十六年度臺灣地方稅領收證	其他	明治36年	臺灣、阿罩霧庄	林季商、林獻堂	421A	0610	共1件；印記2枚，1枚內容爲：臺中廳霧峰區□□印，1枚內文不明。	556-557

欄位說明：
一、編號：該件文書於本書之序號。
二、原編號：黃富三教授研究團隊過去整理時所定之流水號。
三、掃描號：國史館掃描作業編定號碼。
四、?表示不詳或推測。

162	臺中地方法院明治三十二年民第廿七號稻作假處分一部取消命令	法院文書	明治32年7月24日	臺中縣、猫羅堡、阿罩霧庄、大肚中堡、陳厝庄、大肚下堡	林子佩、陳月樓、蔡武、臺中地方法院、伊藤種基、關正、陳吉	505	0692-0693	共2件；印記4枚，1枚內容爲：臺中地方法院印，2枚內容爲：臺中地方法院書記印，1枚內容爲：印。	438-441
163	明治三十四年四月劉以專、林季商建物及宅地買賣文件書稿	房厝買賣文書	明治34年4月	臺中縣、大墩舊街、捒東下堡、下石牌庄、猫羅東堡、阿罩霧庄	林染春、劉以專、林季商、臺中辨務署、山移定政	738		共14件	442-467
164	明治三十四年四月十一日劉以專建物及宅地賣渡證	房厝買賣文書	明治34年4月11日	臺中縣、大墩舊街、捒東下堡、下石牌庄	林染春、劉以專、林季商	737		共6件	468-479
165	明治三十四年四月劉以專致臺中辨務署建物納稅證明申請書	房厝買賣文書	明治34年4月	臺中縣、大墩舊街、捒東下堡、下石牌庄	劉以專、臺中辨務署	735		共5件	480-489
166	明治三十四年四月劉以專所有權保存登記委任狀	房厝買賣文書	明治34年4月	臺中縣、大墩舊街、猫羅東堡、阿罩霧庄、捒東下堡、下石牌庄	山移定政、林季商、劉以專	736		共5件	490-499
167	明治三十四年四月劉以專印鑑證明申請書稿	房厝買賣文書	明治34年4月	臺中縣、捒東下堡、下石牌庄	劉以專、臺中辨務署	733-1、2		共2件	500-503
168	明治三十四年四月林季商印鑑證明申請書	房厝買賣文書	明治34年4月	臺中縣、猫羅東堡、阿罩霧庄	林季商、臺中辨務署	733-3、4		共2件；印記4枚：季商。	504-507
169	所有權保存登記書書稿	房厝買賣文書	？年？月？日	臺中	劉以專	731		共3件	508-513
170	委任狀稿	房厝買賣文書	？年？月？日	臺中縣、藍興堡、大墩舊街	林季商	732		共1件	514-515
171	明治年對賬單	對賬單	？年？月？日	臺中、大庄	合昌商會、子珪（楊子珪）、清圃	421B	0611	共1件	516-517
172	壬桂月初二日發利棧致仁和館對賬單	對賬單	明治35年8月2日	臺灣、梧棲	許兄、子珪（楊子珪）、拔仔、發利棧、仁和館	421-3	1062	共1件；印記6枚，4枚內容爲：發利，1枚內容爲：敝棧未諉／差訛相坐，1枚內容爲：臺棲發利棧。	518-519
173	壬寅八月初六日益美號致仁和館對賬單	對賬單	明治35年8月6日	臺灣、梧棲	清圃、子珪（楊子珪）、益美號、仁和館	421-2	1061	共1件；印記5枚，1枚內容爲：益美，1枚內容爲：賬未過覆／差錯相坐，1枚爲：臺棲益美書柬，2枚內容爲：護封。	520-521
174	癸蒲月念貳日裕合記致林裕本堂對賬單	對賬單	明治36年5月22日	霧峰、內新庄	裕合記、蕭方、陳必興、勝合興、朝木、徐泉、林裕本堂	427	1068	共1件；印記4枚：裕合記印。	522-525
175	癸卯又五月初九日致莊瑞榮對賬單	對賬單	明治36年閏5月9日		莊瑞榮	428	1069	共1件	526-527
176	癸卯年閏五月初九日林裕本堂致莊瑞榮對賬單	對賬單	明治36年閏5月9日	霧峰	林紹堂、東尾嫂、仁和館、合記、芳美棧、林裕本堂、莊瑞榮	429	1070	共1件；印記4枚，2枚內文不明，2枚內容爲：霧峰庄／林裕本堂。	528-529

霧峰林家文書集

|補　　遺|

發 行 人：吳密察

資料提供：林光輝

解　　讀：黃富三

編　　輯：何鳳嬌 林正慧 吳俊瑩

出版機關：國史館

地　　址：臺北市中正區長沙街一段2號

電　　話：(02) 2316-1000

網　　址：http://www.drnh.gov.tw

郵撥帳號：15195213

視覺設計：陳立君

排版印刷：洪記印刷有限公司

地　　址：臺中市西區明智街25號

電　　話：(04) 2314-0788

初版一刷：中華民國106年12月

定　　價：新臺幣2,000元

ISBN: 978-986-05-4230-1（精裝）

GPN: 1010602140

本書由財團法人林本源中華文化教育基金會贊助出版

國家圖書館出版品預行編目資料

霧峰林家文書集. 補遺 / 何鳳嬌, 林正慧, 吳俊瑩編輯. — 初版. — 臺北市 : 國史館, 民106.12
面 ; 公分
ISBN 978-986-05-4230-1(精裝)

1.古文書 2.史料 3.臺中市

733.73　　106021909

展售處：

國史館
地　址：臺北市中正區長沙街一段2號
電　話：(02) 2316-1071
網　址：http://www.drnh.gov.tw

國家書店松江門市
地　址：臺北市中山區松江路209號1樓
電　話：(02) 2518-0207
網　址：http://www.govbooks.com.tw

五南文化廣場（發行中心）
地　址：臺中市中區中山路6號
電　話：(04) 2226-0330
網　址：http://www.wunan.com.tw